Joseph Jungmann

Die Schönheit und die schöne Kunst

Nach den Anschauungen der sokratischen und der christlichen Philosophie in

ihrem Wesen

I0086025

Joseph Jungmann

Die Schönheit und die schöne Kunst

Nach den Anschauungen der sokratischen und der christlichen Philosophie in ihrem Wesen

ISBN/EAN: 9783742809568

Hergestellt in Europa, USA, Kanada, Australien, Japan

Cover: Foto ©Klaus-Uwe Gerhardt /pixelio.de

Manufactured and distributed by brebook publishing software (www.brebook.com)

Joseph Jungmann

Die Schönheit und die schöne Kunst

Die Schönheit
und die schöne Kunst.

Nach den Anschauungen

der sokratischen und der christlichen Philosophie

in ihrem Wesen dargestellt

von

Joseph Jungmann,

Priester der Gesellschaft Jesu, Professor der Theologie an der Universität
zu Innsbruck.

Erst müssen neue Lieder
Der Menschheit Herz durchwehn,
Und müssen auf und nieder
Durch alle Lande gehn.
Redwitz.

Innsbruck.
Verlag der Wagner'schen Universitäts-Buchhandlung.
1866.

Vorwort.

—

„Eine poetische Zeit,“ hat einer der letzten Romantiker gesagt, „eine poetische Zeit denkt nicht an ihre Schönheit, weil sie dieselbe besitzt, gleichwie ein Gesunder seine Gesundheit nicht merkt. Erst wenn die Schönheit abhanden gekommen, wird die verlorne absichtlich gesucht oder philosophisch konstruirt, und so entsteht die Aesthetik.“

Die moderne Philosophie nimmt für sich die Ehre in Anspruch, der Schönheit und der schönen Kunst zuerst die ihrer Bedeutung entsprechende Aufmerksamkeit zugewendet, der wissenschaftlichen Behandlung beider, als Begründerin der „Aesthetik“, zuerst die ihr gebührende Stelle auf dem Gebiete der Metaphysik vindicirt zu haben. Sollte vielleicht diese Philosophie eben dadurch jener Zeit, deren Kind sie ist, das Zeugniß ausstellen wollen, daß ihr „die Schönheit abhanden gekommen“, daß sie für Poesie keinen Sinn hat?

Wir wollen diese Frage hier nicht erörtern. Soviel ist gewiß, daß einem Jahrhundert darum noch nicht die Wissenschaft der Schönheit fehlt noch das Verständniß der schönen Kunst, weil es von keinen Systemen der „Aesthetik“

weiß. Die Schönheit gehört, nicht minder als die Wahrheit und die Güte, zu den einfachsten, zu den ersten Ideen
des menschlichen Geistes. Wo sich deshalb eine wahre
Wissenschaft entwickelt, wo sie selbst, wie einst in Griechenland und aufs neue unter den christlichen Völkern im
Mittelalter, zu hoher Blüte gelangt, da muß sie nothwendig im tiefsten Grunde ihres Wesens auch den rechten
Begriff der Schönheit tragen; und wenn sie auch vielleicht
denselben nicht in eine bestimmte Formel faßt, so wird sie
doch immer die Elemente enthalten, aus denen er sich zusammensetzt. Ob die Vergangenheit und namentlich das
Mittelalter, was künstlerische Thätigkeit und ihre Er-
folge betrifft, mit der Neuzeit den Kampf aufnehmen
darf, darüber bedarf es einer Untersuchung nicht mehr,
seitdem die Kunst selber angefangen hat, ihr Heil allein
noch von der „Zukunft" zu hoffen. Die vorliegende Schrift
könnte vielleicht überdies mehr als Einen Leser zu der
Ueberzeugung führen, daß die Vorzeit auch was den
Begriff und die Theorie des Schönen angeht, eine
Vergleichung mit der Gegenwart keineswegs zu scheuen
habe. Aber selbst abgesehen von aller Geschichte der Kunst
wie der Philosophie: ist denn die Ansicht, als sei es erst
der Spekulation der letzten hundert Jahre vorbehalten
gewesen, in das Wesen der Schönheit und ihrer Kunst
tiefere Blicke zu thun, nachdem nahezu sechs Jahrtausende
davon keine Ahnung gehabt, — ist, sagen wir, eine solche
Ansicht wohl etwas anderes, als eine Injurie gegen die
menschliche Vernunft und die Wissenschaft?

Hieraus wolle man übrigens nicht den Schluß ziehen,
als hätten wir uns in dieser Schrift etwa die Aufgabe

gestellt, eben in der Rücksicht von der wir reden, apolo-
getisch aufzutreten für die Wissenschaft vergangener Zeiten.
Unser Streben ging einzig und allein dahin, die Natur
der Schönheit, sowie die mit ihr verwandten oder verwandt scheinenden Begriffe, der Wahrheit gemäß zu bestimmen, das Wesen der schönen Kunst und ihre nothwendigen Gesetze klar und richtig darzustellen, verkehrte
Anschauungen zurückzuweisen, falsche Principien mit Gründen zu widerlegen. Dabei verfuhren wir aufrichtig nach
dem Grundsatze, die Wahrheit zu nehmen, auf welchem
Gebiete, in welchem System, in welcher wissenschaftlichen
Richtung immer sie uns begegnete. Das schien uns, unter
den philosophischen Schulen des Heidenthums, vorzugsweise
in jenen der Fall zu sein, welche, mittelbar oder unmittelbar, dem Sokrates ihre Lehre verdankten. Wenn wir
dagegen, neben der sokratischen, die christliche Philosophie
als diejenige bezeichnen, auf deren Anschauungen unsere
Resultate sich stützen, so verstehen wir unter diesem Namen
nicht etwa die Philosophie irgend einer bestimmten Periode,
eines besonderen Lehrsystems, oder einer in sich abgeschlossenen Schule. Christliche Philosophie nennen wir jene,
welche nicht vergißt, daß „alle Weisheit von Gott dem
Herrn kömmt, bei dem sie war zu jeder Zeit, und vor dem
Beginn der Welt" [1]. Christliche Philosophie ist uns das
System jener Sätze der natürlichen Erkenntniß, deren
Richtigkeit die übernatürliche Erkenntniß durch den Glauben
nicht verdächtig erscheinen läßt, sondern verbürgt und be-

---

1) „Omnis sapientia a Domino Deo est, et cum illo fuit semper,
et est ante aevum." Eccli. 1, 1.

stätigt; christliche Philosophie ist uns die wissenschaftlich geordnete Gesammtheit jener Ergebnisse des vernünftigen Denkens, welche mit dem Inhalte der göttlichen Offenbarung allseitig harmoniren, in voller, positiver Uebereinstimmung stehen mit der Lehre Jesu Christi und seiner Kirche. Freilich hat man sich auf gewissen Seiten daran gewöhnt, eine Wissenschaft die sich zu diesen Grundsätzen bekennt, einfach dadurch zu beseitigen, daß man sie für spiritualistisch und ascetisch, für theosophisch oder theologisirend erklärt. Derartige Widerlegungen von Wahrheiten die man nicht will, sind wohlfeil; darin besteht aber auch ihr ganzer Werth. Und es bleibt trotz dieser Argumente nicht minder wahr, daß nur eine Philosophie wie die bezeichnete sich für den Christen ziemt, nur eine solche der wahren Wissenschaft würdig, wahrhaft vernünftig ist: denn, die Thatsache einer übernatürlichen Offenbarung und die Existenz einer Kirche Gottes vorausgesetzt, erscheint nur eine solche vor jeder Verirrung gesichert, besitzt nur sie die nothwendige Garantie der Wahrheit.

Innsbruck, am Feste der heiligen Cäcilia 1865.

Inhalt.

Erste Abtheilung.

Die Schönheit.

Zweite Abtheilung.
Die schöne Kunst.

Berichtigungen.

Seite 11 Zeile 4 und 11 von oben fehlen die Anführungszeichen.

Seite 24 Zeile 3 von oben ist zu lesen: „Wir sagen gewiß nicht, daß Leibesschönheit Tugend sei, aber wir verachten darum nicht die Anmuth:
pflegt ja auch u. s. w.

Seite 44 Zeile 2 von unten ist zu lesen disputetur statt disputatur.

—◦◦◦—

Erste Abtheilung.

Die Schönheit.

Καλὸν μέν οὖν ἐστιν, ὃ ἂν ἀγαθὸν ὄν
ἡδὺ ᾖ, ὅτι ἀγαθόν.

Arist. Rhet. 1, 9.

I.

Die Schönheit.

Balvinolli macht in seiner Metaphysik[1]) die Bemerkung: „Seit Plato bis auf unsere Tage sind zahlreiche und starke Bände über die Schönheit geschrieben worden. Bei dem Umfang und der Schwierigkeit des Stoffes, bei der Menge und Bedeutung der Gelehrten die ihn behandelt haben, gehört großes Selbstvertrauen dazu, um einen neuen Versuch in dieser Sache zu wagen." Die hier angedeuteten Thatsachen sind richtig. Mit der Folgerung indeß, welche Balvinotti daraus zieht, sind wir nicht ganz einverstanden, und glauben keineswegs, den Vorwurf „großen Selbstvertrauens" hinnehmen zu müssen, wenn wir es aufs neue versuchen, das Wesen der Schönheit zu bestimmen. Die große Zahl und die Tüchtigkeit der Männer, die über einen Gegenstand geschrieben haben, macht uns nur gewissenhafte Sorgfalt in Berücksichtigung ihrer Leistungen zur Pflicht; diese vorausgesetzt, ist sie vielmehr eine Erleichterung der Arbeit, und ein Unterpfand mehr für ihr Gelingen. Was den Stoff

----

1) De Metaph. gen. c. 6. n. 269.

1 *

selbst betrifft, so ist uns freilich das Wort nicht unbekannt, mit welchem Plato im Hippias major den Sokrates seine Unterredung über das Wesen der Schönheit schließen läßt. Er habe, sagt der Weise, aus der langen, resultatlosen Untersuchung doch Einen Gewinn gezogen das Verständniß nämlich und die Ueberzeugung von der Wahrheit des Sprichwortes, daß a l l e s S c h ö n e s c h w e r sei[1]). Der Satz ist wahr; aber vielleicht nicht minder wahr ist dieser andere: Alles Schwere ist schön.

§. 1.

Die Schönheit ist eine übersinnliche, nur der Vernunft wahrnehmbare Beschaffenheit der Dinge.

1. Die uns umgebende sichtbare Welt erkennen wir nicht anders als mit Hülfe unserer äußeren Sinne. Indeß wenn die perceptive Sensibilität für die Erkenntniß körperlicher Dinge und ihrer Eigenschaften das nothwendige Mittel bildet, so ist sie doch allein für die Wahrnehmung a l l e r Eigenschaften derselben keineswegs das genügende Princip. Manche Eigenthümlichkeiten der sichtbaren Gegenstände, wie Ausdehnung, Gestalt, Farbe, Bewegung, Härte, Wärme, Süße, nehmen freilich auch die Sinne für sich wahr; andere hingegen gibt es, welche nur die Vernunft zu erkennen vermag. Daß ein sichtbares Ding, etwa ein künstliches Instrument oder ein Naturprodukt, angemessen eingerichtet, für irgend einen Zweck nützlich ist, daß ein Ding vollkommen oder das

---

1) Τὴν γὰρ παροιμίαν ὅ,τι ποτὶ λέγει, τό, χαλεπὰ τὰ καλά, δοκῶ μοι εἰδέναι. Plat. Hipp. mai. extr. ed. Bip. vol. 11. p. 57. Steph. 304. e.

Gegentheil davon, daß es Substanz ist oder Accidenz, davon hat das Thier keine Ahnung: das würde es aber haben, wenn wir nicht diese Eigenschaften, ob auch mit Hülfe unserer Sinne, doch anschließlich durch die Vernunft wahrnähmen, wenn dieselben nicht immaterielle, rein intelligible Beschaffenheiten wären. Zu welcher Art gehört nun die Schönheit? ist sie eine rein intelligible, oder eine materielle, sinnlich wahrnehmbare Beschaffenheit der Dinge?

Der zweite Theil dieser Doppelfrage ist nothwendig zu verneinen. Wenn an einem Gebäude, sagt der heilige Augustin [1]), zwei Fenster von ungleicher Größe neben einander, in Einer Linie, angebracht würden, so fänden wir das unschön, den Anforderungen des Geschmacks zuwider; liegen sie dagegen über einander, so erscheint es uns nicht tadelnswerth, wenn etwa das obere kleiner ist als das untere. Liegen drei Fenster über einander, so verlangen wir, wenn das Gesetz der Schönheit nicht verletzt werden soll, daß entweder alle gleich seien, oder die Größe des mittleren zu der des unteren genau in demselben Verhältniß stehe, wie die Größe des obersten zu der des mittleren [2]). Kann nun die Wahrnehmung dieser Verhältnisse, der Gleichheit oder der Proportion, eine bloße Thätigkeit der perceptiven Sensibilität sein, des Auges oder der Phantasie? Und wenn überhaupt Ebenmaß, Uebereinstimmung, Ordnung, in körperlichen Gegenständen, sobald an denselben verschiedene Theile hervortreten, nothwendige Elemente der Schönheit bilden, ist es möglich, daß die letztere durch ein Vermögen erkannt werde, das weder vergleichen noch urtheilen kann?

---

1) De vera relig. c. 30. n. 54.

2) . . . ut aut impares non sint, aut inter maximam et minimam ita sit media, ut tanto praecedat minorem, quanto a majore praeceditur. Aug. l. c.

2. Zu dem gleichen Schluſſe gelangen wir durch eine andere Betrachtung. Was iſt ſchön? was pflegen wir ſchön zu nennen? in was für Dingen kann ſich Schönheit finden, nach dem Sprachgebrauche, und nach dem darin ſich kund= gebenden einſtimmigen Urtheil aller Völker und aller Zeiten? Wir ſprechen von ſchönen Farben, von ſchönen Blumen, von ſchönen Figuren, Geſtalten, Gegenden, von einer ſchönen Stimme, von einer ſchönen Muſik, von ſchönen Menſchen; wir finden einen Gedanken ſchön, einen mathematiſchen Satz, eine Theorie oder ein wiſſenſchaftliches Syſtem; wir nennen auch die Tugend ſchön, die Gerechtigkeit, die Selbſtbeherr= ſchung, die Treue [1]). „Eine ſchöne Seele" iſt ein Ausdruck, den alle Völker verſtehen, und wenn wir die Erſcheinung eines Menſchen als im höchſten Grade einnehmend bezeichnen wollen, ſo ſagen wir, er ſei ſchön wie ein Engel. So malt uns der heilige Lukas den erſten Märtyrer: „Und alle die im hohen Rathe ſaßen ſchauten auf ihn: und ſein Angeſicht erſchien ihnen wie das Angeſicht eines Engels" [2]).

Findet ſich hiernach die Schönheit ſowohl in rein gei= ſtigen Dingen als in körperlichen, ſo iſt ſie offenbar eine Beſchaffenheit, deren ſowohl der Geiſt als das Körperliche

---

1) Τὸ καλόν ἐστι μὲν ἐν ὄψει πλεῖστον ἐστι δ' ἐν ἀκοαῖς κατά τε λόγων συνθέσεις, ἐστι δὲ καὶ ἐν μουσικῇ ἁπάσῃ καὶ γὰρ μέλη καὶ ῥυθμοί εἰσι καλοί. ἐστι δὲ καὶ προιοῦσι πρὸς τὸ ἄνω ἀπὸ τῆς αἰσθήσεως, καὶ ἐπιτηδεύματα καλά, καὶ πράξεις, καὶ ἕξεις, καὶ ἐπιστῆμαί τε καὶ τὸ τῶν ἀρετῶν κάλλος. Plotin. de pulchritudine cap. 1. ed. Basil. 50. A. Creuzer 2.

Die Abhandlung Plotins „über die Schönheit" (περὶ τοῦ καλοῦ) bildet das ſechſte Buch der erſten Enneade, S. 50 ff. nach der Ausgabe von Baſel (1580 und 1615.) Einen Separatabdruck, mit ausführlichen Erklärungen, be= ſorgte Friedrich Creuzer, Heidelberg 1814. Wir citiren nach dieſem und nach der Baſeler Ausgabe.

2) Apoſtelgeſch. 6. 15. Vgl. Chryſoſt. in 2. Cor. hom. 7. n. 5. (tom. 10.)

theilhaftig sein kann. Ist nun aber der Geist für sinnlich wahrnehmbare Eigenschaften empfänglich? kann überhaupt eine geistige Substanz als der Träger materieller Beschaffenheiten gedacht werden? Dann müßte unsere Seele eben so gut weiß und grün, dreieckig oder rund sein können, als ein Stück Wachs. Wir müssen mithin nothwendig den Schluß ziehen, daß die Schönheit eine immaterielle, übersinnliche, rein intelligible Beschaffenheit der Dinge ist; daß folglich weder die Thiere, noch auch das menschliche Auge, das Ohr, die Phantasie, als Vermögen für das Körperliche, sie wahrnehmen, sondern einzig und allein der erkennende Geist. Schöne Dinge sind dem Auge sichtbar, dem Ohr vernehmbar, der Phantasie erfaßbar, aber nicht die Schönheit der Dinge.

Dasselbe lehrt mit ausdrücklichen Worten der heilige Augustin: „Es gibt viele schöne Dinge, die sichtbar sind: allein die Schönheit, d. h. die Beschaffenheit, wodurch sie schön sind, ist durchaus unsichtbar. Eben so gibt es viele nützliche Dinge, die sichtbar sind: aber die Nützlichkeit selbst ist unsichtbar" [1]. Und vor ihm hatte es Cicero ausgesprochen: „Die Schönheit, die Anmuth, die harmonische Bildung auch der körperlich sichtbaren Dinge, nimmt kein anderes sinnliches Wesen wahr, als nur der Mensch" [2]. Auf dieser Ueberzeugung beruhte auch das bittere Wort des gewaltigen

---

1) Quamquam sint multa pulchra visibilia, quae minus proprie honesta appellantur, ipsa tamen pulchritudo, ex qua pulchra sunt quaecunque pulchra sunt, nullo modo est visibilis. Item multa utilia visibilia, sed ipsa utilitas, ex qua nobis prosunt quaecunque prosunt, quam divinam providentiam dicimus, visibilis non est. Aug. de divers. qq. LXXXIII. q. 80.

2) Eorum ipsorum quae aspectu sentiuntur, nullum aliud animal pulchritudinem, venustatem, convenientiam partium sentit. Cic. de offic. l. c. 4. n. 14.

Redners gegen Verres in der Rede „über die Bilder". Verres hatte auf Sicilien die Werke der schönen Kunst mit einer Wuth geraubt und an sich gebracht, die selbst seine Freunde Krankheit und Wahnsinn nannten. „Außerordentlich viel Geist freilich gehört dazu gerade nicht," sagt Cicero schneidend, „aber dennoch habe ich nie begreifen können, wie dieser Räuber für solche Dinge Sinn haben sollte, da ich wußte, daß er gar nichts von einem Menschen hat. Endlich wurde es mir klar, daß er zu den Räubereien nur seine Hände hergab, und sich der Augen anderer bediente"[1]).

3. Man könnte vielleicht versucht sein gegen den vor-stehenden Beweis einzuwenden, derselbe stütze sich auf die Annahme, daß sich die Schönheit sowohl in rein geistigen als in körperlichen Substanzen finde. Nun sei sie aber im eigentlichen Sinne nur eine Eigenschaft der letzteren; das Uebersinnliche werde nur der Analogie nach, nur metapho-risch und im uneigentlichen Sinne schön genannt.

Die Zeugnisse, welche wir bald anzuführen Veranlassung haben werden, enthalten den unwidersprechlichen Beweis, daß diese Behauptung der allgemeinen Anschauung durchaus zu-wider, daß sie mithin falsch ist. Allein wir haben nicht nöthig auf dieselben zu verweisen. Nehmen wir an, die Schönheit im eigentlichen Sinne des Wortes komme nur körperlichen Dingen zu. In dieser Voraussetzung würde sie immer noch wenigstens zwei verschiedenen Ordnungen körper-licher Dinge eigen sein: solchen die das Auge, und anderen, die das Ohr wahrnimmt. Wenn aber dem also ist, wenn in der ganzen Welt sowohl ein vortreffliches Gemälde als etwa eine Beethoven'sche Symphonie für schön gilt, dann

---

1) Ego antea .... mirari solebam, istum in his ipsis rebus ali-quem sensum habere, quem scirem nulla in re quidquam simile hominis habere. Cic. de signis c. 14. n. 33.

müssen beide, das Gemälde und die Symphonie, eine wahr=
nehmbare Eigenthümlichkeit gemein haben, in welcher eben
die Schönheit liegt. Denn so oft wir ein und dasselbe
Prädikat im eigentlichen Sinne mehreren Dingen zusprechen,
drücken wir durch dasselbe ein Merkmal oder eine Eigenschaft
aus, die sich ihrem Wesen nach gleichmäßig in allen findet.
Weiß z. B. sind nur jene Dinge, welche die weiße Farbe
gemein haben, kugelförmig diejenigen, deren gemeinsame Ge=
stalt die Kugel ist. Das Objekt des Gesichtssinnes also,
sagen wir, und jenes des Gehörs müssen, insofern beide
schön sind, in einer wahrnehmbaren Beschaffenheit übercin=
stimmen, um deren willen wir ihnen die Schönheit zusprechen.
Nun nimmt aber das Ohr von dem Gemälde gar nichts
wahr, und eben so wenig das Auge von der Musik. Was
folgt daraus? Daß jene, beiden gemeinsame Eigenthümlich=
keit, vermöge deren sie schön genannt werden, weder dem
Auge noch dem Ohr wahrnehmbar sein kann. Denn wäre
sie es für das erstere, dann müßte der Gesichtssinn von der
Musik etwas wahrnehmen, und in gleicher Weise, wäre sie
es für das letztere, das Gehör von dem Gemälde. Gemein=
sam sind der Symphonie und dem Bilde, sind überhaupt den
Objekten verschiedener äußerer Sinne keine anderen Eigen=
schaften als solche, die sich den Sinnen entziehen und allein
von der Vernunft erkannt werden [1]). Nur unter diesen
haben wir mithin auch die Schönheit körperlicher Dinge zu
suchen: sie ist eine immaterielle Beschaffenheit.

Die Argumentation, deren wir uns hier bedient haben,
ist keine andere als jene, durch welche Sokrates im Hippias

---

1) Es gibt keine einzige sinnlich wahrnehmbare Beschaffenheit, welche von
zwei verschiedenen äußern Sinnen wahrgenommen werden könnte. „Quinque
sunt sensibilia, .. nec eorum aliquod plusquam ab uno sensu externo
percipi potest.“ Suar. de anima L. 3. c. 28. n. 1.

major den großſprecheriſchen Sophiſten von Elis ſeiner Un-
wiſſenheit überführt [1]). Plato wollte dadurch die Senſualiſten
ſeiner Zeit auf dem Gebiete der Schönheit zurückweiſen; auch
ihre Geſinnungsgenoſſen unter uns dürften der Dialektik des
griechiſchen Weiſen ſchwerlich etwas entgegenzuſtellen haben.

§. 2.

**Die Schönheit iſt zwar ein gemeinſamer Vorzug der materiellen
und der immateriellen Dinge; aber in den letzteren erſcheint
ſie in viel höherer Vollendung: die intelligible Welt, und
in dieſer die ethiſche Ordnung, iſt ihre eigentliche Sphäre.**

4. Nicht Einen Vorzug bewundern wir an den ſichtbaren
Dingen, der ſo unſtät wäre, der ſo raſch wieder verginge, als
ihre Schönheit. Der Frühling iſt unter den Jahreszeiten
die unzuverläßigſte und die kürzeſte. Die ſchönſten Kränze
welken am ſchnellſten, die lieblichſten Blumen verblühen
zuerſt. Je feiner die Frucht, deſto mehr bedarf es um ſie
vor Fäulniß zu ſchützen; je vollkommener ein Organismus,
um ſo leichter iſt er der Zerſtörung zugänglich. Die Nachtigall ſchlägt nicht drei Monate des Jahres. Die erhebendſten
Naturerſcheinungen dauern faſt nur Augenblicke: der Regenbogen, die Fata Morgana, die lichte Silberwolke, von den
Strahlen der ſcheidenden Sonne mit Gold umſäumt, der
lebensfrohe Schmetterling in dem zarten Schmuck ſeiner
lebendigen Farben, der Sonnenaufgang mit ſeiner Pracht,

----

1) Plato, Hipp. mai. ed. Bip. vol. 11. p. 45. Steph. p. 299. e.
Vgl. p. 41. und 54. ed. Bip.

mit seiner das Herz erweiternden Wonne, sie zeigen sich
gleichsam nur, um die Sehnsucht wachzurufen, und zu verschwinden ohne sie befriedigt zu haben.

> Wie im hellen Sonnenblicke
> Sich ein Farbenteppich webt,
> Wie auf ihrer bunten Brücke
> Iris durch den Himmel schwebt,
>
> So ist jede schöne Gabe
> Flüchtig, wie des Blitzes Schein;
> Schnell in ihrem düstern Grabe
> Schließt die Nacht sie wieder ein.

Auch an dem Menschen bewährt sich das, insofern er der
körperlichen Ordnung angehört und ihren Gesetzen unterworfen ist. „Wie Gras sind seine Tage, und wie die
Blume des Feldes sproßt er auf und verblüht. Der Wind
geht hin über sie, und sie bleibt nicht stehen, und man kennt
nicht mehr ihre Stelle"[1]. Göthe behauptet, der Mensch
befinde sich auf dem Gipfel seiner höchsten Schönheit nur
einen Augenblick; jedenfalls ist die Periode der vollen Blüte
auch im menschlichen Leben weit kürzer, als alle übrigen.
Würde es der Materie wohl so schwer sein, die Schönheit
festzuhalten, wenn diese nicht eine bessere Heimat hätte als
die sichtbare Welt?

Es ist eine bekannte Wahrheit, daß die körperliche Substanz, wenn sie gleich verschiedene rein intelligible Eigenschaften mit der geistigen gemein hat, dieselben doch nie in
jener Vollkommenheit besitzt wie die letztere. Das Sein, die

---

1) Pf. 102, 15.

Realität, die Einheit, die Erkennbarkeit, die Güte, sind ge=
meinschaftliche Attribute der Geister und der Körper; aber
wenn sie in beiden denselben Namen tragen und dem Wesen
nach übereinstimmen, so finden sie sich doch in viel höherer
Vollendung in der einfachen Substanz, als in der zusammen=
gesetzten, eben weil jene ihrer Natur nach viel vollkommener
ist. Dasselbe wird mithin auch in Rücksicht auf die Schön=
heit der Fall sein. Die geistige Substanz, als die weit vor=
züglichere, muß ihrer Natur nach für die Schönheit ein viel
größeres Maß von Empfänglichkeit besitzen; die Schönheit
muß, wie jeder andere intelligible Vorzug, in dem Geiste
eine Vollendung erreichen können, in welcher der Stoff sie
gar nicht mehr zu fassen im Stande ist.

Jede vernünftige Creatur lebt nun überdies in einer
doppelten, oder vielmehr in einer doppelseitigen, Sphäre.
Ihr Wesen und die eine Seite ihres Lebens bestimmen allein
die nothwendigen Gesetze der Natur, die Ideen der schaffen=
den Weisheit; die andere Seite dagegen ist das Produkt
zweier Faktoren: sie gestaltet sich durch das harmonische Zu=
sammenwirken, durch die unbegreifliche Einigung des ge=
schaffenen Willens mit dem Willen des Schöpfers. Diese
freie Einigung des Strebens, und dadurch des gesammten
Lebens, mit dem Wollen des unendlich Vollkommenen ist ihr
letztes Ziel, ihre eigentliche Vollendung; wie die Blüte und
die Frucht zum Samen, so verhält sich dieselbe zu jenem
Sein, welches ihr durch die unabänderlichen Gesetze der na=
türlichen Ordnung zu Theil wird. Dieser Vorzug, vermöge
dessen sie eben das als ihr Werk setzen kann und setzt, was
in der übrigen Schöpfung ausschließlich das Werk ihres
Urhebers ist, die Uebereinstimmung ihres gesammten Daseins
mit der absoluten Vollkommenheit, dieser Vorzug, sagen wir,
begründet vor allem ihren hohen Rang vor den übrigen
Creaturen, denen der Schöpfer keine Kraft zu erkennen ver=

ließ, und darum kein Vermögen zu wählen. Wenn darum
die intelligente Creatur groß erscheint in der physischen Ordnung, so ist sie in der ethischen unvergleichlich viel größer.
Ihre Vorzüge müssen also in dieser weitaus ihre höchste
Vollendung erreichen; und was von ihren Vorzügen im allgemeinen, das gilt auch von dem, welchen wir im Auge
haben, von der Schönheit.

5. Mit den beiden Sätzen, welche wir hier bewiesen
haben, stimmen nun alle diejenigen überein, welche wir in
einer Untersuchung über die Schönheit als Auktoritäten anzuerkennen, sollen wir sagen genöthigt, oder befugt sind. Es
ist der Mühe werth, daß wir sie einzeln hören.

Plotin spricht unsere Lehre wiederholt mit klaren Worten
aus. In der Abhandlung über die Schönheit zählt er eine
Menge schöner Gegenstände auf, die theils der körperlichen
theils der intellektuellen Ordnung angehören; darauf fährt
er fort: „Die Schönheit der Seele ist jegliche Tugend: und
sie ist schön in vollerem Sinne des Wortes, als alle vorher
genannten Dinge"[1]). Zu derselben Ansicht bekennen sich
mit ihrem Begründer alle übrigen Anhänger der neuplato-
nischen Philosophie.

Bei Cicero lesen wir, „die (geistige) Schönheit sei Eins
mit der Tugend, und es bestehe zwischen beiden nur ein
virtueller Unterschied"[2]); darauf gibt er, als die gewöhnliche, diese Erklärung: „Schön ist das, was der Würde des
Menschen entspricht, was jenen seinen natürlichen Vorzügen

---

1) Κάλλος μὲν οὖν ψυχῆς ἀρετὴ πᾶσα, καὶ κάλλος ἀληθινώτερον
ἢ τὰ πρόσθεν. Plotin. de pulchrit. c. 1. ed. Bas. 51. E. Creuzer 10.

2) Ut venustas et pulchritudo corporis secerni non potest a valetudine; sic hoc de quo loquimur decorum, totum illud quidem est cum
virtute confusum: sed mente et cogitatione distinguitur. De offic. 1.
c. 27. n. 95.

gemäß ist, durch die er sich von den übrigen sinnlichen Wesen unterscheidet" [1]). Wenn in diesen Worten unser Satz minder klar ausgesprochen ist (er ließe sich indessen unschwer daraus folgern), so trägt Cicero ihn an einer anderen Stelle um so entschiedener vor: „Von dem Weisen sagt man mit Recht, daß er schön sei; denn die Züge des Geistes sind schöner als die des Leibes" [2]).

Noch weiter ging die Schule des Zeno, wenn sie an dem Grundsatze festhielt „allein der Weise sei schön" [3]). „Könnten wir sie sehen," schrieb in diesem Geiste Seneca an den Lucilius, „könnten wir sie sehen, die Seele des Guten, wie schön, wie heilig, wie leuchtend zugleich in Würde und Anmuth müßte sie vor uns stehen! . . . Niemand würde sein, dessen Herz nicht heiße Liebe zu ihr entflammte. Jetzt freilich hemmen vielerlei Dinge unsern Blick, blenden unser Auge durch zu starken Glanz, oder umgeben es mit Finsterniß. Aber hat man nicht Mittel, wodurch man das Auge des Leibes zu schärfen und zu reinigen pflegt? eben so würden wir, wenn wir nur von unserm inneren Auge den Schleier wegnehmen wollten, die Tugend zu schauen im Stande sein,

— —

1) Decorum id esse, quod consentaneum sit hominis excellentiae, in eo, in quo natura eius a reliquis animantibus differat. l. c. n. 96. Der heilige Thomas (S. 2 2. p. q. 142. a. 2. c.) liest statt decorum pulchrum.

2) (Sapiens) recto etiam pulcher appellabitur; animi enim lineamenta sunt pulchriora quam corporis. De finb. 3. c. 22. n. 75.

3) Stoici . . . asseverabant, a sensibus animum concipere notiones, quas appellant ἐννοίας earum rerum scilicet quas definiendo explicant; hinc propagari atque connecti totam discendi docendique rationem. Ubi ego multum mirari soleo, quum pulchros dicant non esse nisi sapientes, quibus sensibus corporis istam pulchritudinem viderint, qualibus oculis carnis formam sapientiae decusque conspexerint. Aug. de civit. Dei 8. c. 7.

auch da, wo noch der Leib sie verdeckt, Armuth sie verbirgt,
Niedrigkeit und Schmach sie umschalten. Ja schauen würden
wir sie, diese Schönheit, auch unter niedriger Hülle¹). Aber
auch die Erbärmlichkeit der matten kraftlosen Seele würde
uns sichtbar werden, so sehr sie auch der Glanz des Reich-
thums umschimmert, und das falsche Licht, hier des Geldes,
dort der Macht, unser Auge zu blenden sucht. Dann würden
wir verstehen, wie verächtlich das ist was wir bewundern,
Kindern gleich, die jede Spielerei glücklich macht. Ein Ring
oder ein Armband, die man um ein kleines Stück Geld
kauft, ist ihnen lieber als Geschwister und Eltern . . . Wir
bewundern mit dünnem Marmor bekleidete Wände: wir be-
trügen unsere Augen, indem wir ja wissen was darunter
liegt. Und wenn wir die Decken unserer Säle vergolden,
freuen wir uns da nicht der Lüge? es ist uns ja nicht unbekannt, daß das Gold nur faules Holz bedeckt. Doch nicht
Wände und Decken allein pflegt man mit einem dünnen
Glanz zu überziehen; schau' alle jene, die in der Welt etwas
gelten: ihre ganze Herrlichkeit ist Vergoldung. Oeffne die
Augen, und du wirst sehen, wie viel Erbärmlichkeit unter
der dünnen Glanzschicht sich birgt"²).

Wir haben also für unseren Satz schon die Auktorität
von drei der vorzüglichsten philosophischen Richtungen des
helldenischen Alterthums. Wie vielfach auch die Gegensätze
waren, in welchen sich die Stoa, die neue Akademie und der
Neuplatonismus bekämpften, in diesem Punkte stimmten sie

---

1) Cornemus, inquam, pulchritudinem illam, quamvis sordido
obtoctam.

2) Nec tantum parietibus aut lacunaribus ornamentum tenue prae-
tenditur: omnium istorum quos incedere altos vides bracteata felicitas
est. Inspice, et disces sub ista tenui membrana dignitatis quantum
mali lateat. Seneca, ep. 115.

überein; und wie manchen Satz ſie vielleicht aus den Theorien Plato's verwerfen zu müſſen glaubten, in der Lehre
über die Schönheit hielten ſie an den Grundſätzen ihres
Meiſters feſt. Denn die ſokratiſche Philoſophie, wie Plato
ſie in ſeinen Dialogen niedergelegt, bildete allerdings unverkennbar die gemeinſchaftliche Quelle, aus welcher ſie ihre
Anſichten über das Schöne geſchöpft hatten, und unter dieſen
auch den Satz über welchen wir reden. Als Beleg dafür
nur einige Stellen.

„Das Unkörperliche," heißt es im Politikus, „iſt das
Schönſte und das Größte; aber nur der Vernunft iſt es
ſichtbar" [1]).

Im Eingange des Protagoras ſagt Sokrates dem Hetärus, er habe einen Mann geſehen, einen Fremden aus
Abdera, der viel ſchöner ſei als Alcibiades. Hetärus iſt
darüber ganz erſtaunt: „und dieſer Fremde war ſo ſchön,
daß du den Sohn des Clinias darüber vergeſſen konnteſt?"
„Beſter Mann," antwortet Sokrates, „wie ſollte ich den
nicht für ſchöner halten, der ſo über alles weiſe iſt?"

Theätet iſt nach der Beſchreibung im Eingange des
Dialogs, der ſeinen Namen trägt, häßlich von Geſtalt, wie
Sokrates ſelbſt. Im Verlauf der Unterredung ſagt dieſer
zu ihm: „Du biſt ſchön, Theätet, und keineswegs häßlich,
wie Theodorus von dir geſagt hat: denn wer ſchön redet,
der iſt ſchön und gut."

Aus ſolchen Anſchauungen geht denn, am Schluſſe des
Phädrus, das ſchöne Gebet des Sokrates hervor: „O lieber
Pan, und ihr anderen Götter dieſes Ortes, verleihet mir
daß mein Inneres ſchön werde, und das Aeußere mit dem

---

1) Τὰ γὰρ ἀσώματα κάλλιστα ὄντα καὶ μέγιστα λόγῳ μόνον,
ἄλλῳ δὲ οὐδενὶ δείκνυται. Plat. Politic. c. 26.

Inneren übereinstimme; laßt mich für reich den Weisen halten"[1]).

6. Die drei letzten Stellen aus Plato's Dialogen führt Clemens von Alexandria an, und setzt die erklärende Bemerkung hinzu: „Denn er (Sokrates) lehrte, die Tugend sei die Schönheit der Seele, ihre Häßlichkeit dagegen das Laster"[2]. Und wie die besseren Richtungen der heidnischen Spekulation, so bekannte sich auch die christliche Philosophie zu dieser Lehre. Eben am angeführten Orte beruft sich Clemens auf jene drei Worte des Sokrates und die ihnen zu Grunde liegende Anschauung Plato's, welche auch die der Stoa gewesen sei, in der Absicht, um zu beweisen, daß die Griechen viele ihrer Lehren der Theologie und den heiligen Büchern der Hebräer, der „βάρβαρος φιλοσοφία", entlehnt haben. Der Alexandriner betrachtete also diese Anschauung

---

1) Ὦ φίλε Πάν τε καὶ ἄλλοι ὅσοι τῇδε θεοί, δοίητέ μοι καλῷ γενέσθαι τἄνδοθεν· τἄξωθεν δὲ ὅσα ἔχω, τοῖς ἐντὸς εἶναί μοι φίλια. πλούσιον δὲ νομίζοιμι τὸν σοφόν. Phaedr. extr.

Ganz dieselbe Auffassung lag dem bekannten griechischen Sprachgebrauch zu Grunde, nach welchem καλός häufig schlechthin das sittlich Gute bezeichnet. Auch der heilige Paulus braucht es so Gal. 4, 18. und Röm. 7, 21, vgl. V. 18. Zwei andere Beispiele giebt Creuzer in der früher erwähnten Heidelberger Ausgabe des Plotin S. X. Der heilige Joannes von Damaskus nennt den Baum der Erkenntniß des Guten und Bösen „τὸ .. τῆς τοῦ καλοῦ τε καὶ κακοῦ γνώσεως ξύλον": und in den Anmerkungen zu den κεφάλαια παραινετικά des heiligen Nilus wird die Reue bestimmt: ἡ ἀπὸ τοῦ κακοῦ εἰς τὸ καλὸν μεταγωγή." Woher erklärt sich ein solcher Gebrauch eines Wortes, das an sich eine viel weitere Bedeutung hat? Allein aus der auch bei anderen Wörtern vorkommenden Erscheinung, daß der Name der Gattung antonomastisch auch der vorzüglichsten ihrer Arten beigelegt wird. Als die vorzüglichste Art der schönen Dinge galt den Griechen das sittlich Gute: darum nannten sie es, mit dem Namen der Gattung, καλόν.

2) Τὴν γὰρ ἀρετὴν τὸ κάλλος τῆς ψυχῆς ἔφη εἶναι· κατὰ δὲ τὸ ἐναντίον τὴν κακίαν αἶσχος ψυχῆς. Strom. 5. c. 14. ed. Potter. p. 705.

als eine solche, die dem Geiste der göttlichen Offenbarung durchaus gemäß sei, an welcher mithin auch die christliche Philosophie festhalten müsse. Und das konnte wohl auch keinem Zweifel unterliegen. Denn derselbe Geist, der durch Salomon in den Sprüchen uns erinnert hatte, daß „körperliche Anmuth bald vergeht und Schönheit eitel ist" [1]), derselbe begeisterte ja den Weisen, da er voll Bewunderung ausrief: „O wie schön ist ein keusches Geschlecht in seiner Klarheit!" [2]) Darum tritt diese Lehre, daß die Schönheit in der Sphäre der Geister ihren eigentlichen Sitz habe, daß sie nirgends in vollerem Glanze leuchte als in der ethischen Ordnung, bei den Vertretern der christlichen Wissenschaft wo möglich mit noch größerer Entschiedenheit hervor als bei den heidnischen Philosophen.

„Ein Mann welcher schön sein will," sagt abermals Clemens, „der schmücke das, was in dem Menschen das Schönste ist, den Geist, und lasse ihn mit jedem Tage an Schönheit zunehmen" [3]). Ausführlicher legt er wiederholt dieselbe Wahrheit den Frauen ans Herz. „Nicht mit den Gaukeleien einer trügerischen Kunst sollen sie sich das Gesicht einreiben; wir wollen sie eine andere, eine weise Kunst lehren, sich zu zieren. Die höchste Schönheit ist die innere, wie wir oft gesagt; wenn der heilige Geist die Seele schmückt, und seinen Glanz über sie ausgießt: Gerechtigkeit, Besonnenheit, Stärke, Selbstbeherrschung, Liebe zu allem was gut ist, und dazu Schamhaftigkeit, die lieblichste Farbe die je gesehen wurde [4]). Im Herzen also sollen sie ihren Schmuck tragen, durch Schönheit

---

1) Spr. 31, 30.
2) Wcish. 4, 1.
3) Ἀνδρὶ δὲ βουλομένῳ εἶναι καλῷ τὸ κάλλιστον ἐν ἀνθρώπῳ, τὴν διάνοιαν, κοσμητέον... Clem. Alex. Paedag. I. 3. c. 3. Potter. 284.
4) Clem. Alex. Paedag. 3. c. 11. Potter. 291.

des inneren Menschen sich empfehlen. Denn allein in der Seele hat die Schönheit und die Häßlichkeit ihren Sitz: darum ist allein der Rechtschaffene wahrhaft schön und gut"[1]).

Die treue Befolgung dieser Vorschrift der christlichen Ethik rühmt Gregorius von Nazianz an seiner Mutter und an seiner Schwester. „Sie liebte nicht den Putz," sagt er von der letzteren, der heiligen Gorgonia; „ohne Schmuck zu sein, das war ihre Schönheit"[2]). Von der heiligen Nonna aber, seiner Mutter, redet er also: „Andere Frauen sind stolz auf ihre Schönheit, mag sie nun Werk der Natur sein oder der Kunst. Sie kannte nur Eine Schönheit, die Schönheit der Seele, das Streben, in ihrem Herzen nach Kräften das Ebenbild Gottes zu bewahren oder wieder aufzufrischen; durch Schminke und andere Künste sich zu zieren, überließ sie den Schauspielerinnen"[3]).

Schlechthin ethische Schönheit, die der natürlichen Ordnung angehört, hat vor dem Christenthum keinen besonderen Werth; die eigentliche Schönheit des Christen ist übernatürlich. Darum hörten wir schon vorher von Clemens die Schönheit der Seele als das Werk des heiligen Geistes darstellen. Vernehmen wir jetzt des großen Alexandriners größeren Schüler, wie er voll Begeisterung diese übernatürliche Schönheit erhebt. „Wer es erfaßt hat," spricht er, „was jene Schönheit der Braut ist, welche der Bräutigam liebt, der Sohn Gottes selbst, jene Herrlichkeit der Seele

---

1) Χρὴ γὰρ εἶναι κοσμίας ἔνδοθεν, καὶ τὴν ἔσω γυναῖκα δεικνύναι καλήν. ἐν μόνῃ γὰρ τῇ ψυχῇ κατοπτεύεται καὶ τὸ κάλλος καὶ τὸ αἶσχος· διὸ καὶ μόνος ὁ σπουδαῖος καλὸς κἀγαθὸς ὄντως ἐστί. Clem. Al. Paedag. 2 c. 12. Potter. 243.

2) Ἀκαλλώπιστος (ἦν), καὶ τοῦτο κάλλος αὐτῇ, τὸ ἄκοσμον. Orat. 8. al. 11. in laud. Gorgon. n. 3. ed. Maur. 219.

3) Greg. Naz. or. 18. al. 19. funebr. in patr. n. 8. ed. Maur. 335.

2 *

fage ich, die da leuchtet in überirdischer, in mehr als himmlischer Schöne; der wird sich schämen, mit demselben Namen,
der Schönheit, noch die Leibesschönheit eines Weibes, eines
Jünglings, eines Mannes zu ehren: denn die eigentliche
Schönheit faßt ja das Fleisch nicht [1]), das da nichts ist als
Häßlichkeit. Denn alles Fleisch ist wie Gras, und seine
Herrlichkeit, jene die als die so genannte Schönheit am Weibe
oder am Jüngling das Auge fesselt, ist einer Blume gleich,
wie der Prophet spricht: ‚Alles Fleisch ist wie Gras, und
all' seine Herrlichkeit wie die Blume des Feldes. Das Gras
wird welk und die Blume fällt ab: aber das Wort des
Herrn bleibt in Ewigkeit'‛[2]).

Eine solche Auffassung von dem Werthe der Schönheit des Leibes vorausgesetzt, kann es uns nicht sehr befremden, wenn uns bei mehreren kirchlichen Schriftstellern,
namentlich bei den älteren, die Ansicht begegnet, der
menschgewordene Sohn Gottes sei seiner körperlichen Gestalt nach nicht schön gewesen. Die Worte des Jsaias
53, 2. 3. beziehen sie nicht ausschließlich auf die Zeit
seines Leidens, sondern überhaupt auf seine Erscheinung
dem Leibe nach. Nicht als ob der Herr, auch in seiner
äußeren Erscheinung, nicht voll Würde und Majestät, voll
herzgewinnender Liebenswürdigkeit gewesen wäre; aber jenen
Vorzug, oder vielmehr jenen Schatten eines Vorzugs, wollte
er nach ihrer Ansicht nicht an sich tragen, welcher in den
Augen des fleischlich gesinnten Menschen das Höchste zu
sein pflegt. „Der Herr selbst, sagt Clemens von Alexandria,
war seiner äußeren Gestalt nach unschön, wie durch Jsaias
uns der heilige Geist bezeugt: ‚Wir haben ihn gesehen, und

---

1) Τὸ γὰρ κυρίως κάλλος σάρξ οὐ χωρεῖ.
2) Orig. de oratione n. 17. ed. Maur. p. 226.

es war nicht Wohlgestalt an ihm noch Schönheit; ohne Zier war seine Gestalt, unscheinbar vor den Menschen" (Is. 53, 2. 3.) Und doch, was ist liebenswürdiger als der Herr? Aber nicht durch Schönheit des Fleisches zeichnete er sich aus, die da nur Schein ist, sondern durch die wahre Schönheit der Seele und des Leibes; jene ist die Liebe, die des Fleisches ist Unsterblichkeit"[1]. An einer anderen Stelle heißt es: „Nicht ohne Grund wollte der Herr in unscheinbarer Gestalt erscheinen: damit nämlich nicht etwa seine Wohlgestalt und äußere Schönheit unsere Augen so auf sich zöge, daß wir darüber seine Worte unbeachtet ließen; damit wir nicht das Unsichtbare vergäßen, indem wir unsere Liebe dem zuwendeten, was vergänglich ist"[2]. In demselben Geiste erklärt der heilige Basilius die Worte des Psalmisten, wenn dieser (Ps. 44, 5.) die Schönheit des menschgewordenen Sohnes Gottes erhebt. „Mit deiner Schönheit", das heißt, mit deiner unsichtbaren Gottheit. Denn das ist die wirkliche Schönheit[3]), jene, welche über alle menschliche Wahrnehmung und Fassungskraft hinausliegt, und nur dem betrachtenden Geiste sich offenbart. Die Jünger erkannten seine Schönheit, wenn er ihnen die Gleichnisse erklärte; Petrus und die Söhne des Donners schauten dieselbe sichtbar auf dem Berge, da sie hervorbrach, strahlender als der Glanz der Sonne, da sie gewürdigt wurden, das erste Leuchten seiner glorreichen Erscheinung mit ihren Augen zu sehen"[4].

---

1) ... Ἀλλ' οὐ τὸ κάλλος τῆς σαρκός, τὸ φαντασματικόν, τὸ δὲ ἀληθινὸν καὶ τῆς ψυχῆς καὶ τοῦ σώματος ἐνεδείκνυτο κάλλος τῆς μὲν τὸ ἐνεργητικόν, τὸ δὲ ἀθάνατον τῆς σαρκός. Clem. Al. Paedag. l. 3. c. 1. extr. Potter. 252.

2) Clem. Al. Strom. l. 6. c. 17. Potter. 818.

3) τὸ ὄντως καλόν.

4) Bas. in ps. 44. n. 5. Aehnliche Gedanken über die Gestalt des Herrn, wie hier namentlich Clemens, äußern noch, mehr oder weniger entschieden, Justin

Es geht aus diesen Stellen klar genug hervor, wie die
Heroen der wahren Wissenschaft im christlichen Alterthum von

(dial. com Tryph. p. 181. 186. ed. Maur.), Tertullian (de carne Christi
c. 9, contr. Jud. c. 14.), Cyprian (adv. Jud. l. 2.), Cyrillus von Alexandria
(Glaphyr. in Exod. l. 1. u. 4. ed. Aubert. p. 250.); man vgl. auch unten
N. 20. die Worte des h. Basilius (in ps. 44. n. 4.)

Uebrigens führen wir diese Meinung nicht an, als ob wir dieselbe für maß-
gebend hielten. Auf eine irgend zuverlässige Ueberlieferung stützt sie sich nicht:
denn eine solche gab es in der Kirche weder über das Aeußere Christi, noch über
das seiner heiligsten Mutter, wie der h. Augustin (de Trin. l. 8. c. 4. 5.)
klar genug andeutet. Vielmehr dünkte sie das Resultat einer zu extremen Auffassung des Satzes von dem geringen Werthe der Leibesschönheit sein, welche sich
bei einer strengeren ascetischen Richtung leicht geltend machen konnte. Den
einzigen eigentlichen Beweis für ihre Meinung fanden die Vertreter derselben in
den Worten des Isaias (53. 2. 3.); das geht aus den angeführten Stellen
schon hervor, und Origenes betont es mit besonderem Nachdruck contr. Celsum
l. 6. n. 75. 76. (ed. Maur. p. 689. 690.) Aber die Worte des Propheten
nöthigen in keiner Weise zu einer solchen Annahme, wie dies schon Theodoret
(in ps. 44. 3. ed. Schulze p. 888.) und vor ihm der h. Chrysostomus (in
Matth. 8, 18. hom. 27. al. 28. n. 2.) hervorheben. Chrysostomus sagt
(a. a. O.) ausdrücklich: „Nicht nur wenn er Wunder wirkte, zog der Herr aller
Augen auf sich; sondern seine bloße gewöhnliche Erscheinung war voll der höchsten Anmuth und Liebenswürdigkeit, nach den Worten des Psalmes (44, 3.):
„Schön bist du an Gestalt, mehr als die Kinder der Menschen; Anmuth ist ausgegossen über deine Lippen.‟ Und diese Ansicht wurde denn auch von jener
Zeit an in der Kirche und in der kirchlichen Kunst die herrschende; man dachte
sich den Herrn und man stellte ihn dar als ein Ideal vollkommener menschlicher
Schönheit. Hierfür sprach schon die, mehr die rechte Mitte haltende, Auffassung
von der Bedeutung der äußern Schönheit, wie sie uns bereits bei Ambrosius
(de off. l. c. 19.) und Augustinus (de vera relig. c. 21.) begegnet (s. unten,
N. 7.) Eine genaue Beschreibung des Erlösers in diesem Sinne findet sich in
dem Briefe an den Kaiser Theophilus „über die heiligen verehrungswürdigen
Bilder,‟ welcher dem h. Joannes von Damascus zugeschrieben wird, nach Com-
befis und Lequien aber von drei orientalischen Patriarchen herrühren soll. Dort
wird berichtet, der Gottmensch sei in seinem Aeußern seiner jungfräulichen Mutter
vollkommen ähnlich gewesen; Constantin habe sein Bild malen lassen, „wie ihn
die alten Geschichtschreiber schildern: nach diesen aber war er von hohem Wuchse,
hatte schöne Augen, zusammengewachsene Augenbrauen, eine große Nase, krauses

der Schönheit dachten: ganz so, wie wir es in der Ueberschrift dieses Paragraphen ausgesprochen haben. Die eigentliche, die wirkliche, die wahre Schönheit, τὸ κυρίως κάλλος
wie sich Origenes, τὸ ὄντως καλόν wie sich Basilius der
Große, τὸ ἀληθινὸν κάλλος wie sich Clemens ausdrückt und
mit ihm alle Richtungen der platonischen Weisheit, das ist
die Schönheit der Geister, in der wahren Vollendung der
intelligenten Creatur, in der vollkommenen Harmonie ihres
Sinnes und ihres Strebens mit der Weisheit und Liebe
Gottes. Freilich, der Sensualismus und der Materialismus,
die Philosophie des Fleisches, vermag sich zu solchen Ideen
nicht zu erschwingen; sie hat keine Begriffe für Wesen, die
sich nicht mit Händen greifen lassen, und es kömmt ihr vor
wie ein Traum, wenn sie von einer unsichtbaren Schönheit
reden hört. Aber wer hat geträumt, jene großen Geister,
deren Licht jetzt schon durch Jahrtausende der Menschheit
leuchtet, oder diese wortreichen gedankenarmen Männer der
Wissenschaft von gestern, die uns zu beweisen suchen (und
es gelingt ihnen fürwahr), daß sie alles Geistes baar sind,
und wie die Thiere kein höheres Vermögen haben als eine
träumende Phantasie? Doch es ist hier noch nicht der Ort,
uns mit ihnen einzulassen.

7. Nicht anders als die griechischen Väter dachten über
unsern Gegenstand die beiden Säulen der abendländischen
Kirche in Hippo und Mailand. Nach Augustinus ist „die
ganze Schönheit der Seele Tugend und Weisheit"[1]); nach

Haupthaar, lange Finger, den Nacken etwas gebogen, einen dunkeln Bart, ein
blühendes Aussehen, eine gelbliche (σιτόχροος weizenfarbig) Hautfarbe, wie
seine Mutter; seine Stimme tönte voll und schön, seine Rede war freundlich und
herzgewinnend, seine Erscheinung trug das Gepräge der Ruhe, der Milde, der
Sanftmuth und Geduld." (Opp. S. Jo. Damasc. ed. Loquien I, p. 631.)

1) Totum quod pulchrum est in anima virtus et sapientia est. In
ps. 58 serm. 1. n. 13.

Ambroſius iſt „die Schönheit der Seele lautere Tugend, Er=
kenntniß der himmliſchen Wahrheit ihre Zier"[1]). Schönheit
des Leibes hat ihren Werth. „Wir ſetzen die Tugend nicht
in körperliche Schönheit, aber wir ſchließen darum äußere
Anmuth nicht aus: pflegt ja auch die Züchtigkeit ſelbſt die
Wangen mit Schamröthe zu übergießen, das Auge zu ver=
ſchönern. Und gleichwie der Künſtler beſſer arbeitet im ge=
fügigeren Stoff, ſo leuchtet jene ſchöner in der ſchöneren
Form"[2]). Aber unvergleichlich höher als ſie ſteht doch immer
die Schönheit der Seele. „Dem Citherſpieler gleich, aber
wenn ſie anders nüchtern iſt nur mit der Spitze der Finger,
rührt die Seele wie muſikaliſche Saiten das Gemüth und
die Sinnlichkeit, und läßt in harmoniſchen Akkorden die
Tugendgefühle und die Regungen des Herzens ertönen, indem
ſie bei jedem Gedanken, bei jedem Werke Sorge trägt, daß
all' ihr Streben und all' ihr Thun den Einklang wahre.
So iſt denn die Meiſterin die Seele, der Leib das Inſtru=
ment; ſo iſt es ein anderes das gebietet, ein anderes das
dient: ein anderes was wir ſind, ein anderes was wir unſer
nennen. Liebt einer die Schönheit der Seele, ſo liebt er
uns; liebt einer die reizende Geſtalt des Leibes, ſo liebt er
nicht den Menſchen ſelbſt, ſondern die Schönheit des Flei=
ſches, die ſo bald verblüht und abfällt"[3]).

---

1) Pulchritudo autem animae sincera virtus, decus verior cognitio
supernorum. De Isaac et anima cap. 8. n. 78.

2) Nos certe in pulchritudine corporis locum virtutis non ponimus,
gratiam tamen non excludimus: quia verecundia et vultus ipsos solet
pudore obfundere, gratioresque reddere. Ut enim artifex in materia
commodiore melius operari solet, sic verecundia in ipso quoque corporis
decore plus eminet. Ambros. de officiis l. 1. c. 19. n. 83.

3) Anima in hoc corpore tamquam in fidibus musicis, quae sobria
est tamen summis ut ita dicam digitis, velut nervorum sonos. Ita pulsat

Und weil sie so bald verblüht und abfällt, eben darum
ist diese letztere nach St. Augustin nicht wahre sondern
„falsche“ Schönheit [1]), „der niedrigste, der unterste Grad der
Schönheit“ [2]), „ein vergängliches, fleischliches Gut, das
kleinste, das niedrigste“ [3]), „häßlich im Vergleich mit der
Schönheit der Seele“ [4]). Darum „läßt Gott sie auch den
Bösen zu Theil werden, damit die Guten nicht glauben, sie
sei ein hohes Gut“ [5]). Darum nennt der heilige Geist sie
Eitelkeit. Nicht als ob sie es ihrer Natur nach wäre: sondern „in Folge der Verkehrtheit der Seele, welche die Sünde
ist und die Strafe der Sünde, wird jede körperliche Creatur
das was Salomon sagt: ‚Eitelkeit der eitlen Geister und
nichts als Eitelkeit . . .‘ Nicht ohne Grund hat er hinzu
gesetzt ‚der eitlen Geister‘; denn nimmst du die eitlen Geister
weg, die da dem Niedrigsten nachlaufen als wäre es das
Höchste, dann ist der Leib nicht Eitelkeit, sondern es leuchtet
auch an ihm entsprechende Schönheit, aber freilich die

---

carnis istius passiones, ut consonum reddat morum atque virtutum
consentientemque concentum; ut in omnibus cogitationibus suis, in
omnibus operibus id custodiat, ut omnia consilia et facta sibi concinnant.
Anima est ergo quae utitur, corpus quod usui est; ac per hoc aliud
quod in imperio, aliud quod in ministerio: aliud quod sumus, aliud
quod nostrum est. Si quis animae pulchritudinem diligit nos diligit:
si quis corporis decorem diligit, non ipsum hominem, sed carnis diligit
pulchritudinem, quae tamen cito marcescit et definit. Ambr. de bono
mortis c. 7. n. 27.

1) „Falsa“. Epist. 9. al. 151. ad Nebridium n. 4.

2) „Pulchritudo ima, extrema.“ De vera relig. c. 40. n. 74. 75.

3) „Bonum minimum, temporale, carnale, infimum.“ De civit. Dei
15. c. 22. — Contra epist. Manichaei c. 42.

4) (Homo) interior exteriorem respicit, et in sua comparatione
foedum videt . . . De vera relig. c. 40. n. 74.

5) Quod bonum Dei quidem donum est: sed propterea id largitur
etiam malis, ne magnum bonum videatur bonis. De civit. Dei 15. c. 22.

niedrigste" 6). Darum endlich ist es nicht zunächst die Schön=
heit des Leibes, sondern die viel vorzüglichere der Seele, die
Gerechtigkeit, durch welche wir Gott ähnlich sind und seiner
Schönheit Wiederschein. „Was ist die Gerechtigkeit, so sie
in unserem Herzen wohnt, was ist jegliche Tugend durch
die wir recht und weise leben anders, als die Schönheit des
innern Menschen? Und fürwahr, viel mehr durch diese
Schönheit als dem Leibe nach sind wir geschaffen nach dem
Bilde Gottes . . . . Wenn wir also die Schönheit des
Geistes nicht in körperlicher Ausdehnung finden, nicht in der
angemessenen Stellung verschiedener Theile, sondern in der
unsichtbaren Tugend, in der Gerechtigkeit, und wenn es diese
Schönheit ist, die das Bild Gottes in uns erneuert, dann
dürfen wir fürwahr auch die Schönheit Gottes selbst, der
uns nach seinem Bilde gemacht hat und wieder macht, nicht
in körperlicher Masse und Ausdehnung suchen; dann müssen
wir auch dafür halten, daß er eben darum unvergleichlich
schöner ist als die Seelen der Gerechten, weil er unvergleich=
lich gerechter ist als sie" 1).

---

6) Illac ergo perversitate animae, quae contingit peccato atque
supplicio, fit omnis natura corporea illud quod per Salomonem dicitur:
Vanitas vanitantium, et omnia vanitas . . . Neque enim frustra est
additum, *vanitantium*, quia si vanitantes detrahas, qui tanquam prima
sectantur extrema, non erit corpus vanitas; sed in suo genere, quamvis
extremam, pulchritudinem sine ullo errore monstrabit. De vera relig.
c. 21. n. 41.

1) Quid est autem aliud iustitia, quam in nobis est, vel quaelibet
virtus qua recte sapienterque vivitur, quam interioris hominis pulchritudo? Et certo secundum hanc pulchritudinem magis quam secundum
corpus facti sumus ad imaginem Dei. . . . Si ergo non in mole neque
in distantibus per loca sua partibus, sicut corpora sive cernuntur sive
cogitantur, sed in virtute intelligibili, qualis est iustitia, mentem dicimus, seu novimus, seu volumus pulchram, et secundum hanc pulchritudinem reformamur ad imaginem Dei: profecto ipsius Dei, qui nos

Nicht viel weniger als acht Jahrhunderte später sprach dieselbe Wahrheit, die Lehre des Augustinus und des Ambrosius,
des Gregorius und Basilius, des Clemens und Origenes,
des Sokrates und seiner Schüler, mit derselben Entschiedenheit
der letzte Kirchenvater aus, der Heilige von Clairvaux. „Was
ist unter allen äußeren Vorzügen des Menschen, das im
Vergleich mit der Schönheit der gerechten Seele nicht gering
und häßlich erschiene dem, der richtig schätzen gelernt hat?
Und was hat sie aufzuweisen, die Gestalt dieser Welt die
da vorübergeht, das gleich käme der Schönheit jener Seele,
welche das Kleid des alten Menschen von Erde abgelegt und
mit der Zier dessen sich umkleidet hat, der vom Himmel
stammt; der Seele, welche statt des Geschmeides Tugend
schmückt, die höher ist und reiner als der Himmel, und heller
als die Sonne leuchtet?" [1])

Wir wissen nicht, womit wir nach allem diesem passender
schließen könnten, als mit der vortrefflichen Mahnung jenes
Lehrers, den wir noch nicht vernommen haben, des heiligen
Joannes Chrysostomus. „„So lieblich, sprichst du, ist das
Gesicht, es ist so blühend!" Blüht nicht lieblich auch die
Blume der Erde? muß sie nicht dennoch welken? So schaue

---

formavit et reformat ad imaginem suam, non in aliqua mole corporea
suspicanda est pulchritudo; eoque iustorum mentibus credendus est
incomparabiliter pulchrior, quo est incomparabiliter iustior. Epist. 120.
al. 222. ad Consentium c. 4. n. 20.

1) Quid namque eorum quae in facie lucent, si internae cuispiam
sanctae animae pulchritudini comparetur, non vile ac foedum recto
appareat aestimatori? Quid, inquam, tale in se ostendit ea quae prae-
terit figura huius mundi, quod aequare speciem animae possit illius,
quae exuta terreni hominis vetustatem, eius qui de coelo est decorem
induit, ornata optimis moribus pro monilibus, ipso purior sicut et ex-
celsior aethere, sole splendidior? Bern. in Cant. serm. 27. n. 1. Vgl.
auch serm. 45. n. 2.

denn auch hier nicht auf die blühende Gestalt, sondern dringe
tiefer ein mit deinem Geiste; wende den Gedanken ab von
jener schönen Oberfläche, und frage was sich darunter birgt.
. . . . . ‚Aber das Auge ist so voll Ausdruck und so weich,
so fein geschnitten sind die Brauen, die Wimper so lieblich
gefärbt, der Blick so sanft, das Aussehen so mild und
fesselnd.‘ Bedenke abermals, daß alles dies nichts anderes
ist als Haut und Sehnen, Adern und Muskeln. Dann
denke dir dies schöne Auge vom Alter welk und matt, durch
Krankheit oder vor Kummer trübe, vom Zorn geschwollen
und entzündet; ist es da nicht widerlich? wird es nicht rasch
entstellt, verliert es seinen Glanz nicht schneller als ein
Bild? Und jetzt erhebe deinen Geist zu jener Schönheit,
welche die wahre Schönheit ist[1]). ‚Aber ich sehe ja die
Schönheit der Seele nicht,‘ erwiederst du. Du siehst sie,
so bald du nur willst. Denn gleichwie man schöne Menschen
im Geiste sich vorstellen und bewundern kann, auch wenn
sie nicht gegenwärtig sind, so kann man auch die Schönheit
der Seele ohne körperliche Augen schauen. Hast du nicht
oft schon im Geiste dir eine schöne Gestalt gemalt, und
fühltest du dich da von dem Gebilde nicht angezogen? So
male dir jetzt auch die Schönheit der Seele, und freue dich
ihrer Liebenswürdigkeit. ‚Aber was keinen Körper hat, sagst
du, das kann man ja nicht sehen.‘ Fürwahr, vollkommener
schaut unser Geist jenes, als körperliche Dinge. Bewundern
wir nicht auch die Engel und die Erzengel, die wir doch
nicht sehen? bewundern wir nicht ein edles Herz und eine
tugendhafte Seele? Du selbst wirst einen Menschen, den
Gerechtigkeit ziert und Selbstbeherrschung, mehr bewundern
als jenes schöne Gesicht. So du darum einen siehst der

---

1) ἐπὶ τὸ κάλλος τὸ ἀληθινόν.

Unterdrückung leidet, der Unbill und Verfolgung geduldig
trägt, dann liebe solche Menschen, statt sie bloß zu bewundern, und sollten sie auch vom Alter gebeugt und schwach
sein. O gewiß, eine solche Schönheit der Seele findet auch
im Alter noch viele Freunde und Bewunderer; denn sie wird
niemals welk, hört nimmer auf zu blühen. Nach solcher
Schönheit laßt uns alle trachten; und um selbst ihrer theilhaftig zu werden, laßt uns jene Seelen aufsuchen und lieben,
die sie besitzen" [1]).

§. 3.

**Als eine charakteristische Eigenthümlichkeit der Schönheit tritt
uns zunächst diese entgegen: Die Wahrnehmung schöner Dinge
macht uns Freude, die Betrachtung ihrer Schönheit gewährt
uns Genuß.**

8. Nach Leibnitz ist die Schönheit der Dinge jene Vollkommenheit derselben, vermöge deren ihre Erkenntniß, an
und für sich, ohne eine andere Rücksicht, unserem Geiste
Genuß gewährt; eben dieser geistige Genuß durch bloße Betrachtung bildet das unterscheidende Merkmal der Schönheit [2]).
Diese Beschreibung (denn eine eigentliche Erklärung kann
man sie offenbar nicht nennen) ist unbestreitbar vollkommen
richtig. Es ist Thatsache der Erfahrung eines jeden, dem

---

1) Chrysost. in epist. 2. ad Cor. hom. 7. Schluß.

2) Princeps horum (recentiorum philosophorum) Leibnitius, cuius
pauca quidem, sed fecundissima hac illac in suis operibus circa pulchrum leguntur. Ex his, mirabili cohaerentia doctrinae, luculentissima
pulchritudinis definitio colligitur, scilicet pulchritudinem esse rerum
perfectionem, quae, quatenus cognita, voluptate nos afficit, eaque dis-
cernitur. Cass. Baldinotti, Metaph. gen. n. 276.

nicht aller Sinn für Schönheit abgeht, daß wir schöne Gegenstände gern sehen, daß es uns Freude macht sie zu betrachten, daß ihre Anschauung uns angenehm ist, uns Vergnügen macht, nicht aus einem anderen Grunde, sondern
einzig weil und insofern sie schön sind. Wer das nicht
weiß, dem kann man's nicht beweisen. Aristoteles wurde
einst gefragt, warum wir mit schönen Menschen gern lange
verkehren. „So fragt ein Blinder"[1]) war die Antwort.
Der schöne Gesang der Sirenen bezauberte nach dem alten
Mythus alle die ihn vernahmen, kein Sterblicher konnte der
hinreißenden Süßigkeit dieses Wohlklangs widerstehen[2]).
An ähnlichen Zügen von der fesselnden Anziehungskraft der
Schönheit ist die griechische Mythologie bekanntlich reich.
Aber lassen wir die profanen Dichtungen einer Welt, welche,
bei aller Feinheit ihres Gefühls für das Schöne, in der
That doch immer im Hintergrunde die gröberen Reize des
sinnlichen Genusses finden mußte. Was war es anders als
die Seligkeit des Genusses in der Anschauung überirdischer
Schönheit, welche den Petrus überwältigte, da er, wie wir
oben Basilius den Großen sagen hörten, „von dem Herrn
gewürdigt wurde, mit den Söhnen des Donners auf dem
Berge das erste Aufleuchten seiner glorreichen Erscheinung
zu sehen," und nun trunken von Freude, alles andere ver-
gessend und „nicht wissend was er sagte"[3]) ausrief: „Herr,
hier ist gut sein für uns, hier laß uns Hütten bauen"?

Der Genuß, den uns die Wahrnehmung, die Anschauung
eines Gegenstandes gewährt, das ist das erste und das letzte,

----

1) Πρὸς τὸν πυθόμενον, Διὰ τί τοῖς καλοῖς πολὺν χρόνον ὁμι-
λοῦμεν; Τυφλοῦ, ἔφη, τὸ ἐρώτημα. Diog. Laert. vit. Arist. ed.
Bipont. p. 18.
2) Homer, Odyß. 12, 39. ff.
3) Luk. 9, 33.

woran wir benken wenn wir ihn schön nennen. „Magst bu
auch den Namen ber Schönheit gebrauchen," sagt der Neuplatoniker Maximus von Thrus, „immer drückst bu boch ben
Genuß aus. Denn die Schönheit würde nicht mehr Schönheit sein, wenn sie nicht mehr der Gegenstand hohen Genusses
wäre"[1]). Das ist auch die Lehre des heiligen Thomas.
„Schön," erklärt der Heilige, „nennen wir jene Dinge deren
Anschauung uns Genuß gewährt"[2]). Und an einer anderen
Stelle heißt es ausführlicher: „Es liegt in dem Begriff des
Schönen, daß das Begehrungsvermögen in seiner Anschauung
ober in seiner Erkenntniß Ruhe, Befriedigung findet . . . .
Schön nennen wir das, bessen Wahrnehmung uns Genuß
bringt"[3]).

§. 4.

**Erklärungen und Hülfssätze aus der Ethik. Vollkommene
und unvollkommene Liebe. Die erstere kann absolute ober
relative sein. Sie ist ihrer Natur nach immer genußbringend.
Grundlage für die folgende Untersuchung über das Wesen
der Schönheit.**

9. Wollen wir nun das Wesen der Schönheit und ihre
Elemente erkennen, dann müssen wir den Grund jener ihrer

---

1) *Κἂν γὰρ τὸ καλὸν εἴπῃς, ἡδονὴν λέγεις· σχολῇ γὰρ ἂν εἴη
τὸ κάλλος κάλλος, εἰ μὴ ἥδιστον εἴη.* Max. Tyr. dissert. 3. al. 33. n. 5.

2) S. 1. p. q. 5. a. 4. ad 1. „Pulchra enim dicuntur quae visa
placent." Daß das Wort placent hier die Bedeutung hat welche wir in der
Uebersetzung ausgedrückt haben, beweist das sogleich folgende unzweideutigere
(sensus) *delectatur.*

3) S. 1. 2. p. q. 27. a. 1. ad 3. „Ad rationem pulchri pertinet
quod in ejus aspectu, seu cognitione quietetur appetitus . . . . . Ita

Beziehung zu uns zu bestimmen suchen, den Grund jenes Genusses, welchen die Betrachtung schöner Dinge uns gewährt. Bevor wir aber auf diese Untersuchung eingehen, ist es nothwendig, daß wir einige Erklärungen aus der Moralphilosophie, über die Liebe, ihre Arten, und eine ihrer Eigenschaften vorausschicken.

Der heilige Thomas erklärt die Liebe im allgemeinen als „das Wohlgefallen an einem Gute"[1]). Man unterscheidet nun bekanntlich eine doppelte Liebe, eine vollkommene und eine unvollkommene. Der Freund liebt den Freund nicht um eines persönlichen Genusses oder Vortheils willen, den er durch ihn erlangt, sondern wegen der Vorzüge mit denen er ihn ausgestattet sieht; das ist vollkommene Liebe. Der Kaufmann dagegen liebt das Geld, nicht wegen einer inneren Vortrefflichkeit desselben, sondern weil es ihm die Mittel zum Gewinn und dadurch zu einem bequemen und ruhigen Leben bietet, weil es ihm Vortheil und Genuß bringt: das ist unvollkommene Liebe. Wir können also die doppelte Art der Liebe so auffassen und unterscheiden. Die vollkommene Liebe (auch wohlwollende Liebe oder Liebe des Wohlwollens, amor benevolentiae) ist das Wohlgefallen an einem Gegenstande, welches schlechthin aus der Rücksicht auf ihn, auf die ihm eigenen Vorzüge, entspringt; die unvollkommene Liebe dagegen (auch begehrende Liebe oder Liebe der Begierde, amor concupiscentiae) ist jenes Wohlgefallen an einem Gegenstande, das aus der Rücksicht auf den Vortheil oder den Genuß hervorgeht, welchen derselbe uns gewährt.

---

quod . . . pulchrum dicatur id cuius ipsa apprehensio placet." Man vergleiche mit dem ersten Satze die Worte S. 1. p. q. 5. a. 6. c. extr. „Id autem quod terminat motum appetitus ut quies in re desiderata, est delectabile."

1) Complacentia boni. S. 1. 2. p. q. 26. a. 2.

Liebe des Wohlwollens ist zunächst diejenige, welche jeder Mensch gegen sich selbst hegt und hegen soll. Richtet sie sich auf einen anderen, wird das Wohlwollen des Liebenden von dem Geliebten erwiedert, und ist diese gegenseitige Liebe beiden bekannt, dann wird sie zur eigentlichen Freundschaft (amor amicitiae.)

10. Wir haben die vollkommene und die unvollkommene Liebe in dem Vorhergehenden als zwei Arten einer Gattung betrachtet; und das sind sie in der That, wenn man jenen allgemeinen Begriff der Liebe, nach dem heiligen Thomas, voraussetzt, von welchem wir ausgegangen sind. Nicht selten wird aber an die Stelle jenes Gattungsbegriffs der Begriff der vorzüglicheren Art desselben, der vollkommenen Liebe, gesetzt. So sagt Thomas an einer anderen Stelle: „Lieben heißt jemanden wohlwollen" [1]), und beruft sich dabei auf Aristoteles Rhet. B. 2. Kap. 4, wo es heißt: „Setzen wir also die Liebe darein, daß wir jemanden das wünschen was nach unserem Dafürhalten gut ist, und zwar seinetwegen, nicht aus Rücksicht auf uns selbst; und daß wir nach Kräften bemüht sind ihm dies zu verschaffen" [2]). Faßt man diesen engeren Begriff als den Begriff der Liebe schlechthin, und erklärt man somit die Liebe für „das Wohlgefallen an einem Gegenstande um seiner selbst willen", so ist offenbar jenes Wohlgefallen, das aus der Rücksicht auf unseren Vortheil oder Genuß hervorgeht, keine Liebe mehr, sondern ihr Schatten, den man am füglichsten Begierde nennen kann (concupiscentia, ἐπιϑυμία), oder auch uneigentliche Liebe, im Gegensatz zu der vollkommenen, als der eigentlichen.

---

1) Amare est velle alicui bonum. S. 1. 2. p. q. 26. a. 4.

2) Ἔστω δὴ τὸ φιλεῖν τὸ βούλεσθαί τινι ἃ οἴεται ἀγαθά, ἐκείνου ἕνεκα, ἀλλὰ μὴ αὐτοῦ, καὶ τὸ κατὰ δύναμιν πρακτικὸν εἶναι τούτων. Arist. Rhet. 2, 4.

11. Daß die Liebe der Freundschaft nicht anders als zwischen vernünftigen Wesen denkbar ist, bedarf keiner Bemerkung. Auch die Liebe des Wohlwollens, deren Begriff die Gegenseitigkeit nicht einschließt, können wir doch zunächst und eigentlich nur gegen Personen hegen, nicht gegen unpersönliche Dinge. Nichtsdestoweniger wäre es ein Irrthum, wenn wir daraus den Schluß zögen, die letzteren wären nur der Gegenstand der uneigentlichen, der begehrenden Liebe. Ein Künstler, ein Schriftsteller, liebt seine Werke, weil sie die Frucht seines Geistes sind; ein Freund liebt das Bild seines Freundes; ein guter Sohn hält ein Andenken in Ehren, das ihm sein sterbender Vater hinterlassen hat, er liebt ein Geräth, etwa eine Dose, deren dieser sich zu bedienen pflegte, mag sie auch an sich fast werthlos sein; wird man behaupten wollen, das sei uneigentliche, begehrende Liebe? Freilich ist es auch nicht im vollen, im ersten Sinne des Wortes die vollkommene Liebe; aber diese ist ihre Wurzel, mit der begehrenden dagegen steht sie in gar keiner Verbindung.

Wir müssen die Sache so fassen. Die Theologen lehren uns, wo sie von den Heiligen und von ihren Reliquien und Bildern handeln, eine zweifache Verehrung unterscheiden: die absolute und die relative. Die Vorzüge, welche den Grund und den Gegenstand unserer Verehrung bilden, sind den Heiligen wirklich eigen; darum ist unsere Verehrung gegen diese eine absolute[1]). Die Reliquien dagegen und die Bilder der Heiligen haben in sich selbst, für sich betrachtet, gar nichts, um dessen willen sie unsere Verehrung in Anspruch nähmen. Aber die ersteren stehen in einer besonderen moralischen Beziehung zu den Heiligen, die Bilder stellen uns

---

1) Freilich nicht in dem Sinne, als ob das letzte Ziel derselben je ein anderes sein könnte, als die Urquelle aller erschaffenen Vollkommenheiten, Gott selbst.

dieselben dar: deshalb werden beide mit Recht der Gegenstand unserer Verehrung; jedoch nicht, wie die Heiligen selbst,
einer absoluten Verehrung, sondern einer r e l a t i v e n. Das
heißt, unsere Verehrung ist allerdings unmittelbar und zunächst auf die Reliquien und die Bilder gerichtet, aber sie
bleibt nicht bei ihnen stehen, sondern sie geht über auf die
Verherrlichten Gottes, denen jene einst angehörten, welche
durch diese dargestellt werden. Wir verehren die Reliquien
und die Bilder im eigentlichen Sinne des Wortes, aber nicht
um ihrer selbst willen, sondern einzig wegen ihrer Beziehung
zu den unserer Verehrung würdigen Personen, und in Rücksicht auf diese.

Ganz ähnlich verhält es sich mit der vollkommenen Liebe
von welcher wir handelten. Vernunftlose, unpersönliche Dinge
können im eigentlichen Sinne des Wortes den unmittelbaren
und nächsten Gegenstand unserer vollkommenen Liebe bilden.
Aber diese Liebe wird eine r e l a t i v e sein, d. h. eine solche,
deren letztes Objekt nicht das unpersönliche Ding ist, sondern
das persönliche Wesen zu welchem jenes in innerer moralischer Beziehung steht, das es darstellt, dessen Zeichen es
ist, an dessen Vorzüge es erinnert, — deren eigentlicher
Grund gleichfalls nicht der vernunftlose Stoff in sich ist,
sondern das Verhältniß desselben zu einem der Liebe würdigen Wesen.

Der Satz welchen wir hier ausgesprochen haben, daß die
eigentliche Liebe keineswegs auf vernünftige Wesen beschränkt
sei, sondern auch unpersönlichen Dingen gegenüber stattfinden
könne, ist ganz die Lehre des heiligen Thomas. Ihm zufolge
liebt Gott selbst auch die vernunftlosen Geschöpfe mit eigentlicher Liebe, mit der Liebe des Wohlwollens. „Die wahre
und eigentliche Liebe besteht darin, daß der Liebende das
Wohl des Geliebten wolle insofern es das Gut des letzteren
ist. Denn wenn jemand das Wohl eines anderen nur will

3*

insofern es einem dritten zu Gute kommt, so liebt er jenes nur uneigentlich. Wer z. B. die Erhaltung des Weines wünscht um davon trinken zu können, oder die Erhaltung eines Men=schen, weil er durch ihn einen Vortheil hofft, der liebt den Wein oder den Menschen nur uneigentlich, eigentlich aber sich selbst. Nun will aber Gott das Wohl e i n e s j e d e n G e s c h ö p f e s insofern es das Gut des letzteren ist. Denn er will daß jedes sei und bestehe mit der ihm eigenen inneren Güte, — wenngleich er allerdings auch zugleich wieder dem einen das Wohl des andern zum Zweck setzt" [1]).

12. Wir kommen jetzt auf eine Eigenthümlichkeit der vollkommenen Liebe, welche für den Zweck unserer Unter=suchung von vorzüglicher Bedeutung ist. Vorher (9) wurde gesagt, die unvollkommene Liebe entspringe aus dem Ver=langen nach einem Vortheil oder Genuß welchen wir von einem Gegenstande erwarten; die vollkommene dagegen sei das Wohlgefallen an einem Gegenstande um seiner selbst

---

1) Thom. contr. Gent. L 1. c. 91. n. 2. Eine andere Stelle (S. 1. p. q. 20. a. 2. ad 3.) scheint dem hier Gesagten zu widersprechen, insofern Thomas dort dem Anscheine nach behauptet, daß Gott seinen vernunftlosen Ge=schöpfen gegenüber nur uneigentliche Liebe hege. De Sylvestris (Ferrariensis) in seinem vortrefflichen Commentar zu der Summa contr. Gent. löst diese Schwie=rigkeit sehr angehend. „Considerandum tertio," sagt er unter anderem. „quod benevolentia dupliciter accipi potest, scilicet communiter et proprie. Communiter sumpta significat actum voluntatis, quo alicui volumus bonum *quomodocunque*, ut est eius; proprie autem sumpta significat actum voluntatis, quo volumus *absolute* bonum alicui *tantum*, ut est eius bonum . . . . Dicitur ergo tertio, quod Deus irrationalia amat amore benevolentiae communiter dicto; vult enim eis eorum bonum, in quantum est eorum bonum, quum sit eorum causa. Dicitur quarto, quod ea non amat benevolentia proprie dicta, quia non vult eis bonum suum ut est *tantum* eorum bonum, sed etiam bonum eorum in bonum aliorum ordinat." (Ferrariens. super c. 91. l. 1. contr. Gent.) Wir haben hier genau unsere Unterscheidung der eigentlichen Liebe in eine relative und absolute.

willen, ohne alle Rücksicht auf unsern eigenen Genuß. Daraus
ist nun nicht etwa der Schluß zu ziehen, als ob die letztere
nicht mit Genuß verbunden sei, nicht wahren Genuß bringe.
Daß die Freundschaft eben so süß als vortheilhaft ist, be-
zweifelt niemand. Aber auch die einfache Liebe des Wohlwollens, abgesehen von ihrer Gegenseitigkeit und dem was
sie zur Freundschaft macht, ist nothwendig immer mit Genuß
verbunden, und ihrer Natur nach ohne denselben gar nicht
denkbar. Aber während sich der Genuß zu der begehrenden
Liebe verhält wie die Ursache (die causa finalis) zur Wirkung,
ist dies Verhältniß in der Liebe des Wohlwollens das umgekehrte, sie selbst ist der Grund des Genusses. Die vollkommene Liebe bringt Genuß, während die unvollkommene
denselben sucht.

Die besondere Stellung welche dieser Satz in unserer
Theorie einzunehmen hat, macht es nothwendig daß wir denselben etwas eingehender zu beleuchten und zu begründen
suchen. Der heilige Augustin erklärt schlechthin: „Genießen
heißt einen Gegenstand lieben aus Rücksicht auf ihn selbst"[1].
In gleicher Weise spricht Duns Skotus, „der Subtile",
in der Untersuchung über das Wesen der ewigen Seligkeit
den Satz aus, der Genuß sei nichts anderes als die vollkommene Liebe, die Liebe des Wohlwollens[2]. Wo es sich
ausschließlich um die Liebe und den Genuß des höchsten
Gutes handelt, läßt sich diese Auffassung allerdings ver-

---

1) Frui est amore alicui rei inhaerere propter se ipsam. De doctr.
christ. 1. c. 4.

2) Velle est duplex in genere: aut propter volitum sive propter
bonum voliti, aut propter volentem vel propter bonum volentis; primum
velle dicitur esse amoris amicitiae, secundum amoris concupiscentiae:
et solum primum velle est frui, quod est amore inhaerere propter se,
scilicet amatum. Scot. in IV. dist. 49. qu. 5.

theidigen. Im allgemeinen dürfte es indessen nothwendig sein, den Satz zu beschränken, oder vielmehr ihn bestimmter auszudrücken, in der Weise wie wir ihn schon ausgesprochen haben: „die Liebe des Wohlwollens ist ihrem Wesen nach vom Genuß nicht trennbar; jeder Akt der wohlwollenden Liebe ist in einer gewissen Rücksicht Genuß." Pallavicini[1]) liefert dafür einen scharfsinnigen und doch ganz einfachen Beweis. Die Liebe des Wohlwollens, sagt der gelehrte Cardinal, gründet sich immer auf einen oder auf mehrere Vorzüge, welche wir in der Person die wir lieben wahrnehmen. Gerade diese Vorzüge nun, ohne deren Wahrnehmung die Liebe selbst nicht entstehen kann, sind uns zugleich der Grund des Genusses. Denn es liegt ja in der Natur der wohlwollenden Liebe, daß wir die Güter des Geliebten, seine Vorzüge, als unsere eigenen betrachten, sie wollen, uns derselben freuen, als wären sie unser. Aber was ist Freude anders als Genuß, oder was ist Genuß anders als die Befriedigung, die Ruhe unseres Strebens, durch die Gegenwart und den wirklichen Besitz eines Gutes das wir lieben?[2]) Sowie also der Akt des Wohlwollens sich nicht bilden kann ohne einen wirklichen Vorzug, in dessen Besitz wir einen anderen sehen (oder wenigstens zu sehen glauben), eben so ist von diesem Akt der Genuß, die Freude über jenes Gut des andern, unzertrennlich [3]).

---

1) Del bene l. 1. c. 39.

2) Quid est aliud quod dicimus frui, nisi praesto habere quod diligis? Aug. de morib. Eccl. cath. l. c. 3. n. 4.

3) Dieselbe Wahrheit lehrt auch der heilige Thomas, wenngleich nicht so ausdrücklich entwickelt. „Amor praecipua causa delectationis est" heißt es S. 1. 2. p. q. 32. a. 6. c. extr., und dasselbe wird art. 7. Contra est wiederholt. Im Art. 5. derselben Quästion aber lesen wir: „Operatio alterius est delectationis causa, ... inquantum ipsas operationes aliorum, si sunt bonae, aestimamus ut bonum proprium propter vim amoris, qui

Fügen wir dem Beweise Pallavicini's noch einen ganz
kurzen, aus dem Begriff des Genusses, hinzu. Genuß (vielleicht genauer, genußbringend) ist nach dem Philosophen
„die ungehemmte, freie, Thätigkeit jedes natürlichen Vermögens"[1]. Eine solche ungehemmte Thätigkeit ist nun aber
offenbar die Liebe des Wohlwollens, in Rücksicht auf jene
Vorzüge auf welche sie sich gründet. Denn diese sind wirklich, sind nicht ein erstrebtes, zukünftiges, sondern ein gegen-
wärtiges Gut; die Liebe, die eigentlichste Thätigkeit der
strebenden Kraft, ist also in dieser Beziehung durch nichts
gehindert, ist durchaus ungehemmt, mithin vom Genuß untrennbar[2].

---

facit aestimare amicum quasi eundem sibi." Daß das Hier von der
operatio alterius Gesagte aus demselben Grunde allgemein von jedem Gute
des Geliebten gelte, spricht der heilige Lehrer in der Antwort auf die zweite Einwendung (ad 2.) deutlich aus.

1) Λεκτέον, (τὴν ἡδονὴν εἶναι) ἐνέργειαν τῆς κατὰ φύσιν ἕξεως
ἀνεμπόδιστον. Arist. Ethic. Nicom. 7. c. 13. med. Der heilige Thomas
citirt diese Stelle, und übersetzt: „Delectatio est operatio connaturalis, non
impedita." S. 1. 2. p. q. 32. a. 1.

2) Zur Bestätigung unseres Satzes, dessen richtiges Verständniß auch in
anderen Fragen von großer Bedeutung ist, lassen wir hier noch eine Stelle aus
Leibniz folgen. „Aimer est être porté à prendre du plaisir dans la per-
fection, bien, ou bonheur de l'objet aimé. Et pour cela on ne consi-
dère et ne demande point d'autre plaisir propre que celui-là même,
qu'on trouve dans le bien ou plaisir de celui qu'on aime.... L'amour
de *bienveillance* est le sentiment qu'on a pour celui, qui par son
plaisir ou bonheur nous en donne. L'amour de *concupiscence* nous fait
avoir en vue notre plaisir, l'amour de bienveillance celui d'autrui, mais
comme faisant ou plutôt constituant le nôtre; car s'il ne rejaillissait
pas sur nous en quelque façon, nous ne pourrions pas nous y intéresser,
puisqu'il est impossible, quoi qu'on dise, d'être détaché du bien propre.
Et voilà comment il faut entendre *l'amour désintéressé* ou non mer-
cenaire, pour en bien concevoir la noblesse et pour ne point tomber
cependant dans le chimérique." (Nouveaux essais sur l'entendement
humain, l. 2. chap. 20. §. 4.) Dieselben Gedanken wiederholt Leibniz in dem

Es ist von selbst klar, daß das, was wir hier im allgemeinen von der eigentlichen, wohlwollenden Liebe gesagt
haben, von jener nicht minder wahr ist, welche wir vorher
(11) die relative genannt haben. Das Bild weckt in
uns die Erinnerung an die Person, welche der Gegenstand
unseres Wohlwollens ist, es erneuert in uns die Vorstellung
ihrer Vorzüge, das Gefühl ihrer Liebenswürdigkeit; die Folge
davon ist, daß die Liebe gegen sie lebendig wird, und mit
dieser die Freude, der Genuß. Würde der Verlust des Bildes
eines Freundes, die Zerstörung eines Andenkens an eine uns
werthe Person uns wohl schmerzlich sein, wenn sein Besitz und
seine Anschauung uns nicht Freude machte? Wir sahen am
Schlusse der letzten Nummer, daß Gott nach dem heiligen
Thomas auch seine vernunftlosen Geschöpfe mit eigentlicher
Liebe umfaßt. Eben so ausdrücklich lehrt der Heilige, daß
dieselben für Gott einen Gegenstand der Freude bilden, und
zwar gerade in Folge jener Liebe die er zu ihnen trägt [1]).

13. *Nihil volitum nisi cognitum*, sagt ein bekanntes
Axiom. Jede Regung der strebenden Kraft setzt eine entsprechende Thätigkeit der erkennenden voraus: die letztere muß
das Objekt und jene Eigenthümlichkeit desselben auffassen,
welche den Grund des Verlangens, der Liebe, der Freude,
oder der Furcht, des Hasses, des Mißvergnügens zu bilden
geeignet ist; dann erst können diese Thätigkeiten im Begehrungsvermögen vor sich gehen. Jedermann weiß, daß der

---

„Sentiment sur le livre de Mr. l'Archevêque de Cambray et sur l'amour
de Dieu désintéressé". Fenelon und seine Anhänger hatten in ihrem Kampf
für die „uneigennützige" Liebe eben dieses übersehen, daß die Liebe darum nicht
aufhört vollkommene und eigentliche Liebe zu sein weil sie Genuß bringt.
„Interrogo," sagt der heilige Augustin, „utrum ames justitiam: respondebis,
Amo. Quod non responderes veraciter, nisi te aliquatenus delectaret.
Non enim amatur nisi quod delectat." Serm. 159. al. 17. c. 3.

1) Contr. Gent. l. l. c. 90. n. 4. (S. unten N. 61. gegen das Ende.)

Genuß der Freundschaft vorzugsweise durch das Beisammen-
sein, durch den Umgang und den Verkehr der Freunde empfunden wird. Der Grund liegt nach Aristoteles [1]) darin,
weil jeder von ihnen nur durch den wirklichen Verkehr mit
dem andern, vor allem aber durch seine Gegenwart, die
lebendige Erkenntniß und die volle Gewißheit hat von jenen
Vorzügen, die er in demselben liebt, und auf deren Wirklichkeit und Werth sich eben die eigentliche Süße der Freundschaft gründet. Nicht anders als mit der Freundschaft verhält
es sich mit der Liebe des Wohlwollens überhaupt und dem
Genuß, welchen dieselbe mit sich bringt. Soll dieser aktuell
werden, dann muß die Erkenntniß der Vorzüge aktuell werden, welche den Gegenstand des Wohlwollens und den Grund
des Genusses bilden; soll die Freude ihre Vollendung erreichen, oder wenigstens stark und fühlbar sein, dann muß
die Erkenntniß jener Vorzüge nicht dunkel oder unsicher,
sondern gewiß, klar und deutlich, ihre Anschauung möglichst
lebendig und lichtvoll sein. Je offenbarer die Vorzüge des
geliebten Gegenstandes hervortreten, in je hellerem Lichte sie
vor dem Auge unseres Geistes erscheinen, um so stärker wird
die Empfindung der Freude werden; ist hingegen die Erkenntniß welche wir davon haben nur eine unvollkommene,
wenig klare, dann wird der Gegenstand immerhin unser
Wohlwollen in Anspruch nehmen, aber der damit verbundene
Genuß wird mindestens schwach sein, und darum unserer
Beachtung entgehen. Die nothwendige Bedingung des Genusses also von dem wir handeln, seine nächste psychologische
Veranlassung, ist die Anschauung, die Betrachtung, die klare
Erkenntniß des liebenswürdigen Gegenstandes und seiner
Vorzüge [2]).

---

1) Ethic. Nicom. 9. c. 9, extr.
2) Vgl. Ballavicini, Del bene l. 1. c. 40. 42.

14. Wir kehren nun wieder zu dem Gegenstande unserer Untersuchung, zu der Schönheit, zurück. Eines ergibt sich aus dem Gesagten. Sind die Dinge welche wir schön finden immer der Gegenstand unserer vollkommenen Liebe, erregen sie ihrer Natur nach unser Wohlwollen, mag es nun das absolute sein oder das relative; dann haben wir alles Recht, diese ihre Beschaffenheit als den Grund des Genusses zu betrachten, welchen (§. 3.) ihre Anschauung uns immer gewährt. In dieser Voraussetzung würden wir mithin die Schönheit der Dinge für jene ihre Beschaffenheit erklären, vermöge deren sie uns liebenswürdig erscheinen und um ihrer selbst willen wohlgefallen, insofern eben dieses Wohlgefallen das wir an ihnen finden uns, wenn wir sie betrachten, der Grund geistigen Genusses ist. Doch wir dürfen der Entwickelung unserer Untersuchung nicht vorgreifen.

§. 5.

Eine zweite charakteristische Eigenthümlichkeit der Schönheit besteht darin, daß sie unser Herz einnimmt für jene Gegenstände, an denen wir sie wahrnehmen. Sie gewinnt denselben unsere Liebe, und zwar unsere vollkommene Liebe.

15. Vielleicht könnten wir uns der Mühe, diesen Satz ausführlich zu begründen, wenigstens was seinen ersten Theil betrifft, überhoben glauben; denn daß schöne Dinge unser Herz fesseln und unsere Liebe in Anspruch nehmen, das ist einem jeden aus der Erfahrung eben so wenig unbekannt als die andere Thatsache, welche wir früher ausgesprochen haben, daß ihre Betrachtung uns Genuß gewährt. Die dem Aristoteles gestellte Frage, welche wir dort (8) nach Diogenes Laertius anführten, lautete nach Stobäus, „warum wir schöne

Dinge lieben"; und auch hier antwortete der Philosoph, daß
nur Blinde solche Fragen stellen können[1]). Aber es kommt
uns darauf an, den Satz festzustellen, daß das Schöne ganz
eigentlich der Gegenstand unseres Wohlwollens, daß die unmittelbare, die nächste Wirkung des Anblicks der Schönheit
auf uns die Liebe ist; daß mithin die Schönheit der Dinge
nicht zu unserer Intelligenz, wie die Wahrheit, sondern zu
unserem Begehrungsvermögen, in nächster und eigentlicher
Beziehung steht. Denn um es schon hier zu sagen, wir
können uns mit der namentlich auch in neuester Zeit von
einem ausgezeichneten Philosophen wieder entwickelten Ansicht
nicht befreunden, wonach die Schönheit der Dinge in einer
besonderen Angemessenheit derselben für unsere Erkenntnißkraft
bestehen und dadurch mit der Wahrheit so ziemlich identisch sein,
der Genuß aber den ihre Betrachtung uns gewährt, eben aus
der vollkommen naturgemäßen, durchaus entsprechenden, und
darum angenehmen Thätigkeit der erkennenden Kräfte erklärt
werden soll. Das ist der Grund, weshalb wir uns hier
nicht kurz auf die innere Erfahrung berufen, sondern es für
nothwendig halten, wieder die Weisen der Vorzeit zu hören,
und uns über ihre und ihrer Zeitgenossen Anschauung von
der eigentlichen Beziehung der Schönheit zu uns Gewißheit
zu verschaffen.

    16. „Alles," sagt der Verfasser des Werkes über die
Namen Gottes, „alles strebt dem zu was schön und gut ist,
alles fühlt sich davon angezogen, alles muß dasselbe lieben"[2]).
Darum will er auch die Wurzel des griechischen Namens

---

1) Ἀριστοτέλης ἐρωτηθεὶς διὰ τί τῶν καλῶν ὁ ἔρως; „τυφλοῦ"
εἶπεν „ἡ ἐρώτησις". Io. Stob. Florileg. 65. n. 14. (Ed. Meineke vol. 2.
p. 103.)

2) Πᾶσιν οὖν ἐστι τὸ καλὸν καὶ ἀγαθὸν, ἐχετὸν, καὶ ἐραστὸν,
καὶ ἀγαπητόν. Cred. Dionys. Areop. de div. nom. cap. 4. §. 10.

der Schönheit, *κάλλος*, in *καλέω* finden, „weil sie alles zu
sich ruft"[1]), alles anzieht und fesselt. Wie es sich mit dieser
Etymologie verhalten mag, das wollen wir dahingestellt sein
lassen. Aber beachten wir, daß der Pseudo-Areopagit die
Wörter g u t und s ch ö n schlechthin synonym gebraucht, und
den Einen Gegenstand, welchen ihm der Ausdruck „das
Schöne und Gute" bezeichnet, als das eigentliche Objekt der
Liebe betrachtet.

Es ist bekannt genug, daß die beiden Wörter jene enge
Bedeutungsverwandtschaft in der Sprache der Griechen zu
allen Zeiten behaupteten. Und wie das Gute, so war auch
das L i e b e n s w ü r d i g e mit dem Schönen der Sache nach
identisch. Ein altes Sprichwort sagte, „das Schöne sei
lieb"[2]) oder liebenswürdig; und zur Hochzeit des Peleus
und der Thetis ließ Theognis die Musen singen:

„Alles was schön, ist uns lieb; was nicht schön, lieben wir nimmer."[3])

Diesem entsprechend werden wir in den bald anzuführenden
Stellen die Wörter *καλόν* uud *ἐράσμιον*, pulchrum und
amabile, wiederholt als gleichbedeutend gebraucht sehen. Sind
nicht auch in unserer Sprache „schön" und „liebenswürdig"
innig verwandt, synonym, und können wir, wenigstens wo
von Personen die Rede ist, den Begriff der Liebenswürdigkeit wohl von der Schönheit trennen? Klingt es uns un-
gewohnt, wenn wir Cicero sagen hören, daß „nichts ein-
nehmender sei, nichts schöner, nichts liebenswürdiger als die
Tugend"?[4])

---

1) . . ὡς πάντα πρὸς ἑαυτὸ καλοῦν (ὅθεν καὶ κάλλος λέγεται.)
De div. nom. c. 4. §. 7.

2) Τὸ καλὸν φίλον εἶναι. Vgl. Plato im Lysis, ed. Bipont. vol. 5.
p. 238. Staph. 216. e.

3) Ὅ,ττι καλόν, φίλον ἐστί· τὸ δ'οὐ καλὸν οὐ φίλον ἐστί.

4) Nihil est enim, mihi crede, virtute formosius, nihil pulchrius,
nihil amabilius. Cic. Epist. ad Fam. 9, 14.

Bei Plotin finden wir unseren Satz wieder ganz unzweideutig ausgesprochen. „Die Gefühle, welche in unserer Seele
schönen Dingen gegenüber nothwendig entstehen, sind Bewunderung und süßes Staunen, Verlangen, Liebe, eine Freude
die uns ganz einnimmt. Solche Empfindungen erregen auch
die übersinnlichen Dinge, man kann sagen in den Herzen
aller, aber vorzugsweise in jenen, in welchen die Liebe des
Unsichtbaren lebendiger ist“[1]). „Was empfindest du,“ fährt
er gleich darauf im folgenden Kapitel fort, „was fühlst du in
deinem Innern gegen eine schöne Handlung, gegen ein schönes
Gemüth, einen edlen Charakter, überhaupt gegen die Tugend
und ihre Aeußerungen, gegen die Schönheit der Seele? . . .
Und was ist der eigentliche Gegenstand dieser Gefühle?
Nicht Gestalt ist’s, nicht Farbe, nicht Ausdehnung, sondern
die Seele, die da keine Farbe hat, in welcher, farblos auch
sie, die Weisheit wohnt und die andern Tugenden mit ihrer
Klarheit. . . Da schaust du Hochherzigkeit und gerechten
Sinn, da die reine Enthaltsamkeit und den Muth mit seinen
achtunggebietenden Zügen, da die Würde und die Züchtigkeit,
wie sie in ruhig ernster Haltung heiteren Angesichts einhergeht; und über sie alle siehst du ausgegossen das Licht des
gottähnlichen Geistes. Diese Eigenschaften ziehen
unsere Bewunderung auf sich und unsere Liebe,
und in dieser Rücksicht nennen wir sie schön;
warum? Sie sind, und sie erscheinen als etwas Wirkliches, und jeder der sie betrachtet wird sie für etwas
Wirkliches erklären. Und was sind sie eben insofern sie
wirklich sind? Schön, und nichts anderes; aber unser
Geist möchte ihr Wesen kennen lernen, er möchte den Grund
einsehen warum sie die Seele liebenswürdig machen, und

_____

1) Plotin. de pulchritud. c. 4. ed. Basil. 53. D. Creuzer 28.

wissen was das ist, das in jeder Tugend wie Licht so herr=
lich glänzt"[1]).

Ganz von derselben Voraussetzung wie Plotin in dieser
Stelle, daß die Schönheit im eigentlichen Sinne und zunächst
der Gegenstand der Liebe, daß liebenswürdig und schön dem
Wesen nach dasselbe sind, geht offenbar der heilige Chryso=
stomus aus, wenn er am Schlusse einer Homilie[2]) die Frauen
von Constantinopel also ermahnt: „Vielleicht hört ihr un=
gern was ich sage; vielleicht zürnt ihr mir, und saget, ‚er
bringt die Männer auf gegen ihre Frauen'. Nicht um eure
Männer gegen euch aufzubringen rede ich also; sondern
damit ihr aus eigenem Antriebe beobachtet was ich euch
sage, und zwar um eurer selbst willen, nicht eurer Männer
wegen. Möchtest du gern schön sein? Ich möcht' es auch;
aber ich wünsche mir jene Schönheit nach welcher Gott sich
umsieht, die ‚der König liebt' (Pf. 44, 12.) Von wem ver=
langst du geliebt zu werden, von Gott oder von Menschen?
Ziert jene Schönheit dich, dann wird Gott deine Schönheit
lieben; hast du nur diese, so wird er dich verabscheuen, und
die dich lieben werden lasterhafte Menschen sein; denn in
ein verheirathetes Weib verliebt sich kein rechtschaffener Mann.
Und eben so wie mit der Schönheit verhält es sich auch mit
dem Schmuck des Leibes. Jener, der Schmuck der Seele,
zieht das Herz Gottes an, der äußere dagegen nur lasterhafte
Menschen. Seht ihr nun also, daß ich es gut mit euch
meine, daß aufrichtige Sorge für euer eigenes Wohl mich treibt,
und daß ich euch von Herzen wünsche daß ihr schön seiet, wahr=
haft schön, wahrhaft liebenswürdig, damit statt lasterhafter
Menschen der Herr der Welt, Gott selbst, euch liebe?"

---

1) Plotin. de pulcbrit. c. 5. Basil. 53. F. 54. Creuzer 30.

2) In ep. ad Hebr. hom. 28. n. 7. (tom. 12.)

17. Ist die Schönheit in der That Bedingung, Grund, Objekt der Liebe, dann muß ein Gegenstand als um so liebenswürdiger gelten, je höhere Schönheit er besitzt; dann muß die Größe der Schönheit und der Grad der entsprechenden Liebe in geradem Verhältniß stehen; dann muß das Schönste das Liebenswürdigste sein. Sind die Alten mit diesem Grundsatz einverstanden? „Das Gute in unserer Seele," schreibt ein anderer Neuplatoniker, Proklus, „erregt viel stärkere Liebe, als die sichtbaren schönen Dinge." Und der Grund davon ist ihm kein anderer, als der welchen wir eben bezeichnet haben: „Denn was gibt es Schöneres an uns als Tugend und Einsicht? und was ist häßlicher als das Gegentheil davon?" [1] Gerade so dachte St. Augustin. „Du hast zwei Diener," spricht er in einer Rede an das Volk; „der eine ist häßlich von Gestalt, der andere sehr schön: aber der häßliche ist treu, der schöne nicht. Sage mir, welcher von beiden dir lieber ist, und du beweisest, daß du das Unsichtbare liebst. Und wenn du nun den treuen Diener, ungeachtet seines häßlichen Aeußeren, höher schätzest als den schönen der untreu ist, hast du da etwa unvernünftig geurtheilt und Häßliches dem Schönen vorgezogen? Gewiß nicht, sondern umgekehrt, das Schönere dem Häßlichen. Du hast die Augen des Fleisches befragt, und was haben sie dir geantwortet? Dieser ist schön, jener ist häßlich. Aber du hast auf sie nicht gehört, du hast ihr Zeugniß verworfen, und dein inneres Auge auf die Treue des einen und die Untreue des andern gerichtet; jener erschien dir häßlich von Gestalt, dieser schön; aber du hast dein Urtheil gesprochen

_____

1) Τὸ οὖν ἐν ἡμῖν ἀγαθὸν ... δριμυτέρους ἔχει τοὺς ἔρωτας τῶν ἐν αἰσθήσει καλῶν .... Τί γὰρ ἀρετῆς ἢ ἐπιστήμης κάλλιον ἐν ἡμῖν; τί δὲ τῶν ἐναντίων αἴσχιον; Procl. Comment. iu Plat. Alcibiad. prior. (Cod. Leid. p. 222.)

und gesagt: Was ist schöner als die Treue, was häßlicher als Untreue?"[1])

Hören wir noch den Sokrates mit klaren Worten unseren Satz aussprechen.

(Sokr.) „Was meinst du, ein schönes Gemüth, und ein damit harmonirendes Aeußeres, das ganz das Gepräge der schönen Seele trüge, müßte das nicht die schönste Erscheinung sein für jeden der ein Auge dafür hätte?

(Glauko.) Ganz gewiß.

(Sokr.) Nun ist aber das Schönste immer das Liebenswürdigste.

(Gl.) Wie könnt' es anders sein?

(Sokr.) Solche Menschen also würde der Mann, der sich dem Schönen geweiht hat, vor allem lieben"[2]).

18. Die Ansichten von welchen wir hier den Plato, in den beiden vorhergehenden Stellen St. Augustin und Proklus ausgehen sahen, sind nichts anderes als nothwendige Consequenzen des Satzes den wir zu beweisen unternommen haben. Doch es kann hier einer erklärenden Argumentation wohl nicht bedürfen; um so weniger, als wir unserm Satz

---

1) Habes duos servos, unum deformem corpore, alium pulcherrimum; sed illum deformem fidelem, alium infidelem. Dic mihi, quem plus diligas: et video te amare invisibilia. Quid ergo, quando plus amas servum fidelem, licet corpore deformem, quam pulchrum infidelem, errasti, et foeda pulchris praeposuisti? Utique non: sed pulchriora foedis praeposuisti . . . Interrogasti oculos carnis, et quid tibi renuntiaverunt? Iste pulcher est, ille foedus. Repulisti eos, eorum testimonium reprobasti; erexisti oculos cordis in servum fidelem et in servum infidelem: istum invenisti foedum carne, illum pulchrum; sed pronuntiasti et dixisti: Quid fide pulchrius? quid infidelitate deterius? Aug. serm. 159. al. de verbis Apost. 17. n. 3.

2) . . Καὶ μὴν τό γε κάλλιστον, ἐρασμιώτατον. Πῶς δ'οὔ; Τῶν δὴ ὅτιμάλιστα τοιούτων ἀνθρώπων ὅγε μουσικὸς ἐρῴη ἄν. Plat. de republ. l. 3. Bip. vol. 6. p. 395. Steph. 403. d.

noch schärfer ausgesprochen finden. Allein die Schönheit, lehrt uns der Neuplatonismus, und mit ihm St. Augustin, allein die Schönheit ist Gegenstand der Liebe; lieben wir ein Ding, so ist das ein Beweis daß es schön ist, denn was nicht schön ist, das kann man nicht lieben [1]). „Liebt denn die Liebe etwas anderes als die Schönheit? Gewiß nicht; denn das würde keine Liebe sein, die auf etwas anderes ginge als auf Schönheit" [2]). So der Neuplatoniker von Thrus. Und bald darauf fährt er fort: „Die Liebe, haben wir gesagt, sei Liebe der Schönheit; und wer etwas anderes liebe als die Schönheit, der liebe den Genuß. Aendern wir nun auch den Namen, und nennen wir das Streben des letzteren Begierde, nicht Liebe, damit wir nicht in Folge des gleichen Ausdrucks auch die Begriffe selbst verwechseln. Unter Liebe also verstehen wir das Wohlgefallen an der Schönheit; die Richtung des Strebens auf den Genuß hingegen soll Begierde heißen" [3]). Nur unter Voraussetzung derselben Ansicht haben die folgenden Worte des Bischofs von Hippo einen Sinn. „,Heilig ist dein Tempel,‘ spricht der Psalmist, ,bewunderungswürdig durch die Gerechtigkeit‘ (Ps. 64, 5. 6.) Das sind die Vorzüge jenes Hauses. ,Bewunderungswürdig,‘ sagt er, ,durch die Gerechtigkeit;‘ nicht, bewunderungswürdig um seiner Säulen, um seines Marmors, um seiner vergol-

---

1) Vgl. hiezu N. 10.

2) Ὁ ἔρως, ἄλλου του ἔρως, ἢ κάλλους ἐστίν; οὐδαμῶς· σχολῇ γὰρ ἂν εἴη ἔρως, εἰ μὴ κάλλους εἴη. Maxim. Tyr. dissert. 27. al. 11. n. 3.

3) Ὁ ἔρως ἡμῖν κάλλους ἦν ἔρως ὁ δὲ ἐρῶν ἄλλου του, καὶ μὴ κάλλους, ἡδονῆς ἐρᾷ. Ἀφαιρῶμεν δὲ, εἰ βούλει, τοὔνομα, καὶ ἐπιθυμεῖν λέγωμεν τοῦτον, ἀλλ' οὐκ ἐρᾶν, ἵνα μὴ τῇ περὶ τὴν φωνὴν παρονομίᾳ καὶ τὸ πρᾶγμα ὑπαλλάξαντες λάθωμεν, ἀλλ' οὐ τοὔνομα μόνον. Ἔστω τοίνυν ἔρως μὲν κάλλους, ἐπιθυμία δὲ ἡδονῆς. Max. Tyr. l. c. n. 4.

deten Decken willen. Du hast ein äußeres Auge, mit welchem
du den Marmor siehst und das Gold; drinnen ist ein an=
deres, das schaut die Schönheit der Gerechtigkeit. Ist sie
nicht schön, die Gerechtigkeit, wie lieben wir
den Greis, der da gerecht ist? Was hat er an
seinem Leibe, das unsern Augen gefallen könnte? Seine
Glieder sind krumm, die Stirn voll Runzeln, das Haar
gebleicht, gebückt und voll Beschwerde geht er einher. Aber
wenn er dein Auge nicht erfreut, vielleicht dein Ohr. Wo
ist denn seine Stimme? einst vielleicht, in seiner Jugend,
sang er schön; mit den Jahren hat sich alles verloren.
Oder klingen etwa seine Worte angenehm, die der zahnlose
Mund kaum mehr vollständig bilden kann? Und doch, wenn
er gerecht ist, wenn ihn nicht gelüstet nach fremdem Gute,
wenn er von dem Seinen den Armen mittheilt, wenn er
andere zum Guten ermuntert, wenn er weise und ein Mann
des Glaubens, und um der Wahrheit willen auch die ge=
brochenen Glieder noch zu opfern bereit ist, — waren ja
auch viele Märthrer Greise, — so lieben wir ihn.
Warum? was sieht das Auge unseres Leibes an ihm Lie=
benswürdiges? Gar nichts. So hat denn also die
Gerechtigkeit ihre Schönheit, die wir schauen mit
dem Auge des Geistes, die wir lieben, die uns hinreißt.
Diese Schönheit haben die Menschen innig geliebt in den
Märthrern, während ihre Glieder von den wilden Thieren
zerfleischt wurden. Als sie da lagen, mit ihrem eigenen Blute
befleckt, die Eingeweide von den Bestien herausgerissen und
umhergestreut, zeigte sich da dem Auge etwas anderes als
Abscheu Erregendes? Was war dort der Liebe
Werthes, hätte nicht in jener abstoßenden
Erscheinung zerfleischter Glieder die volle
Schönheit der Gerechtigkeit geleuchtet? Seht,
das sind die Schätze des Hauses Gottes; an diesen verlanget

reich zu sein. . . . „Heilig ist dein Tempel,‘ spricht er,
‚bewunderungswürdig durch die Gerechtigkeit‘. Denkt nicht,
Brüder, er sei außer euch, dieser Tempel. Liebet die Ge=
rechtigkeit, und ihr selbst seid Gottes Tempel“ [1]).

Es war eine öffentliche Rede an das Volk [2]), in welcher
Augustinus diese Worte sprach. Verstand man ihn, war
seine Beweisführung einleuchtend und überzeugend, dann
mußten seine Zuhörer von der Schönheit und von der Liebe
keine anderen Ansichten haben als jene, die wir vorher von

---

1) *Sanctum templum tuum, mirabile in iustitia.* Ista sunt bona
domus illius. Non dixit, Templum sanctum tuum mirabile in columnis,
mirabile in marmoribus, mirabile in tectis auratis, sed *mirabile in
iustitia*. Habes foris oculos unde videas marmora et aurum: intus est
oculus unde videatur pulchritudo iustitiae. Intus, inquam, est oculus,
unde videatur pulchritudo iustitiae. Si nulla est pulchritudo iustitiae,
unde amatur iustus senex? Quid affert in corpore quod oculos de-
lectet? Curva membra, frontem rugatam, caput canis albatum, imbe-
cillitatem undique querelis plenam. Sed forte quia tuos oculos non
delectat senex iste decrepitus, aures tuas delectat; quibus vocibus?
quo cantu? etsi forte adolescens bene cantavit, omnia cum aetate de-
fecerunt. An forte sonus verborum eius delectat aures tuas, qui verba
vix plene enuntiat lapsis dentibus? Tamen si iustus est, si alienum
non concupiscit, si de suo quod habet erogat indigentibus, si bene
monet, et rectum sapit, si integre credit, si paratus est pro fido veritatis etiam ipsa confracta membra impendere, multi enim martyres etiam senes; unde illum amamus? quid in eo bonum videmus oculis
carnis? Nihil. Quaedam ergo est pulchritudo iustitiae, quam videmus
oculo cordis, et amamus, et exardescimus; quam multum dilexerunt
homines in ipsis martyribus, quum eorum membra bestiae laniarent.
Nonne quum sanguis foedaret omnia, quum morsibus belluinis viscera
funderentur, non habebant oculi nisi quod horrerent? Quid ibi erat
quod amaretur, nisi quia erat in illa foeditate dilaniatorum membrorum
integra pulchritudo iustitiae? Ista sunt bona domus Dei; his te para
satiari. . . . . *Sanctum templum tuum, admirabile in iustitia.* Et
ipsum templum, fratres, nolite praeter vos cogitare. Amate iustitiam,
et vos estis templum Dei. Aug. enarr. in ps. 84. n. 9.

2) „Sermo ad plebem“ ist die Ueberschrift der Erklärung des Psalmes.

Maximus vernahmen, die in nicht minder klaren Worten auch
der Heilige selbst in einem früheren Werke als gar keinem
Zweifel unterworfen aufgestellt hatte. „Ist es denn möglich,"
lesen wir in seinem Dialog über die Musik, „ist es denn
möglich, daß wir etwas lieben, was nicht schön ist? Freilich
gibt es Menschen, welche häßliche Dinge zu lieben scheinen,
— die Griechen nennen sie σαπρόφιλοι — ; aber in der
That ist es nicht das Häßliche was sie lieben, sondern nur
ein niederer Grad von Schönheit. Denn das ist offenbar,
daß niemand Dinge liebt, deren Häßlichkeit Abscheu erregt"[1]).

19. Aus solchen Anschauungen mußte denn mit Nothwendigkeit für die Ethik jene Lehre hervorgehen, vermöge
deren sie das für die Liebe geschaffene, den Gegenstand seiner
Liebe rastlos suchende Herz nicht sowohl auf ein höchstes
Gut, sondern vielmehr auf die höchste Schönheit, als
auf das der höchsten Liebe Würdige hinwies; vermöge deren
sie den allein wahrhaft Schönen als den verkündigte, dessen
Liebe allein die ganze Weite des Menschenherzens ausfülle,
vor dessen Vollglanz alle andere Schönheit erbleiche, in dessen
Anschauung und Genuß allein volle Seligkeit zu finden sei.
Wir kämen an kein Ende, wollten wir hier alle die Stellen
berücksichtigen, in welchen schon die heidnische Philosophie
diese Lehre vorträgt. Fühlte doch auch sie es tief genug,

------

1) Dic, oro te, num possumus amare nisi pulchra? Nam etsi
quidam videntur amare deformia, quos vulgo Graeci σαπροφίλους vo-
cant, interest tamen quanto minus pulchra sunt quam illa quae pluribus
placent. Nam ea neminem amare manifestum est, quorum foeditate
sensus offenditur. Aug. de Musica 6. c. 13. n. 38.
    Ganz denselben Grundsatz finden wir abermals in den Bekenntnissen: Ama-
bam pulchra inferiora, et ibam in profundum, et dicebam amicis meis:
num amamus aliquid nisi pulchrum? Quid est ergo pulchrum? et quid
est pulchritudo? Quid est quod nos allicit et conciliat rebus quas
amamus? Conf. 4. c. 13. n. 20.

daß „das Auge vom Sehen nicht satt wird, und das Ohr nicht voll von dem was es vernimmt"[1]). Plotin allein mag uns als Vertreter der platonischen Schulen genügen. „Wieder aufschwingen muß man sich," spricht er, „zu jenem Gute, dem alles zustrebt was Leben hat. . . . . So einer dieses schaut, welch' heftige Liebe muß den ergreifen, welch' heißer Drang mit ihm sich ganz zu vereinigen, welche überwältigende Freude! Denn wer es noch nicht schaut, der strebt naturgemäß ihm zu, als dem Guten; dem Schauenden dagegen ist es die Schönheit, bei deren Anblick er sich von süßer Bewunderung, von Entzücken hingerissen fühlt, die er mit wahrer Liebe umfaßt, die ihn jeder anderen Liebe und der stärksten Begierde spotten, die ihn alles verachten lehrt was er früher für schön hielt. Zeigt sich das nicht auch bei jenen, welchen die Gestalt eines Gottes oder eines himmlischen Geistes erschien, und die nun keine körperliche Schönheit mehr sehen mögen? Was muß also geschehen, wenn jemand die Schönheit selbst schaut, wie sie ist in sich, nicht durch einen Leib, nicht durch den Stoff verunstaltet, nicht umgränzt von Erde oder Himmel, ganz rein wie sie ist? . . . Sie gibt allen Dingen ihre Zier, sie schenkt allen ohne aus sich herauszugehen, sie empfängt von keinem; darum, wer sie schaut, und ruht im Genusse ihrer Anschauung, also daß er ihr selbst ähnlich wird, was für Schönes kann der noch bedürfen? Denn weil sie die höchste, die Urschönheit selbst ist, darum macht sie alle die sie lieben selbst schön und liebenswürdig. So ist denn sie der Preis des Kampfes, des großen, des verhängnißvollen, den jedes Herz zu kämpfen hat; so muß denn darauf all' unsere Mühe zielen, daß wir nicht etwa dieser hohen Anschauung verlustig werden: denn

---

1) Pred. 1, 8.

wer zu ihr gelangt ist selig, unglücklich jeder, der davon ausgeschlossen wird. Denn nicht, wer schöne Farben oder schöne Gestalten nicht sein nennt, nicht, wer keine Macht besitzt und keine Herrschaft und keine Krone, ist unglücklich: sondern der allein, der diese Seligkeit verliert"[1]). Konnte der Pantheist wohl große Hoffnung haben, diesem Unglück, in der That dem einzigen, zu entgehen? —

Wir fühlen es, es ist der Schimmer der Wahrheit, der in den Worten des Heiden leuchtet. Und doch, wie armselig und matt, wie so eiskalt ist dieser Schimmer, da er wie verloren in den Finsternissen des Irrthums, gelöst von der einzigen Quelle des wahren Lichtes, dem suchenden Auge begegnet! Wie bewegt es so ganz anders das Herz, wenn die gottliebende Seele des großen Büßers, von derselben Wahrheit, daß nur Einer der Liebe würdig, ergriffen, in die Klage ausbricht: „Spät hab' ich angefangen dich zu lieben, du ewige Schönheit, so alt, und immer doch so neu! spät hab' ich angefangen dich zu lieben! Siehe du warst in meinem Herzen, und ich war draußen, und draußen sucht' ich dich; und auf das Schöne stürz' ich mich, selbst häßlich, das ich um mich sah, von deiner Hand gemacht. Du warst bei mir, und ich war fern von dir. Jenes hielt mich gefesselt, fern von dir, was gar nicht wäre, wär' es nicht in dir"[2]).

20. Verlieren wir unsern Satz nicht aus den Augen, den wir zu beweisen haben: „die Schönheit ist ganz eigentlich

---

1) Plotin. de pulchrit. c. 7. ed. Basil. 55. F. 56. Creuzer 46. sqq.

2) Sero te amavi, pulchritudo tam antiqua et tam nova! sero te amavi! Et ecce intus eras, et ego foris, et ibi te quaerebam; et in ista formosa quae fecisti, deformis irruebam. Mecum eras, et tecum non eram. Ea me tenebant longe a te, quae si in te non essent, non essent. Aug. Confess. 10. c. 27.

der Gegenstand unseres Wohlwollens, der Grund der Liebe."
Ist Gott **darum** liebenswürdig weil er **schön** ist, darum
der allein Liebenswürdige, weil er der allein Schöne ist,
dann muß jener Satz wahr sein. Gerade das hörten wir
nun aber von dem Neuplatoniker und von St. Augustin.

Und wie sie in Rücksicht auf Gott an sich, so sagen es
uns Basilius und Clemens, und mit ihnen gleichfalls wieder
der Kirchenlehrer von Hippo, nach dem Vorgange des heiligen Geistes in Rücksicht auf jenen, in welchem sich die
Schönheit, die Liebenswürdigkeit, die Herrlichkeit der unsichtbaren Gottheit uns offenbarte. Auch Jesus Christus ist über
alles liebenswürdig, weil er über alles schön ist. „Herrlich
in deiner Schönheit bist du," hatte zu ihm der Prophet gesprochen, „herrlich vor den Kindern der Menschen." Und
der große Bischof von Cäsarea erklärt: „Herrlich in seiner
Schönheit preist er den Erlöser, indem er das Auge auf
seine Gottheit heftet; nicht Leibesschönheit ist's die er besingt.
Denn ‚wir haben ihn ja gesehen, und er hatte nicht Wohlgestalt noch Schönheit, sein Aeußeres war ohne Vorzüge, war
unscheinbar vor den Kindern der Menschen' [1]). Offenbar
mußte es also die göttliche Liebe der unsichtbaren Herrlichkeit
sein, von welcher der Prophet sich hingerissen fühlte da er
ihre Klarheit schaute, da ihre Strahlen ihn trafen und ihre
Schönheit seine Seele entzückte. Und wo immer diese sich
dem Menschenherzen offenbart, da findet es alles häßlich und
der Verachtung werth, was es früher liebte [2]). Oder achtete
nicht auch der Apostel alles für Koth um Christus zu besitzen,
seitdem er ihn gesehen, der da ‚herrlich ist in seiner Schönheit'?" [3]) „Unser Erlöser," fährt Clemens fort, „übertrifft

---

1) Js. 53, 2. 3. Vgl. oben N. 8, S. 20.
2) Vgl. N. 19. (die Stelle aus Plotin.)
3) Bas. in ps. 44. n. 4. (Maur. p. 162. A.)

alle menschliche Natur. Er ist so schön, daß er allein von uns geliebt zu werden verdient, die wir ja nicht anders können als die wahre Schönheit lieben. Er ist die wahre Schönheit: denn „er war das wahre Licht" [1]. „So lieben wir ihn denn," setzt der heilige Augustin hinzu. „Siehe, er kam zu uns, und fand des Häßlichen viel an uns, und liebte uns; laßt uns ihn wieder lieben: oder, so wir an ihm etwas finden das häßlich wäre, laßt uns ihn nicht lieben. . . . Aber er erscheint uns überall schön, denn wir glauben. Schön in seiner Gottheit, als das Wort das bei Gott war, schön im Schoße der Jungfrau, wo er die göttliche Natur nicht verlor und die menschliche annahm; schön im Himmel, schön auf der Erde; schön als Kind in der Krippe, schön auf den Armen seiner Mutter; schön in seinen Wundern, schön unter den Geißelhieben; schön da er uns zum Leben ruft, schön da er für uns den Tod nicht achtet; schön da er seine Seele hingibt, schön da er sie wieder nimmt; schön am Kreuze, schön im Grabe, schön in seiner Herrlichkeit" [2].

21. Wir haben es schon angedeutet, was den Vätern die Quelle solcher Gedanken war. Nicht aus sokratischer

---

1) Ὁ Σωτὴρ δὲ ἡμῶν ὑπερβάλλει πᾶσαν ἀνθρωπίνην φύσιν· καλός μὲν ὡς ἀγαπᾶσθαι μόνος πρὸς ἡμῶν, τὸ καλὸν τὸ ἀληθινὸν ἐπιποθούντων. „ἦν γὰρ τὸ φῶς τὸ ἀληθινόν." Clem. Alex. Strom. l. 2. c. 5. ed. Potter. 439.

2) Amemus illum. . . . Ecce ipse invenit multa foeda, et amavit nos: si aliquid foedi invenerimus in eo, non amemus. . . . Nobis ergo iam credentibus, ubique sponsus pulcher occurrit. Pulcher Deus, Verbum apud Deum; pulcher in utero Virginis, ubi non amisit divinitatem, et sumpsit humanitatem; pulcher natus infans Verbum. . . . Pulcher ergo in coelo, pulcher in terra; pulcher in utero, pulcher in manibus parentum; pulcher in miraculis, pulcher in flagellis; pulcher invitans ad vitam, pulcher non curans mortem; pulcher deponens animam, pulcher recipiens; pulcher in ligno, pulcher in sepulcro, pulcher in coelo. Aug. in ps. 44. n. 3.

Weisheit schöpften sie dieselben, sondern daher, woher nach
Clemens von Alexandria auch eben diese, in der Mitte eines
finstern Heidenthums allerdings bewunderungswürdige Lehre,
selbst größtentheils stammte, aus der göttlichen Offenbarung.
Denn in der That, und hiemit wollen wir die Reihe unserer
Zeugen beschließen, in der That finden wir auch in der heiligen
Schrift ausdrücklich gerade die Schönheit des Erlösers als
synonym mit seiner Liebenswürdigkeit aufgefaßt, als das
Mittel wodurch er sich die Herzen gewinnt, als eigentlichen
Gegenstand und Beweggrund unserer Liebe. Er selbst hatte
es verheißen, wenn er erhöht sein würde von der Erde alles
an sich zu ziehen [1]), doch wohl durch nichts anderes als
durch die Liebe [2]): darum flehte er zu seinem Vater am
Abende vor seiner Erhöhung, daß er ihn nun endlich verklären möge vor den Menschen mit jener Herrlichkeit, die
vor dem Morgenstern im Schoße der Gottheit ihn umflossen [3]). Aber es sind klarere Ausdrücke, die wir im Sinne
hatten. Schon ein Jahrtausend bevor er also betete hatte
der Seher im Geiste diese Herrlichkeit des Bräutigams geschaut, da er die Braut zu ihm sprechen ließ: „Siehe du
bist schön, mein Geliebter, und holdselig" [4]); hatte er die
Wirkung dieser Schönheit auf das Herz der Braut verstanden, da er sie darstellte wie sie vor Sehnsucht nach dem
abwesenden vergeht, und den Töchtern Jerusalems ihre Liebe
kundgibt und das Maß ihrer Liebe: „Ich beschwöre euch,
Töchter Jerusalems, so ihr findet meinen Geliebten, da kündet
es ihm, daß ich krank bin vor Liebe." Und die Töchter

--- ---

1) Joh. 12, 32.
2) Noli cogitare te invitum trahi; trahitur animus et amore.
Aug. in Jo. tract. 26.
3) Joh. 17, 1. 5. vgl. 12, 23. 28.
4) Hoh. L. 1, 15.

Jerusalems antworten ihr: „Was ist dein Geliebter vor andern, o der Frauen Schönste, daß du also uns beschworen?"[1] „Die glühende Sehnsucht der Braut," bemerkt dazu ein Zeitgenosse und Geistesverwandter des heiligen Bernard[2], „ihr dringendes Bitten, hat in hohem Grade ihre Aufmerksamkeit gespannt und ihre Theilnahme erregt. Und wie sollten sie nicht voll Spannung forschen nach der Schönheit des Geliebten, da sie die Braut vor Liebe vergehen, vor Sehnsucht nach ihm fast sterben sehen? Der Grund einer so heißen Liebe, davon sind sie überzeugt, kann nur im Bräutigam liegen. Darum forschen sie voll Theilnahme nach seiner Schönheit: denn sie können nicht anders denken, — sie haben den Beweis dafür zugleich in der Schönheit der Braut, — als daß er wunderbar schön sein müsse"[3]. Wohl war er das, der „sonnenreine Ausfluß der Klarheit Gottes, der makellose Spiegel der Vollkommenheit des Allerhöchsten"[4]; dessen Bild, „mit den Augen schöner als Wein, und den Zähnen weißer als Milch"[5], schon in grauer Vorzeit vor dem Seherauge des sterbenden Patriarchen

---

1) Hoh. L. 5, 8. 9.

2) Gillebert, Abt eines Cistercienserklosters in England, † 1172.

3) Multum excitatae et animatae sunt ex collocutione et adiuratione sponsae filiae Jerusalem. Quomodo non animentur ad rogandum de pulchritudine ipsius, pro cuius amore sponsam languentem et fere examinatam vident? Deprehensus in sponsa languor amoris, in hanc illas quaerendi curiositatem protraxit. Videntes enim in sponsa amorem esse vehementem, causas et irritamenta tanti affectus arbitrantur in sponso. Affectuose quaerunt, qualis sit in sponso pulchritudo, de quo non possunt non praesumere quin admirabiliter pulcher sit, et sponsae pulchritudinem in argumentum assumunt pulcherrimi sponsi. Gillebert. de Hoilandia, in cant. serm. 47. n. 3. (Inter opp. s. Bernardi, ed. Maur. tom. 5. p. 161.)

4) Weish. 7, 25. 26.

5) Pulchriores sunt oculi eius vino, et dentes eius lacte candidiores. Gen. 49, 12.

vorüberzog und seine Seele entzückte; dem, vielleicht gleich-
zeitig mit dem Sänger des hohen Liedes, ein anderer Prophet
gesungen:

Umgürte, Gewaltigster, die Hüfte mit dem Schwerte dir,
mit deiner Manneskraft und Schöne!
Spanne den Bogen,
ziehe siegend einher und herrsche [1]).

Und wie sein Bogen sicher traf, und wie sein Pfeil ver-
wundete, das lehrte uns, neben andern ohne Zahl, das
durchbohrte Herz und die verzehrende Liebesglut und die
Taubenseufzer der seraphischen Jungfrau von Avila [2]); und
wie er siegreich war durch seine Schönheit und wie er
herrschte, das hatten viel früher schon die begeisterten Worte
jenes unvergleichlichen Kindes bewiesen, das, kaum dreizehn-
jährig, die graue Weisheit des höchsten Alters in seinem
engelreinen Herzen trug [3]): „Ihn allein will ich lieben, ihm
bleibe ich treu, dem Gottes Engel dienen, der eine Jungfrau
seine Mutter nennt, dessen Schönheit der Mond und die

---

1) Pf. 44, 4. 5. Die Vulgata verbindet anders; aber die hier gegebene
Interpunction und der daraus hervorgehende Sinn entspricht dem hebräischen
Text der Vulgata Cod. Veron., und einer Lesart bei dem heil. Chrysostomus
(Schrgg. die Psalmen.) Bei Chrysostomus heißt es: „περίϑου ὡς μάχαιράν
σου ἐπὶ τοῦ μηροῦ, τὸν ἐπαινόν σου καὶ τὸ ἀξίωμά σου." Bald
darauf erklärt der Heilige: „τοῦτό ἐστιν, ἡ μάχαιρα ἡ ὡραιότης αὐτοῦ,
καὶ τὸ κάλλος αὐτοῦ, καὶ ἡ μεγαλωσύνη, καὶ ἡ μεγαλοπρέπεια." (In
ps. 44. n. 4. 5.)

2)   Sed te manet suavior
    Mors, poena poscit dulcior:
    Divini amoris cuspide
    In vulnus icta concides.
             Aus dem Officium der heil. Theresia.

3) Infantia quidem computabatur in annis, sed erat senectus mentis
immensa.
             Aus dem Officium der heil. Agnes.

Sonne bewundern"[1]). Fürwahr, „sie sind scharf, seine
Pfeile," schließt Basilius der Große. „Sie sind es, welche
die gläubigen Herzen durchbohren, also, daß sie in glühender
Liebe ihres Gottes entbrennen, und sprechen mit der Braut,
,ich bin verwundet durch die Liebe'. Denn unaussprechlich,
über allen Ausdruck herrlich, ist die Schönheit des Wortes,
die Liebenswürdigkeit der Weisheit, der Glanz der Gottheit
in ihrem wesensgleichen Bilde. Selig darum, die ihre Wonne
finden im Schauen der wahren Schönheit! Denn wie an
sie gefesselt durch die Liebe, in Liebe den umfassend der die
Wonne des Himmels ist, vergessen sie Verwandte und Freunde,
vergessen Haus und Güter, vergessen selbst auf die körperlichen Bedürfnisse von Speise und Trank, ganz Eins geworden, und wie verschmolzen, mit der göttlichen, mit der reinen
Liebe"[2]).

22. Es wäre nun der zweite Theil unserer Thesis zu
beweisen: jene Liebe welche die Schönheit ihrer Natur nach
in unserem Herzen erregt, ist vollkommene Liebe. Kann
übrigens das nach dem Vorhergehenden noch zweifelhaft sein?
„Tugend und Weisheit," hörten wir von den Alten, „ein
schönes Gemüth, ein edler Charakter, zieht unsere Bewunderung auf sich und unsere Liebe, und in dieser Rücksicht
nennen wir sie schön" (16). „Je höher die Schönheit, desto
größer die Liebenswürdigkeit, desto stärker die Liebe, und was
das Schönste das ist das Liebenswürdigste," so lehrten uns
Proklus, Augustinus und Plato (17). „Nur die Schönheit
ist liebenswürdig," sagte noch entschiedener Maximus von
Thyrus und wieder St. Augustin; „was nicht schön ist das

---

1) Ipsi sum desponsata, ipsi soli servo fidem, cui angeli serviunt,
cuius mater virgo est, cuius pulchritudinem sol et luna mirantur.

Aus dem Officium der hell. Agnes.

2) Bas. in ps. 44. n. 6. Maur. p. 164.

kann man nicht lieben; die Liebe ist Begierde, wo sie einen
andern Grund hat als die Schönheit: denn eben darin
unterscheidet sich von der unvollkommenen Liebe die vollkommene, daß diese auf die Schönheit geht, jene nur den
Genuß sucht; und deshalb," schlossen beide, „verdient nur
die Liebe des Schönen den Namen der Liebe" (18 vgl. 10).
Müssen wir nach allem diesem noch argumentiren? Schönheit
und Liebenswürdigkeit sind dasselbe (16): wann hat denn
das liebenswürdig geheißen, was die Selbstsucht reizt? Gerechtigkeit, Züchtigkeit, Muth, jene innere Schönheit, „welche
das Herz Gottes einnimmt, die der König liebt" (16), „das
Gute in unserem Herzen," die Treue, eine schöne Seele in
einem damit harmonirenden Leibe (17), jener Adel des Geistes
der uns den zahnlosen Greis ehrwürdig macht und der Liebe
werth, die heldenmüthige Hingebung der Märtyrer endlich
(18), ist das alles seiner Natur nach der Gegenstand vollkommener oder begehrender Liebe? Und von welcher Liebe
redet St. Augustin, wenn es ihn schmerzt, „die so alte und
immer doch so neue Schönheit" so spät erst geliebt zu haben
(19)? von welcher Basilius und Clemens und abermals
Augustinus, da sie uns auf die Schönheit des Sohnes Gottes
hinweisen, die überschwängliche, die allen Begriff übersteigende,
auf daß wir, hingerissen von ihrem Glanze, alles andere
verachten, vergessen lernen? Liebe dieser Schönheit war es,
welche die Seele der Braut im hohen Liede verwundet hatte;
Liebe dieser Schönheit durchglühte das Herz der römischen
Jungfrau, der dreizehnjährigen Märtyrin, als sie freude-
strahlend dem Richtplatze zueilte, unendlich viel seliger als
die Braut die zum Altare tritt[1]). War es uneigentliche

---

1) Non sic ad thalamum nupta properaret, ut ad supplicii locum,
laeta successu, gradu festina virgo processit. Ambr. de virg. l. l.
Aus dem Officium der heil. Agnes.

Liebe, was sie begeisterte? Wer das zu glauben versucht ist, dem fehlt für die Liebe das Verständniß sowohl als das Herz, der begreift nur Egoismus.

§. 6.

Dieselbe Wahrheit, welche wir in dem Vorhergehenden zunächst aus der übereinstimmenden Anschauungsweise des Alterthums, aus dem Zeugnisse der sokratischen und der christlichen Philosophie bewiesen haben, ergibt sich nicht minder aus inneren Gründen. Die Schönheit ist uns ihrer Natur nach, wesentlich und mit Nothwendigkeit, der Gegenstand und der Grund vollkommener Liebe.

23. Die in dem letzten Paragraphen angeführten Stellen dürften mehr als genügend sein, uns zu überzeugen, wie nach der Auffassung des Alterthums die Schönheit in der That als Grund und Gegenstand der eigentlichen Liebe betrachtet wurde, wie als ihre nächste, naturgemäße und unmittelbare Wirkung auf den vernünftigen Geist diese galt, daß sie ihn für sich einnehme, sein Herz sich gewinne. Könnte man den Auktoritäten die wir gehört haben eine entsprechende Zahl nicht minder gewichtiger Stimmen entgegenstellen, dann möchte die Kraft unserer Beweisführung allerdings gebrochen scheinen; aber wo sind sie denn, die Meister auf dem Gebiete des Geistes, welche mit gleicher Einstimmigkeit sich für eine andere Auffassung ausgesprochen haben? Und wenn man vergebens nach ihnen fragt, woher kömmt es, daß man der Ansicht über das Wesen der Schönheit, welche sich aus der Auffassung des Alterthums nothwendig ergeben muß, wie wir sie oben (14) angedeutet haben und später vollständiger entwickeln werden, daß man, sagen wir,

dieser Anschauung in unseren Theorien über Schönheit und
schöne Kunst nie mehr begegnet? Seit mehr als hundert
Jahren haben wir uns darin gefallen, die Errungenschaften
der Vorzeit auf dem Gebiete der Wissenschaft vornehm zu
ignoriren; wir haben geglaubt, überall von vorn anfangen
und jedes Resultat unserer eigenen „Forschung" verdanken
zu müssen. Dieser unserer Bescheidenheit dürfen wir es zuschreiben, daß wir in manchen Fragen der Speculation weit
hinter den Standpunkt unserer Vorfahren zurückgerathen sind;
und sie hat an der Unklarheit und vielfach an der vollkommenen Unhaltbarkeit unserer Begriffe über das Schöne sicher
ihren Antheil. Wir können indeß noch einen mehr speciellen
Grund dafür angeben. Vielleicht haben unsere Leser selbst
schon bei sich die Bemerkung gemacht, daß in den Zeugnissen
des Alterthums, die wir angeführt haben, vorzugsweise und
beinahe ausschließlich von jenen schönen Dingen die Rede ist,
welche der geistigen Sphäre angehören; vielleicht halten sie
gegen uns auch schon die Einwendung bereit, eben in Rücksicht auf diese möge die Anschauungsweise der Vorzeit zulässig
sein, auf das Schöne der sichtbaren Welt lasse dieselbe sich
nicht anwenden, und müssen eben darum verworfen werden.
Was diese Schwierigkeit betrifft, so haben wir durch die
Unterscheidung zwischen absoluter und relativer Liebe (11)
den Schlüssel zu ihrer Lösung bereits gegeben, und hoffen
sie in dem bald Folgenden ganz zu beseitigen. Gerade das
ist der Vorzug des Alterthums, daß es in der Untersuchung
über das Wesen der Schönheit den rechten Standpunkt ein-
nahm: gerade das ist das Versehen der Neuzeit, daß sie
diesen verlassen hat. Wir haben oben (§. 2.) den Beweis
geführt, daß die Schönheit nur in der Ordnung des Unsichtbaren in ihrer ganzen Vollendung erscheine, daß ihre eigentliche Sphäre die geistige Welt sei, und in dieser namentlich
das ethische Gebiet. Nun ist es aber doch ein unbestrittener

Grundsatz, daß wir einen Gegenstand in seiner **Volle n-
dung** ins Auge fassen müssen, in jenem Zustande, wo alle
seine Eigenthümlichkeiten vollkommen ausgebildet erscheinen,
wenn wir uns über denselben richtige Urtheile bilden, wenn
wir sein Wesen ganz verstehen wollen [1]). Betrachten wir
nur einen kleinen Theil davon, oder nur seinen Schattenriß,
nur sein Bild, vielleicht gerade seine unvollkommenste Erscheinung, so sind wir jedenfalls der augenscheinlichsten Gefahr
des Irrthums ausgesetzt. Auf dem Gesicht des Menschen
prägt sich immerhin sein Inneres aus: aber sind wir darum
wohl in jedem Falle berechtigt, den Charakter eines Mannes
nach seinem Portrait mit Entschiedenheit zu bestimmen? müssen
wir ihn nicht, um sicher zu urtheilen, in seinem Reden und
Thun, in seinem wirklichen Leben, durch längere Zeit beobachten? Und wenn sich an der Siegellackstange oder an der
einfachen Glasscheibe allerdings gewisse Anfänge elektrischer
Erscheinungen hervorrufen lassen, kann man denn ohne
andere Instrumente als diese schon alle Beobachtungen anstellen, die erforderlich sind um eine Theorie der Elektricität
zu geben? läßt sich aus jedem aufgefundenen Knochenstück
eines antediluvianischen Thieres schon die ganze Naturgeschichte
desselben schreiben? Hat aber die erwähnte Regel auf diesen
Gebieten ihre anerkannte Geltung, begnügt man sich weislich
mit Vermuthungen und bescheidenen Hypothesen, so lange man
vollkommnerer Mittel entbehren muß; was berechtiget denn
dieselbe zu ignoriren, wo es sich um einen Gegenstand handelt,
der, wie die Schönheit, in seiner Vollendung einem ganz
anderen Gebiete angehört als demjenigen, auf welchem man
seine Beobachtungen und Voraussetzungen gesammelt hat?

---

1) Quidquid est, de quo ratione et via disputatur, id est ad ultimam
sui generis formam speciemque reducendum. Cic. or. c. 3. n. 10.

Mit einem Worte, wollen wir über das Wesen der
Schönheit urtheilen, dann müssen wir sie zunächst und namentlich in der geistigen Ordnung ins Auge fassen. Das
thut unsere Zeit nicht. Materiell wie sie ist stellt sie nur
über schöne Dinge der materiellen Welt ihre Beobachtungen
an, und verkündigt das Resultat das sie aus diesen, mit oder
ohne Grund, gewonnen zu haben glaubt, als die unfehlbare
Grundlage eines Systems der, wahrhaft bezeichnend so genannten, „Aesthetik". Da ist es denn freilich nicht mehr
möglich, daß man mit den Anschauungen der Vorzeit, die
eben auf richtigen Voraussetzungen ruhten, noch übereinstimme, oder dieselben auch nur begreife; da hat man aber
auch keinen Grund sich zu wundern, wenn die neuentdeckten
Theorien insgesammt im Dienste des Sensualismus stehen,
wenn sie selbst, mehr oder weniger, die unreine Farbe des
Materialismus an sich tragen, und es auch bei dem besten
Willen auf die Dauer schwer wird, gewisse theologisch und
philosophisch offenbar falsche, aber logisch nothwendige, Consequenzen solcher Prämissen zurückzuweisen.

Das ist allerdings wahr, ist die Schönheit eine gemeinsame Beschaffenheit körperlicher und geistiger Dinge, dann
müssen die Erklärungen und die Sätze, welche uns dienen
sollen ihr Wesen zu bestimmen, ihre Eigenthümlichkeiten zu
charakterisiren, nicht minder in Rücksicht auf die sichtbare Welt
körperlicher Dinge als auf die geistige ihre Anwendung finden.
Jene Richtungen der neueren Zeit, welche wir eben bezeichneten, entsprechen keineswegs dieser Forderung; sie wissen
allein von einer Schönheit sinnlich wahrnehmbarer Gegenstände, und es ist logische Nothwendigkeit, wenn sie den
Satz, wonach die Schönheit auch ein Attribut Gottes ist,
als sonderbar und widersinnig verwerfen. Daß dagegen
unsere Auffassung an diesem Fehler der Einseitigkeit nicht
leide, daß unsere Grundsätze in beiden Sphären, in der

sichtbaren wie in der unsichtbaren, ihre volle Anwendung finden, dafür namentlich hoffen wir in dem Folgenden den überzeugenden Beweis zu liefern.

24. Aus inneren Gründen, haben wir in der Ueberschrift angekündigt, und zwar a priori, wollten wir die Wahrheit des Satzes darthun, welchen wir vorher als die Ansicht des Alterthums festgestellt haben. Wir müssen also zeigen, daß jene Dinge, welche wir, genauer, welche die übereinstimmende Ansicht der Menschheit schön findet, ihrer Natur nach und wesentlich Gegenstand unsers Wohlwollens sind. Der Gang dieser Beweisführung wird sehr einfach sein. Es gibt eine gewisse Beziehung der Dinge zu unserm Geiste, welche naturgemäß unser Wohlwollen gegen dieselben erregt, in höherem oder niederem Grade, je nachdem sie in größerer oder geringerer Vollkommenheit an den Dingen hervortritt. In dieser Beziehung zu uns stehen und erscheinen nun aber die letzteren gerade durch jene Beschaffenheit, welche ihre Schönheit ausmacht. Beweisen wir diese zwei Sätze, dann ziehen wir mit Recht den Schluß auf den es uns ankömmt.

I.

Das Verhältniß der Aehnlichkeit, welches der vernünftige Geist zwischen sich selbst und einem Andern wahrnimmt, ist die Bedingung sowohl als der eigentliche Grund der vollkommenen Liebe.

25. Im Buche Sirach lesen wir: „Jedes Wesen liebt was ihm ähnlich ist“[1]); nach Aristoteles „freut sich alles dessen was ihm gleicht“[2]). Plato läßt im Dialog über die

---

[1] *Πᾶν ζῶον ἀγαπᾷ τὸ ὅμοιον αὐτοῦ.* Eccli. 13. 19.

[2] *Εὐθὺς τὰ ὅμοια ὁμοίοις χαίρει, καὶ ἀνθρώπῳ ἥδιστον ἄνθρωπος.* Ethic. Eudem. l. 7. c. 2. med.

Freundschaft den Sokrates zum Lysis also sprechen: „Die Dichter, wenn ich nicht irre, sagen:

Immer führet den Gleichen ein Gott zum Gleichen und läßt sie Kennen lernen einander . . .

Und ist dir nicht derselbe Gedanke auch schon in den Schriften der Weisen begegnet, daß nämlich jedes Wesen naturgemäß das lieben muß, was ihm ähnlich ist"[1]? Mit Aristoteles und Plato stimmt Cicero überein: „Nichts schlingt das Band der Liebe fester, als die Harmonie edler Seelen. Denn weil sie einerlei Neigungen haben und gleiches Streben, darum liebt jeder den andern ganz wie sich selbst; und es tritt das ein, was Pythagoras als die Vollendung der Freundschaft betrachtete: es wird aus vielen Einer"[2]. Bei Boetius endlich heißt es: „Verschiedenheit stößt immer ab, Aehnlichkeit zieht an. Und wo immer ein Wesen von einem andern angezogen wird, da steht es offenbar mit demselben im Verhältniß natürlicher Uebereinstimmung. . . . Alles strebt dem zu was ihm gleicht"[3].

---

1) Λέγουσι δέ πως ταῦτα, ὡς ἐγῷμαι, ὡδι

    Αἰεί τοι τὸν ὁμοῖον ἄγει Θεὸς ὡς τὸν ὁμοῖον
    Καὶ ποιεῖ γνώριμον . . .

Οὐκοῦν καὶ τοῖς τῶν σοφωτάτων συγγράμμασιν ἐντετύχηκας, ταῦτα αὐτά ἅ λέγουσιν, ὅτι τὸ ὅμοιον τῷ ὁμοίῳ ἀνάγκη ἀεί φίλον εἶναι; Plat. Lysis ed. Bip. vol. 5. p. 233. Steph. 214. a.

2) Nihil est amabilius nec copulatius, quam morum similitudo bonorum. In quibus enim eadem studia sunt eaedemque voluntates, in his fit, ut aeque quisque altero delectetur ac seipso: efficiturque id, quod Pythagoras ultimum in amicitia putavit, ut unus fiat ex pluribus. Cic. de offic. l. c. 17. n. 56.

3) Omnis diversitas discors: similitudo vero appetenda est. Et quod appetit aliud, tale ipsum naturaliter esse ostenditur, quale est

In biesen Aussprüchen ist die Beziehung angedeutet, von welcher wir in unserem ersten Satze redeten. Es ist die Aehnlichkeit, die Gleichartigkeit der Beschaffenheit, die Uebereinstimmung zweier Dinge in einem oder in mehreren Merkmalen [1]). Daß diese ihrer Natur nach die wohlwollende Liebe errege, das lehrt in voller Uebereinstimmung mit den angeführten Auktoritäten der heilige Thomas: nach ihm ist die Aehnlichkeit sowohl nothwendige Bedingung des Wohlwollens, als eigentliche Ursache desselben. „Das Wesen der Liebe besteht darin, daß der Liebende das Gut des Geliebten will. Naturgemäß richtet sich aber unser Streben nur auf das, was sich uns in irgend einer Weise als unser eigenes Gut darstellt. Soll mithin das Gut eines anderen der Gegenstand unseres Wollens werden, dann muß dieser in irgend einer Weise als Eins mit uns erscheinen, durch Aehnlichkeit mit uns, oder durch irgend welche Uebereinstimmung" [2]). Es ist also die Aehnlichkeit zunächst Bedingung jedes Wohlwollens; aber sie ist auch der eigentliche Grund desselben. „Zeigt sich an zwei Dingen thatsächlich (actu) die gleiche Eigenthümlichkeit, z. B. die weiße Farbe, so besteht zwischen ihnen wirkliche Aehnlichkeit. In Folge derselben sind beide in Rücksicht auf die gemeinsame Eigenthümlichkeit gewissermaßen Eins, wie z. B. zwei Menschen in Rücksicht auf die beiden gemeinsame menschliche Natur, zwei Jünglinge in Rücksicht auf die Jugend. Dieses Verhältniß aber erzeugt

---

Illud ipsum quod appetit ... Omne tendit ad simile. Boet. de hebdomadibus lect. 1. et 2. (Apud S. Thom. Edit. Venet. 1747. tom. 8. Commentar. 9.)

1) Similitudo est rerum differentium eadem qualitas. Boet. apud S. Thom. in I. dist. 34. q. 3. a. 1. obi. 2.

2) Contr. Gent. l. I. c. 91. n. 3. Vgl. Ferrariens. Comment. in hunc loc. und Thom. S. 1. 2. p. q. 99. a. 2. c.

naturgemäß in jedem wohlwollende Liebe gegen den andern:
denn eben insofern dieser ihm als Eins mit ihm selbst erscheint, muß er ihm wohlwollen wie sich selbst"[1]). Diese
Liebe wird offenbar um so größer sein, je vollkommener die
Aehnlichkeit, von je größerer Bedeutung die Eigenschaften
sind, auf welche sich die Uebereinstimmung gründet[2]).

26. Einer eingehenderen Begründung scheint es uns
für unsern Satz nicht zu bedürfen. Aber eine erweiternde
Bemerkung müssen wir beifügen. Finden wir in einem vernünftigen Wesen Aehnlichkeit, Uebereinstimmung mit uns
selbst, so wird nach dem Gesagten die Folge dieser Wahrnehmung die Anregung zu eigentlicher Liebe des Wohlwollens
sein[3]), und diese wird sich bilden, wenn nicht stärkere Momente sie ersticken; denn die Aehnlichkeit von der wir handeln
ist freilich nicht das einzige, was auf die Richtung unseres
Strebens Einfluß hat. Gilt aber derselbe Grundsatz auch
in Rücksicht auf unpersönliche, rein körperliche Dinge? Wir
bejahen diese Frage entschieden, nur mit einer entsprechenden
näheren Bestimmung. Zunächst ist es gewiß, daß auch rein
körperliche Dinge zu unserem Geiste in dem Verhältniß der
Aehnlichkeit, der Uebereinstimmung stehen können. Freilich

---

1) Similitudo inter aliqua potest attendi . . . uno modo ex hoc,
quod utrumque habet idem in actu, sicut duo habentes albedinem dicuntur similes.... (Hic) ergo similitudinis modus causat amorem amicitiae, seu benevolentiae: ex hoc enim quod aliqui duo sunt similes,
quasi habentes unam formam, sunt quodammodo unum in forma illa:
sicut duo homines sunt unum in specie humanitatis, et duo albi in
albedine: et ideo affectus unius tendit in alterum sicut in unum sibi,
et vult ei bonum sicut et sibi. Thom. S. 1. 2. p. q. 27. a. 3. c.

2) Quanto id, unde amans est unum cum amato, est maius, tanto
est amor intensior. Thom. contr. Gent. l. 1. c. 91. n. 3.

3) Eben darum ist es immer eine Verläugnung des Naturgesetzes, wenn
der Mensch den Menschen haßt.

im allgemeinen nicht in dem vollen Sinne, nicht in derselben
Weise, wie vernünftige Wesen: denn die meisten Eigenschaften
der geistigen Substanz sind von der Art, daß sie ihrer Natur
nach in der körperlichen sich gar nicht denken lassen. Aber dafür
finden sich in der letzteren manche Eigenthümlichkeiten, welche
mit jenen der geistigen Substanz in einer Art von Proportion
stehen, denselben gewissermaßen analog, parallel sind. So
ist in der heiligen Taufe die Abwaschung des Leibes mit
Wasser das vollkommen entsprechende Zeichen der Wirkung
dieses Sakraments; denn gleichwie das Wasser die Flecken
des Leibes, so tilgt in jenem die Gnade das, was die Seele
unrein macht, die Sünde: es besteht also zwischen der materiellen Reinigung durch Wasser und der geistigen Wirkung
der Gnade wahre Aehnlichkeit, wenn auch nur jene der
Analogie [1]). Und wenn der heilige Geist in der Gestalt von
Zungen aus Feuer über die Apostel kommen, am Jordan
dagegen wie eine Taube herabsteigen wollte, wenn Jehova
dem Propheten auf Horeb seine gnadenreiche Nähe offenbarte
durch das Säuseln sanfter Luft [2]), wenn Johannes in der
geheimen Offenbarung den Erlöser vor dem Throne Gottes
stehen sah unter der Erscheinung eines Lammes das geschlachtet ist [3]); dann war der Grund, welcher die Wahl
dieser verschiedenen Bilder bestimmte, kein anderer als eben

---

1) Inter corporalia et spiritualia non attenditur similitudo per par-
ticipationem eiusdem qualitatis, sed per proportionalitatem, quae est
similitudo proportionatorum; ut sicut se habet aqua ad delendas maculas
corporales, ita gratia ad abluendum spirituales; — vel si Deus dicatur
ignis, ex hoc, quod sicut se habet ignis ad hoc quod liquefacta effuere
facit per suum calorem, ita Deus per suam bonitatem perfectiones in
omnes creaturas diffundit, vel aliquid huiusmodi. Thom. in IV. dist. 1.
q. 1. art. 1. sol. 5. ad 3. coll. in I. dist. 34. q. 3. art. 1. ad 2.

2) 3. Kön. 19, 12.
3) Offenb. 5, 6.

diese Analogie, dieser Parallelismus, zwischen den besonderen
Eigenthümlichkeiten der genannten körperlichen Dinge einerseits und den rein geistigen Eigenschaften oder Wirkungen
der göttlichen Personen andererseits, welche durch jene ver-
sinnlicht, dargestellt werden sollten. In dieser Weise kann
mithin das Körperliche ein mehr oder minder vollkommenes
Bild des Geistigen, mit diesem „Eins" sein; der Geist kann
darin sich selbst wiederfinden, insofern er an demselben, mehr
oder weniger ausgeprägt, seine eigenen Züge erkennt.

Aber noch eine zweite Beziehung der Uebereinstimmung
zwischen dem Sichtbaren und dem Unsichtbaren müssen wir
hervorheben. Das Werk gibt immer Zeugniß von seinem
Meister, in der Wirkung erscheinen nothwendig die Spuren
der Ursache welche sie setzte. Es wird also auch der Geist
in dem Körperlichen sich selbst finden, Uebereinstimmung mit
seiner eigenen Natur darin wahrnehmen, so oft sich das
letztere durch irgend eine besondere Vollkommenheit unzweideutig genug als das Werk des vernünftigen Geistes kundgibt[1]).

Nehmen wir nun eine dieser beiden Beziehungen der
Uebereinstimmung mit unserem Geiste in körperlichen Dingen
wahr, so muß diese Wahrnehmung auch in Rücksicht auf die
letzteren unser Wohlwollen wecken; das läßt sich nicht in
Abrede stellen, wenn anders der oben (25) aufgestellte Satz
und seine Begründung nicht falsch ist. Nur kann freilich
dieses unser Wohlwollen (oder reines Wohlgefallen) nicht,
wie persönlichen Wesen gegenüber, ein absolutes sein, sondern
allein ein relatives (vgl. N. 11.) Das unpersönliche Ding

---

1) Effectus a suis causis deficientes non conveniunt cum eis in
nomine et ratione; necesse est tamen aliquam inter ea similitudinem
inveniri. De natura namque agentis est, ut agens sibi simile agat,
secundum quod actu est. Thom. contr. Gent. l. 1. c. 29.

wird das eigentliche Objekt unseres wirklichen Wohlwollens
bilden, aber nur das unmittelbare, nicht das letzte Objekt:
unser Wohlwollen wird nicht in der vernunftlosen Substanz
ruhen, sondern auf unsere eigene Person zurückfallen, gleichwie es in derselben auch seinen Grund hat. Wir werden
unsere eigene Natur lieben in dem was mit ihr übereinstimmt, worin sie sich spiegelt, in ihrem wenn auch unvollkommenen Gleichniß, in jedem Werke endlich, in welchem
sich, als die Züge seines Urhebers, die Vollkommenheiten
des vernünftigen Geistes uns zeigen.

II.

**Die Natur und die Eigenschaften des menschlichen Geistes. Unter welchen
Bedingungen ein Anderes ihm ähnlich sei.**

27. Den Beweis des ersten unserer zwei Sätze (24)
haben wir hiemit beendigt: „Jene Dinge, in welchen wir
Aehnlichkeit, Uebereinstimmung, mit unserem Geiste wahrnehmen, erregen naturgemäß unser Wohlwollen, entweder das
absolute oder das relative, je nach der Sphäre, welcher sie
angehören.“ Wir müssen uns nun zum zweiten, dem Unter-
satz wenden, und darthun, daß ein solches Verhältniß der
Uebereinstimmung zwischen unserm Geiste und den schönen
Dingen, eben insofern sie schön sind, in der That besteht
und sich offenbart. Für diesen Zweck ist es aber nothwendig,
wie von selbst einleuchtet, daß wir vor allem die Natur und
die Eigenschaften unsers Geistes ins Auge fassen; dann erst
können wir die Vorzüge, durch welche die Dinge schön sind,
mit den ersteren vergleichen, und über das gegenseitige Verhältniß beider richtig urtheilen.

28. Die menschliche Seele ist nun

I. eine wesenhafte **Kraft**, d. h. eine **lebendige,**
thätige, sich selbst und den Leib **bewegende** Substanz:

sie ist überdies eine freie, nach eigener Wahl thätige Kraft.

II. Die menschliche Seele ist eine unvergängliche, unzerstörbare Substanz; sie trägt in sich selbst die Ahnung ihrer Unsterblichkeit, die entschiedenen Zeichen ihrer Bestimmung für ewige Dauer.

III. Die menschliche Seele ist eine intelligible und intelligente, eine (geistig) sichtbare und sichtbar machende, eine (mit geistigem Lichte) erleuchtete und erleuchtende, Licht über das an sich Dunkle ausstrahlende, Substanz.

Erklären wir den letzten Satz so kurz als möglich. Die Thätigkeit der sinnlichen Wahrnehmung durch das Auge ist das Analogon, und das vollkommenste, des geistigen Erkennens durch die Vernunft. Sowie nun der Körper, damit das Auge ihn wahrnehmen könne, sichtbar, d. h. beleuchtet sein muß, so ist geistige Sichtbarkeit, Erkennbarkeit, Intelligibilität, eine nothwendige Bedingung, wenn ein Objekt von der Vernunft erkannt werden soll. Diese Intelligibilität hat das Materielle seiner Natur nach nicht. Darum können die Dinge weder wie sie in sich, noch auch wie sie in der sinnlichen Wahrnehmung sind, in der Vernunft Vorstellungen erzeugen: denn sie sind sowohl in sich als in der sinnlichen Erkenntniß nach Weise ihres materiellen Daseins. Es muß also irgend eine Ursache geben, durch die es geschieht, daß bei Gegenwart des sinnlichen Bildes, das den Gegenstand immer nur nach seinen individuellen und äußeren Erscheinungen darstellt, in der Vernunft das intelligible Bild, welches das Allgemeine, Nothwendige, Wesentliche ausdrückt, erzeugt werde. Diese Ursache ist aber keine andere, als der erkennende Geist selbst; die Scholastiker nennen ihn, insofern er in dieser Weise thätig ist, den *intellectus agens*, und sie pflegen deshalb zu sagen, das eigenthümliche Wirken des letzteren bestehe darin, die materiellen Dinge oder vielmehr

die sinnlichen Vorstellungen derselben für die Vernunft erkennbar, intelligibel, zu machen [1]). Nach dem Gesagten ist
es sicher vollkommen passend, wenn der heilige Thomas [2]),
und vor ihm Aristoteles [3]), diese Thätigkeit des Geistes mit
einem Beleuchten vergleichen, mit einem Ausstrahlen von
Licht, vermöge dessen das an sich Dunkle sichtbar wird. Der
menschliche Geist erscheint darin wie ein Auge, das nicht nur
das Objekt wahrnimmt, sondern zugleich, gewissermaßen wie
in der körperlichen Welt die Sonne, aus sich selbst das Licht
ausstrahlt, dessen das Objekt bedarf um gesehen werden zu
können. In diesem Sinne haben wir gesagt, die menschliche
Seele sei eine erleuchtende Substanz. Erleuchtet aber oder
leuchtend ist sie, weil sie ihrer Natur nach geistig, darum
intelligibel, in der geistigen Ordnung sichtbar, ist.

IV. Die menschliche Seele ist eine vernünftige Substanz. Die Vernünftigkeit ist der wesentlichste, der eigentlichste Vorzug unserer Seele. Es ist nothwendig, daß wir
denselben genauer ins Auge fassen [4]).

---

1) „Facere phantasmata actu intelligibilia." Vgl. Kleutgen, Die
Philosophie der Vorzeit, I. R. 72.

2) Oportet dicere, quod in anima humana sit aliqua virtus deri-
vata a superiori intellectu, per quam possit phantasmata illustrare . . .
Ideo Aristoteles comparavit intellectum agentem lumini. . . . Unde ab
ipso (Deo, qui est eius creator,) anima humana lumen intellectuale
participat, secundum illud ps. 4, 7. Signatum est super nos lumen
vultus tui, Domine. Thom. S. 1. p. q. 79. a. 4. c. Cfr. art. 3.

3) Ἔστιν ὁ μὲν τοιοῦτος νοῦς (δυναμικός, der intellectus possi-
bilis der Scholastiker.) τῷ πάντα γίνεσθαι, ὁ δὲ (ποιητικός, der intellectus agens,) τῷ πάντα ποιεῖν, ὡς ἕξις τις, οἷον τὸ φῶς· τρόπον
γάρ τινα καὶ τὸ φῶς ποιεῖ τὰ δυνάμει ὄντα χρώματα ἐνεργείᾳ
χρώματα. Arist. de anima I. 3. cap. 5.

4) Daraus, daß wir hier das Vermögen zu abstrahiren und die Vernunft
im engeren Sinne getrennt betrachten, wolle man nicht etwa den Schluß ziehen,
als ob wir mit der neueren Philosophie den Verstand und die Vernunft für
zwei verschiedene Vermögen hielten.

29. Betrachten wir die Vernünftigkeit zunächst in ihrer Wurzel, in ihrem Wesen, insofern sie das allgemeine Attribut der menschlichen Natur ist. Was heißt das, die menschliche Seele ist vernünftig?

Es gibt gewisse Cardinalideen und Cardinalsätze, welche, als die einfachsten Ausdrücke der göttlichen Weisheit, der höchsten Norm aller Wahrheit[1]) und alles Seins, die Grundzüge und die ersten Umrisse aller Dinge enthalten, die Grundlinien alles dessen was ist. Solche Cardinalideen sind jene des Seins, der Wahrheit, des Guten, der Einheit; solche Cardinalsätze sind der Satz des Widerspruchs, des ausgeschlossenen Dritten, des zureichenden Grundes. Nun hat Gott unsere Seele, nach dem Bilde seiner eigenen Weisheit, so geschaffen, ihr Wesen und ihre Natur so eingerichtet, daß sie bei der ersten Entwickelung ihrer Intelligenz mit Nothwendigkeit sich diese Cardinalideen bildet, diese Grundsätze erkennt, und sie dann in habitueller Erkenntniß festhält und bewahrt, um durch sie und ihnen gemäß alles zu denken und alles aufzufassen, um aus ihnen und mit ihrer Hülfe und nach ihrer Norm alle übrigen Wahrheiten zu erkennen[2]).

---

1) Unaquaeque res dicitur vera absolute secundum ordinem ad intellectum a quo dependet . . . Res naturales dicuntur esse verae, secundum quod assequuntur similitudinem specierum quae sunt in mente divina: dicitur enim verus lapis, quia assequitur propriam lapidis naturam secundum praeconceptionem intellectus divini. Thom. S. 1. p. q. 16. a. 1. c.

2) Praeexistunt in nobis quaedam scientiarum semina, scilicet primae conceptiones intellectus, quae statim lumine intellectus agentis cognoscuntur per species a sensibilibus abstractas, sive sint complexa, ut dignitates (axiomata), sive incomplexa, ut ratio entis, unius, et huiusmodi, quae statim intellectus apprehendit. Ex istis autem principiis universalibus omnia principia sequuntur, sicut ex quibusdam rationibus seminalibus . . . Scientia ergo praeexistit in addiscente, in potentia non pure passiva sed activa; alias homo non posset per se

Darum bilden sich denn in unserem Geiste, bei weiterer Entwickelung unter den entsprechenden äußeren Einflüssen, mit
Nothwendigkeit die Begriffe von Uebereinstimmung und Verschiedenheit, von Ursache und Wirkung, von Zweck und Mittel,
von Zweckmäßigkeit, Angemessenheit, Ordnung, Proportion,
Symmetrie und Harmonie, Vollkommenheit und Vollendung,
sowie die Erkenntniß Gottes; in der praktischen Ordnung
aber jene des sittlich Guten, der Pflicht, des Rechtes, des
Sittengesetzes und seiner einzelnen Vorschriften, zunächst der
höchsten und allgemeineren, dann auch der mehr besonderen,
aus jenen abgeleiteten. Und diese Begriffe und Erkenntnisse
oder Urtheile liegen in der menschlichen Vernunft nicht wie
eine leere theoretische Spekulation, mit todten Buchstaben in
todtes Erz gegraben. Der Geist umschließt und umfaßt dieselben nicht schlechthin wie immer, sondern als solche, in
welchen er das nothwendige Maß und die eigentlichen Normen alles natürlichen Seins anerkennt, die wesentliche Richtschnur und die wahren Gesetze alles ethischen Handelns [1]).

ipsum acquirere scientiam .... Hujusmodi autem rationis lumen, quo
principia hujusmodi sunt nobis nota, est nobis a Deo inditum, quasi
quaedam similitudo increatae veritatis in nobis resultantis. Thom. de
veritate q. 11. art. 1. c.
   Intellectui non omnia intelligibilia aequaliter vicina sunt ad co-
gnoscendum; sed quaedam statim conspicere potest, quaedam vero non
conspicit nisi ex aliis principiis inspectis. Sic igitur homo ignotorum
cognitionem per duo accipit, scilicet per lumen intellectuale, et per
primas conceptiones per se notas, quae comparantur ad istud lumen
quod est intellectus agentis, sicut instrumenta ad artificem. Quantum
igitur ad utrumque Deus hominis scientiae causa est excellentissimo
modo: quia et ipsam animam intellectuali lumine insignivit, et notitiam
primorum principiorum ei impressit, quae sunt quasi quaedam seminaria
scientiarum, sicut et aliis naturalibus rebus impressit seminales rationes
omnium effectuum producendorum. Thom. ibid. art. 3. c.
   1) Cela nous mène enfin au dernier fondement des vérités, savoir
à cet esprit suprême et universel, qui ne peut manquer d'exister, dont

Alles worin dieselben wirklich, objektiv sind, alles als deſſen
beſtimmende Form ſie erſcheinen, erkennen wir darum als
mit den nothwendigen Geſetzen ſeines Seins, mit ſeiner
Idee, übereinſtimmend.

Dazu kömmt noch etwas anderes. Jener Fonds der
Wahrheit iſt uns nicht allein zur Beurtheilung deſſen gegeben,
was außer uns oder doch ohne uns iſt, ſondern zugleich als
die Leuchte unſeres eigenen Thuns, auf dem natürlichen Gebiete wie auf dem ethiſchen. Darum geſellt ſich zu jenem
Vorzuge der erkennenden Kraft der Seele, in Rückſicht auf
die ſtrebende noch eine natürliche Anlage für das Gute und
Vollkommene, d. h. eine anerſchaffene initiale Richtung auf
alles das, was ſich als den bezeichneten nothwendigen Grundnormen und Carbinalgeſetzen gemäß darſtellt, mag es nun
der ſchlechthin phyſiſchen oder der moraliſchen Ordnung angehören. So lehren Ariſtoteles und der heilige Thomas, wo
ſie auf die Frage eingehen, ob die Tugenden dem Menſchen
angeboren ſeien. Weder die intellektualen[1]) Tugenden, lautet
die Antwort, noch die ethiſchen ſind uns im vollen Sinne

l'entendement, à dire vrai, est la région des vérités éternelles, comme
St. Augustin l'a reconnu, et l'exprime d'une manière assez vive. Et
afin qu'on ne pense pas, qu'il n'est point nécessaire d'y recourir, il faut
considérer, que ces vérités nécessaires contiennent la raison détermi-
nante et le principe régulatif des existences mêmes, et en un mot les
lois de l'univers. Ainsi ces vérités nécessaires, étant antérieures aux
existences des êtres contingens, il faut bien qu'elles soient fondées
dans l'existence d'une substance nécessaire. C'est là où je trouve l'original des idées et des vérités qui sont gravées dans nos âmes, non pas
en forme de propositions, mais comme des sources dont l'application et
les occasions feront naître des énonciations actuelles. Leibniz, Nouveaux essais sur l'entendement humain l. 4. chap. 11.

1) Die intellektualen Tugenden (Vorzüge) ſind nach Ariſtoteles, Wiſſenſchaft,
Weisheit, Einſicht, Kunſt. Sie heißen „Tugenden" nicht ſchlechthin, ſondern in
gewiſſem Sinne, secundum quid. Vgl. Thomas S. 1. 2. p. q. 56. a. 3. c.

des Wortes angeboren. Aber „wir haben positive Fähigkeit
für sie, wir sind dafür gemacht, die Natur hat die Keime,
hat den Samen derselben in unsere Seele gelegt; sie sind
in uns, bevor wir sie durch freie Uebung zur Vollendung
bringen, gleichsam in ihrer Wurzel, ihren ersten Anfängen
nach, in der Weise einer von der Natur gegebenen Neigung,
einer ursprünglichen Richtung der strebenden Kraft auf alles
das, was den vorher bezeichneten Grundsätzen der Vernunft
entspricht" [1].

In dieser doppelseitigen, wesentlichen und anerschaffenen,
Eigenthümlichkeit der menschlichen Seele also besteht jener
ihr specifischer Vorzug, nach dessen Bedeutung wir fragten,
ihre Vernünftigkeit. Sie ist vernünftig, weil ihr Erkennen
durch die unveränderlichen Erkenntnißgesetze der ewigen Weisheit nothwendig bestimmt wird, weil ihr Streben eine natürliche Richtung auf das physisch Vollkommene sowie auf das
moralisch Gute hat; sie ist vernünftig, weil sie den Strahl
des ewigen Wortes reflektirt, das da „Licht vom Lichte" ist
und „jeden Menschen der in diese Welt kömmt erleuchtet":
und diese ihre Eigenthümlichkeit ist es vorzugsweise, die sie
von Natur Gott ähnlich und zu seinem Bilde macht. Darum
sagt der Psalmist, daß „unserer Seele der Glanz des Angesichtes Gottes aufgeprägt ist", „wie das Bild des Fürsten

---

1) Virtutum habitus ante earum conummationem praeexistunt in
nobis in quibusdam naturalibus inclinationibus, quae sunt quaedam virtutum Inchoationes; sed postea per exercitium operum adducuntur in
debitam consummationem. Thom. de verit. q. 11. a. 1. c.

Virtutes quaedam naturaliter insunt animae, ad minus secundum
quaedam earum semina. S. 1. p. q. 93. a. 9. ad 3. Vgl. 1. 2. p. q.
63. a. 1. c. (unten, N. 30) und de virt. q 1. a. 8. c.

Οὖτ' ἄρα φύσει οὔτε παρὰ φύσιν ἐγγίνονται αἱ ἀρεταί, ἀλλὰ
πεφυκόσι μὲν ἡμῖν δέξασθαι αὐτάς, τελειουμένοις δὲ διὰ τὸ ἔθος.
Arist. Eth. Nicom. l. 2. c. 1.

der Münze"¹); darum redet der heilige Thomas von „dem
Siegel der göttlichen Wahrheit, das unserer Seele eingedrückt
ist", von „der Stimme Gottes in uns, welche uns lehrt
richtig und sicher zu erkennen"²); darum lehrt der heilige
Hieronymus, daß „allen Menschen die Erkenntniß Gottes
natürlich sei", und selbst daß „niemand ohne Christus ge=
boren werde, daß jeder in sich die Keime und die Grundrisse
der Weisheit, der Gerechtigkeit, und aller übrigen Tugenden
trage, wie einen von der Hand Gottes eingestreuten Sa=
men"³); darum behauptet Basilius der Große, daß der
Mensch von Natur jene Anlage und jene Richtung besitze,
die ihn zur Beobachtung des christlichen Gesetzes leite⁴);
darum weist Origenes den Angriff des Celsus auf die christ=
liche Sittenlehre, dieselbe sei nicht neu und von keiner Be=

---

1) *Signatum est, inquit, in nobis lumen vultus tui, Domine.* Hoc
lumen est totum hominis et verum bonum, quod non oculis sed mente
conspicitur. *Signatum* autem dixit *in nobis,* tamquam denarius signatur regis imagine: homo enim factus est ad imaginem et similitudinem Dei. . . Reddenda Deo anima lumine vultus eius illustrata atque
signata. Aug. Enarr. in ps. 4. n. 8.

2) (Divina veritas) loquitur in nobis per suae similitudinis impres-
sionem, qua de omnibus possumus iudicare. Thom. de verit. q. 11.
art. 1. ad 1.

Quod aliquid per certitudinem sciatur, est ex lumine rationis divi-
nitus interius indito, quo in nobis loquitur Deus. Ibid. ad 13.

3) Ex quo perspicuum fit, natura omnibus Dei inesse notitiam, nec
quemquam sine Christo nasci, et non habere semina in se sapientiae,
et iustitiae, reliquarumque virtutum. Unde multi absque fide et Evan-
gelio Christi, vel sapienter faciunt aliqua, vel sancte: ut parentibus
obsequantur: ut inopi manum porrigant: non opprimant vicinos: non
aliena diripiant: magisque indicio Dei obnoxii fiunt, quod habentes in
se principia virtutum, et Dei semina, non credunt in eo sine quo esse
non possunt. Hieron. Comment. in epist. ad Gal. L. 1. c. 1. vers. 15. extr.

4) Ὅτι κατὰ φύσιν ἐν ἀνθρώποις ἡ πρὸς τὰς ἐντολὰς τοῦ Κυρίου
ῥοπή καὶ δύναμις. Bas. Reg. fus. tract. Interrog 2. Maur. p. 336.

deutung, indem sie sich auch in den Systemen anderer Phi=
losophen finde, mit der Bemerkung zurück, daß allerdings
„in allen Menschen sich vermöge ihrer Natur die allgemeinen
Grundsätze und Anschauungen der natürlichen Pflichtenlehre
bilden; daß Gott in jedes Menschenherz den Samen jener
Wahrheiten gelegt habe, die er durch die Propheten und
durch seinen Sohn verkündigte" [1]); darum endlich ruft Ter=
tullian die Verfolger der Wahrheit vor das Forum ihrer
eigenen besseren Erkenntniß, und appellirt mit Zuversicht an
das Urtheil der *anima naturaliter christiana*, der von
Natur christlich denkenden, in christlichen Anschauungen sich
bewegenden, darum der Wahrheit des Christenthums Zeugniß
gebenden Seele [2]).

---

1) Πρὸς τοῦτο δὲ λεκτέον, ὅτι τοῖς εἰςάγουσι κρίσιν δικαίαν
Θεοῦ ἀποκέκλεισται ἂν ἡ ἐπὶ τοῖς ἁμαρτανομένοις δίκη, μὴ πάντων
ἐχόντων κατὰ τὰς κοινὰς ἐννοίας πρόληψιν ὑγιῆ περὶ τοῦ ἠθικοῦ
τόπου. Διώπερ οὐδὲν θαυμαστὸν τὸν αὐτὸν Θεὸν, ἅπερ ἐδίδαξε διὰ
τῶν προφητῶν καὶ τοῦ Σωτῆρος, ἐγκατεσπαρκέναι ταῖς ἁπάντων
ἀνθρώπων ψυχαῖς· ἵν' ἀναπολόγητος ἐν τῇ θείᾳ κρίσει πᾶς ἄνθρωπος ᾖ, ἔχων „τὸ βούλημα τοῦ νόμου γραπτὸν ἐν τῇ ἑαυτοῦ καρδίᾳ".
Orig. contr. Cels. l. l. n. 4. ed. Maur. p. 323.

2) Haec est summa delicti nolentium recognoscere, quem ignorare
non possunt. Vultis ex operibus ipsius tot se talibus, quibus contine-
mur, quibus sustinemur, quibus oblectamur, etiam quibus exterremur,
vultis ex animae ipsius testimonio comprobemus? Quae licet carcere
corporis pressa, licet institutionibus pravis circumscripta, licet libidini-
bus ac concupiscentiis evigorata, licet falsis diis exancillata, quum
tamen resipiscit, ut ex crapula, ut ex somno, ut ex aliqua valetudine,
et sanitatem suam patitur, Deum nominat, hoc solo nomine, quia pro-
prio Dei veri: „Deus magnus", „Deus bonus", et „quod Deus dederit",
omnium vox est. Judicem quoque contestatur illum: „Deus videt", et
„Deo commendo", et „Deus mihi reddet". O testimonium animae naturaliter christianae! Tert. Apolog. c. 17.

Consiste in medio, anima, seu divina et aeterna res es secundum
plures philosophos, eo magis non mentiens; seu minime divina, quoniam

30. Das ist die Vernünstigkeit der menschlichen Seele nach ihrem Wesen, nach welchem sie alle gemein haben: denn sie macht eben zum Menschen. Desungeachtet erscheint sie in den einzelnen keineswegs in gleicher Vollendung. Der erste Grund dieser individuellen Verschiedenheit liegt in der verschiedenen Vollkommenheit des körperlichen Organismus. Die Seele ist fast in allen ihren Thätigkeiten vom Leibe abhängig, an die Hülfe, an die mitwirkende Thätigkeit seiner Organe gebunden; darum muß die größere oder geringere Vollkommenheit der leiblichen Fähigkeiten, des inneren Sinnesorgans, des Nervensystems, selbst der äußeren Sinne, mit einem Worte die gesammte Leiblichkeit wie sie der Seele dient, und weiterhin alles was auf jene physiologisch einwirkt, auf die Vollkommenheit, in welcher die anerschaffenen

_____ _____

quidem mortalis, ut Epicuro zoll videtur, eo magis mentiri non debebis; seu de coelo exciperis, seu de terra conciperis, seu numeris, seu atomis conclunaris, seu cum corpore incoeperis, seu post corpus induceris, unde unde et quoquo modo hominem facis animal rationale, sensus ac scientiae capacissimum. Sed non eam te advoco, quae scholis formata, bibliothecis exercitata, academiis et porticibus Attici pastam sapientiam ructas. Te simplicem et rudem et impolitam et idioticam compello, qualem habent qui te solam habent, illam ipsam de compito, de trivio, de textrino totam. Imperitia tua mihi opus est, quoniam aliquantulae peritiae tuae nemo credit. Ea expostulo, quae tecum in hominem infers, quae aut ex temetipsa, aut ex quocunque auctore tuo sentire didicisti. Non es quod sciam christiana, fieri enim, non nasci solet christiana. Tamen nunc a te testimonium flagitant christiani, ab extranea adversus tuos, ut vel tibi erubescant, quod nos ob ea oderint et irrideant, quae te nunc consciam detineant. Tert. de testimon. animae c. 1.

Wir haben diese zwei schönen Stellen vollständig gegeben, sowohl um sie nicht zu verstümmeln, als weil wir später noch darauf zurückkommen müssen. Die richtige Auffassung derselben, sowie der drei vorhergehenden, liegt in der Anschauungsweise des heiligen Thomas, wie sie sich in den aus seinen Werken vorher angeführten Worten wiederholt kundgibt.

Vorzüge der Seele erscheinen, den größten Einfluß haben[1]). Außer diesem aber gibt es noch eine Menge anderer Momente, von welchen der Grad ihrer Ausbildung und Vollendung nothwendig bestimmt wird. Dahin gehören Erziehung, Umgang, Lektüre, die mannigfaltigen Ereignisse und Schicksale des Lebens, die herrschende Richtung (der Geist) der Zeit, positive Vervollkommnung der angebornen Kräfte durch Wissenschaft und Kunst, erworbene Gewohnheiten namentlich des moralischen Lebens, im allgemeinen alles, was auf die Entwickelung der natürlichen Fähigkeiten irgendwie psychologischen Einfluß hat.

Fortgesetzte Untersuchung und Betrachtung der Wahrheit, anhaltende Beschäftigung mit dem was in der physischen Ordnung vollkommen ist, beharrliche Uebung der Tugend, vollendet die Vernünftigkeit nach beiden Seiten, vervielfältigt die Summe der richtigen Begriffe und der wahren Urtheile, befestigt und gründet immer tiefer die Richtung des Strebens auf das physisch und moralisch Gute, vervollkommnet mit der Liebe desselben zugleich das Gefühl dafür. Die übernatürliche Erkenntniß und die übernatürliche Liebe, durch die geoffenbarte Lehre und die eingegossenen Tugenden und den

---

1) (Virtus est homini naturalis secundum quandam inchoationem. Secundum quidem naturam speciei, in quantum in ratione hominis insunt naturaliter quaedam principia naturaliter cognita, tam scibilium quam agendorum; quae sunt quaedam seminaria intellectualium virtutum et moralium, inquantum in voluntate inest quidam naturalis appetitus boni, quod est secundum rationem.) Secundum vero naturam individui, loquendum ex corporis dispositione aliqui sunt dispositi vel melius, vel pejus ad quasdam virtutes, prout scilicet vires quaedam sensitivae sciae sunt quarundam partium corporis. ex quarum dispositione adiuvantur, vel impediuntur huiusmodi vires in suis actibus, et per consequens vires rationales. quibus huiusmodi sensitivae vires deserviunt: et secundum hoc unus homo habet naturalem aptitudinem ad scientiam, alius ad fortitudinem, alius ad temperantiam. Thom. S. 1. 2. p. q. 63. a. 1. c.

Bestand der aktuellen Gnade, hebt jene natürlichen Vorzüge in keiner Weise auf, ergänzt sie vielmehr für eine ganz neue Ordnung, und führt sie auch in der alten rascheren Schrittes einer ungleich höheren Vollendung entgegen.

Umgekehrt wirkt die Vernachläßigung theoretischer Ausbildung der Vernunft, und die Verläugnung der letzteren auf dem praktischen Gebiete durch das Laster, allerdings ganz entgegengesetzt: aber vernichten können sie die Vernünftigkeit nicht. Die Erkenntniß der Wahrheit wird durch anhaltend fehlerhaftes unangemessenes Handeln in der physischen Ordnung, durch fortgesetztes sittlich böses Handeln in der ethischen, in hohem Grade geschwächt und verdunkelt; die natürliche Richtung des Strebens auf das sittlich Gute namentlich scheint oft vollends verloren zu gehen, und sich in die entgegengesetzte zu verkehren. Aber in der That ist das letztere keineswegs der Fall. Tief im Geiste des versunkensten Bösewichts brennt unauslöschlich das Licht wahrer Erkenntniß, mögen noch so dichte Nebel es ihm selbst unsichtbar machen; tief in seiner Brust lebt noch immer, wenigstens als natürliche Bestimmung dafür, jener dem Wesen der vernünftigen Creatur eigene Trieb, der ihn nöthigt das Gute zu billigen und zu lieben[1]).

31. Fassen wir das in diesem Abschnitt Gesagte kurz zusammen, so ergeben sich, mit Rücksicht auf N. 26., folgende Gesetze:

1. Alles, worin sich Leben, Thätigkeit, freie Bewegung kundgibt;

---

[1]) Freilich nicht so, als ob sein verkehrter Wille nicht stärker wäre, oder auch nur Mühe hätte, jene Nöthigung zu überwinden. Aber würde der absolut Gute, würde Gott sich ihm zeigen, auch nur in jener Anschauung deren die Natur als solche fähig ist, es ist ganz gewiß daß er nicht anders könnte als ihn lieben.

6 *

alles, was seinem Stoff, seiner Gestalt, seiner inneren Einrichtung nach das Gepräge der Festigkeit, die Bürgschaft der Dauer an sich trägt;

alles, was hell und klar, erleuchtet und erleuchtend erscheint, —

steht zu unserer Seele, in Rücksicht auf ihre wesentlichen Eigenschaften, in dem Verhältniß der Aehnlichkeit, der Uebereinstimmung, namentlich insofern es als Analogon, als Bild derselben sich darstellt.

2. In dem gleichen Verhältniß der Uebereinstimmung stehen mit unserer Seele alle Dinge, in welchen die wesentlichen Normen des natürlichen Seins oder die ethischen Gesetze des freien Handelns sich verwirklicht haben.

Noch zwei andere Gesetze folgen aus dem, was wir gesagt haben, auf die wir später zurückkommen werden:

3. Die Vollkommenheit der Erkenntniß dieser Beziehungen der Aehnlichkeit und der Uebereinstimmung ist in verschiedenen Menschen verschieden. Sie wird um so größer sein, je mehr die entsprechenden Vorzüge des Geistes ausgebildet, und zugleich, je vollkommener die Organe der sensitiven Thätigkeiten sind.

4. Die oben unter 2. bezeichneten Dinge sind zugleich der Gegenstand der anerschaffenen initialen Richtung unsers Strebens, unserer Liebe. Der Grad der letzteren hängt sowohl von den zuletzt (3) angegebenen Momenten ab, als von der Ausbildung der natürlichen Richtung unsers Geistes auf das physisch Vollkommene und das ethisch Gute.

III.

Es besteht zwischen unserm Geiste und den schönen Dingen, eben insofern
die letzteren schön sind, wahrhaft das Verhältniß der Aehnlichkeit. Nachweis desselben in der dreifachen Ordnung der Dinge. Die Schönheit der
geistigen Substanzen. Die Schönheit der körperlichen Dinge: in der
Gestalt und der innern Einrichtung, im Stoff, in der Bewegung, in
Farben und Tönen. Die Schönheit des Menschen.

32. Können wir nun nachweisen, daß den schönen Dingen
die zuletzt genannten Vorzüge, alle oder zum Theil, wirklich
eigen sind; daß wir die Dinge gerade insofern schön finden,
als dieselben an ihnen hervortreten; daß wir ihnen, in je
größerer Fülle, in je höherem Maße sie diese Vorzüge offenbaren, eben darum eine um so vollkommnere Schönheit zuerkennen? Hievon allein hängt noch die Wahrheit unseres
Satzes ab: sind wir im Stande diesen Nachweis zu führen,
kann ergibt sich derselbe mit logischer Nothwendigkeit aus
dem, was wir in dem Vorhergehenden gesagt und begründet
haben. Wir wollen, um unsere Aufgabe mit größerer Klarheit zu lösen, eine dreifache Ordnung von Gegenständen, als
Träger der Schönheit, unterscheiden: die geistigen Substanzen,
die körperlichen, und die Einheit von beiden in der menschlichen Natur.

33. Worin die Schönheit der geistigen Substanz bestehe,
das kann nach dem früher Gesagten[1] nicht mehr verborgen sein.
„Die Schönheit der Seele," haben wir mit Ambrosius und
Augustinus gesagt, und niemand denkt anders, „die Schönheit
der Seele ist lautere Tugend und Weisheit, Erkenntniß der

---

[1] Vgl. namentlich §. 2. und §. 5.

Wahrheit ihre Zier"[1]). Sint nun diese Eigenschaften etwas
anderes, als die vollendete Verwirklichung der in jedem
Menschengeiste liegenden ewigen Gesetze des intellektualen und
ethischen Seins? Ist Tugend und Weisheit etwas anderes
als die Frucht jenes Samens, den nach Hieronymus und
Origenes (29) die Hand des Schöpfers im tiefsten Grunde
jedes Menschenherzens ausgestreut? ist die Erkenntniß der
Wahrheit, im Besitz der Wissenschaft und der Kunst, etwas
anderes als das hellere Leuchten des Glanzes, der vom An=
gesichte Gottes ausgehend jeden vernünftigen Geist verklärt?

Jedermann weiß und jedermann fühlt, daß die Tugend,
daß jede sittlich gute Handlung, vernünftig und vernunft=
gemäß, daß Laster und Sünde vernunftwidrig, unvernünftig
sind. Somit besteht also die vollste Uebereinstimmung zwischen
der Schönheit der geistigen Substanz und der wesentlichen
Beschaffenheit des vernünftigen Geistes, der sie zum Gegen=
stande seiner Betrachtung hat: und es war tief begründet,
wenn die Alten sagten, „auf dem geistigen Gebiete schön sei
das, was mit jenen Vorzügen der menschlichen Natur har=
monire, übereinstimme, durch welche er über den übrigen
sinnlichen Wesen stehe"[2]). Eben wegen dieser Uebereinstim=
mung mit seiner eigenen Natur muß mithin jeder Mensch

---

1) Oben, N. 7. Hier, zu den vielen früher gegebenen, noch eine Stelle
aus Origenes, nach der Uebersetzung des heil. Hieronymus. „Etiamsi non sit
homo in peccatis maximis constitutus, tamen quia ingenio est anctore
pulchritudo, minorum quoque societate turpatur. Respice virtutes animae quae in anima sunt a Deo, vide pulchritudinem eius, inventionem,
dispositionem, elocutionem, memoriam, pronuntiationem, cuius sit ingenii,
quomodo primum intelligat, inde intellecta dilucidet, ut incitetur ad
sensus, ut menti sensa commodet, quos habeat impetus, quos cogitatus
de Deo. Haec possidens magnae pulchritudinis est." Orig. in Ezechiel.
hom. 7. n. 7. ed. Maur. p. 384.

2) Cic. de offic. l. 1. n. 96. (oben N. 5.)

der intellektualen und ethischen Vollkommenheit, der Schönheit
der Seele, Anerkennung und Liebe zollen, auch der, welcher
in seinem eigenen Geiste das Licht Gottes verdunkelt und
die Züge seiner Ebenbildlichkeit fast unkenntlich gemacht hat:
denn wie wir schon gesagt haben, vollkommen verwischen
kann man diese nicht, auslöschen läßt jenes Licht sich
nimmer [1]). Aber vollkommener und inniger wird freilich der
das Schöne der geistigen Ordnung lieben, welcher auch in
seinem Herzen den Samen des Himmels zur Blüte und zur
Frucht entfaltet, durch beharrliches Betrachten der Wahrheit
und durch ernstes Ringen seine Vernünftigkeit, die ihm anerschaffene Gottähnlichkeit, zu höherer Vollendung ausgebildet hat.

34. Gehen wir zu der zweiten Ordnung schöner Dinge
über, zu jenen welche der Sphäre des Körperlichen angehören. Sind auch an ihnen jene Eigenschaften, durch welche
sie schön sind, keine anderen als die oben (31) angedeuteten?

---

1) Bei der Behandlung des vorher von uns ausgeführten Satzes, daß die
Aehnlichkeit im eigentlichen Sinne Liebe erzeuge, macht sich der heilige Thomas
die Einwendung: „Wohlthätigkeit, Menschenfreundlichkeit, und andere Tugenden,
werden auch von jenen geliebt, welche dieselben keineswegs besitzen, dem Men-
schenfreunde, dem Wohlthätigen, nichts weniger als ähnlich sind." Die zweite
Antwort auf diesen Einwurf lautet: Dicendum, quod licet non omnes homines habeant huiusmodi virtutes secundum habitum completum, habent
tamen eas secundum quaedam seminalia rationis, secundum quae, qui
non habet virtutem, diligit virtuosum, tamquam suae naturali rationi
conformem. S. 1. 2. p. q. 27. a. 3. ad 4.

Dasselbe lehrt Petavius: Eadem fere hominum omnium est de hone-
state sententia, ac nemo non ea quae iuste, fortiter, temperate ac recte
denique facta sunt, pulchra et laude esse digna iudicat. Est enim
virtutis et honestatis a natura ingenita quaedam species humanis mentibus, ex qua nisi plane depravatae sint, incorrupta et sincera iudicia
de praeclare turpiterve gestis rebus existunt. De Deo L 6. c. 8. n. 8.
(tom. 1.)

stehen auch sie zu dem vernünftigen Geiste, eben durch das
was sie schön macht, in dem Verhältniß der Uebereinstimmung,
der Verwandtschaft? Plotin bejaht diese Frage. Im zweiten
Kapitel seiner wiederholt erwähnten Abhandlung sucht er
nämlich das Wesen der Schönheit körperlicher Dinge zu be=
stimmen, und beschreibt zu diesem Ende zunächst den Eindruck,
welchen die Wahrnehmung derselben auf uns zu machen pflegt.
„Die Schönheit körperlicher Gegenstände fällt uns beim ersten
Blick auf; unsere Seele, so wie sie dieselbe wahrnimmt, em=
pfindet Freude, sie umfängt sie wie etwas das man wieder
erkennt, sie wird gewissermaßen Eins mit ihr. Begegnet ihr
dagegen etwas Häßliches, so führt sie zurück, verläugnet es,
will es nicht anerkennen, weil sie damit nicht harmo=
nirt, weil es ihr ein Fremdes ist[1]). Wir erklären
dies also. Die Seele ist unter allen Wesen das vollkom=
menste. Nimmt sie nun etwas wahr das ihr verwandt
ist, oder auch nur eine Spur solcher Verwandt=
schaft trägt, dann fühlt sie Freude und süße Bewunderung;
denn sie bezieht das was sie sieht auf sich, sie gedenkt ihrer
selbst und ihrer Vorzüge"[2]). Der weiteren Erklärung, welche
Plotin für diese vollkommen wahren Erscheinungen gibt, liegt
die Platonische Lehre von den Ideen und der Präexistenz der
Seelen zu Grunde; darum übergehen wir sie, und führen statt

---

1) Ganz ähnlich spricht Basilius von Cäsarea: „Welchem Menschen, der
Augen hat, kann die Schönheit der sichtbaren Dinge entgehen? Es ist wie eine
unwiderstehliche, natürliche Kraft, mit welcher die Symmetrie der Theile, verbunden
mit entsprechender Färbung, uns anzieht, während umgekehrt der Anblick häßlicher
Dinge abstoßend wirkt." Comment. in Is. Proph. c. 5. n. 173. Maur. p. 505.

2) ... Φαμὲν δὴ ὡς τὴν φύσιν οὖσα ὅπερ ἐστί, καὶ πρὸ τῆς
κρείττονος ἐν τοῖς οὖσιν οὐσίας, ὅ,τι ἂν ἴδῃ συγγενὲς ἢ ἴχνος τοῦ
συγγενοῦς, χαίρει τε καὶ διατίθεται, καὶ ἀναφέρει πρὸς ἑαυτήν, καὶ
ἀναμιμνήσκεται ἑαυτῆς καὶ τῶν ἑαυτῆς. Plotin. de pulchritud. c. 2.
Basil. p. 51. F. G. Creuzer 12.

beſſen noch eine andere Stelle an, wo Plotin in Rückſicht
auf die Farbe (das Licht) und das Feuer die Analogie oder
die Uebereinſtimmung von der wir reden nachweiſt. „Die
Schönheit der Farbe iſt ihrer Natur nach einfach; ſie hat
ihren Grund darin, daß das Dunkle des Stoffes überwunden wird durch die Gegenwart des Lichtes, welches gewiſſer-
maßen unkörperlich, wie geiſtig, ideal iſt. Aus
denſelben Grunde iſt auch das Feuer vor allen anderen
körperlichen Dingen ſchön, weil es den übrigen Elementen
gegenüber gleichſam die Bedeutung der formgebenden Idee
hat[1]. Es ſtrebt aufwärts, es iſt unter allen Körpern der
feinſte, und ſteht ſo der unkörperlichen Natur am nächſten.
Es hat allein die Eigenſchaft, keinen anderen Körper in ſich
aufzunehmen, während es ſelbſt von allen aufgenommen wird:
denn es erwärmt dieſelben, aber es nimmt ſelbſt keine Kälte
an. Die Farbe erſcheint zuerſt an ihm, von ihm empfangen
ſie die übrigen. Es leuchtet und es glänzt, als ob es etwas
Intelligibles (eine Idee) wäre"[2].

In ähnlicher Weiſe war den Alten auch das Gold ein
Bild der menſchlichen Seele und ihrer ethiſchen Vollkommenheit, ihrer Schönheit. „Das Gold," ſchreibt der Neuplatoniker Hierokles[3]), „iſt etwas ganz Ungemiſchtes, nicht
verſetzt mit Erde, wie die anderen Körper. Indem man nun
in dem erdigen Stoff das Bild der böſen Materie findet,

---

1) Τὸ δὲ τῆς χρόας κάλλος ἁπλοῦν μορφῇ, καὶ κρατήσει τοῦ
ἐν ὕλῃ σκοτεινοῦ παρουσίᾳ φωτὸς, ἀσωμάτου καὶ λόγου καὶ εἴδους
ὄντος. Ὅθεν καὶ τὸ πῦρ αὐτὸ παρὰ τὰ ἄλλα σώματα κπλὸν, ὅτι
τάξιν εἴδους πρὸς τὰ ἄλλα στοιχεῖα ἔχει. . . . Plotin. de pulchrit.
c. 3. Basil. p. 52. F. Creuzer 20.

2) Plotin. de pulchrit. c. 3. Basil. p. 52. F. Creuzer 20.

3) In aurea Pythagorae carmine, p. 7. ed. Londin. (bei Creuzer,
Annot. in Plotin. de Pulchrit. p. 270.)

legt man mit Recht dem Heiligen, dem Lauteren, dem von
allem Bösen reinen Gemüthe, den Namen des g o l d e n e n
bei." Mehrere andere Stellen, die wir hier nicht anführen
wollen, gibt Creuzer in der eben erwähnten Erklärung des
Plotin: sie beweisen sämmtlich, daß die Alten das Gold als
eine durchaus gediegene, von allen fremdartigen Stoffen freie
Substanz betrachteten, und daß es ihnen aus diesem Grunde
die menschliche Seele versinnbildete, die von Natur reine,
lautere, „durchaus gute" [1]. Wenn es nun zugleich bekannt
genug ist, wie den Alten die Schönheit nicht minder als die
objektive Güte vorzugsweise als ein Attribut des Goldes
galt [2], dürfte es dann wohl als ein unbegründeter Schluß
erscheinen, wenn wir mit Rücksicht auf die vorher angeführten
Aeußerungen Plotins dafür halten, daß ihnen eben jene Uebereinstimmung, jene Analogie des Goldes mit den Vorzügen
der vernünftigen Seele, ein Grund seiner Schönheit war?

Diese Anschauungen des Alterthums mögen zunächst als
Beleg dienen, daß wir doch nicht gerade eine ganz neue,
durch keine Autorität gestützte Ansicht aufstellen, wenn wir
sagen, zwischen dem vernünftigen Geiste und den schönen
Dingen der Körperwelt bestehe, eben insofern sie schön
seien, gleichfalls das Verhältniß der Aehnlichkeit, der Uebereinstimmung.

35. Mit unserem vernünftigen Geiste übereinstimmend,
haben wir früher (31) gesagt, müssen uns alle Dinge er-

---

1) Omne (nobis) malum ab externis accidit, atque est animae
peregrinum: ex internis vero bonum. Anima enim *naturaliter est
boniformis* (ἀγαθοειδής.) Procl. Comment. in Alcib. prior. p. 254.
in Excerptt. Ficini.

2) (Aureus) „translate ponitur pro eximie pulchro," sagt Forcellini,
(Lexic. tot. Latinit. v. Aureus,) und führt zum Beweis mehrere Stellen an;
andere f. bei Creuzer, a. a. O. S. 271, 272.

scheinen, in welchen wir die wesentlichen Grundnormen des
natürlichen Seins verwirklicht sehen, also namentlich (29)
jene, in welchen wir Zweckmäßigkeit, Ordnung, Regelmäßigkeit, Proportion, Symmetrie, Harmonie, Vollkommenheit,
Einheit in der Vielheit mannigfaltiger Theile, entdecken; der
Natur unsers Geistes analog, darum gleichfalls mit ihm
übereinstimmend, sind nicht minder diejenigen, in welchen sich
Leben oder das Wirken einer lebendigen Kraft kundgibt, oder
die sich durch Festigkeit und Dauerhaftigkeit, durch Licht und
Klarheit auszeichnen. Gerade diese Vorzüge bilden nun aber
den Grund und das Wesen der Schönheit, die in körperlichen
Dingen unser Wohlgefallen in Anspruch nimmt: das ist es,
was wir nachweisen müssen.

Es lassen sich im allgemeinen verschiedene Rücksichten
oder Eigenschaften unterscheiden, in welchen bei körperlichen
Dingen die Schönheit gleichsam ihren Sitz hat. Als solche
müssen wir namentlich bezeichnen die Gestalt und die innere
Einrichtung, die Masse oder den Stoff, die Bewegung, die
Farben und die Töne. Fassen wir diese einzeln ins Auge.

36. Was zuerst die Gestalt betrifft, so ist bei dieser,
wie Hugo Blair sagt, die Regelmäßigkeit vor allem
als ein Element ihrer Schönheit zu betrachten. „Man versteht unter regelmäßigen Figuren solche, bei denen es in die
Augen fällt, daß sie nach irgend einer bestimmten Regel,
nach einem Gesetze, gebildet wurden, und daß die Zusammensetzung ihrer Theile nicht von Willkür oder Zufall abhing"[1].
So gefällt uns z. B. ein gleichseitiges Dreieck, ein Quadrat,
ein regelmäßiges Sechseck, ein Kreis. Eben wegen ihrer
Regelmäßigkeit finden wir zugleich in solchen Figuren die

---

1) H. Blair, Vorlesungen über Rhetorik und schöne Wissenschaften. Ueber-
setzt von G. Schreiter. (Leipzig 1785.) Vorl. 6. S. 132.

Eigenschaften der Angemessenheit, der Zweckmäßigkeit: denn diese stehen mit regelmäßig oder doch nach bestimmten Verhältnissen gebildeten Gestalten offenbar in der nächsten Beziehung; in Bildungen dagegen, in welchen wir gar kein Gesetz wahrnehmen, können wir jene Eigenschaften unmöglich finden. „Zimmer, Thüren, Fenster u. s. w. werden nach einer regelmäßigen Gestalt, in Würfeln oder rechtwinkligen Parallelogrammen, mit beständiger Rücksicht auf das genaueste Verhältniß ihrer Theile, verfertigt, und gefallen uns in dieser Gestalt: ohne Zweifel aus keinem anderen Grunde, als weil sie zu einem gewissen Gebrauche dienen, und eben durch die gewählte Gestalt den Zwecken ihrer Bestimmung am angemessensten sind"[1].

Zu den angegebenen Eigenschaften kommt, namentlich bei körperlichen (stereometrischen) Figuren, noch die Festigkeit. „Erhöhen wir das Quadrat zum Körper, so entsteht der Würfel: er liegt oder steht, hält und trägt, auf jeder Basis gleich fest, unbeweglich. . . Bauen wir den Würfel in die Höhe, so bildet sich das Parallelepipedum; so hoch es auch geführt werden mag, seine Basis der Festigkeit bleibt ihm. Führen wir den Körper auf der Basis des Würfels zur Spitze, so wird er das Gebäude der höchsten Festigkeit, die ewige Pyramide. So lange ihre Grundfläche dauert, ruht jeder Stein über ihr, bis zum obersten Schlußstein, unbeweglich. Aehnliches gilt von dem Prisma, der Pyramide auf der halben Grundfläche des Würfels"[2].

„Nehmen wir statt der geraden die krumme Linie, z. B. den Kreis, und erweitern wir ihn körperlich zur Kugel, so erscheint uns neben der Regelmäßigkeit die Vollendung

---

1) Blatz, a. a. O. S. 183.
2) Herder, Kalligone I. S. 45 ff.

und die Bewegung. Nur auf Einem Punkt ruht die Kugel, immer bereit zu kreisen, immer im Lauf. Alle Radien streben zum Mittelpunkt; mit sich selbst umschlossen, ist sie ein Körper der regelmäßigsten Fülle, geschickt zur gleichmäßigsten Bewegung. Eine Kugel, auf einem Würfel ruhend, ist darum ein sehr bezeichnendes Bild: der Würfel ein Bild der höchsten Festigkeit, die Kugel ein leibhaftes Symbol der leichtesten gleichmäßigsten Bewegung; beide die regelmäßigsten, in sich beschlossensten Körper. — Erhöhen wir, wie früher die Basis des Würfels zur Pyramide, so hier die Kugel zur Spitze des Kegels, geben wir ihm der Festigkeit wegen eine flache Basis. Von der letzteren abgesehen, behält die Gestalt ihren früheren Charakter. Sie eilt in der schnellsten Schwingung, wie die Flamme, aufwärts zur Spitze: ihr Charakter war und bleibt also Bewegung, Leben. Es gibt überhaupt für diesen Vorzug des Geistes kein ausdrucksvolleres Bild in der Natur, als die Flamme die zur Spitze hinaufeilt" [1]).

---

1) Huber, a. a. D. S. 47. f. Derselbe gibt zu den letzten Worten folgende interessante Stelle aus einem italiänischen Schriftsteller: E perchè in questo loco cade molto a proposito un precetto di Michel Angelo, non lascierò di riferirlo semplicemente, lasciando poi l'interpretazione e l'intelligenza di esso al prudente lettore. Dicesi adunque che Michel Angelo diede una volta questo avvertimento a Marco da Siena pittore suo discepolo, che dovesse sempre fare *la figura piramidale, serpentinata e moltiplicata per uno, dos e tre.* E in questo precetto parmi che consista tutto il secreto de la pittura. Imperochè la maggior grazia e leggiadria che possa haver una figura è, che mostri de *moversi*, il che chiamano i pittori furia de la figura. E per rappresentare questo moto non vi è forma più accomodata, che quella *de la fiamma del foco*, la quale, secondo che dicono Aristotele e tutti i filosofi, è elemento più attivo di tutti, e la forma de la ma fiamma *è più atta al moto* di tutte. Perchè ha il cono e la punta acuta, con la quale par che voglia romper l'aria e ascender a la sua sfera. Si che quando la

Nichts anderes, als die Verbindung der schon genannten Vorzüge, der freien Bewegung, des Lebens, mit der Zweckmäßigkeit, ist der Grund der Thatsachen, welche Blair in den folgenden Worten zusammenfaßt. „Eine weit reichere Quelle der Schönheit als die Regelmäßigkeit ist die Mannigfaltigkeit. Die Natur, gewiß die größte Künstlerin, strebt in allen ihren Werken nach Mannigfaltigkeit, selbst oft mit anscheinender Vernachläßigung des Regelmäßigen.... Pflanzen, Blüten und Blätter, zeigen sich uns auf die mannigfaltigste verschiedenartigste Weise gestaltet. Ein in gerader Linie fortlaufender Kanal macht im Vergleich mit den mäandrischen Windungen eines Flusses eine jämmerliche Figur. Kegel und Pyramiden sind schön: aber in ihrer natürlichen Wildheit aufgeschossene Bäume sind viel schöner. Die Zimmer eines Hauses müssen in ihrer Anlage regelmäßig sein, weil der Zweck derselben die Bequemlichkeit ihrer Bewohner ist; ein Garten dagegen, der bestimmt ist bloß durch Schönheit zu gefallen, würde in hohem Grade widrig sein, wenn in seinen Theilen dieselbe Einförmigkeit und Gleichmäßigkeit herrschte, wie in den Abtheilungen eines Wohnhauses" [1]). Wir meinen, daß Blair hier mit Unrecht als die „reichere Quelle der Schönheit" die Mannigfaltigkeit an und für sich bezeichnet. Der eigentliche Grund der höheren Schönheit der von ihm angeführten Gegenstände ist kein anderer als dieser, weil die Mannigfaltigkeit ihrer Gestalt, das frei Wechselnde in ihrer Bildung, als das Bild der Bewegung, als die Spur und die Wirkung thätiger Lebenskraft sich darstellt. In der bloß regelmäßigen Gestalt reflektiren sich dem erkennenden Geiste die Gesetze seiner eigenen Vernunft: in der

---

figura havrà questa forma, sarà *bellissima*. Lomazzo, Trattato dell' Arte della Pittura, Scoltura e Architettura. l. l. c. l. p. 22.

1) Blair, Vorl. 6. S. 133.

mannigfaltig und frei, und doch dabei durchaus angemessen und zweckmäßig gebildeten schaut er nicht nur eine vollkommnere Thätigkeit der ordnenden Vernunft, sondern er sieht darin zugleich das Bild seiner eigenen Freiheit und seines Lebens.

Und eben darauf, wie wir schon andeuteten, beruht auch die Thatsache, welche nach Blair namentlich von Hogarth hervorgehoben wurde, daß Gestalten die von krummen Linien begränzt sind uns im allgemeinen schöner vorkommen als solche, die durch gerade Linien und Winkel gebildet werden [1]).

---

1) Blair a. a. D. S. 134. — „Hogarth gibt besonders zwei Linien an," heißt es daselbst, „von welchen die Schönheit der Gestalt vorzugsweise abhänge. .. Die eine ist die Wellenlinie: eine krumme Linie, vorn und am Ende ungefähr nach Art eines lateinischen S eingebogen. Hogarth nennt diese die Schönheits- linie, und zeigt, wie häufig dieselbe in Muscheln, Blumen, und anderen schönen Werken der Natur gefunden werde. Dasselbe ist der Fall in den Gestalten der Malerei und der Bildhauerkunst, welche zunächst zur Ergötzung bestimmt sind. Die zweite Linie, welche Hogarth die Linie der Anmuth nennt, ist die vorige Wellenlinie, die sich um einen festen Körper windet: wie bei gewundenen Säulen, gewundenen Hörnern, und andern ähnlichen Dingen."

Diese Bemerkungen sind gerade nicht unbegründet: übrigens spricht sich Herder mit Recht gegen eine einseitige, ausschließliche Auffassung der Hogarth'schen Ideen entschieden aus. „Alle Linien der Schönheit werden sich zwischen dem Kreis- und geraden Linie finden, und jede in dem Maß, als sie an Festigkeit oder an Bewegung Theil nimmt, der einen oder der andern sich nähern. Je mehr sich die Linie der geraden nähert, um so schwerer und standhafter wird sie; je leichter sie sich schwingt und fortschwingt, desto ausdrückender wird sie für Bewegung... Warum soll ich mir bei allem, was sich sanft wendet und windet, was sich hebt und aufsteigt, oder senkt und niederfließt, bei Verjüngungen an Stengel und Stamm, an Aesten und Baum, bei Convolveln, Knospen, Kelchen, Blättern und Früchten immer nur die Schlange denken?" (Hogarth nannte seine, von Blair erwähnte, Linie' der Schönheit die „Wellen- und Schlangen- linie".) „Unzählige Biegungen, von der Spirallinie und Concholde an, alle Undulationen hindurch, sind nach Beschaffenheit des Zwecks der Bewegung den verschiedenen Gestalten der Natur auf eine so rigone Art zugemessen, daß jede nur an ihrem Körper bedeutet was sie bedeuten soll. Keine Biegung, die zwi- schen dem Cirkel und der geraden Linie liegt, möchte ich ihres größern oder

Ganz natürlich. Die gerade Linie ist starr und unbeweglich, sie bildet sich nach einem sehr einfachen Gesetze; die Parabel dagegen, die Ellipse, die Cykloide, bewegt sich frei und wie lebendig, und doch zugleich vollkommen regelmäßig, nach einem Gesetze, in welchem sich die ordnende Vernunft viel größer zeigt, als in der geraden Linie und in den Verhältnissen des Winkels. Sind nicht die gerade Linie und der Winkel die Elemente, nach welchen, in der Bildung fester Körper durch Krystallisation, alle Erscheinungen der todten anorganischen Natur sich gestalten? aber so wie das Leben beginnt, in den untersten Kreisen der vegetabilischen Ordnung, tritt die Curve an ihre Stelle.

37. Die wiederholt genannten Vorzüge sind in gleicher Weise die Elemente der Schönheit, welche wir an zusammengesetzten körperlichen Gegenständen, sei es in ihrer Gestalt oder in ihrer innern Einrichtung, bewundern. Die Bedingung und der Grund des Wohlgefallens das wir an ihnen finden ist Ordnung, Zweckmäßigkeit, Einheit im Mannigfaltigen, Symmetrie, und harmonische Verbindung ihrer Theile, d. h. eine solche Stellung derselben zu einander, vermöge deren sie sich gegenseitig unterstützen, ergänzen, und vereint zum Zwecke des Ganzen zusammenwirken. In den Gebilden des vegetabilischen und des animalischen Reiches kommen zu jenen Vorzügen noch Leben und von innen bewegende Kraft hinzu; in manchen Werken der Mechanik hingegen das Bild der letzteren, durch sinnreiche Verbindung der natürlichen Kräfte namentlich expansiv flüssiger Körper, oder jener Elemente, welche die Physik die unwägbaren nennt.

_____

kleinern Antheile am Ausdruck schöner Bewegung berauben." Kalligone, 1. S. 51. 54.

Wenn wir ein großes Schiff, eine Locomotive oder eine andere kunstvolle Maschine, ein Herschel'sches Teleskop, einen elektromagnetischen Apparat für Telegraphie betrachten; wenn wir an einer Uhr die Beschaffenheit der Feder oder der treibenden Kraft, den feinen Bau der in einander greifenden Räder und Triebwerke, die Harmonie der inneren Zusammensetzung untersuchen; wenn wir bei der Betrachtung einer Pflanze, eines Baumes wahrnehmen, wie die Wurzeln, der Stamm, die Rinde, die Zweige und Blätter, kurz alle Theile zur Erhaltung und zum Wachsthum des Ganzen dienen; noch weit mehr wenn wir die äußere und innere Einrichtung eines thierischen Leibes kennen lernen: dann erscheinen uns alle diese Gegenstände schön, und wir nennen sie so, und der Grund davon ist kein anderer als der, weil uns die Spuren der ordnenden Vernunft, des lebendigen Geistes, unverkennbar daran entgegenleuchten.

Wir begreifen nicht, was Hugo Blair[1]) veranlaßt hat, die Schönheit dieser Dinge als eine ganz „andere Art" zu bezeichnen, die von jener, von der vorhin die Rede war, durchaus verschieden sei, da er ja doch selbst, wie wir gesehen haben, einen Grund der Schönheit der Figuren in der Regelmäßigkeit und der sich damit verbindenden Eigenschaft der Zweckmäßigkeit findet. Hier wie dort ist es die ordnende Vernunft, welche wir in ihren Werken schauen und lieben. Der Unterschied liegt nur in der höheren Vollendung der Weisheit, in der größeren Stärke der die Mittel für einen Zweck wählenden und zusammenstellenden Einsicht, die sich in dem aus zahllosen Theilen und Theilchen wunderbar zusammengefügten Bau eines lebendigen Organismus freilich viel großartiger offenbart, als in der angemessenen Con-

---

1) Vorl. 8. S. 140.

ſtruktion eines Wohnhauſes, aber dem Weſen nach doch
immer dieſelbe bleibt.

Und ſo iſt es denn gleichfalls wieder dieſe Vernunft,
welche in den ſymmetriſchen Verhältniſſen von Thüren und
Fenſtern, in der Geſtalt und den angemeſſenen Verbindungen
von Wölbungen, Bogen und Säulen, überhaupt in den verſchiedenen Ordnungen der Baukunſt, unſer Wohlgefallen auf
ſich zieht, und wie den Grund ſo die nothwendige Bedingung
deſſelben bildet. „Die Verzierungen eines Gebäudes mögen
an ſich noch ſo fein und wohl gearbeitet ſein, ſie verlieren
ihre Schönheit und beleidigen das Auge auf die unange-
nehmſte Weiſe, ſobald ſie gegen dieſes Gefühl von Angemeſſenheit und Zweckmäßigkeit verſtoßen. Gewundene Säulen
z. B. ſind ohne Zweifel dem Auge angenehm; allein da ſie
ein Anſehen von Schwäche haben, ſo mißfallen ſie jederzeit,
wenn man ſich ihrer bedient, um ſie irgend einen Theil eines
Gebäudes tragen zu laſſen welcher nicht ganz leicht iſt, und
alſo eine ſtärkere Stütze zu fordern ſcheint. Ueberhaupt
können wir kein Werk, von welcher Art es auch ſei, betrachten, ohne durch eine natürliche Verbindung unſerer Begriffe“ (vielmehr, in Folge der natürlichen Beſchaffenheit
unſeres Geiſtes, eben weil wir v e r n ü n f t i g ſind) „ſogleich
an die Beſtimmung und den Zweck deſſelben zu denken, und
mithin die Angemeſſenheit ſeiner Theile, in Rückſicht auf
dieſe Beſtimmung und dieſen Zweck, zu unterſuchen[1]). Sobald wir Angemeſſenheit dieſer Art wahrnehmen, ſchreiben
wir dem Werke irgend einen gewiſſen Grad von Schönheit
zu; umgekehrt erſcheint uns jeder Gegenſtand häßlich, denn
es ganz an dieſer Angemeſſenheit fehlt“[2]).

---

1) Nicht von einem bewußten, beabſichtigten Denken, nicht von einer müh-
ſamen Reflexion iſt hier die Rede, ſondern von einer ganz ſpontanen, natürlichen
Thätigkeit des Geiſtes.

2) Blair, Vorl. 6. S. 141.

Noch einen anderen Grund müffen wir endlich nennen, durch welchen wir in der Geftalt der Dinge Schönheit finden. Wir fehen nämlich in derfelben vielfach Analogien, Symbole, Bilder, von fchönen Dingen der überfinnlichen Ordnung, namentlich von ethifchen Vorzügen des Geiftes; und da ift es denn die Schönheit der letzteren, um deren willen jene unfer Wohlgefallen erregt. Diefe Bemerkung hat namentlich ihre Bedeutung in Rückficht auf die fchöne Kunft; wir werden darum fpäter darauf zurückkommen.

38. Eben der zuletzt genannte Vorzug dürfte in Rück-ficht auf den Stoff oder die Maffe körperlicher Subftanzen der einzige fein, der uns diefelbe unter den entfprechenden Bedingungen fchön erfcheinen läßt. Aus welchem Grunde die Alten dem Golde Schönheit zufprachen, haben wir oben (34) gefehen: wegen feiner Lauterkeit und Gediegenheit war es ihnen ein Bild der von aller Beimifchung unreiner Ma-terie freien, darum fchönen, Seele[1]). Aus einem ähnlichen Grunde erfcheinen uns Marmor, Granit, Ebenholz, Elfen-bein, Stahl, auch der Diamant, fchon allein in Rückficht auf ihre Maffe als fchöne Körper: ihre Härte, ihre Feftigkeit, die zerftörenden Einflüffen fiegreich Trotz bietet, ift uns das Bild der Unvergänglichkeit unferer eigenen Seele. Ein Denk-mal von Erz oder Marmor, eine Kirche aus feften Stein-maffen aufgebaut, finden wir ficher viel fchöner, als wenn diefelben Gegenftände aus Holz verfertigt oder aus Ziegel-fteinen zufammengefetzt wären, möchten auch Einrichtung, Ge-ftalt und Farbe vollkommen diefelben fein. Unfer Geift ift ewig, und er fühlt es daß er es ift: er muß darum dem Vergäng-lichen das Unvergängliche, dem Flüchtigen das vorziehen was der Auflöfung widerfteht, was bleibt und dauert.

---

1) Nicht als ob neben der Lauterkeit des Stoffes nicht auch der Glanz ein Ele-ment der Schönheit des Goldes wäre; aber auf diefen Vorzug kommen wir fpäter.

7 *

39. Als die dritte Rücksicht, nach welcher körperliche Gegenstände schön sein können, nannten wir die Bewegung. „Bewegung," sagt Hugo Blair [1]), „ist etwas das an und für sich gefällt; Körper welche in Bewegung sind, werden daher unter gleichen Umständen denjenigen vorgezogen, welche sich in Ruhe befinden." Wir haben den Grund hiervon schon bezeichnet. Bewegung versinnbildet uns die immerwährende Lebensthätigkeit unseres Geistes, der, als wesenhafte Kraft, niemals ruhen kann. „Die Bewegung eines Vogels, z. B. eines Adlers, welcher durch die Luft dahin schwebt, ist in hohem Grade schön"; .. rieselnde Bäche dienen ganz besonders, eine Gegend zu verschönern, „ein sanft dahin gleitender Fluß ist einer der schönsten Gegenstände der Natur. . . . . Im allgemeinen kann man sagen, daß Bewegung in gerader Linie nicht so schön ist, als jene in wechselnder, wellenartiger Richtung. Ebenso ist auch aufwärts steigende Bewegung unserm Auge gemeiniglich angenehmer, als Bewegung die niederwärts sinkt. Das leichte Emporstreben der Flamme und des Rauches wird mit Recht für einen schönen Anblick gehalten; und Hogarths Wellenlinie muß uns auch hier wieder, in ihrer Beziehung zur Schönheit, einfallen" [2]). Die Rücksichten der Uebereinstimmung dieser Erscheinungen mit den Vorzügen unsers Geistes sind leicht zu entdecken, und wir haben sie selbst schon angedeutet, da wir über die Schönheit der Gestalt handelten.

---

1) Vorl. 8. S. 135.

2) „Eben dieser Künstler," setzt Blair (S. 138.) hinzu, „macht die scharfsinnige Bemerkung, daß wir die meisten, zu den gewöhnlichen Zwecken des Lebens nothwendigen, Bewegungen in gerader Linie machen, während dagegen alle anmuthigen auf Verschönerung sich beziehenden Bewegungen sich in Wellenlinien" (allgemeiner, in Curven) „gestalten: eine Bemerkung, welche die Beachtung aller derer verdient, die sich eines vorzüglichen Anstandes in Geberden und Körperlichem Ausdruck zu befleißen haben."

Denn die Form einer Bewegung ist ja nichts anderes als eine Figur, die sich nach und nach bildet und sogleich wieder verschwindet. In dem leichten Fluge des Adlers, in dem Emporstreben der Flamme, erscheint uns die Freiheit der geistigen Kraft, welche die schwere Materie beherrscht und die Fesseln ihrer Gesetze nicht kennt.

40. Ein viertes Element der Schönheit körperlicher Dinge liegt in der Farbe. Bevor wir in Rücksicht auf diese unseren Beweis zu führen suchen, müssen wir eine Bemerkung machen, um einer nicht gerade seltenen Begriffsverwechselung vorzubeugen. „Die Menschen," lesen wir bei Göthe[1]), „empfinden im allgemeinen eine große Freude an der Farbe. Das Auge bedarf ihrer, wie es des Lichtes bedarf. Man erinnere sich der Erquickung, wenn an einem trüben Tage die Sonne auf einen einzelnen Theil der Gegend scheint und die Farben daselbst sichtbar macht. .. Die Farben, die wir an den Körpern erblicken, sind nicht etwa dem Auge ein völlig Fremdes, wodurch es erst zu dieser Empfindung gleichsam gestempelt würde; Nein. Dieses Organ ist immer in der Disposition, selbst Farben hervorzubringen, und genießt einer angenehmen Empfindung, wenn etwas der eigenen Natur gemäßes ihm von außen gebracht wird; wenn seine Bestimmbarkeit nach einer gewissen Seite hin bedeutend bestimmt wird." Die hier angegebenen Thatsachen sind im allgemeinen vollkommen wahr. Aber es wäre unrichtig, wollte man darin den Grund und das Wesen der Schönheit der Farben finden. Jene Beschaffenheit der Dinge, vermöge deren sie auf unsere Sinne eine mit der physiologischen Organisation derselben harmonirende, darum unserer Natur zusagende Wirkung ausüben, bezeichnen wir mit einem ganz

---

1) Zur Farbenlehre. Bd. 1. §. 759. 760.

anderen Worte: sie ist es, um deren willen wir die Dinge
a n g e n e h m nennen, und zwar s i n n l i c h angenehm. Nun
ist aber das Wesen des sinnlich Angenehmen von dem des
Schönen durchaus verschieden. Denn die Schönheit ist, wie
wir (§. 1.) gezeigt haben, nur der Intelligenz wahrnehmbar:
jene Beschaffenheit, wodurch die Dinge sinnlich angenehm
sind, nimmt aber auch die bloße Sinnlichkeit, nehmen auch
die Thiere wahr. Will man die eben charakterisirte Eigen=
thümlichkeit der Farben für das Wesen ihrer Schönheit er=
klären, dann muß man zugeben, daß auch die Thiere Sinn
für dieselbe haben; dann hat man gar keinen Grund mehr,
nicht auch den Balsam und die Myrrhe um ihres Wohl=
geruchs, nicht auch den Honig um seiner Süße willen, schön
zu nennen: denn wie Licht und Farben mit den Nerven und
der gesammten Einrichtung des Auges harmoniren, so ent=
spricht der Duft des Balsams den Geruchs= und der Honig
den Geschmacksnerven. Ein specifischer Unterschied, der eine
wesentliche Verschiedenheit der Benennung begründete, läßt
sich da nicht angeben; der ganze Unterschied ist rein acci=
dentell. Ein gewisses Verhältniß der Dinge zu den Organen
des Gesichts und des Gehörs mit dem Namen der Schönheit zu
bezeichnen, und ganz demselben Verhältniß, wo es den Or=
ganen der anderen Sinne gegenüber stattfindet, dieses Prä=
dikat zu verweigern, aus keinem anderen Grunde, als weil
Geruchs= und Geschmacksnerven nicht Gesichts= und Gehörs=
nerven sind, das wäre reine Willkür: der Sprachgebrauch
ist aber in solchen Dingen viel zu philosophisch, als daß
man ihm diese zumuthen könnte.

Des Fehlers vor dem wir hier warnen wollten macht
sich unter anderen Hugo Blair schuldig, wenn er sagt: „Die
Farbe bietet uns das einfachste Beispiel von Schönheit dar.
Weder Mannigfaltigkeit, noch Einheit, noch irgend ein an=
derer Umstand, kann als der Grund ihrer Schönheit angegeben

werden. Wir können den angenehmen Eindruck derselben auf
keine andere Ursache zurückführen, als auf den ursprünglichen
Bau unsers Auges, welcher bewirkt, daß gewisse Brechungen
der Lichtstrahlen uns mehr Vergnügen verursachen als andere.
Wir finden daher auch, daß, so wie das Werkzeug dieses
Sinnes in verschiedenen Personen verschieden ist, diese letzteren
auch in Ansehung dessen, was sie ihre Lieblingsfarben nennen,
von einander abweichen" [1]). Es ist der reine Sensualismus
englischer Empiriker, welchem Blair hier gehuldigt hat, wohl
ohne es zu wollen. Oder wie will man, unter solchen Voraussetzungen, etwa einem Edmund Burke begegnen, wenn er
„schließen zu müssen glaubt, daß die Schönheit, wenigstens
in den meisten Fällen, eine besondere Eigenschaft der Körper
sei, die auf mechanische Weise vermittelst der Sinne
auf die Seele wirke", deren ganzer Einfluß auf uns darin
bestehe, „daß sie die festen Theile unsers körperlichen Baues
nachlassen macht, die Fibern unserer sinnlichen Organe er-
schlaffen läßt, sie abspannt, erweicht, sie in eine leichte spielende Thätigkeit versetzt, ohne sie zu ermüden" [2])?

41. Unter gewissen Bedingungen finden wir alle Farben
schön. Wir sprechen von einem schönen Blau, von einem
schönen Grün, von einem schönen Roth; schön ist die blendende Weiße des Schnees [3]). Schöner als alle Farben glänzt
das einfache, ungebrochene Licht, „die Königin unter den
Farben" [4]). Welche sind nun die Vorzüge, durch welche Licht

1) Blair, Vorl. 9. S. 130.
2) Burke, Phil. Untersuchungen über den Ursprung unserer Begriffe vom
Erhabenen und Schönen. III. Theil, 12. Abschnitt. IV. Theil, 19. Abschnitt. ff.
(Deutsch. Riga 1773. S. 183, 251. ff.)
3) „Die Schönheit seiner Weiße bewundert das Auge." Sir. 43, 20.
4) Regina colorum hæc ista, perfundens cuncta quae cernimus.
Aug. Conf. 10. c. 34.

und Farben das Attribut der Schönheit verdienen, und wie erscheinen sie durch dieselben unserem Geiste ähnlich, mit ihm übereinstimmend?

Der heilige Basilius macht in seiner Erklärung der Schöpfungsgeschichte einen Versuch, die erste dieser beiden Fragen zu lösen. „Und Gott sah das Licht, daß es schön war"[1]). Was können wir noch sagen zum Preise des Lichtes, das seiner würdig wäre, da es schon von dem der es schuf das Zeugniß besitzt, daß es schön sei?.. Wenn aber die Schönheit körperlicher Dinge in der Symmetrie ihrer Theile und entsprechender (angenehmer) Färbung besteht, wie sollen wir in Rücksicht auf das Licht das Wesen der Schönheit auffassen, da es ja seiner Natur nach einfach ist, und keine verschiedenartigen Theile hat? Vielleicht so, daß wir bei demselben die Symmetrie, die Uebereinstimmung, nicht in seinen eigenen Theilen finden, sondern in seinem harmonischen Verhältniß zum Auge, vermöge dessen es auf das letztere einen sanften, wohlthuenden Eindruck macht?[2]) Denn darin besteht ja auch die Schönheit des Goldes: es ist schön, weil es, nicht durch Symmetrie seiner Theile, sondern durch den Glanz seiner Farbe, das Auge anzieht und es erfreut. Das-

---

1) Καὶ εἶδεν ὁ Θεὸς τὸ φῶς, ὅτι καλόν. So liest Basilius nach den LXX., während die Vulgata übersetzt: Et vidit Deus lucem quod esset bona. Gen. 1, 4.

2) Ἢ ὅτι τῷ φωτὶ τὸ σύμμετρον οὐκ ἐν τοῖς ἰδίοις αὐτοῦ μέρεσιν, ἀλλ' ἐν τῷ πρὸς τὴν ὄψιν ἀλύπῳ καὶ προσηνεῖ μαρτυρεῖται; Man darf diese Erklärung des heiligen Kirchenlehrers mit der eben erwähnten Plato's oder Burke's keineswegs gleichstellen. Was Burke für das Wesen der Schönheit ausgibt, das nehmen die Sinne wahr, und sie zunächst und vor allem. Das harmonische Verhältniß dagegen des Lichtes oder der Farbe zum Auge, die Proportion, welche sie für das ihnen entsprechende Organ besitzen, der Grund des wohlthuenden Eindrucks den sie auf dasselbe machen, ist eine nur der Vernunft wahrnehmbare Beschaffenheit. Basilius der Große war kein Sensualist.

felbe gilt in Rücksicht auf den Abendstern [1]): er ist der schönste
unter den Sternen, nicht wegen des harmonischen Verhältnisses von Theilen aus denen er zusammengesetzt wäre, sondern weil sein Licht angenehm ist und dem Auge wohlthut" [2]).
Wir gestehen, daß uns diese Auffassung, als ausschließliche
wenigstens, nicht ansprechen will. Sie erscheint offenbar als
das Resultat des Bestrebens, den einmal angenommenen
Begriff der Schönheit, wonach sie, bei körperlichen Dingen,
vorzugsweise in der Proportion bestehen soll, auch in Rücksicht auf Körper festzuhalten, an denen man keine Theile
bemerkt, also auch kein Verhältniß derselben unter einander [3]).
Versuchen wir auf unsere Frage eine mehr entsprechende
Antwort zu geben.

Wir haben schon vorher (34) von Plotin gehört, daß
das Licht „gewissermaßen unkörperlich, wie geistig, ideal ist",
daß es „glänzt und hell erscheint, als ob es etwas Intelligibles wär". An derselben Stelle sahen wir, daß den
Alten das Gold, seiner Reinheit, seiner mit keinem fremden
Stoff versetzten Lauterkeit wegen, als schön und als ein Bild
der menschlichen Seele galt; derselbe Vorzug ist aber dem
Lichte in noch höherem Maße eigen. Durch die hier angedeuteten Eigenschaften also, welche es in einem Grade wie
kein anderer Körper besitzt, durch seine Klarheit, seinen Glanz
und seine Reinheit, durch die Schnelligkeit seiner Bewegung

---

1) Ἕσπερος, ὅς κάλλιστος ἐν οὐρανῷ ἵσταται ἀστήρ.
  Hesperos, unter den Sternen der schönste am nächtlichen Himmel.
                                        Hom. Jl. 22, 318.
  2) Bas. in Hexaem. hom. 2. u. 7. ed. Maur. p. 19. 20.
  3) Plotin sucht das Ungenügende jener Auffassung der Schönheit, welche
der heil. Basilius zu Grunde legt, eben aus der Thatsache darzuthun, daß die
Schönheit auch einfachen Körpern, wie dem Licht, den Farben, den Sternen, dem
Golde, den Tönen, eigen ist. (De pulchrit. c. 1. ed. Basil. p. 51. A. B.
Creuzer p. 8.)

und seine Feinheit, die es gleichsam als immateriell erscheinen
läßt, ist uns das Licht unter allen körperlichen Substanzen
die vornehmste, diejenige, welche wenn man so reden kann der
Sphäre der Geister am nächsten steht, welche darum mehr als
irgend eine andere sich eignet, als Analogie, als Bild für alles
zu dienen, was die intelligible Welt Vollkommenes, Liebens-
würdiges, Schönes umschließt. Darum hörten wir oben (28,
III.) den Stagiriten und St. Thomas die erkennende Kraft unseres Geistes mit dem Lichte vergleichen[1]); darum heißt die
Wahrheit, darum heißt der Glaube Licht; darum ist das Gute
Licht, das Böse Finsterniß[2]), die Guten „Kinder des Lichtes"[3]),
die Uebung der Tugend „Werke des Lichtes", die Sünde
„Werk der Finsterniß"[4]); darum umgibt Klarheit das Geschlecht der Reinen[5]); darum „leuchtet der Glaube, glüht
die Andacht, strahlt die Liebe, glänzt die Gerechtigkeit, ist
das Angesicht der Selbstbeherrschung und der Enthaltsamkeit
hell und voll des Lichtes"[6]); darum endlich gibt es unter
den sichtbaren Dingen kein vollkommneres Bild für das Wesen
und die unerschaffene Herrlichkeit dessen, den kein sterblich
Auge je gesehen, als das Licht: „Gott ist Licht, und Fin-

---

1) An einer andern Stelle sagt der Heilige: In intellectu humano lumen
quoddam est quasi qualitas, vel forma permanens, scilicet lumen essen-
tiale intellectus agentis, ex quo anima nostra intellectualis dicitur. De
verit. q. 12. art. 1. c. Vgl. auch oben N. 29.

2) Joh. 8. 19. 20.

3) Joh. 12. 36. Eph. 5, 8. 1. Theff. 5, 5.

4) Röm. 13, 12. Eph. 5, 11. 1. Joh. 2, 11.

5) Weish. 4, 1.

6) Hunc ignem in terram misit Dominus Jesus, et refulsit fides,
accensa est devotio, illuminata est caritas, justitia resplenduit. . . .
Assuescamus oculos nostros videre quae dilucida et clara sunt, spectare
vultum continentiae et temperantiae, omnesque virtutes, in quibus
nihil scabrum, nihil obscurum et tortuosum sit. Ambros. de Isaac et
anima c. 8. n. 77. 79.

sterniß ist nicht in ihm"[1]). Ist es ein Wunder, wenn das vollkommenste Bild des Schönen in uns selbst, das Symbol des Schönsten unter allem was ist, auch selbst uns schön erscheint? Und bedarf es noch einer Erörterung, um das Verhältniß der Verwandtschaft, der Uebereinstimmung, zwischen unserem Geiste und dem Lichte, eben insofern es schön ist, nachzuweisen?

Die Farben, als verschiedene Erscheinungen oder integrirende Elemente des Einen reinen Lichtes, bewahren, jede in ihrer Art, dieselben Vorzüge; darum sind auch sie schön, vorausgesetzt, daß sie in der ihnen eigenen Schattirung vollkommen erscheinen, ihrer Idee, ihrer Stellung in der Farbenskala, entsprechen. Und wie das Licht im allgemeinen uns den über den Stoff erhabenen, reinen, lebendigen Geist darstellt, mit der Gesammtheit seiner ethischen und intellektualen Vorzüge, so sind uns einzelne besondere Farben gleichfalls, als Analogien oder Symbole, das Zeichen von besonderen schönen Gegenständen namentlich der ethischen Ordnung, von gewissen Tugenden und den ihnen entsprechenden Gefühlen. So ist weiß die Farbe der Unschuld, der Heiligkeit[2]); die violette versinnbildet uns Demuth und Buße, die blaue die Einfalt und den Ernst des Glaubens, die grüne die Hoffnung; Purpur ist das Zeichen der Würde, der Majestät[3]). Harmoniren diese ethischen Vorzüge mit dem Wesen unseres vernünftigen Geistes aufs vollkommenste, wie wir es gezeigt haben, dann besteht offenbar ein ähnliches Verhältniß zwischen dem letzteren und jenen Symbolen: und diese müssen unser

1) 1. Joh. 1. 5. Vgl. Dan 2, 22. Joh. 8, 12. 1. Tim. 6, 16.
2) „Und es ward ihr (der Braut des Lammes) gegeben, sich zu kleiden in glänzend weißen Byssus; denn der Byssus ist die Gerechtigkeit der Heiligen." Offenb. 19, 8.
3) Vgl. Göthe. Zur Farbenlehre. Bd. 1. §. 758. ff. 915.

Wohlgefallen erregen um deſſen willen, woran ſie uns
erinnern.

Neue Rückſichten der Uebereinſtimmung mit dem vernünftigen Geiſte treten zu den bezeichneten hinzu in der Bildung
zuſammengeſetzter ſchöner Erſcheinungen durch die Verbindung
verſchiedener Farben. „Schaue den Regenbogen,“ ſpricht der
Weiſe, „und preiſe den der ihn gemacht; wunderbar ſchön iſt
er in ſeinem Leuchten“ [1]). Vollkommene Angemeſſenheit und
Harmonie, lebendiger Wechſel in vollendeter Einheit, das
ſind die Vorzüge, welche uns, außer den ſchon genannten,
am Regenbogen erfreuen. Die Verbindung verſchiedener
Farben iſt ſchön, inſofern der ordnende Geiſt ſie angemeſſen
zu wählen und harmoniſch zu ſtellen weiß, d. h. ſo, daß die
einzelnen zu einander ſowohl als zum Ganzen paſſen, einander gegenſeitig ergänzen und ſtützen, und vereinigt das
beabſichtigte vollkommene Ganze bilden. In dieſer harmoniſchen Miſchung iſt die Natur unerreichte Meiſterin. Keine
Kunſt ahmt das unvergleichliche Colorit nach, wie wir es
z. B. in dem Spiele der Farben am Halſe der Taube, im
Schweif des Pfaues, in der Bekleidung mancher Inſekten,
in verſchiedenen Blumen bewundern, oder wie es in den
ſanft in einander verſchmolzenen Farben des Himmels, in
der Beleuchtung einer gebirgigen Gegend, beim Aufgang oder
beim Untergange der Sonne uns entgegentritt.

42. Die vier bisher behandelten Träger der Schönheit
in körperlichen Dingen nehmen wir zunächſt durch das Auge
wahr [2]); allein die Wahrnehmung des letzten, der uns noch
übrig iſt, der Töne, vermittelt uns das Gehör. Vor allem
müſſen wir hier derſelben Begriffsverwechſelung vorbeugen,

---

1) Sir. 43, 12.
2) Die Vorzüge der Maſſe (38) wohl auch durch den Taſtſinn, wenigſtens urſprünglich.

vor welcher wir oben (40) schon gewarnt haben. Wie beim
Licht und bei den Farben, so ist auch bei den Tönen jene
Beschaffenheit, durch welche sie sinnlich angenehm sind,
von ihrer Schönheit durchaus zu unterscheiden. Worin liegt
also das Wesen der letzteren?

Bloß materiell betrachtet, ist ein Ton schön, fast in analoger Weise wie die Farben, insofern wir an demselben
Reinheit, Klarheit, Vollendung in seiner Art erkennen, d. h.
jene Ausbildung und jene Fülle, welche seiner Stellung in
der Tonleiter entspricht. Dazu kömmt überdies noch die
Bewegung, welche in jedem Ton liegt, wie die Ursache in
der Wirkung: denn „was ist der Schall anders als die
Stimme aller bewegten Körper aus ihrem Innern hervor"[1])?
Außer diesen Eigenschaften zeigt sich uns aber ein weit vor-
züglicherer Grund der Schönheit, wenn wir jene innere Bedeutung ins Auge fassen, welche die Natur den Tönen, zunächst der menschlichen Stimme, verliehen hat, die von dieser
auf alle Töne, mehr oder minder, übergeht, und von denselben ganz untrennbar ist. Die Töne der menschlichen
Stimme sind die Verkörperung der Gemüthsbewegung, das
Sichtbarwerden der Stimmung des Herzens, die natürlichen
Zeichen der Gefühle. Wie bei den Farben, so ist es darum
auch in den Tönen die Schönheit des Geistigen, des in ihnen
sich offenbarenden Unsichtbaren, die unser Herz einnimmt:
und sie ist es in den letzteren in ungleich höherem Grade,
in weit vollkommnerer Weise als bei den Farben, weil diese
nicht, wenigstens nicht in dem Grade wie die Töne, natürliche, darum allgemein verständliche und klare Ausdrücke
des unsichtbaren Schönen sind.

Die Elemente der Schönheit, durch welche uns die Ver-

---

1) Herder, Kalligone 1. S. 102.

bindungen von Tönen gefallen müſſen, laſſen ſich
nach dem Vorhergehenden unſchwer angeben. Einerſeits iſt
es auch hier, wie in der Verbindung von Farben, Ange=
meſſenheit, Ordnung, Einheit im Wechſelnden, Harmonie,
was uns anzieht: überdies aber zugleich noch Bewegung,
Rhythmus, Leben, und vor allem die geiſtige Schönheit der
inneren Empfindung, der ethiſchen Stimmung des Herzens,
welcher die harmoniſche Verbindung der Töne ihren vollen
Ausdruck gibt. „Die Harmonie welche uns in den Tönen
anzieht,“ lehrt Plotin, „iſt die Wirkung der inneren Har=
monie der Seele: für dieſe bilden die Töne den ſichtbaren
Ausdruck, und vermitteln uns dadurch die Erkenntniß der
überſinnlichen Schönheit“ [1]). Die Anſchauung dieſer geiſtigen
Schönheit vorzugsweiſe erfreut uns. Nicht nur im menſch=
lichen Geſange, nicht nur in der Muſik oder in den feier=
lichen Klängen eines Chors harmoniſch zuſammenſtimmender
Glocken, auch in dem frohen Gezwitſcher der Vögel, in den
bezaubernden Tönen der Nachtigall, in dem Morgenliede der
aufſteigenden Lerche, iſt es nur der Ausdruck von Gefühlen
unſeres eigenen d. h. des Menſchen=Herzens, dem wir
mit Entzücken lauſchen.

43. In dem Vorhergehenden dürften wir ſo ziemlich
alle Elemente berührt haben, aus welchen ſich die Schönheit
körperlicher Dinge zuſammenſetzt, aus deren Vereinigung die
Schönheit der geſammten Natur hervorgeht. Und ſo haben

---

1) Αἱ δὲ ἁρμονίαι ἐν ταῖς φωναῖς, αἱ ἀφανεῖς τὰς φανερὰς
ποιήσασαι, καὶ ταύτῃ τὴν ψυχὴν σύνεσιν τοῦ καλοῦ λαβεῖν ἐποίησαν,
ἐν ἄλλῳ τὸ αὐτὸ δείξασαι. Plotin. de pulchrit. c. 3. ed. Basil. 53. A.
Creuzer 22.

Die Stelle iſt lückenhaft. Marſilius Ficinus überſetzt: Harmonias, quae
sunt in vocibus, aliae quae latent in anima faciunt, et ad sensum usque producunt, atque ita faciunt, ut anima percipiat pulchri notitiam,
idem in alio demonstrantes.

wir denn, wie früher an der Schönheit des Geistes, so auch
in den schönen Dingen der sichtbaren Welt die Beziehungen
nachgewiesen, durch welche sie, eben insofern sie schön sind,
zu dem vernünftigen Geiste wahrhaft im Verhältnisse der
Aehnlichkeit, der Uebereinstimmung stehen. Es ist noch übrig,
daß wir dasselbe in Rücksicht auf den Menschen thun. Wir
mußten ihn von der sichtbaren Natur sowohl als von der
Sphäre der Geister trennen: denn er bildet in der That
eine ganz eigene Ordnung für sich; er ist die Einheit von
Geist und Stoff, seine Schönheit muß mithin wie er selbst
ein Zusammengesetztes sein. Und so ist es in der That.
Die Seele des Menschen, als erkennende und freie Substanz, ist schön durch dieselben Eigenschaften wie die reinen
Geister; der Leib des Menschen, als schlechthin thierischer
Organismus, ist schön durch Vollkommenheit und harmonische
Bildung der Glieder, sowie durch den Vigor der Lebensfarbe, die über sein Aeußeres ausgegossen ist[1]); die Schönheit
des Menschen besteht in der Vereinigung, in der gegenseitigen Durchdringung und Verschmelzung dieser zwei Klassen

---

1) Pulchritudo corporis in hoc consistit, quod homo habeat membra
corporis bene proportionata cum quadam debiti coloris suavitate. Thom.
S. 2. 2. p. q. 145. a. 2.

Quid laudant in corpore? nihil aliud video quam pulchritudinem.
Quid est corporis pulchritudo? Congruentia partium cum quadam
coloris suavitate. Aug. ep. 3. al. 151. ad Nebridium n. 4. Cfr. de civ.
Dei 22. c. 19. n. 2.

Et ut corporis est quaedam apta figura membrorum cum coloris
quadam suavitate, ea quae dicitur pulchritudo: sic in animo opinionum
iudiciorumque aequabilitas et constantia, cum firmitate quadam et sta-
bilitate, virtutem subsequens, aut virtutis vim ipsam continens, pulchritudo vocatur. Cic. Tusc. Quaest 4. c. 13. n. 31. Cfr. de offic. 1.
c. 28. n. 98.

Τὸ σωματικὸν κάλλος, συμμετρία μελῶν καὶ μερῶν μετ' εὐ-
χροίας. Clem. Alex. Paedagog. L 3. c. 11. Potter. 291.

von Vorzügen, in dem Sichtbarwerden, in dem Erscheinen des geistigen Schönen in dem schönen Körperlichen.

„Die Freude des Herzens," spricht der Weise, „verklärt das Angesicht"[1]); „das Herz des Weisen belehret seinen Mund, und gießt Anmuth aus über seine Lippen"[2]); „die Weisheit des Menschen macht leuchten sein Angesicht, aber Trotz entstellt es"[3]); „das Herz des Menschen ändert dessen Aussehen, sowohl zum Guten als zum Bösen"[4]); „aus seinem Auftreten erkennt man den Mann, aus den Zügen seines Angesichtes den Verständigen: der Anzug des Leibes, das Lächeln des Mundes, der Gang des Menschen, geben Kunde von ihm"[5]). Mit einem Worte, die natureinheitliche Verbindung zwischen Seele und Leib bringt es mit sich, daß das Innere des Menschen, die Beschaffenheit des Charakters, die Bildung seines Geistes, die vorübergehende sowohl als die habituelle Stimmung des Gemüths, in seinem Blick und seinem Auge, in der Färbung und den Zügen des Gesichts, in der Haltung des Leibes und den Bewegungen der Glieder, in seinem ganzen Benehmen, vor allem in seinem Reden, im Ton und im Ausdruck der Stimme, hervortreten und sichtbar werden. „Wer mag einen Menschen, welcher der Unmäßigkeit, der Wollust ergeben ist, oder den heftiger Schrecken entstellt, auch nur ansehen? Denn diese inneren Zustände drücken der gesammten äußeren Erscheinung ihr widerliches Gepräge auf, sowie umgekehrt auch die Schönheit der Seele in dem Aeußeren eines edlen Menschen durchscheint"[6]). Sulzer

---

1) Spr. 15, 13.
2) Spr. 16, 23.
3) Prd. 8, 1. (nach dem Hebr.)
4) Sir. 13, 21.
5) Sir. 19, 26. 27.
6) Bas. in ps. 29. n. 5. Maur. p. 129.

behandelt diese Thatsache ziemlich ausführlich, und vertheidigt
die Wahrheit derselben namentlich gegen gewisse Einwendungen
und Ausnahmen, welche derselben entgegenzustehen scheinen.
„Es läßt sich gar nicht in Abrede stellen," schließt er, „daß
es verständige und unverständige, scharfsinnige und einfältige,
gutherzige und boshafte, edle, hochachtungswürdige, und
niedrige, recht verworfene, Physiognomien gebe, und daß das,
was man aus dem Aeußern von dem Charakter der Menschen
urtheilt, nicht bloß aus den Gesichtszügen, sondern aus der
ganzen Erscheinung geschlossen werde. Die unläugbaren
Beispiele, da entscheidende Züge des Charakters sich von
außen zeigen, sind völlig hinreichend, die Möglichkeit zu beweisen, daß die Seele im Körper sichtbar gemacht werde.
Eben so unläugbar ist es auch, daß das was in der äußeren
Erscheinung gefällt, niemals etwas von dem Innern des
Menschen anzeigt was Mißfallen erweckte, es sei denn, daß
dieses letztere aus Irrthum oder Vorurtheil entstände[1]). . . .
Also kann die äußere Erscheinung den inneren Charakter des
Menschen ausdrücken; und wenn es geschieht, so hat das
Wohlgefallen, das wir an dem inneren Werth des Menschen
haben, den stärksten Antheil an der gefälligen Wirkung,
welche die äußere Form auf uns macht; wir schätzen das an
der äußeren Gestalt, was uns in der innern Beschaffenheit
gefällt. Wir erkennen in dem Körper die Seele, den Grad
ihrer Stärke und Wirksamkeit, und

Unter dem Licht der Augen und unter den Rosen der Wangen
Seh'n wir ein höheres Licht, ein helleres Schönes hervorgehn.

Noch ehe der Mund sich öffnet, ehe ein Glied sich bewegt,
sehen wir schon ob eine sanftere oder eine lebhaftere Empfin-

---

1) Sulzer hätte sagen sollen: „es sei denn, daß jenes Wohlgefallen oder
dieses Mißfallen aus Irrthum, Vorurtheil oder Leidenschaft hervorginge."

dung jenen öffnen und dieses bewegen wird. In der vollkommensten Ruhe aller Glieder bemerken wir zum voraus,
ob sie sich geschwind oder langsam, mit Anstand oder unge-
schickt bewegen werden"[1]). Hören wir noch einen Meister
größeren Namens. „Auch in der Schönheit des Leibes,"
schreibt Clemens von Alexandria, nachdem er die Frauen
ermahnt hat, eitlen Schmuck zu lassen und nach der wahren,
d. h. nach der Schönheit der Seele zu streben, „auch in der
Schönheit des Leibes ist es nichts anderes als die Tugend,
welche im Angesichte sichtbar wird und über dasselbe ihre
Anmuth ausgießt, nichts anderes als die Liebenswürdigkeit
der Unschuld, die Güte des Herzens, welche das Aeußere des
Menschen verklärt. Zweifelt doch niemand, daß bei der
Pflanze, beim Thiere, die Schönheit eben in jener Vollkommenheit besteht, die ihrer Natur entspricht. Was den Menschen vollkommen macht, das ist Gerechtigkeit, Weisheit,
Stärke, Gottesfurcht. Schön also ist der Gerechte, der
Weise, mit einem Worte der Gute, nicht, der die Schätze
dieser Erde besitzt"[2]).

Wahrhaft schön malt uns Shakespeare die Cordelia, des
unglücklichen Königs Lear jüngste Tochter, in ihrer kindlichen Liebe gegen den Vater, der sie ungerecht enterbt hatte,
in ihrem tiefen Schmerz um seinen Jammer und den fluch-
würdigen Undank ihrer Schwestern. Der treue Graf Kent
hat sie durch einen Brief von der niederträchtigen Rohheit
der letzteren und dem Zustande des hinausgestoßenen greisen
Königs benachrichtigt; der Bote kehrt zurück und erstattet
ihm Bericht:

---

1) Allg. Theorie der schönen Künste, Art. Schönheit. Mit Sulzer stimmen
in diesem Punkte Hugo Blair (Vorl. 6. S. 139.) und Herder (Kalligone I.
S. 164 ff.) überein.

2) Clem. Al. Paedag. l. 2. c. 12. ed. Potter. p. 243.

Kent.

— Rührte euer Brief die Königin
zu einiger Betrübniß?

Ritter.

Ja, Herr; in meinem Beiseln las sie ihn,
und dann und wann rollt' eine volle Thräne
die zarte Wang' herab; es däuchte mir,
sie sei Beherrscherin von ihrem Gram,
der, sehr rebellisch, sie beherrschen wollte.

Kent.

So ward sie denn bewegt?

Ritter.

Doch nicht zum Zorn.
Geduld und Schmerz wetteiferten, wer ihr
den schönsten Ausdruck gäbe. Saht ihr doch
mit Regenschauern Sonnenschein gepaart.
Ihr Lächeln, untermischt mit Thränen, glich
dem schönen Mai; dies seelenvolle Lächeln,
das um die reife Lippe spielte, schien
die Gäst' in ihren Augen nicht zu kennen,
die sich von dort entfernten, so wie Perlen
von Diamanten träufeln. Kurz, der Gram
würd' etwas Schönes werden, wenn er allen
so kleidete.

Kent.

Und that sie keine Fragen?

Ritter.

Ein Paar Mal seufzte sie den Namen Vater
aus schwerer Brust, als wär' ihr Herz gedrückt,

8 *

rief, Schwestern! Schwestern! — Schmach der Frauen!
Schwestern!
Kent! Vater! Schwestern! Wie? in Sturm und Nacht?
Es gibt kein Mitleid weiter! — Dann ergoß sie
das heil'ge Wasser aus den hehren Augen,
und feuchtete den Laut; dann stürzte sie fort,
um einsam auszuweinen[1]).

Viel schöner noch, weil zugleich schön durch übernatürliche
Vorzüge, erscheint die heilige Agnes in dem Bilde, das eine
neuere geniale Feder von ihr entworfen hat:

„Als Syra das Gemach verlassen wollte, erschrak sie fast, als
sie in hellem Glanze vor dem dunkelrothen Thürvorhange eine
Gestalt erblickte, welche sie gleich erkannte, die wir aber kurz
beschreiben müssen. Es war eine Jungfrau oder eigentlich ein
Kind von zwölf oder dreizehn Jahren, in reines und fleckenloses
Weiß gekleidet ohne alle Schmucksachen. In ihren Zügen sah
man die Einfalt der Kindheit mit der Einsicht eines reiferen
Alters vereinigt. In ihren Augen wohnte nicht nur die Tauben-
unschuld, von welcher der heilige Dichter redet[2]), sondern oft
strahlte aus denselben eine Innigkeit reiner Liebe, als ob sie über
alle Gegenstände ihrer Umgebung hinaussähen, und auf Jemand
ruhten, der für alle andern unsichtbar, für sie aber wahrhaft
gegenwärtig und ihr im höchsten Grade theuer wäre. Ihre Stirn
war der Sitz der Aufrichtigkeit, offen und strahlend von Wahr-
haftigkeit ohne alles Hehl; ein freundliches Lächeln spielte um
ihre Lippen, und die frischen jugendlichen Züge drückten immer
sprechend und ohne Verstellung die wechselnden Empfindungen
ihres warmen und zarten Herzens aus. Diejenigen, welche sie
kannten, glaubten sie denke nie an sich, sondern sei gleichsam

---

1) König Lear, 4. Aufz. 3. Scene.
2) „Deine Augen sind Taubenaugen." Hoh. L. 1, 14.

ganz getheilt zwischen Güte gegen ihre Umgebung und Liebe zu ihrem unsichtbaren Geliebten" [1]).

Die Schönheit des Menschen haben wir also als das Resultat aus drei Elementen aufzufassen. Sie setzt in jeder der beiden Substanzen die ihr eigene Schönheit voraus: aber überdies muß, da ja der Mensch ein sichtbares Wesen ist, das Licht der Geistes-Schönheit in der äußeren Gestalt, in der ganzen Erscheinung durchleuchten. Dieses dritte Element wird naturgemäß niemals fehlen, wo die zwei ersten vorhanden sind [2]). Die innere Schönheit ist, wie wir früher (§. 2.) gesehen haben, von ungleich höherem Werthe als die äußere, sie ist in der Zusammensetzung weitaus das vorzüglichste Moment; dennoch ist ein Mensch, als solcher, nicht vollkommen schön, wo die schöne Seele in einer unschönen Hülle wohnt. Leibesschönheit allein, ohne die innere, verdient kaum noch den Namen der Schönheit [3]): „wie ein

---

1) Wiseman, Fabiola, Kap. 5.

2) „Gleichwie unter dem krystallhellen Wasser eines Stromes, der über eine Wiese hinfließt, die Blumen, schon an sich lieblich und schön, dem Auge noch schöner erscheinen, so zeigt sich die Schönheit der Seele in vollerem Lichte, wo sie in einem schönen Leibe wohnt und ihn verklärt. Die sichtbare Schönheit des jugendlichen Alters ist in der That nichts anderes, als die Blüte der einstigen Tugend, gleichsam das Vorspiel einer reineren Schönheit. Wir sehen es gern, wenn früh am Morgen die aufsteigende Sonne einen Strahl vor sich aussendet und die Spitzen der Berge vergoldet: denn es ist uns das Unterpfand des kommenden Lichtes. So geht dem Vollglanze der inneren Schönheit ein Leuchten voraus, das Äußere des Menschen verschönernd; und der Weise freut sich desselben um des Höheren willen, das es verheißt." Maxim. Tyr. Dissert. 25. al. 9. n. 2.

3) Nicht als ob die harmonische Bildung der Glieder, die frische Farbe des Lebens, die Anmuth der Bewegung, in Folge der inneren Verworfenheit aufhörten, im wahren Sinne des Wortes schön zu sein. Aber diese Schönheit besitzt auch das Thierreich. Ueberdies muß man nicht vergessen, daß es eine rein chimärische Abstraktion ist, vermöge deren man, wo es sich um den Menschen handelt, nur den Leib ins Auge faßt, und von der Seele ganz absieht. Ist der

goldener Ring in der Nase eines Schweines, so ist die
Schönheit eines thörichten Weibes"[1]). Wer in dem nach
seiner Art schönen Leibe ein lasterhaftes Herz, eine häßliche
Seele trägt, ist von der Schönheit so weit entfernt, wie der
von tausend, dem 999⁹⁹/₁₀₀ daran fehlen; und das erbärmliche Bruchtheilchen wirklicher Schönheit das er besitzt dient
zu nichts, als die innere Häßlichkeit noch abstoßender und
widerwärtiger zu machen.

> „Gesinnung schändet einzig die Natur,
> Und häßlich heißt mit Recht der Böse nur.
> Tugend ist Schönheit; doch der Reizend-Arge
> Gleicht einem glänzend übertünchten Sarge"[2]).

Daß nun auch in der Schönheit des Menschen jene
Rücksichten der Uebereinstimmung und der Aehnlichkeit mit
dem vernünftigen Geiste obwalten, welcher dieselbe schaut und
liebt, das ergibt sich aus dem über die Schönheit der geistigen und der körperlichen Substanzen Gesagten ganz von
selbst. Um nur Eines zu berühren, jene Vorzüge der äußern
Erscheinung des Menschen, welche man Anstand, Haltung,
Sittsamkeit, Würde, das „Decorum" nennt, was sind sie
anders als die „Vernünftigkeit" des äußern Menschen, die

Mensch nicht ein bloß äußerliches Aggregat von zwei Substanzen, sondern die
wahre Einheit aus Geist und Stoff, dann muß der letztere aufhören, als ein
Menschliches, als Theil des Menschen, zu erscheinen, sobald man ihn vom Geiste
trennt. Nimmt man darum, wie man muß, die gesammte menschliche Natur als
einheitliches Ganzes, dann dürfte es für einen äußerlich schönen Menschen mit
einer sittlich schlechten Seele kein passenderes Bild geben, als jenes Monstrum
welches Horaz im Eingange seiner Epistel an die Pisonen zeichnet: nur müßte
dazu vom Menschen nicht der Kopf genommen werden, sondern die Füße.

1) Spr. 11, 22.

2) Shakespeare (Was ihr wollt, 3, 5.)

Offenbarung des vernünftigen Geistes in dem Leibe der sein ist, den er vollkommen beherrscht und allseitig bildet, in dessen Bewegungen und Thätigkeiten, in dessen ganzem Sein er ist wie in ihrem Stoffe die Form? 1)

44. Hiermit ist unser Beweis abgeschlossen. Wir haben dargethan, was in diesem Paragraphen unsere Aufgabe war, daß die schönen Dinge eben durch jene Vorzüge, durch welche sie schön erscheinen, der Natur und dem Wesen des vernünftigen Geistes gemäß sind, daß sie mit demselben wahrhaft im Verhältniß der Aehnlichkeit, der Uebereinstimmung stehen. Erinnern wir uns des früher (25) bewiesenen Satzes, wonach jene Gegenstände, an welchen eine solche Uebereinstimmung hervortritt, naturgemäß unser Wohlwollen erregen, dann ziehen wir jetzt mit voller Berechtigung unsern Schluß: Die Schönheit der Dinge ist uns ihrer Natur nach, wesentlich und mit Nothwendigkeit, der Grund und der Gegenstand eigentlicher (vollkommener) Liebe.

---

1) Die Schönheit der Thiere setzt sich aus jenen Elementen zusammen, welche wir oben (N. 36—42.), da von der Schönheit körperlicher Substanzen die Rede war, behandelt haben: sie liegt namentlich in Gestalt, Farbe und Bewegung. Manche Thiere indeß, z. B. die Taube, das Lamm, der Adler, der Löwe, haben noch etwas Eigenthümliches, das ihnen eine andere Art von Schönheit zu verleihen scheint. Es ist das gleichsam ein Schatten jener sittlichen Vorzüge, welche in der Schönheit des Menschen das Höchste sind, ein Analogon des Ausdrucks, wodurch bei dem letzteren die geistige Schönheit sichtbar wird. In der Taube tritt uns die Einfalt und die Reinheit entgegen, in dem Lamme die Sanftmuth, in dem Löwen die Hochherzigkeit und der Adel des freien Geistes, der auf alles Gemeine mit Verachtung herabsieht. Dadurch werden diese und andere Thiere zu Symbolen des Schönen der geistigen Ordnung, sowie umgekehrt der Pfau, die Elster, der Affe, das Faulthier, das Widerliche des entgegengesetzten Häßlichen darstellen. Ganz Aehnliches ist in dem vegetabilischen Reiche der Fall; man denke nur an die Lilie, das Veilchen, den Lorbeer, die Trauerweide, — die Sprache der Blumen.

§. 7.

Die Schönheit ist uns ihrer Natur nach der Gegenstand und der Grund eigentlicher Liebe. Ein zweiter Beweis aus inneren Gründen.

45. Es ist möglich, daß gegen den von uns geführten Beweis sich noch Zweifel erheben. Vielleicht kann der eine und der andere unserer Leser sich nicht recht überzeugen, wie die bloße Uebereinstimmung eines Dinges mit unserem vernünftigen Geiste immer im Stande sein soll, unsere Liebe für dasselbe in Anspruch zu nehmen, vor allem eine so tief wurzelnde, eine so ganz das Herz einnehmende, oft hinreißende Liebe, wie sie nicht selten die Anschauung wahrer Schönheit hervorzubringen pflegt. Dieser Schwierigkeit wegen brauchen wir nicht zu verzweifeln. Wir könnten auf dieselbe eingehen, und sie durch eine ausführlichere Erörterung lösen. Allein wir wollen nur darauf hinweisen, daß ja die Kraft, welche das ganze Universum zusammenhält, keine andere ist als jene Liebe, — jene Richtung, — vermöge deren jedes Ding wesentlich und immer und mit unabweislicher Nothwendigkeit zum ersten Gegenstande seines Strebens — seiner Triebe — seine eigene Natur hat. Dieser Richtung hat der Schöpfer jene Stärke verliehen, welche ihrem großen Zwecke vollkommen entspricht: sie ist unter allen Kräften durchaus die mächtigste, weil von allen die Wurzel. Es ist mithin gar kein Wunder, wenn der vernünftige Geist alles und jedes, worin er eben sich selbst wiederfindet, mit Wohlwollen umfängt, es mit um so intensiverer Liebe ergreift, je heller ihm daraus die Grundzüge seines eigenen Wesens entgegenleuchten [1]). Die Gründe, warum dieses Wohlwollen des-

---

1) Tu hoc, physice, non vides, quam blanda conciliatrix, et quasi sui sit lena natura? An putas ullam esse terra marique beluam, quae

ungeachtet in manchen Fällen nicht wach wird, werden wir
später angeben. Für jetzt halten wir es nach dieser kurzen
Bemerkung für zweckmäßiger, dem gegebenen Beweise aus
inneren Gründen noch einen zweiten an die Seite zu stellen,
gegen welchen sich ähnliche Einwendungen nicht geltend machen lassen, der uns überdies das Wesen der Schönheit von
einer anderen Seite zeigen wird. In der Ausführung desselben können wir uns, mit Rücksicht auf das schon Gesagte,
weit kürzer fassen.

46. Der vernünftige Geist ist ein Bild Gottes, seiner
Natur nachgebildet; und er ist es eben durch den Vorzug
der Vernünftigkeit, durch das Vermögen zu erkennen und zu
wollen. Es können mithin in der vernünftigen Creatur die
Gesetze des Erkennens keine anderen sein, als die Gesetze
der göttlichen Weisheit, und die Gesetze des Strebens keine
anderen, als jene des göttlichen Wollens. Aber Gott liebt
mit Nothwendigkeit sich selbst als das absolute Gut, und er
liebt mit derselben Nothwendigkeit, um seiner selbst willen,
alles was ihm ähnlich ist, was auch nur die mindeste Spur
der Uebereinstimmung mit ihm, der Nachahmung seiner unendlichen Vollkommenheit an sich trägt¹). Das gleiche Gesetz
wird folglich seiner Natur nach auch das Wollen der vernünftigen Creatur bestimmen. Sie wird mit Nothwendigkeit,
insofern sie ihn als solchen erkennt, den absolut Guten, die
unendliche Vollkommenheit lieben, eben um dieser selbst willen;

---

non sui generis bona maxime delectetur? . . An tu aquilam, aut
leonem, aut delphinum ullam anteferre censes figuram suae? . . Quid
censes, si ratio esset in belua? non suo quaeque generi plurimum tri-
buturam fuisse? Cic. de nat. deor. l. c. 27. n. 77.

1) Es versteht sich von selbst, daß wir hier nur die Liebe Gottes eine
nothwendige nennen, welche das Wesen der Dinge zum Gegenstande hat, nicht
jene, deren Object die Existenz der letzteren ist.

nicht minder nothwendig wird naturgemäß jedes Ding ihre
eigentliche Liebe in Anspruch nehmen, in welchem ein Bild
des unendlich Vollkommenen, ein Schatten der Uebereinstimmung mit ihm, eine wenn auch noch so entfernte Theilnahme
an seiner Güte erscheint [1]). Nur Ein Unterschied findet statt
zwischen dem Wollen Gottes und der entsprechenden Thätigkeit des menschlichen Geistes. So lange der letztere das
höchste Gut nicht vollkommen schaut und in sich selbst wie
es ist, so lange ist sein Erkennen vor dem Irrthum nicht
gesichert, und sein freies Wollen nicht vor dem Mißbrauch.
Darum kann er allerdings die unendliche Liebenswürdigkeit
des höchsten Gutes, das er nur dunkel und wie aus weiter
Ferne sieht, aus den Augen setzen, und, seine Freiheit mißbrauchend, sich selbst, und um seiner selbst willen die Creatur,
zum höchsten Gegenstande seiner Liebe wählen; er kann seine
Gottähnlichkeit und die daraus hervorgehende natürliche Richtung seines Strebens auf das wahrhaft Liebenswürdige verläugnen, um seine Liebe ausschließlich dem zuzuwenden, was
vorübergehend seinem eigenen Wohlsein dient, was ihm Vortheil und Genuß verspricht. Aber ein solches sich Abwenden
von dem absoluten Gute, von dem unendlich Liebenswürdigen,
ist eben Anomalie und naturwidriger Mißbrauch. Es bleibt
immer wahr, daß Gott und das Gott Aehnliche, wo immer

---

1) Nicht als ob es zu dem Akte dieses Wohlwollens einer Vergleichung
des Dinges mit der göttlichen Vollkommenheit, und eines Urtheils bedürfte, das
die in Rede stehende Uebereinstimmung anerkennte; ein solches würde ja die entwickelte Idee Gottes voraussetzen. Im Wesen des vernünftigen Geistes liegt von
Natur jene ursprüngliche Richtung des Strebens, vermöge deren ihn alles anzieht,
zur Liebe reizt, was, objektiv, göttlich oder Gott ähnlich ist. So umfaßt ja
auch die Erkenntnißkraft, vermöge ihrer Natur, mit Nothwendigkeit die Wahrheit,
d. h. das mit der göttlichen Intelligenz Uebereinstimmende, als Wahrheit, ohne
darum an Gott zu denken, ohne selbst auch nur zur Erkenntniß Gottes gelangt
zu sein.

es erscheint, naturgemäß die eigentliche Liebe des intelligenten
Geschöpfes erregen muß[1]), und keines ist im Stande, diese
ursprüngliche anerschaffene Richtung seiner strebenden Kraft
je ganz zu vernichten.

47. Verbinden wir mit diesem Satze einen zweiten, der
nicht minder gewiß ist. Alle Schönheit ist, objektiv und an
sich, ihrem Wesen nach, Aehnlichkeit, Uebereinstimmung, mit
Gott, dem absolut Guten; alle schönen Dinge tragen an
sich, eben insofern sie schön sind, Züge der Uebereinstimmung
mit ihm, Spuren seiner unendlichen Vollkommenheiten. Ist
das wahr, dann ergibt sich daraus wieder mit Nothwendigkeit der Schluß um den es sich handelt.

Der Beweis dafür ist nun aber nicht schwer. Durch
welche Vorzüge sind die Dinge schön? Wir haben dieselben
im letzten Paragraphen kennen gelernt. Die Elemente der
Schönheit sind, in der vernünftigen Natur, Uebereinstimmung
des freien Strebens mit dem Sittengesetz, mit den Normen
der ewigen Weisheit, mit den Geboten Gottes, — neben
dieser, in zweiter Linie, die intellektualen Vorzüge, Einsicht,
Erkenntniß, Weisheit, Verständigkeit; in den sichtbaren Dingen
dagegen Leben oder Spuren des Lebens, Licht, Dauer und
Festigkeit, Ordnung, Regelmäßigkeit, Angemessenheit für einen
Zweck, Symmetrie, Vollendung, Harmonie, mit einem Worte
Wirkungen oder Bilder des erkennenden, des ordnenden
Geistes. Wenn nun alle diese Vorzüge, wie wir gesehen
haben, die Dinge denen sie eigen sind in das Verhältniß
der Aehnlichkeit mit dem vernünftigen Geiste setzen, ist dies
dann nicht in gleicher Weise der Fall, mag auch der Abstand
unendlich groß sein, in Rücksicht auf die erste Vernunft, auf
die unerschaffene Weisheit, von welcher jeder geschaffene Geist

---

1) Vgl. oben N. 31, 4.

seiner Natur nach nichts anderes als die treue Copie ist? Daß die geistige Substanz ihre Aehnlichkeit mit ihrem Schöpfer durch nichts anderes zur Vollendung bringt, als durch Aus= bildung jener Züge, welche sie ihrer Natur nach zum Bilde Gottes machen, bedarf keiner Erinnerung; diese Züge sind aber die anerschaffene Fähigkeit des Geistes zur Erkenntniß der Wahrheit, die anerschaffene Bestimmung (Gestaltung oder Einrichtung möchten wir sagen) des Willens für freie Liebe des Guten. Aber auch in Rücksicht auf die körperlichen Dinge ist die Sache klar genug. Wo immer sich Leben offenbart oder Spuren des Lebens, da ist Uebereinstimmung mit dem, dessen Wesen das Leben, der allein die nie ver= siegende Urquelle alles Lebens ist und aller Bewegung. Wo immer Dauer und Bestand sich verheißt, da ist wenigstens ein schwaches Bild des Ewigen, des nie sich Aendernden. Wo immer ein Lichtstrahl das Dunkel zerstreut, da finden wir ein Zeichen, wenigstens einen Schatten, dessen, der selbst kein bezeichnenderes Bild erfinden konnte, um seine uner= forschliche Natur uns sinnlich auszudrücken, als das Licht. Wo immer Wirkungen der ordnenden Vernunft wahrgenom= men werden, da offenbart sich unzweideutig das Original, nach welchem jede Vernunft denkt und wirkt, die ewige Weis= heit, „aller Dinge Meisterin“[1]), „die alles ordnet nach Gewicht und Maß und Zahl“[2]).

48. So ist denn in der That alles Schöne Gott ähn= lich, eben insofern es schön ist. Wir glauben, daß dieser Satz eben so wenig als der vorhergehende begründeten Zweifeln ausgesetzt sein kann, und halten darum unseren Beweis für abgeschlossen. Desungeachtet finden wir es der Mühe werth,

---

1) Weish. 7. 21.
2) Weish. 11, 21.

bei der zweiten Wahrheit noch zu verweilen, um den Nachweis zu liefern, daß die Anschauung des Alterthums in
Rücksicht auf das Verhältniß der schönen Dinge zu Gott
keine andere war als diejenige, welche wir hier ausgesprochen
haben. Denn die Neuheit ist auf gewissen Gebieten, und
zu diesen gehört das unsrige, allerdings eine sehr zweifel-
hafte Empfehlung einer Theorie.

Nach Plotin ist die Schönheit der Seele schlechthin
Aehnlichkeit mit Gott. „Mit Recht lehrt man, die Seele
werde gut und schön, insofern sie sich zur Aehnlichkeit mit
Gott erhebe; denn er ist aller Schönheit Urquell"[1]). Und
die Schönheit der nicht geistigen Dinge? „Wer da verlangt,
die unermeßliche Schönheit zu schauen, der muß nicht den
sichtbaren schönen Dingen nachlaufen, sondern in der Ueberzeugung, daß sie nichts als Bilder sind und schwache Spuren
und Schatten, zu jenem fliehen der in diesen sich offenbart"[2]).
Denn „in allem was schön ist," setzt Proklus hinzu, „auch
in dem niedrigsten, erscheint nichts anderes als ein Bild der
göttlichen Schönheit"[3]). Es war auch hier wieder die
sokratische Auffassung, welche die Erneuerer des Platonismus
ausgebildet hatten und festhielten. „Ich setze voraus," so
läßt Plato seinen ehrwürdigen Meister in der letzten Unterhaltung vor seinem Tode, im Phädon, zu seinen Schülern
sprechen, „ich setze voraus, wie ich oft gesagt habe, daß

----

1) Διὸ καὶ λέγεται ὀρθῶς, τὸ ἀγαθὸν καὶ καλὸν τὴν ψυχὴν
γίνεσθαι, ὁμοιωθῆναι εἶναι τῷ θεῷ, ὅτι ἐκεῖθεν τὸ καλόν. Plotin.
de pulchr. c. 6. Basil. 55. D. Creuzer 44.

1) (Τὸν θεάσασθαι βουλόμενον τὸ κάλλος ἀμήχανον) ἰδόντα
δεῖ τὰ ἐν σώματι καλὰ μήτι προστρέχειν, ἀλλὰ γνόντας, ὡς εἰσὶν
εἰκόνες καὶ ἴχνη καὶ σκιαί, φεύγειν πρὸς ἐκεῖνο, οὗ ταῦτα εἰκόνες.
Plotin. de pulchrit. c. 8. Basil. 56. F. Creuzer 56.

3) Procl. Comment. in Plat. Alcib. prior. Cod. Leid. p. 220.

es ein Schönes gibt das seinem Wesen nach schön ist und durch sich selbst. . . Ist nun, außer diesem Urschönen, auch anderes schön, dann muß es das nach meiner Ansicht durch nichts anderes sein, als durch Theilnahme an jenem Urschönen. . Freilich ist mir dies bis auf die letzten Gründe noch nicht vollkommen klar. Aber wenn jemand mir als den Grund, warum irgend ein Gegenstand schön sei, etwa den lichten Glanz seiner Farbe bezeichnet, oder seine Gestalt, oder welchen Vorzug dieser Art immer, dann pflege ich mich auf alles das nicht einzulassen, denn es verwirrt mich nur; das allein halte ich entschieden fest, — vielleicht ist's Einfalt, — daß jenes Ding durch nichts anderes schön ist, als durch die Gegenwart des Urschönen, oder durch Theilnahme daran, oder durch Verwandtschaft mit demselben, von welcher Art sie nun auch sein mag" [1]).

Was Sokrates nur dunkel ahnte, was seine Schüler zwar vollkommener entwickelt hatten, aber ohne noch den Lichtkern der Wahrheit von den Nebeln ihrer Irrthümer ganz lösen zu können, das erkannten und lehrten die Väter, durch das Licht des Glaubens erleuchtet, in vollkommener Harmonie mit dem übrigen Inhalt der göttlichen Offenbarung. Der wahren Schönheit, verkündigt Chrysostomus seinen Zuhörern, kann jeder sich theilhaftig machen, wenn er nur will: „denn die Seele wird dadurch schön, daß sie mit dem Willen Gottes übereinstimmt" [2]). Noch klarer spricht

---

1) .... τοῦτο δὲ ἁπλῶς καὶ ἀτέχνως, καὶ ἴσως εὐήθως, ἔχω παρ' ἐμαυτῷ, ὅτι οὐκ ἄλλο τι ποιεῖ αὐτὸ καλὸν, ἢ ἐκείνου τοῦ καλοῦ εἴτε παρουσία, εἴτε κοινωνία, εἴτε ὅπη δὴ καὶ ὅπως προσγενομένη ξυγγένεια. Plat. Phaedon ed. Bip. vol. 1. p. 227. Steph. 100. b. c. d. (Das letzte Wort, ξυγγένεια, steht nicht bei Plato; es ist eine sehr gute Conjektur Creuzers. Annot. in Plotin. de pulchr. S. 180.)

2) Τὸ κάλλος τῆς ψυχῆς ἀπὸ ὑπακοῆς τοῦ θεοῦ. Chrys. hom. de capta Eutropio. (tom. 3. p. 413.)

Origenes. „Die Seele des Menschen ist von außerordent-
licher, von ganz wunderbarer Schönheit. Denn derjenige
dessen Meisterhand sie bildete, sprach bei ihrer Schöpfung:
‚Laßt uns den Menschen machen nach unserem Bilde und
Gleichniß‘. Was ist schöner als dieses Bild, was wunderbarer als diese Schönheit?"[1] Clemens von Alexandria
nennt den Menschen selbst nach seiner äußeren Erscheinung
das Bild des Sohnes Gottes. Das rechte Maß in Trank
und Speise halten, sagt er, sei das beste Mittel dem Leibe
Schönheit zu geben; dadurch erlange derselbe Kraft und
Männlichkeit, Anmuth und die frische Farbe der Gesundheit:
„und das sind die Elemente der Schönheit dieser wohlge-
lungenen und schönen Bildsäule des Logos"[2].

Andere hieher gehörende Aeußerungen der Väter werden
uns später noch begegnen; hier nur noch einige Stellen aus
dem heiligen Gregorius von Nyssa, die ungeachtet ihrer
Ausdehnung auf den Raum den sie verlangen um so größeren
Anspruch haben, als wir diesen Heiligen bisher noch nicht
vernahmen. Am Schlusse des vierten Kapitels seiner Schrift
„über die Schöpfung des Menschen" sagt Gregor, Gott habe
die menschliche Natur so eingerichtet, „daß sie aufs genaueste
mit der Urschönheit, als ihrem Original, übereinstimmte"[3].
Diesen Satz führt er in dem folgenden Kapitel aus. „Gleich-

---

1) Anima humana multum speciosa est, et mirabilem habet
pulchritudinem. Artifex quippe eius, quum eam primum conderet, ait:
„Faciamus hominem ad imaginem et similitudinem nostram." Quid
hac pulchritudine et similitudine pulchrius? Orig. in Ezechiel. hom. 7.
n. 6. ed. Maur. p. 363.

2) . . . ἐξ ὧν ὁ εὔρυθμος καὶ καλὸς οὗτος ἀνδριὰς τοῦ Λόγου
κεκόσμηται. Clem. Alex. Paedag. l. 3. c. 11. Potter. p. 292.

3) . . . ὥστε . . δείκνυσθαι δι' ἀκριβείας πρὸς τὸ ἀρχέτυπον
κάλλος ὁμοιωθεῖσαν. De hominis opif. cap. 4.

wie der Maler die menschliche Gestalt auf der Tafel darstellt,
indem er die besonderen entsprechenden Farben in der Weise
aufträgt, daß das Bild vollkommen die Schönheit des Originals wiedergibt, also dienten unserem Schöpfer die geistigen
Vorzüge gewissermaßen als Farben, durch welche er sein Bild
mit seiner eigenen Schönheit schmückte, um seine Herrlichkeit
in uns zu offenbaren. Bunt und mannigfaltig sind diese
Farben: nicht roth und weiß und dunkel, noch Mischungen
davon . .; sondern Reinheit, vollkommene Harmonie der
Kräfte, Seligkeit, Freiheit von allem Uebel, und andere Vorzüge dieser Art, welche den Menschen zur Aehnlichkeit mit
Gott erheben. Mit solchen Farben malte der Herr, da er
in unserer Natur sein eigenes Bild sich schuf. Fassest du
noch die übrigen Züge der Schönheit Gottes ins Auge, so
wirst du auch in Rücksicht auf diese in dem Bilde, das wir
sind, die vollste Uebereinstimmung entdecken. Gott ist Vernunft und Erkenntniß . .: auch in dir siehst du Erkenntnißkraft und Vernunft, die Copie der wesenhaften Erkenntniß.
Wiederum ist Gott die Liebe, und der Liebe Urquell; so
lehrt uns der große Johannes: ‚die Liebe ist aus Gott‘ und
‚Gott ist die Liebe‘. Auch diesen Zug gab uns der Schöpfer
unserer Natur. Denn ‚daran‘ spricht er ‚wird man erkennen
daß ihr meine Jünger seid, wenn ihr einander liebt‘. Ist
darum dieser Zug nicht sichtbar, dann erscheinen alle übrigen
wie verzerrt. Gott endlich sieht alles, hört alles, durchforscht
alles. Auch du nimmst durch Ohr und Auge die Dinge
wahr, und dein Geist erforscht sie und durchdringt sie“ [1]).

Ist die Schönheit des Menschen in jeder Rücksicht nichts
anderes als seine Aehnlichkeit mit Gott, dann muß sie verloren gehen, sobald die Ablehr von Gott, die Sünde, die

---

1) Greg. Nyss. de hom. opif. c. 5.

Züge des göttlichen Urbildes verwischt. „Schön ist alles,"
fährt darum Gregor weiter unten fort, „was mit dem absolut
Guten harmonirt; was dagegen der Uebereinstimmung und
der Aehnlichkeit mit ihm verlustig wird, das hat an der
Schönheit keinen Theil mehr [1]). Wenn nun nach dem Gesagten Eines das wesenhaft Gute, wenn der Geist dadurch
schön ist, daß er nach dem Bilde dieses Urschönen geschaffen
wurde; wenn endlich die von ihm abhängige Natur gewissermaßen wieder ein Bild dieses Bildes, des Geistes, ist: dann
muß offenbar der Stoff im rechten Zustande, im Besitze seiner
entsprechenden Vollkommenheit bleiben, wenn die Natur ihn
beherrscht; dagegen dieselbe verlieren, sobald er der Kraft
die ihn bildete entzogen, und das natürliche Band zerrissen
wird, das ihn mit dem Urschönen vereinigte. Das geschieht,
wenn die Natur ihre rechte Stellung nicht behauptet, wenn
unser Streben nicht mehr auf das Schöne sich richtet, sondern abwärts auf das, was selbst der Verschönerung bedarf.
Denn was sich der an sich gestalt- und formlosen Materie
gleich macht, das nimmt nothwendig selbst ihre abstoßende
Häßlichkeit an" [2]).

---

1) Καλὸν δὲ πᾶν, ὅπερ ἂν τύχῃ πρὸς τὸ πρῶτον ἀγαθὸν
οἰκείως ἔχον ὅ,τι δ᾽ἂν ἔξω γένηται τῆς πρὸς τοῦτο σχέσεώς τε καὶ
ὁμοιώσεως, ἄμοιρον τοῦ καλοῦ πάντως ἐστίν. l. c. cap. 12. Man
vergleiche hiemit die oben angeführten Worte des Sokrates im Phädon (S. 126.)

2) De hom. opif. cap. 12. Man könnte versucht sein zu glauben,
Gregor von Nyssa bekenne sich in dieser etwas dunkeln Stelle zu der tricho-
tomistischen Auffassung, welche in dem Menschen drei Substanzen unterscheidet,
Geist, Seele und Leib. Daß das keineswegs der Fall ist, geht nicht nur aus
anderen Stellen dieses Vaters, sondern aus eben diesem Kapitel selbst klar hervor. Gregor betrachtet durchaus die erkennende Substanz im Menschen als diejenige, welche zugleich das Princip des animalischen Lebens, die Lebensform des
ganzen Menschen ist. Die drei Elemente von denen er redet, νοῦς, φύσις, τὸ
ὑλικόν, Geist, Natur (Seele) und Stoff, muß man nicht als drei Substanzen

§. 8.

Wiederholung. Definition der Schönheit. Das Verhältniß der letzteren zur Wahrheit und zur Güte. Der Begriff der Schönheit nach dem heiligen Thomas.

49. Es ist Zeit, daß wir zu einem Resultat zu kommen suchen. Die Sätze welche wir bisher festgestellt haben, bieten uns genügende Anhaltspunkte, um das Wesen der Schönheit und ihren Begriff genau zu bestimmen. Vergegenwärtigen wir uns zunächst die Ergebnisse unserer Untersuchung.

Die erste charakteristische Eigenschaft der Schönheit fanden wir, nach dem Zeugnisse der allgemeinen Erfahrung, in Uebereinstimmung mit der Platonischen Philosophie, mit Aristoteles, St. Thomas und Leibniz darin, daß die Wahrnehmung schöner Dinge uns Freude macht, ihre Anschauung uns geistigen Genuß gewährt (8). Als einen vorzüglichen Grund der Freude und des geistigen Genusses überhaupt lernten wir darauf die eigentliche Liebe, die Liebe des Wohlwollens kennen. Dieselbe ist, so sagten wir (12) nach St. Augustin, Duns Skotus, Pallavicini, Leibniz, Aristoteles

---

fassen. Der νοῦς ist ihm die Seele als vernünftiges Princip, die φύσις dieselbe Substanz als dasjenige, was den Stoff zusammenhält, ihm Form und Gestalt gibt, ihn belebt, ihn zum menschlichen Leibe macht, durch ihn wahrnimmt und begehrt. Ohne dieses letztere Princip ist die Materie, die ὕλη, nach der Anschauung der peripatetischen Schule, gestaltlos, formlos, der Verschönerung bedürftig, häßlich (πτωχεύουσα τῆς ἰδίας μορφῆς, χρήζουσα τοῦ καλλωπίζοντος, ἀσχήμων, εἰκαιλλής.) Wenn die Seele, sagt also der Heilige nach unserer Auffassungsweise, statt durch die Vernunft das sinnliche Element zu leiten, umgekehrt sich von diesem beherrschen läßt, dann zerreißt sie ihre Verbindung mit dem Urschönen, und verliert so ihre eigene Schönheit: und während sie sonst dem Leibe seine Schönheit vermittelte, nimmt sie nun selbst die natürliche Häßlichkeit der Materie an.

und Thomas, ihrer Natur nach vom Genuß nicht trennbar; jeder ihrer Alte ist wesentlich zugleich Freude, Genuß. Ihre Alte setzen übrigens (13) immer die Erkenntniß, und wenn sie vollkommen sein sollen die klare, lebendige Erkenntniß, der Vorzüge des geliebten Gegenstandes voraus: darum ist es die Anschauung, die Betrachtung des letzteren, mit welcher der Genuß sich verbindet, durch die er empfunden wird. Diese Sätze gelten, fügten wir hinzu, nicht nur von der absoluten Liebe des Wohlwollens, sondern auch von der relativen, d. h. von derjenigen, deren nächstes Object ein unpersönliches Ding ist, aber nicht um seiner selbst willen, sondern in Rücksicht und durch seine Beziehung auf ein persönliches Wesen.

Hieraus zogen wir (14) den Schluß: Sind die Dinge welche wir schön finden wesentlich und immer der Gegenstand unserer eigentlichen Liebe, nehmen sie ihrer Natur nach, eben insofern sie schön sind, unser Wohlwollen in Anspruch, mag es nun das absolute sein oder das relative, dann haben wir alles Recht, diese ihre Beschaffenheit als den Grund jenes Genusses zu bezeichnen, welchen ihre Anschauung uns immer gewährt. In dieser Voraussetzung würden wir mithin die Schönheit der Dinge für jene Beschaffenheit derselben erklären, vermöge deren sie liebenswürdig sind und unser Wohlwollen in Anspruch nehmen, aber insofern dieselbe wenn wir sie betrachten, eben in Folge jenes Wohlwollens, uns der Grund geistigen Genusses ist.

Die Voraussetzung, welche wir in diesem Schluß noch als möglich und zweifelhaft hinstellen mußten, hat sich nun als wirklich, als Thatsache, erwiesen. Wir haben (§. 5.) gezeigt, daß nach den übereinstimmenden Anschauungen der Sokratischen und der altchristlichen Philosophie das Schöne ganz eigentlich Gegenstand unserer Liebe ist. Wir haben nachgewiesen, daß die schönen Dinge eben als solche, ihrem

9 *

Wesen nach, sowohl mit unserem Geiste (§. 6.) als mit dem absoluten Gute, mit Gott (§. 7.), in dem Verhältniß der Aehnlichkeit, der Uebereinstimmung stehen, daß demnach die Wirkung der Schönheit auf unser Herz wesentlich und ihrer Natur nach darin besteht, unsere eigentliche Liebe, unser absolutes oder relatives Wohlwollen, für jene Gegenstände in Anspruch zu nehmen denen sie eigen ist.

So ergibt sich denn die oben hypothetisch aufgestellte Erklärung der Schönheit als vollkommen richtig. Die Schönheit der Dinge ist in der That nichts anderes, als jene Beschaffenheit derselben, vermöge deren sie liebenswürdig sind, vermöge deren sie unser Wohlwollen, unsere eigentliche (absolute oder relative) Liebe in Anspruch nehmen, insofern diese Beschaffenheit, wenn wir die Dinge betrachten[1]), eben durch die Liebe welche sie erregt, uns der Grund geistigen Genusses ist.

Wir glauben nicht zu irren, wenn wir diese unsere Auffassung des Wesens der Schönheit, so wie die ihr zu Grunde liegenden eben kurz wiederhollten Sätze, als solche bezeichnen zu denen sich namentlich auch Leibniz bekannte. In den folgenden Worten des deutschen Philosophen sind dieselben theils klar ausgesprochen, theils unverkennbar angedeutet. „Lieben, insofern das Wort die Thätigkeit der eigentlichen Liebe bezeichnet, ist nichts anderes, als des Wohles eines anderen sich freuen, darin Genuß finden, oder was dasselbe ist, das Wohl eines andern zu seinem eigenen machen (vgl. oben N. 12.) Durch diese Auffassung löst sich eine Schwierigkeit, welche in der Theologie eine große Rolle spielt: wie

---

1) Mit dem Worte „betrachten" wollen wir hier, wie früher, nichts anderes ausdrücken, als die einfache Perceptionsthätigkeit der Intelligenz, das geistige Schauen oder Erkennen (contemplari, intueri.)

es nämlich eine durchaus uneigennützige Liebe geben könne, frei von aller Hoffnung, von aller Furcht, von jeder Rücksicht auf Vortheil. Die Lösung ist einfach. Indem das Gut eines anderen uns Freude macht, wird es eben dadurch unser Gut: denn was uns Genuß bringt, das ist naturgemäß das Objekt unseres Strebens. Macht uns nicht die bloße Anschauung schöner Gegenstände Vergnügen? Ein Gemälde Raphaels nimmt jeden Mann von Geschmack für sich ein, obgleich es ihm nicht das mindeste einträgt; es ist uns in hohem Grade werth und theuer, und was wir für dasselbe fühlen ist wie ein Bild der Liebe. Eben dieses Gefühl nun geht in wirkliche Liebe über, sobald der schöne Gegenstand eigener Glückseligkeit fähig ist" [1]).

50. Versuchen wir unsere Erklärung auf einen einfacheren Ausdruck zurückzuführen. Jene Beschaffenheit der Dinge, vermöge deren sie unsere eigentliche (absolute oder relative) Liebe in Anspruch nehmen, ist nichts anderes als ihre innere Güte. Wir wollen uns näher erklären. Gut im allgemeinen ist nach Aristoteles und St. Thomas ein Ding, insofern es das Objekt der strebenden Kraft bilden kann [2]). Das kann aber in zweifacher Weise der Fall sein.

–––––––––

1) Amare autem sive diligere est felicitate alterius delectari, vel quod eodem redit, felicitatem alienam asciscere in suam. Unde difficilis nodus solvitur, magni etiam in Theologia momenti, quomodo amor non mercenarius detur, qui sit a spe metuque et omni utilitatis respectu separatus: scilicet quorum felicitas delectat, eorum felicitas nostram ingreditur, nam quae delectant per se expetuntur. Et uti pulchrorum contemplatio ipsa iucunda est, pictaque tabula Raphaelis intelligentem afficit, etsi nullos census ferat, adeo ut in oculis deliciisque feratur, quodam simulacro amoris: ita quum res pulchra simul etiam felicitatis est capax, transit affectus in rerum amorem. Leibnit. de notionibus iuris et iustitiae. (Ed. Berolin. 1840. p. 118.)

2) Καλῶς ἀπεφήναντο τ' ἀγαθὸν, οὗ πάντα ἐφίεται. Arist.

Wir können unſer Streben auf einen Gegenſtand richten,
weil derſelbe geeignet iſt, zur Erhaltung, zur Vervollkommnung, unſerer Natur zu dienen, weil er in Rückſicht auf
uns gut iſt; aber wir können ihn auch lieben wegen ſeiner
innern Vortrefflichkeit, weil er an ſich gut iſt[1]). Es gibt
alſo eine doppelte Art der Güte. Die eine, durch welche
die Dinge an ſich gut ſind, iſt nichts anderes als ihre
objektive Vollkommenheit; man kann ſie angemeſſen die
innere Güte nennen, oder auch, mit Petavius[2]), die
abſolute. Die andere, durch welche die Dinge geeignet ſind
ein anderes zu vervollkommnen, hat ihren Grund in der
erſteren; ſie müßte im Gegenſatz zu ihr die äußere, oder die
relative heißen. Jener entſpricht die eigentliche Liebe, dieſer
die uneigentliche, die $\dot{\epsilon}\pi\iota\vartheta\upsilon\mu\iota\alpha$ (vgl. N. 9. 10. 18.)

Haben wir dies vor Augen; erinnern wir uns überdies, daß, was von uns gilt ſchlechthin inſofern wir
vernünftige Weſen ſind, in gleicher Weiſe von jedem erkennenden Geiſte gilt; ſetzen wir endlich an die Stelle des
Ausdrucks „abſolutes oder relatives Wohlwollen“ das allge-
meinere Wort „Wohlgefallen“, ſo gewinnt unſere Definition
dieſe Geſtalt: Die Schönheit der Dinge iſt nichts
anderes als ihre innere Güte, vermöge deren ſie

Ethic. Nicom. 1. 1. — Ratio boni in hoc conſiſtit, quod aliquid ſit
appetibile. Thom. S. 1. p. q. 5. a. 1.

Wir gehen von dieſer Erklärung aus, und nicht von anderen, welche
ſpätere Forſcher an ihre Stelle zu ſetzen verſuchten. Denn wir ſind mit Pallavicini (Del bene l. 2. c. 6—8.) der Anſicht, daß von der Güte, als einem
der allererſten Begriffe, eine eigentliche Definition nicht aufgeſtellt werden kann,
die Erklärung oder Beſchreibung des Ariſtoteles aber die angemeſſenſte iſt die ſich
geben läßt.

1) Bonum dupliciter de rebus dici ſolet: ſcilicet, vel quia res in
ſe bona eſt, vel quia eſt bona alteri. Suar. Metaph. Diſp. 10. Sect. 1.

2) De Deo l. 8. c. 1. n. 7.

das Wohlgefallen des vernünftigen Geistes erregen, insofern dieselbe dem letzteren eben durch
dieses, wenn er sie betrachtet, der Grund des
Genusses wird.

Auch diese Definition läßt sich noch abkürzen, freilich
auf Kosten ihrer Deutlichkeit. Es ist nicht nothwendig, daß
wir den psychologischen Grund des Genusses, die Liebe oder
das Wohlgefallen, welches durch die Betrachtung schöner
Dinge zunächst in uns erregt wird, ausdrücklich bezeichnen.
Wir können also sagen: Die Schönheit der Dinge ist
nichts anderes als ihre innere Güte, insofern
dieselbe dem vernünftigen Geiste der sie betrachtet der Grund des Genusses ist. Kein anderer
Begriff als dieser schwebte dem Philosophen von Stagira
vor, da er schrieb: „Schön ist dasjenige, was gut und eben
als solches süß ist"[1]).

51. Aus dieser Erklärung ergibt sich zunächst das Verhältniß der Schönheit zur Güte sowohl als zur Wahrheit.
Die letztere ist das Attribut des Seienden in seiner Beziehung
zur erkennenden Kraft des vernünftigen Geistes[2]); die Dinge
sind wahr, insofern sie ihrem Urbilde in der göttlichen Intelligenz entsprechen[3]), und darum das Objekt der geschaffenen
Intelligenz sein, von dieser gedacht werden können. Die
Güte ist dem Seienden eigen in seiner Beziehung zur stre-

---

1) Arist. Rhet. l. 1. c. 9. n. 3. Der Originaltext der Stelle steht als
Motto an der Spitze dieser Abtheilung. Daß Aristoteles nicht von der äußern
Güte redet, sondern von der innern, beweist der Zusammenhang ganz evident.
Nach diesem ist das „ἀγαθόν" gleichbedeutend mit „δι' αὐτὸ αἱρετόν" —
liebenswürdig.

2) Convenientiam entis ad intellectum exprimit hoc nomen verum.
Thom. de verit. q. 1. a. 1. c.

3) Thom. S. 1. p. q. 16. a. 1. c. (s. oben A. 29.)

benden Kraft des vernünftigen Geistes [1]): die ihr entsprechende Thätigkeit ist, allgemein, Liebe. Eben dieselbe Thätigkeit
ist es, welche der vernünstige Geist gleichfalls, zunächst
und wesentlich, dem Schönen gegenüber übt; das haben
wir ausführlich bewiesen. Mithin ist die Schönheit den
Dingen eigen, nicht der erkennenden Kraft gegenüber wie die
Wahrheit, sondern, wie die Güte, nach ihrer Beziehung zur
strebenden Kraft des Geistes [2]). Nichtsdestoweniger sind

---

1) Convenientiam entis ad appetitum exprimit hoc nomen *bonum:*
unde in principio Ethic. dicitur: *Bonum est quod omnia appetunt.*
Thom. de verit. q. 1. a. 1.

2) Diese engen Verwandtschaft zwischen Güte und Schönheit gibt auch
der Sprachgebrauch in ganz auffallender Weise Zeugniß. Schon früher (S. 17.
Note 1.) haben wir darauf hingewiesen, daß die Griechen das sittlich Gute, als
die vorzüglichste Art des Schönen, antonomastisch καλόν nannten; bald darauf
(N. 16.) erinnerten wir an die evidente Synonymie und beständige Verwechslung
der Wörter gut, schön, liebenswürdig, sowohl in unserer als in den beiden
classischen Sprachen des Alterthums. Ein neuer Beweis dieser Art liegt in der
Bedeutung und dem Gebrauch des Wortes *honestus.* Zunächst nämlich und
im eigentlichen Sinne bezeichnet dasselbe den Begriff „an sich gut". So besint
es Cicero: Honestum igitur id intelligimus, quod tale est, ut detracta
omni utilitate, sine ullis praemiis fructibusve, per se ipsum possit iure
laudari. (De fin. 2. c. 14. n. 45.) Nicht anders Seneca: Bonum societate
honesti fit, honestum per se bonum est. Bonum ex honesto fluit, honestum ex se est. (Epist. 118.)
    Nun ist aber nach Forcellini (Lexic. tot. Latinit.) das griechische Wort,
welches dem lat. honestus zunächst entspricht, kein anderes als καλός; honestas
ist gr. κάλλος, ihr Gegensatz aber turpitudo. In der That gibt Cicero das
gr. καλός bald durch pulcher, bald durch honestus oder praeclarus (vgl.
Henr. Steph. Thesaur. ling. gr. v καλός.) Bei dem heiligen Augustin aber
lesen wir: Fruendum est honestis, utendum vero utilibus. *Honestatem*
voco intelligibilem pulchritudinem, quam spiritualem nos proprie dicimus.
(De divers. qq. LXXXIII. q. 30.) Und nicht etwa, wie man geneigt sein
könnte zu glauben, bloß die Schönheit und Güte der ethischen Ordnung bezeichneten die Römer durch honestas: es drückte ihnen auch die Schönheit der sichtbaren Dinge aus. So gebraucht es Virgil von der Schönheit der menschlichen
Gestalt:

Schönheit unr Güte nicht eins unr dasselbe. Die Güte res Dinges ist jene seine Beschaffenheit, vermöge deren es für den vernünftigen Geist der Gegenstand des Strebens — der Liebe — sein kann, und zwar sowohl eigentlicher Liebe (innere Güte) als uneigentlicher (äußere Güte.) Mit der äußeren Güte und der ihr entsprechenden uneigentlichen Liebe hat zunächst die Schönheit, als solche, nichts gemein. Aber auch mit der inneren Güte darf man sie nicht für irentisch halten. Sie ist die innere Güte des Dinges, aber nicht als solche, d. h. nicht insofern durch diese das Ding den entsprechenden Gegenstand eigentlicher Liebe bildet, sondern insofern es, weil durch sie der Gegenstand eigentlicher Liebe, dem Geiste der es anschaut der Grund des Ge-

---

Ipse inter medios, Veneris iustissima cura,
Dardanius caput, ecce, puer detectus honestum,
Qualis gemma, micat, fulvum quae dividit aurum,
Aut collo decus aut capiti.   (Aen. 10. v. 132.)

Von der Schönheit der Farbe an Pferden:

— honesti
Spadices, glaucique; color deterrimus albis,
Et gilvo.   (Georg. 3. v 81.)

Und Cicero von der architektonischen Schönheit: Romam quum venissem a. d. XIII. calend. Oct. absolutum offendi in aedibus tuis tectum: quod super conclavia non placuerat tibi esse multorum fastigiorum, id nunc honeste vergit in tectum inferioris porticus. (Ep. ad Quint. fr. l. 3, 1.) Man vgl. noch Cic. or. c. 15. u. 50. Nep. Eum. 11. Suet. Tib. 68. Terent. Eun. 3, 2, 20. 4, 4, 15.
Wir ziehen folglich mit Recht den Schluß: Nach dem Geiste der lateinischen Sprache liegt dem Begriffe der Schönheit jener der inneren Güte so nahe, wie kein anderer. Ganz unzweideutig tritt bei Cicero diese Anschauung auch noch hervor, wenn er den greisen Cato von zwei edlen alten Römern, C. Fabricius und Tl. Coruncanius, sagen läßt: Iudicabant, esse profecto aliquid natura pulchrum atque praeclarum, quod sua sponte peteretur, quodque spreta et contempta voluptate optimus quisque sequeretur. De senect. c. 13. n. 43.

nusses wird. Formell aufgefaßt, verhält sich die Schönheit zur innern Güte, wie der Genuß zur eigentlichen Liebe,
wie die psychologische Folge zu ihrem Grunde (wie das
rationatum zu seiner ratio.)

In der Venus Urania personificirte der alte Mythus
nicht allein die Schönheit, sondern nach mehreren Platonikern
zugleich die Güte[1]), und zwar beide, insofern sie nur dem
erkennenden Geiste, nicht den Sinnen wahrnehmbare Attribute
sind. Dieser Venus Sohn war der ältere Amor, der
ἔρως οὐράνιος, die reine, die eigentliche Liebe; als die Tochter
des letzteren und der Psyche aber nennt die Fabel die
Freude[2]). Haben wir Unrecht, wenn wir in dieser Dichtung
nichts anderes finden, als den allegorischen Ausdruck unserer

---

1) Pallavicini, del bene l. 2. c. 12.
2) Vgl. Apuleii Metamorphos. l. 6. c. 24. ed. Bipont. 135.
Aus Plato (Conviv. ed. Bipont. vol. 10. p. 182. Steph. 180. d. e.)
sehen wir, daß es zwei Venus gab: die ältere war die Tochter des Himmels (des Uranos, darum Urania, die himmlische), ohne Mutter (ἀμήτωρ),
die jüngere die Tochter des Zeus und der Dione; diese hieß im Gegensatz
zur ersten „die gemeine" (πάνδημος, vulgaris.) In derselben Weise unterschied man einen doppelten Amor: der Sohn der Urania stellte die eigentliche (die geistige) Liebe des Guten und Schönen dar (ἔρως οὐράνιος), der
Sohn der gemeinen Venus war die Personifikation der sinnlichen Liebe, richtiger
der Begierde (ἔρως πάνδημος.) In der bekannten Fabel von Amor und
Psyche nun, welche namentlich der Neuplatoniker Apulejus in seinen Metamor-
phosen (l. 4. c. 28 — l. 6. c. 24.) erzählt, ist die Rede von der Venus
Urania und dem ihr entsprechenden „himmlischen" Amor: das geht aus verschiedenen Stellen (z. B. l. 4. c. 28. 30. ed. Bip. 90. 91.) klar hervor. Wenn
es mithin am Schluß der Erzählung (6, 24.) heißt: „Nascitur illa filia, quam
Voluptatem nominamus," so kann unter diesem Namen nur die geistige Freude,
nicht die niedere Lust verstanden sein. Auch Forcellini (Lexic. totius Latinit.)
sagt von der Göttin Voluptas: „Narrant eam fuisse filiam Cupidinis primi
ex Psyche filia Apollinis." Die Voluptas deren Eltern (de nat. Deor. 3.
c. 23.) erwähnt, ist freilich eine andere. Aber wo findet sich in den Fabeln der
heidnischen Mythologie, an denen so viele Leidenschaften und so viele Phantasien
dichteten, Uebereinstimmung und Consequenz?

Auffassung von dem Verhältniß der Güte und der Schönheit, der Liebe und des Genusses?

52. Beim heiligen Thomas finden wir keine klare Definition des Begriffes der Schönheit; der Heilige erwähnt der letzteren nur wie im Vorübergehen und bei zufälligen Veranlassungen. Wir glauben indeß doch mit Bestimmtheit sagen zu können, daß die Erklärung welche wir gegeben haben von der Ansicht des heiligen Lehrers, insofern sie sich feststellen läßt, nicht abweicht. Namentlich an zwei Stellen spricht Thomas sich aus über das Verhältniß des Guten zum Schönen, und der Güte zur Schönheit. In Rücksicht auf den ersten Punkt lehrt er, das Gute und das Schöne, konkret gefaßt, sei identisch, d. h. es sei materiell ein und dasselbe Ding, dem Güte und Schönheit eignen; es seien ontologisch dieselben Vorzüge, vermöge deren das Ding auf diese beiden Prädikate Anspruch habe[1]). Was dagegen das Verhältniß der abstrakten Begriffe, der Güte und der Schönheit betreffe, so seien sie insofern verschieden, als die Schönheit den Begriff der Güte einschließe, aber zu demselben noch ein eigenes Merkmal hinzufüge. „Materiell (konkret) betrachtet," heißt es, „sind das Gute und das Schöne eins und dasselbe; aber formell und im Begriff unterscheiden sie sich: denn die Schönheit fügt zu dem Begriff der Güte noch hinzu die Beziehung zur erkennenden Kraft, welche das Ding als ein gutes erfasse"[2]). Etwas ausführlicher erklärt sich Thomas an einer andern Stelle. Er hat den Satz aufgestellt: „Der eigent-

----

1) Wir kommen hierauf unten zurück.

2) Quamvis pulchrum et bonum sint idem subiecto . . . , tamen ratione differunt: nam pulchrum addit supra bonum ordinem ad vim cognoscitivam illud esse hujusmodi. Thom In lib. B. Dion. Areop. de div. nomin. expos. cap. 4. lect. 5. extr.

liche Gegenstand und Grund der Liebe ist das Gute"[1])
Die dritte Einwendung dagegen lautet: „Nach dem Areo
pagiten nimmt nicht allein das Gute, sondern auch das
Schöne unsere Liebe in Anspruch"[2]). Darauf antworte
Thomas: „Allerdings ist auch das Schöne Grund und
Gegenstand der Liebe. Aber es ist auch, konkret genommen,
mit dem Guten identisch; nur formell und dem Begriffe nach
unterscheiden sie sich. Gut ist das Ding, insofern es den
Gegenstand der strebenden Kraft bilden kann; darum liegt
es im Begriff des Guten, daß in demselben die strebende
Kraft Befriedigung finde. Im Begriff des Schönen dagegen
liegt, daß in seiner Anschauung, in seiner Erkenntniß die
strebende Kraft Befriedigung finde... Mithin tritt im Begriff
des Schönen zu dem Begriff des Guten das Merkmal der
Beziehung zur erkennenden Kraft hinzu: gut heißt dasjenige,
was der strebenden Kraft schlechthin zusagt; schön dagegen
nennen wir das, dessen Anschauung uns gefällt"[3]).

---

1) Quod bonum sit propria causa amoris. Thom. S. 1. 2. p. q.
27. a. 1. c.

2) Dionysius dicit IV. cap. de div. nom, (lect. 9.) quod non solum
bonum, sed etiam pulchrum est omnibus amabile. (Vgl. oben N. 16.)

3) Ad tertium dicendum, quod pulchrum est idem bono sola ratione
differens. Quum enim bonum sit *quod omnia appetunt*, de ratione
boni est quod in eo quietetur appetitus. Sed ad rationem pulchri pertinet, quod in ejus aspectu, seu cognitione quietetur appetitus. . . . Et
sic patet quod pulchrum addit supra bonum quendam ordinem ad vim
cognoscitivam; ita quod bonum dicatur id quod simpliciter complacet
appetitui; pulchrum autem dicatur id cujus ipsa apprehensio placet.
S 1. 2. p. q. 27. a. 1. ad 3.
　Wir haben in der Uebersetzung den Commentar des Sylvius berücksichtigt,
welcher zu dieser Stelle sagt: „In responsione ad tertium ostendit quod
pulchrum etiam sit causa amoris, sed pulchrum et bonum esse idem
secundum rem, licet differant secundum rationem."

In zwei Punkten stimmt mithin St. Thomas vollkommen und ausdrücklich mit uns überein. Erstens ist auch nach seiner Ansicht die Schönheit den Dingen eigen, zunächst und wesentlich, wie die Güte, nach ihrer Beziehung zur strebenden Kraft des vernünftigen Geistes; sonst könnte er nicht sagen, „der Begriff der Schönheit lasse zu jenem der Güte noch ein Merkmal hinzutreten." Zweitens besteht auch nach Thomas, wie wir schon oben (8) sahen, eine charakteristische Eigenthümlichkeit des Schönen darin, daß seine Anschauung uns Genuß gewährt.

Den inneren Zusammenhang zwischen den beiden hier angedeuteten Eigenthümlichkeiten des Schönen erklärt der heilige Lehrer nicht, den psychologischen Grund jenes Genusses gibt er nicht an [1]). Wir haben denselben, auf das Ansehen anderer Meister gestützt, zu bestimmen gesucht, und ihn in dem Wesen der eigentlichen Liebe gefunden, insofern dieselbe eben durch Anschauung des geliebten Gegenstandes, durch

---

1) Zwar sagt er an einem anderen Orte, die Schönheit bestehe in der *proportio*, in dem angemessenen Verhältniß der Theile des Dinges, und der Grund, weshalb dieses der Einallichkeit gefalle, sei die Aehnlichkeit. („Pulchrum in debita proportione consistit: quia sensus delectatur in rebus debite proportionatis, sicut in sibi similibus, nam et sensus ratio quaedam est; et omnis virtus cognoscitiva." S. 1. p. q. 5. a. 4. ad 1.) Aber diese Stelle ist einerseits in hohem Grade dunkel, und manchen Einwendungen ausgesetzt. Andererseits nennt Thomas selbst anderswo (in lib. de divin. nom. cap. 4. lect. 5.) als Elemente der Schönheit, statt der proportio allein, die *claritas* und die *consonantia*, an einer dritten Stelle aber (S. 1. p. q. 39. n. 8. c.) zu diesen beiden noch die *integritas sive perfectio*: ein Beweis, daß die bloße proportio, auch nach der Ansicht des heiligen Lehrers, das Wesen der Schönheit keineswegs erschöpfend ausdrückt. Hat man dies vor Augen, so wird man es begreiflich finden wenn wir uns wundern, wie Liberatore (Inst. Phil. vol. 2. Ontol. n. 44.) gerade jene erste Stelle (S. 1. p. q. 5. a. 4.) als den Locus classicus für die Theorie der Schönheit aufführen, und wie er es für angemessen halten konnte, ausschließlich auf diese, mit Uebergehung aller andern, seine Erklärung des Wesens der Schönheit zu gründen.

klare Erkenntniß seiner Vorzüge, lebendig wird, und ihrer
Natur nach nothwendig immer mit geistigem Genuß verbun=
den erscheint.

§. 9.

**Gott, der unendlich Schöne. Schlechthinnige und rücksichtliche
Schönheit. Das Ideal. Ideale Schönheit. Das Ideal der
Schönheit. Die Elemente der Schönheit. Rangordnung der
Dinge in Rücksicht auf die Schönheit. Inwiefern Verhältnissen
und abstrakten Formen Schönheit zugesprochen werde. Die
Schönheit als Transcendentalbegriff.**

53. „Die wahre Schönheit," schreibt Basilius der
Große, „die liebenswürdigste Schönheit, aber nur reinen
Herzen sichtbar, das ist jene welche den ewig Seligen um=
gibt" [1]. „Kein Mensch ist so stumpfsinnig," setzt Gregor
von Nyssa hinzu, „um nicht von selbst einzusehen, daß die
wesenhafte, die erste, die allein wahre Schönheit und Güte
und Klarheit niemand anders sein kann als Gott, der Herr
aller Dinge" [2]. Der Satz, den uns hier das herrliche

---

1) Κάλλος δὲ ἀληθινὸν καὶ ἐρασμιώτατον, μόνῳ τῷ τὸν νοῦν
κεκαθαρμένῳ θεωρητόν, τὸ περὶ τὴν θείαν καὶ μακαρίαν φύσιν.
Bas. in ps. 20. v. 5. ed. Maur. p. 129.

2) Ὅτι γὰρ τὸ κυρίως καὶ πρώτως καὶ μόνως καλόν τε καὶ
ἀγαθὸν καὶ καθαρὸν ὁ τῶν ὅλων ἐστὶ θεός, οὐδεὶς οὕτω τυφλὸς
τὴν διάνοιαν, ὡς μὴ ἀφ' ἑαυτοῦ συνιδεῖν. Greg. Nyss. de Virginit.
c. 11. extr.

Gar sonderbar nehmen sich diesen Worten gegenüber Aeußerungen aus wie
die folgende: „Dagegen hat man in der neuesten Zeit, das Ideal aller
Schönheit und das aller Vollkommenheit auf eine sonderbare Weise mit einander
verwechselnd, Gott für das Ideal aller Schönheit erklärt, gerade als wenn Gott
ein Sinnenwesen wäre, an welchem wir mannigfaltige Theile neben einander oder
nach einander unterscheiden könnten." (Esser. Psychologie §. 109. S. 471.)

Brüderpaar aus Cäsarea als ausgemachte Wahrheit bezeichnet, ist uns in den Aussprüchen anderer Weisen aus dem
heidnischen sowohl als aus dem christlichen Alterthum schon
vielfach begegnet. Er ergibt sich zugleich mit Evidenz aus
der Definition, die wir als das Resultat unserer Untersuchung aufgestellt haben. Sind Schönheit und Güte ontologisch und materiell eine und dieselbe Beschaffenheit des
Dinges, nur verschieden je nach der Beziehung des letzteren
zum vernünftigen Geiste, dann muß offenbar der absolut
Gute, der allein durch sich Gute, der Urquell alles Guten,
auch der absolut Schöne, der allein durch sich Schöne, der
Urquell alles Schönen, — dann muß Gott, die wesenhafte
Güte, auch die wesenhafte Schönheit sein. Wir werden
später ausführlicher auf diese Wahrheit zurückkommen.

54. Wir haben gesagt, die Schönheit der Dinge sei
ihre innere Güte, insofern die Anschauung derselben dem
vernünftigen Geiste Freude, Genuß bringe. Die Metaphysik
unterscheidet aber einen doppelten Grad innerer Güte. Jedes
Ding, lehrt sie, besitzt innere Güte; aber dieselbe ist entweder vollendete oder unvollendete: jedes Ding ist entweder
schlechthin gut oder rücksichtlich gut[1]). Schlechthin gut

---

1) Dividi solet bonum in bonum *simpliciter* et bonum *secundum
quid.* . . . Alter sensus hujus divisionis est, ut membra non referantur
ad totam latitudinem entis, sed ad determinatam genus vel speciem, et
hoc modo ad omnia genera vel species entium potest divisio applicari;
et bonum *simpliciter* dicetur illud ens, quod habet omnem perfectionem
sibi debitam in suo ordine: bonum autem *secundum quid* erit, quod
aliquid perfectionis debitae habet, et aliquid ei deest. Et hoc modo
substantia creata non est bona simpliciter, nisi sit debitis accidentibus
affecta; neque accidens est bonum simpliciter, nisi habeat intensionem
debitam, vel aliam similem perfectionem. Atque hoc modo dixit Dionysius (de div. nom. c. 4.): Bonum est ex integra causa, malum autem
ex quocunque defectu. Suar. Metaph. Disp. 10. Sect. 2. vers. fin. Cfr.
Thom. S. 1 p. q. 5. a. 1. ad 1.

ist es, wenn es alle Vorzüge besitzt die es besitzen sollte, und alle in jener Vollendung, in der es sollte. Fehlt ihm dagegen einer der ihm gebührenden Vorzüge, oder geht denselben an ihrer entsprechenden Vollendung etwas ab, dann ist es rücksichtlich gut. Den Grad der Güte, welche das Ding besitzt wenn es schlechthin gut ist, können wir den Grad der einfachen Vollendung nennen.

Aber wonach bestimmen sich die Vorzüge, welche das Ding haben sollte um schlechthin gut zu sein, und die ihnen gebührende Vollendung? Nach dem Zweck des Dinges, oder nach den Zwecken desselben, wenn es mehrere hat. Denn der Zweck ist die Richtschnur, nach welcher die Weisheit des Schöpfers den Dingen je ihre eigenthümlichen Vorzüge zumißt, nach welcher die Vernunft dieselben fordert, um die Dinge als gut anzuerkennen. Die einfache Vollendung, die schlechthinnige Güte, begreift also in sich alle jene Vorzüge, und jenen Grad der einzelnen, wodurch das Ding im Stande ist seinem Zweck schlechthin zu entsprechen.

Was wir hier in Rücksicht auf die Güte gesagt haben, das gilt nun in gleicher Weise von der Schönheit. Wie eine zweifache Stufe der ersteren, so müssen wir offenbar auch eine zweifache Stufe der Schönheit unterscheiden: vollendete und unvollendete, schlechthinnige und rücksichtliche Schönheit. Ist ein Ding schlechthin gut, so wird es auch schlechthin schön sein; ist es nur rücksichtlich gut, fehlt ihm etwas an jener Vollendung die es in Rücksicht auf seinen Zweck haben sollte, so wird seine Schönheit in gleicher Weise mangelhaft erscheinen, es wird rücksichtlich schön sein.

55. Daß die einfache Vollendung noch nicht den höchsten Grad der Güte und der Schönheit bildet, welchen ein jedes Ding erreichen kann, leuchtet von selbst ein. Der Sprachgebrauch bestätigt es: denn von der schlechthinnigen Güte oder Schönheit eines Dinges unterscheiden wir sehr wohl

die ideale, von der einfachen Vollendung die Vollkommenheit. Was ist ideale Güte, ideale Schönheit, was ist
das Ideal?

Wir pflegen dieses Wort bald mit Begriffen von Arten,
Klassen oder Ordnungen [1]) von Dingen zu verbinden, bald
mit abstrakten Namen von Eigenschaften oder Vorzügen.
Wir sprechen von dem Ideal eines Fürsten, eines Staates,
eines Weisen, eines Staatsmannes; wir sprechen auch von
einem Ideal der Demuth, des Gehorsams, der Selbstver-
läugnung, der Gerechtigkeit. Aber welcher ist der Begriff,
den wir mit dem Worte verbinden?

Cicero gibt eine Erklärung desselben in der Einleitung
zu seinem „Redner", wo er sich anschickt, dem Markus Brutus
das Ideal der Beredsamkeit zu zeichnen. Es ist ihm „die
vollendetste Form, das Musterbild der Beredsamkeit" [2]); „ein
dem Geiste vorschwebendes Bild derselben, dem gar nichts
abgeht" [3]); „jene Art der Beredsamkeit, die keiner Vervollkommnung mehr fähig ist, die als die höchste, als die vollendetste betrachtet werden muß" [4]). Er versteht unter einem
Ideal im allgemeinen „dasjenige, über das hinaus es (in
derselben Ordnung) nichts Vortrefflicheres geben kann" [5]),
„die vollendetste Erscheinung, das höchste Vorbild der Klasse

---

1) Die Ausdrücke Klasse und Ordnung nehmen wir hier nicht in dem
strengen Sinne der Art. Wir verstehen darunter eine logische Gesammtheit von
Einzeldingen, die sich durch ein bestimmtes Merkmal von allen übrigen Dingen
ihrer Art unterscheiden.

2) Optima species et quasi figura dicendi. Cic. Orator. c. 1. n. 2.

3) Forma quaedam eloquentiae animo comprehensa cui nihil deest.
Ibid. c. 3. n. 10.

4) Eloquentiae genus, cui nihil addi possit, quod ego summum et
perfectissimum iudicem. Ib. c. 1. n. 3.

5) Illud, quo nihil possit esse praestantius. Ib. c. 2. n. 7.

um die es sich handelt"¹). Mit einem Worte wäre also,
nach Cicero's Auffassung, das Ideal eines Vorzugs, der
eine bestimmte Ordnung von Wesen begründet, „die möglich
höchste Vollendung desselben"; und das Ideal der entsprechenden Klasse „ein dieser angehörendes Einzelwesen, welches
den in Rede stehenden Vorzug im möglich höchsten Grade
der Vollendung besitzt".

Können wir diesen Begriff festhalten? Wenn wir genau
reden, wenn wir wissen wollen was wir sagen da wir von
Idealen sprechen, keineswegs. Cicero's Auffassung ist philosophisch nicht zulässig. Wir wollen das kurz begründen.

Bekanntlich unterscheidet die Metaphysik Eigenschaften
oder Vorzüge doppelter Art. Einfache oder reine Vorzüge
(perfectiones simplices) nennt sie jene, welche in ihrem
Begriff keine Unvollkommenheit einschließen, und darum zugleich mit anderen Vorzügen gleichen oder höheren Ranges
in demselben Wesen sein können. Gemischte Vorzüge dagegen (perfectiones mixtae v. secundum quid) sind solche,
mit denen ihrem Begriff nach nothwendig eine Unvollkommenheit, die Verneinung eines höheren Vorzugs, sich verbindet.

Was nun die ersten betrifft, so sind sie allerdings in
ihrer möglich höchsten Vollendung denkbar, und es ist ein
Einzelwesen denkbar, welches sie in diesem möglich höchsten
Grade besitzt. Einfache oder reine Vorzüge sind z. B. die
Güte, die Gerechtigkeit, die Heiligkeit, die Weisheit; ihr
möglich höchster Grad ist ihre absolute Vollendung, und
das Wesen, welches sie alle in diesem Grade besitzt, ist das
absolut vollkommene, ist kein anderer als Gott. Gott also
wäre das Ideal der Weisheit, der Gerechtigkeit, der Güte,

---

¹) Quidquid est igitur, de quo ratione et via disputetur, id est ad
ultimam sui generis formam speciemque reducendum. Or. c. 3. n. 10.

und jedes anderen reinen Vorzugs, wenn wir das Wort in dem nach Cicero aufgestellten Sinne nehmen.

Fassen wir hingegen die gemischten Vorzüge ins Auge, so gibt es nichts Wirkliches und nichts Denkbares, welches dem Begriffe Cicero's vom Ideal entspräche. Jeder gemischte Vorzug, so hoch wir ihn auch gesteigert denken, bleibt immer begränzt: niemals mithin kann er jenen Grad erreichen, auch im Gedanken nicht, welcher der möglich höchste wäre, d. h. über den hinaus sich kein höherer denken ließe; kein Einzel- wesen kann die Vorzüge einer Klasse von Dingen, insofern es „gemischte" sind, im möglich höchsten Grade besitzen. Die Eigenschaften des Redners erscheinen uns in Demosthenes und Cicero in der seltensten Vollendung; den Abraham feiert die heilige Schrift als ein Muster des Glaubens und des Gehorsams, den Job stellt sie uns dar als ein bewunde- rungswürdiges Vorbild der Geduld. Aber denken wir uns ein Einzelwesen, welches die Rednergaben des Demosthenes, oder Abrahams Gehorsam, oder die Geduld des Job, in siebenfach, und in siebenmal siebenfach verstärktem Grade besäße, seine Beredsamkeit wäre doch nicht jene „die keiner Vervollkommnung mehr fähig ist", seine Geduld und sein Gehorsam ständen nicht auf einer solchen Höhe der Vollen- dung, daß es „über sie hinaus keinen höheren Grad dieser Tugenden mehr geben könnte": das Ideal nach Cicero's Begriff würde nimmer zum Vorschein kommen.

Es war nichts anderes als ein Irrthum Plato's, welcher den römischen Redner und Philosophen zu dieser unzulässigen Auffassung geführt hatte, wie er selbst es klar genug andeutet [1]).

---

1) Has rerum formas appellat *ideas* ille non intelligendi solum, sed etiam dicendi gravissimus auctor et magister, Plato; easque gigni negat, et ait semper esse, ac ratione et intelligentia contineri. Cic. Orat. c. 3. n. 10.

Plato nahm nicht Ideen (Urbilder) der Einzeldinge an, sondern Ideen der Arten, der Ordnungen und Klassen; eine
Lehre, die aus mehr als einem Grunde verworfen werden muß.

56. Sind wir hiernach genöthigt, uns nach einer anderen
Auffassung des Ideals umzusehen, so können wir diese an
demselben Orte von Cicero angedeutet finden, wenigstens
wenn wir bei der Erklärung seiner Worte die zu strenge
Rücksicht auf die vorher erwähnten Stellen aus den Augen
lassen wollen. Was er unter dem Ideal verstehe, drückt er
nämlich auch in dieser Weise aus: „Dem Geiste des Bild-
hauers, des Malers, schwebt ein Bild vor von ganz besonderer, von außerordentlich hoher Vollendung:
dieses ahmt er nach und macht es im Stoffe sichtbar; in
der gleichen Weise steht vor unserem Geiste das Bild der
vollkommenen Beredsamkeit, und seine Copie ist es, die wir
in der Wirklichkeit suchen"[1]. Diese Worte enthalten den
allein richtigen Begriff, unter welchem wir das Ideal auffassen können, den man auch in der That, trotz aller unge-
nauen und vieldeutigen Definitionen mancher Aesthetiker, immer
damit zu verbinden pflegt. Das Ideal ist, wo es sich um
einen abstrakten Vorzug handelt, zunächst die Auffassung
eben dieses Vorzugs in einer äußerst hohen,
auf dieser Erde kaum jemals oder nie vorkommenden Vollendung, — dann auch ein Einzelwesen,
dem derselbe in jenem hohen Grade eigen ist; das Ideal
ist, wo es sich um eine bestimmte Ordnung oder Klasse von
Dingen handelt, ein vom Geiste gedachtes Einzel-

---

1) .. Ut igitur in formis et figuris est aliquid perfectum et excellens,
cuius ad cogitatam speciem imitando referuntur ea, quae sub oculos
ipsa cadunt: sic perfectae eloquentiae speciem animo videmus, effigiem
auribus quaerimus. Cic. Or. c. 3. n. 10. (Cfr. c. 2. n. 8. 9.)

ding eben dieser Klasse, daß die eigenthümlichen Vorzüge derselben in eminentem Grade,
in einer Vollendung besitzt, welche über die
gemeine Wirklichkeit unendlich weit hinausliegt. Ein solches Ideal war es, das Ideal eines Bildes
der heiligen Jungfrau, das der Geist des sinnigen Novalis
schaute, da er die bekannten Worte schrieb:

> Ich sehe dich in tausend Bildern,
> Maria, lieblich ausgedrückt:
> Doch kein's von allen kann dich schildern
> Wie meine Seele dich erblickt;
>
> Ich weiß nur, daß der Welt Getümmel
> Seitdem mir wie ein Traum verweht,
> Und ein unnennbar süßer Himmel
> Mir ewig im Gemüthe steht.

Offenbar ist das Ideal in diesem Sinne nicht etwas Un-
veränderliches, genau Abgegränztes und Bestimmtes; es ist
in verschiedenen Geistern verschieden, umfaßt in dem einen
einen viel höheren Grad der Vollendung als in dem andern;
doch davon später. Wenn man historische Personen als
Ideale bezeichnet, z. B. den Abraham als ein Ideal des
Gehorsams, den heiligen Vincenz von Paul als ein Ideal
eines Priesters, so wird das Wort in einem uneigentlichen
Sinne gebraucht. Man drückt dadurch nichts anderes aus,
als daß solche Personen jenem hohen vollkommenen Bilde
welches dem Geiste vorschwebt, sehr nahe kommen, es gewissermaßen zu erreichen scheinen, darum als wahre Muster
der Nachahmung zu betrachten sind[1]).

---

1) Bemerken wir noch, daß man allerdings auch von dem Ideal eines
Einzelwesens sprechen kann. Ein solches ist die Auffassung des letztern in dem

Was ist nun nach allem diesem ideale Schönheit, und das Ideal einer Klasse von Dingen in Rücksicht auf die Schönheit; was ist endlich das Ideal der Schönheit? Denn um diese Fragen mit Bestimmtheit beantworten zu können, haben wir die vorstehende Erörterung angestellt.

Das Ideal einer Klasse von Dingen in Rücksicht auf die Schönheit (das „ästhetische" Ideal, besser das lalleo-logische[1]) ist ein vom Geiste gedachtes Einzel-wesen dieser Klasse, welches die der letzteren eigenthümlichen Elemente der Schönheit in eminentem Grade, in einer Vollendung be-sitzt, die über die gemeine Wirklichkeit weit hinausliegt. So ist das Ideal einer schönen Seele eine vom Geiste gedachte Seele, die in sich in eminenter Fülle, in höchster Vollendung, alle Vorzüge vereinigt, durch welche die Seele schön ist; so ist das lalleologische Ideal des Menschen das dem Geiste vorschwebende Bild eines solchen, in welchem sich alle Elemente menschlicher Schönheit in unerreichter Vollendung zusammenfinden. Hiemit hängt der Begriff zusammen, welchen wir mit dem Worte „idea-lisiren" ausdrücken. Der Künstler idealisirt eine wirkliche Gestalt, einen historischen Charakter, welchen er darstellt: d. h. er rückt ihn dem Ideal seiner entsprechenden Ordnung näher, macht ihn demselben ähnlicher, indem er jene Vorzüge, welche die Schönheit dieser Ordnung bilden, in einer Vollen-dung an ihm erscheinen läßt, worin er sie in der That keineswegs besitzt.

Ideale Schönheit ist hiernach zunächst die Schönheit des

---

höchsten Grade der Vollendung, die es nach der Ordnung der göttlichen Weisheit zu erreichen im Stande ist. Das ist freilich ein unveränderlicher, durchaus be-stimmter Begriff.

1) Vgl. unten N. 166.

Ideals einer jeden Ordnung von Dingen; dann aber auch die Schönheit e i n e s Ideals jeder Ordnung, d. h. jedes Einzeldinges, welches dem Ideal nahe steht. Die zweite heißt auch idealische Schönheit.

57. Wie wir endlich, nach unserer Auffassung, das Ideal der Schönheit erklären müssen, ergibt sich leicht: es ist d e r B e g r i f f d e r S c h ö n h e i t i n e i n e r ä u ß e r s t h o h e n F ü l l e, in einer in der gegenwärtigen Ordnung der Dinge kaum jemals oder nie wirklichen Vollendung. Ein Ideal der Schönheit, aber nie und nimmer d a s Ideal der Schönheit, kann man immerhin ein Wesen nennen, an welchem die Schönheit in einer ganz außerordentlichen, jenem Begriff gewissermaßen nahe kommenden Vollendung erschiene.

Da die Schönheit nach allem was wir gesagt haben, offenbar zu den reinen Vorzügen gehört, so ließe sich in Rücksicht auf sie freilich auch der erste Begriff des Ideals festhalten, den wir oben (55) aus Cicero entwickelt, aber verlassen haben, weil er der Bedeutung nicht entspricht, die man mit dem Worte sonst zu verbinden pflegt. In diesem Sinne kann man dann, wie von selbst einleuchtet, nur Gott für das Ideal der Schönheit erklären; und wenn man überhaupt das Wort Ideal in einer doppelten Bedeutung gebrauchen will (die aber gehörig zu erklären und zu unterscheiden wäre), so läßt sich gegen diesen Satz nicht das mindeste einwenden.

Wir müßten fürchten unsere Leser zu ermüden, wollten wir uns darauf einlassen, die verschiedenen Erklärungen des Begriffs vom Ideal zu untersuchen, welche sich in den Schriften über Schönheit und schöne Kunst darbieten. Aber protestiren müssen wir im Interesse der Wahrheit und der Kunst gegen jene Lehre, nach welcher „der Mensch in seiner vollkommensten Erscheinung für d a s h ö c h s t e Ideal der

Schönheit"[1]) erklärt wird. So sehr unser Geist an die Sinne gebunden ist, so armselig ist er doch noch nicht, die Schätze seiner Erkenntniß sind doch viel zu groß, als daß er sich nicht den Begriff einer weit höheren Fülle von Schönheit bilden sollte, einer Fülle die weit hinausliegt über jenes Bruchtheilchen, das auch die vollkommenste Erscheinung eines einzelnen Menschen in der natürlichen Ordnung umfassen kann. Das ist ein viel zu enger Rahmen für ein Bild von solcher Größe, wie das Ideal der Schönheit. „Der Entwurf des vollkommensten Bildes in der Seele, welchem gemäß eine Idee in der angemessensten Weise in die Erscheinung tritt, heißt Ideal im ästhetischen Sinne des Wortes", so erklärt Esser selbst[1]), freilich nichts weniger als richtig. Aber diese Erklärung angenommen, sind es keine Ideen, welche in der christlichen Familie, im christlichen Staate, in der Kirche Jesu Christi, in die Erscheinung treten? kann sich unser Geist nicht ein vollkommenstes Bild entwerfen von der Familie, vom Staate, von der Kirche Gottes? und die großartigen Ideen, welche diese Schöpfungen der ewigen Weisheit ausdrücken, treten sie in jenem vollkommensten Bilde in minder angemessener Weise in die Erscheinung, als, welche Idee immer, in der vollkommensten Erscheinung des Menschen? warum denn, mit eben so viel Willkür als Selbstüberschätzung, die letztere für „das höchste Ideal der Schönheit" ausgeben? Wir stellen gewiß nicht in Abrede, daß der Mensch unter den sichtbaren Einzelwerken Gottes das schönste ist: aber auch in der natürlichen Ordnung bildet er doch nur einen integrirenden

---

1) Esser, Psychologie §. 109. S. 470. vgl. S. 485. — Esser folgt in seiner Lehre über das Schöne und die Kunst, wie er selbst andeutet, vorzugsweise den Principien Lessings und Schillers: das ist der Grund weßhalb wir auf einzelne seiner Sätze eingehen.

2) a. a. O.

Theil eines schönen Ganzen, der sichtbaren Schöpfung, des
„*κόσμος*“, und das Bild dieses Ganzen ist fürwahr ein
viel höheres Ideal als das Bild des schönsten seiner Theile [1]).

Diese Einwendungen bleiben begründet, auch wenn man
den falschen Begriff Essers von der Schönheit, welche ihm
wie Schiller „die Ineinsbildung des Vernünftigen und Sinnlichen, der Form und des Stoffes“ ist, bestehen läßt. Und
wenn man durchaus nicht (wiewohl ohne allen Grund) eine
moralische oder eine physische Gesammtheit, sondern nur ein
physisches Einzelding als ein Ideal anerkennen will, woher
weiß denn die Philosophie, daß „die Ineinsbildung der Form
und des Stoffes“ sich nicht vollkommener verwirklichen läßt,
als es in der auch noch so sehr vervollkommneten Erscheinung des Menschen der Fall wäre? Würden etwa nicht
jene Engel höhere Ideale der Schönheit sein, die nach Justin
dem Märtyrer und anderen Vätern aus Geist und Materie
bestehen sollten? Nicht als ob wir diese Ansicht für wahr
hielten: aber sicher kann Gottes Weisheit aus Geist und
Stoff Wesen bilden, welche über die vollkommenste menschliche Natur weit erhaben sind. Es ist mithin der Satz,
wonach der Mensch in seiner vollkommensten Erscheinung
das höchste Ideal der Schönheit sein soll, philosophisch
durchaus unzulässig [2]).

---

1) Esser sagt (a. a. O.), seine Lehre über den Menschen als das höchste
Ideal der Schönheit sei auch die der Griechen gewesen. Wir möchten die Beweise für diese Behauptung sehen. Mit jenen Anschauungen der griechischen
Philosophie, die wir in den früheren Paragraphen kennen gelernt haben, läßt sich
dieselbe doch schwerlich in Einklang bringen.

2) Noch weiter treibt Schiller die Unphilosophie. Er fand, „ähnlich wie Göthe,
die vollendete Menschheit, mit der ihm die Idee der Schönheit zusammen-
fiel, vorwaltend in der weiblichen Natur und ihrer harmonischen Totalität
ausgedrückt“. (Vgl. Wildauer, Festrede zu Schillers hundertjährigem Geburtstag.
Innsbruck 1859, S. 18.) Danach hätten wir also nicht mehr allgemein den

Andere sprechen einen ähnlichen Gedanken in weit begränzterer Fassung aus. Nach Krug „bietet sich uns unter allen Formen der Erfahrungsgegenstände die Gestalt des Menschen als die zur Bildung und Darstellung eines Ideals der Schönheit tauglichste an" [1]); nach Ficker ist „die Menschengestalt vorzüglich fähig, die Idee der absoluten Schönheit zu versinnlichen, mithin unter allen uns bekannten Naturformen die tauglichste zur Bildung und Darstellung eines Ideals der Schönheit" [2]). Aber auch mit diesen Behauptungen können wir nicht einverstanden sein. Jedenfalls sollte man doch nicht ausschließlich die Gestalt des Menschen, sondern den Menschen in seiner gesammten Erscheinung als dasjenige bezeichnen, worin sich ein Ideal der Schönheit, eine außerordentlich hohe Fülle derselben, am geeignetsten darstellen ließe. Erschöpft denn schon die bloße Gestalt alle Elemente der Schönheit, welche die menschliche

---

Menschen, sondern das Weib als das höchste Ideal der Schönheit zu betrachten. Auch Lemcke (Populäre Aesthetik S. 201.) ist geneigt zu vermuthen, „daß der Mann tiefer stehe als das Weib, daß er die erste, noch mehr thierische, die Frau die verbesserte Auflage sei". Es verlohnt sich eigentlich nicht der Mühe, solche Schwärmereien im Geiste jener Richtung, die, wie Krug sagt, überall, auch in den Wissenschaften, statt zu denken dichtet, und statt zu philosophiren phantasirt, noch ausdrücklich zu widerlegen. Ihre höhere Vollendung, die höhere Stufe innerer Güte, erreicht die menschliche Natur im Manne: mithin auch den höhern Grad der ihr eigenen Schönheit. Αἱ τῶν φύσει σπουδαιοτέρων ἀρεταὶ καλλίους, καὶ τὰ ἔργα οἷον, ἀνδρὸς ἢ γυναικός. (Arist. Rhet. l. 1. c. 9. n. 23.) So hatte mehr als 2000 Jahre vor Schiller bereits ein Mann geschrieben, der ein besserer Philosoph war. Auf dem Gebiete der Wahrheit sieht man sich vergebens um, wenn es darauf ankommt, die bei manchen Künstlern, und einer noch größern Zahl solcher die es sein wollen, so beliebte Apotheose des weiblichen Geschlechts zu rechtfertigen. Vgl. Thom. in II. Dist. 21. q. 2. art. 1. ad 2. und S. 1. p. q. 92. a. 1. ad 1. 2.

1) Krug, Aesthetik §. 28.
2) B. Ficker, Aesthetik, 2. Aufl. §. 19.

Natur fassen kann, drückt sie allein dieselben schon vollkommen aus? Was ist schöner, das Bild des heldenmüthigen Morus, wie Oskar von Redwitz ihn uns zeichnet, oder der Apollo des Belvedere? was ist schöner, jenes Idol einer humanistischen Aesthetik, die medicëische Venus, oder eine heilige Agnes in Wiseman's Fabiola, die Cordelia in Shakespeare's König Lear, das treue deutsche Weib in Redwitz lieblicher Dichtung „Frau Agnes“?

58. Welche sind die Elemente der Schönheit? Die Vorzüge, durch welche die Dinge schön sein können, sind nach dem Begriffe der Schönheit den wir aufgestellt haben, offenbar identisch mit jenen Eigenschaften, welche den Dingen innere Güte verleihen; sie müssen darum, wie diese, zahllos und mannigfaltig sein. Nach unseren früheren Erörterungen können wir auch sagen, die Elemente der Schönheit seien jene Eigenschaften, durch welche die Dinge in das Verhältniß der Uebereinstimmung mit dem vernünftigen Geiste als solchem, oder weiter, mit Gott treten. Dahin gehören insbesondere und namentlich

in den persönlichen Wesen: alle Vorzüge der ethischen und der intellektualen Ordnung;

in den unpersönlichen Dingen: Festigkeit und Dauer, Licht und Klarheit, Leben und Bewegung, Regelmäßigkeit, Zweckmäßigkeit, Ordnung, Symmetrie, Harmonie, Vollkommenheit, Einheit in der Vielheit mannigfaltiger Theile (vgl. N. 35 und 47.)

Ueber die Elemente der menschlichen Schönheit insbesondere ist oben (43) die Rede gewesen.

59. Fragt man nach einer Rangordnung der schönen Dinge, so wird unsere Antwort, analog wie oben, im allgemeinen diese sein: Je höher die Fülle innerer Güte ist welche ein Ding besitzt, desto schöner ist es. Es lassen sich indeß auch hier einige besondere Gesetze angeben. Wie

wir früher gezeigt haben, daß alles Schöne, eben insofern es schön, Gott ähnlich ist (N. 45. ff.), so können wir nach dem im Anfange dieses Paragraphen Gesagten jetzt diesen Satz umkehren. Ist Gott die wesenhafte Schönheit, dann muß alles insofern schön sein, als es an seiner Schönheit und Güte Theil nimmt, als es ihm ähnlich ist. Das schönste unter den nicht absolut schönen Dingen wird mithin dasjenige sein, welches von der freigebigen Hand Gottes das reichste Maß innerer Güte empfangen hat, welches darum dem absolut Schönen am nächsten steht, wenn man anders sich dieses Ausdrucks bedienen kann, wo der Abstand immer unendlich bleibt. Und darum muß denn offenbar die Schönheit der vernünftigen Natur hoch über jener der bloß körperlichen stehen; darum muß die Schönheit der reinen Geister, i n s o f e r n w i r v o n d e r ü b e r n a t ü r l i c h e n O r d n u n g a b s e h e n, vollkommener sein als die menschliche; darum muß die Schönheit der animalischen Ordnung eine höhere sein als die der vegetabilischen, und diese wieder den Vorrang behaupten vor der Ordnung der anorganischen Dinge. In besonderer Rücksicht auf die vernünftigen Wesen aber wird die Schönheit in der ethischen Ordnung in weit höherer Vollendung erscheinen als in der intellektualen; es wird die Schönheit der übernatürlichen Ordnung ungleich viel höher stehen als jene der natürlichen, so wie endlich die Schönheit der im ewigen Leben bereits vollendeten Natur die Schönheit eben derselben weit übertreffen muß, so lange sie noch, im Zustande der Bewährung, ihrer Vollendung harrt.

Das sind allgemeine Grundsätze. Handelt es sich hingegen darum, in Rücksicht auf individuelle Naturen den kalleologischen Rang zu bestimmen, so sind nur zwei Sätze gewiß. In unvergleichlicher Schöne, erhaben, nicht nur wie es im Psalm von ihr heißt über die Kinder der Menschen, sondern schlechthin über alles was nicht Gott ist, thront zur

Rechten des Baters jene menschliche Natur, welche der Sohn Gottes um unseres Heiles willen angenommen. Die erste Stelle nach ihrem Sohne aber, in einer Fülle der Reinheit und Heiligkeit die nur Gott zu denken vermag[1]), in einer Schönheit darum, die außer Gott kein Wesen wie sie es verdient zu lieben, deren Süße keine Creatur zu erschöpfen im Stande ist, nimmt die Jungfrau ein „voll der Gnade", die Gebenedeite unter den Weibern, welche „den gebar der sie erschaffen, und anbetete den sie geboren". „Die Erstgeborne vor aller Creatur" nennt sie die Kirche, „durch die am Himmel ein nie versiegend Licht aufging": mit Sternen gekrönt, den Mond unter ihren Füßen, mit der Sonne angethan, sah sie der Seher des neuen Bundes; alles das ist wenig, denn es ist menschlich. Sie hat die Sonne des Himmels mit der Wolle des Fleisches umkleidet, spricht der Kirchenlehrer von Clairvaux, dafür umkleidet die Sonne des Himmels sie mit dem Vollglanze ihrer eigenen Schönheit[2]).

Unter den übrigen verklärten Bewohnern des Himmels eine Stufenfolge anzugeben, steht uns nicht zu. Gott hat uns den höheren oder niederen Grad der Heiligkeit und der ihr entsprechenden Glorie seiner Auserwählten verborgen. Was die Engel betrifft, so stehen sie zwar wie wir gesagt haben in der natürlichen Ordnung höher als der Mensch: aber die Vertheilung der übernatürlichen Gaben hat die göttliche Weisheit an dieses Gesetz nicht gebunden. Durch

---

[1] Pius IX. in der dogmatischen Bulle *Ineffabilis*.

[2] *Valde decora* „überaus schön", *tota formosa, tota pulchra* „vollkommen schön", *quasi aurora valde rutilans, gloriosa, super omnes speciosa*, „in goldenem Lichte strahlend wie die Morgenröthe, voll der Herrlichkeit, schön über alle", heißt die Jungfrau im kirchlichen Officium; und selbst das Attribut der hypostatischen Weisheit wird ihr zuerkannt: sie ist „die Mutter der schönen Liebe".

die Gnade erhebt sie Menschen über die Engel, und in Folge
dessen werden dann die letzteren von jenen auch an Schönheit übertroffen. „Menschen und Engel bilden im ewigen
Leben nicht zwei geschiedene Gemeinden, sondern Eine: denn
aller gemeinsame Seligkeit ist, Gott in Liebe anzuhangen"[1]).

60. Bisher haben wir unmittelbar und zunächst nur
die Schönheit der Substanzen im Auge gehabt. In der
That hat die Schönheit, welche wir auch anderen nicht in
sich selbst bestehenden (nicht substantiellen) Dingen zusprechen,
immer zuletzt ihren Grund in der Schönheit der Substanzen,
die ihre Träger sind.

Die Treue, die Unschuld, die Weisheit, überhaupt Vorzüge der ethischen und der intellektualen Ordnung, und noch
weiter Eigenschaften von Substanzen, heißen schön, insofern sie eben die Elemente der Schönheit, die Vorzüge
sind, durch deren Besitz der Substanz ihre Schönheit
eigen ist[2]).

Verhältnisse körperlicher Substanzen (oder ihrer Theile)
sind schön, insofern sich darin Gesetz, Ordnung, Regel und

---

1) Illud quod est ex parte naturae, se habet ut materiale in ratione ordinis; completivum vero est, quod est dono gratiae, quae
dependet ex liberalitate Dei, non ex ordine naturae. Et ideo per
donum gratiae homines mereri possunt tantam gloriam, ut Angelis
aequentur secundum singulos Angelorum gradus. Thom. S. 1. p. q.
108. a. 8. c.

Non erunt duae societates, hominum et Angelorum, sed una: quia
omnium beatitudo est adhaerere uni Deo. Aug. de civ. Dei 12. c. 1.
(ap. Thom. l. c.)

2) Sicut accidentia, et formae non subsistentes, dicuntur entia,
non quod ipsae habeant esse, sed quia eis aliquid est; ita etiam
dicuntur bona, vel ma, non quidem aliqua alia bonitate, vel unitate,
sed quia eis est aliquid bonum, vel unum. Sic igitur et virtus dicitur
bona, quia ea aliquid est bonum. Thom. S. 1. 2. p. q. 55. a. 4. ad 1.

Maß kund gibt, insofern sich also darin die ordnende Weisheit offenbart.

Die Freundschaft, die durch Gottes Anordnung begründeten, der Natur gemäßen Beziehungen zwischen Personen,
z. B. in der Familie, im Staate, in der Kirche, überhaupt
Verhältnisse vernünftiger Substanzen, sind in doppelter Rücksicht schön: sowohl weil sie als das Werk der ordnenden
Vernunft erscheinen, als insofern sie in den entsprechenden
Personen besondere Vorzüge, Eigenschaften, voraussetzen,
welche in dem vorher bezeichneten Sinne schön sind.

Endlich nennen wir auch einen Gedanken schön, eine
Wahrheit; wir finden Schönheit in einer Theorie, in dem
System einer Wissenschaft oder einer Kunstlehre, in einer
philosophischen Analyse oder einem mathematischen Beweis.
Worin liegt die Schönheit dieser ganz abstrakten Dinge?

Jede Wahrheit, jeder Gedanke (Satz), ist die Auffassung,
der Ausdruck, eines Verhältnisses. Sie werden mithin schön
sein, einerseits insofern dieses selbst es ist, andererseits, insofern sie dasselbe mit Klarheit, Anschaulichkeit und Schärfe
darstellen. Die Schönheit einer Theorie, eines Systems,
eines Beweises, beruht auf ganz ähnlichen Rücksichten, und
es ist nicht schwer, aus den (58) genannten Elementen der
Schönheit jene zu bezeichnen, welche diesen Dingen angehören.

61. Sprechen wir zum Beschluß dieses Paragraphen
einen Satz aus der uns schon wiederholt sehr nahe lag, und
in der That in dem Gesagten bereits enthalten ist. Wir
haben oben (51) gesehen, und es auch als die Lehre des
heiligen Thomas erkannt (52), daß das Gute und das
Schöne dem Begriffe nach unterschieden, aber konkret betrachtet identisch, daß es immer materiell betrachtet ein und
dasselbe Ding ist, welchem Güte und Schönheit eignen, eine
und dieselbe Realität, welche als der Träger beider Vorzüge

erscheint. Mit anderen Worten: alles was gut, das ist auch
schön, und was schön ist, gut; und es ist beides, schön und
gut, materiell durch dieselben ontologischen Vorzüge, durch
alles das wodurch es ist. Das lehrt mit klaren Worten
der Pseudo-Areopagit: „Das Schöne und das Gute ist eins
und dasselbe: denn das Schöne und das Gute ist für alle
Wesen in jeder Rücksicht Gegenstand des Strebens, und es
gibt nichts unter allem was ist, das nicht Theil hätte an
der Schönheit und Güte" 1). Das hatte vor ihm auch schon
Basilius der Große ausgesprochen: „Das Streben des
Menschen richtet sich naturgemäß auf das Schöne: das
wahrhaft Schöne und Liebenswürdige aber ist das Gute" 2).

Ist aber dem also, sind die Dinge schön durch dieselben
Vorzüge wodurch sie gut, wodurch sie überhaupt sind, dann
ist offenbar alles Seiende schön. Denn die innere
Güte, der ontologische Grund der Schönheit, ist wesentliches
Attribut alles Seienden 3): folglich auch die Schönheit selbst,
die aus der inneren Güte hervorgeht, und mit derselben
eben so unzertrennlich verbunden ist, wie mit der eigentlichen
Liebe der Genuß.

---

1) Διὸ καὶ ταὐτόν ἐστι τἀγαθῷ τὸ καλόν, ὅτι τοῦ καλοῦ ἐπὶ
ἀγαθοῦ κατὰ πᾶσαν αἰτίαν πάντα ἐφίεται· καὶ οὐκ ἔστι τι τῶν
ὄντων, ὃ μὴ μετέχει τοῦ καλοῦ καὶ ἀγαθοῦ. Dion. Areop. de Div.
nom. cap. 4. §. 7. ed. Corder. p. 356. Die Uebersetzung der letzten Worte,
wie wir sie gegeben, rechtfertigt sich durch die Bemerkung Murets: „τὸ καλόν
significat id quod communiter inest in omnibus pulchris, quoque effi-
citur ut pulchra sint." (Muret. comment. in Arist. Ethic. p. 142.
Rohnk.)

2) Οὕτω μὲν οὖν φυσικῶς ἐπιθυμητικοὶ τῶν καλῶν οἱ ἄνθρωποι.
Κυρίως δὲ καλὸν καὶ ἀγαπητὸν τὸ ἀγαθόν. Bas. reg. fusius tract.
Interrog. 2. n. 1. extr. ed. Maur. p. 337.

3) Omne verum ens in eo bonum est, seu bonitatem aliquam habet
sibi convenientem: atque ita fit, ut bonum absolute dictum cum ente
convertatur. Suar. Metaph. Disp. 10. Sect. 3.

Denselben Satz können wir mit gleicher Evidenz aus anderen Wahrheiten folgern. Eben noch (59) zogen wir den Schluß, daß alles insofern schön, als es Gott ähnlich sei, an seiner Güte Theil nehme. Nun ist aber alles Seiende Gott ähnlich, eben insofern es ist[1]). Fügen wir noch eine zweite Bestätigung aus der Lehre des heiligen Thomas hinzu. Um den Satz zu begründen, daß in Gott Freude und Genuß Statt finde, sagt der Heilige: „Jedes Wesen freut sich naturgemäß des ihm Aehnlichen... Alles was gut, ist aber Gott dem absolut Guten ähnlich;.. es muß mithin alles Gute für ihn Gegenstand der Freude sein"[2]). Der Ausdruck „alles Gute" umfaßt nach dem Gesagten genau so viel als dieser andere: „alles Seiende". Substituiren wir den letzteren, dann haben wir den Satz: Alles Seiende ist, insofern und weil es innere Güte besitzt, für Gott Gegenstand und Grund der Freude. Das heißt aber, nach unserem Begriff der Schönheit, nichts anderes als: Alle Dinge sind schön. Wir müssen mithin die Schönheit, nicht minder als die Wahrheit und die Güte, unter die Transcendentalbegriffe rechnen[3]).

---

1) Deus omnes perfectiones rebus tribuit, ac per hoc cum omnibus similitudinem habet. Thom. contr. Gent. l. 1. c. 29. — Unaquaeque creatura habet propriam speciem, secundum quod aliquo modo participat Divinae essentiae similitudinem. S. 1. p. q. 15. a. 2. c.

2) Unumquodque naturaliter in suo simili gaudet... Omne autem bonum est Divinae bonitatis similitudo;.. relinquitur igitur, quod Deus de omni bono gaudet. Thom. contr. Gent. l. 1. c. 90. n. 4.

3) Aber warum hat die ältere Philosophie sie nicht unter demselben aufgezählt? Wahrscheinlich, weil die Beziehungen der Dinge zum vernünftigen Geiste, auf welchen die Transcendentalbegriffe der Wahrheit und der Güte beruhen (vgl. Thom. de verit. q. 1. a. 1.), schon erschöpft schienen, und es in der That auch waren. Denn wenn der Begriff der Wahrheit aus der Beziehung des Dinges zum erkennenden Vermögen, der Begriff der Güte aus der Beziehung

§. 10.

Schwierigkeiten und Aufklärungen. Verschiedene Begriffe, die wir mit dem Worte häßlich verbinden. Das Häßliche und die Häßlichkeit in der eigentlichen Bedeutung des Wortes. Nichts Seiendes ist schlechthin und nur häßlich. Verschiedenheit der philosophischen Wahrheit und der Auffassung des gewöhnlichen Lebens in Rücksicht auf Schönheit und Häßlichkeit. Schönheit und Häßlichkeit im vulgären Sinne des Wortes. Ueber die Frage, ob das Schöne nothwendig sittlich gut sein müsse.

62. „Alle Dinge sind schön" sagten wir zuletzt. Auf den ersten Blick mag dieser Satz freilich paradox erscheinen. Gibt es also nichts Häßliches? wird man denken. Ist also ein alter dürrer einäugiger dünnbehaarter lendenlahmer Gaul auch schön? Im zweiten Buche der Ilias erzählt Homer:

„Alles saß nun ruhig, und hielt die gereihten Sitze;
Nur Thersites allein noch krächzt' unmäßig Geschwätz her:
Dessen Herz mit vielen und thörichten Worten erfüllt war,
Immer verkehrt, nicht der Ordnung gemäß, mit den Fürsten zu
　　　　　　hadern,
Wo ihm nur etwas erschien, das lächerlich vor den Argeiern
Wäre. Der häßlichste Mann vor Ilios war er gekommen:

---

des Dinges zur strebenden Kraft hervorgeht, so ist allerdings kein drittes Vermögen des vernünftigen Geistes mehr übrig, auf das sich ein drittes Attribut des Dinges gründen könnte. Die Schönheit ist den Dingen eigen, wie die Güte, in ihrer Beziehung zur strebenden Kraft; das Schöne ist darum im Guten, die Schönheit in der Güte, schon enthalten: freilich nicht formell, aber virtuell und implicite.

Schielend war er, und lahm am anderen Fuß; und die Schultern
höckerig, gegen die Brust ihm geengt, und oben erhub sich
Spitz sein Haupt, auf der Scheitel mit dünnlicher Wolle besäet."[1]

Sollen etwa solche widerwärtige Mißgestalten auch als Schönheiten gelten? Und ferner: wenn alles schön ist, dann muß also
auch das erste beste Stück Holz, auch ein unförmlicher Kiesel
für schön erklärt werden. Und das Kameel, die Kröte, die
gefräßige Raupe, der lüsterne Pavian, der träge zweifingrige
Ai, sollen das lauter schöne, liebenswürdige Thierchen sein?
Wir könnten auf solche Fragen mit parallelen Fragen
die Antwort geben. Es ist ein Satz der Philosophie, und
kein Metaphysiker zweifelt daran, daß alle Dinge gut sind.
Klingt etwa das dem Nichtphilosophen nicht auch paradox?
Und gibt es darum nichts das schlecht wäre? läugnet man
darum die Wirklichkeit des Uebels? ist damit behauptet, daß
wir gegen den ersten besten Dachziegel, gegen jede Fledermaus, eigentliche Liebe hegen, welche doch die innere Güte
ihrer Natur nach in Anspruch nimmt? — Aber wir müssen
es freilich als unsere Aufgabe betrachten, Schwierigkeiten
nicht kurz zurückzuweisen, sondern zu lösen, und dadurch die
Klarheit der Gesammtauffassung zur Vollendung zu bringen.

63. Was also zunächst den Kiesel und das Stück Holz
betrifft, an denen man keine Schönheit finden kann, so haben
wir ja nicht gesagt, daß wir beschränkte, an die Sinne ge-
bundene Menschen in jedem Dinge Schönheit finden, sondern daß jedes Ding schön ist, d. h. daß jedes Ding innere
Güte besitzt, und dadurch dem vernünftigen Geiste der es
erkennt Grund der Freude wird. Wir nehmen ja auch
die körperlichen Dinge nur der äußeren Erscheinung nach

---

1) Ilias 2, 211. ff. (Nach Voß.)

11*

wahr: das Wesen, der Träger der Erscheinung, der Grund
der Eigenschaften, entzieht sich unserer unmittelbaren Anschauung. Hat die Hand des Schöpfers alles gebildet „nach
Gewicht und Maß und Zahl", dann finden sich Gewicht und
Maß und Zahl, wahre Elemente der Schönheit, auch im
Kiesel und im Klotze; und gleichwie eben darum der Herr
selbst nach den Worten der Schrift „sich freuet aller seiner
Werke" 1), so kann er jedem Geiste verleihen, die verborgenen
Vorzüge seiner Schöpfung zu schauen, also daß sich an ihm
das andere Wort der Schrift erfüllt: „Du erfreuest mich,
o Herr, durch dein Wirken, über die Werke deiner Hände
frohlocke ich" 2).

Um dann dem Kameel und dem Affen, der Kreuzspinne
und der Raupe, und welchem sonst noch als Muster von
Häßlichkeit anzuführenden Gethier immer, seinen Anspruch
auf das Prädikat der Schönheit zu sichern, erinnern wir vor
allem daran, daß man nicht selten das Wort häßlich mit
einem anderen sinnverwandten, aber nicht gleichbedeutenden,
zu verwechseln pflegt. Oben (40) haben wir darauf hingewiesen, daß die Begriffe schön und sinnlich angenehm
durchaus verschieden sind: eben so verschieden ist die Häßlichkeit von dem sinnlich Unangenehmen. Die Kröte, der Wiede-
hopf, die Fledermaus, die Wanze, und ähnliche, sind uns
sinnlich unangenehme, ekelhafte Thiere; das schwebt uns
vor, wenn wir sie, freilich nicht den rechten Ausdruck wäh-
lend, häßlich nennen. Andere Thiere erscheinen uns häßlich,
weil wir in ihrem Wesen, in ihrer Erscheinung, den Ausdruck
eines Häßlichen der ethischen Ordnung finden, eines sittlichen
Mangels, einer Untugend (vergl. S. 119, die Note.) Das

---

1) Pf. 103, 31.
2) Pf. 91, 5.

gilt z. B. von dem Faulthier, von dem Pavian, von der
Ratte, von der Raupe. Mitunter endlich suchen wir in einem
Thiere nicht die Vorzüge der Art zu der es gehört, sondern
die Vorzüge einer anderen Art, oder selbst einer andern Gattung; und weil wir diese vermissen, darum scheint es uns
fehlerhaft, häßlich zu sein. Das Kameel zeigt freilich nicht
jenen edlen Bau, jenes Ebenmaß der Glieder, wie das
Pferd; in der Gestalt der Spinne vermissen wir das rechte
Verhältniß; der Affe steht vor uns wie eine Satire auf die
Menschengestalt: wir suchen in ihm die Proportionen, vielleicht selbst den Ausdruck, unsers eigenen Leibes, und weil
wir davon das gerade Gegentheil finden, ist er uns widerwärtig[1]). Aber das haben wir nur der Beschränktheit unsers
eigenen Urtheils zuzuschreiben. Sähen wir den Orangutang,
das Kameel, und so manches andere Werk das die Hand
Gottes gebildet, sähen wir sie an, nicht mit dem blöden
Auge unsers endlichen Geistes, sondern mit dem Blick der
ewigen Weisheit, sie würden uns fürwahr nicht mehr häßlich
erscheinen. Sie hat jedem Geschöpfe seine eigenthümliche
Bestimmung gegeben, es auf seine besondere Stufe gestellt,
ihm seinen Platz angewiesen in dem großen Gesammtorga-
nismus der Wesen, und es aufs genaueste dieser Bestimmung
entsprechend einzurichten gewußt; darum erkannte sie, da sie
sich anschickte zu ruhen von ihrem Werke, darum sprach sie
es aus, „daß alles gut, daß alles schön sei, was sie gemacht

---

1) „Simia quam similis, turpissima bestia, nobis.“
    Ennius, ap. Cic. de nat. deor. 1. c. 35.

Nach Vischer (Ueber das Erhabene und Komische S. 31.) rührt die Häßlichkeit des Affen daher, weil derselbe „ein verunglückter vorläufiger Versuch der
Natur ist, es vom Thier zum Menschen zu bringen". In der Thal naiv. Es
wäre interessant zu wissen, wie viel neue Anläufe die arme Natur hat nehmen
müssen, bis ihr der Gallo mortale „vom Thier zum Menschen" gelang.

hatte". Kann es uns nicht entgehen, daß uns der eigenthümliche Zweck und überhaupt die Natur der meisten Dinge
verborgen ist, dann müssen wir uns auch nicht anmaßen,
über ihre Güte ein endgültiges Urtheil zu fällen, ihnen jene
Schönheit abzusprechen, die wir nur nicht zu schätzen im
Stande sind [1]).

64. Diese Antworten können nun freilich noch nicht für
alle oben aufgeführten Einwendungen genügen. Wir beabsichtigen keineswegs, die Existenz wirklich häßlicher Dinge in
Abrede zu stellen; man könnte ja sonst versucht sein, uns
zu jenen σαπρόφιλοι zu rechnen, von denen wir früher (18)
den heiligen Augustin berichten hörten. Aber es kommt
darauf an, daß wir uns von der Häßlichkeit den rechten
Begriff bilden.

Wenn der Träger der Güte und der Schönheit materiell
immer eine und dieselbe Realität des Dinges (51. 52), wenn
ein Ding durch eben dieselben Vorzüge schön ist durch welche
es auf das Prädikat der Güte Anspruch hat, dann müssen

---

1) Wie früher „die vollkommenste Menschengestalt" das Ideal der Schönheit, so soll nun umgekehrt der Affe, als „die gänzliche Verzerrung" der erstern,
das „Ideal der Häßlichkeit" sein. (Affen, Psychologie §. 110. S. 476. Vgl. den
alphabetischen Inhalt, „Affe".) Der unendlich Schöne schafft nichts Häßliches,
am wenigsten Ideale der Häßlichkeit. *Nulla foeditate universa creatura
maculari permittitur.* (Aug. de vera relig. c. 41. extr.)

Uebrigens kann von einem Ideal der Häßlichkeit eigentlich nicht die Rede
sein. Will man ein Ding in welchem ein Maximum, ein eminent hoher Grad
von Häßlichkeit erscheint, dennoch mit diesem Namen bezeichnen, dann muß man
ein solches Ideal nicht von der ewigen Schönheit erwarten, sondern nur von
dem endlichen Geiste, der „tenebrosa omnipotentiae similitudine" wie St.
Augustin irgendwo sagt, „in schauerlich finsterer Nachäffung der Allmacht", seine
Freiheit mißbrauchend das vollführt, was dem Allmächtigen selbst unmöglich ist;
dann muß man solche Ideale nicht in Gottes „schöner" Welt suchen, sondern
dort allein, „wo Finsterniß und Todesschatten herrscht und Graus, wo keine
Ordnung ist, und ewiges Grauen wohnt". (Job 10, 22.)

wir uns offenbar die Häßlichkeit in ganz analoger Weise
denken, wie uns die Metaphysik das Uebel, die Schlechtigkeit,
auffassen lehrt [1]). Die letztere ist aber nicht eine positive
Eigenschaft des Dinges, sondern eine Mangelhaftigkeit, eine
privative Form desselben: das Gleiche muß folglich von der
Häßlichkeit gelten [2]). Schlecht oder übel ist ein Ding, insofern es eines Vorzugs entbehrt, den es der Eigenthümlichkeit
seiner Natur nach, um seinem Zweck zu entsprechen, besitzen
sollte: dasselbe Ding, dem ein solcher Vorzug fehlt, wird
eben dadurch auch häßlich sein. Jedes nicht schlechthin Gute
(54) ist zugleich gut und schlecht: das erste, weil es gewisse
Vorzüge besitzt, das zweite, weil ihm andere ihm gebührende
Vorzüge abgehen; in derselben Weise müssen wir jedes nicht
schlechthin Schöne für zugleich schön und häßlich erklären.

Das nicht schlechthin Gute ist gut, insofern es durch die
Vorzüge die es besitzt Objekt des Strebens, der eigentlichen
Liebe sein kann; es ist schlecht, insofern es, als eines oder
mehrerer der ihm nach der Ordnung der göttlichen Weisheit
gebührenden Vorzüge ermangelnd, nicht Gegenstand der Liebe,
sondern des Widerwillens wird. Analoges gilt von dem
nicht schlechthin Schönen. Es ist schön, insofern es durch
die Vorzüge die es besitzt, dem vernünftigen Geiste der es

---

1) Ganz denselben Gedanken spricht Plotin aus: . . . Ταὐτὸν, ἀγαθόν
τε καὶ καλόν, ἢ τἀγαθόν τε καὶ καλλονή. Ὁμοίως οὖν ζητητέον
καλόν τε καὶ ἀγαθόν, αἰσχρόν τε καὶ κακόν. De pulchritud. cap. 6.
(Edit. Basil. p. 55. D. Crenzer p. 41.)

2) Malum pro formali, seu malitia, a qua res aliqua denominatur
mala, non est res aliqua seu forma positiva, neque etiam est mera
negatio, sed est privatio perfectionis debitae in esse. Suar. Metaph.
Disp. 11. Sect. 1.
In hoc consistit ratio mali, ut scilicet aliquid deficiat a bono.
Thom. S. 1. p. q. 48. a. 2. c.
Remotio boni privative accepta malum dicitur. Thom. l. c. art. 3. c.

erkennt Freude macht; es ist häßlich, insofern es, als gewisser ihm gebührender Vorzüge entbehrend, als unvollendet, demselben vernünftigen Geiste der Grund des Mißvergnügens, der Unlust wird. Denn so wie die innere Güte eines Dinges naturgemäß unser Wohlwollen, unsere eigentliche Liebe in Anspruch nimmt, und durch diese uns das Ding, wenn wir seine Vorzüge klar erkennen, zum Gegenstande der Freude macht, nicht anders erregt ihr Gegensatz, das Uebel, die innere Schlechtigkeit, naturgemäß unsern Widerwillen, unsern geistigen Abscheu, von welchem das Mißvergnügen, die Unlust, eben so unzertrennlich ist wie von der Liebe der Genuß. Es ist also die Häßlichkeit eines Dinges nichts anderes, als seine innere (absolute) Schlechtigkeit, vermöge deren es den Widerwillen, den Abscheu, des vernünftigen Geistes erregt, insofern es dem letzteren eben durch diesen, wenn er es betrachtet, der Grund des Mißvergnügens, der Unlust wird. Analog wie oben (50) können wir auch kürzer sagen: Die Häßlichkeit des Dinges ist seine innere Schlechtigkeit, insofern dieselbe dem vernünftigen Geiste der sie erkennt der Grund der Unlust wird [1]).

So gibt es denn allerdings nicht nur Schönes, sondern es gibt auch Häßliches; und nichtsbestoweniger bleibt unser

---

1) „Häßlich" ist, der Wortbildung nach, was Haß erregt, oder verdient. Der eigentliche Gegenstand des Hasses ist aber das Schlechte. Die deutsche Sprache betrachtet also das Schlechte und das Häßliche, wie wir, als der Sache nach, als materiell („in subiecto") identisch. Ist aber dem also, dann muß auch der Gegensatz des Häßlichen, das Schöne, der Sache nach identisch sein mit dem Gegensatz des Schlechten, mit dem Guten. Und wenn der Gegensatz des Schönen angemessen bezeichnet wird durch das Wort „häßlich", dann muß kein Begriff dem Schönen so nahe stehen als das Liebenswürdige. Contrariorum contraria est conditio. Wir finden hierin wohl nicht mit Unrecht eine neue Bestätigung unserer Auffassung der Schönheit. Vgl. S. 136, Note 9.

Satz wahr: Alle Dinge sind schön, d. h. entweder schlechthin schön, oder rücksichtlich schön. Denn ein Ding das nur schlecht, und in keiner Rücksicht gut wäre, gibt es nicht und kann es nicht geben, weil ein solches der Mangel aller Realität sein würde: dieser ist aber nichts. Eben so wenig gibt es aber, und eben so wenig kann es ein Ding geben, das nur häßlich, das in keiner Rücksicht schön wäre. Das häßlichste Geschöpf ist nach der allgemeinen Auffassung der Fürst der abgefallenen Geister, der Teufel. Diese Auffassung ist durchaus begründet; denn das Häßliche der ethischen, und zugleich der übernatürlichen Ordnung erreicht in ihm seine höchste Vollendung, und wie das Schönste unter dem Schönen (59), so muß das Häßlichste unter dem Häßlichen sich eben in dieser Ordnung finden. Aber auch der Teufel ist nicht schlechthin oder absolut häßlich: er ist immer noch rücksichtlich schön und rücksichtlich häßlich. Schön ist und bleibt er, wie jedes andere vernünftige Wesen, in welchem die Sünde sich inkarnirt, in allen seinen Eigenschaften welche ihrer Natur nach nur der physischen Ordnung angehören; und mögen selbst auch diese in Folge der ethischen Verwüstung die Vollendung ihrer Güte und damit die Vollendung ihrer Schönheit verlieren, sie bleiben gut und schön, so lange und insofern sie nicht aufhören zu sein [1]).

Hiermit hätten wir auch den letzten Theil der Schwierigkeiten von N. 62. erledigt. Auch das Häßlichste hat seine Schönheit. Den einäugigen abgelebten Gaul, und den schielenden lahmen höckerigen impertinenten Schreier im griechischen Lager vor Troja, wird jedermann häßlich finden; aber damit

---

[1] In quantum sumus, boni sumus . . . Et in quantum mali sumus, in tantum etiam minus sumus . . . Cetera quae sunt, et nisi ab illo (Deo) esse non possunt, et in tantum bona sunt, in quantum acceperunt ut sint. Aug. de doctr. chr. l. 1. c. 32.

ist nicht gesagt, daß dieselben durchaus und schlechthin und
in jeder Beziehung häßlich seien, daß sie unter keiner Rücksicht für schön erklärt werden müßten.

Aus den Worten des heiligen Augustin, welche wir hier
folgen lassen, mögen unsere Leser selbst urtheilen, ob das
was wir gesagt haben, mit der Philosophie des großen
Lehrers von Hippo übereinstimmt. „Der äußere Mensch
wird zerstört, entweder durch die Erhebung des inneren Menschen, oder durch seine eigene Niedrigkeit. Zerstört ihn die
Erhebung des innern Menschen, dann soll er dereinst, wenn
am jüngsten Tage die Posaune erschallt, umgebildet, und in
höherer Vollkommenheit wieder hergestellt werden, um von
nun an nicht mehr zerstört zu werden und nicht mehr zu
zerstören. Richtet ihn dagegen seine eigene Niedrigkeit zu
Grunde, dann stürzt er hinab in noch verweslichere Schönheit, d. h. in das Reich der Strafe. Niemand wundere sich,
daß wir auch hier noch von Schönheit reden. Wo immer
Ordnung herrscht, da ist Schönheit; und der Apostel lehrt
uns, daß jede Ordnung von Gott kommt. Sicher erscheint
ein höherer Grad von Güte in einem Menschen der leidet,
als in einem Wurme der sich freut. Und doch kann man
ohne Unwahrheit die Schönheit des Wurmes erheben, wenn
man seinen schlanken Bau ins Auge faßt, und den Glanz
seiner Farbe, und die harmonische Uebereinstimmung, die
Symmetrie, seiner Theile unter einander. Und was sollen
wir erst von der Seele sagen, die einen solchen Körper belebt: wie sie ihn gefällig bewegt, wie sie dem zustrebt was
dem Thiere angemessen ist, das was ihm zuwider überwindet,
oder ihm ausweicht so viel sie kann, wie sie alles einzig auf
die Erhaltung und das Wohlsein des Thieres bezieht, und
dadurch, viel offenbarer als der Körper, auf jene Einheit
uns hinweist, die alle Wesen ins Dasein ruft. Es gibt
selbst Schriftsteller, welche, mit voller Wahrheit, die Schönheit

ber Aſche und des Düngers geprieſen haben. Kann man es
alſo ſonderbar finden, wenn wir ſagen, daß die menſchliche
Seele, auch wo ſie ihre Strafe leidet, noch ſchön, und Element eines größeren Schönen ſei . . ? Man muß ſich eben
hier vor einem Irrthum hüten. Was man immer häßlich
findet, es erſcheint nur ſo im Vergleich mit einem Beſſeren;
jedes Weſen, auch das niedrigſte, iſt ſchön im Vergleich mit
dem Nichts" [1]).

65. Nach dem, was wir in der letzten Nummer geſagt
haben, drängt ſich uns nun von ſelbſt die Bemerkung auf,
daß die Redeweiſe des gewöhnlichen Lebens, wo es ſich um

[1] Corrumpitur autem homo exterior aut profectu interioris, aut
defectu suo. Sed profectu interioris ita corrumpitur, ut totus in melius
reformetur, et restituatur in integrum in novissima tuba, ut iam non
corrumpatur neque corrumpat. Defectu autem suo *in pulchritudines
corruptibiliores*, id est poenarum ordinem, praecipitatur. Nec miremur
quod adhuc pulchritudines nomino: *nihil enim est ordinatum, quod non
sit pulchrum:* et, sicut ait Apostolus, „omnis ordo a Deo est." Necesse
est autem fateamur meliorem esse hominem plorantem, quam laetantem
vermiculum: et tamen vermiculi laudem sine ullo mendacio copiose
possum dicere, considerans nitorem coloris, figuram teretem corporis,
priora cum mediis, media cum posterioribus congruentia, et unitatis
appetentiam pro suae naturae humilitate servanda; nihil ex una parte
formatum, quod non ex altera pari dimensione respondeat. Quid iam
de anima ipsa dicam vegetante modulum corporis sui, quomodo eum
numerose moveat, quomodo appetat convenientia, quomodo vincat aut
caveat obsistentia quantum potest, et ad unum sensum incolumitatis
referens omnia, unitatem illam conditricem naturarum omnium, multo
evidentius quam corpus insinuet? loquor de vermiculo animante quali-
cunque. Cineris et stercoris laudem verissime atque uberrime plerique
dixerunt. Quid ergo mirum est, si hominis animam, quae ubicunque
sit et qualiscunque sit, omni corpore est melior, dicam pulchre ordinari,
et de poenis eius alias pulchritudines fieri . . ? Prorsus nemo nos fallat.
Quidquid recte vituperatur, in melioris comparatione respuitur. Omnis
autem natura quamvis extrema, quamvis infima, in comparatione nihil
iure laudatur. Aug. de vera relig. c. 41. n. 77. 78.

die Schönheit handelt, von der philosophischen Wahrheit abweicht. Nicht als ob der Sprachgebrauch, insofern er wahrhaft ein solcher, und allgemein ist, mit der Wahrheit in
Widerspruch stände. Aber wir dürfen in demselben nicht
immer wissenschaftliche Schärfe suchen, wir dürfen nicht erwarten, daß er in jedem Falle die tiefsten metaphysischen
Gründe der Dinge und ihre äußersten Consequenzen umfasse.
Wir wollen die Gesetze unserer Redeweise in Rücksicht auf
die Schönheit kurz angeben.

Gleichwie wir gewohnt sind, nur das schlechthin Gute
gut zu nennen [1]), so pflegen wir auch das Prädikat der
Schönheit nur jenen Dingen zuzugestehen, welche ihre vollendete Schönheit besitzen, oder doch zu besitzen scheinen.

Bemerken wir an einem Dinge einen Mangel, der aber
keinen besonders fühlbaren Eindruck auf uns macht; ist das
was dem rücksichtlich guten Dinge an der Vollendung seiner
Güte zu fehlen scheint minder bedeutend; dann fassen wir
das Ding als weder gut noch schlecht, als weder schön noch
häßlich auf. Es erregt nicht unser Wohlgefallen, aber auch
nicht unsern Widerwillen; seine Erscheinung bringt uns
keinen Genuß, aber sie verursacht uns auch kein Mißvergnügen: es ist uns in Rücksicht auf Schönheit gleichgültig.

Ganz dasselbe ist der Fall, wenn sich die innere Güte
des Dinges, und damit auch seine Schönheit, dem Auge
unsers beschränkten Geistes so gut als ganz entzieht.

Glauben wir dagegen einen bedeutenden Abstand wahrzunehmen zwischen der inneren Güte des Dinges die es
besitzt und jener, die es besitzen sollte, scheinen ihm bedeutende Vorzüge die ihm gebühren abzugehen, ist der Eindruck

---

1) Bonum ex integra causa, malum ex quocunque defectu. (Vgl.
N. 54.)

welchen seine Mangelhaftigkeit auf uns macht vorwiegend
und stark, dann erklären wir es einfach für schlecht und
darum auch für häßlich, es erregt unsern Widerwillen und
verursacht uns darum auch Mißvergnügen.

Diese Abweichung der alltäglichen Auffassung und der
ihr entsprechenden gewöhnlichen Ausdrucksweise von der philosophischen Wahrheit nöthigt uns, eine doppelte Bedeutung
des Wortes Schönheit zu unterscheiden, die philosophische
und die vulgäre. Nicht, wie wir schon bemerkten, als ob
beide einander entgegengesetzt wären: der philosophische Sinn
des Wortes ergänzt und vollendet nur die Bedeutung, welche
das Wort im gewöhnlichen Leben hat, indem er sie zu voller
Uebereinstimmung mit der objektiven Wahrheit erweitert[1]).
Im philosophischen Sinne ist alles schön was ist; im vulgären dagegen nur das, was sich uns als in seiner Art
wenigstens vollendet mit Klarheit darstellt. Wollen wir
neben die früher (50) gegebene Definition der Schönheit im
philosophischen Sinne des Wortes noch eine zweite stellen, so
müssen wir sagen: „Schönheit im vulgären Sinne des Wortes
ist die innere Güte des Dinges, insofern dieselbe sich uns
als wenigstens vollendete mit Klarheit darstellt (erscheint[2]),

---

1) Ganz dasselbe thut die Metaphysik in Rücksicht auf die Begriffe Wahrheit und Güte.

2) Die Etymologie des Wortes schön ist ungewiß. Vielleicht dürfte folgende Erklärung zulässig erscheinen. Die Adjektive schön und schoene sind
synonym: beide bedeuten zunächst schimmernd, glänzend, hell, klar,
(Ziemann, Mittelhochdeutsches Wörterbuch.) Als ihre Wurzel ist nach Wacker-
nagel (Glossar zum altdeutschen Lesebuch) schouwen oder schowen (schauen) zu
betrachten. Denn für eine solche Ableitung, namentlich auch was die Einschie-
bung des w betrifft, haben wir offenbare Analogien, z. B. in dienen von diu
(leibeigene Magd), in fröne (Adjektiv, == was dem Herrn gehört, κυριακός)
von frô (Herr) und frowa, frouwe (Frau.) Das Wort schouwen im intransitiven Sinn genommen, hieße mithin schin und schoene, zunächst und buch-
stäblich hervorschauend oder hervorscheinend, erscheinend in der

und uns dadurch wenn wir sie betrachten der Grund geistigen Genusses wird." Diesen Begriff hatte wohl Clemens von Alexandria vor Augen, als er schrieb, „man nehme allgemein an, daß die Schönheit einer Pflanze, eines Thieres, überhaupt jedes Dinges, in der seiner Natur entsprechenden Vollendung bestehe" [1]). In diesem Sinne aufgefaßt ist freilich die Schönheit kein Transcendentalbegriff; in diesem unterscheidet man mit Recht Dinge welche schön, andere welche weder schön noch häßlich, und wieder andere welche nur häßlich sind.

Denn dem vulgären Begriff der Schönheit steht natürlich ein entsprechender der Häßlichkeit gegenüber, der gleichfalls enger ist als jener der Häßlichkeit im philosophischen Sinne. Nach dem philosophischen Begriff ist alles häßlich, was nur rücksichtlich gut und schön ist; eben dasselbe ist nicht immer auch im vulgären Sinne häßlich, es ist häufig bloß „nicht schön", es kann sogar noch für schön gelten, wenn seine

---

axionomastischen Bedeutung des Wortes: ganz wie das lateinische evidens (welchem, nach Zimmern, schön in der That entspricht; gr. ἐναργής, vgl. Quint. Inst. Orat. 6, 2. 8, 3.) von videre im intransitiven Sinne. Nach dieser Etymologie enthielte das Wort schön das wesentlichste Element unseres Begriffs im vulgären Sinne des Worts. Der Sache nach fällt dieselbe fast mit derjenigen zusammen, welche mit Herder andere aufstellen: „Schön kömmt von schauen, hervorschauen." (Kalligone 1. S. 186.)

1) Τὸ γὰρ ἑκάστου καὶ φυτοῦ καὶ ζῷου κάλλος ἐν τῇ ἑκάστου ἀρετῇ εἶναι συμβέβηκεν. Clem. Alex. Paedag. 1. 2. c. 12. ed. Potter. p. 242. Was unsere Uebersetzung des Wortes ἀρετή betrifft, so bezeugt J. C. Scaliger: Aristoteles utitur ἀρετῆς nomine pro optimo habitu cuiusque rei, etiam inanimatae. Ut in secundo Eudemiorum: „ἱματίου ἀρετή ἐστιν ἡ ἀρετὴ ἕξις τοῦ ἱματίου". (J. C. Scaligeri Exercitat. de Subtillit. ad Hieron. Cardanum, CCC. n. 3.) Der Gegensatz von ἀρετή in diesem allgemeinen Sinne ist κακία, die Schlechtigkeit. „Ἀρετὴ τῆς χώρας (Plat. de leg.) = regionis praestantia aut bonitas, id est foecunditas." (Henr. Steph. Thesaur. ling. graec.)

Mangelhaftigkeit wenig bemerkbar ist. Erst wo diese bedeutend erscheint und stärker hervortritt, wo darum die Unlust welche die Erscheinung des Dinges verursacht fühlbar wird, erst da ist das letztere häßlich in der vulgären Auffassung. Die Erklärung dieser Häßlichkeit würde mithin also lauten: „Häßlichkeit im vulgären Sinne des Wortes ist die innere Schlechtigkeit des Dinges, insofern dieselbe bedeutend ist und als solche hervortritt, und uns dadurch, wenn wir das Ding anschauen, der Grund vorwiegender Unlust wird."

66. Bedeutend ist nun aber die Schlechtigkeit eines Dinges namentlich immer, als bedeutend muß sie hervortreten und dem vernünftigen Menschen der Grund fühlbarer, vorwiegender Unlust werden, so oft dem Dinge Eigenschaften abgehen, welche unter den ihm gebührenden den ersten Rang einnehmen. Solche Eigenschaften sind in dem vernünftigen Geschöpfe und seinen freien Handlungen vor allem ethische Güte, Uebereinstimmung mit dem Sittengesetz; solche Vorzüge sind in den meisten körperlichen Dingen Angemessenheit und Zweckmäßigkeit der Einrichtung, Ordnung ihrer Theile. Darum hat Hugo Blair vollkommen Recht, wenn er[1] bemerkt, daß „uns jeder Gegenstand als häßlich erscheint, dem es ganz an dieser Ordnung und Angemessenheit fehlt"; darum ist es aber auch nicht minder wahr und nicht minder gewiß, daß ein vernünftiges Geschöpf, eine freie Handlung, nie und nimmer schön sein kann, wenn dem einen oder der andern die Sittlichkeit abgeht. Denn wie es in dem freien Wesen keine höheren Vorzüge gibt, als jene welche der ethischen Ordnung angehören, so ist an demselben kein Mangel fühlbarer als eben dieser. Darum bedienen wir uns ja des an sich generischen Wortes „schlecht", wo von freien Wesen die

1) Vorl. 6. S. 142.

Rede ist, ausschließlich nur zur Bezeichnung dieser Art von
Mangelhaftigkeit. „Schlechter Wein" ist ein solcher, dem
die entsprechenden Vorzüge der physischen Ordnung abgehen,
„ein schlechtes Schiff" ist dasjenige, welches für seinen Zweck
nicht brauchbar ist: aber „ein schlechter Mensch" heißt nicht
der physisch Mangelhafte, sondern der Unmoralische.

Kann man mithin vernünftiger Weise noch im Ernst die
Frage aufwerfen, ob das Schöne nothwendig sittlich gut
sein müsse? zeugt es nicht von einer Verwirrung aller Begriffe, stellt sich eine Philosophie nicht das traurigste Ar-
muthszeugniß aus, wenn sie (die Schönheit keineswegs im
metaphysischen Sinne nehmend) diese Frage zu verneinen,
und den Satz zu lehren sich nicht schämt, auch das Unsittliche könne schön sein? Fürwahr, wenn sich ein Unterschied denken ließe, das Sittengesetz läge tiefer im menschlichen Herzen als selbst das Gesetz des zureichenden Grundes;
und viel leichter wird der vernünftige Mensch in
einer unproportionirten Gestalt, oder in der zweckwidrigen
Einrichtung eines Gebäudes, eine handgreifliche Verletzung
des zweiten ertragen, als wahren geistigen Genuß in der
Erscheinung eines freien Wesens finden, welches durch sein
Handeln dem Sittengesetz ins Gesicht schlägt, und den
höchsten, den einzigen Vorzug seiner Natur mit Füßen tritt.

Wenn die Schönheit im philosophischen Sinne genommen wird, so muß man freilich auch das Unsittlichste
immer für häßlich und schön zugleich erklären (64). Ist
dagegen von Schönheit im vulgären Sinne die Rede,
dann ist Schönheit ohne Sittlichkeit nur in jenen Dingen
denkbar, welche der ethischen Ordnung überhaupt nicht
angehören; eine freie Handlung aber, ein vernünftiges
Geschöpf, kann nie und nimmer schön sein ohne sittlich
gut zu sein: und mögen beide noch so reich erscheinen an
rein physischen Vorzügen, sie sind häßlich, so wie sie

mit dem Sittengesetze in Widerspruch treten¹). Vgl. N. 43.
gegen das Ende.

§. 11.

Die Schönheit Gottes und ihre Offenbarung. Das Wesen der ewigen Seligkeit. Die Schönheit als Attribut des Wortes. Die Kirche Christi. Die Welt.

67. Daß Gott, als die wesenhafte Güte, auch die wesenhafte Schönheit sein muß, haben wir bereits gesagt (53);
eines weiteren Beweises kann diese Wahrheit nicht bedürfen,

---

1) Nichtsdestoweniger ist das Entgegengesetzte fast die einstimmige Lehre der
modernen Aesthetik, wenn sie auch häufig nur verblümt und nicht mit Klarheit
ausgesprochen wird. „Das Wohlgefallen am Wahren und Guten," so folgert
selbst Krug (Aesthetik §. 8.), „ist also durch die Ueberzeugung von der theoretischen oder spekulativen und praktischen oder moralischen Gültigkeit dessen, was
man für wahr und gut hält, bedingt, da hingegen das Wohlgefallen am Schönen
auch unabhängig von jener Ueberzeugung stattfinden kann." Und in der Erläuterung hiezu heißt es (Anmerkung 3.): „Das Schöne kann zwar auch zugleich
wahr und gut sein. Es kann z. B. ein schönes Gedicht oder eine schöne Rede
ihrem Inhalte nach mit den Gesetzen der Wahrheit und Güte sehr wohl übereinstimmen. Allein diese Einstimmung ist keineswegs nothwendig, um ein ästhetisches Wohlgefallen zu bewirken. Vielmehr kann dieses auch ohne jene Einstimmung stattfinden." Herder hatte vollkommen Recht, wenn er über solche Verkehrung
aller Philosophie, wie sie namentlich in Kant's „Kritik der ästhetischen Urtheilskraft" begründet war, entrüstet ausrief: „Die Guten aller Zeiten bestrebten sich,
das Schöne als eine Darstellung des Wahren und Guten anschaubar zu machen,
und durch seinen Reiz das Rein-Sittliche zu fördern; und wir strecken eine kalt-
eiserne Hand aus, was die Natur in uns zart verschlungen hat, unerbittlich zu
trennen; lobjauchzen auf dem gefundenen kahlen Fleck, „auf dem das Schöne
weder wahr noch gut sein muß", darüber als über die höchste Entdeckung, als
über das gefundene Rein-Göttliche, d. i. höchst Nutzlose, durchaus Formelle, mithin
höchst Leere? Wenn dies nicht Entweihung des Edelsten der Menschheit, der
Künste, der Gaben, des Gefühls, der Vernunft heißt, so kenne ich keine."
(Kalligone 3. S. XIV.)

wenn wir den Begriff der Schönheit und ihre psychologische
Bedeutung recht aufgefaßt haben. Das höchste Gut ist
nothwendig der Gegenstand der intensivsten Liebe, deren der
vernünftige Geist fähig ist: diese reine Liebe ist ihrer Natur
nach zugleich der vollkommenste Genuß, den es für den letzteren geben kann. „Was ist wunderbarer,“ spricht darum
mit Recht abermals Basilius der Große, „als die Schönheit
Gottes? was gibt es Süßeres, als die Betrachtung seiner
Herrlichkeit[1])? Welches Verlangen kommt an Stärke jener
Sehnsucht gleich, die Gott in vollkommen reinen Seelen
erzeugt, also daß sie in Wahrheit sprechen: ‚Mein Herz ist
wund vor Liebe‘? Unaussprechlich, über jede Schilderung
erhaben, ist das Licht der göttlichen Schönheit; keine Rede
vermag es darzustellen, kein Ohr es zu fassen. Nennst du
das Leuchten des Morgensterns, weisest du hin auf die Klarheit des Mondes, auf den Strahlenglanz der Sonne, vor
der Herrlichkeit ihres Lichtes erbleichen sie insgesammt, erscheinen dunkler vor ihr, als dem vollen Mittag gegenüber
die Mitternacht, wenn kein Schimmer durch die traurig
finstren Wolken bricht. Diese Schönheit faßt nicht das Auge
des Fleisches, nur der Geist kann sie schauen. Wo sie aber
heiligen Seelen von fern sich zeigte, da ließ sie in ihren
Herzen die Wunde verzehrender Sehnsucht zurück, also daß
sie ausriefen, seufzend über dieses gegenwärtige Leben: ‚Wehe,
daß meine Pilgerschaft so lange währt! es dürstet meine
Seele nach Gott, dem Starken, dem Lebendigen; wann werd'
ich kommen und erscheinen vor seinem Angesicht!‘“[2]) Denn
nicht der selige Genuß der Anschauung, sondern Sehnsucht,

---

1) Τί οὖν κάλλους θεῖου θαυμασιώτερον; τίς ἔννοια τῆς τοῦ
θεοῦ μεγαλοπρεπείας χαριστέρα;

2) Bas. Reg. fusius tract. resp. ad interrogat. 2. n. 1. (ed. Maur.
tom. 3. p. 337.)

glühendes Verlangen nach derselben, das ist freilich das nothwendige Loos des Geistes, der Gottes Schönheit einmal erkannt hat, so lange er „den Leib der Verwesung trägt, und das Haus von Erde ihn erdwärts zieht".

Nicht, als ob Gott in seiner Güte nicht auch hier schon seinen Treuen einen Genuß seiner Schönheit zu Theil werden ließe. Die Geschichte der Mystik liefert uns zahlreiche Thatsachen, die das Gegentheil beweisen; wie jene welche einer unserer Dichter schön besungen hat:

„Von allem Schönen wählt' Amandus sich
Das Schönste nur. . . .

. . . .
Einst zeigete sich ihm, was keine Zung'
Aussprechen kann. ,Ist das nicht Himmelreich
Und Wonne? sprach er. Alles Leiden mag
Die Freude nicht verdienen'. Ihm erschien
Die Schönheit alles Schönen in Gestalt
Der ew'gen Weisheit. Wie der Morgenstern
Trat sie hervor und ward zur Morgenröthe,
Zur Morgensonne. Die Unsterblichkeit
War ihre Kron'; ihr Kleid die Anmuth. Süß
Und huldreich sprach ihr Mund; und sie, sie war
Der Freuden Freude, die Allgenugsamkeit."[1]

Aber auch abgesehen von solchen außerordentlichen unbegreiflichen Erscheinungen der Herrlichkeit Gottes vor dem Auge des noch pilgernden Geistes muß ja, seiner Natur nach, schon jeder vollkommene Akt wahrer Gottesliebe dem reinen

---

[1] Herder. Vgl. M. Diepenbrock. „Heinrich Suso's, genannt Amandus, Leben und Schriften". S. XXI.

12 *

Herzen süße Freude bringen; und Pallavicini [1]) hat gewiß
nicht Unrecht, wenn er sagt, daß auserwählte Seelen, vollendet im Glauben und in der Liebe, wie jene der Mutter
des Herrn, in dem Umgange mit Gott, in dem bloßen Gedanken an ihn den Allguten, den durch seine eigene Güte
Allseligen, eine Seligkeit empfinden mußten,

>„Die selbst in Feuersglut mit süßer Wonne
>Das Herz erfüllen würde" [2]).

Indeß bei alle dem konnten doch auch solche glückliche
Seelen des vollen Genusses der wesenhaften Schönheit sich
nicht erfreuen, so lange nicht auch für sie „der Tag der
Ewigkeit angebrochen", so lange nicht auch „in ihren Herzen
der Morgenstern aufgegangen war". Der Grund liegt
nahe. Unsere Freude über die Vorzüge und das Glück dessen
den wir lieben, ist durch die Vollkommenheit der Anschauung
bedingt, die wir davon haben (13); sie wird ihre ganze
Vollendung nicht erreichen, so lange diese Anschauung an
Klarheit, an Gewißheit, an Bestimmtheit, noch einer Vervollkommnung fähig ist. Nun ist aber die Erkenntniß Gottes
und seiner Güte und Seligkeit, welche der Glaube uns vermittelt, auch in den heiligsten Seelen nur dunkel und unvollkommen; und selbst die Erkenntniß durch das mystische
Schauen „hat ihre Gränzen, so lange in diesem Leben noch
die leibliche Erscheinung strahlenbrechend und trennend zwischen Gott und die Seele tritt" [3]).

---

1) Del bene l. 1. c. 40.

2) Tal, che nel fuoco farla l'oom felice.
Dante, Parad, cant. 1.

3) Görres, Einleitung zu H. Suso's Leben und Schriften von M. Diepenbrock, S. LXVIII.

Erst wo der Glaube sich in Schauen wandelt und die
Hoffnung in Besitz, wo allein die Liebe dauert, erst da beginnt für jene Bevorzugten wie für alle Auserwählten der
Vollgenuß der Schönheit Gottes, um in alle Ewigkeit ein
wesentliches Element, und zwar das vorzüglichste, die eigent-
liche Krone, ihrer Seligkeit zu bilden[1]). Im übernatürlichen
Lichte des ewigen Lebens schauen sie die unerschaffene Wahrheit „wie sie ist", ohne Mittel, ohne Schleier, ganz unver-
hüllt, „von Angesicht zu Angesicht". Aber die unerschaffene
Wahrheit ist zugleich die unerschöpfliche Fülle alles Guten:
Gott ist der durch sich selbst unendlich Gute, der durch seine
eigene Güte über allen Begriff und Ausdruck Glückliche.
Der absoluten Güte gegenüber ist kein Wille frei. Wie die
Auserwählten Gott als den unendlich Guten ganz vollkommen erkennen, ist es mithin nicht anders möglich, als daß
sie von unbegränzter Liebe gegen ihn hingerissen werden:
von einer Liebe, vermöge deren sie Gott allein um seiner
selbst willen lieben, weil sie ihn als den allein durch sich
selbst Guten schauen; vermöge deren sie zugleich sich selbst
und alles andere außer Gott nur in Beziehung auf ihn und
um seinetwillen lieben, weil es sich ihnen in voller Klarheit
als solches darstellt, das nur durch Gott gut, nur um seinetwillen liebenswürdig ist. Diese Liebe macht sie ganz Eins
mit Gott, bindet sie an Gott durch das Band der eigent-
lichsten, der vollkommensten Freundschaft, in seinem ganzen
Umfange das Wort des Erlösers verwirklichend: „Ich nenne
euch nun nicht mehr meine Diener, sondern meine Freunde;
denn alles, was ich von meinem Vater gehört, habe ich euch

---

1) Die hier folgende kurze Erklärung des Wesens der ewigen Seligkeit
scheint uns am meisten geeignet, den unserem Geiste so unerfaßlichen Gedanken
von der Schönheit Gottes zu erläutern. Das ist vorzüglich der Grund, weshalb
wir hier darauf eingehen.

anvertraut." In Folge dieser Liebe werden darum Gottes Vorzüge, werden Gottes Güter, wird Gottes Glück und Gottes Seligkeit im wahren Sinne des Wortes die ihrige: denn „der Freund ist das zweite Ich", „ist die Hälfte unserer eigenen Seele", sagt das Sprichwort vollkommen wahr, und „Freunde haben alles gemein"[1]). Und wie darum aus der Erkenntniß Gottes die Liebe, so muß aus dieser vollendeten Einigung mit Gott durch die Liebe nothwendig das dritte Element der ewigen Seligkeit hervorgehen, das ihre Krone bildet: der Genuß oder die Freude. „So groß unsere Liebe gegen einen anderen ist, so groß ist unsere Freude über sein Glück," sagt Anselm von Canterbury; „das Maß der Freude der Verklärten wird also ihre Liebe sein, das Maß ihrer Liebe aber ihre Erkenntniß"[2]). Wir haben diesen Gedanken früher bewiesen, und ihn wiederholt ausgesprochen. Ist die Freude von der eigentlichen Liebe unzertrennlich, ist jeder Akt der letzteren zugleich Akt des Genusses, und eines um so süßeren Genusses, je inniger die Liebe, je höher die Güter des Geliebten, je überschwänglicher sein Glück, je klarer die Erkenntniß des letzteren: dann wird offenbar die vollendete Liebe des unendlichen Gutes, verbunden mit vollendeter Anschauung desselben, mit vollkommener Erkenntniß aller Schätze seines Seins, aller seiner Vorzüge, seiner gesammten Seligkeit, dann muß sagen wir eine solche Liebe zugleich die höchste Wonne sein, welche der geschaffene Geist überhaupt fassen kann. In dieser Weise bewährt sich die Verheißung des

---

1) Amicus alter ego; animae dimidium meae. Amicorum omnia communia. (Cic. de amic.)

2) Quantum quisque diligit aliquem, tantum de bono ejus gaudet. . . Utique tantum gaudebunt, quantum amabunt; tantum amabunt, quantum cognoscent. Anselm. Proslog. c. 25. 26. Ed. Maur. p. 35.

Herrn: „Ich selbst will dir übergroßer Lohn sein"[1], und „sie werden kommen nach Sion frohlockend, ewige Wonne erfüllt sie, Seligkeit ist ihr Theil und Freude"[2], und „du wirst mit dem Strome deiner Wonne sie tränken, denn bei dir ist der Quell des Lebens"[3]; in dieser Weise offenbart sich vor dem Auge der Creatur in ihrem Vollglanze die wesenhafte Schönheit: die wesenhafte Güte, deren vollendete Anschauung die seligste Freude des erkennenden Geistes bildet[4].

68. Aber wäre Gott etwa minder die wesenhafte Schönheit, wenn es ihm nicht gefallen hätte, Wesen ins Leben zu rufen die seine eigene Seligkeit beseligen könnte, und in unbegreiflicher Herablassung die verklärte Creatur als Freundin an sein Herz zu ziehen, die sich glücklich schätzen müßte seine Dienerin zu heißen? Er würde es um nichts weniger sein. Denn ewig sich selbst erkennend, ewig seine eigene Güte liebend, ewig durch den Genuß dieser Liebe unendlich selig, ist er ja auch abgesehen von allem Geschaffenen, von Ewigkeit „die wesenhafte Güte, deren vollendete Anschauung den erkennenden Geist beseligt".

Eine theologische Bemerkung, die sich uns hier aufdrängt, glauben wir nicht übergehen zu sollen. An sich ein Attribut

---

1) 1. Mos. 15, 1.
2) Is. 35, 10.
3) Ps. 35, v. 10.
4) Nach dem heiligen Thomas (S. 1. 2. p. q. 3. a. 4. 8.) liegt das Wesen der ewigen Seligkeit in der Anschauung Gottes, nach Duns Scotus (in IV. dist. 49. q. 5.) in der Liebe, nach Aureolus (vgl. Vasquez in 1. 2. disp. 11. c. 2. 3.) in der Freude. Wir sind mit Pallavicini (del bono 1. 1. c. 39. 40.) der Ansicht, daß diese drei Auffassungen am zweckmäßigsten verbunden werden: das Wesen der Seligkeit besteht gleichmäßig in der Anschauung, in der Liebe und im Genuß. (In Rücksicht auf den Begriff der Schönheit stimmt Pallavicini übrigens nicht mit uns überein.)

der göttlichen Natur, wird die Schönheit von den heiligen
Vätern „durch Zueignung" (*per appropriationem*) der zweiten Person der allerheiligsten Dreifaltigleit zugesprochen [1]).
Diese Appropriation dürfte sich in folgender Weise erklären
und begründen lassen. Die zweite Person der allerheiligsten
Dreifaltigkeit, das Wort, ist „Gott insofern er als Erkann-
tes in sich selbst als dem sich selbst Erkennenden ist" [2]).
Darum werden, durch Appropriation, dem Worte jene Attribute der göttlichen Natur beigelegt, welche ihr eigen sind
insofern sie selbst das Objekt ihres Erkennens bildet. Unter
dieser Rücksicht ist sie aber nicht allein die höchste Wahrheit
und aller Wahrheit letzter Grund, sondern zugleich sich selbst
beseligend durch den vollkommensten Genuß, der sich mit der
Liebe des absoluten Gutes, eben durch die Anschauung
des letzteren in dem Worte, nothwendig verbindet, — mit
anderen Worten die absolute Schönheit.

Wir können noch hinzufügen, daß die Gottheit, sowie
sie selbst sich in dem Worte schaut, so auch in eben demselben sich selbst, ihre Güte und ihre Schönheit, nach außen
offenbart. Die zweite Person der göttlichen Dreifaltigkeit,
die ewige Weisheit, heißt „aller Dinge Meisterin", sie ist
es, die im Beginn der Zeit, am Tage der Schöpfung, mit
dem Ewigen war „alles ordnend, spielend vor ihm immerdar" [3]); sie ist es, die in der Fülle der Zeiten in Menschen-

---

1) Aeternitas est in Patre, *species in imagine*, usus in munere
sagt z. B. Hilarius von Poitiers (de Trin. I. 2. paulo post princ., bei Thomas
S. 1. p. q 30. a. 2. c.) Und Basilius der Große: Ἀνεκδιήγητον δὲ καὶ
ἄῤῥητον τὸ τοῦ λόγου κάλλος, καὶ ἡ τῆς σοφίας εὐπρέπεια, καὶ ἡ
τοῦ Θεοῦ ἐν τῇ εἰκόνι αὐτοῦ μορφή. (In ps. 44. n. 6.) Die Uebersetzung dieser Stelle haben wir oben (S. 60.) gegeben.

2) Vgl. Thom. Compend. Theol. ad Fr. Reginald. (opusc. theol. 3.
al. 1.) cap. 37. sqq.

3) Spr. 8. 30.

gestalt „schön vor den Kindern der Menschen"[1] „auf dieser
Erde erschien, um mit den Menschen zu wandeln"[2], die es
ihre Wonne nennt bei den Menschenkindern zu weilen[3]; sie
ist es endlich auch, in welcher sich in der Vollendung aller
Zeit die Herrlichkeit Gottes ewig den Verklärten offenbaren
wird.   Denn „wie er alles geschaffen durch sein Wort",
spricht St. Augustin, „so ist es dasselbe Wort, Christus der
Herr, in dem die Engel ruhen und alle die reinen Geister
des Himmels, in heiligem Schweigen"[4].   So erscheint denn
die Schönheit mit vollem Recht als besonderer Vorzug desjenigen, welcher in der Schrift „der Wiederschein des ewigen
Urlichts" heißt, „der makellose Spiegel seiner Herrlichkeit,
und seiner Güte wesenhaftes Bild"[5]; so nennt die ewige
Weisheit mit Recht sich selbst „die Mutter der schönen
Liebe"[6], das heißt aller Liebe der wahren Schönheit Urquell
und letztes Ziel.

69. Jene vollendete Erscheinung der Schönheit Gottes
im Lande der Seligen, von welcher wir gesprochen haben,
ist übrigens, wie wir eben schon andeuteten, keineswegs die
einzige Offenbarung derselben. Viel dunkler freilich und wie
verschleiert, „im Spiegel und im Räthsel"[7], aber sichtbar
genug, stellt sie sich jedem Menschengeiste dar in jener zweifachen Ordnung, deren Urheber Gott ist, in der Welt und
in der Kirche.

---

1) Ps. 44.

2) Baruch. 3, 38.

3) Spr. 8, 31.

4) Fecit autem omnia per Verbum suum: et Verbum eius ipse
est Christus, in quo requiescunt Angeli et omnes coelestes mundissimi
spiritus in sancto silentio. Aug. de catechiz. rud. c. 17. n. 28.

5) Weish. 7, 26.

6) Sir. 24, 24.

7) 1. Cor. 13.

Insofern wir das Schönste der Werke Gottes in Einzelwesen suchen, können wir es allerdings auf dieser Erde nir-
gend anders erwarten, als in der menschlichen Natur und
ihrer ganzen Erscheinung: denn die eigentlichen Elemente der
Schönheit, die Vorzüge der intellektualen, der ethischen, der
übernatürlichen Ordnung, besitzt sie allein. Aber Einzeldinge, und wären sie noch so groß, sind immer zu klein, um
würdig die Schönheit dessen darstellen zu können, der in der
absoluten Fülle seines Seins alle Schönheit umschließt die
sein unendlicher Geist selbst zu denken vermag, „das weite
Meer der Schönheit"[1]) deshalb von Alcinous mit Recht
genannt. Gleichwie darum die Kinder des himmlischen Jerusalem, Eins mit Gott geworden und dadurch verklärt in
seinem Lichte, nicht allein je ihre besondere Schönheit haben,
sondern überdies noch, zu Einer großen Gemeinde vereinigt,
die „heilige Stadt" bilden, die da in ewig jungfräulicher
Schöne, „herrlich wie die Braut da sie geschmückt ist für
den Bräutigam, leuchtend in Gottes Klarheit durch das Licht
des Lammes"[2]), vor dem Angesichte des dreifaltigen Gottes
ruht: eben so gipfelt die Offenbarung der göttlichen Schönheit
auch in der Sphäre des Sichtbaren nicht in Einzelwesen,
sondern gleichfalls in einer Gemeinde, gleichfalls in einer
Stadt Gottes, die von jener ersten zwar in mannigfacher
Hinsicht verschieden, aber doch dem Wesen nach mit ihr eine
und dieselbe ist. Die sichtbare Kirche Christi, das ist das
vollendetste, das herrlichste, im eigentlichen Sinne das schönste
unter den Werken Gottes in der Zeit. Der König über die
Könige, der Sohn Gottes, hat sie um den Preis seines
Lebens sich erworben, hat durch sein Blut sie mit der Fülle

---

1) *To πολὺ πέλαγος τοῦ καλοῦ.* Alcin. de doctr. Plat. c. 10.

2) Offenb. 21, 2. 23.

himmlischer Schönheit übergossen; was immer es Gutes,
Großes, der Liebe Werthes unter dem Himmel gibt, das hat
er in ihrem Schoße geborgen, das hat er ihren reinen Hän-
ben übergeben. Mit ihrem Schatze übernatürlicher Erkenntniß
und himmlischer Gnaden, mit ihren Sakramenten und ihrem
Priesterthum und ihrem Segen, unüberwindlich durch Gottes
Kraft, unsterblich durch den Geist des Ewigen aus dem sie
lebt, in der Mitte des rastlos Wechselnden wechsellos, Angesichts des immer unstät sich Aendernden unveränderlich wie
das Wort dessen der nie sich ändert, die Hüterin des Rechtes
und der Sitte und der Wahrheit, das Bild der untheilbaren
Einen Dreifaltigkeit durch die unlösbare Einheit ihres Glaubens und ihrer Lehre, ihrer Hierarchie und ihres Opfers,
Herrscherin im Reiche der Geister, in ihrer Hand den Oel-
zweig des Friedens und der Vergebung, — den Lorbeer
heiliger Wissenschaft, den Kranz von Märtyrerpalmen und
jungfräulichen Lilien um ihre Stirn gewunden: so steht sie,
die würdige Braut des Schönsten unter den Menschenkindern,
„als Königin zu seiner Rechten in goldburchwirktem viel-
farbigem Prachtgewande“ [1]), „schön wie der Mond, wie die
Sonne herrlich“ [2]) im Lichte reiner Gottesliebe und jeglicher
Tugend, „und ihre Schönheit liebt der König“. [3]) Wohl
liegt die Hauptseite ihres Lebens in einer unsichtbaren Sphäre,

---

1) Ps. 44. 10. 12.
2) Hoh. L. 6. 9.
3) *Qualis est dilectus tuus ex dilecto, o pulcherrima mulierum?*
(Cant. 5. 8.) Pulcherrima mulierum ecclesia est. . . In qua omnia
pulchritudo est, et deformitas non inest; . . omnem pulchritudinem
habens, et omni foeditate carens. . . Pulcherrima est, decorem et confessionem induens, amicta lumine sicut vestimento. Pulcherrima est,
quae vel ipsum lumen est, vel amicta lumine: per confessionem amicta
lumine, per conversationem existendo lumen ipsum. Gillebert. Abb. in
Cant. serm. 47. n. 3. (inter opp. Bern. ed. Maur. t. 5. p. 161.)

wohl sind ihre Geschmeide und ihre Perlen, ihr Gold und ihres Kleides Pracht, an sich rein geistiger Natur: wohnt ja doch die wahre Schönheit nur im Reiche der Geister. Aber bei alle dem ist doch die Kirche Gottes ein Leib zusammen- gesetzt aus sichtbaren Gliedern, ein Tempel aus sichtbaren Steinen aufgeführt, eine Gemeinschaft von Menschen; wie die Schönheit des Menschen, ihrem vorzüglicheren Elemente nach geistig, sich in seinem Aeußeren offenbart, so muß es mithin auch die Schönheit der Kirche: wie die Schönheit des Menschen wahrhaft sichtbare Schönheit ist, so auch jene der Kirche.

70. Wahrnehmbarer noch dem blöden Auge des Kindes der Erde, aber bei weitem nicht so großartig, offenbart sich Gottes Schönheit, seine Macht und Weisheit, seine Gerech- tigkeit und seine Güte, in der gesammten Natur und ihrer Erhaltung, in der Welt als dem Inbegriff der natürlichen Ordnung, und ihrer Geschichte. Wir haben schon erwähnt, daß die Siebenzig im ersten Kapitel der Genesis übersetzen: „Gott sah alles was er gemacht hatte, und es war sehr schön"[1]). Dieser Gedanke war es, welchen, ohne ihn ganz zu verstehen, die Griechen aussprachen, da sie nach Pytha- goras das Weltall $\varkappa\acute{o}\sigma\mu o\varsigma$, das Schöne[2]), nannten, den in ihrem *mundus*[3]) die Römer wiederholten; diese Wahrheit

---

1) $K\alpha\grave{\iota}$ $\varepsilon\tilde{\iota}\delta\varepsilon\nu$ $\acute{o}$ $\Theta\varepsilon\acute{o}\varsigma$ $\tau\grave{\alpha}$ $\pi\acute{\alpha}\nu\tau\alpha$ $\acute{o}\sigma\alpha$ $\acute{\varepsilon}\pi o\acute{\iota}\eta\sigma\varepsilon\nu\cdot$ $\varkappa\alpha\grave{\iota}$ $\acute{\iota}\delta o\grave{\nu}$ $\varkappa\alpha\lambda\grave{\alpha}$ $\lambda\acute{\iota}\alpha\nu.$ Gen. 1, 31. ex Vers. Alexandr.

Ganz mit denselben Worten, wie im Beginn der Zeit die Gottheit sich selbst, gab später, in der Zeiten Fülle, die Menge des Volkes dem menschgewor- denen Sohne und seinem Werke Zeugniß: „$K\alpha\lambda\tilde{\omega}\varsigma$ $\pi\acute{\alpha}\nu\tau\alpha$ $\pi\varepsilon\pi o\acute{\iota}\eta\varkappa\varepsilon$" — „Bene omnia fecit" (Vulg.) — „Alles was er thut ist vollkommen." (Marc. 7, 37.)

2) Zunächst bedeutet $\varkappa\acute{o}\sigma\mu o\varsigma$ Ordnung, Maß, Proportion, — ordo, modus, ratio. Vgl. Henr. Steph. Thesaur. ling. graec.

3) Quom $\varkappa\acute{o}\sigma\mu o\nu$ Graeci, nomine ornamenti, appellavere, eum nos a perfecta absolutaque elegantia, mundum. Plin. hist. natur. l. 2. c. 3.

war es welche der göttliche Plato empfand, als er im Timäus
die Worte ſchrieb: „Der Urheber der Welt war gut: dem
Guten aber liegt jeder Schatten des Neides fern; darum
wollte er, daß alles ſo viel als möglich ihm ſelbſt ähnlich
würde. . . Es war unmöglich, daß der unbegreiflich Gute
etwas anderes hervorbrächte als das Schönſte; . . . und
ſo ſchuf er denn in dem Weltall ein Werk von unvergleichlicher Schönheit und Güte" 1).

---

1) Ἀγαθὸς ἦν, ἀγαθῷ δὲ οὐδεὶς περὶ οὐδενὸς οὐδέποτε ἐγγί-
γνεται φθόνος. Τούτου δ' ἐκτὸς ὤν, πάντα ὅτι μάλιστα ἐβουλήθη
γενέσθαι παραπλήσια αὐτῷ . . . Θέμις δὲ οὔτ' ἦν οὔτ' ἔστι τῷ ἀρίστῳ
δρᾶν ἄλλο πλὴν τὸ κάλλιστον. . . Διὰ δὴ τὸν λογισμὸν τόνδε . . τὸ
πᾶν ξυνετεκταίνετο, ὅπως ὅτι κάλλιστον εἴη κατὰ φύσιν ἄριστόν τε
ἔργον ἀπειργασμένος. Plat. Tim. ed. Bip. vol. 9. p. 305. Steph. 29.
c. 30. a. b.

Die folgenden ſchönen Verſe des edlen Boëtius, größtentheils platoniſche
Gedanken enthaltend, verdienen hier eine Stelle:

O qui perpetua mundum ratione gubernas,
Terrarum coeli que sator, qui tempus ab aevo
Ire iubes, stabilisque manens das cuncta moveri:
Quem non externae popuierunt fingere causae
Materiae fluitantis opus, verum insita summi
Forma boni, livore carens: tu cuncta superno
Ducis ab exemplo, pulchrum pulcherrimus ipse
Mundum mente gerens, similique imagine formans.
Perfectasque iubens perfectum absolvere partes.
Tu numeris elementa ligas, ut frigora flammis,
Arida conveniant liquidis: ne purior ignis
Evolet, aut mersas deducant pondera terras.
. . . .
Da, Pater, angustam menti conscendere sedem,
Da fontem lustrare boni, da luce reperta
In te conspicuos animi defigere visus.
Disiice terrenae nebulas et pondera molis,
Atque tuo splendore mica: tu namque serenum,
Tu requies tranquilla piis; te cernere finis,
Principium, vector, dux, semita, terminus idem.
    Boet. de consol. philosophiae l. 3. metr. 9. v. 1—12. 22—28.

„Nicht die Gränzen deiner Sinne," so läßt Engel den Geist des Copernikus zum Galilei sprechen [1]), „nicht die Gränzen deiner Sinne sind auch die Gränzen des Weltalls, obgleich aus undenklichen Fernen ein Heer von Sonnen zu dir herüberschimmert; noch viele tausende leuchten, deinem Blick unbemerkbar, im endlosen Aether: und jede Sonne, wie jede sie umkreisende Sphäre, ist mit empfindenden Wesen, ist mit denkenden Seelen bevölkert. Wo nur Bahnen möglich waren, da rollen Weltkörper, und wo nur Wesen sich glücklich fühlen konnten, da wallen Wesen. Nicht Eine Spanne blieb in der ganzen Unermeßlichkeit des Unendlichen, wo der spar= same Schöpfer nicht Leben hinschuf, oder dienstbaren Stoff für das Leben. Und durch diese ganze zahllose Mannig= faltigkeit von Wesen hindurch herrscht, bis zum kleinsten Atom herab, unverbrüchliche Ordnung: ewige Gesetze stimmen alles, von Himmel zu Himmel, und von Sonne zu Sonne, und von Erde zu Erde, in entzückende Harmonie."

„Die Sonne tönt nach alter Weise
In Brudersphären Wettgesang,
Und ihre vorgeschriebne Reise
Vollendet sie mit Donnergang,
Ihr Anblick gibt den Engeln Stärke,
Wenn keiner sie ergründen mag;
Die unbegreiflich hohen Werke
Sind herrlich wie am ersten Tag.

Und schnell und unbegreiflich schnelle
Dreht sich umher der Erde Pracht;
Es wechselt Paradieses=Helle
Mit tiefer schauervoller Nacht;

---

1) Der Traum des Galilei. (Der Philosoph für die Welt, XIV.)

Es schäumt das Meer in breiten Flüssen
Am tiefen Grund der Felsen auf,
Und Fels und Meer wird fortgerissen
In ewig schnellem Sphärenlauf.

Und Stürme brausen um die Wette,
Vom Meer auf's Land, vom Land auf's Meer,
Und bilden wüthend eine Kette
Der tiefsten Wirkung rings umher.
Da flammt ein blitzendes Verheeren
Dem Pfade vor des Donnerschlags;
Doch deine Boten, Herr, verehren
Das sanfte Wandeln deines Tags.

Der Anblick gibt den Engeln Stärke,
Da keiner dich ergründen mag,
Und alle deine hohen Werke
Sind herrlich wie am ersten Tag."

Doch was uns in todten Worten Dichter schildern, es
ist immer nur ein kleiner Theil des großen Werkes, und
selbst von diesem nur eine Außenseite. Aber es kann auch
nicht unsere Absicht sein, die Schönheit der natürlichen Ordnung ausführlicher darzustellen; ein offener Sinn und ein
reines Herz empfindet viel mehr davon, als alle Sprachen
auszudrücken im Stande sind [1]).

Das Weltall, die gesammte Schöpfung und ihre Geschichte, ist ihrer Natur nach ein Zusammengesetztes, ein
durch Raum und Zeit ausgedehntes Ganzes. Als solches
müssen wir sie denn auch fassen, sowohl wenn wir uns im

[1]) Ueber den Menschen, den schönsten Theil und die Krone der sichtbaren
Schöpfung, den „Mikrokosmus", ist schon wiederholt die Rede gewesen.

Geiste ein vollständiges Bild ihrer Schönheit entwerfen, als wenn wir in unserem Urtheil über einzelne Theile nicht irre gehen wollen. „Alle Wesen haben ihre bestimmte Aufgabe, ihren eigenthümlichen Zweck für die Schönheit des Ganzen; was uns für sich betrachtet häßlich erscheint, das ist schön in seiner Verbindung mit der Gesammtheit. Wer ein Gebäude beurtheilen will, der schaut nicht ausschließlich irgend einen einzelnen Winkel desselben an; die Schönheit eines Menschen sucht man nicht bloß etwa in seinem Haar, die Vortrefflichkeit eines Redners nicht allein in der Bewegung der Finger; und in der wechselnden Erscheinung des Mondes faßt man nicht ausschließlich die Gestalt ins Auge, in welcher er etwa während der Zeit von drei Tagen am Himmel steht. Alle Dinge, an denen die einzelnen Theile unvollkommen sind und nur das Ganze vollkommen, die eben darum zur niedrigsten Ordnung gehören, müssen wir nothwendig in ihrer Totalität nehmen, wenn wir sie recht beurtheilen wollen, mag nun ihre Schönheit in der Ruhe oder in der Bewegung sich offenbaren"[1]). Vollkommen dasselbe

---

1) Ita ordinantur omnes officia et finibus suis in pulchritudinem universitatis, ut quod horremus in parte, si cum toto consideremus plurimum placeat: quia nec in aedificio ludicando unum tantum angulum considerare debemus, nec in homine pulchro solos capillos, nec in bene pronuntiante solum digitorum motum, nec in lunae cursu aliquas tridui tantum figuras. Ista enim, quae propterea sunt infima, quia partibus imperfectis tota perfecta sunt, sive in statu sive in motu pulchra sentiantur, *tota* consideranda sunt, si recte volumus iudicare. Aug. de vera relig. c. 40. n. 76.

In hoc sensibili mundo vehementer considerandum est, quid sit tempus et locus; ut quod delectat in parte, sive loci sive temporis, intelligatur tamen multo esse melius totum, cuius illa pars est: et rursus, quod offendit in parte, perspicuum sit homini docto, non ob aliud offendere, nisi quia non videtur totum, cui pars illa mirabiliter congruit; in illo vero mundo intelligibili quamlibet partem, tamquam totum, pulchram esse atque perfectam. Aug. de ordine l. 2. c. 19. n. 51.

gilt in Rücksicht auf die Geschichte der Schöpfung, nach der Ausdehnung der letzteren in der Zeit. Ihre ganze Schönheit, das Werk der Vorsehung dessen der sie ins Dasein rief, kann nicht in jedem Abschnitte der Zeit in gleicher Weise hervortreten: aber in der Gesammtgeschichte der Welt erscheint sie im vollsten Lichte. „Der unveränderliche Schöpfer aller Dinge die sich ändern,“ so lehrt uns abermals St. Augustin, „der wechsellose Ordner des immerdar Wechselnden, er weiß besser als der Mensch, was den verschiedenen Zeiten und Umständen in jeder Beziehung entspricht: seine Weisheit versteht genau zu messen, was zu jeder Zeit zu verleihen, hinzuzugeben, zu nehmen, aufzuheben, zu mehren oder zu mindern sich ziemt; bis einst diese ganze Zeit und ihre Schönheit, wie eine großartige Harmonie eines unbegreiflich hohen Meisters, in welcher die Geschichte jeder einzelnen Periode nur ein kleiner Satz ist, wird abgelaufen sein, und dann zum ewigen Schauen der Schönheit alle jene übergehen, die Gott getreu waren auch da sie ihn nur durch den Glauben erkannten“[1]).

Hieran schließt sich wie von selbst ein zweiter Gedanke von größerer Bedeutung; wir haben ihn schon früher, auch aus dem Munde heidnischer Weisen (19. 48) vernommen. Alle Offenbarung des unsichtbaren Urschönen soll nur dazu dienen, den vernünftigen Geist dieses selbst erkennen und lieben zu lehren, für dieses sein Herz zu begeistern, zur Einigung mit diesem ihn hinaufzuführen. Was wir immer Schönes rings um uns sehen, es ist nicht die Schönheit selbst, „es ist nur ihr Bild, ihre Spur und ihr Schatten“.

---

1) . . . donec universi saeculi pulchritudo, cuius particulae sunt quae suis quibusque temporibus apta sunt, velut magnum carmen cuiusdam ineffabilis modulatoris excurrat, atque inde transeant in aeternam contemplationem speciei, qui Deum rite colunt etiam quum tempus est fidei. Aug. epist. 138. al. 5. ad Marcellin. n. 5.

„Willst du sie finden, die wahre Schönheit," mahnt uns
der Heilige von Nyssa, „dann mußt du alles, was sonst die
Menschen für schön und liebenswürdig halten, was ihre
Herzen zu fesseln pflegt, als eitlen Tand verachten, und
deine Liebe nicht darauf verschwenden; dann muß dein Sehnen
dorthin gehen, wohin der Sinn nicht reicht; dann muß nicht
Menschenschönheit dich bezaubern, noch des Morgensternes
Glanz, noch was immer sonst für schön gilt: sondern all
dieses Schöne das dich rings umgibt muß dich aufwärts
heben zur Liebe jener Schönheit, von deren Glanz die Himmel
leuchten und das Firmament, deren Preis alle Creaturen
singen. Schwingt also sich die Seele himmelwärts, läßt
sie alles unter ihren Füßen, weil alles kleiner ist als jenes
das sie sucht, alsdann wird ihr gegeben die Herrlichkeit zu
schauen, die da über den Himmeln thront"[1]).   Dann erst
gewinnt für sie die Schönheit der Natur Bedeutung und
Leben: dann tönt es wie ein tausendstimmiges Sursum corda
aus dem Munde der gesammten Creatur ihr immerdar entgegen; denn „von Pol zu Pol" liegt die ganze Erde vor
ihrem Auge

> „einem Spiegel gleich,
> Darin der ew'gen Dreiheit Glanz
> Als riesig Meer und Flächenland,
> Als Wälder und als Wüstensand,
> Als Berg und Thal, und Gletscherkranz,
> Als Felsgeklüft' und Halmgefilde
> Sich spiegelt im getrübten Bilde.
> Und bald im Klang der Meereswellen,
> Bald in der Wälder Frühlingsschwellen,

---

[1] Greg. Nyss. de Virginit. c. 11.

Bald in dem Säuseln durch die Halmen,
Bald in dem Lied der Nachtigallen,
Hört sie der sel'gen Geister Psalmen
Als irdisch Echo wiederhallen."[1]

Anders betrachtet als in diesem Geiste, ist die Schönheit der
natürlichen Ordnung werthlos, zwecklos, ohne Sinn und
Bedeutung, ein unlösbares Räthsel, ein ewiger Widerspruch;
anders bewundert, um ihrer selbst willen geliebt, ist sie nur
der verlockende Schein des tanzenden Irrlichts, der verführ-
rerische „Zauber der Eitelkeit, welcher das wahrhaft Gute
verdunkelt, und den Sinn der Menschenkinder verkehrt"[2],
oder wie wir früher (7) St. Augustin sagen hörten, Eitelkeit der eitlen Geister und nichts als Eitelkeit. „Wo ist,"
so fragt anderswo der große Lehrer, „wo ist das Ding, das
die Seele nicht hinwiese auf jene erste Schönheit, von der
sie sich abgekehrt? Müssen doch selbst ihre Sünden ihr dieselbe ins Gedächtniß rufen. Denn also umspannt Gottes
Weisheit gewaltig alles von einem Ende bis zum andern;
also hat jener große Meister alle seine Werke zu Einem
schönen Ganzen gebildet; also hat seine Güte, vom höchsten
bis hinab zum niedrigsten, neidlos jede Schönheit gespendet,
die ja von ihm allein ausgehen konnte: daß niemand von
der wesenhaften Wahrheit abfällt, den nicht in seinem Sturze
selbst irgend ein Nachbild der Wahrheit auffinge. Denke
nach, was es ist das da fesselt in der sinnlichen Lust: du
findest nichts als die Harmonie; denn wie der Gegensatz
Schmerz bringt, so muß die Harmonie Lust erzeugen. So
werde dir denn bewußt, welche die höchste Harmonie sei.

---

1) Redwitz, Amaranth.
2) Weish. 4, 12.

Verliere dich nicht nach außen, geh' in dich selbst zurück: im Herzen des Menschen wohnt die Wahrheit"[1]).

Wir können es uns nicht versagen, hier zum Schluß noch eine längere Stelle von St. Augustin in demselben Sinne folgen zu lassen. Sie wird zugleich dazu dienen, früher Gesagtes in Rücksicht auf die Bedeutung und das Wesen der Schönheit zu bestätigen. „Schöne Gestalten und Bilder," spricht — oder betet — der Heilige im zehnten Buche seiner Bekenntnisse[2]), „sanfte lichte Farben, liebt das Auge. Mögen sie mein Herz nimmer fesseln; möge Gott es fesseln an sich, der dies alles gemacht: wohl hat er es sehr gut gemacht, aber mein Gut ist er selbst, nicht was er gemacht hat... Die Menschen haben nur darauf gedacht, jene verführerischen Reize für das Auge zu vervielfältigen; und wie sind die Dinge ohne Zahl, womit sie für diesen Zweck, in den Werken der Kunst, in Kleidung und Fußbedeckung und Hausgeräth, in den mannigfachen Erzeugnissen der Industrie, in Bildwerken und Malereien, sich auf allen Seiten umgeben haben, weit hinaus über Bedürfniß und Maß, fern von aller Rücksicht auf Gottesfurcht und Sitte! Sie ergießen sich nach außen in das was sie machen, lassen fahren

---

1) Quid igitur restat, unde non possit anima recordari primam pulchritudinem quam reliquit, quando de ipsis suis vitiis potest? Ita enim Sapientia Dei portendit a fine usque ad finem fortiter; ita per hanc summus ille artifex opera sua in unum finem decoris ordinata contexuit; ita illa bonitas a summo usque ad extremum nulli pulchritudini, quae ab ipso solo esse posset, invidit: ut nemo ab ipsa veritate deiiciatur, qui non excipiatur ab aliqua effigie veritatis. Quaere in corporis voluptate quid teneat, nihil aliud invenies quam convenientiam; nam si resistentia pariant dolorem, convenientia pariunt voluptatem. Recognosce igitur quae sit summa convenientia. Noli foras ire, in te ipsum redi, in interiore homine habitat veritas. Aug. de vera relig. c. 39. n. 72.

2) Confess. 10. c. 34. n. 51. 53. 52.

in ihrem Herzen den der ſie ſelbſt gemacht, vernichten das,
wozu er ſie gemacht hat[1]). Und doch iſt ja die Quelle all'
des Schönen, das der Geiſt des Künſtlers durch ſeine Hand
in das Gebilde hinüberleitet, keine andere als jene Schönheit, die da über die Geiſter iſt, nach der mein Herz ſich
ſehnet Tag und Nacht. Aber die, ſo auf nichts als auf
äußere Schönheit denken, nichts lieben als ſie, die nehmen
von der höchſten Schönheit nur das Geſetz wonach ſie dieſelbe ſchätzen, nicht auch jenes, wonach ſie ſich ihrer bedienen
ſollten. Es tritt ihnen entgegen in allem was ſchön iſt,
aber ſie ſehen es nicht; ſonſt würden ſie nicht ihr Herz auf
Irrwegen ſich verlieren laſſen, würden ,für dich bewahren
ihre Kraft' (Pſ. 58, 10.), und ſie nicht zerſplittern in Ge-
nüſſen die ſie nur aufreiben können[2]). . . O Licht, das dem
Tobias leuchtete, da er, der Blinde, ſeinem Sohne den Weg
des Lebens wies, und mit dem Schritt der Liebe ihm voran-
ging, nimmer irrend; Licht, das Iſaak ſchaute, da ſeine Augen
vom Alter dunkel waren, und er die Söhne, ſie nicht erkennend,
ſegnete, aber ſegnend ſie erkannte; Licht, das Jakob ſah, damals als er, auch im hohen Alter des Geſichts beraubt, mit dem
Glanze ſeines eigenen Herzens die Söhne umſtrahlend, die
Stämme des zukünftigen Volkes in ihnen ſchaute; da er
ſeinen Enkeln geheimnißvoll gekreuzt die Hände auflegte,
nicht wie ihr Vater von außen ihn hieß, ſondern wie er

---

1) . . foras sequentes quod faciunt. Intus relinquentes a quo facti
sunt, et exterminantes quod facti sunt.

2) . . quoniam pulchra traiecta per animas in manus artificiosas,
ab illa pulchritudine veniunt quae super animas est, cui suspirat anima
mea die ac nocte. Sed pulchritudinum exteriorum operatores et secta-
tores inde trahunt approbandi modum, non autem inde trahunt utendi
modum. Et ibi est, et non vident eum, ut non sint longius, et *fortitudinem suam ad te custodiant*, nec eam spargant in deliciosas
lassitudines.

selbst in seinem Geiste es erkannte! Das ist wahres Licht: nur Eines ist es, und Eins sind alle denen es leuchtet, und die es lieben. Das körperliche Licht versüßt mit gefährlicher Süße dieses irdische Leben denen, die in blinder Liebe sich daran hängen. Jene dagegen, die auch in diesem Lichte nur dich finden, aller Dinge Schöpfer und Gott, die preisen dich für dasselbe, und lassen sich nicht schlaftrunken davon blenden: zu diesen laß mich gehören." [1])

---

[1]) .. Ipsa est lux, una est, et unum omnes qui vident et amant eam. At ista corporalis de qua loquebar, illecebrosa et periculosa dulcedine condit vitam saeculi caecis amatoribus. Qui autem et de ipsa laudare te norunt, Deus creator omnium, assumunt eam in hymno tuo, non absumuntur ab ea in somno suo: sic esse cupio.

Jenes wahre Licht, jene Sonne der Geister war es, die hundert Jahre später auch dem unglücklichen römischen Philosophen die dunkle Einsamkeit seines Kerkers zu Pavia erhellte, da er von ihr, in demselben Sinne wie Augustinus, sang:

> Huc omnes pariter venite capti,
> Quos fallax ligat improbis catenis
> Terrenas habitans libido mentes.
> Hic erit vobis requies laborum,
> Hic portus placida manens quiete,
> Hoc patens unum miseris asylum.
> Non quidquid Tagus aureis arenis
> Donat, aut Hermus rutilante ripa,
> Aut Indus calido propinquus orbi,
> Candidis miscens viridos lapillos,
> Illustrant aciem, magisque coecos
> In suas condunt animos tenebras.
> Hoc quidquid placet, excitatque mentes,
> Infimis tellus aluit cavernis.
> Splendor quo regitur vigetque coelum,
> Vitat obscuras animae ruinas:
> Hanc quisquis poterit notare lucem,
> Candidos Phoebi radios negabit.

Boetius, de consol. phil. l. 3. metr. 10.

§. 12.

Das Erhabene. Sein Verhältniß zum Schönen. Definition.
Die Erhabenheit der göttlichen Natur, und ihrer Eigenschaften.
Das Erhabene in der ethischen Ordnung, und in der sicht=
baren Welt. Das Tragische.

71. Eine Lilie, ein blühender Rosenstock, ein frücht=
beladener Baum, ein freundliches Thal im Lichte der unter=
gehenden Sonne, sind einfach schöne Gegenstände. Wenn
dagegen nach einem schweren Gewitter, nach Sturm und
Blitz und Regengüssen, während allmälig in der Ferne der
Donner verhallt, über dunklen Wolkenmassen in schwindelnder
Höhe sich das Zeichen des Bundes, der siebenfarbige Bogen
baut; oder wenn, nach der Schilderung des Dichters,

„mit unheilschwangrem Getöse
Donnert der Aetna, schreckend das Land, und in dampfen=
den Wirbeln
Schwarze Wolken von Rauch und Pech und glühender Asche
Hoch in die Luft wälzt, und mit zückender Flamme gen Himmel
Schlägt, und in wilder Empörung, aus weit geöffnetem
Schlunde
Felsenstücke schleudert; nun Ströme geschmolzener Steine
Unter Sturmes Geheul ihm entstürzen“ [1]);

dann empfinden wir ein Gefühl, das mit dem Genuß der
einfachen Schönheit verwandt ist: aber wir nennen eine solche
Erscheinung nicht mehr einfach schön, sondern erhaben.

—————

1) Nach Virgil. Aeneis 3, 571. ff.

Es ist eine rührend schöne Scene, die uns Moyses erzählt, da Joseph der Patriarch, unerkannt vor seinen Brüdern
stehend, nach der herrlichen Rede des Judas „nun nicht länger
an sich halten kann, alle Fremden hinausgehen heißt, und
weinend, so laut daß die Aegyptier es hören und das ganze
Haus des Pharao, von Freude überwältigt zu seinen er-
schrockenen Brüdern spricht: ‚Ich bin Joseph — lebt mein
Vater noch?.. Aengstigt euch nicht, laßt es euch nicht
schwer fallen, daß ihr mich verkauft habt in dies Land;' und
er fiel Benjamin, seinem Bruder, um den Hals und weinte,
und auch dieser weinte an seinem Halse"[1]). Es ist abermals eine Seele von wahrhaft liebenswürdiger Schönheit,
welche derselbe heilige Patriarch offenbart, da nach dem
Tode ihres Vaters seine Brüder, ihres einstigen Frevels
gedenkend, dem schwer Beleidigten sagen laßen: „Dein Vater
gab uns den Auftrag, ehedenn er starb, in seinem Namen
dir dies zu sagen: Ich bitte dich, vergiß der Sünde deiner
Brüder, die sie an dir verübt; — und auch wir bitten, du
wolleſt den Dienern des Gottes deines Vaters diese ihre
Schuld vergeben"; — „und da Joseph sie also reden hörte,
weinte er, und sprach zu ihnen: ‚Fürchtet euch nicht. Können
wir Gottes Fügungen widerstehen? Ihr sannet Böses wider
mich, aber Gott hat es zum Guten gewendet. Darum
fürchtet nichts: ich werde euch und eure Kinder versorgen;'
und er tröstete sie, und sprach liebevoll und sanft mit ihnen"[2]).
Aber wenn der heilige Geist in der Apostelgeschichte uns den
ersten Märtyrer zeichnet, wie er im hohen Rathe vor seinen
Todfeinden steht, von meineidigen Zeugen der Gotteslästerung
beschuldigt, mit dem Angesichte „wie eines Engels"; wenn

---

1) 1. Moyf. 45.
2) 1. Moyf. 50.

wir ihn darauf, nachdem er in niederschmetternder Rede den heuchlerischen Eiferern für das todte Gesetz ihre hartnäckige Verstocktheit und ihren Gottesmord vorgeworfen, ganz allein, wie ein Lamm unter Wölfen, in der Mitte der tobenden racheschnaubenden mit Zähneknirschen auf ihn einstürmenden Rotte sehen, die Ruhe der Ewigkeit in den verklärten Zügen, das leuchtende Auge zum Himmel gerichtet, ausrufend: „Siehe, ich sehe den Himmel offen, und den Sohn des Menschen zur Rechten Gottes stehen"; wenn er endlich, zur Stadt hinausgeschleppt, unter dem wüthenden Steinhagel auf die Knie sinkt und betet: „Herr rechne ihnen dieses nicht an als Sünde", und mit diesem Segen für seine Mörder den Geist aufgibt[1]): dann ist es nicht mehr der ruhige Genuß der einfachen Schönheit der uns erfreut, nicht mehr das sanfte, heitere, oft gleichsam spielende Gefühl der stillen Freude, dessen wir uns bewußt werden; sondern es ist ein Genuß voll höherer Weihe, eine Freude mit der sich Bewunderung und Ehrfurcht mischen, um ihr gewissermaßen eine dunklere Färbung, einen Ton heiligen Ernstes zu geben. Der heilige Stephanus in seinem Martyrium ist eine e r h a b e n e Gestalt.

72. Was ist das Erhabene? Herder hat vollkommen Recht, wenn er[2]) die Bemerkung macht, daß die griechische Philosophie das Erhabene nicht als etwas von dem Schönen Geschiedenes oder gar demselben Entgegengesetztes betrachtete, daß es ihr vielmehr einfach unter den Begriff des Schönen und Guten fiel. Ganz dasselbe gilt von den Kirchenvätern; und so muß man das Erhabene in der That auffassen. Ist etwa der erste Märtyrer in seiner Engelreinheit,

---

1) Apostelgesch. 6. 7.
2) Kalligone 3. S. 6.

mit seinem hochherzigen Muthe, mit seiner todesverachtenden
Treue gegen den Herrn und seiner Liebe für seine Mörder,
nicht schön? Wer das in Abrede stellen wollte, der wider-
spräche schlechthin der allgemeinen Anschauung[1]), der hätte
den Begriff der Schönheit verloren, da er sie nicht zu erkennen vermöchte in der vollendetsten Gestalt, in welcher diese
Erde sie hervorbringt. Und doch ist der eigentliche Eindruck,
welchen die Erzählung seines Kampfes und seines Sieges in
unserer Seele zurückläßt, der des Erhabenen. Warum das?
Wegen der außerordentlichen Höhe ethischer Größe, wegen
des überströmend vollen Maßes innerer Güte und Schönheit,
welches in derselben sich offenbart. Wir wollen uns näher
erklären.

An sich gut ist ein Ding, insofern es unsere eigentliche
Liebe in Anspruch nimmt; schön heißt es, insofern, in Folge
dieser Liebe, die Anschauung seiner Vorzüge uns Genuß
gewährt. Eigentliche Liebe ist aber ihrer Natur nach nicht
möglich ohne Achtung, d. h. ohne die Ueberzeugung von
dem innern Werthe des Gegenstandes auf den sie sich bezieht,
ohne Anerkennung der ihm eigenen Vorzüge. Wie der Genuß
des Schönen, die Freude darüber, auf der eigentlichen Liebe
beruht, so wird mithin ein schöner Gegenstand, als solcher,
immer unsere Achtung in Anspruch nehmen, mag die letztere
absolute, oder, bei unpersönlichen Dingen, relative sein (vgl.
N. 11.) So lange nun das Maß der inneren Güte welche
wir wahrnehmen, und darum auch das Maß der Schönheit,
eine gewisse Höhe nicht übersteigt, bleibt diese Achtung gleichsam die verborgene Wurzel der Liebe und des daraus ent-
springenden Genusses; sie ist einfache willige Anerkennung
der Vorzüge des Dinges, deren wir uns weiter nicht bewußt

---

1) Vgl. oben §. 2. und §. 5.

werden: wir empfinden in unserem Herzen nur süßen Genuß
in der Anschauung des Gegenstandes, und nennen ihn einfach schön. Besitzt dagegen ein Gegenstand ein volleres
Maß innerer Güte, steht er durch hervorstechende Vorzüge
höheren Ranges ausgezeichnet, über das Niveau der gewöhnlichen schönen Erscheinungen weit emporragend vor dem Auge
unseres Geistes, dann ist es nicht mehr bloße Achtung welche
sein Anblick in uns hervorruft, sondern dieselbe steigert sich,
je nach der verschiedenen Höhe seiner Vorzüge, zur Hochachtung, zur Bewunderung, zur Verehrung, zum Staunen,
zur Ehrfurcht, mitunter selbst zu einer Art heiligen Schauers.
Zugleich mit diesen Gemüthsbewegungen erzeugt sich freilich
auch wieder die Liebe: denn die „von Natur edle, durchaus
gute Seele"[1]), die nach dem Bilde des über alles Guten
geschaffene, kann nicht anders als das Gute liebend umfassen, wo immer es ihr sich darstellt. Aber diese Liebe ist
nicht nur, durch das höhere Maß der Güte des Gegenstandes, lebendiger, stärker; sondern jene Gefühle der Ehrfurcht
und der Bewunderung die sie durchdringen, die sich neben
ihr und nicht selten mehr als sie selbst fühlbar machen, verleihen ihr nothwendig jenes dunklere Colorit, jene höhere
Weihe heiligen Ernstes, von der oben die Rede war. Ehrfurcht und Liebe, je nach der Verschiedenheit des Gegenstandes in verschiedenem Verhältniß gemischt, in inniger
Durchdringung, das Herz in tiefernster Freude erweiternd,
es in einer Art höheren Genusses emporhebend, das ist das
Gefühl des Erhabenen.

Hiermit ist das Verhältniß des Erhabenen zum Schönen,
und der Begriff des ersteren, gegeben. Nicht jedes Schöne
ist erhaben, aber jedes Erhabene ist schön; das Erhabene ist

---

1) *Anima naturaliter boniformis.* Vgl. oben N. 34. 39. 45. ss.

„die Blüte des Guten, der Gipfel des Schönen" [1]), oder vielmehr das Schöne in den höheren Graden seiner Vollendung. Und wenn wir noch eine schulgerechte Erklärung hinzugeben sollen: Die Erhabenheit ist nichts anderes als ein außerordentlich hohes Maß, eine eminente Fülle, innerer Güte, insofern diese naturgemäß in unserem Herzen das zusammengesetzte Gefühl der Ehrfurcht und der Liebe rege macht, und uns dadurch, wenn wir sie betrachten, der Grund einer mit Bewunderung gemischten hohen Freude, eines süßeren, aber zugleich ernsteren Genusses wird.

73. Nach dieser Erklärung kann es nicht mehr zweifelhaft sein, wo wir das Erhabene vorzugsweise zu suchen haben: dort, wo die Schönheit ihre höchste Vollendung erreicht, wo sie ihren eigentlichen Sitz hat.

„Der ist" [2]), „den König der Ewigkeit, den Unsterblichen und Unsichtbaren" [3]), „der in unzugänglichem Lichte wohnt, den nie eines Menschen Auge schaute, noch schauen kann" [4]), „aus dem, durch den, in dem alles ist" [5]), Gott, die wesenhafte Schönheit, haben wir offenbar zugleich als die unendliche Fülle des Erhabenen zu betrachten:

„Herrlichkeit und Schönheit ist vor ihm,
Majestät und Glorie erfüllt sein Heiligthum" [6]).

In diesem Sinne hörten wir die griechischen Väter, wo sie

---

1) Τὸ ἄκρον, ἡ ἀκμή, τῆς ἀρετῆς. Herder, Kalligone 3. S. 6.
2) 2. Mos. 3, 14.
3) 1. Tim. 1. 17.
4) 1. Tim. 6. 16.
5) Röm. 11, 36.
6) Ps. 95, 6.

von der Schönheit Gottes redeten, dieselbe wiederholt mit
dem Worte μεγαλοπρέπεια, hohe Schönheit, Herrlichkeit,
Majestät, bezeichnen.

Nicht einfach schön, sondern erhaben, wird gleichfalls
jedes unmittelbare, nicht durch untergeordnete Kräfte (causae
secundae) vermittelte Wirken Gottes erscheinen, jede direkte
Offenbarung seiner Eigenschaften, jede Erscheinung, in welcher seine Macht, seine Weisheit, die Unendlichkeit und die
Ewigkeit seines Seins, seine Gerechtigkeit und seine Liebe,
in anschaulicher Klarheit hervortritt. Die ersten Verse der
heiligen Schrift:

„Die Erde war gestaltlos und wüst; und Finsterniß über
dem Abgrunde, und der Geist Gottes schwebend über den
Wassern. Und Gott sprach: Es werde das Licht. Und das
Licht wurde" —

sind seit Longin als Muster einer erhabenen Stelle oft
wiederholt worden; gewiß nicht mit Unrecht. Eine Unzahl
anderer Stellen aus den heiligen Büchern ließe sich hinzufügen.

„Gott über die Götter, Jehova spricht,
        und ruft der Erde.
Vom Aufgang bis zum Niedergang
        erglänzt aus Sion seiner Schönheit Schimmer:
Der Herr kommt sichtbar, unser Gott:
        sein Donner hallt,
        vor ihm blitzt Feuer auf,
        Sturmwind umhüllt ihn!
Er ruft die Himmel oben, ruft die Erde
        zu seines Volks Gericht.
„Versammelt seine Gläubigen ihm
        die seinen Bund bei Opfern feiern.'

Und es erzählen Himmel sein Gericht —
des Gottes-Richters." [1]

Unübertrefflich in ihrer Großartigkeit ist, bei all' ihrer Einfachheit, die folgende Erzählung des Moyses:

„. . Und der Herr sprach zu Moyses: ‚Was rufest du zu mir? befiehl den Kindern Israels, daß sie vorwärts ziehen. Du aber erhebe deinen Stab, und strecke deine Hand aus über das Meer, und theile es, auf daß die Kinder Israels mitten durch das Meer trocknen Weg haben. Und ich will das Herz der Aegyptier verhärten, daß sie euch verfolgen; und ich werde offenbaren meine Herrlichkeit an Pharao und an seinem ganzen Heere, an seinen Wagen und Reitern: und erkennen sollen die Aegyptier, daß ich der Herr bin.‘ Da erhob sich der Engel des Herrn, welcher vor dem Lager Israels herzog, und stellte sich ihnen im Rücken auf, und mit ihm verließ auch die Wolkensäule die Spitze des Zuges, und ruhte zwischen dem Lager der Aegyptier und dem Lager Israels; sie erschien aber als dunkle Wolke, und erleuchtete zugleich die Nacht, also, daß sie sich die ganze Nacht hindurch einander nicht nähern konnten. Und da Moyses seine Hand ausstreckte über das Meer, da ließ der Herr die ganze Nacht einen starken brennenden Wind wehen, und nahm es weg, und machte es trocken; und das Wasser theilte sich. Und die Kinder Israels zogen hindurch, mitten durch das trockene Meer; denn es stand wie eine Mauer das Wasser, rechts und links. Die Aegyptier aber, sie verfolgend, zogen ihnen auf dem Fuße nach, die ganze Reiterei des Pharao, und Roß und Wagen, mitten in das Meer. Und schon war die Morgenstunde gekommen, siehe, da schaute der Herr zurück aus der Säule von Wolken und Feuer über das Lager der Aegyptier hin, und schlug ihre

---

1) Pf. 49, 1—6. (größtentheils nach Schegg.)

Heeresmacht; und er zerbrach die Räder ihrer Wagen, und sie
stürzten in die Tiefe. Da riefen die Aegyptier: ‚Laßt uns fliehen
vor Israel, denn der Herr streitet für sie wider uns!‘ Der Herr
aber sprach zu Moyses: ‚Strecke deine Hand aus über das Meer,
auf daß die Wasser wieder hereinbrechen über die Aegyptier, über
ihre Wagen und Reiter.‘ Und Moyses erhob seine Hand gegen
das Meer hin; und das Meer trat mit der ersten Morgendäm-
merung wieder an seine frühere Stelle, und den fliehenden
Aegyptiern stürzten die Wasser entgegen, und der Herr hüllte sie
ein in die Fluten. Und die Wasser bedeckten Wagen und Reiter,
und die ganze Heeresmacht des Pharao welche in das Meer gezogen war; und nicht Einer blieb von ihnen übrig.“ [1])

Klopstock im Messias, und Milton im verlornen Paradies,
stellen gleichfalls die erhabene Herrlichkeit der Gottheit wiederholt in gelungener Weise dar. Wir lassen hier eine längere
Stelle aus dem letzteren folgen. Der Erzengel Raphael,
von Gott gesendet um die ersten Menschen vor ihrem Feinde,
dem Satan, zu warnen, erzählt darin den ersteren den Sieg
des Sohnes Gottes über die gefallenen Engel.

> „Nun brach
> der dritte Morgen hehr und heilig an,
> den Himmel rings umdämmernd. Brausend rollt
> mit dem Getös' des Sturms in lobernder
> Umflammung Gottes Wagen schnell daher,
> von Rossen nicht gezogen, Rad in Rad
> getrieben von sich selbst durch Lebens Geist.

---

1) 2. Moys. 14, 15. ff. — Man vergleiche noch die Stellen: Matth. 8,
26. („Und er stand auf, und gebot den Stürmen und dem Meere, und es ward
eine große Stille.“) Is. 40, 12—28. Job 38, 3. ff, Ps. 28, 108. 101,
26. ff. Habak. 3. Hebr. 1. — Doch es ist ja die ganze heilige Schrift
erhaben; nur dem geistlosen, oberflächlichen Leser entgeht das.

Und vier Gestalten, gleich den Cherubim,
umschwebten ihn; es hatte jegliche
vier wunderbare Angesichter; Leib
und Flügel waren, wie mit Sternen, dicht
mit Augen, funkelnd, übersät; so auch
die Räder von Berill, und zwischen diesen
strömt rother Flammen wildempörte Glut.
Hoch überwölbt ein Himmel von Krystall
den Wagen; ein saphirner Thron erhebt
zum Sitze sich, den jetzt des Höchsten Sohn
bestieg, in voller Rüstung strahlend. Ihm
zur Rechten saß, die Adlersfittige
weit ausgespannt, der Sieg; zur Linken hing
sein Bogen und der goldne Köcher, voll
von dreigezackten Donnerkeilen. Rauch
und Dampf floß um ihn her und wilde Glut,
hellleuchtend wie der Blitz. Durch eine Schar
von tausendmal zehntausend Heiligen
begleitet, kam er an.“

Der Sohn Gottes redet nun zu seinen Scharen, und gebietet
ihnen stehen zu bleiben; er allein werde den Kampf beendigen.
Dann fährt der Dichter fort:

„So sprach der Sohn. Sein mildes Antlitz ward
nun fürchterlich, sein Blick so drohend ernst,
daß ihn kein Aug' ertrug. Im vollen Zorn
wandt' er sich jetzt nach seinen Feinden hin.
Die Viere spannten nun auf einmal aus
die sternenvollen Flügel, rings umsäumt
mit grauser Finsterniß; es wälzten sich
die Räder seines Flammenwagens um;
mit einem Schalle, gleich dem dumpfen Brausen
empörter Wogen, oder dem Getümmel

von hunderttausend Kriegern, fuhr er jetzt
gerad' auf seiner Feinde Mitte hin.
Des Empyreums ewig fester Grund
bebt unter seiner Räder Spur, es bebt
der ganze Himmel, nur nicht Gottes Thron.
Im Augenblick hat er den Feind erreicht.
Zehntausend Blitze schwingt er mit der Rechten
und wirft sie vor sich her, und jeder Blitz
schlägt tiefe Wunden in der Frevler Herz.
Starr stehn sie da, gelähmt an Muth und Kraft,
aus ihren Händen sinken ungebraucht
die Waffen. Nieder stürzen Cherubim
und Mächtige. Er aber im Triumph
fährt über Helm' und helmbedeckte Häupter
und Schild' und Spieße weg. Da wünschten sie,
daß noch einmal gestürzter Berge Schutt
vor seinem Grimm sie decke! Blitzen gleich
fuhr Pfeil auf Pfeil hernieder, rechts und links:
die Vier mit den vier Angesichtern, mit
den Leibern voll von Augen schnellten sie.
Glut schleuderten die Räder weit umher,
die lebenden, die augenvollen Räder.
Sie alle trieb Ein Geist, und Blitze schoß
jedwedes Aug', und sprühte Glut der Qual
auf die Verfluchten, Glut, die Augenblicks
sie ihrer Kraft, des angebornen Muths
beraubt, und wund, zerschmettert, athemlos,
in dumpfem Schmerz erstarrt, zu Boden streckt.
Doch nicht die Hälfte seiner Stärke braucht
er gegen sie; er hält den vollen Sturz
der Donner noch zurück; verjagen nur
vom Himmel, nicht vernichten wollt' er sie.
Er richtete die Hingestreckten auf,

und trieb gleich scheuen Herden sie, betäubt
vom Donner, vor sich her; sie fliehn, verfolgt
von Angst und Graun, bis an das Aeußerste
des Himmels, bis auf seiner Mauern Rand.
Die aber bersten, und ein weiter Riß
zeigt unterwärts des Abgrunds öde Nacht.
Das furchtbar Gräßliche des Anblicks scheucht
die Fliehenden zurück; doch hinterrücks
von ärger Qual gefoltert, stürzen sie
vom himmlischen Gestade sich hinab,
und ew'ger Zorn flammt ihnen lodernd nach
zur bodenlosen Tiefe. Es vernahm
die Hölle das Getös' von ihrem Fall,
die Hölle sah, erschrocken, einen Theil
des Himmels sich vom Himmel lösen; gern
wär' sie aus Furcht entwichen; doch zu tief
hat das Verhängniß ihren finstren Grund
gesenkt, zu fest die Gränzen ihr bestimmt.
Neun Tage fielen sie. Das Chaos brüllt,
durch ihren Fall in seiner Anarchie
noch zehnmal mehr verwirrt, und sieht sein Reich
mit Trümmern ohne Zahl bedeckt. Zuletzt
verschlang die Hölle sie und schloß sich zu.
Dort wohnen sie, wie sie's verdient, umflammt
von Glut die nie erlischt, in ew'ger Pein." [1])

Unter den Eigenschaften Gottes, deren anschaulich klare
Darstellung erhaben sei, haben wir vorher auch die Liebe
genannt. Denn es ist durch nichts begründet, wenn man
nur solche Erscheinungen für erhaben erklärt, „in denen Gottes
Unendlichkeit, seine Macht, seine Gerechtigkeit, sich kund gebe";

---

1) Das verlorne Paradies, 6. Gesang. (nach der Uebersetzung von Bürde.)

gerade durch die Liebe, durch Erbarmen und Vergeben, offenbart sich am großartigsten die Allmacht, die Herrlichkeit dessen,
der selbst durch den Propheten spricht: „Ich will die Schale
meines Zornes nicht ausgießen über Israel, will Ephraim
nicht verderben — denn ich bin Gott, und nicht
ein Mensch"[1]). Ist es etwas anderes als ein erhabenes
Wort, wenn der Herr zum Nikodemus spricht: „Also hat
Gott die Welt geliebt, daß er seinen eingebornen Sohn
dahingab" — oder wenn der heilige Johannes erzählt: „Jesus
wußte, daß die Stunde gekommen sei, da er aus dieser Welt
zu seinem Vater gehen sollte; und wie er die Seinen geliebt
hatte, die in dieser Welt waren, so liebte er sie bis ans
Ende"? Sinnlich wie wir sind, empfinden wir freilich tiefer
die augenfälligeren Wirkungen der schaffenden Allmacht. Aber
größer, als wenn er „in hohler Hand die Wasser mißt und
auf drei Fingern wägt der Erde Wucht", bewunderungswürdiger, als wenn er „die Himmel ausspannt gleich einem
Schleier und sie entfaltet wie ein Zelt zum Wohnen, und
das Heer der Sterne ausführt, und sie alle bei ihrem Namen
ruft"[2]), ungleich viel herrlicher erscheint der Herr, wenn er
über Jerusalem weint, oder durch den Propheten zu seinem
untreuen Volke redet:

„Unter den Menschen heißt es: Wenn entlassen hat ein Mann
sein Weib, und sie ist weggegangen von ihm und hat einen
andern Mann geheirathet, wird er noch wieder zurückkehren zu
ihr? wird nicht unrein und befleckt erscheinen ein solches Weib?
Du aber, du hast gebuhlt mit vielen fremden: dennoch kehre
zurück zu mir, spricht der Herr, und ich will dich wieder auf-

---

1) Oseas 11, 9. — „Deus qui omnipotentiam tuam parcendo maxime
et miserando manifestas . . ." (Or. Dom. 10. p. Pent.)
2) Jf. 40, 12. 22. 26.

14 *

nehmen. Erhebe deine Augen nach allen Seiten, und suche die Stelle, wo du dich nicht entehrt hast. An den Straßen saßest du, und wartetest auf sie, gleich einem Räuber in der Wüste; du hast das Land entweiht durch deine Buhlereien und deine Bosheit. Darum ward eingestellt des Regens Träufeln, und Spätregen fiel nicht mehr; aber deine Stirn war wie die Stirn einer Buhldirne, du wolltest nicht erröthen. So komm denn wenigstens jetzt zurück, ich will dich wieder aufnehmen; so ruf mir wenigstens von nun an wieder zu: ‚Mein Vater bist du, mein Führer in den Tagen meiner Jugend!'.. Ja kehre zurück, Israel, zu mir, du Abtrünnige; und ich will mein Angesicht nicht abwenden von euch; denn ich bin heilig, spricht der Herr, und ich zürne nicht ewig" [1]).

74. Im Reiche des geschöpflichen Daseins muß das Erhabene sich zunächst und vorzugsweise in der ethischen Ordnung finden; denn in dieser zeigt sich, wie wir mehr als einmal gesagt haben, die endliche Schönheit in ihrem herrlichsten Glanze [2]). So lange die Creatur nicht den Zustand der Vollendung erreicht hat, bewähren sich aber ethische Vorzüge nicht anders als durch Prüfung, offenbart sich die volle Kraft der sittlichen Freiheit nur durch Widerstand, durch Kampf und Sieg. Die Summe der Ethik, im rechten Sinne verstanden auch der christlichen, umfaßt jene alte Regel des griechischen Weisen: „Ἀπέχου καὶ ἀνέχου" — „entsage und ertrage". Treue gegen das Sittengesetz, Unterwerfung des geschaffenen Willens unter den Willen des Schöpfers, erscheint darum nirgends größer, bewunderungswürdiger, erhabener, als wo sie mit Selbstüberwindung und mit Opfern ver-

— — —

1) Jer. 3, 1—4. 12.
2) „Größer ist der Geduldige als der Starke; größer wer sich selbst beherrscht, als der Städtebezwinger." Spr. 16, 82.

bunden ist; wo der Mensch, um der Tugend treu zu bleiben, die stärksten Neigungen der Natur bezwingt, wo er auf irdischen Besitz, auf Ehre, Freiheit und Leben Verzicht leisten, wo er sich drohenden Gefahren oder schweren Leiden unterziehen muß, um der Uebereinstimmung seines Willens mit dem höchsten Willen nicht zu entsagen, oder selbst auch, um aus freier Liebe Größeres zu leisten als dieser von ihm verlangt.

Es ist eine erhabene Seele, welche in den bekannten Versen der römische Dichter feiert:

> — „Si fractus illabatur orbis
>   Impavidum ferient ruinae" [1]);

es ist bewunderungswürdiger Heldenmuth den Regulus be- währt, wenn er selbst den römischen Senat bestimmt, den Frieden zurückzuweisen welcher der Ehre der Republik nicht entsprach, und dann, aus den Umarmungen seiner Gattin, seiner Kinder und Freunde sich losreißend, treu seinem Eide nach Carthago zurückkehrt:

> „Atqui sciebat, quae sibi barbarus
> Tortor pararet: non aliter tamen
>   Dimovit obstantes propinquos
>   Et populum reditus morantem,
>
> Quam si clientum longa negotia
> Diiudicata lite relinqueret,
>   Tendens Venafranos in agros,
>   Aut Lacedaemonium Tarentum" [2]).

Aber was sind solche gefeierte Helden heidnischer Tugend im Vergleich mit den Märtyrern der christlichen Kirche? Was

---

1) Horat. Od. 3, 3, 7.
2) Horat. Od. 3, 5, 49. sqq.

ist dieser rein menschliche Heroismus gegenüber jenen zwölf, die einst „hinausgingen von dem hohen Rath voll hoher Freude, weil sie gewürdigt worden um des Namens Jesu willen Schmach zu leiden"[1]), oder gegenüber jenem Helden-geiste, der aus dem Gefängnisse am Fuße des Capitols, schon dem Martertode nahe, an seinen Jünger schrieb: „Sei ein-gedenk, daß unser Herr Jesus Christus auferstanden ist vom Tode, nach meinem Evangelium, für das ich leide bis zu Kerker und Banden — aber das Wort Gottes läßt sich nicht in Fesseln schlagen; — darum ertrage ich alles um der Auserwählten willen"[2]); was sind jene vereinzelt stehenden Großthaten, deren eigentliche Quelle doch fast immer wieder Stolz und Selbstsucht war, im Vergleich mit ten Kämpfen und Siegen aller derer, die das Wort des Herrn verstanden hatten und es bewährten: „In dieser Welt werdet ihr Be-drängniß haben — aber vertraut auf mich, ich habe die Welt überwunden"? „Womit soll ich diesen Geist vergleic-chen," ruft in seiner zweiten Lobrede auf den heiligen Paulus, von der Größe des Apostels überwältigt, der heilige Chry-sostomus aus, „mit Stahl, mit Diamant? Soll ich ihn eine goldene Seele, eine diamantne, nennen? Sie ist fester als der Diamant, sie ist kostbarer als Gold und Edelsteine. . . . Doch was bringe ich Gold und Diamanten in Vergleich mit ihr? Legt gegen ihn die ganze Welt in die Wagschale, und ihr werdet sehen daß die Seele des Apostels schwerer wiegt. Denn wenn schon von jenen die in Thierfellen um-herirrten, die in Höhlen und Klüften wohnen mußten, wenn schon von diesen geschrieben steht, daß die Welt ihrer nicht werth war (Hebr. 11, 38.), um wie viel mehr müssen wir

---

1) Apostelgesch. 5, 41.
2) 2. Tim. 2, 8.

von Paulus sagen daß er größer ist als die ganze Welt,
von ihm, gegen den selbst der Himmel zu klein, der selbst
den Himmel und alle seine Freuden um der Liebe Christi
willen hingegeben hätte!"[1]

Wahrhaft erhaben, ganz im Geiste des Christenthums,
aber in anderer Weise, stellt Klopstock im vierten Gesange
des Messias den Nikodemus dar. Philo, der Pharisäer voll
höllischer Wuth, hat die furchtbarsten Verwünschungen gegen
ihn ausgestoßen, weil er als Anhänger Jesu aufgetreten ist.
Nikodemus vertheidigt abermals den Messias in einer län=
geren Rede, gibt im Angesichte des ganzen Synedriums,
anbetend, seiner Gottheit Zeugniß,

„Stand dann auf, und redte zu Philo. Sein Antlitz war heiter,
Wie der Seraphim Angesicht ist. Du hast mir gefluchet!
Aber ich segne dich, Philo. Der hat mich also gelehret,
Den ich, als Gott, anbetete. Philo, vernimm mich und kenn' ihn!
Wenn du nun sterben willst, Philo; wenn jetzt des Unschuldigen
                                        Blut dich
Schreckt und auf dich wie ein Meer herabstürzt; deinem Ohre,
Wie ein Wetter des Herrn, der Rache Stimmen ertönen;
Wenn du dann wirst hören um dich, durch's Dunkle, dahergehn
Gottes Tritt, den eisernen Gang des wandelnden Richters,
Und der entscheidenden Wagschaal' Klang, des blinkenden Schwerts
                                        Schlag,
Welches er wetzt, sein Geschoß vom Blute der Grausamen trunken;
Wenn von dem Angesicht Gottes die Todesangst ausgehet,
Dich erschüttert, und nun ganz andre Gedanken die Seele
Ueberströmen, und um dein starres sterbendes Auge
Lauter Gericht ist; du dich alsdann vor dem tödtenden Richter

---

1) Chrys. de laud. S. Pauli Ap. hom. 2. (tom. 2. p. 485.)

Windest und krümmst, mit bebender Angst laut weinend zu Gott
flehst
Um Erbarmung: dann höre dich Gott, und erbarme sich deiner!
Also sagt er und geht durch sie hin. Ihn begleitete Joseph.
Aber Ithuriel sah Nikodemus, den göttlichen Mann, gehn;
Und der Seraph erhub sich, und schwebt' in hoher Entzückung,
Mit weit ausgebreitetem Armen."

Nach dem hier und früher Gesagten brauchen wir wohl
nicht mehr ausdrücklich daran zu erinnern, daß die ungleich
höhere Schönheit der ethischen Ordnung nicht dem Reiche
des rein Menschlichen, Natürlichen, sondern dem des Ueber-
natürlichen angehört. Darum ist für alle, die nicht Sinn
und Verständniß für das Uebernatürliche verloren haben, die
erhabenste Erscheinung auf dieser Erde jene, welche wir im
vorhergehenden Paragraphen als das schönste unter den sichtbaren Werken Gottes bezeichnet haben, die Kirche. Wider
sie „knirschen die Heiden, sinnen Eitles die Völker; wider sie
erheben sich die Könige, verbünden sich die Mächtigen der
Erde"; sie aber predigt, unerschütterlich treu ihrem Beruf,
in Wort und Leben, in ihrer Gesammtheit sowohl als in
allen die in Wahrheit und von Herzen sich die Ihren nennen,
„Jesum Christum den Gekreuzigten, den Juden Aergerniß
und den Heiden Thorheit, aber denen die berufen sind Gottes
Kraft und Gottes Weisheit".

75. Das Erhabene der physischen Ordnung, insofern dieselbe der ethischen gegenübersteht, findet sich sowohl in der geistigen Welt als in der Natur. Geistige (intellektuale) Vorzüge
sind erhaben, wenn sie eine eminente Höhe innerer Vollkommenheit erreichen. Erhabene Gegenstände der körperlichen
Ordnung stellen sich uns dar in dem Anblick des Weltmeers,
des mit Sternen übersäten Firmaments; in außerordentlichen
Naturerscheinungen, wie in einem Orkan, einem großen Brand,

einem Gewitter, einem Erdbeben, dem Ausbruch eines Vul-
kans [1]). Hieher gehört die folgende Stelle aus Virgil:

„— — Er selbst, der Vater der Götter,
Schleudert, in Wetter gehüllt, den Blitz mit feuriger Rechte
Weit umher: es erbebt in ihren Gründen die Erde
Tief erschüttert; es flüchtet das Wild; ein banges Schrecken
Wirft die Herzen der Völker darnieder; des Mächtigen Pfeile
Spalten des Athos Höhen, zertrümmern Keraunens Klüfte
Oder Rhodopens moosiges Haupt" [2]);

hieher auch diese andere aus der Ilias:

„Da die Olympier nun in die sterblichen Schaaren sich stürzten,
Tobte die völkerentflammende Wuth; es stellte sich Pallas
Nun mit lautem Geschrei an den Graben außer der Mauer,
Dann mit lautem Geschrei an's wiederhallende Ufer.
Brausend wie stürmende Strudel, gehüllt in Schrecken der Nächte,
Schrie von Ilions thürmender Burg der Kriegsgott herunter,
Lief dann schreiend an Simois Ufer bis Kallikolonä.
Fürchterlich donnerte Zeus, der Vater der Götter und Menschen,
Oben herab; von unten erschütterte Poseidaon
Die unendliche Erde bis zu den Häuptern der Berge;
Alle Füße wankten des quellenströmenden Ida
Bis zu den Gipfeln; es wankte die Stadt, und die Schiffe der
                                    Griechen.
Da erschrak in der Tiefe der Schattenbeherrscher Aidoneus;

----

1) Solche Naturerscheinungen finden wir übrigens nur insofern erhaben,
als nicht die Furcht vor ihren Folgen, oder der Schmerz über dieselben, in
Rücksicht auf uns selbst oder auf andere, die dem Erhabenen entsprechenden Gefühle unmöglich macht.

2) Georg. 1.

Bebend entsprang er dem Thron, laut rufend, daß nicht von oben
Poseidon, der Gestadeerschütt'rer, die Erde zerreiße,
Daß nicht erscheine den Menschen, daß nicht den Göttern erscheine
Seine düstre Behausung, für die auch Olympier grauet."[1]

An sich ist die körperliche Natur dem Geiste gegenüber
immer zu klein, als daß sie dem letzteren Gegenstand der
Ehrfurcht und der Bewunderung werden könnte; nur für sich
betrachtet würden die angeführten Gegenstände wohl bedeutend erscheinen, aber nie erhaben. Aber der vernünftige
Geist faßt sie eben auch niemals als etwas Absolutes und
rein für sich auf; er fühlt sie immer, und mit einer Nothwendigkeit die in seiner eigenen Natur liegt, als das was
sie sind, als Wirkungen einer höheren Ursache, als Offen-
barungen eines Wesens, das die gesammte Natur und alle
ihre Kräfte mit gewaltiger Hand beherrscht und leitet. Die
Größe, die ehrfurchtgebietende Macht und Weisheit dieses
Wesens, die Fülle seines Seins, mit einem Worte das Ueber-
maß seiner innern Güte ist es, vor welchem wir uns, von
Bewunderung, von Staunen, von heiligem Schauer ergriffen,
beugen.

„Die Stimme des Herrn rollt über Fluten:
      der Gott der Herrlichkeit donnert! —
      der Herr auf vielen Wassern!
Stimme des Herrn — gewaltige!
      Stimme des Herrn — erhabene!
Stimme des Herrn, der splittert Cedern!
      Libanons Cedern zerschmettert der Herr.
Stimme des Herrn, der Flammen sprühet!
Stimme des Herrn, der die Wüste erschüttert:
      die Wüste von Cades macht beben der Herr.

---

1) Hom. Jl. 20, 47. ff. (nach der Uebersetzung von Stolberg.)

Nun ſpricht in ſeinem Tempel Alles: „Ehre!‟
Der Ew'ge, der die Waſſerflut bewohnet,
 und auf ihr thront — ein König immerdar:
Der Herr wird ſeinem Volke Stärke geben,
 ſein Volk mit Frieden ſegnen.‟ [1]

Den vorher aus Virgil und Homer gegebenen Stellen liegt
dieſe Auffaſſung offenbar zu Grunde, nur durch die Fabeln
der Mythologie entſtellt. So iſt das Erhabene der ſichtbaren Natur nichts anderes als die unvollkommnere, weil
durch geſchaffene Kräfte vermittelte, Offenbarung der Majeſtät
Gottes und der Größe ſeiner Eigenſchaften (vgl. N. 73.); ſo
beſtätigt ſich in dem Erhabenen, als dem Inbegriff der
höheren Grade der Schönheit, mit größerer Evidenz dasjenige was wir früher ausgeſprochen haben, daß die Gefühle,
welche die Schönheit unperſönlicher Dinge in uns erregt,
nicht abſolute ſind ſondern relative [2].

Jener weltbeherrſchende Geiſt, „der die Erde anſchaut
und ſie zittert vor ihm, der die Berge berührt und ſie rau-
chen, der Wolken zu ſeinem Wagen macht und einhergeht
auf den Flügeln des Sturmes‟ [3], jene Größe der ewigen
Gottheit, welche in den erhabenen Erſcheinungen der Natur
auch dem Gottesläugner unausweichlich entgegentritt: eben
dieſelbe iſt es auch, welche wir in den Schickſalen der Völker
wie der Einzelnen, in den großen Ereigniſſen und Kataſtrophen

---

1) Aus Pſ. 28. (nach Schegg.)

2) Die namentlich ſeit Kant beliebte Theilung in das mathematiſch (extenſiv)
und dynamiſch (intenſiv) Erhabene ſcheint uns keinen beſonderen Werth zu haben.
Es iſt immer dieſelbe, über uns und die geſammte Natur erhabene, Macht und
Weisheit des Allerhöchſten, deren Offenbarung, deren Höhe, uns mit Ehrfurcht
erfüllt, mag ſie uns erſcheinen im Anblick des geſtirnten Himmels, des uner-
meßlichen Oceans, oder in dem Ausbruch des Aetna.

3) Pſ. 103.

der Geschichte, anbetend bewundern. Hier wie dort ist nichts groß als durch seine innere Beziehung zur allwaltenden Vorsehung, nichts erhaben, als insofern es den verkündigt, der in seiner Hand „die Säume der Erde faßt und die Gottlosen abschüttelt von ihr, und den Frevlern den erhobenen Arm zerbricht"[1]), der die Widerspänstigen „beherrscht mit eisernem Scepter, und wie Töpfergefäß sie zertrümmert"[2]), „vor dem die Himmel vergehen, und altern wie ein Kleid, und er wechselt sie wie ein Gewand: er aber bleibt derselbe und seine Jahre nehmen kein Ende"[3]).

„Ich sah den Gottlosen hoch erhoben, sah ihn emporragen wie die Cedern des Libanon: ich ging vorüber, und siehe er war nicht mehr, und man fand nicht mehr seine Stätte"[4]).

— · —   —

1) Job 38, 13. 15.
2) Ps. 2, 9.
3) Ps. 101, 27.
4) Vidi impium superexaltatum, et elevatum sicut cedros Libani: et transivi, et ecce non erat, et quaesivi eum, et non est inventus locus eius. Ps. 36, 35.
Eine erhabene Stelle, die hierher gehört, ist die folgende, aus einem Briefe des Servius Sulpicius an Cicero, in welchem er den letztern wegen des Todes seiner Tochter zu trösten sucht. „Quae res mihi non mediocrem consolationem attulit, volo tibi commemorare, si forte eadem res tibi minuere dolorem possit. Ex Asia rediens quum ab Aegina Megaram versus navigarem, coepi regiones circumcirca prospicere. Post me erat Aegina: ante Megara: dextra Piraeus: sinistra Corinthus: quae oppida quodam tempore florentissima fuerunt, nunc prostrata et diruta ante oculos iacent. Coepi egomet mecum sic cogitare: Hem! nos homunculi indignamur, si quis nostrum interiit, aut occisus est, quorum vita brevior esse debet, quum uno loco tot oppidum cadavera proiecta iaceant? Visne tu te, Servi, cohibere, et meminisse, hominem te esse natum? Crede mihi: cogitatione ea non mediocriter sum confirmatus. Hoc idem, si tibi videtur, fac ante oculos tibi proponas. Cic. epp. ad divers. 4, 5.

Auch in dieser Rücksicht gibt es wieder keine erhabnere
Erscheinung als jenes Werk Gottes, das allein unter allen
die Verheißung ewiger Dauer hat, dem allein das Wort des
Herrn galt: „Himmel und Erde werden vergehen, aber
meine Worte werden nicht vergehen". „Welche andere heute
bestehende Institution," schreibt ein berühmter englischer Pro-
testant[1]), „welche andere heute bestehende Institution, als
die katholische Kirche, war Zeuge jener Zeiten, da aus dem
Pantheon noch der Rauch der Opfer aufstieg, da noch Leo-
parden und Tiger brüllten im Amphitheater des Flavius?
Die stolzesten Königshäuser sind von gestern, wenn man sie
neben die Reihenfolge der Päbste stellt. . . Die Republik
Venedig kam dem Pabstthum an Alter zunächst. Aber die
Republik Venedig war ein Kind im Vergleich mit dem Pabstthum; und die Republik Venedig ist verschwunden, das
Pabstthum ist geblieben. Das Pabstthum ist geblieben, nicht
im Verfall, nicht als ein altersschwacher Ueberrest vergangener Zeiten, sondern voll Lebens und jugendlicher Kraft.
. . Auch jetzt noch deutet kein Zeichen darauf hin, daß das
Ende der langen Herrschaft der katholischen Kirche heran-
nahe. · Sie sah alle Regirungsformen, alle kirchlichen An-
stalten sich bilden, welche gegenwärtig in der Welt bestehen,
und wir haben keine Gewißheit, daß sie nicht auch das Ende
von allen zu sehen bestimmt ist. Sie war groß und geachtet,
schon ehe die Angelsachsen ihren Fuß auf britischen Boden
setzten, ehe die Franken über den Rhein zogen; sie war groß
und geachtet, als noch zu Antiochia griechische Beredsamkeit
blühte, und Götzenbilder angebetet wurden im Tempel zu
Mekka. Es könnte geschehen, daß sie auch dann noch in

---

[1] Macaulay (Critical and historical essays. Leipzig 1850, Bd. 4.
S. 88.)

ungeminderter Jugendfrische dastände, wenn dereinst etwa ein Reisender aus Neuseeland, mitten in einer weiten Einöde, an einen gesprengten Bogen der London-Brücke sich lehnte, um die Ruinen von St. Paul zu zeichnen."

76. Das Tragische, von welchem in der Aesthetik an dieser Stelle die Rede zu sein pflegt, ist als eine besondere Art des Erhabenen aufzufassen. Der geistige Genuß welchen wir in demselben finden, beruht, wenigstens vorzugsweise, auf Gründen die wir sämmtlich schon berührt haben.

> „Nur in finstren Nächten strahlet
> Herrlich schön der Sterne Pracht,
> Und der Regenbogen malet
> Sich nur in der Wolken Nacht."

Im Unglück, in schweren Leiden, bewährt sich mehr als irgendwo sonst die ethische Größe, die sittliche Kraft des Geistes: schon allein durch starkmüthiges Ertragen, durch heroische Geduld und Ergebung; noch mehr aber, wo der Mensch durch freiwillige Uebernahme derselben den Beweis liefert, daß er nichts fürchtet als die Sünde[1]), daß ihm nichts höher gilt als die Treue gegen Gottes Gebote. Andererseits offenbart sich uns in dem Schicksal von welchem wir den Bösewicht verfolgt sehen, in dem Verhängniß das ihn zermalmt, die strafende Hand der göttlichen Gerechtigkeit, das allsehende Auge der Vorsehung, dem nichts sich entziehen

---

1) „Die Verletzung des Sittengesetzes", sagt man in gewissen gelehrten Kreisen gegenwärtig lieber. Aber das Wort „Sünde" ist vollkommen deutsch, und bezeichnet genau denselben Begriff. Jenes „Sittengesetz", das die neuere Philosophie als ein Product der bloßen menschlichen Vernunft fingirt hat, ist schlechthin ein Unding.

kann. So stellt sich in dem „Tragischen" entweder das
Erhabene der ethischen Ordnung dar, oder es ist die Größe
Gottes und seiner Eigenschaften, welche wir darin bewundern.

§. 13.

Das Erhabene, Fortsetzung. Eine sonderbare Verirrung der modernen Aesthetik.

77. Wir machen keinen Anspruch darauf, durch die gegebenen wenigen Bemerkungen über das Erhabene diesen
Stoff erschöpft zu haben; für unsern Zweck indeß dürften
dieselben genügen. Nur ein merkwürdiges Dogma der
Schönheits- und Kunstphilosophie der Neuzeit müssen wir
nothwendig noch ins Auge fassen.

„Reue," so philosophirt Friedrich von Schiller [1]), „Selbstverdammung, selbst in ihrem höchsten Grad, in der Verzweiflung,
sind moralisch erhaben, weil sie nimmermehr empfunden werden
können, wenn nicht tief in der Brust des Verbrechers ein un-
bestechliches Gefühl für Recht und Unrecht wachte, und seine
Ansprüche selbst gegen das feurigste Interesse der Selbstliebe geltend machte. . . Und was kann auch erhabener sein, als jene
heroische Verzweiflung, die alle Güter des Lebens, die das Leben
selbst in den Staub tritt, weil sie die mißbilligende Stimme
ihres innern Richters nicht ertragen und nicht übertäuben kann?
Ob der Tugendhafte sein Leben freiwillig dahingibt, um dem
Sittengesetz gemäß zu handeln — oder ob der Verbrecher unter
dem Zwange des Gewissens sein Leben mit eigener Hand zerstört,
um die Uebertretung jenes Gesetzes an sich zu bestrafen, so steigt

---

1) Ueber den Grund des Vergnügens an tragischen Gegenständen. Bd. 11.
S. 522. 523. (Ausg. von Stuttgart 1838.)

unsere Achtung für das Sittengeseh zu einem gleich hohen Grade empor; und, wenn ja noch ein Unterschied Statt fände, so würde er vielmehr zum Vortheil des letztern ausfallen, da das beglückende Bewußtsein des Rechthandelns dem Tugendhaften seine Entschließung doch einigermaßen konnte erleichtert haben, und das sittliche Verdienst an einer Handlung gerade um eben so viel abnimmt, als Neigung und Lust daran Theil haben. Reue und Verzweiflung über ein begangenes Verbrechen zeigen uns die Macht des Sittengesehes nur später, nicht schwächer; es sind Gemälde der erhabensten Sittlichkeit, nur in einem gewaltsamen Zustand entworfen. Ein Mensch, der wegen einer verletzten moralischen Pflicht verzweifelt, tritt eben dadurch zum Gehorsam gegen dasselbe zurück; und je furchtbarer seine Selbstverdammung sich äußert, desto mächtiger sehen wir das Sittengeseh ihm gebieten."

Bei Vischer[1] lesen wir also:

„Diese Kraft der menschlichen Natur, wonach der Wille die Gewalt des Affekts als sein Werkzeug mit sich vereinigt, ist es, wodurch auch das Böse erhaben wird. Es bewährt sich im Bösen dieselbe Freiheit des Subjekts, die wir auch im Guten bewundern, und die ästhetische Wirkung wird durch den veränderten Zweck zwar anders modisicirt, aber keineswegs geschwächt. Ja sie steigt mit dem Grade und der Consequenz des Bösen, und eine vollendete Empörung gegen Gott, wie bei Prometheus und dem Faust der Volkssage, ist ästhetisch ergreifender, als die schönste Energie des Guten."

Zwei Jahrzehnte vor Vischer hatte Krug[2] geschrieben:

---

1) Ueber das Erhabene und Komische. (Stuttgart 1837.) S. 75. Vgl., von demselben Verfasser, Aesthetik 1. §. 107. „Das Erhabene des bösen Willens."
2) Aesthetik §. 25. Anmerkung 3. (S. 118.)

„In dieser Beziehung" (in intensiver Hinsicht) „ist auch die moralische Gesinnung, sofern sie sich durch Wort und That zu erkennen gibt, des Charakters der Erhabenheit fähig, und zwar sowohl als sittlich gute, wie als sittlich böse Gesinnung. Denn es kommt bei der ästhetischen Schätzung derselben nicht auf ihren inneren (moralischen) Werth oder Unwerth an, sondern auf die Größe der Willenskraft, die sich dadurch ankündigt 1). Das Bewußtsein einer überschwänglichen Kraft dieser Art erhebt stets das Gemüth, und daher hat auch der Gedanke, daß der Mensch durch seinen freien Willen selbst der Gottheit widerstreben könne, etwas Erhebendes und Wohlgefälliges, indem hierauf die moralische Größe des — im Vergleiche mit der Allmacht physisch ohnmächtigen — Menschen beruht, obgleich das wirkliche Widerstreben als etwas Immoralisches nothwendig mißfällt."

Nicht anders redet Nüsslein 2):

„Im Kampfe mit der Außenwelt oder mit dem Verhängnisse beweiset die Seele moralische Erhabenheit: ... durch freiwillige Hingabe aller äußeren Würde, sogar des irdischen Lebens, sobald sie dasselbe von einer, gleichwohl bewußtlos begangenen Schuld, befleckt sieht. Auf dieser Höhe zeigte sich Oedipus im Sophokles. ... Das Unmoralische schließt das Erhabene nicht

---

1) Hier gibt Krug die folgende Note: „Wenn in Corneille's Medée (Act. 1. Sc. 1.) jenes weibliche Ungeheuer auf die Frage ihrer Vertrauten:

Votre pays vous hait, votre époux est sans foi;
Dans un si grand revers, que vous reste-t-il? —

schlechtweg antwortet: Moi! so fühlt jeder' (?) „die Erhabenheit dieser Gesinnung, ungeachtet der Unthaten, welche Medea mit und zum Theil selbst durch diese Gesinnung ausführt. Eben so ist die Gesinnung, welche Milton im verlornen Paradiese (Ges. 1. V. 81—121. und V. 237—266.) dem Satan leiht, unstreitig erhaben, wiewohl sie zu gleicher Zeit die höchste Bosheit verkündet. . . ."

2) Lehrbuch der Kunstwissenschaft. §. 86. 47. S. 78. 80. 81.

aus. Aller Heroismus trägt das Gepräge des Erhabenen, wenngleich nicht immer den Stempel des Sittlichen." Darauf werden
als „Gegenstände unserer Bewunderung", als „erhabene Charaktere", Medea, Catilina, und „hundert andere Ungeheuer
der Geschichte" bezeichnet, und zuletzt Miltons Satan.

Mit seinen beiden Vorgängern stimmt endlich auch F. Ficker[1])
aufs Wort überein:

„Im Kampfe mit der Außenwelt beweist die Seele moralische
Erhabenheit: ... Durch freiwillige Hingabe aller äußern Würde,
sogar des irdischen Lebens, sobald sie dasselbe von einer, wenn
auch bewußtlos begangenen Schuld befleckt sieht. Auf dieser
Höhe zeigte sich Oedipus im Sophokles. — Bei der ästhetischen
Schätzung einer großen, erhabenen Gesinnung kommt es aber
nicht auf ihren inneren (sittlichen) Werth oder Unwerth an,
sondern auf die Größe der Willenskraft, die sich dadurch kundgibt. Aller Heroismus trägt das Gepräge des Erhabenen, wenngleich nicht immer den Stempel des Sittlichen." Als Beispiele
folgen Corneille's Medea, Voltaire's Mahomed, Miltons Satan,
Göthe's Mephistopheles[2]).

———— ————

1) Aesthetik (2. Aufl. Wien 1840.) §. 30. S. 43.

2) Indem wir diese Stellen ausführlich und dem Wortlaute nach gaben,
hatten wir außer der uns zunächst liegenden noch eine Nebenabsicht. Wir wollten
an einem unter hundert Beispielen, die uns beim Durchblättern von Werken über
Aesthetik begegnet sind, unsern Lesern zeigen, wie man „Bücher macht". Ueberdies ist ja auch die genaue Uebereinstimmung, nicht nur der Gedanken sondern
selbst des Ausdrucks, eine besondere Garantie für die Zuverlässigkeit der vorge-
tragenen Sätze. —

Den angeführten Autoren können wir noch Sulzer (Allg. Theorie der
schönen Künste, Art. „Erhaben"), Batteur (Einleitung in die schönen Wissenschaften, übersetzt von Ramler, 4. Aufl. Bd. 2. S. 272.) und Pasquali (Isti-
tuzioni di Estetica, Padova 1827., vol. I. p. 87. 88.) als Vertreter derselben Ansicht zugesellen.

Man wird es uns vielleicht übel nehmen, wenn wir es aussprechen, aber schweigen ist mitunter schwer: diese ganze Theorie der modernen Aesthetik von „dem Erhabenen des bösen Willens", um den Ausdruck Vischers zu gebrauchen, kömmt uns vor wie ein Stück aus dem Delirium eines Wahnsinnigen, und während wir gewisse Sätze abschrieben die als Begründung figuriren, empfanden wir ein Gefühl, ungefähr wie jenes, mit welchem man in Plato's Dialogen die griechischen Sophisten ihre Paralogismen vortragen hört. Jeder Mensch, der mit den Worten Begriffe verbindet, mag er sie auch häufig nicht definiren können, versteht unter dem Erhabenen, namentlich auf dem ethischen Gebiete, etwas des Ruhmes und des Lobes Würdiges, etwas Erstrebenswerthes, Hohes, Großes, Gutes; ein solches kann aber das Unmoralische wahrlich nicht sein. Rüßleins „erhabene Ungeheuer" werden dem gesunden Verstand immer als ein innerer Widerspruch vorkommen. Wir haben überdies gesehen, daß alles Erhabene auch schön ist (72): aber das Unsittliche kann niemals für schön gelten, das haben wir gleichfalls bewiesen (66). Das Erhabene, sagten wir endlich, weckt seiner Natur nach in uns die Gefühle der Bewunderung, der Ehrfurcht, der Liebe und ernster Freude: welchem vernünftigen Menschen ist aber jemals das Unsittliche der Gegenstand solcher Gefühle gewesen?[1]

—·—

1) Ein halbes Jahr nachdem wir dies geschrieben, lesen wir wieder in einer Aesthetik, die wohl in diesem Augenblick die neueste Leistung auf diesem Gebiete ist: „In ethischer Beziehung steht das Gute wie das Böse dem Erhabenen offen. Ja das Böse vermag uns in besonderer Weise Bewunderung und Staunen abzutrotzen." Zwei Seiten weiter heißt es: „Das Erhabene bewirkt Hochachtung, Verehrung." (C. Lemcke, Populäre Aesthetik, S. 94. 95.) Sonderbare Gemüther, die auch das Verächtliche achten mögen! Uebrigens was man achten kann, das kann man auch lieben.

15*

78. Obgleich hiernach die in Rede stehende Lehre auf
eine eingehendere Widerlegung keinen Anspruch mehr hat, so
lassen doch andere Rücksichten es uns als der Mühe werth
erscheinen, einzelne der von unsern Gegnern ausgesprochenen
Sätze mit einigen Worten zu beleuchten. Wir wollen zuerst
Schiller, dann Krug und Bischer ins Auge fassen.

Jede Philosophie, die auf diesen Namen noch Anspruch
macht, lehrt und beweist den Satz: „Der Selbstmord, aus
welchem Beweggrunde immer begangen[1]), ist ein Frevel, eine
Empörung wider das Sittengesetz, eine Verhöhnung desselben,
mithin eine niedrige, verächtliche, gemeine, des vernünftigen
Menschen im höchsten Grade unwürdige That." Verzweiflung und Selbstmord sind also nicht, wie Schiller behauptet,
„Gemälde der erhabensten Sittlichkeit", sondern der tiefsten
moralischen Versunkenheit; sie „zeigen uns" nicht „die Macht
des Sittengesetzes", sondern sie sind der offenbarste Beweis,
daß dasselbe all seinen Einfluß verloren hat, daß die sittliche
Idee nichts mehr gilt, daß Irrthum und Leidenschaft den
Menschen beherrschen, daß jedes moralische Bewußtsein ge-
schwunden, jedes Gefühl der Pflicht mit der Wurzel ausge-
rissen ist; der verzweifelnde Selbstmörder tritt nicht „eben
dadurch zum Gehorsam gegen das Sittengesetz zurück", sondern er drückt seiner frechen Auflehnung gegen dasselbe das
letzte Siegel auf. Wenn also „der Verbrecher sein Leben
mit eigener Hand zerstört", so kann dadurch unmöglich „unsere
Achtung für das Sittengesetz emporsteigen", sondern jener
thut was an ihm ist um dieselbe ganz und gar zu vernichten; er gibt der menschlichen Gesellschaft ein strafwürdiges
Aergerniß, und nicht die Religion allein, sondern die natür-

---

[1]) Den einzigen Fall abgerechnet, wo der Herr des Lebens, der Schöpfer
selbst, einem Menschen den ausdrücklichen Befehl gäbe, sich zu tödten.

liche Vernunft fordert, billigt wenigstens, als Genugthuung
für dasselbe eben jene Strafe, welche die Kirche über den
Selbstmörder verhängt, indem sie ihm die Ehre der kirchlichen
Bestattung versagt, und seinen Leichnam aus der Nähe der
übrigen verbannt.

Was dann die Voraussetzungen des Dichters betrifft,
wonach „Verzweiflung der höchste Grad der Reue", und der
Beweis ist, „daß tief in der Brust des Verbrechers ein un-
bestechliches Gefühl für Recht und Unrecht wacht, das seine
Ansprüche selbst gegen das feurigste Interesse der Sinnlichkeit geltend macht;" wonach der Selbstmord die „von dem
Verbrecher unter dem Zwange des Gewissens an sich selbst
vollzogene Strafe für die Uebertretung des Sittengesetzes",
also die vernunftgemäße Folge eines sittlichen Schmerzes über
diese Uebertretung sein soll: was, sagen wir, diese Voraussetzungen betrifft, so sind dieselben philosophisch eben so absurd
und widersinnig, als psychologisch und historisch unwahr.
Verzweiflung ist geradezu die Vollendung des Bruches mit
Gott und Gewissen, mit Tugend und Sittengesetz: sie ist
nur möglich, indem der Verbrecher das Gefühl für Recht
und Unrecht in seiner Brust, nachdem er ihm lange Gewalt
angethan, vollends erstickt. Es ist widersinnig, zu behaupten, daß wahrer Schmerz über die Verletzung des Sittengesetzes den Menschen zu einer neuen, gröberen Verletzung
desselben treiben könne. Der Beweggrund von Verzweiflung
und Selbstmord, wo er im Zustande der Zurechnungsfähig-
keit begangen wird, ist ausschließlich Feigheit, Stolz, und
Eigenliebe: der Verbrecher wirft gewaltsam dieses Leben von
sich, einzig weil er zu stolz ist um sich zu demüthigen und
zu bereuen, und zu feige, um die Strafe oder die natürlichen schlimmen Folgen seines Vergehens zu ertragen.

Schillers Gedanken sind mithin nichts als eine Kette
von Irrthümern und Trugschlüssen, falsch und unsittlich, nicht

etwa im Lichte des Glaubens, sondern der bloßen natürlichen Vernunft. Solche Grundsätze verbreiten, das heißt gegen Wahrheit und Sitte sündigen, das heißt freveln gegen die menschliche Gesellschaft, deren Wohl dieselben nothwendig untergraben müssen, — und in der That fortwährend untergraben. Ueber die empörende Parallele zwischen dem Selbstmörder und dem Märtyrer (denn das ist doch, wenigstens im weiteren Sinne des Wortes, „der Tugendhafte, der sein Leben freiwillig dahingibt um dem Sittengesetze gemäß zu handeln", vgl. oben S. 223.) verlieren wir weiter kein Wort. *Vae qui dicitis bonum malum et malum bonum.* „Wehe die ihr Finsterniß ausgebet für Licht, und Licht für Finsterniß, die ihr Bitteres süß nennt und das Süße bitter!" [1])

Schwerer noch muß dieser Fluch des heiligen Geistes Lehren treffen wie jene, die Krug und Bischer aufzustellen sich nicht schämen. Wohl ist die vernünftige Creatur groß, bewunderungswürdig, erhaben, durch die Freiheit ihres Willens: aber insofern sie eben in dieser das Vermögen besitzt, durch eigene Wahl zu jener Höhe aufzusteigen und sie zu behaupten, auf welcher die unvernünftigen Geschöpfe die zwingende Nothwendigkeit der Naturgesetze festhält, zur Uebereinstimmung ihres Strebens mit dem Willen der höchsten Weisheit, zur Einigung ihrer gesammten Kraft mit der unendlichen Macht und Güte ihres Schöpfers. Daß sie dieselbe Freiheit auch zur Verläugnung Gottes, zur Auflehnung gegen ihn, anwenden kann, das ist ihre Niedrigkeit, ihre Beschränktheit. Weil sie aus dem Nichts hervorging, weil sie endlich ist und von gestern, darum, und darum allein, ist sie im Stande, ihre physische Freiheit mißbrauchend e t h i s c h (und übernatürlich) u n f r e i zu handeln, sich von dem los-

---

1) Jf. 5. 20.

zusagen, „welchem dienen herrschen ist", und in entehrender
Sklaverei sich Geschöpfen, endlichen Zwecken, dienstbar zu
machen. Nicht „Größe der Willenskraft" ist's, die sich im
Bösen bethätigt, sondern die Erbärmlichkeit, die Schwäche
derselben; nicht „jene Freiheit die wir im Guten bewundern
bewährt sich" in der Sünde [1]), sondern das gerade Gegentheil davon, die erniedrigendste Gebundenheit, die beschä-
mendste Ohnmacht. Und doch soll „eine vollendete Empörung
gegen Gott erhabener, ästhetisch ergreifender sein, als die
schönste Energie des Guten"? soll „der Gedanke, daß der
Mensch durch seinen freien Willen selbst der Gottheit widerstreben könne, etwas Erhebendes und Wohlgefälliges haben",
und auf dieser Fähigkeit „die moralische Größe des Menschen
beruhen"? Traurige Größe, sich von dem unendlich Guten,
von dem der allein groß ist, losreißen zu können, — unselige Macht, im Stande zu sein sich unter das Nichts zu
erniedrigen, sich sein eigenes Grab zu graben! „Wehe,
wenn es sich auflehnt wider den der es gebildet, das Töpfergefäß aus Erde von Samos!" [2]) Sind etwa das nicht
blasphemische Lügen, dazu angethan die sittliche Welt aus
ihren Angeln zu heben? Und ist es nicht Verrath an der
Menschheit, heißt es nicht mit ihren höchsten Gütern, mit
ihren heiligsten Interessen ein frevles Spiel treiben, wenn
man den heiligen Namen der Wissenschaft in solcher Weise

---

1) Vgl. oben S. 224. Auch die folgende Aeußerung Schillers gehört
hieher: „Hingegen rechnen wir dem consequenten Bösewicht die Besiegung des
moralischen Gefühls, von dem wir wissen, daß es sich nothwendig in ihm regen
mußte, zu einer Art von Verdienst an, weil es von einer gewissen Stärke der
Seele und einer großen Zweckmäßigkeit des Verstandes zeugt, sich durch keine
moralische Regung irre machen zu lassen." (Ueber den Grund des Vergnügens
an tragischen Gegenständen, S. 528.) Wir denken, Schiller hat selbst nicht an
das geglaubt, was er hier behauptet.

2) Vae qui contradicit fictori suo, testa de Samiis terrae. Is. 45, 9.

mißbraucht, um das moralische Bewußtsein zu fälschen, und den Herrn der Welt, die Quelle aller Wahrheit, zu lästern?[1])

Zum Schluß nur noch eine kurze Bemerkung. Die Sätze, von denen in dieser letzten Nummer die Rede war, sind entweder die logisch nothwendigen Schlüsse aus Principien welche der ganzen Theorie zu Grunde liegen, oder sie sind durch unrichtige Folgerung aus richtigen Grundsätzen abge- leitet. Im ersten Falle ist es eine nichtswürdige Philosophie, die zu solchen Resultaten führt; im zweiten ist es eine erbärmliche Logik, welche den Vertretern jener Lehren zu Ge- bote steht. In dem einen wie dem anderen Falle aber dürfen wir es wohl mit Recht als ein trauriges Zeichen für die

---

1) „Von einer gewissen Seite betrachtet," schreibt der weise Taparelli (La Civiltà Catt. Ser. 4. vol. 5. p. 172.), „kann allerdings auch das Verbrechen von einem Schimmer falscher Größe umgeben erscheinen, der im Stande ist, Geister die mehr Phantasie als Urtheil haben, zu blenden und irre zu führen. In der Fabel vom Prometheus z. B. oder vom Ajar läßt schon die Beschränkt- heit und die Ohnmacht der Gottheiten gegen die sie sich auflehnen, das Verwerf- liche und das Widersinnige ihrer Empörung minder hervortreten. Nichtsdesto- weniger kann sich das wahrhaft Erhabene im Verbrechen unmöglich finden . . ." Darum ist der große Dante, wie Planciani bemerkt, weit entfernt, den Lucifer und die übrigen Verdammten in ethischer Rücksicht erhaben darzustellen. — Ganz dasselbe gilt von Milton. Es ist eine Verläumdung des Dichters, wenn man sagt der Satan erscheine im verlornen Paradiese moralisch erhaben. Derselbe erscheint physisch ungeheuer, wenn man will auch erhaben, moralisch als die vollendete Bosheit und Empörung gegen Gott, — aber nur verächtlich, Wider- willen und Abscheu erregend.

Nach Vischer, um auch das noch zu sagen, wäre freilich der Satan auch nicht erhaben, „weil seine Bosheit ganz frei von Illusionen ist". Wird er ihn also ganz unerwartet für niederträchtig, für verächtlich erklären? Es gibt einen Mittelweg. „Der Satan, der das absolut Verkehrte mit dem absoluten Bewußt- sein dieser Verkehrtheit verfolgt, ist komisch. und zwar nicht nur für den Be- trachtenden, sondern auch für sich selbst müßte er es sein, wenn es einen geben könnte." (Ueber das Erhabene und Komische. S. 75.) Sapienti sat.

philosophische Reise, als ein noch traurigeres für das moralische Gefühl der Zeit bezeichnen, wenn solche Werke mit
Beifall aufgenommen, als epochemachend gerühmt, als maß-
gebende Auktoritäten auf ihrem Gebiete anerkannt werden.

§. 14.

Die wesentlichen Merkmale der Schönheit, kurz wiederholt.
Die letztere ist von anderen ihr ähnlichen Eigenschaften der
Dinge wohl zu unterscheiden. Begriff des Angenehmen überhaupt. Burke's Schönheitsbegriff. Warum wir den körperlichen Dingen nur in Rücksicht auf solche Vorzüge Schönheit
zusprechen, welche wir durch die höheren Sinne wahrnehmen.
Die Wahrheit, die Neuheit, das Wunderbare. Das Angenehme der Mannigfaltigkeit. Das Lächerliche. Die Anmuth.
Rekapitulation.

79. Mit dem bisher Gesagten dürfen wir wohl unsere
Aufgabe in Rücksicht auf die Bestimmung des Begriffs und
des Wesens der Schönheit als abgeschlossen betrachten. Nur
wie zur Ergänzung bleibt uns in dieser ersten Abtheilung
noch Eines zu thun übrig. Es gibt noch manche andere
Eigenschaften der Dinge, welche unsere Natur mehr oder
minder in ähnlicher Weise afficiren, wie die Schönheit.
Hiedurch liegt die Gefahr sehr nahe, dieselben mit der Schönheit zu verwechseln, wie das in der That, in der Wissenschaft selbst, sehr häufig geschehen ist, und im Leben noch
täglich geschieht. Wir müssen deshalb wenigstens die vorzüglichsten jener Eigenschaften in Kürze charakterisiren, um
ihr Verhältniß zur Schönheit genau bestimmen zu können.
Diese Erörterung ist überdies, mit Rücksicht auf den Gegen-

stand der bald folgenden zweiten Abtheilung, aus einem anderen Grunde unerläßlich, der sich seiner Zeit herausstellen wird. Bevor wir indessen auf die angedeuteten Eigenschaften selbst übergehen, ist es zweckmäßig, daß wir uns das Wesen der Schönheit, wie wir dasselbe in unserer ganzen Untersuchung erkannt haben, nochmals kurz vergegenwärtigen.

80. „Einem jeden muß es einleuchten," so dürfen wir nach allem Vorhergehenden wohl mit Proklus dem Neuplatoniker sagen, „einem jeden muß es einleuchten, daß das Schöne seiner Natur nach Gegenstand der Liebe ist, indem ja auch die mindeste Schönheit, weil in ihr ein Schlummer der Schönheit Gottes glänzt, durch ihre bloße Erscheinung unsere Liebe gewinnt, unser Herz einnimmt und fesselt. Denn also spricht im Phädrus Sokrates: ‚Der Schönheit Antheil ist es, daß sie die Augen auf sich zieht und die Liebe' [1]). Mag darum das Schöne (καλόν) seinen Namen daher haben weil es anzieht (καλεῖν), oder weil es alle die es schauen entzückt (κηλεῖν) und ihnen Genuß bringt, es ist seinem Wesen nach Gegenstand der Liebe: weshalb man ja auch zu sagen pflegt, die Liebe treibe das Liebende zum Schönen hin" [2]). Was Proklus, als ausgemachten Satz des Platonismus, hier betont, das ist eben das Wesentlichste in dem Resultat unserer gesammten Untersuchung: das Schöne

---

1) Plat. Phaedr. ed. Bipont. vol. 10. p. 328. Steph. 250. d.

2) Παντὶ δὴ οὖν τοῦτο καταφανές, ὅτι τὸ καλὸν ἐράσμιόν ἐστι κατὰ τὴν αὑτοῦ φύσιν ὅπου γε καὶ τὸ ἔσχατον κάλλος, ὡς ἴνδαλμα φέρον τοῦ θείου κάλλους, φαινόμενον ἐραστόν ἐστι, καὶ ἐκπλήττει καὶ κινεῖ τὰς ψυχάς. Τοῦτο γάρ φησιν ὁ ἐν τῷ Φαίδρῳ Σωκράτης· „τὸ κάλλος ταύτην ἔσχε μοῖραν, ἐκφανέστατον εἶναι καὶ ἐρασμιώτατον" ἑτοίμως, εἴτε διὰ τὸ καλεῖν πρὸς ἑαυτὸ κέκρακται καλόν, εἴτε διὰ τὸ κηλεῖν καὶ θέλγειν τὰ πρὸς αὐτὸ δυνάμενα βλέπειν, ἐραστόν ἐστι κατὰ φύσιν· διὸ καὶ ὁ ἔρως πρὸς τὸ καλὸν ἄγειν λέγεται τὸ ἐρᾶν. Procl. Comment. in Platon. Alcibiad. prior. (Cod. Leid. p. 220. 221. Creuzer p. 120.)

ist schön, unmittelbar und zunächst, durch seine Beziehung zur strebenden Kraft des vernünftigen Geistes, als dieser vollkommen angemessenes, ganz eigenthümliches Objekt, als Gegenstand der eigentlichen Liebe. Freilich nicht, als ob hiermit der Begriff der Schönheit erschöpft wäre; sonst unterschiede sie sich ja nicht von der inneren Güte: sondern der Begriff der letzteren wird zum Begriff der Schönheit, indem zu ihm das Merkmal des Genusses hinzutritt, welchen, als Folge der eigentlichen Liebe, die Anschauung des an sich guten Dinges dem vernünftigen Geiste gewährt. „Schön ist das, was gut, und eben dadurch süß ist", so haben wir oben schon (50) mit Aristoteles gesagt.

Wie mit der eigentlichen Liebe sich immer Genuß verbindet, das haben wir hinlänglich erklärt und begründet. Auch das dürfen wir nicht wiederholen, daß unpersönliche Dinge zwar nicht den Gegenstand der absoluten eigentlichen Liebe bilden können, aber wohl der relativen; daß wir in ihnen den vernünftigen Geist lieben, als dessen Werk, als dessen Bild oder Zeichen sie uns erscheinen. Fragt man uns noch, was denn, beim Genuß den uns die Schönheit unpersönlicher Dinge bietet, der letzte Grund unserer Freude sei, da ja diese gleichfalls als eine relative betrachtet werden müsse, so kann uns auch diese Frage nicht in Verlegenheit setzen. Wir freuen uns in diesem allerdings relativen Genuß der Vollkommenheit, der Güter desjenigen, welches auch das letzte Objekt der Liebe ist, die solche Dinge in uns wecken: wir freuen uns der Vorzüge unserer eigenen vernünftigen Natur [1]), wir freuen uns der Vollkommenheiten und der Güter Gottes, je nachdem diese oder jene in dem unpersönlichen schönen Dinge sich uns darstellen. Man wende uns

1) Vgl. oben N. 34, die erste Stelle aus Plotin.

nicht ein, daß wir bei dem Genuß solcher Dinge meistens
weder an unsere vernünftige Natur denken noch an Gott
und seine Vollkommenheiten. Dieselben schweben freilich
unserer Seele nicht immer vor in konkreten Vorstellungen,
aber doch gewiß unter den abstrakten Begriffen des Guten,
des Vollkommenen, des Vernunftgemäßen; wir denken an sie
nicht in jedem Augenblick mit Reflexion, mit klarem Bewußtsein, aber unbewußt und ohne es zu wollen. Oder liegt
irgend ein Objekt des Denkens unserem Geiste so nahe als
die genannten? und sollte es wohl möglich sein, daß dieselben auch nur einen Augenblick dem inneren Auge ganz
entschwänden?

81. Eine charakteristische Eigenthümlichkeit der Schönheit
bleibt es mithin immer, und zwar diejenige welche vielleicht
zuerst in die Augen springt (vgl. N. 8.), daß sie uns der
Grund des Genusses, daß die Anschauung schöner Gegenstände angenehm ist. Aber es gibt noch mehrere andere
Eigenschaften, vermöge deren die Dinge uns angenehm sind,
uns Genuß bringen, und zwar entweder gleichfalls allein,
oder doch zunächst, dadurch, daß sie das Objekt unserer perceptiven Thätigkeit, unserer Wahrnehmung werden. Diese
Eigenschaften sind es, welche wir von der Schönheit genau
zu unterscheiden suchen müssen.

Jede Thätigkeit ist Leben, und Leben ist Genuß. Darum
hörten wir früher (12) von Aristoteles den Genuß definiren
als „die ungehemmte freie Thätigkeit eines natürlichen Vermögens". Es ist eben ein allgemeines Gesetz der Natur,
daß jedes mit Empfindung begabte Wesen in der ungehin-
derten Thätigkeit seiner Vermögen, in der Beschäftigung
eines jeden der letzteren mit dem ihm eigenthümlichen Objekt,
den dem Vermögen entsprechenden Genuß findet. Darum
leidet jedes Wesen, wenn ihm die von der Natur seinen
Kräften zugewiesenen Gegenstände entzogen werden: denn

eben biese sind zugleich seine Güter. Kann wohl das Auge einige Zeit zu vollkommener Finsterniß verurtheilt sein, dem Ohr jeder Laut abgeschnitten werden, ohne daß wir diese Entziehung schmerzlich empfinden?

Angenehm also ist uns im allgemeinen alles, was der naturgemäßen Thätigkeit eines unserer Vermögen entspricht[1]). Fassen wir darum die psychologischen Gründe der Genüsse ins Auge, welche die in Rede stehenden Eigenschaften der Dinge uns bereiten, bestimmen wir in Rücksicht auf jede der letzteren genau das Vermögen, dessen Richtung, dessen natürlicher Thätigkeit sie zusagt; dann sind wir im Stande, verschiedenartige Genüsse, die man größtentheils, sehr bequem aber eben so unwissenschaftlich, unter dem unklaren Ausdruck „ästhetisches Wohlgefallen" oder „Geschmackslust" zusammenzufassen gewohnt ist, in angemessener Weise von einander zu unterscheiden, und laufen nicht mehr Gefahr, die denselben zu Grunde liegenden Eigenschaften der Dinge mit einander, oder mit der Schönheit, zu verwechseln.

82. Daß die Schönheit wesentlich etwas anderes ist, als jene Beschaffenheiten, vermöge deren die Wahrnehmung der Dinge uns sinnlich angenehm ist, das geht aus unserer ganzen Untersuchung offenbar genug hervor, und wir haben mehr als einmal nachdrücklich darauf aufmerksam gemacht. Sinnliches Vergnügen gewähren uns die Dinge, insofern sie der natürlichen Einrichtung, dem Bau, der Organisation der Sinne proportionirt sind, insofern darum ihre Wirkung auf unsern leiblichen Organismus, durch welche wir sie wahrnehmen, dem letzteren zusagt. Für das Vergnügen welches aus diesem Verhältniß hervorgeht, sind alle Sinne empfänglich, die nieberen nicht minder als die höheren.

----

1) Omnis delectatio est ratione proportionalitatis. Bonavent. Itinerar. mentis c. 2.

Trotz der augenfälligen Verschiedenheit dieser rein materiellen Eigenschaft und der Schönheit hat doch, wie wir
schon früher erwähnten, der englische Sensualismus den
Muth (oder die Unverschämtheit?) gehabt, beide zu identi-
ficiren. „Der Trieb der Geselligkeit," so faßt Solger[1]) „des
trefflichen Edmund Burke" Erklärung von dem Wesen der
Schönheit zusammen, „der Trieb der Geselligkeit leitet uns
zu dem, woran wir uns gern und leicht anschließen, und
was hiezu schon durch die bloße Wahrnehmung reizt. Dies
aber ist das Zarte und doch Derbe, das Runde und Wal-
lende, Schwache und doch nicht Matte, Kleine und doch nicht
Kümmerliche, und was von ähnlicher Beschaffenheit ist. Durch
die Vereinigung damit gerathen unsere Nerven in
eine leicht spielende Thätigkeit, die keine heftige An-
spannung bewirkt, vielmehr nach erreichtem Streben eine sanfte,
aber nicht abmattende Erschlaffung. Die Leidenschaft, die ein
solcher Gegenstand erregt, wird Liebe genannt, er selbst aber
schön." Also Schönheit ist nach dieser Philosophie, wie
Burke selbst[2]) definirt, „diejenige Beschaffenheit eines Körpers, durch welche er Liebe, oder eine dieser ähnliche Leidenschaft erregt"; Liebe aber ist offenbar nichts anderes als
das Wohlgefallen an einem Gegenstande, insofern er sinnlich
angenehm ist.

Wir haben nicht nöthig, diese erbärmliche Theorie noch
zu widerlegen. Nach Burke wäre die Liebe, welche die
Schönheit erregt, die sinnliche Begierde, und die höchste
Sinnenlust der vollkommenste Genuß des Schönen[3]). Eines

1) Erwin 1. S. 26.

2) Philos. Untersuchungen über den Ursprung unserer Begriffe vom Erhabenen und Schönen. III. Theil, 1. Abschn. S. 142.

3) Vgl. Solger, Erwin 1. S. 91. ff. 42. 48. — Wie wir bei Baldinotti
(Metaph. gen. n. 292.) lesen, hatte Addison im Spectator (n. 413.) schon

solchen Genusses ist auch das Maulthier fähig, diese Liebe kennen auch die Hunde. Es nützt nichts, wenn Burke gegen eine solche Auffassung seiner Lehre, die man ja doch auf allen Blättern seiner Schrift zwischen den Zeilen liest, sich verwahren zu wollen scheint, indem er[1]) schreibt: „Ich unterscheide Liebe, d. h. das Vergnügen, welches der Seele das Anschauen des Schönen in jeder Gattung macht, von Begierde oder sinnlicher Lust, dem heftigen Bestreben der Seele, das zu besitzen, was ihr nicht als schön, sondern aus ganz anderen Ursachen gefällt." Wer die logischen Prämissen setzt, der setzt auch den nothwendigen Schluß daraus, er mag ihn offen aussprechen oder dagegen protestiren[2]).

83. Wir wiesen oben (40) Burke's Behauptungen schon durch die Bemerkung zurück, daß wenn sie wahr wären, die

---

viel früher ganz offen die Behauptung aufgestellt, das natürliche Wohlgefallen am Schönen habe einzig darin seinen Grund, „quia propagatio, ut finis, ipsi proposita est."

1) Phil. Untersuchungen, S. 142.

2) Es mag nicht uninteressant sein, wenn wir hier auch noch die geniale Erklärung folgen lassen, welche Burke von dem Erhabenen gibt, und von dem Angenehmen, das sich mit der Wahrnehmung desselben verbindet. In ihrem Wesen ist die Erhabenheit nach seiner Auffassung eine Beschaffenheit, vermöge deren die Wahrnehmung des Dinges eine Art von Schmerz, Furcht, Schrecken, in uns hervorbringt. Aber wie erklärt sich der Genuß dieser Wahrnehmung? „Wenn der Schmerz oder der Schrecken so gemäßigt ist, daß er nicht wirklich und unmittelbar schädlich wird; wenn der Schmerz nicht bis zur wirklichen Zerrüttung der körperlichen Theile geht, und der Schrecken nicht mit dem gegenwärtigen Untergange der Person zu thun hat: alsdann sind diese Bewegungen, weil sie die feineren oder gröberen Gefäße (des körperlichen Organismus) von gefährlichen und beschwerlichen Verstopfungen reinigen, im Stande, angenehme Empfindungen zu erregen; nicht Lust, sondern eine Art von wohlthuendem Schauer, eine gewisse Ruhe, die mit Schrecken vermischt ist." (Phil. Untersuchungen. IV. Theil, 7. Abschn. S. 223.) Da müßte man das Erhabene in der Apotheke kaufen, hat A. W. Schlegel gesagt.

Dinge durch jene Eigenschaften, durch welche sie für den
Geruch, den Geschmack, den Tastsinn angenehm sind, gerade
so gut Anspruch auf das Prädikat der Schönheit haben
würden, als durch diejenigen, vermöge deren sie dem Auge
oder dem Ohre gefallen, während ihnen doch der Sprachgebrauch dasselbe nur in Rücksicht auf solche Vorzüge zuerkennt, deren Wahrnehmung uns durch die beiden letzteren,
die „höheren" Sinne, vermittelt wird[1]). Den Grund dieses
Gesetzes der Sprache ließen wir damals unentschieden; es
dürfte hier der Ort sein, im Vorbeigehen danach zu fragen.

Derselbe liegt einerseits in der Natur der Schönheit,
andererseits in jener der drei niederen Sinne. Die Schönheit ist ein rein intelligibler Vorzug; ihr Genuß, durch klare
Anschauung bedingt, ist durchaus geistiger Art. Die drei
niedren Sinne nun haben ihre eigentliche und nächste Bestimmung darin, daß sie uns zur Erhaltung und Förderung
des animalischen Lebens dienen, mithin zur Befriedigung des
sinnlichen Begehrens, das eben auf jenen Zweck gerichtet ist.
Bei der vorwiegenden Stärke mit welcher das letztere im
Menschen sich geltend macht, ist es darum nicht zu verwundern, wenn bei den in Rede stehenden drei Sinnen nur die
Genüsse eben dieses sinnlichen Vermögens unsere Aufmerksamkeit auf sich ziehen, welche freilich nur ein Epikuräer oder
ein Sensualist für eine unmittelbare Wirkung der Schönheit
zu halten versucht sein kann[2]). So geschieht es, daß wir
uns für die Zwecke des intellektualen, geistigen Lebens mit

---

1) Dicimus *pulchra visibilia* et *pulchros sonos*. In sensibilibus
autem aliorum sensuum non utimur nomine pulchritudinis: non enim
dicimus *pulchros sapores*, aut *odores*. Thom. S. 1. 2. p. q. 27. a. 1.
ad 3.

2) „Wir können das Süße ‚die Schönheit für den Geschmack' nennen",
sagt Burke (Philos. Unters. IV. Thl. 22. Abschn. S. 261.) ganz konsequent.

ben durch das Gesicht und das Gehör uns gelieferten Vorstellungen begnügen, und für dieselben die Dienste der niederen Sinne um so weniger beanspruchen, als die durch sie
gewonnenen Vorstellungen sowohl an Zahl als an Klarheit
und Schärfe hinter jenen weit zurückstehen, welche die beiden
höheren uns bieten. Wird uns mithin die Erkenntniß, namentlich die k l a r e Anschauung der rein intelligiblen Vorzüge
der Körper, somit auch der Genuß ihrer Schönheit, anscheinend ausschließlich durch das Auge und das Ohr vermittelt,
so ist es klar, warum uns der Sprachgebrauch nur die Objekte dieser beiden „schön“ zu nennen gestattet.

Bei alle dem aber ist dieser Dienst eben nur a n s c h e i -
n e n d ausschließliches Eigenthum der zwei höheren Sinne:
in der That üben sie denselben nicht allein, sondern nur
vorzugsweise, und in weit höherem Grade als die übrigen
drei. Der Blinde bedient sich aus natürlichem Instinkt des
Tastsinns, um die Gestalt der Dinge zu erkennen; und wer
will in Abrede stellen, daß auch der Blindgeborne fähig ist
eine Gestalt, etwa eine vollkommene Marmorkugel, oder das
gewundene Horn der Angora-Ziege, schön zu finden? Aber
auch abgesehen von dem Ausnahmefall, wo einer der höheren
Sinne durch die niederen wie immer ersetzt werden muß,
warum sollte unsere Vernunft nicht auch vermittelst des
Tastsinnes oder des Geruchs solche Vorzüge an den Dingen
erkennen, welche wahre Elemente ihrer inneren Güte, ihrer
Schönheit sind, z. B. Festigkeit, Zweckmäßigkeit, und andere
Spuren der ordnenden Weisheit? Man vergleiche oben
S. 104. Note 2. und S. 196. Note 1. Wir stimmen darum
vollkommen bei, wenn Taparelli[1]), obgleich von einer ganz
anderen Auffassung des Wesens der Schönheit ausgehend

---

1) Ragioni del bello §. II. n. 8. (La civiltà catt. Ser. 4. vol. 4. p. 552.)

als wir, mit Galluppi sich „von dem ausschließlichen Vorrecht der zwei ästhetischen Sinne nicht so ganz überzeugt"
erklärt: im Gegentheil, wir sind durchaus überzeugt, daß sie
jenes Vorrecht, vor dem Forum der Philosophie, keineswegs
als ausschließliches behaupten können.

84. Die eben behandelte Frage hat uns von unserm
eigentlichen Thema abgeführt. Jenes Naturgesetz, das wir
vorher (81) angegeben haben, findet seine Anwendung in
derselben Weise, wo nicht noch auffallender, in Rücksicht auf
die rein geistigen Vermögen, wie bei den sinnlichen. Gleichwie das Licht das Auge angenehm afficirt, und „das Gut"
dieses Sinnes bildet, ebenso ist die Wahrheit, als das
natürliche Objekt der Intelligenz, auch das Gut der letzteren[1]),
und ihre Erkenntniß gewährt dem menschlichen Geiste hohes
Vergnügen[2]). Freilich empfinden wir ein solches nicht bei
jeder gewöhnlichen Alltagswahrheit, mit der wir uns beschäftigen; aber so oft sich unserm Geiste eine größere, eine
Wahrheit von Bedeutung, mit klarer Anschaulichkeit darstellt,
muß ihre Erkenntniß naturgemäß genußbringend sein. Fragt
man, welche Wahrheiten für diesen Zweck höheren Werth
haben, die theoretischen oder die praktischen, so gibt Aristoteles den ersteren den Vorzug; Pallavicini[3]) dagegen sucht
ihm gegenüber mit großem Scharfsinn nachzuweisen, daß die
Erkenntniß jener unter den praktischen Wahrheiten, welche
den Willen anregen und die Norm und die treibende Kraft
des sittlichen Lebens bilden, d. h. der moralischen, im allgemeinen mit vollkommenerem Genuß verbunden ist, als die der

---

1) *Verum* est bonum intellectus. Thom. S. 1. 2. p. q. 57. a. 2.
ad 3. und de Verit. q. 18. a. 6. c. Und wieder: Bonum virtutis intellectualis est *verum*. S. 1. 2. p q. 64. a. 3. c.

2) Nihil est menti loco veritatis dulcius. Cic.

3) Del bene l. 4 c. 15. 16.

rein spekulativen. — Theils bedingt, theils erhöht wird der
Genuß des Erkennens durch jene Eigenschaften der Darstellung der Wahrheit, welche unserer Intelligenz naturgemäß
die Auffassung derselben erleichtern: dahin gehören namentlich Einheit und Ordnung, Klarheit und Anschaulichkeit.

Wir empfinden, sagten wir, das Vergnügen welches die
Erkenntniß der Wahrheit uns gewährt, stärker, wo es Wahr-
heiten von Bedeutung sind, die sich unserem Geiste darstellen.
Aber die Bedeutung ist es nicht allein, durch welche uns
jene intensivere geistige Lust zu Theil wird. Der heilige
Lukas erzählt von den Einwohnern Athens, daß sie sich den
ganzen Tag mit nichts anderem beschäftigten, als etwas
N e u e s zu hören oder vorzubringen[1]). Diese Sucht nach
Neuem war nicht etwa ein ausschließliches Eigenthum der
Athener, mochten sie sich auch, wie wir gleichfalls von
Plutarch erfahren, dadurch auszeichnen. Der Reiz welcher
sich für uns mit der Neuheit der Dinge verbindet, und der
Genuß den wir in der Wahrnehmung von bisher Unbe-
kanntem finden, beruht auf nichts anderem, als auf der
natürlichen Bestimmung unsers Geistes für die Wahrheit,
und dem ihm darum angebornen Streben nach derselben.
„Jeder Mensch ist von Natur begierig zu wissen"[2]), lautet

---

1) Apostelgesch. 17. 21.
2) Πάντες ἄνθρωποι τοῦ εἰδέναι ὀρέγονται φύσει. Arist.
Metaph. 1, 1.
Tantus est innatus in nobis cognitionis amor et scientiae, ut nemo
dubitare possit, quin ad eas res hominum natura nullo emolumento
invitata rapiatur. Videmusne, ut pueri ne verberibus quidem a con-
templandis rebus perquirendisque deterreantur? ut pulsi requirant, et
aliquid scire se gaudeant? ut aliis narrare gestiant? ut pompa, ludis
atque eiusmodi spectaculis teneantur, ob eamque rem vel famem et
sitim perferant? Quid vero? qui ingenuis studiis atque artibus dele-
ctantur, nonne videmus eos nec valetudinis, nec rei familiaris habere

der berühmte Satz, mit welchem Aristoteles seine Metaphhsik
beginnt. „Die Neuheit," sagt Hugo Blair[1]), „ist von
Abbison mit Recht als eine Eigenschaft angeführt worden,
durch welche die Gegenstände unsere Aufmerksamkeit auf sich
ziehen und unser Wohlgefallen erregen. Ein Gegenstand
der kein anderes Verdienst hat als daß er neu ist und un=
gewöhnlich, versetzt schon dadurch allein unsere Seele in eine
eben so lebhafte als angenehme Bewegung. . . Gegenstände
und Vorstellungen, mit denen man schon lange vertraut ist,
machen einen zu schwachen Eindruck, als daß unsere Geistes=
kräfte sich dadurch angenehm beschäftigt fühlten. Neue und
seltene Gegenstände erwecken die Seele gleichsam aus ihrem
Schlummer, und geben ihr einen lebhaften und angenehmen
Stoß. Auf diesem Umstand beruht großentheils die Unter=
haltung, welche uns Dichtungen und Romane verschaffen.
Das Vergnügen welches uns die Neuheit gewährt, ist stärker
und lebhafter, aber auch seiner Dauer nach weit kürzer, als
der Genuß der Schönheit. Denn wenn der Gegenstand an
sich selbst keine Reize besitzt die unsere Aufmerksamkeit fesseln,
so geht der glänzende Schimmer nur zu schnell vorüber, mit

---

rationem? omniaque perpeti, ipsa cognitione et scientia captos? et cum
maximis studiis et laboribus compensare eam, quam ex discendo ca-
piunt, voluptatem? . . . Ipsi quaeramus a nobis, . . quid historia delectat, quam solemus persequi usque ad extremum: praetermissa repe-
timus, inchoata persequimur. Neo vero sum inscius, esse utilitatem
in historia, non modo voluptatem. Quid quum fictas fabulas, e quibus
utilitas nulla duci potest, cum voluptate legimus? Quid quum volumus
nomina eorum, qui quid gesserint, nota nobis esse, parentes, patriam,
multa praeterea minime necessaria? qnid, quod homines infima fortuna,
nulla spe rerum gerendarum, opifices denique, delectentur historia? . .
Quocirca intelligi necesse est, in ipsis rebus, quae discuntur et cognoscuntur, invitamenta esse, quibus ad discendum cognoscendumque mo-
veamur. Cic. de fin. l. 5. c. 18. 19.
   1) Vorlesung 6. S. 145.

welchem ihn die Neuheit umgibt." Bemerken wir noch, daß
der Genuß aus der Befriedigung unserer Wißbegierde um
so fühlbarer ist, je größer vorher die Spannung unseres
Geistes war, das Verlangen, die verborgenen Gründe auffallender Wirkungen aufgedeckt, das Resultat eigenthümlich
zusammenwirkender oder kontrastirender Kräfte sich entwickeln
zu sehen. — Daß das Ueberraschende, das Seltsame, das
Wunderbare, in dieser Rücksicht eine ähnliche Bedeutung für
uns hat wie das Neue, hörten wir eben schon Hugo Blair
andeuten [1]).

86. Das Bedürfniß beständigen Wechsels, und das
Angenehme welches für uns in der Mannigfaltigkeit
der Gegenstände unserer Thätigkeiten liegt, sowohl der erkennenden als der strebenden Vermögen, dürfte zunächst aus
der unbegränzten Fassungskraft unserer Seele zu erklären
sein. Dieselbe wird durch ein Endliches wohl beschäftigt
und in Anspruch genommen, aber niemals befriedigt; darum
verlangt sie ein anderes Objekt, sobald das gegebene ihr
keinen Stoff neuer Thätigkeit mehr bietet.

Zu diesem Grunde kömmt in Rücksicht auf die sinnlichen
Vermögen ein anderer. Die sich ändernde Beschaffenheit der
Körper, z. B. der Wechsel verschiedener Gestalten, Farben,
Töne, Gerüche, erleichtert den Sinnesorganen ihre Thätigkeit
eben in Folge der Verschiedenheit, des Gegensatzes; sind
dagegen die Objekte ganz einförmig, so ermatten die Organe,
es ist als ob sie abgestumpft würden. Das scheint die Folge
einer Art von Uebersättigung zu sein. Denn jedem sinnlichen
Vermögen entspricht ein bestimmtes Maß der Wirkungen,

---

1) Τὸ δὲ θαυμαστὸν ἡδύ, sagt Aristoteles, und findet den Beweis
dafür in der Thatsache, daß wir, „wenn wir erzählen, etwas hinzuthun, um die
Sache interessanter zu machen". Poet. c. 25. n. 10.

welche der Einfluß eines körperlichen Objekts im leiblichen Organismus hervorbringt; ist dieses Maß voll, so sehnt sich die Natur, dem Einfluß des Objekts wieder entzogen zu werden [1]).

86. Eine vorzügliche Rolle unter den „Objekten des ästhetischen Wohlgefallens" pflegt in den Werken über die schöne Kunst das Lächerliche und das Komische [2]) zu spielen. Die Metaphysik desselben ist nicht leicht. Wir glauben, Krug hat vollkommen Recht, wenn er [3]) die Ansicht ausspricht, die von Aristoteles gegebene Erklärung des Lächerlichen, wenn man noch ein Merkmal hinzufüge und sie etwas bestimmter ausdrücke, sei völlig ausreichend, und den Erklärungen anderer Aesthetiker bei weitem vorzuziehen. So denken wir auch nach den neueren Erörterungen, welche Vischer [4]) in breiter Rede über unsern Gegenstand angestellt hat. Hätte Krug dieselben vor sich gehabt, es würde sie gewiß keine mildere Censur getroffen haben als jene, welche den Erklärungen Jean Pauls zu Theil ward: „Sie geben allenfalls ein Beispiel vom Komischen, aber keinen Begriff davon" [5]). Nach Vischer selbst hat freilich „Jean Paul zuerst das Verdienst, den allein richtigen Uebergang zum Komischen in seiner Vorschule der Aesthetik gefunden zu haben" [6]).

---

1) Vgl. Thom. S. 1. 2. p. q. 32. a. 2. c.

2) Man unterscheidet diese Begriffe gewöhnlich in der Art, daß das Komische im weitern Sinne des Wortes mit dem Lächerlichen zusammenfällt, dagegen komisch im engern Sinne dasjenige heißt, was in Folge der Auffassung und der Darstellung als lächerlich erscheint, mag auch, wenn man es an und für sich betrachtet, die Lächerlichkeit gerade nicht seine hervorstechendste, vielleicht auch ganz und gar nicht seine Eigenschaft sein.

3) Aesthetik §. 47. Anmerkung 1.

4) „Ueber das Erhabene und Komische", S. 156 ff., und „Aesthetik" I. §. 147 ff.

5) Krug, Aesthetik §. 48. Anmerk. 1.

6) Ueber das Erhabene und Komische, S. 19.

Bei Aristoteles lesen wir: „Das Lächerliche ist ein Fehlerhaftes, Häßliches, mit dem sich aber kein Schmerz und kein sonstiges Uebel verbindet" 1). Zu dieser Definition setzen wir mit Krug noch ein Merkmal hinzu: das Fehlerhafte hat nur dann, oder wenigstens vorzugsweise dann, den Reiz des Lächerlichen, wenn seine Erscheinung uns überrascht. Wir möchten darum die Erklärung etwa so ausdrücken: „Lächerlich ist jeder Verstoß gegen die Gesetze der theoretischen oder der praktischen Vernunft, den wir plötzlich und unerwartet wahrnehmen, so lange derselbe nicht von der Art ist oder wenigstens nicht also aufgefaßt wird, daß er Schmerz, Furcht oder Abscheu erregen muß."

Worauf beruht nun das Vergnügen, welches die Wahrnehmung des Lächerlichen uns verursacht? Für die Vernunft kann an sich die Wahrnehmung eines Vernunftwidrigen wohl schwerlich genußbringend sein. Wir sind geneigt, mit Kant 2) das Vergnügen über das Lächerliche, wenigstens in seiner Wurzel und vorzugsweise, für ein rein sinnliches zu halten. Die plötzliche Wahrnehmung der Ungereimtheit, d. h. des Verstoßes gegen die Gesetze der Vernunft, wirkt psychologisch-

---

1) Τὸ γελοῖόν ἐστιν ἁμάρτημά τι καὶ αἶσχος ἀνώδυνον οὐ φθαρτικόν. Arist. Poet. c. 6. n. 1. ed. Bipont.
   Quid sit ipse risus, quo pacto concitetur, ubi sit, quomodo existat, atque ita repente erumpat, ut eum cupientes tenere nequeamus, et quomodo simul latera, os, venas, vultum, oculos occupet, viderit Democritus. Neque enim ad hunc sermonem hoc pertinet, et si pertineret, nescire me tamen id non puderet, quod ne ipsi quidem illi scirent, qui pollicerentur. Locus autem, et regio quasi ridiculi, *turpitudinis et deformitate quadam continetur*; haec enim ridentur, vel sola, vel maxime, quae notant et designant turpitudinem aliquam non turpiter. Cic. de or. 2. c. 58.

2) Kritik der ästhet. Urtheilskraft, §. 53. Anmerkung. (Ausg. von Frankfurt 1792. S. 222. ff.)

physiologisch auf unsern leiblichen Organismus, und bringt
die Bewegungen des Lachens oder des Lächelns hervor; das
Angenehme der hiermit verbundenen körperlichen Affektionen
übt naturgemäß, gleich manchen anderen sinnlichen Genüssen,
einen erheiternden Einfluß auf unsere gesammte Gemüths-
stimmung. An einem inneren Widerspruch scheint uns diese
Hypothese nicht zu leiden; Kant geht am angeführten Orte
ausführlicher darauf ein, ihre Zuläßigkeit zu begründen. Will
man indeß neben dem angegebenen sinnlich-gemüthlichen Vergnügen noch einen intellektuellen Genuß, in Folge der unserer
Intelligenz zusagenden Thätigkeit der plötzlichen evidenten
Auffassung der Ungereimtheit, annehmen, und mit beiden
noch einen dritten, ethischen, verbinden, die Lust des Gefühls
geistiger Vollkommenheit, so möchten wir auch diese Ansicht
nicht gerade entschieden als unrichtig bezeichnen, obgleich sich
manches dagegen einwenden lassen dürfte.

Die Fertigkeit, alles ins Lächerliche zu ziehen, und die
Geneigtheit über alles zu lachen, ist übrigens jedenfalls nicht
ein Beweis von Tiefe des Geistes und Größe der Seele;
und für wahre Bildung und Veredlung des Herzens gibt
es kein schlechteres Mittel, als die starke Beschäftigung mit
den Erzeugnissen der Komik. Der Grund dieser Bemerkung
ergibt sich unschwer aus dem Gesagten. „Den lauten Markt,“
sagt mit dem vollsten Recht der Dichter,

> „Den lauten Markt mag Momus unterhalten;
> Ein edler Sinn liebt edlere Gestalten.“

Auf eine ausführlichere Untersuchung über diesen Gegenstand lassen wir uns hier absichtlich nicht ein. Es ist uns
nur darum zu thun, das Verhältniß des Lächerlichen zum
Schönen klar darzustellen. So viel steht aber nach dem
Gesagten fest, daß das Lächerliche, als solches, nie und

nimmer ein Schönes ist; denn ein Verstoß gegen die Gesetze
der Vernunft, ein Mangelhaftes, ist als solches nie ein an
sich Gutes, sondern die Privation desselben. Will man
durchaus eine Beziehung zwischen dem Schönen und dem
Lächerlichen finden, so kann das, insofern man ihr Wesen
ins Auge faßt, keine andere als die des Gegensatzes sein.
Darum ist es, trotz aller Scheingründe die dafür aufgeführt
werden, falsch, wenn Ficker[1]) lehrt, „das Lächerliche lasse
sich bis zur Schönheit steigern“, „das Komische sei dem
Schönen nur scheinbar entgegengesetzt, das von ihm zunächst
dargestellte Ideal sei nur das umgekehrte“[2]), „das Komische
gehöre eben so wie das Tragische zu den allgemeinen
ästhetischen Begriffen“. Allerdings ist der Spott und das
Vergnügen über das wahrhaft Lächerliche zuletzt begründet
in der Liebe und Achtung für das Vernunftgemäße, für das
Gute und Schöne: aber daraus folgt doch nicht, wie Ficker
annimmt, daß dieses Vergnügen formell ein Akt jener Liebe,
ein Genuß des Schönen sei. Oder will man behaupten,
etwa die Furcht vor dem Tode sei formell und ihrer Natur
nach Genuß des Lebens? Sie geht freilich aus der Liebe
zum Leben hervor: aber diese letztere offenbart sich darin
doch nur virtuell oder, wenn man will, „efficienter“.

Vollends auf die Spitze getrieben erscheint aber der
Widersinn bei Vischer. Ihm ist „das Komische wie das

---

1) Aesthetik. 2. Aufl. §. 70.

2) Der Ausdruck „das umgekehrte Ideal“, wenn man anders einen Begriff
damit verbindet, kann doch nichts anderes bezeichnen als einen eminent hohen
Grad von Häßlichkeit (vgl. N. 56 und 63, die letzte Note.) Ein solcher ist
aber nicht komisch, sondern widerwärtig, abscheulich; überdies bedürfte es einer
langwierigen „Steigerung“, bis man von diesem zur Schönheit gelangte. Aber
wir nehmen die Sache zu ernst; die schöne Kunst ist ja „ein freies Spiel“: was
kann die Aesthetik besser thun, als mit Worten und Begriffen spielen?

Erhabene ein Moment des Schönen, beide sind im Schönen wesentlich begriffen"[1]); sie „entfalten sich als eine nothwendige Bewegung und Gährung im Schönen selbst, indem sich die Einheit des einfach Schönen zum wirklichen Widerstreit seiner Momente erschließt"[2]). „Das Schöne," so erklärt Vischer, rekapitulirend[3]), „den einfachen, metaphysischen Grund der inneren Einheit des Erhabenen, Komischen und Schönen", „das Schöne erschien zunächst als einfache Position. Dann trat die Negation ein, indem zunächst sein sinnliches Moment im Erhabenen negirt wurde. Das Komische drehte die Sache um und negirte diese erste Negation[4]). Wir haben also eine Negation der Negation. Duplex negatio affirmat; aus der doppelten Verneinung springt wieder das bejahende Wesen, das Schöne, hervor." Ist das Philosophie, oder ist es ein Traum? Vischer wird uns antworten, daß wir ihn nicht verstehen, weil uns „die Idee der Einheit von Denken und Sein", weil uns „die metaphysischen Begriffe fehlen", weil wir „die Schule der Dialektik nicht durchgemacht haben, in welcher das starre Kleben des Verstandes an einseitigen Reflexionsbestimmungen abgelegt wird"[5]). Das müssen wir freilich zugeben, und wir sind

---

1) Ueber das Erhabene und Komische, S. 14. Dasselbe lehrt übrigens auch Zeller wieder: „Die vorzüglichsten Erscheinungsformen des Schönen, Modifikationen desselben, gleichsam Töne einer Skala, Farben eines gebrochenen Strahls, sind das Erhabene, das Anmuthige, und das Komische". (Aesthetik, §. 22.)

2) Aesthetik 1. §. 82.

3) In der zuerst genannten Schrift, S. 225.

4) Indem „das Bagatell eines bloß der niederen Erscheinungswelt angehörenden Dinges dem in pathetischem Schwunge begriffenen Erhabenen, vorher verborgen, auf einmal unter die Beine gerieth und es zu Falle brachte". (S. 159.) Das ist wenigstens „anschaulich".

5) Ueber das Erhabene u. Kom. S. 15. 30.

froh es zu müſſen. Denn wir verachten eine Doktrin, und
wir verabſcheuen eine „Dialektik“, deren Reſultate gottes=
läſterliche Frivolitäten ſind: nach welcher „die ächte Komik
die wahre Größe angreift“ weil es „nichts wahrhaft Er=
habenes gibt“ [1]); nach welcher „die Religionsvorſtellungen
der Gegenwart zwar, ähnlich wie die Fratzen Aegyptens und
Indiens und die Widerſprüche der griechiſchen und römiſchen
Götterlehre, zur Komik auffordern, aber im Hinblick auf die
Menge ſolcher, welche ſie noch bedürfen, außeräſthetiſche
Rückſichten der Schonung auflegen“ [2]); deren Gott endlich,
„der Gott der ſpekulativen Weltanſicht, das Komiſche nicht
zu ſcheuen braucht, weil ja nur innerhalb ſeiner ſelbſt über
ihn gelacht wird, weil er ja daſſelbe, wie das Endliche, das
Gemeine, und ſelbſt das Böſe, als ein Moment dem er ſeine
Nothwendigkeit zuerkennt, .. in ſich hegt“ [3]). Eine ſolche
Dialektik uns anzueignen, werden wir uns nie entſchließen:
denn ſie iſt nichts anderes als die Sophiſtik des Hochmuths,
die Dialektik der Lüge und des Wahnſinns.

87. Noch eine Menge anderer Eigenſchaften iſt man
gewohnt, etwa mit Krug [1]) unter der gerade nicht ſehr gut
gewählten Ueberſchrift „äſthetiſche Syngeneiologie“, als mit
der Schönheit verwandt (συγγενής), als „Quellen der Ge=
ſchmacksluſt“, aufzuführen, und mit einem Aufwand, vielmehr
von Phraſen und Bildern als von Gründlichkeit, zu analy=
ſiren. Für den Zweck den wir im Auge haben genügt es,
wenn wir nur noch einem einzigen dieſer Vorzüge eine kurze
Aufmerkſamkeit zuwenden, und zwar demjenigen, welcher mit

---

1) Ueber das Erhabene und Komiſche S. 166. 165.
2) Aeſthetik 1. §. 185. N. 2.
3) Ueber das Erhabene und Komiſche S. 167.
4) Aeſthetik §. 31.

der Schönheit am nächsten verwandt, fast ldentisch zu sein scheint, darum am leichtesten mit ihr verwechselt wird.

Das vorzüglichste Attribut der Göttin der Güte und Schönheit ist nach dem griechischen Mythus der Gürtel der Anmuth oder des Liebreizes, ihre Begleiterinnen sind die Grazien. Beide Bilder drücken einen und denselben Gedanken aus: eine Zugabe, welche die Schönheit zu erhöhen und ihren Eindruck zu vollenden, ohne welche sie jene bezaubernde Gewalt über die Herzen minder vollkommen zu besitzen scheint, ist das was sie zur Anmuth macht, was ihre Erscheinung umgibt mit dem Reize der Grazien. Darum muß in der Fabel die Königin der Götter selbst den Zaubergürtel von der Venus entlehnen, wenn sie auf dem Ida den Sieg davon tragen will über Jupiters Herz. Welches ist das Wesen der Anmuth, und welches ihr Verhältniß zur Schönheit?

Der wörtlichen Bedeutung nach ist anmuthig das, was sich an das Gemüth gleichsam anschmiegt, was durch seine Erscheinung einen besonders süßen und wohlthuenden Eindruck auf dasselbe macht, es darum in hohem Grade für sich gewinnt und einnimmt [1]). Ganz denselben Sinn hat das lateinische Wort Grazie [2]). Aber welche sind die psychologischen Ursachen dieser Wirkung auf das Gemüth?

Zwei Triebe liegen tief in unserer Seele, deren Befriedigung auf unser Herz den stärksten Einfluß übt: der sym-

---

[1]) „Man könnte für ‚anmuthig‘ auch ‚gemüthlich‘ sagen‟. bemerkt Krug (Aesth. §. 34. Anmerf.) nicht ganz mit Unrecht, „wenn man nicht mit diesem Ausdruck so viel Unfug triebe, daß er fast gar nichts Bestimmtes mehr bedeutet.‟

[2]) „Gratia (χάρις) est quae gratos et amabiles facit, ... suavitas, iucunditas, hoc est conditio qua aliquid aliis placet, nostr. Anmuth, Schönheit, gefälliges Aussehen.‟ (Forcellini, Lexicon totius Latinit.) Die angegebene ist nach Forcellini die erste Bedeutung des Wortes, obgleich es in derselben erst im silbernen Zeitalter vorkomme.

pathetische Trieb und die Selbstliebe. Der sympathetische Trieb macht uns denen geneigt, läßt uns sie lieb gewinnen, an welchen wir eine mit der unsrigen besonders harmonirende Gemüthsbeschaffenheit, dieselben Neigungen, Gefühle, Grundsätze, die gleiche Anschauungsweise, die gleiche Richtung des Geistes und des Herzens wahrnehmen [1]). Unsere natürliche Selbstliebe dagegen wird befriedigt, wir fühlen uns darum angezogen und empfinden Vergnügen, wo wir uns geliebt, wo wir unsere Vorzüge anerkannt, geschätzt sehen, wo uns der Vorrang eingeräumt wird, wo uns Hochachtung, Verehrung, Vertrauen begegnet, wo wir Unterwerfung, Demuth, freudigen Gehorsam finden [2]). Enthält also die Schönheit eines Gegenstandes entweder selbst solche Elemente, welche, außer dem Genuß den sie dem vernünftigen Geiste durch ihre innere Güte bereiten, ihrer Natur nach auch noch unserem sympathetischen Triebe oder unserer Selbstliebe besondere Befriedigung gewähren: oder erscheint der schöne Gegenstand wenigstens unter Umständen, mit welchen sich dieselbe psychologische Wirkung verbindet; dann potenzirt sich die Macht welche seine Erscheinung über unser Herz ausübt, dann scheint uns seine Schönheit um vieles liebenswürdiger, unwiderstehlicher, süßer, dann ist sie das was wir Anmuth nennen.

Zunächst und eigentlich kann die Befriedigung der ge

---

1) Ἐπεὶ τὰ κατὰ φύσιν ἡδύ, τὰ συγγενῆ δὲ κατὰ φύσιν ἀλλήλοις ἐστίν, ἅπαντα τὰ συγγενῆ καὶ ὅμοια ἡδέα ὡς ἐπὶ τὸ πολύ. Arist. Rhet. 1. c. 11. n. 25. ed. Bipont.

2) Καὶ τιμὴ καὶ εὐδοξία τῶν ἡδίστων, διὰ τὸ γίγνεσθαι φαντασίαν ἑκάστῳ, ὅτι τοιοῦτος καὶ σπουδαῖος. . . . Καὶ τὸ φιλεῖσθαι ἡδύ· φαντασία γὰρ καὶ ἐνταῦθα τοῦ ὑπάρχειν αὐτῷ τὸ ἀγαθὸν εἶναι, οὗ πάντες ἐπιθυμοῦσιν οἱ αἰσθανόμενοι. Arist. Rhet. 1. c. 11. n. 16. 17.

nannten Triebe uns offenbar nur von Seiten persönlicher
Wesen zu Theil werden. Ein sanftes Lächeln, unbefangene
Heiterkeit, ein offenes freundliches Auge, überhaupt Züge
und ein Benehmen, darin sich uns ein wohlwollendes liebe-
volles Herz offenbart, verleihen der menschlichen Schönheit
den Reiz der Anmuth. Mit demselben Zauber umgeben tritt
uns die Schönheit entgegen, wo mit der Tugend sich Demuth
und wahre Bescheidenheit paart, die das eigene Verdienst
nicht zu kennen scheint; wo die arglose Unschuld sich ohne
Wehr, schwach und verlassen uns darstellt, gleichsam von
unserer Kraft Schutz und Beistand erwartend, oder wo wir
sie von Schmerz und Bedrängniß heimgesucht unsere Theilnahme, unsern Trost und unsere Hülfe in Anspruch nehmen
sehen [1]: denn in allen diesen Fällen ist es eine Art still-
schweigender Huldigung die uns zu Theil wird, welche unserer Selbstliebe wohlthut. Darum, sagt Taparelli [2]), ist
die Anmuth vorzugsweise der Antheil des kindlichen Alters [3]),
und des schwächeren Geschlechts [1]), darum wird ihre herzgewinnende Macht durch Thränen erhöht.

Uebrigens betrachten wir die Anmuth doch keineswegs

---

1)   Sahest du nie die Schönheit im Augenblicke des Leidens,
        Niemals hast du die Schönheit gesehn.
      Sahst du die Freude als in einem schönen Gesichte,
        Niemals hast du die Freude gesehn.   Schiller.

2) Ragioni del bello, §. V. n. 39. (La Civiltà catt. Ser. 4. vol. 6.
p. 298.) Dem genannten Gelehrten sind wir in der Erklärung der Anmuth
großentheils gefolgt.

3) Man vergleiche „Zwischen zwei Kindern", eine der lieblichsten unter den
„Dichtungen von Johannes Schrott".

4) In diesem Sinn sagt Cicero: Quum autem pulchritudinis duo
genera sint, quorum in altero venustas sit, in altero dignitas; venustatem muliebrem ducere debemus, dignitatem virilem. (De offic. 1. c. 36.)
Venustas und *gratia* sind synonym.

ausschließlich als Eigenthum des Menschen. Nicht nur, daß die sinnlichen Eindrücke körperlicher Dinge gleichfalls, je nach ihrer Eigenthümlichkeit, in unsrem Gemüthe sympathetische Regungen wachrufen; auch das ethische Moment der befriedigten Selbstliebe läßt uns in der vernunftlosen Natur die alles belebende Einbildungskraft finden. Denn durch eine Art von Personifikation nimmt sie in Thieren, Blumen, Pflanzen, und in den Gebilden der anorganischen Natur selbst, jene Gefühle des Wohlwollens, der Verehrung und der Huldigung wahr, insofern diese unpersönlichen Dinge in Farbe oder Gestalt, in ihrer Stimme oder ihren Bewegungen, in ihrem gesammten Wesen, etwas offenbaren, das den Zeichen ähnlich, dem natürlichen Ausdruck analog ist, wodurch dieselben Gefühle am Menschen in die Erscheinung treten.

Aus diesen Gründen finden wir das Kleine, das Milde, das Sanfte, das Stille, das Zarte so gern liebenswürdig und anmuthig. Darum macht ein nicht zu lebhaftes Colorit, in blau, grün oder violett, einen wohlthuenderen Eindruck auf das Gemüth, als die majestätische Glut des Purpurs oder die blendende Weiße des Alpenschnees in der Mittagssonne, — spricht der schmetternde Stoß der Trompete oder ein kräftiger Baß uns minder an, als die weichen Töne der Flöte, des Hornes, der Violine; darum redet das bescheidene Veilchen und das treue Vergißmeinnicht verständlicher zum Herzen als die Pracht duftender Rosen und Lilien; darum sind uns die schüchterne Taube und das spielende Lamm so liebe Thiere; darum ist die Natur so schön, wenn beim Erwachen des Tages die Morgenröthe ringsum die Gipfel der Berge mit Rosen kränzt, oder wenn, nach dem Scheiden der Sonne,

>   „— der Abendhauch
> Webt duftige Schleier um Wiesen und Strauch,

Und friedlich und hell, wie ein Grüßen des Herrn,
Bricht aus der Dämmrung der Abendstern." [1])

Aus dem Gesagten ergibt sich klar genug das Verhältniß
der Anmuth zur Schönheit. Dieselben sind keineswegs identisch. Nicht alles Schöne ist anmuthig: aber es gibt nichts
Anmuthiges, dem nicht auch Schönheit eigen wäre, nicht nur
im philosophischen sondern auch im vulgären Sinne dieses
Wortes; die Schönheit, wenn auch nicht immer ein bedeutender Grad derselben, ist ein wesentliches Element der Anmuth. Anmuth ist wie wir gesagt haben die Schönheit
dann, wenn ihre Erscheinung uns zu dem Genuß der innern
Güte noch den der Befriedigung des sympathetischen Triebes
oder der Selbstliebe gewährt. Der Schönheit als solcher
entspricht in unsrem Herzen nur eigentliche Liebe; die Anmuth erregt diese gleichfalls, aber neben ihr zugleich die
uneigentliche (den amor mercenarius oder concupiscentiae.)
So fesselt sie das Menschenherz mit zweifacher Kette; und
da die uneigentliche Liebe ihrer Natur nach immer mächtiger
ist als die eigentliche, so erklärt es sich, nicht nur wie die
Anmuth den Reiz der Schönheit so bedeutend erhöht, sondern
auch, warum ein Gegenstand der sich durch sie empfiehlt, auf
unser Gemüth oft eine viel stärkere Anziehungskraft ausübt,
als ein anderer, der jenen an wahrer Schönheit weit übertrifft, aber die Weihe der Grazien nicht empfangen hat.

Daß es mithin ein bedeutender Irrthum ist, wenn man
die Anmuth mit der Schönheit verwechselt, brauchen wir
wohl nicht mehr zu sagen. Einer solchen Verwechselung
dürfte zum Theil jene durchaus falsche Anschauung zuzuschreiben sein, wonach die Schönheit dem weiblichen Ge-

---

1) Redwitz.

schlechte in höherem Grade eigen sein soll als dem Manne
(vgl. oben S. 153 die zweite Note); derselben auch der
durch nichts begründete Zweifel, ob Erhabenheit und Schönheit in demselben Gegenstande vereinigt sein können, und die
verneinende Antwort mancher Aesthetiker [1]) auf diese Frage.
Der herzgewinnende sanfte Reiz der Anmuth mag sich freilich mit der ernsten Majestät des Erhabenen nicht immer
so leicht verbinden, und in diesem Sinne, historisch genommen, das Wort des Dichters nicht unwahr sein:

„Non bene conveniunt nec in una sede morantur
Maiestas et amor."

88. Hiermit haben wir unsere Aufgabe in diesem Paragraphen gelöst: wir haben nachgewiesen, daß die Schönheit
von den übrigen „Gegenständen ästhetischen Wohlgefallens"
durchaus und ihrem Wesen nach verschieden ist. Sie steht
in unmittelbarer Beziehung zur eigentlichen Liebe, und zu
dieser allein; das sinnlich Angenehme, die Wahrheit, die
Neuheit, die Mannigfaltigkeit, das Lächerliche, nehmen diese
in keiner Weise in Anspruch: sie wecken einzig die uneigentliche
Liebe, insofern sie natürliche Neigungen des Menschen befriedigen, und dadurch Genuß bringen; und wenn die Anmuth
zwar die Beziehung zur eigentlichen Liebe mit der Schönheit
gemein hat, weil sie eben die letztere nothwendig einschließt,
so wird sie doch zur Anmuth nur durch die gleichzeitige
Beziehung zur Liebe der Begierde. Das Schöne lieben
wir, nur weil es a n s i c h g u t ist, und weil wir es lieben
ist es uns angenehm; in Rücksicht auf die übrigen Vorzüge
werden die Dinge ausschließlich, was die Anmuth betrifft

---

[1]) Vgl. z. B. Solger, Vorlesungen über Aesthetik S. 191.

wenigstens zugleich, darum der Gegenstand unserer Liebe,
weil sie u n s g u t, weil sie angenehm sind¹). Die Liebe
der Schönheit und ihr Genuß stützt sich unmittelbar ausschließlich auf die kostbarste Mitgift unserer Natur, auf
die von Gott uns anerschaffene Richtung nach dem hin,
was unter allem das Reinste, das Edelste, das Höchste
ist; die Liebe der anderen angenehmen Eigenschaften hat
ihren unmittelbaren Grund, entweder allein, oder doch,
bei der Anmuth, zugleich und vorzugsweise, in der natürlichen Liebe unserer eigenen Person. Wie selten aber diese
Selbstliebe innerhalb der rechten Gränzen bleibt, wie leicht
sie ungeordnete Eigenliebe, Selbstsucht, Egoismus wird,
weiß jeder, der die Menschen kennt und sich selbst. Darum
kann das Streben nach diesen Genüssen fehlerhaft, unsittlich werden, und wird es immer, sobald wir der Sucht
nach Befriedigung der Selbstliebe höhere Rücksichten zum
Opfer bringen. Das Verlangen nach dem Neuen kann in
Neugier und Vorwitz ausarten, die Liebe zur Anmuth in
Stolz oder sinnliche Lust, die Freude an dem Lächerlichen
in triviale Gemeinheit und Frivolität; und wie häufig die
Liebe des sinnlich Angenehmen zur „Sinnlichkeit" herab-
sinkt, beweist schon der Nebenbegriff des Ungeordneten,
welcher mit diesem Worte fast verwachsen scheint, so wenig
er in seiner eigentlichen Bedeutung liegt. Verirrungen dieser
Art finden in der, minder scharfe Augen täuschenden, Aehnlichkeit jener sogenannten „Gegenstände ästhetischen Wohlgefallens" mit der Schönheit den willkommenen Deckmantel

---

1) Pulchrum per se ipsum consideratur atque laudatur, cui turpe
ac deforme contrarium est. Aptum vero (das Ungemessene, das Zusagende),
cui ex adverso est ineptum, quasi religatum pendet aliunde, nec ex
semetipso, sed ex eo cui connectitur indicatur. Aug. ep. 138. al. 5.
ad Marcellin. n. 5.

für ihre ethische Häßlichkeit; von einer Moral der die Begriffe fehlen, wird umgekehrt die Schönheit verurtheilt, weil man sie einer Verführung für schuldig hält von der sie nichts weiß, deren sie gar nicht fähig ist. Denn jene Richtung der vernünftigen Natur auf das an sich Gute hat ja keine höheren Rücksichten über sich, die ihr geopfert werden könnten. Die Quelle der Freude am Schönen, und eben nur sie, bleibt immer klar und lauter, ist für Fälschung nicht empfänglich. Unter den Metallen besitzt allein das Gold den Vorzug, nicht zu rosten; so ist allein die Liebe und der Genuß der Schönheit seiner Natur nach keiner Entartung ausgesetzt, der Gefahr unedler Mischung nicht unterworfen.

Zweite Abtheilung.

Die schöne Kunst.

Est etiam illa Platonis vera vox, omnem doctrinam harum ingenuarum et humanarum artium uno quodam societatis vinculo contineri. Ubi enim perspecta vis est rationis eius, qua causae rerum atque exitus cognoscuntur, mirus quidam omnium quasi consensus doctrinarum concentusque reperitur.

Cic. de or. I. c. 3.

II.

Die schöne Kunst.

§. 15.

Begriff der Kunst. Mechanische und freie Künste. Die schöne Kunst.

89. Eine Kunst ist nach dem heiligen Thomas eine Gesammtheit von der Vernunft aufgestellter Regeln, welche geeignet sind, den Menschen in seiner Thätigkeit für einen bestimmten Zweck mit Sicherheit zu leiten[1]). Offenbar haben wir hier das Wort im objektiven (intransitiven) Sinne genommen. Der eigentliche aber ist der subjektive (transitive),

---

1) Ad actus humanos faciliter et ordinate perficiendos diversae artes deserviunt. Nihil enim aliud ars esse videtur, quam certa ordinatio rationis, qua per determinata media ad debitum finem actus humani perveniunt. Thom. In Arist. Posterior. Analyt. l. 1. lect. 1. init.

Die andere Definition desselben heiligen Lehrers: „Ars est recta ratio aliquorum operum faciendorum“ (S. 1. 2. p. q. 57. a. 3.), oder „recta ratio factibilium“ (ib. a. 4.), ist etwas enger als die erste, wenn man das Wort factibilia genau in dem Sinne nimmt, welchen Thomas a. a. O. und de Verit. q. 5. a. 1. c. angibt.

d. h. derjenige, in welchem die Kunst eine Eigenschaft, eine habituelle Vollkommenheit des Menschen bezeichnet. Diese umfaßt ein doppeltes: das habituelle Wissen jener Regeln, und die habituelle Fertigkeit nach denselben thätig zu sein. Wir können darum sagen: Eine Kunst in der subjektiven Bedeutung des Wortes ist die Fertigkeit des Menschen, für einen beabsichtigten Zweck nach sicheren und als solche aufgefaßten Regeln thätig zu sein [1]).

Aus dieser Erklärung ergibt sich der Unterschied der Kunst von der Wissenschaft. Die letztere, im subjektiven Sinne, ist das mit Gewißheit verbundene Erkennen eines Gegenstandes durch seine Gründe, das Wissen um denselben in der antonomastischen Bedeutung dieses Wortes; in diesem Wissen, in dieser Zuständlichkeit der Vernunft, ist die Wissenschaft abgeschlossen. Die Kunst hingegen, während sie zwar Kenntniß der Regeln, aber nicht ein Wissen derselben aus ihren Gründen verlangt, fordert zu dieser Kenntniß noch eine praktische Vollkommenheit, eine Fertigkeit der entsprechenden Kräfte. Das ist das Verhältniß jener zwei Begriffe, wenn wir beide subjektiv, als Eigenschaften des Menschen, nehmen. Fassen wir dagegen die objektive Bedeutung der Worte ins Auge, so ist eine Wissenschaft die systematisch geordnete Summe der Wahrheiten, welche die Erkenntniß eines Gegenstandes durch seine Gründe bilden. Die unterscheidenden Merkmale dieses Begriffs von dem im Anfange gegebenen der Kunst springen von selbst in die Augen, wenn man beide neben einander hält. Wir bemerken nur noch, daß man freilich auch die Regeln einer Kunst nach ihren

---

1) Ἡ μὲν οὖν τέχνη ἕξις τις μετὰ λόγου ἀληθοῦς ποιητική ἐστιν. Arist. Ethic. Nicom. 6. c. 4. extr. (Diese Erklärung entspricht genau der in der vorhergehenden Note an zweiter Stelle erwähnten des heiligen Thomas.)

Gründen wissen und darstellen kann: dadurch bildet sich die Wissenschaft oder die Philosophie einer Kunst, eine Kunst-wissenschaft. [1]

Daß die Kunst ausschließlich Eigenthum des mit Ver-nunft begabten Wesens, zunächst des Menschen ist, liegt schon in unserer Definition ausgesprochen. Die Vögel wenn sie ihre Nester, die Bienen wenn sie ihre Zellen bauen oder ihren Honig bereiten, die Ameise und der Biber in der Anlage ihrer Wohnungen, üben nicht eine Kunst: denn sie sind nicht fähig einen Zweck zu beabsichtigen, oder Regeln als einem solchen entsprechend aufzufassen; ihre Thätigkeit leitet blinder Naturtrieb. Die Natur (der Instinkt) wirkt freilich in diesen Thieren, wie überall sonst, nach sicheren Regeln, für bestimmte Zwecke, nicht minder als in dem Menschen die Kunst; aber das Wirken der letzteren ist ein bewußtes, ein vernünftiges, das der Natur ein Wirken ohne Bewußtsein und Erkenntniß. [2]

90. Die Eintheilung der Künste in mechanische und freie [3] ist bekannt genug. Aber der Grund, das Princip dieser Unterscheidung, wird sehr verschiedenartig angegeben. Wir haben mehrere neuere Auffassungen desselben verglichen; es ist uns keine begegnet, die an Klarheit und philosophischer

---

1) Bei den Alten wird der Unterschied zwischen Kunst und Wissenschaft nicht immer festgehalten; man findet häufig die Wissenschaften mit dem Namen artes bezeichnet.

2) Krug (Ästhetik §. 58.) und Fichte (Ästhetik §. 87.) finden den Unter-schied zwischen der Natur und der Kunst darin, daß jene „nach nothwendigen Gesetzen wirke", die Kunst hingegen „nach frei entworfenen Regeln handle". Das ist mindestens sehr ungenau und zweideutig. Die Uebung der Kunst hängt freilich von der Freiheit des Menschen ab, aber nicht ihre Regeln: diese sind sämmtlich nothwendige Gesetze, in der Natur der Dinge gegründet.

3) Artes mechanicae sive serviles, und artes liberae, liberales, ingenuae, bonae.

Richtigkeit jener gleichkäme, welche der heilige Thomas andeutet: es bleibt uns daher nichts übrig, als diese festzuhalten. Fast alle Künste (wir könnten einfach sagen, alle,)
nehmen in ihrer Ausübung sowohl körperliche als geistige
Kräfte des Menschen in Anspruch, keine ist ausschließliches
Eigenthum der letzteren. Aber das Verhältniß beider Arten
von Kräften ist bei verschiedenen Künsten sehr verschieden.
Ein Feldherr z. B. oder ein Staatsmann entwickelt sicher
in der Uebung seiner Kunst ein ganz anderes Maß geistiger
Kräfte, als der Handwerker. Hierin liegt nach St. Thomas
der Grund der Eintheilung, von welcher wir reden. Nimmt
eine Kunst vorwiegend den Geist des Menschen in Anspruch,
so ist sie eine freie Kunst; sind es hingegen vorwiegend die
Kräfte des Leibes von deren Thätigkeit sie abhängt, so gehört
sie zu den mechanischen Künsten[1]). Solche sind namentlich
jene, welche den nächsten Bedürfnissen des gewöhnlichen
Lebens dienen, wie die Kochkunst, die Bäckerkunst, die Sattler-
kunst, jene des Schmiedes, des Drechslers, des Maurers,
und ähnliche; als freie Künste dagegen erscheinen die Kunst
der Erziehung, des Unterrichts, der Haushaltung, die Meß-
kunst, die Rechenkunst, die Heilkunst, die Baukunst, und
viele andere.

Man wendet uns vielleicht ein, das gegebene Merkmal
sei nicht bestimmt genug, es lasse sich nach demselben in
manchen Fällen schwer entscheiden, ob eine Kunst zu den
freien oder zu den mechanischen gezählt werden müsse. Wir

---

1) (Illae artes) quae ordinantur ad opera per corpus exercita,
sunt quodammodo serviles, in quantum corpus serviliter subditur animae,
et homo secundum animam est liber. Thom. S. 1. 2. p. q. 57. a. 3. ad 3.

Die hier ausgesprochene Ansicht über den Ursprung der Bezeichnung (ars
libera und servilis) können wir dahingestellt sein lassen; man hat darüber
schon genug verhandelt. Vgl. z. B. Krug, Aesth. §. 59. Anmerk. 1.

brauchen das letztere nicht in Abrede zu stellen. Eine ma-
thematische Gränze läßt sich einmal hier nicht ziehen: die
zwei Arten von Künsten berühren sich in zu vielen Punkten,
und es geht in der That mitunter die eine unvermerkt in
die andere über. Den Handwerker sehen wir durch sein
Genie sich zum Range des Architekten oder des plastischen
Künstlers erheben, und der Maler sinkt zum Anstreicher
herab, weil es ihm an Talent fehlt oder weil ihn das Glück
nicht begünstigt.

Den ersten Rang nun unter den freien Künsten behauptet
diejenige, welche den Gegenstand unserer Untersuchung bildet,
die schöne Kunst mit ihren verschiedenen Arten. Welche ist
die Aufgabe der schönen Kunst?

91. Unter allen Genüssen deren unsere Natur fähig ist,
gibt es keinen, welcher edler, reiner, des vernünftigen Menschen würdiger wäre, als der Genuß der Schönheit; das
geht aus allem in der ersten Abtheilung Gesagten hervor,
das haben wir namentlich noch am Schlusse derselben ausdrücklich bemerkt. Bedingt ist dieser Genuß, wie wir es
gleichfalls wiederholt ausgesprochen haben, durch die Gegenwart, durch klare Anschauung des Schönen. Nun hat zwar
dieselbe Liebe des Schöpfers, welche uns das Licht der Vernunft gab und dadurch die Fähigkeit für jenen Genuß, in
der gesammten Natur uns mit einer Fülle von Schönheit
umgeben. Aber es gibt eine viel höhere Schönheit als
jene der vernunftlosen Natur; die Schönheit der körperlichen
Ordnung ist „die niedrigste, der unterste Grad derselben“,
ist „nicht wahre, sondern falsche Schönheit“[1] im Vergleich
mit derjenigen, welche im Reiche der Geister leuchtet: denn
dieses ist der Schönheit eigentliche Sphäre, nur in der über-

---

[1] St. Augustin. Siehe oben S. 95.

sinnlichen Welt entzückt ihre ganze Vollendung die Herzen
derer, die sie zu schauen das Glück haben (§. 2.) Muß der
Geist des Menschen, an den Stoff gebunden wie er ist und
von ihm abhängig in all seinem Thun, muß er diesen höheren
Genuß entbehren, auf den ja doch durch den Adel seines
Ursprungs auch er ein Anrecht zu haben scheint? Eine Antwort auf diese Frage haben wir schon gegeben. Nicht allein
stellt sich das „was unsichtbar ist in Gott, seit dem Tage
der Schöpfung erkennbar und sichtbar uns dar in dem was
er gemacht hat"[1]), in der sichtbaren Schönheit des Weltalls:
auch in der menschlichen Gesellschaft in der wir leben, in
der Gesammtheit wie in den Einzelnen, tritt das Schöne der
intelligiblen Welt uns wahrnehmbar entgegen; es erscheint
uns in noch größerer Fülle, in noch höherer Vollendung, in
der übernatürlichen Offenbarung Gottes durch seinen Sohn
und durch diejenige, in welcher das fleischgewordene Wort
des Vaters unter uns fortlebt, durch seine Kirche:

„vom Aufgang bis zum Niedergang
erglänzt aus Sion seiner Schönheit Schimmer".

Indeß wie das Gold zwar beinahe auf der ganzen Erde sich
findet, aber fast immer verborgen, fast immer gemischt mit
dem Sande der Flüsse, mit den verschiedensten Mineralien,
Kiesen und Erzen, unter denen es dem Auge oft kaum sichtbar bleibt; in ähnlicher Weise zeigt sich das Schöne der
übersinnlichen Ordnung, in der Natur wie im menschlichen
Leben, in der Welt wie in der Kirche, nur selten in seinem
vollen Glanze, entzieht sich entweder ganz unseren Blicken,
oder stellt sich uns mit Mängeln behaftet, mit Häßlichem
und Unschönem gemischt, kurz unter Umständen und Verhältnissen dar, die uns seinen vollen Genuß bald verkümmern

---

1) Röm. 1, 20.

bald unmöglich machen. Der Mensch hat Mittel entdeckt,
das edle Metall aus dem dunklen Schoße der Erde ans
Licht zu fördern, und es, von jeder fremden Beimischung
gereinigt, zu größeren Massen verbunden, für den Verkehr
brauchbar zu machen; er hat selbst Jahrhunderte hindurch
in den fruchtlosen Studien der Alchymie Zeit und Mühe
vergeudet, um in der Kunst, Gold zu machen, den Stein
der Weisen zu finden. Wie sollte er nicht auch das Bedürfniß empfunden haben, durch eigene Thätigkeit, durch
Benutzung seiner Kräfte und dessen was die Natur ihm
bietet, die kostbarsten Schätze der unsichtbaren Welt für sich
zu heben, indem er das Schöne der übersinnlichen Sphäre
in vollkommener Reinheit und Vollendung also darstellte,
daß es ihm möglich würde, dasselbe in höherer Klarheit zu
schauen, und seines volleren Genusses sich zu erfreuen? Er
hat dieses Bedürfniß gefühlt, und das Resultat seines
Strebens dafür sind die Werke der schönen Kunst. Denn
die Aufgabe der letzteren ist in der That keine andere als
die, welche wir eben angedeutet: sie soll uns die
klare Anschauung, und dadurch den unge-
trübten Genuß, des Schönen der übersinnlichen Sphäre vermitteln.

§. 16.

Hülfssätze aus der Erkenntnißlehre. Unmittelbares und mit-
telbares Erkennen, eigentliche und uneigentliche Begriffe. Das
rein Geistige und seine Beschaffenheit erkennen wir in diesem
Leben nicht anders als mittelbar. Anwendung dieser Lehre
auf die schöne Kunst und ihre Aufgabe.

92. Es ist einleuchtend, daß die Anschauung des schönen
Uebersinnlichen, welche wie wir sagten die schöne Kunst uns

vermitteln soll, die möglich höchste Vollendung haben muß.
Lebendige, lichtvolle, möglichst vollkommene Erkenntniß bildet
ja den Grund und die Bedingung jenes geistigen Genusses
(13), in welchem das charakteristische Merkmal der Schönheit liegt. Ist aber Vermittelung der Anschauung, und zwar
einer möglichst vollkommenen Anschauung, eines schönen Geistigen das nächste Ziel, nach welchem die schöne Kunst zu
streben hat, dann hängt offenbar ihre Thätigkeit und die
ganze Eigenthümlichkeit ihrer Natur wesentlich ab von der
Art und Weise, in welcher die menschliche Vernunft naturgemäß übersinnliche Dinge überhaupt erkennt. Diese Art
und Weise haben wir mithin zunächst ins Auge zu fassen,
und es darf uns zu diesem Ende nicht verdrießen, einige
Sätze aus der Erkenntnißlehre uns zu vergegenwärtigen.

93.   Die Philosophie unterscheidet eine dreifache Weise
der Erkenntniß. Ueberhaupt ist die Erkenntniß nur möglich,
indem das erkannte Objekt mit dem erkennenden Wesen der-
gestalt vereinigt wird, daß die Erkenntnißkraft des letzteren
durch das Objekt, wie durch eine Form, in Thätigkeit tritt.
Diese Vereinigung aber kann zunächst in doppelter Weise
stattfinden. Der Akt des Erkennens selbst ist seinem Wesen
nach in dem erkennenden Geiste: dieser Akt wird darum von
dem letzteren, wie die Alten sagten, durch seine eigene Gegenwart erkannt, durch sein Wesen[1]). Das ist die erste Weise
der Erkenntniß, die wir hier nicht weiter zu berücksichtigen
haben. Andere Dinge hingegen, welche ihrem Wesen nach
mit dem erkennenden Geiste nicht vereinigt werden können,
müssen um erkannt zu werden ihrer Aehnlichkeit nach,
durch das Erkenntnißbild[2]) in demselben sein. Und

---

1) Per praesentiam suae essentiae. Thom. S. l. p. q. 56. a. 2.
2) Per praesentiam suae similitudinis, per speciem. Thom. l. c.

das kann wieder in zweifacher Weise geschehen. Wir können nämlich die Vorstellung, das Erkenntnißbild, entweder von dem Gegenstande selbst empfangen, oder von einem andern, welcher jenen gewissermaßen reflektirt. Nehmen wir z. B. einen Stein wahr, oder überhaupt die körperlichen Dinge um uns her, so empfangen wir die Vorstellung ohne Mittel von diesen selbst, wir erkennen sie durch unmittelbare, durch eigentliche Vorstellungen (*per species proprias*); hier haben wir die zweite Weise der Erkenntniß. Sehen wir hingegen die Gestalt eines Menschen in einem Spiegel oder auf einem Portrait, betrachten wir eine Gegend auf einem Gemälde, so empfangen wir das Erkenntnißbild nicht vom Gegenstande selbst, sondern von einem andern; wir erkennen jenen durch eine mittelbare, durch eine uneigentliche Vorstellung (*per speciem impropriam s. alienam*), und hierin besteht die dritte Weise der Erkenntniß [1]).

94. Was nun die Beschaffenheit unsers Erkennens betrifft, so lehrt uns die Philosophie, daß wir in der zweiten Weise, durch unmittelbare und eigentliche Vorstellungen, in dem gegenwärtigen Leben allein das sinnlich Wahrnehmbare auffassen, die körperlichen Dinge, nicht aber das rein Geistige [2]). Und wenn wir auch den Grund dieser Beschränkung angeben sollen, so ist es kurz dieser. Wie wir eben sagten ist die Erkenntniß nur dadurch möglich, daß das Erkannte durch die Erkenntnißform im Erkennenden nachgebildet wird.

---

1) Tertio modo (aliquid cognoscitur) per hoc, quod similitudo rei cognitae non accipitur immediate ab ipsa re cognita, sed a re aliqua in qua resultat, sicut videmus hominem in speculo. Thom. S. 1. p. q. 56. a. 3. Vgl. Kleutgen, Die Philosophie der Vorzeit, 1. K. 39.

2) Secundum statum praesentis vitae. . . non possumus intelligere substantias separatas immateriales secundum seipsas. Thom. S. 1. p. q. 88. a. 1. c.

Diese nachbildende Form ist aber eine Erscheinung, (ein Modus,) des erkennenden Princips, und muß als solche der Natur, dem Sein, des letzteren entsprechen. Folglich kann sie als Gleichniß oder Gedankenbild nur solche Gegenstände in ihrer Eigenthümlichkeit ausdrücken, welche ihrer Beschaffenheit nach zu dem erkennenden Princip im Verhältniß stehen, diesem proportionirt sind. Nun findet aber ein solches Verhältniß zwischen der menschlichen Vernunft und dem rein Geistigen keineswegs statt. Denn die erstere wurzelt nicht, wie die Intelligenz der Engel, in einem rein geistigen Wesen, sondern sie ist das Vermögen eines Geistes, der zugleich die Lebensform des Leibes ist. Deshalb kann eine Erscheinung, ein Modus, der menschlichen Vernunft nie und nimmer die Form sein, welche ein vollkommen immaterielles Objekt in seiner Eigenthümlichkeit darstellt [1]).

Ist es uns also unmöglich, das rein Geistige durch sich selbst und unmittelbar zu erkennen, von demselben eigentliche Vorstellungen zu haben, wie erfassen wir es denn? Nicht anders als mittelbar, in uneigentlichen Vorstellungen, durch andere Dinge, die zu unserer Erkenntnißkraft in dem entsprechenden Verhältniß stehen, und darum ohne Mittel und in sich selbst von uns erkannt werden. Unmittelbare und darum eigentliche Vorstellungen bilden wir aber nur von den Erscheinungen der sichtbaren Welt, d. h. von jenen, welche dem Gebiete des inneren oder des äußeren menschlichen Lebens, oder der Ordnung des rein Körperlichen, der Natur, angehören [2]). Diese sind es, die uns zu einer, wenn

---

1) Reutgen, Die Philosophie der Vorzeit, 1. B. 137.

2) Von den Erscheinungen auf dem Gebiete des inneren Lebens haben wir genau genommen nur insofern eigentliche Vorstellungen, als jene die für sinnlicher Vermögen und darum sinnlich wahrnehmbar sind. Die rein geistigen Thätigkeiten unserer Seele hingegen erfassen wir nicht anders als durch uneigentli-

auch immer unvollkommenen, Erkenntniß des rein Geistigen
als unentbehrliche Stufe dienen; wir erfassen das letztere
immer in uneigentlichen Vorstellungen, wir denken es in
Begriffen, die von jenen Erscheinungen aus dem Gebiete der
unmittelbaren Wahrnehmung entlehnt sind [1]).

95. Was hat hiernach die schöne Kunst zu leisten, wenn
sie ihrer Aufgabe entsprechen, und uns die klare, möglichst
vollkommene Anschauung eines schönen Geistigen vermitteln
will? Die Antwort ist nicht schwer. Sie muß unter den
Erscheinungen des menschlichen Lebens und der Natur solche
auswählen, die geeignet sind uns für die klare Erkenntniß
eines schönen Geistigen als Mittel zu dienen, und dann auf
uns in der Weise einwirken, daß unsere Intelligenz in den
Stand gesetzt und veranlaßt wird, dieselben in klarer, lebendiger, lichtvoller Vorstellung aufzufassen, und in ihnen das
schöne Geistige zu schauen.

· Mehrere jener Erscheinungen, in denen sich uns ein
übersinnliches Schönes offenbart, sind uns in der ganzen
vorhergehenden Untersuchung bereits begegnet. Desungeachtet
ist es der Mühe werth, daß wir die besonderen Arten derselben mit Rücksicht auf unseren gegenwärtigen Zweck näher
ins Auge fassen, und es uns zugleich klar zu machen suchen,
in welcher Weise überhaupt in dem ohne Mittel Wahrnehmbaren sich uns das Geistige darstellt.

---

liche Vorstellungen. Indeß diese feinere Unterscheidung können wir hier unbeachtet lassen.

1) Per naturas visibilium rerum etiam in invisibilium rerum ali-
qualem cognitionem intellectus ascendit. Thom. 8. 1. p. q. 84. a. 7.
Vgl. q. 88. a. 2. ad 1.

§. 17.

Kurze Charakteristik der Erscheinungen, welche uns die An=
schauung eines Uebersinnlichen zu vermitteln geeignet sind.
Beziehungen, auf welche diese Vermittelung sich stützt: das
Causalverhältniß, die Analogie und der Gegensatz. Doppelte
Sphäre vermitteluder Erscheinungen: die objektive und die
subjektive.

96. Damit es uns möglich sei, einen Gegenstand durch
einen andern aufzufassen, muß offenbar eine Beziehung
zwischen beiden bestehen, vermöge deren sich der erste im
zweiten irgendwie kundgibt. Solcher Beziehungen wollen
wir hier namentlich drei nennen: jene der Ursache zur Wirkung, der Analogie (Aehnlichkeit) und des Gegensatzes.
Es sind überhaupt keine Erscheinungen denkbar, in denen
sich uns ein Uebersinnliches mit größerer Klarheit offenbarte,
als dies in solchen der Fall ist, deren unmittelbares Princip,
deren bestimmenden Grund (causa formalis) eine geistige
Substanz bildet. Als Erscheinungen dieser Art haben wir
aber alle diejenigen zu betrachten, deren Träger der Mensch
ist als körperlich=geistige Natur. In allen diesen, mögen sie
nun dem innern Leben angehören oder äußerlich wahrnehmbar hervortreten, verkörpert sich gewissermaßen die Seele:
denn sie ist unmittelbar und durch sich selbst die Form des
Menschen, das gestaltende Princip seines gesammten Lebens.
In den vorübergehenden wie in den habituellen Zuständen
des Gemüths, in den Gefühlen und Stimmungen des Herzens, in seinen Strebungen und Absichten, in seinem Lieben
und Hassen: nicht minder aber in der äußerlich sichtbaren
Seite des Lebens der Menschen, in ihrem Handeln und
Leiden, in ihrem Reden und Thun, in ihren Sitten, Ein-

richtungen und Gewohnheiten, in ihrem ganzen Aeußern, in
Gebärden und Gesichtszügen, in dem Bild des Auges und
dem Ton der Stimme, selbst in der Kleidung, ihrem Stoff
und Schnitt und ihren Farben, — mit einem Wort in allem
woraus das gesammte menschliche Leben, das innere wie das
äußere, sich zusammensetzt, gibt sich uns naturgemäß das
geistige Princip kund welches davon die unmittelbare Ursache
ist, die menschliche Seele mit ihren Vorzügen und Fehlern;
erkennen wir die Gesinnung und den Charakter einzelner wie
der Gesammtheit, sowie die mannigfachen Beziehungen der
Menschen zu einander, von denen ja die vorzüglichsten rein
übersinnlicher Natur sind, die anderen wenigstens ihrer
Hauptseite nach in der geistigen Sphäre liegen.

97. Aber nicht auf die unsichtbare den Menschenleib
beseelende Substanz allein, mit den ihr inhärirenden Eigenthümlichkeiten und Beziehungen, beschränkt sich diese Offenbarung des Geistigen in Erscheinungen jenes Gebietes, das
unserer unmittelbaren Erkenntniß offen steht[1]). Ist ja doch
die menschliche Seele nicht losgerissen von der Sphäre in
welcher sie ihre Heimat sieht; trägt sie ja doch unauslöschlich in ihrer vernünftigen Natur die Züge des Königs über
die Geister, steht sie ja doch mit jenen höheren Kreisen in
unlösbarer Verbindung durch ihr geistiges Denken und
Streben. In der natürlichen Ordnung wie in der übernatürlichen lebt sie unter den Einflüssen der geistigen Welt,
wirkt das Reich des Wahren und Guten und Schönen, oder,

---

1) „Das Gebiet welches unserer unmittelbaren Wahrnehmung offen steht“.
„das Gebiet unserer unmittelbaren Erkenntniß“, nennen wir hier wie im Verfolg
die Sphäre jener Erscheinungen, von denen wir eigentliche Vorstellungen bilden.
Philosophisch ganz genau ist diese Bezeichnung insofern nicht, als wir gewisse
Thätigkeiten unserer Seele unmittelbar erkennen, und doch nicht durch eigentliche
Vorstellungen.

wo sie ihre Freiheit mißbrauchend von diesem sich ablehrt, das Reich des Bösen und der Lüge, unausgesetzt auf sie ein, durch immer wiederholte Eindrücke sie bestimmend und bildend, sich ausprägend in ihrem Erkennen und Wollen, in ihrem Fühlen und Empfinden; zunächst ihr Inneres, durch dieses aber auch das äußere Leben gestaltend und formend. Nicht als das nächste, aber als das höhere Princip des menschlichen Lebens, tritt mithin in den Erscheinungen des letzteren auch diese geistige Welt, die Sphäre des rein Intelligiblen, unserer Wahrnehmung entgegen. In der Geschichte eines Morus und in seinem Heldentode stellt sich uns lebendig sichtbar der edle Geist des Mannes dar, mit seiner Gottesfurcht, mit seiner Hochherzigkeit, mit seinem unerschütterlichen Muthe im Kampfe für die Wahrheit, mit seiner Treue und seiner Hingebung für die Kirche Gottes; aber in diesem Schönen der unsichtbaren Welt erscheint uns zugleich, fast in gleicher Klarheit wie dieses selbst, ein Schönes einer noch höheren Ordnung: die siegende Macht des Rechtes und der Wahrheit, die Herrlichkeit des Glaubens und der Triumph einer Kirche, die solche Helden groß zu ziehen, zu solchem Kampfe den Muth und die Kraft zu geben, zu solchen Siegen zu begeistern allein im Stande ist. Aehnliches gilt von allem Guten und Edlen, das auf dem Boden des Menschenlebens je geblüht. Es gilt namentlich in Rücksicht auf den reichen Inhalt der Traditionen, Sagen und Legenden der christlichen Vorzeit, die einst ein glaubensvolleres Geschlecht mit liebender Sorgfalt hütete, in denen es für sein eigenes höheres Leben die süßeste Nahrung fand; es gilt, offenbar in höherem Maße, von allen Zügen aus dem Leben der Mutter des Herrn und der Heiligen Gottes, welche die Schrift oder die Kirchengeschichte uns aufbewahrt, in deren Darstellung von den Tagen der Katakomben an bis auf die unsrigen die christliche Kunst gewetteifert hat; es gilt

wie von keiner anderen Erscheinung, in ganz eigenthümlicher
Weise, von jedem Moment aus dem Leben desjenigen, „in
welchem wesenhaft die ganze Fülle der Gottheit wohnt"; es
gilt endlich in Rücksicht auf alles, was uns die Dichtung
oder die Geschichte Gutes und Rechtes, Edles und Schönes
aus dem Leben der Menschheit, nicht nur in den christlichen,
sondern auch in den vorchristlichen Jahrhunderten, überliefert
hat. Denn wo immer auf dem Schauplatz der alten Welt,
in der Finsterniß ihres Dichtens und Trachtens, ihrer Wissenschaft und ihres Lebens, ein Schimmer von Wahrheit sichtbar
wird, da weist er uns hin auf jene Sonne der Wahrheit
um welche die ewigen Ideen kreisen; wo immer eine Spur
edler Gesinnung sich zeigt und ein Schatten von Tugend,
da ist es das Dämmern des Lichtes, das seit dem Tage der
Schöpfung jeden Menschen erleuchtet der in die Welt kömmt.

98. Die Beziehung durch welche der bezeichnete Theil
der sichtbaren Welt, der Mensch und die menschliche Gesellschaft, das Thun des ersten und die Geschichte der zweiten,
sich eignet uns die Erkenntniß des Uebersinnlichen mit Sicherheit zu vermitteln, ist wie wir schon angedeutet haben keine
andere, als die ursächliche. Der menschliche Geist ist's, der
als wirkendes Princip jenem Sichtbaren seine Gestalt gibt:
und auf ihn selbst wirkt wieder eine höhere Kraft, seine
Vernunft wird bestimmt durch die Wahrheit, durch die Macht
der Ideen, oder wenn wir konkret reden wollen, durch die
göttliche Weisheit, von der sie das Abbild ist. Daß übrigens noch ein drittes Geistiges im menschlichen Leben, in
den Ereignissen und Begebenheiten der Geschichte, in den
Schicksalen des einzelnen wie der Gesammtheit sichtbar wird,
das haben wir bereits bei anderen Gelegenheiten wiederholt
ausgesprochen [1]). „Das Herz des Menschen bestimmt sich

---

1) Vgl. N. 69, 70, 75, 76.

freilich ſeinen Weg, aber Gott iſt's der die Schritte leitet“,
unfehlbar und mit Sicherheit zu jenem Ziele, das ſeine Vorſehung geſetzt hat: denn dieſe bildet, der menſchlichen Vernunft und Freiheit unbeſchadet, in der Geſchichte jedes
Menſchen und aller, immer das entſcheidende Moment. Gottes
Macht und Vorſehung, ſeine Gerechtigkeit und ſeine Liebe,
ſind darum das dritte Ueberſinnliche, das wir im menſchlichen Leben ſichtbar ſchauen können[1]).

99. Wie ſich, gleichfalls vermöge der urſächlichen Beziehung, auch in der vernunftloſen Schöpfung das Ueberſinnliche uns offenbart, darauf haben wir nach dem früher
(70. 75) Geſagten um ſo weniger aufs neue einzugehen, als
dieſer Theil der ohne Mittel wahrnehmbaren Dinge in dieſer
Rückſicht für unſeren gegenwärtigen Zweck bei weitem nicht
jene Bedeutung hat, wie das menſchliche Leben. Fragen wir
nun aber nach Erſcheinungen, welche uns vermöge der zwei
anderen Beziehungen, der Analogie und des Gegenſatzes, die
Anſchauung des Geiſtigen zu vermitteln ſich eignen, ſo nimmt
die Natur in vollkommen gleichem Maße wie jener erſte
Theil unſere Beachtung in Anſpruch.

Was iſt Analogie? Es iſt Aehnlichkeit, d. h. Uebereinſtimmung zweier Dinge in einem oder mehreren Merkmalen. Indeß nicht jede Aehnlichkeit iſt Analogie in dem
Sinne, wie wir das Wort hier nehmen. Der heilige Thomas[2])
unterſcheidet eine zweifache Aehnlichkeit. Die eine beſteht
darin, daß zwei Dinge ſpecifiſch dieſelbe Eigenſchaft haben:
ſo iſt das ſiedende Waſſer dem glühenden Eiſen ähnlich,

---

1) Wer zu dem hier (97. 98) Geſagten einen Commentar wünſcht aus den
Werken der ſchönen Kunſt ſelbſt, intereſſanter als es die abſtrakte Theorie ſein
kann, den möchten wir auf die neuern Romane der Gräfin Hahn-Hahn verweiſen.

2) In IV. diſt. 15. q. 1. art. 1. ſolut. 1. ad 2.

denn beide besitzen Wärme; so der Schmetterling dem Adler,
insofern beide fliegen; so der Engel dem Engel, und eine
menschliche Seele der anderen. Diese Aehnlichkeit ist nur
unter Dingen möglich, welche derselben Ordnung angehören,
und auch innerhalb derselben Ordnung nur, insofern sie auf
derselben Stufe des Seins stehen. Die andere hingegen,
und das ist unsere Analogie, findet statt, insofern zwei Dinge
verschiedenen Ordnungen, wie der des Geistigen und des
Sichtbaren, oder doch, in derselben Ordnung, verschiedenen
Stufen des Seins angehören. Besitzen zwei solche Dinge
Merkmale, die in einer Art von Proportion stehen, in ihrem
Wesen einen gewissen Parallelismus bilden, dann ist uns,
in Rücksicht auf jene Merkmale, das eine ein Gleichniß, ein
Bild, ein Analogon oder eine Analogie des anderen. (Vgl.
N. 26.)

Man betrachte, Beispiels halber, die Analogien in den
folgenden Versen von Redwitz [1]):

> Und ob ich wie die Sonne glüh',
> Ob ich ein bleicher Nebelschein;
> Ob ich wie Schiras Rose blüh',
> Ob als ein arm Waldblümelein;
> Ob ich als Ceder rag' empor,
> Ob ich mich blück' als niedrig Rohr;
> Und ob ich rausch' wie Davids Psalm,
> Ob leis ich flüstre wie der Halm;
> Ob ich ein Strom mit stolzem Strand,
> Ob ich mich müh' durch heißen Sand —
> 'S ist alles gleich nach Gottes Sinn,
> Und nichts ist groß und nichts ist klein,

---

[1]) Gedichte. S. 90.

Wenn ich nur das, was ich soll sein,
Auch recht im Geiste Gottes bin.

Die in diesen Versen vorkommenden Analogien gehören der
vernunftlosen Natur an, dasjenige welches sie beleuchten
sollen hingegen einer höheren Stufe des Seins, dem menschlichen Leben: beide inbeß liegen noch in derselben Ordnung,
in der Ordnung des ohne Mittel Wahrnehmbaren, des
Sichtbaren.   Von viel größerer Bedeutung für unseren gegenwärtigen Zweck sind aber jene Erscheinungen aus der sichtbaren Welt, welche sich eignen uns das ganz Unsichtbare, das
rein Geistige erkennbar zu machen und zu veranschaulichen.
Das geheimnißvolle Wechselverhältniß zwischen dem Gottmenschen und seiner Kirche, die organisch lebendige Verbindung zwischen Christus und denen die ihm angehören, die
wesenhafte Bedingtheit, die ontologische Abhängigkeit alles
übernatürlichen Lebens und Regens und Strebens in den
Erlösten von dem unausgesetzten Einflusse des Erlösers, ist
ein rein intelligibler Gegenstand, eine Thatsache, gelöst von
allem Materiellen, wie das Reich des Geistes, dem sie zunächst ausschließlich angehört.   Aber wir müssen diese Wahrheit erkennen, sie soll einen wesentlichen Bestandtheil unsers
Glaubens bilden.   Was thut also der Herr, um sie uns
erfaßlich zu machen?   Er wählt aus dem Kreise des ohne
Mittel Erkennbaren eine andere Thatsache, welche jener ganz
übersinnlichen parallel ist, in welcher sich die Züge der
letzteren wie nach verjüngtem Maßstabe kopirt finden: er gibt
uns ein Abbild, eine Analogie.   „Ich bin der wahre Weinstock, und mein Vater ist der Weingärtner.   Jede Rebe an
mir die keine Frucht bringt nimmt er weg; die aber Frucht
bringt reinigt er, damit sie mehr Frucht bringe. . . (Darum)
bleibet in mir, und ich in euch.   Gleichwie die Rebe nicht
aus sich selbst Frucht bringen kann, wenn sie nicht bleibt

am Weinstock, also auch ihr nicht, so ihr nicht bleibet in
mir. Ich bin der Weinstock, und ihr seid die Reben; wer
in mir bleibt und ich in ihm, der bringt viele Frucht: denn
ohne mich könnt ihr nichts thun. So jemand nicht in mir
bleibt, der wird hinausgeworfen wie eine Rebe, und sie ver-
dorrt, und man sammelt sie und wirft sie ins Feuer, und
sie brennt"[1]). Durch dieses Bild sind wir in den Stand
gesetzt, das Geheimniß unserer mystisch-organischen Lebens-
verbindung mit dem Erlöser zu erfassen. Und nicht nur
diese Wahrheit. In dem unscheinbaren Aeußern des Weinstocks, in seiner außerordentlichen Fruchtbarkeit bei anscheinend
geringem Werthe, in noch manchen anderen Eigenthümlichkeiten, die sich freilich nur unter der wärmeren Sonne süd-
licher Länder vollkommen beobachten lassen, stellen sich uns
eben so viele neue bewunderungswürdig erhabene Vorzüge
des „wahren Weinstocks" in der höchsten Anschaulichkeit dar,
in welcher ganz übersinnliche Dinge dieser Art dem Menschengeiste sich überhaupt darstellen können. Freilich bleibt
es immer ein außerordentlich verjüngter Maßstab, in welchem
die Copie entworfen ist: freilich würden ihre Farben äußerst
matt und unbestimmt erscheinen, wenn wir sie mit dem
lebendig frischen Colorit des Originals vergleichen könnten;
aber wenn wir das letztere auch in diesem Leben niemals zu
schauen im Stande sind, es ist doch ein treuer Schattenriß
den die Analogie uns bietet, sichtbar genug, um unsere Verbindung mit der Welt der Geister lebendig zu erhalten, und
uns die für das übernatürliche Leben nothwendige Erkenntniß
der höheren Wahrheit zu ermöglichen; hell und leuchtend
genug zugleich, um uns die unvergleichliche Schönheit des
Originals bewundern und genießen zu lassen.

---

1) Joh. 15. 1. ff.

Solche Copien und Schattenrisse, solche Gleichnisse und Bilder für das Uebersinnliche finden sich in der Sphäre des ohne Mittel Wahrnehmbaren unzählige: das menschliche Leben sowohl als die Natur, beide sind voll davon. Manche bieten sich von selbst unserm Geiste dar, andere entdeckt aufmerksame Beobachtung, auf nicht wenige hat uns die göttliche Offenbarung hingewiesen: bei alle dem mögen noch viele, mag vielleicht weitaus die größere Hälfte sich dem Blick unseres Geistes entziehen. Oder sollten wir die Wahrheit von Analogien deren sich die Offenbarung selbst bedient, wie jener des Weinstocks, dem Zufall zuschreiben dürfen? Sollte die symbolisch-mystische Bedeutung so mancher Dinge, die, nach unserer Auffassung wenigstens, zunächst der natürlichen Ordnung angehören, wie des Oels, des Wassers, des Feuers, des Lichtes, des Windes, der Ehe, verschiedener Zahlen, gewisser Farben, mehrerer Blumen, ... keinen tieferen Grund haben, als einen zufälligen ganz unbeabsichtigten Parallelismus? Wir glauben nicht. Wer weiß, ob nicht vielleicht beide Welten, die sichtbare und die unsichtbare, je in ihrer Art den Ausdruck derselben Ideen bilden; ob nicht die materielle Schöpfung, wenigstens in ihren Hauptzügen, das treue Abbild der geistigen ist, ob nicht die übernatürliche Sphäre das Original war, das in der natürlichen nur kopirt wurde. Ein ähnlicher Gedanke mochte vor dem Geiste des griechischen Weisen stehen, als er den Timäus sagen ließ: „Diese Welt ist im höchsten Maße schön, ihr Urheber im höchsten Maße gut. Darum schaute dieser auf ein unvergängliches Vorbild; darum ward jene eingerichtet entsprechend dem, was allein die Vernunft erfaßt und der erkennende Geist; darum ist diese Welt offenbar das Bild eines Anderen"[1]).

---

1) Τούτων δὲ ὑπαρχόντων αὖ, καὶ πᾶσα ἀνάγκη, τόνδε τὸν κόσμον εἰκόνα τινὸς εἶναι. Plat. Tim. ed. Bipont. vol. 9. p. 303.

Und ein ähnlich Gefühl war es gewiß, welches das Herz
des deutschen Sängers bewegte, da er sang:

> „Wie ist dein Himmel, ach dein blauer,
> Italien, so klar, so licht,
> Und doch erfüllt mein Herz mit Trauer
> Dies heiter strahlend Angesicht.
>
> Denn blick' ich in die lichten Räume,
> Dann füllt die Sehnsucht meine Brust,
> Ich ahne dunkel dann und träume
> Ein reiner Licht und reinre Lust.
>
> Und wenn der Schwan, der silberhelle,
> Melodisch sich zum Flug erhebt,
> Und auf des Wohllauts reiner Welle
> Verklingend in die Ferne schwebt:
>
> Dann weckt in unsrem tiefsten Herzen
> Auch Wehmuth seine Melodie,
> Wir fühlen süße Sehnsuchtsschmerzen
> Nach einer andren Harmonie.
>
> So ist ein Ahnen unser Leben,
> Ein endlos Sehnen bis zum Grab,
> Erfüllung wird ihm: Jener geben,
> Der ihm dies ahnend Sehnen gab." [1]

Steph. p. 29. a. — „Il n'y a aucune loi sensible, qui n'ait derrière elle
(passez-moi cette expression ridicule) une loi spirituelle, dont la pre-
mière n'est que l'expression visible." J. de Maistre.

[1] G. Görres, Gedichte (Licht und Harmonie.)

Doch wir verlieren unsern Gegenstand aus den Augen. — Eben jener Parallelismus von welchem wir redeten, jenes Verhältniß der Analogie zwischen den Dingen der sichtbaren und der unsichtbaren Welt ist es, welches der Metapher, der Allegorie und dem Symbol zu Grunde liegt, insofern uns diese Darstellungsweisen zur Vermittelung der Erkenntniß übersinnlicher Gegenstände dienen.

100. Als die dritte Beziehung, vermöge deren sichtbare Dinge uns Unsichtbares darstellen können, haben wir den Gegensatz (die Verneinung) genannt. Wir können uns hier kürzer fassen; nicht, als ob dieses Verhältniß von keiner Bedeutung wäre für die Veranschaulichung des Uebersinnlichen: zwei schöne Künste müssen sich vielmehr desselben sehr häufig bedienen. „Gott wird abwischen jede Thräne von ihrem Auge, und der Tod wird nicht mehr sein, noch Trauer, noch Schmerz, noch Klage: denn das Erste ist vergangen", schreibt der heilige Johannes [1]); er gibt uns eine Vorstellung von

---

1) Offenb. 21, 4. Aehnlich singt in den „Liedern aus Tirol" Beda Weber von dem Lande der Seligen:

„Land, wo keine Sensen mähen,
Ernter ohne Sichel stehen,
Und das Ernten ewig währt;
Wo die Garbe selbst sich windet,
Und der Hunger Speise findet,
Die sich durch Genuß vermehrt!

Land, wo Liebe nicht mehr bleichet,
Wo Genuß den Becher reichet
Der von Himmelswonne schäumt;
Wo die ablerkühne Tugend
Aus der Wurzel ew'ger Jugend
Wie die Ceder Gottes keimt;

dem glücklichen Zustande der Auserwählten, indem er von
demselben alles ausschließt (verneint), was das gegenwärtige
Leben Bitteres hat. Durch ein solches Ausschließen werden
in dem Geistigen um das es sich handelt nicht etwa bloß
Unvollkommenheiten, mindere Vorzüge, negirt, sondern es
werden zugleich die entgegengesetzten Vollkommenheiten, höhere
Vorzüge, gesetzt und unserer Anschauung dargestellt; freilich
nicht mit derselben Klarheit und Bestimmtheit, welche die
einfach positive Darstellung hervorbringen würde: aber diese
läßt sich häufig gar nicht, oder doch nicht vollkommen geben.

Wo die Freunde sich umarmen,
Vor dem Froste zu erwarmen
Der im Thal die Herzen eist,
Und auf obstgekrönten Auen
Sich der Freundschaft Hütten bauen,
Die kein Windstrom niederreißt.

Ach! wie lange muß ich weinen
Nach der Lust in bekannten Hainen,
Heißersehntes Friedensland!
Ach wie lange einsam wallen
Wo im Herbst die Blätter fallen,
Tief in Grabesluft verbannt!

Sieh, wir sä'n mit krankem Herzen,
Hoffen Freude, ernten Schmerzen,
Unsre Myrten sengt der Frost;
Grabeszahn durchnagt Gebeine,
Und der Tropfen höhlt die Steine,
Und den Stahl zernicht der Rost.

Du nur, Land der ew'gen Klarheit,
Land des Lebens und der Wahrheit,
Heilst des Pilgrims kranke Brust:
O so nimm mich aus dem Dunkeln
In das heitre Lenzessunkeln
Deiner süßen Liebeslust."   („Das Heimweh.")

Daß wir an solchen Gegensätzen keinen Mangel haben, das weiß ohne daß wir es sagen ein jeder, der das Leben kennt und die Welt, dessen inneres Auge nicht seine ganze Schärfe verloren hat, also daß er noch einigermaßen eine Vergleichung anzustellen vermag zwischen dem Sichtbaren das vorübergeht, und dem Unsichtbaren das unvergänglich dauert.

101. Die Erscheinungen von denen bisher die Rede war, bilden in ihrer Gesammtheit die uns umgebende Ordnung des Sichtbaren. Dieselbe steht, wie uns, so der Kunst, d. h. dem Künstler, als Objektives, als von ihm verschiedenes Aeußeres, gegenüber. Aber auch in sich selbst trägt der Mensch, trägt namentlich der Künstler, wenn er anders ist was er sein will, noch eine zweite Welt von Erscheinungen, die uns gleichfalls, weil im Gebiete des Menschlichen wurzelnd, das Objekt unvermittelter Erkenntniß, eigentlicher Vorstellungen werden können. Und nicht minder als aus der objektiven leuchtet auch aus dieser, in Rücksicht auf den Künstler subjektiven Sphäre uns Uebersinnliches entgegen. Sein Inneres ist ein lebendig klarer Spiegel der unsichtbaren Welt; ihre Güter und ihre Uebel drücken sich ab in den wechselnden Bewegungen seines Gemüths, deren Ursache (Gegenstand) sie sind[1]), ihre Schönheit reflektirt sich in den verschiedenen Gefühlen und Empfindungen seines Herzens, wie in stiller Nacht auf dem Grunde der klaren Flut sich das Bild des sternenbesäten Himmels malt.

----

1) Eine Gemüthsbewegung ist eine gleichzeitige und übereinstimmende Regung des höhern und des niedern Begehrungsvermögens, also eine Thätigkeit der gesammten strebenden Kraft des Menschen, — hervorgerufen durch die aktuelle Erkenntniß eines übersinnlichen Gutes oder Uebels. Die nähere Erklärung und Begründung dieser Definition, welche mit den Theorien der neuern Psychologie vom Gefühlsvermögen freilich nicht übereinstimmt, gehört nicht hieher. Das vieldeutige Wort „Gefühl" nehmen wir hier synonym mit „Gemüthsbewegung".

§. 18.

Die kalleotechnische Conception; ihr Wesen und ihre Eigen=
schaften. Die Freiheit der Erfindung; Begriff und nothwen=
dige Gränzen derselben. Die kalleotechnische Conception muß
den nothwendigen Gesetzen des zufälligen Seins vollkommen
entsprechen. Inwiefern Wahrheit eine wesentliche Eigenschaft
der kalleotechnischen Gebilde sei. Anwendung auf rein er=
dichtete und auf historische Stoffe. Anachronismen. Die
Wahrheit als Eigenschaft der Conceptionen aus dem subjek=
tiven Gebiete. Natürlichkeit und Affektation. Ob die Kunst
Nachahmung der Natur sei. Forderungen der schönen Kunst
in Rücksicht auf den Künstler.

102. Hiermit haben wir die verschiedenen Klassen jener
Erscheinungen hinlänglich charakterisirt, deren Vorstellung uns
für die klare Erkenntniß des Uebersinnlichen als Mittel
dienen kann. Auf diese also ist der Künstler angewiesen:
aus diesen hat er für seinen Zweck, für die möglichst licht=
volle Veranschaulichung eines schönen Geistigen, die ent=
sprechende Erscheinung, oder die entsprechende einheitliche
Gesammtheit von Erscheinungen, zu wählen. Die in dieser
Absicht vom Künstler gebildete Vorstellung, insofern sie vor
seinem Geiste steht, wollen wir die kalleotechnische[1]
Conception nennen. Wir verstehen also unter diesem
Ausdruck die vom Künstler aufgefaßte, seinem Geiste vor=
schwebende Erscheinung aus dem Gebiete der unmittelbaren
Wahrnehmung, in welcher und durch welche sich der mensch=
lichen Vernunft ein schönes Uebersinnliches mit lebendiger

---

1) Vgl. unten N. 166.

Klarheit darstellt. Und um es konkret zu sagen: die lebendige Scene welche Raphael schaute, als er den Pinsel ergriff
um seine Verklärung zu malen; die Kette von Handlungen
welche vor Wolframs von Eschenbach oder vor Wisemans
Seele standen als sie anfingen, der eine den Parcival, der
andere seine Fabiola zu schreiben; jener Riesenbau des heiligen Geistes, die wahre lebendige Kirche Gottes auf Erden,
wie sie sich vor dem geistigen Auge des Magister Gerardus
Lapiclba[1]) erhob, als er Konrad von Hochstädten in dem
Grundriß seines wunderbaren Domes die Skizze ihres symbolischen Bildes in todtem Stein überreichte; das war je
in diesen Fällen die kalleotechnische Conception.

Nach dem Gesagten ist dieselbe wesentlich aus einem
zweifachen Princip zusammengesetzt: aus einem sichtbaren
und unsichtbaren, aus einem ohne Mittel Erkennbaren und
einem Uebersinnlichen. Diese beiden Principe durchdringen
sich aufs innigste, sie bilden eine wahre ontologische Einheit:
ähnlich wie in den Dingen der körperlichen Welt, nach der
peripaletischen Auffassung, die Wesensform sich mit dem Stoff
zur Einheit der Natur verschmilzt. Die Form, die *causa
formalis*, in der kalleotechnischen Conception ist das schöne
Uebersinnliche, der Stoff oder die *causa materialis* ist die
Erscheinung aus dem Gebiete der unmittelbaren Erkenntniß.

103. Es bedarf wohl nicht der ausdrücklichen Bemerkung, daß wir, wo von der Kunst die Rede ist, — wie
überhaupt im Leben, — das Wort „schön" nicht im philosophischen, sondern im vulgären Sinne (65) nehmen. Das
schöne Uebersinnliche, dessen Veranschaulichung sich die Kunst

---

1) Der erste uns bekannte Baumeister am Dom zu Cöln, und muthmaßlich
der Schöpfer seines Planes. Vgl. histor.-polit. Blätter Bd. 17. „Die Grün-
dung des Domes von Cöln."

zur Aufgabe setzt, muß immer ein Schönes von Bedeutung,
ja von hoher Bedeutung sein, und die wesentliche Eigenschaft
der kalleotechnischen Conception ist, nicht irgend welche, sondern h o h e Schönheit [1]). Eine Thätigkeit die darauf ausgeht uns Genuß zu bereiten, leistet nichts, wenn sie nicht
Vollkommenes, nicht Eminentes leistet.

„Es gibt der Dinge viel, worin
die Mittelmäßigkeit mit gutem Fug
gestattet wird. Ein Rechtsgelehrter, oder
ein Redner vor Gericht, kann minder wissen
als ein Cascellius, an Beredsamkeit
weit unter dem Messala stehn, und hat
doch seinen Werth: nur mittelmäßige Dichter
schützen weder Götter, Menschen, noch
Verleger vor dem Untergang! Warum —
ist leicht zu sehn. So wie ein übelstimmendes
Concert bei einer guten Tafel, ein
zu dickes Salböl [2]), oder Mohn mit sardischem Honig [3]),
bloß darum uns beleidigen, weil die Mahlzeit
auch ohne sie recht wohl bestehen konnte;
just so verhält es sich mit einem Dichterwerke.
Denn da es zu nichts anderem bestimmt ist, als
dem Geist Vergnügen zu bereiten, senkt es sich,

---

1) In Rücksicht auf die Tragödie sagt Aristoteles: Κεῖται δ᾽ ἡμῖν,
τὴν τραγῳδίαν τελείας καὶ ὅλης πράξεως εἶναι μίμησιν ἐχούσης
τὶ μέγεθος. Poet. ed. Bip. c. 8. vulg. c. 7. n. 9.

2) Um seine Gäste wohl zu bewirthen, mußte man sie vor der Tafel mit
wohlriechenden Oelen für Bart und Haare bedienen lassen.

3) Der sardinische Honig hatte einen widerlichen Beigeschmack wegen der
Taxusbäume und bittern Kräuter, die dort sehr häufig sind.

wie's nur ein wenig vom Vollkommnen abweicht,
zum Schlechtesten." [1])

Daß die Schönheit in der übernatürlichen Ordnung eine
ungleich höhere Vollendung erreicht als in der natürlichen,
davon haben wir uns bereits früher (59) überzeugt. Darum
werden jene kalleotechnischen Conceptionen, die aus der über=
natürlichen Seite des menschlichen Lebens geschöpft sind, im
allgemeinen immer die schönsten sein. Kann es mithin einen
Boden geben, der das Gedeihen der schönen Kunst mehr be=
günstigte als der der Kirche? Und ist es ein Wunder, wenn
die höchste Blüte der Kunst im Christenthum wurzelt, wenn
der Abfall vom Glauben und der Widerspruch gegen die
übernatürliche Wahrheit sie immer mit Sicherheit der trau=
rigsten Entartung entgegenführt?

104. Um den Genuß, den seine Werke bieten sollen,
möglichst zu erhöhen, muß der Künstler zugleich danach
streben, daß seine Conceptionen mit wahrer und hoher Schön=
heit, als ihrer wesentlichen Eigenschaft, auch noch jene an=
deren Vorzüge in entsprechendem Maße verbinden, welche

---

1)   Hoc tibi dictum
Tolle memor: certis medium et tolerabile rebus
Recte concedi: consultus iuris et actor
Causarum mediocris abest virtute diserti
Messalae, nec scit quantum Cascellius Aulus:
Sed tamen in pretio est; mediocribus esse poetis
Non homines, non Di, non concessere columnae.
Ut gratas inter mensas symphonia discors,
Et crassum unguentum, et Sardo cum melle papaver
Offendunt; poterat duci quia coena sine istis:
Sic animis natum inventumque poema iuvandis
Si paulum a summo decessit, vergit ad imum.
                         Hor. ep. ad Pisones v. 367. sqq
Die Uebersetzung haben wir nach Wieland gegeben.

wir oben (§. 14.) gleichfalls als Gründe des Genusses, geistigen oder zunächst sinnlichen, kennen gelernt haben: Neuheit, Mannigfaltigkeit, spannende Kraft, Anmuth, die übrigen Reize des sinnlich Angenehmen, mitunter und bis zu einem gewissen Grade auch das komische Element. Es versteht sich indeß von selbst, daß die Rücksicht auf diese Vorzüge der eigentlichen Schönheit immer untergeordnet bleiben muß, wenn die Kunst anders nicht auf den Charakter der schönen Kunst, im eigentlichen Sinne des Wortes, verzichten will.

105. Bei weitem die meisten Erscheinungen, deren die Kunst sich für die Veranschaulichung des schönen Uebersinnlichen bedient, wird sie offenbar aus dem Gebiete des menschlichen Lebens, des innern oder des äußeren, nehmen müssen; die Mittel welche die Natur ihr für denselben Zweck liefert, sind im Ganzen viel weniger reich, und lassen sich überdies nur unter gewissen Bedingungen, darum, wie wir bald sehen werden, nur von der einen und der andern der schönen Künste mit Erfolg gebrauchen. Also auf das menschliche Leben sieht die Kunst sich vorzugsweise angewiesen. Findet sich aber wohl im menschlichen Leben wie es in der Wirklichkeit ist, findet sich in der gesammten Geschichte der Menschheit eine hinreichende Menge, sagen wir lieber ein unerschöpflicher Fonds, solcher Züge, wie die Kunst ihrer bedarf, Züge in denen eine eminente Fülle geistiger Schönheit leuchtet, die sich überdies durch überraschende Neuheit, durch Anmuth und innere Mannigfaltigkeit auszeichnen, und im Stande sind das Interesse zu spannen, die Aufmerksamkeit lebendig und wach zu erhalten? Wo immer die Freiheit der Creatur ihren unumschränkten Wirkungskreis hat, wo immer endliche, ihrem Wesen nach begränzte Kräfte einander begegnen, da ist ja die Heimat des Unvollkommenen und des Mangelhaften, des Bösen und des Häßlichen. Eine gewisse Anzahl von Zügen voll hoher Schönheit ist uns

19*

allerbings in der Geschichte der Menschheit geboten; aber
einen allzu reichen Fonds derselben hat sie nicht aufzuweisen,
und auch mit den schönsten ihrer Erscheinungen mischt sich
häufig Unvollkommenes und Unschönes, oder sie lassen aus
irgend einem anderen Grunde in Rücksicht auf die künstlerische Behandlung etwas zu wünschen übrig. Aber wenn
die Kunst wie wir sagten für die Lösung ihrer Aufgabe entsprechender Gegenstände aus der Natur bedarf, wenn sie sich
vorzugsweise auf Erscheinungen aus dem menschlichen Leben
angewiesen sieht, so ist das eben in keiner Weise so zu
nehmen, als ob diese Erscheinungen objektiv wirklich sein
müßten. Die Kunst will uns ja nicht die Kenntniß des
Lebens oder der Natur vermitteln: die Objekte aus beiden
Gebieten, deren Vorstellung sie in uns veranlaßt, sind ihr
nichts anderes als Träger der schönen geistigen Form, reine
Mittel für ihren eigenthümlichen Zweck, die Veranschaulichung
des schönen Uebersinnlichen. Für diesen Zweck eignen sie
sich aber gerade so gut, wenn sie bloß mögliche Bildungen
des Geistes und der produktiven Phantasie, als wenn sie
der Geschichte, dem Reiche der physischen Wirklichkeit entnommen sind. An dieses ist also die schöne Kunst durch
keine Rücksicht gebunden. Sie hat in der Bildung ihrer
Conceptionen alle Freiheit der Erfindung, sie besitzt das
vollste Recht zu dichten (ποιεῖν), wie es ja in dem Namen
einer ihrer vorzüglichsten Erscheinungsformen, der Dichtkunst
oder der Poesie, ausdrücklich ausgesprochen liegt. Dieses
Rechtes sich bedienend ersinnt sie entweder ganz die Begebenheiten, die Thatsachen, die Scenen aus dem Leben, wie sie
ihr geeignet scheinen für die Darstellung des schönen Geistigen, oder sie bindet sich, wenn sie dazu historische Personen und Begebenheiten gebraucht, nur an die Grundzüge
wie dieselben von der Geschichte gezeichnet werden, während
sie dagegen das minder Wesentliche in der Weise hinzufügt

oder abändert, daß der Charakter des Helden in höherer
Vollkommenheit, die Bedeutung der Thatsache in Rücksicht
auf die beabsichtigte Wirkung in größerer Vollendung erscheint, in schärferen Zügen hervortritt. Mit anderen Worten:
der Künstler, wo er historische Stoffe bearbeitet, muß idealisiren, insofern die Beschaffenheit derselben und seine
Aufgabe es verlangt.

Die letzte Beschränkung fügen wir nicht ohne Grund
hinzu. Die schöne Kunst hat in der Darstellung historischer
Stoffe im allgemeinen wesentlich das Recht zu idealisiren;
aber die Ausübung dieses Rechtes ist nicht in jedem Falle
wesentlich für sie. Es gibt historische Charaktere, deren
Schönheit selbst ideal ist, oder doch dem Ideal so nahe steht,
daß sie auch das schärfste geistige Auge blendet, daß auch
der kühnste Flug der Phantasie zu ihrer Höhe sich aufzu-
schwingen nicht im Stande ist. Da muß das Streben des
Künstlers dahin gehen, nicht, die Wirklichkeit zu idealisiren,
sondern sein Gebilde dem Wirklichen so nahe zu bringen als
möglich. Oder welcher Künstler wollte sich vermessen den zu
idealisiren, der als „der Schönste vor allen Menschenkindern“
sich dem Auge des heiligen Sängers zeigte? wann ist es
auch Overbecks oder Murillo's Pinsel gelungen, die Schönheit der Jungfrau zu erreichen, die „ganz schön, und rein
von jeder Makel,“ wie eine Lilie zwischen Dornen, unter
den Töchtern der Menschen steht?[1])

---

1) Insofern dem Gesagten zufolge die kalleotechnische Conception hohe
Schönheit haben, dem Ideale näher stehen muß als die Erscheinungen des täglichen Lebens, kann man sie immerhin auch ideal nennen oder ideal, aber
minder richtig und nur im uneigentlichen Sinne des Wortes ein Ideal (58).
Der Ausdruck Idee, womit andere sie bezeichnen, ist mehrdeutig und darum
unbestimmt, und hat schon zu manchen Begriffsverwechslungen Veranlassung
gegeben. Das Wort Fiktion sagt uns gleichfalls nicht zu: die Gründe
liegen nahe.

106. Wenn indeß die schöne Kunst in ihren Gebilden nicht Wirkliches wiedergeben muß, wenn die historische Wahrheit sie nicht bindet, so ist sie darum nicht gesetzlos, nicht berechtigt durch ein zügelloses Spiel der Einbildungskraft phantastische Fiktionen zu Tage zu fördern, welche die nothwendigen Gesetze der physischen oder der moralischen Ordnung verläugnen.

„Wie? ist den Malern und Poeten nicht
von jeher freigestanden, alles was sie wollen
zu wagen?" — Freilich; auch wir machen Anspruch
auf diese Freiheit, und verlangen keinem
sie abzustreiten; — nur nicht, daß man paare
was unverträglich ist, nicht Schlang' und Vogel,
nicht Lamm und Tiger in einander menge!
          Was bloß zur Lust
erdichtet wird, sei stets der Wahrheit ähnlich,
und um je weiter sich die Phantasie
von ihr entfernt, je stärker sei die Täuschung.
Das Mährchen selbst soll nicht verlangen daß ihm alles
geglaubet werd', und nicht den Knaben, den
die Lamia[1]) aufgegessen, wieder frisch
und ganz aus ihrem Leibe ziehen!"[2])

———————

1) Die Lamia war in den Kindermährchen der Alten ungefähr das, was die Nachtfrau und andere dergleichen Unholdinnen in den modernen sind. Sie wurde als eine Frau mit Eselsfüßen abgebildet, und fraß die Kinder lebendig auf, wenn sie nicht fromm sein wollten.

2)   „Pictoribus atque poetis
Quidlibet audendi semper fuit aequa potestas".
Scimus, et hanc veniam petimusque damusque vicissim:
Sed non ut placidis coeant immitia; non ut
Serpentes avibus geminentur, tigribus agni.
                    Hor. ep. ad Pison v. 9. seq.

Wir haben es bereits ausgesprochen: es ist nicht nothwendig, daß die Objekte der kalleotechnischen Conceptionen wirkliches Dasein haben, aber sie müssen möglich sein.

Van Eyck hat auf einem Bilde, welches das göttliche Kind in der Krippe darstellt, über den Eingang zur Geburtsstätte des Herrn ein Crucifix gemalt. Auf einem andern Gemälde kniet die heilige Jungfrau an der Krippe, einen Rosenkranz in der Hand. Die Kranach'sche Schule stellte wiederholt die Mutter Mariä, die heilige Anna dar, zugleich das göttliche Kind und dessen jungfräuliche Mutter, aber auch diese als unmündiges Kind, auf dem Schoße haltend. Calderon läßt in seinem „das Leben ein Traum" die Personen mit einer nur südlichen Völkern, wie den Spaniern, eigenen Glut und Lebendigkeit sich bewegen, während doch die Scene in Polen spielt[1]). Die französischen Tragiker des vorigen Jahrhunderts behandelten Stoffe aus dem klassischen Alterthum in der Weise, daß griechische Helden in französischem Modelostüm, mit französischen Sitten und Anschauungen auftraten. Ludwig Caracci gab in einem Gemälde, die „Verkündigung Mariä" vorstellend, welches er in der Kathedrale von Bologna malte, dem Gewande des gegen die Jungfrau hin sich bewegenden Engels einen Faltenwurf, welcher der Stellung der Füße gerade entgegengesetzt war, und daher den rechten Fuß an der Stelle des linken, und umgekehrt erscheinen ließ[2]).

Ficta voluptatis causa sint proxima veris,
Nec, quodcunque volet, poscat sibi fabula credi,
Neu pransae Lamiae vivum puerum extrahat alvo.

Ibid. v. 338. sqq. (Die Uebersetzung nach Wieland.)

1) Ficker, Aesthetik §. 137.

2) Der Künstler, so wird erzählt, entdeckte diesen Fehler erst, als das Gerüst schon weggenommen war, und da er ihn nun nicht mehr verbessern konnte, grämte er sich darüber zu Tode. Wenn unsere Künstler auch so ängstlich

Daß das Fehler sind, wenn auch nicht alle von gleicher Bedeutung, und keineswegs die ärgsten welche in diesem Punkte gemacht werden, das fühlt jeder; aber warum sind es Fehler, welches ist das Gesetz, wogegen sie verstoßen?

Die kalleotechnischen Conceptionen, von welcher Art sie auch sein mögen, gehören immer der Sphäre des zufälligen (kontingenten) Seins an. In jeder Ordnung dieser Sphäre nun, in der ethischen so gut als in der physischen, herrschen als absolut nothwendige Gesetze die Principien des zurei- chenden Grundes und der Causalität, sowie die übrigen Axiome, welche die Vernunft aus diesen folgert [1]). Diese Grundsätze also müssen in der Bildung der kalleotechnischen Conceptionen, sowohl im Ganzen, als in Rücksicht auf die einzelnen Züge welche als Elemente derselben dienen, genau und vollkommen beobachtet werden. Läßt der Künstler sie außer Acht, macht er Verstöße dagegen, so werden entweder seine ganzen Conceptionen, oder wenigstens die betreffenden Theile derselben, schlechthin widersinnig, unvernünftig, wahre meta- physische Unmöglichkeiten [2]): denn die erwähnten Principien

---

wären, nicht Krug (Aesth. §. 65.), so müßte die Sterblichkeit unter ihnen zum Erschrecken groß sein. Unter den Machern gewisser Fabrikwaaren, die unter dem Schilde „klassische" oder „belletristische Bibliothek" zu Markte kommen, ganz gewiß; aber diese Herren haben glücklicherweise keine andere Sorge als um ein gutes Honorar.

1) „Nichts ist ohne zureichenden Grund"; „alles was geschieht setzt eine entsprechende Ursache voraus"; „in der Wirkung kann kein Vorzug erscheinen, welchen nicht, in irgend einer Weise, auch die Ursache besitzt"; „die Natur und die Eigenthümlichkeit der Wirkung ist jener der Ursache immer entsprechend"; „eine unfreie Kraft wirkt immer soviel sie vermag, wenn die Bedingungen ihrer Wirksamkeit gesetzt sind"; „keine Ursache wirkt anders als für einen Zweck"; „kein vernünftiges Wesen handelt ohne eine Absicht"; „niemand verläugnet das Sittengesetz ohne ein besonderes Motiv"; „niemand wird plötzlich und auf einmal böse, und umgekehrt"; und ähnliche.

2) Sie werden freilich nicht absolut, sondern hypothetisch, bedingt, unmöglich sein, insofern sie mit den vom Künstler selbst theils nothwendig theils frei ge-

sind metaphysisch nothwendig. Ein Gebilde das an innerem
Widerspruch leidet, ein Unmögliches, kann aber offenbar nicht
als Mittel für die Veranschaulichung eines schönen Uebersinnlichen dienen: denn es ist in sich selbst nicht intelligibel,
und das schöne Uebersinnliche muß in demselben Grade
chimärisch erscheinen, als die Fiktion absurd. Liegt der Fehler
nur in irgend einem untergeordneten Zuge, so verunstaltet
dieser wenigstens die Conception deren Theil er ist, und
macht dieselbe mißfällig: das Unvernünftige, das den Gesetzen
der Wahrheit Widersprechende, stößt immer den vernünftigen
Geist zurück, ist immer häßlich[1]). „In den Charakteren,"
lehrt Aristoteles, „sowie in der Verbindung aller Erscheinungen, muß der Künstler immer der inneren Nothwendigkeit, oder wenigstens der Wahrscheinlichkeit, zu entsprechen
suchen; das heißt, was eine bestimmte Person thut oder sagt,
die Entwickelung der Handlung und die Aufeinanderfolge der
Thatsachen, alles das muß" (in Rücksicht auf den Charakter
und die Stellung der Person und auf alle Umstände) „sich
entweder als nothwendig darstellen, oder doch als vollkommen
möglich, als angemessen und entsprechend"[2]). „Der Künstler,"

---

machten Voraussetzungen, mit den vor ihm einmal gesetzten Kräften, Ursachen,
Bedingungen und Umständen, in unverrückbarem Widerspruch stehen. Ein herab-
wallendes Gewand z. B. nimmt je nach der Stellung dessen der es trägt eine
gewisse Lage an, welche durch das natürliche Gesetz der Schwere bestimmt wird.
Giebt der bildende Künstler, wie Caracci, einem Gewande einen Fall oder eine
Gestalt, welche es, bei der Stellung der Person, dem Gesetze der Schwere zu-
folge in der Wirklichkeit nimmer annehmen könnte, bringt er Vertiefungen und
Schatten an, wo naturgemäß Licht und Erhöhung sein würde, so stellt er etwas
Widersinniges dar, eine Wirkung ohne Ursache.

1) Vgl. N. 29, und 31, 2.

2) Χρὴ δὲ καὶ ἐν τοῖς ἤθεσιν, ὥσπερ καὶ ἐν τῇ τῶν πραγμάτων
συστάσει, ἀεὶ ζητεῖν ἢ τὸ ἀναγκαῖον, ἢ τὸ εἰκός ὥστε τὸν τοιοῦτον
τὰ τοιαῦτα λέγειν ἢ πράττειν ἢ ἀναγκαῖον, ἢ εἰκός, καὶ τοῦτο μετὰ

heißt es an einer anderen Stelle, „hat nicht Geschehenes darzustellen, sondern Solches, das" (unter bestimmten Voraussetzungen und Umständen) „geschehen würde, mit Nothwendigkeit oder doch mit Wahrscheinlichkeit... Darum steht die Poesie (die Kunst) der Philosophie näher als die Geschichte, und fordert ein höheres Maß geistiger Kraft als diese" [1]).

Das ist das Gesetz, wogegen die vorher angeführten Beispiele verstoßen, wenn auch zum Theil nur in minder bedeutenden Punkten. Auch bei wahrhaft klassischen Meistern begegnet man hie und da solchen Fehlern. Man vergleiche z. B. in Mac Carthy's vortrefflicher Predigt über das jüngste Gericht den letzten Theil der Peroration [2]): die Gefühle, welche der Redner darin den Verdammten zuschreibt, stehen mit dem Charakter eines Verdammten in absolutem Widerspruch. Ebenso tadelt Eichendorff [3]) an Schillers Dramen mit vollem Recht die „vielfache Verletzung der Naturwahrheit" in so manchen „abstrakten, ganz unsinnlichen Begriffsgestalten, in jener prächtigen Rhetorik welche an die Stelle des unmittelbaren Naturlauts gesetzt ist, in jenem über sich selbst philosophirenden Sentenziösen sogar unter den Bauern im Tell".

107. In dem Vorhergehenden liegt die Erklärung und zugleich die Begründung jener Regeln, welche die Aesthetiker

---

τοῦτο γίνεσθαι ἢ ἀναγκαῖον, ἢ εἰκός. Arist. Poet. ed. Bip. c. 16. vulg. 15. n. 8.

1) Φανερὸν δὲ .., καὶ ὅτι οὐ τὸ τὰ γενόμενα λέγειν, τοῦτο ποιητοῦ ἔργον ἐστίν, ἀλλ' οἷα ἂν γένοιτο, [καὶ τὰ δυνατὰ] κατὰ τὸ εἰκός, ἢ τὸ ἀναγκαῖον... Διὸ καὶ φιλοσοφώτερον καὶ σπουδαιότερον ποίησις ἱστορίας ἐστίν. Arist. Poet. ed. Bip. c. 10. vulg. c. 9. n. 1. 3.

2) Sermons du R. P. de Mac Carthy (Paris 1834.) 1. p. 128. Adieu, paradis de délices.

3) Geschichte der poetischen Literatur Deutschlands VI.

geben, wenn sie verlangen, daß die kalleotechnische Conception
wahrscheinlich sei, daß das Kunstwerk „ästhetische Wahrheit [1]), gehörige Motivirung, Natürlichkeit, Leichtigkeit, Voll-
ständigkeit, innere Uebereinstimmung" [2]) habe.

> „Nun hör' auch du, der auf der Bühne uns
> zu unterhalten wünscht, was ich und was
> das Publicum mit mir von dir verlangt.
> Wofern's um Hörer dir zu thun ist, die
> des Vorhangs Fall erwarten, und so lange bleiben,
> bis uns der Sänger zuruft: *plaudite!*
> so mußt du jedes Alter richtig zeichnen,
> und jedem den Charakter und die Farbe
> die ihm gebührt, genau zu geben wissen." [3])

> „Verfehlt der Dichter das Natürliche,
> legt seinem Peleus in den Mund, was nicht
> zu seiner Lage paßt, so darf's ihn nicht befremden,
> wenn Ritterschaft und Fußvolk überlaut
> ihm, statt zu weinen, an die Nase lachen.
> Nothwendig kommt sehr vieles darauf an,
> ob die Person, die spricht, der Diener oder

---

1) Krug (Aesth. §. 66. Anmerk. 2.) und Zicker (Aesth. §. 137.) ermahnen,
man möge die „ästhetische Wahrheit" wohl unterscheiden „von der logischen,
metaphysischen, realen". Was haben sie sich denn darunter gedacht?

2) „Primo ne medium, medio ne discrepet imum."
Hor. ad Pisones v. 152.

3)   Tu, quid ego, et populus mecum desideret, audi.
Si plausoris eges aulaea manentia, et usque
Sessuri, donec cantor, Vos plaudite, dicas:
Aetatis cujusque notandi sunt tibi mores,
Mobilibusque decor naturis dandus et annis.
Hor. ad Pisones v. 153. sqq.

der Herr im Haus, ein reifer Alter, oder
ein junger schwärmerischer Tollkopf ist;
ob eine Fürstin, oder ihre treuergebne
Hofmeisterin; ein Kaufmann, allenthalben
zu Haus und nirgends, oder ob ein Landwirth
der sich von seinem Gütchen nährt; ob er
Assyrer oder Kolcher, ob zu Theben oder
zu Argos auferzogen worden." [1])

Auch die Antwort auf die oft behandelte Frage, ob
Wahrheit eine nothwendige Eigenschaft sei für die Gebilde
der schönen Kunst, ist in dem was wir gesagt haben enthalten. An die historische Wahrheit ist die Kunst nicht gebunden; aber philosophische Wahrheit, vollkommene
Freiheit von innerem Widerspruch, ist für ihre Conceptionen
ein durchaus wesentlicher Vorzug. Und in je höherem Grade
sie denselben besitzen, d. h. je genauer sie nach den vorher
angeführten Gesetzen des zufälligen Seins gebildet sind, desto
vollendeter sind sie. Als besondere Folgerungen ergeben sich
hieraus namentlich diese.

Wenn der Künstler seine Conceptionen durchaus selb-
ständig bildet, so hat er in der Fiktion seiner Personen,
ihrer Eigenschaften, Umstände und Lebensverhältnisse allerdings volle Freiheit. Bei alle dem darf er ihnen aber doch
nicht Vorzüge, nicht einen Charakter geben, welche mit der

---

1)　　Si dicentis erunt fortunis absona dicta,
　　　　Romani tollent equites peditesque cachinnum.
　　　　Intererit multum, Davusne loquatur an heros;
　　　　Maturusne senex, an adhuc florente iuventa
　　　　Fervidus; an matrona potens, an sedula nutrix;
　　　　Mercatorne vagus, cultorne virentis agelli;
　　　　Colchus an Assyrius, Thebis nutritus an Argis.
　　　　　　　　　Hor. ad Pisones v. 112. sqq.

menschlichen Natur wie sie ist in Widerspruch stehen[1]). Und nicht nur das. Aristoteles[2] bemerkt mit Recht, zunächst in Rücksicht auf die Tragödie und das Epos, der Held solle nicht ein Charakter von allseitig und in jeder Rücksicht eminenter Tugend sein: er muß zwar der Theilnahme, der Liebe und der Bewunderung in hohem Maße werth erscheinen, aber er muß dabei doch seine kleineren Mängel haben. Denn ein Mensch der niemals irrt und niemals fehlt, ein solcher ist (von den Wundern der Gnade abgesehen) ein Absurdum, ein unvernünftiges Phantasiegebilde.

Den einmal konstituirten Charakteren müssen dann alle Aeußerungen derselben, alle Handlungen, vollkommen entsprechen, wie ethischen Ursachen ihre Wirkungen. Nichts anderes als dieses deutete Aristoteles an, wenn wir ihn oben sagen hörten, alle Elemente der kalleotechnischen Conception müßten sich entweder als nothwendig darstellen oder doch als vollkommen möglich und angemessen[3]); nichts anderes drücken Neuere aus, wenn sie jene Conceptionen für die besten erklären, in welchen die Entwickelung der Handlung, die Reden der auftretenden Personen, ihr gesammtes Benehmen, kurz alle Einzelheiten aus denen sich das Ganze zusammensetzt, so gewählt und geordnet sind, daß es uns vorkömmt, nicht daß es so möglich war, sondern als ob es

---

1) Insofern nämlich als handelnde Personen M e n s ch e n aufgeführt werden. Etwas anderes ist es, wenn Heroen aus der Sagenwelt, heidnische Götter, oder, wie bei Klopstock und Milton, Engel und Teufel auftreten. Diese vermag die Kunst nur durch Anthropomorphie darzustellen: aber sie müssen ihrer Natur nach Vorzüge besitzen, welche über die menschliche Natur wie sie ist weit hinaus liegen.

2) Poet. ed. Dip. c. 14. vulg. c. 13. n. 8.

3) „ἢ ἀναγκαῖον, ἢ εἰκός" (oben S. 207.)

unter den gegebenen Voraussetzungen und Umständen gar
nicht anders hätte sein können [1]).

> „Bringst du uns etwas auf die Bühne
> das nie versucht ward, wagest eine neue
> Person zu schaffen — gut! so gib ihr Selbstbestand,
> und wie sie sich im ersten Auftritt zeigt,
> so führe sie, sich selber ähnlich, bis
> zum letzten fort! — Es ist vielleicht nichts schwerer,
> als aus der Luft gegriffnen Menschenbildern
> das eigne Individuelle geben,
> was jeden täuscht, und die erdichtete
> Person uns anverwandt und unsersgleichen macht." [2]

In der Behandlung historischer Stoffe ist der Künstler
weit mehr beschränkt. Er darf allerdings, wie wir schon
gesagt haben, seinen Personen eine höhere Vollkommenheit
geben; er darf untergeordnete Züge, minder bedeutende Umstände hinzusetzen, weglassen, ändern, namentlich damit die
in der Wirklichkeit oft verborgenen Erscheinungen des innern
Lebens, welche den Kern und das Wesen der Handlungen
bilden, in hellerem Lichte hervortreten; aber die Grundzüge
des Charakters sowohl als der übrigen Verhältnisse der
handelnden Personen muß er unverändert in seine Conception
aufnehmen. Der Grund liegt nahe. In den Begeben-

---

1) Den psychologischen Grund, warum Conceptionen der letzten Art uns
am meisten gefallen, wollen wir hier nicht ausführen; derselbe ergibt sich aus
dem, was wir R. 29. und 84. entwickelt haben.

2)　　Si quid inexpertum scenae committis, et audes
　　　Personam formare novam, servetur ad imum
　　　Qualis ab incepto processerit, et sibi constet.
　　　Difficile est proprie communia dicere.
　　　　　　　　　　Hor. ep. ad Pis. v. 125. sqq.

heiten und Katastrophen, welche er aus der Geschichte schöpft,
spielen die in Rede stehenden Personen die Hauptrolle. Jene
bilden darum mit dem Charakter und den Lebensverhältnissen
dieser letzteren drei Momente, die in der innigsten Causal-
verbindung stehen, und sobald eines dieser Momente wesentlich alterirt wird, geht für das Ganze nicht bloß die historische, sondern mit ihr auch die philosophische Wahrheit
verloren.

Hiernach ist auch über die Zulässigkeit von Anachronismen
in der kalleotechnischen Behandlung historischer Stoffe zu
urtheilen: denn sie sind nichts anderes, als vom Künstler
vorgenommene Aenderungen der Umstände. Unbedeutende
Anachronismen thun darum der Vortrefflichkeit des Kunstwerks keinen Eintrag. Wisemans Fabiola verliert nicht das
mindeste an ihrem Werth, weil der Verfasser das Verfol-
gungsedikt des Diokletian um zwei Monate, das Martyrium
der heiligen Agnes um ein Jahr früher angesetzt, dagegen
den Heldentod des heiligen Sebastian, dessen Zeit ohnedies
nicht genau ermittelt ist, in ein späteres Jahr verlegt hat.
Aenderungen wie diese darf sich der Künstler erlauben, so
oft sie dazu dienen, die kalleotechnische Vollkommenheit der
Conception zu erhöhen. Starke Anachronismen hingegen
vernichten offenbar, wie jede bedeutende Aenderung von Umständen, sehr leicht die philosophische Wahrheit, die innere
Harmonie der Conception, und da versteht es sich von selbst
daß sie unzulässig sind. Man vergleiche die zwei ersten und
das fünfte der vorher (S. 295) angeführten Beispiele.

Aber ist es dem Künstler nicht gestattet, ganz neue Katastrophen und Begebenheiten zu erdichten, und diese an
historische Namen zu knüpfen? Insofern solche Dichtungen
mit dem wahren Charakter und den historischen Lebensverhältnissen der Personen, welchen die Namen gehören, vollkommen harmoniren, läßt sich gegen ein solches Verfahren

nichts einwenden. Ohne diese Voraussetzung aber kann man
sich auch nicht Einen vernünftigen Grund denken, der den
Künstler bestimmen sollte, historische Namen mit Charakteren
zu verbinden, die jenen ganz fremd sind. Es würden ja,
um von allen anderen Inkonvenienzen nichts zu sagen, frei
gewählte Namen bessere Dienste thun. Was aber immer
zwecklos, meistens selbst zweckwidrig, was nothwendig unvernünftig ist, das kann nimmer schön sein; darum muß die
schöne Kunst ein Verfahren wie das erwähnte durchaus
verwerfen.

>   „In jedem Fall
> soll der Poet entweder an die Sage
> sich halten, oder, wenn er dichten will,
> das Wahre der Natur zum Muster nehmen.
> Führst du Achillen auf, den jeder kennt,
> so sei er hitzig, thätig, schnell zum Zorn
> und unerbittlich, wolle nichts von Pflichten hören,
> und mache alles mit dem Degen aus [1]);
> Medee sei trotzig und durch nichts zu schrecken,
> die sanfte Ino weich und thränenreich,
> Ixion treulos, schwermuthsvoll Orest.“ [2])

---

[1] d. i. so sei er, wie ihn jedermann aus der Iliade kennt.

[2] Lauter zur Zeit des Horaz bekannte tragische Sujets, die von den größten
griechischen Dichtern waren bearbeitet worden, und durch sie also schon bestimmte
Charaktere erhalten hatten, die ein Dichter, der sie wieder auf die Bühne bringen
wollte, beibehalten mußte. (Wieland.)

> Aut famam sequere, aut sibi convenientia finge.
> Scriptor honoratum si forte reponis Achillem,
> Impiger, iracundus, inexorabilis, acer,
> Iura neget sibi nata, nihil non arroget armis;
> Sit Medea ferox invictaque, flebilis Ino,
> Perfidus Ixion, Io vaga, tristis Orestes.
>   Hor. ad Pison. v. 119. sqq.

Aber noch eine zweite Rücksicht dürfen wir hier nicht
übersehen. Das achte Gebot Gottes, oder, wenn man von
positiver Religion nichts wissen will, das natürliche Gesetz
der Gerechtigkeit, bindet jeden Menschen der den Gebrauch
seiner Vernunft hat, mithin auch den Künstler. Es kann
folglich auch der Kunst nicht gestattet sein, den Charakter
historischer Personen zu entstellen und zu verunstalten; sie
mit Fehlern und sittlichen Schwachheiten behaftet erscheinen
zu lassen, über welche sie der historischen Wahrheit gemäß
weit erhaben waren, ihnen ähnliches zu thun, wie Schiller
der Jungfrau von Orleans und im Don Karlos Philipp
dem Zweiten gethan hat. Auch denen gegenüber, die nicht
mehr dieser Erde angehören, gibt es Pflichten der Gerechtigkeit. Eine Darstellung des Charakters welche, obgleich nur
fingirt, einem Lebenden gegenüber eine schwere Kränkung
wäre, ist eine Ehrenverletzung auch in Rücksicht auf Ver-
storbene, und die Vernunft verdammt eine solche als eine
unmoralische Handlung auf dem Gebiete der Kunst nicht
minder, als auf jedem anderen.

Und wenn Genossenschaften und Corporationen gleichfalls
moralische Personen sind, deren Rechte und deren Ehre das
Naturgesetz in Schutz nimmt, dann gilt ohne Zweifel dasselbe
auch in Rücksicht auf sie. Jene „belletristischen" Tendenz-
fabrikanten, in deren barocken geschmacklosen Compositionen
die Repräsentanten der Kirche und des Clerus, des Adels
und des Ordensstandes immer als die gemeinsten Seelen,
als die durchtriebensten Bösewichte auftreten müssen, machen
sich der frechsten Attentate auf die Ehre ihrer Mitmenschen
schuldig. Insofern kein urtheilsfähiger Mensch versucht sein
kann, ihre Produkte für etwas anderes zu halten als für
die absurden Träumereien eines verbrannten Gehirns, mögen
sie immerhin zu erbärmlich sein, um als Verläumder im
eigentlichen Sinne des Wortes zu gelten: ihre Handlungs-

welse ist sicher um nichts weniger unsittlich als die niederträchtigste Verläumdung, und die Bilder moralischer Verworfenheit die sie zeichnen, sind nur ihre eignen Portraits.

108. In der Anwendung unsers Grundsatzes haben wir
bisher nur solche kalleotechnische Conceptionen berücksichtigt,
deren Gegenstände der objektiven Seite der sichtbaren Welt
entnommen werden. Derselbe gilt übrigens vollkommen in
derselben Weise, insofern die Objekte der Conceptionen der
subjektiven Seite (101) angehören. Auch für die Erscheinungen aus dem Gebiete seines eigenen innern Lebens, für
die Empfindungen und Gefühle, in welchen der Tonkünstler,
der Redner, der Lyriker uns das Uebersinnliche schauen läßt,
ist philosophische Wahrheit die unerläßlichste Eigenschaft;
auch in ihrer Bildung dürfen die vorher angeführten Gesetze
des zufälligen Seins nicht verletzt sein. Dieselben verlangen,
daß die Gefühle aus denen sich die Conception zusammensetzt, mit dem Uebersinnlichen dessen Anschauung sie vermitteln
sollen in entsprechendem Verhältniß, in der richtigen Proportion stehen, sowohl was ihre Art und ihre besondere
Eigenthümlichkeit, als was ihre Stärke, ihre Dauer und ihre
Verbindung unter einander betrifft. Denn die übersinnlichen
Güter oder Uebel sind der Grund[1]) der Gemüthsbewegungen;
fehlt jenes dynamisch richtige Verhältniß, dann sind die
letzteren, insofern sie sich auf ein bestimmtes Uebersinnliches
beziehen sollen, philosophisch unwahr, unvernünftige Fiktionen.

Aber noch eine zweite Eigenschaft haben wir für diese
Elemente aus der subjektiven Sphäre, und für sie ausschließlich, zu fordern. Wirklich, historisch wahr, brauchen zwar
auch sie nicht zu sein; aber sie müssen den vollen Schein
physischer Wahrheit haben, sie müssen so gebildet sein, daß

---

1) Die causa finalis; vgl. N. 101.

sie durchaus wirklich zu sein scheinen. Oder ist es wohl
möglich daß eine Fiktion wechselnder Gemüthsbewegungen
uns den Genuß des Schönen vermittle, wenn wir dieselbe
als bloße Fiktion erkennen? werden wir ein Uebersinnliches
für groß, für bewunderungswürdig, für erhaben halten, wenn
der Affekt der Bewunderung der in dem Tone des Redners,
in den Worten des Dichters liegen soll, sich als rein er-
künstelt verräth? werden wir an die eminente Güte, an die
hohe Schönheit des geistigen Objektes glauben und derselben
uns freuen können, wenn wir wissen, daß der Sänger in
der Betrachtung desselben durchaus kalt ist und ohne Rührung, daß er von dem Schmerz und der Freude, von der
Wehmuth und Hoffnung und dem Entzücken das seine Melodien kund geben sollen, nicht das mindeste fühlt?[1])

Diese Eigenschaft der kalleotechnischen Conceptionen aus
dem Gebiete des inneren Lebens ist es, welche man vorzugsweise „Natürlichkeit" nennt: die Verbindung der philosophischen Wahrheit mit dem vollen Scheine physischer Wirklichkeit.
Es leuchtet ein, daß der letztere unmöglich ist, sobald der
Conception die erste Eigenschaft abgeht, die philosophische
Wahrheit; ihr diese zu geben wird aber dem Künstler kaum
jemals gelingen, wenn sein Gemüth nicht in der That ergriffen ist, wenn er die Gefühle die er ausdrückt nicht

---

[1]) Hiernach hat also die „Wahrscheinlichkeit" in Rücksicht auf die Conceptionen aus dem subjektiven Gebiete eine andere Bedeutung, ist viel eigentlicher
zu nehmen, als in jenen aus dem objektiven. Die letzteren bedürfen des
Scheines der Wirklichkeit gar nicht; dieser ist aber eigentlich das, was
man im gewöhnlichen Leben „Wahrscheinlichkeit" zu nennen pflegt. Wir können
darum diesen Ausdruck, insofern man dadurch das Aristotelische εἰκός (oben
S. 297.) wiedergeben will, und Wahrscheinlichkeit, das *verisimile*, auch für die
Conceptionen aus der objektiven Sphäre verlangt, nicht recht billigen; er ist
wenigstens mißverständlich. Das griechische εἰκός bezeichnet nur die volle
Möglichkeit: *sibi convenientia* fingo hörten wir vorher (107) Horaz sagen.

20 *

wirklich empfindet. „Wahres Gefühl," sagt Hugo Blair[1]), „gibt tausend höchst bedeutende Züge an die Hand, welche keine Kunst nachzuahmen, welche die feinste Beobachtung nicht zu entdecken vermag."

„Wenn ihr's nicht fühlt, ihr werdet's nicht erjagen,
Wenn es nicht aus der Seele bringt,
Und mit urkräftigem Behagen
Die Herzen aller Hörer zwingt.
Sitzt ihr nur immer! Leimt zusammen,
Braut ein Ragout von andrer Schmaus,
Und blas't die kümmerlichen Flammen
Aus eurem Aschenhäufchen h'raus!
Bewund'rung von Kindern und Affen,
Wenn euch darnach der Gaumen steht;
Doch werdet ihr nie Herz zu Herzen schaffen,
Wenn es euch nicht von Herzen geht."

Aus den angegebenen Gründen ist philosophische Wahrheit und ihre einzige Quelle, ein Gemüth das tief und richtig empfindet, für Conceptionen aus der subjektiven Sphäre doppelt nothwendig; darum der Mangel von beiden doppelt empfindlich. Mißlungene Conceptionen aus dem objektiven Gebiete sind unbrauchbar für den Zweck der schönen Kunst, aber sie erregen wenigstens nicht immer gerade ein starkes Mißvergnügen: philosophische Unwahrheit in den Erscheinungen der subjektiven Sphäre, Unnatürlichkeit, gemachte Begeisterung, falsche Ergriffenheit, geschraubte Empfindung, manierirte Geziertheit, verzuckerte Sentimentalität, schwülstiges Pathos, dressirte Ueberschwänglichkeit, ein Enthusiasmus der

---

1) Ueber Rhetorik und schöne Wissenschaften, Vorlesung 29.

auf Stelzen geht, mit einem Worte Affektation, ist jedem
gesunden Gemüthe unerträglich[1]). Denn wir sehen darin nicht
nur jene wesentlichen Gesetze des kontingenten Seins verletzt,
die im tiefsten Grunde unserer Seele liegen; sondern das
Bestreben, solche gebrechselte Herzensergüsse um die das Herz
nichts gewußt hat in unser eigenes Gemüth hinüberzuspielen,
und uns durch sie den Genuß übersinnlicher Schönheit finden
zu lassen, erscheint uns überdies zugleich als eine häßliche
Entstellung der letzteren und als ein Angriff auf unsere
eigene gesunde Natur, den wir mit Widerwillen und Verachtung zurückweisen. Solchen widerlichen Versuchen gegenüber stimmen wir darum gern ein in das derbe Wort, mit
welchem der Dichter wenn auch nur eine Klasse dieser Ge-
fühlskünstler straft:

> „Such' Er den redlichen Gewinn!
> Sei Er kein schellenlauter Thor!
> Es trägt Verstand und rechter Sinn
> Mit wenig Kunst sich selber vor;
> Und wenn's euch Ernst ist was zu sagen,
> Ist's nöthig Worten nachzujagen?
> Ja, eure Reden, die so blinkend sind,
> In denen ihr der Menschheit Schnitzel kräuselt,
> Sind unerquicklich wie der Nebelwind,
> Der herbstlich durch die dürren Blätter säuselt."

Freilich ist der Ausdruck der falschen Empfindung nicht
in jedem Fall etwas Gemachtes, bloß äußerlich Erkünsteltes.
Es gibt Gemüther, und vielleicht nicht wenige, denen die

---

[1] *Omnium in eloquentia vitiorum pessimum* nennt Quintilian das
„κακόζηλον", die *mala affectatio*, mit vollem Recht. (De instit. orat. 8, 3.)
Dasselbe Prädikat gebührt ihr in allen übrigen Künsten.

Unnatürlichkeit der Empfindung zur Natur geworden ist, die das falsche Gefühl nicht fingiren, sondern, bis zu einem gewissen Grade, wahrhaft hervorbringen. Aber was in dieser Weise vielleicht i h n e n n a t ü r l i c h genannt werden mag, das besitzt darum von jener Natürlichkeit welche die Kunst verlangt noch keinen Gran. Denn die Natürlichkeit ist hier das objektiv richtige, das ontologisch und an sich wahre Verhältniß zwischen der Gemüthsbewegung und dem erkannten Gute oder Uebel der übersinnlichen Welt; nicht das erste beste individuelle Gemüth ist hier die Norm, sondern die ungefälschte Kraft des gesunden Sinnes, welcher der rechten Vernunft gemäß auffaßt und empfindet. Die Produkte solcher krankhaft verschrobener Seelen, die statt des Affekts überall nur Affektation haben, stoßen uns darum nicht weniger ab, als der unerquickliche Nebelwind und die schnitzelkräuselnden Phrasen der obligaten Sentimentalität: die Gemüther in denen sie fabricirt werden, kommen uns vor wie ein häßlich verkrüppeltes Gewächs, wie ein krumm und schief geschliffener Spiegel der jede Gestalt verzerrt zurückwirft, wie ein verstimmtes Instrument, das nichts als falsche Töne gibt.

109. An der Spitze des zweiten Kapitels von Aristoteles' Poetik steht ein Satz, der in der Philosophie der schönen Kunst große Berühmtheit erlangt hat, vielleicht größere als er verdient. Der Philosoph erklärt die Poesie, die Dramatik, die Musik „im allgemeinen für n a c h a h m e n d e Künste"[1]). Wie haben wir das zu verstehen?

Die Erscheinungen, welche den Inhalt der kalleotechnischen

---

1) Ἐποποιία δή, καὶ ἡ τῆς τραγῳδίας ποίησις, καὶ ἡ διθυραμβοποιητική, καὶ τῆς αὐλητικῆς ἡ πλείστη, καὶ κιθαριστικῆς, πᾶσαι τυγχάνουσιν οὖσαι μιμήσεις τὸ σύνολον. Arist. Poet. ed. Bip. c. 2. vulg. c. 1. Als das Original für die Nachahmung betrachtet Aristoteles, wie aus dem Folgenden hervorgeht, das wirklich Seiende.

Conceptionen bilden, sind wie wir gesehen haben den Erscheinungen der sichtbaren Welt durchaus gleichartig; eben
darum müssen sich in ihrer Bildung auch vollkommen dieselben Gesetze zeigen. Der Künstler ist also darauf angewiesen, die uns umgebende Ordnung des Wirklichen zum
Gegenstande seiner sorgfältigen Beobachtung zu machen: nicht
nur um seinen Geist mit angemessenen Elementen zu berei-
chern, durch deren Combination er seine Conceptionen zu
bilden hat, sondern namentlich auch, um in dem was wirklich ist und geschieht die besonderen Regeln kennen zu lernen,
zu denen sich in den mannigfaltig wechselnden Umständen,
unter den verschiedensten Bedingungen, die allgemeinen Gesetze des kontingenten Seins gestalten. In der Ordnung
des wirklich Seienden herrscht überall, im Größten wie im
Kleinsten, die vollste philosophische Wahrheit. Will darum
der Künstler sicher sein dieselbe nie zu verletzen, will er sich
die Gewandtheit erwerben, seine Conceptionen bis auf die
kleinsten Züge immer richtig zu bilden, dann muß er mit
Sorgfalt jene Ordnung des Wirklichen studiren, dann muß
das menschliche Leben und die Natur seine Schule sein.

> „Niemals vergesse der gelehrte Zögling
> der dichterischen Bildnerkunst, auch auf
> die Sittenschule und die lebenden
> Modelle um ihn her die Augen stets
> zu heften, und daraus die wahre Sprache
> des Lebens und des Umgangs herzuholen."[1]

1) Respicere exemplar vitae morumque iubebo
   Doctum *imitatorem*, et veras hinc ducere voces.
                                          Hor. ad Pis. v. 317.

Die gleiche Vorschrift giebt Quintilian dem Redner, dem daran liegt die Kunst
der lebendigen Schilderung sich anzueignen, in der Rede die Anschaulichkeit der

Aus diesem Grunde eben, weil in den Conceptionen der
Kunst genau dieselben Gesetze herrschen müssen, nach welchen
die analogen Erscheinungen der Wirklichkeit (der Natur) sich
bilden, bezeichnet man jenen ihren Vorzug, die philosophische
Wahrheit, auch mit dem bereits mehrmals erwähnten Namen
„Natürlichkeit" [1]); aus diesem Grunde und a l l e i n i n d i e -
s e m S i n n e kann man sagen, daß die Kunst das wirklich
Seiende n a c h a h m e, daß ihre Conceptionen Nachbildungen
seien [2]).

Aber daß damit nicht das Wesen der Kunst ausgedrückt
ist, leuchtet ein. Der Begriff eines Dinges ist ja nicht

Darstellung durch Malerei zu erreichen: „Atque huius summae virtutis fa-
cillima est via. Naturam intueamur, hanc sequamur. Omnis eloquentia
circa opera vitae est." De inst. orat. 8, 3.

1) Es ist darum (vgl. N. 106, 107) in der That ein eben so großes als
gerechtes Lob, wenn der Dichter von den unsterblichen Gesängen der Ilias sagt:

     Immer zerreißet den Kranz des Homer, und zählet die Väter
       Des vollendeten ewigen Werks!
     Hat es doch Eine Mutter nur, und die Züge der Mutter,
       Deine unsterblichen Züge, Natur.

                     Schiller („Ilias".)

2) Ganz aus demselben Grunde wird auch die Kunst „Nachahmerin der
Natur" genannt, beide Begriffe, Natur wie Kunst, im subjektiven Sinne genommen. Die Kunst, d. h. der Künstler, ahmt die wirkende Natur (die
natura naturans) nach, insofern er den Inhalt seiner Conceptionen genau nach
denselben Gesetzen bildet, welche auch die Natur in all ihrem Wirken befolgt.
Er studirt diese Gesetze in der objektiven Natur und im menschlichen Leben; sie
sind die nothwendigen Normen aller seiner Gebilde, — nicht weil er in den
letztern die Natur und das Leben kopirt, sondern weil es Erscheinungen sind,
welche der Ordnung der Natur und des menschlichen Lebens angehören, und sich
darum nicht anders als nach jenen Gesetzen bilden lassen. — Wir wollen hieher
die folgenden Worte des heiligen Thomas ziehen, obgleich sie dem Zusammenhang
nach zunächst einen andern Gegenstand betreffen: In his quae sunt a natura,
et arte, eodem modo operatur ars, et per eadem media, quibus et
natura: ... unde et ars dicitur imitari naturam. De verit. q. 11. a. 1. c.

gegeben, wenn man bloß eine seiner Eigenschaften nennt;
sonst könnte man z. B. den Menschen definiren als „ein
Wesen welches Phantasievorstellungen bildet". Es heißt
mithin nichts weniger, als die Definition der schönen Kunst
aufstellen, wenn man sagt sie sei „Nachahmung des Lebens
durch Dichtung" oder gar „Nachahmung der schönen Natur".
Das erste lehrten, durch den angeführten Satz des Aristoteles
veranlaßt, ältere Kritiker; die zweite Erklärung ist das
Princip, auf welches im vorigen Jahrhundert Batteux seine
bekannte Theorie der schönen Kunst gegründet hat[1]). Bei
allem Scharfsinn, mit welchem das Princip durchgeführt
wird, ist die Theorie doch als eine vollkommen verfehlte zu
betrachten. Sie konnte nicht anders als einseitig werden,
da Batteux an die Stelle des Wesens der schönen Kunst
eine Eigenschaft derselben setzte: zwar eine nothwendige, aber
doch eine solche, die mit ihrer eigentlichen Aufgabe keineswegs unmittelbar und zunächst zusammenhängt. Und diese
Eigenschaft drückte er noch dazu in einer Weise aus, welche
durchaus zweideutig ist und nothwendig irre führen mußte.
Denn die kalleotechnischen Conceptionen sind ja doch nicht
formell Nachahmungen, eigentliche Copien, des Wirklichen,
auch nicht des schönen Wirklichen, noch weniger der schönen
Natur. Die schöne Kunst hat eine viel höhere Aufgabe, als
durch Copiren die schönen Gegenstände der sichtbaren Welt
zu vervielfältigen; sonst könnten wir, seit die Photographie
erfunden wurde, wenigstens die Kunst des Pinsels entbehren.
Wir glauben, Aristoteles würde jenen Satz entweder nicht
ausgesprochen oder genauer erklärt haben, wenn er die Be-
griffsverwirrung und die Extravaganzen vorausgesehen hätte,

---

1) „Les beaux arts, réduits à un même principe" Paris 1746
(deutsch von Adolph Schlegel) und „Cours de belles lettres ou principes de
la littérature", Paris 1750 (deutsch von K. W. Ramler.)

zu welchen derselbe auf dem Gebiete der Kunst in Theorie
und Praxis die Veranlassung werden sollte [1]).

110. Die Wahrheit des Axioms, wonach der Dichter
nicht gebildet wird sondern geboren [2]), wollen wir sicher nicht
in Abrede stellen. Indeß ergibt sich doch aus allem was
wir gesagt haben klar genug die Folgerung, daß angeborne
Kraft allein den vollendeten Künstler nicht macht. Ohne
leitende Regeln und Muster, ohne gründliche Bildung des
Geistes namentlich durch Philosophie und Geschichte, wird
auch das Genie jenes Ziel nie und nimmer erreichen, das
die Natur ihm vorgezeichnet: es wird weder die Ideale in
jeder Art des Schönen richtig erfassen, noch seinen Conceptionen mit Sicherheit die volle philosophische Wahrheit zu
geben im Stande sein. „Der wahre Philosoph und der

---

1) „Es ist unglaublich, was mit der zweideutigen Forderung der Natürlichkeit für Unfug in der Kunstrichterei getrieben worden ist. Hat man doch
sogar gemeint es sei unnatürlich, daß die Leute auf dem Theater in Versen
reden, oder gar singend sich mit einander unterhalten, weil ja im gemeinen Leben
niemand mit andern versificirend oder singend spreche! Als wenn die Theater-
welt nichts weiter als Abdruck oder Wiederholung des gemeinen Lebens, als
wenn sie nicht eine idealische Welt wäre, in welcher auch die menschliche Sprache
einen höheren Charakter annehmen kann und muß. Warum fordert man denn
nicht lieber auch, daß, weil die Menschen im gemeinen Leben oft unrichtig und
undeutlich sprechen, die Personen auf der Bühne ebenso sprechen sollen? — Doch
viele Schauspieler thun es ja auch, und werden dadurch recht allerliebst natürlich." (Krug, Aesthetik §. 66. Anm. 1.)

Mit der Theorie von der Nachahmung der Natur hängt die Inschrift zusammen, welche man in der Kirche der heiligen Maria zu den Märtyrern
(Pantheon) zu Rom auf dem Grabe des Künstlers von Urbino liest:

Ille hic est Raphael, timuit quo sospite vinci
Rerum magna parens, quo moriente mori.

Der Verfasser des Distichons soll der gelehrte Bembo sein: aber von einem
Maler wie Raphael ließ sich wahrlich Größeres sagen.

2) „Poeta nascitur".

wahre Dichter streben nach Einem Ziel. Wenn der Dichter nicht oft die Pfade des Philosophen betritt, so irret er: zwischen Myrten vielleicht und blühenden Granaten, aber er irret umher"[1]). Auch von Aristoteles hörten wir oben, daß die Kunst der Philosophie sehr nahe verwandt ist.

„Um gut zu schreiben, muß ein Dichter erst
Verstand und Sinn um gut zu denken haben.
An Stoff wird's die Sokratische Schule euch
nicht fehlen lassen, und dem wohldurchdachten Stoffe
schmiegt sich von selbst der gute Ausdruck an.
Wer recht gelernt hat, was er seinen Freunden,
was seinem Vaterlande schuldig sei,
mit welcher Lieb' ein Vater, Bruder, Gastfreund
zu lieben, was des Staatsmanns, was des Richters
und was des Feldherrn Amt und Pflicht erford're,
der wird, was jeder Roll' in jedem Falle
geziemt, unfehlbar stets zu treffen wissen."[2])

Aber wesentlicher noch als durch intellektuelle Bildung, ist die wahre Vollkommenheit der Kunst bedingt durch Adel der Gesinnung, durch ein gutes — sagen wir lieber einfach durch ein christliches Herz. Die ethische Ordnung, die

---

1) F. L. Stolberg, Athenienfisches Gespräch.

2) Scribendi recte *sapere* est et principium et fons.
Rem tibi Socraticae poterunt ostendere chartae:
Verbaque provisam rem non invita sequentur.
Qui didicit, patriae quid debeat et quid amicis,
Quo sit amore parens, quo frater amandus et hospes,
Quod sit conscripti, quod iudicis officium, quae
Partes in bellum missi ducis; ille profecto
Reddere personae scit convenientia cuique.
       Hor. ad Pison. v. 308. sqq.

übernatürliche Welt ist und bleibt die eigentliche Heimat des
Schönen; kann der entchristlichte Sinn wohl fähig sein
dasselbe zu begreifen, wird ein entartetes Gemüth sich jemals
begeistern für das was es nicht lieben kann?[1] Nur der
Adler schaut in die Sonne und wird nicht geblendet; das
Gethier der Nacht, das die Finsterniß liebt, weicht zurück
vor der Klarheit des Tages, Eulen und Fledermäuse haben
keine Augen für das reine Licht der übersinnlichen Schönheit.
Mag eine Philosophie, die Gott verläugnet und der Sittlichkeit Hohn spricht, es sich noch so laut zum Verdienst an-
rechnen, „die Emancipation des Schönen" von den Forderungen der Religion und der Ethik durchgeführt zu haben[2]:
die schöne Kunst hat eine Vergangenheit; und wenn sie die
Perioden ihrer Blüte und ihres Verfalls ins Auge faßt,
wenn sie die Momente der einen und die Ursachen des an-

---

1) Ne studio quidem operis pulcherrimi vacare mens, nisi omnibus
vitiis libera, potest: quod in eodem pectore nullum est honestorum
turpiumque consortium; et cogitare optima simul ac deterrima non
magis est unius animi, quam eiusdem hominis bonum esse ac malum.
Quintil. de Inst. orat. 12, 1.

„Das religiöse Gefühl, Andacht und Liebe, und die innigste stille Begeisterung desselben war es, was b k allen Malern die Hand führte. . . Vergebens
sucht man die Malerkunst wieder hervorzurufen, wenn nicht erst die Religion oder
eine auf diese gegründete christliche Philosophie wenigstens die Idee derselben
wieder hervorgerufen hat. . . Wer das innere Leben nicht hat und nicht kennt,
der kann es auch als Künstler nicht in großer Offenbarung herrlich entfalten,
sondern bewegt sich nur mit fort in dem verworrenen Strudel und Traume
eines bloß äußerlichen, innerlich ganz wesenlosen und eigentlich nichtigen Daseins;
statt daß uns die Kunst gerade aus diesem herausreißen und in die höhere,
geistige Welt emporheben sollte. Er dient, als falscher Modekünstler, dem leeren
Scheine einer angenehmen Täuschung, und ein solcher erreicht niemals, ja er
berührt auch nicht einmal die Region des ächten Schönen." F. v. Schlegel,
Ansichten und Ideen von der christlichen Kunst. S. 167.

2) Vischer, Ueber das Erhabene und Komische, Vorrede S. IV.

deren zu würdigen versteht, dann kann ihr Bischers Zuruf:
„Trachtet am ersten nach dem Schönen, so wird euch das
Gute von selbst zufallen"[1]), nur wie Hohn und bittere
Ironie klingen. Den Künstler, der es in Wahrheit ist und
nicht bloß dem Namen nach, lehrt das eigene Gefühl, was
der innig zarte Fra Angelico (Giovanni da Fiesole) sagen
wollte, wenn er malen „mit dem Heiland umgehen" nannte,
und nie den Pinsel ergriff ohne vorher zu beten[2]). Es ist
eine der Erbarmungen Gottes, daß auch unsere Zeit ihre
Angelico hat, mehr als Einen. Ob auch die „spekulative
Weltanschauung" mit ihrer widersinnigen Kunsttheorie dazu
den Kopf schüttelt und mitleidig lächelt, es bleibt doch die
vollste Wahrheit, es gilt als solche für jeden Zweig der
schönen Kunst, das Wort, das vor wenig Jahren noch ein
Dichter im rechten Sinne seinen Genossen zu beherzigen
gegeben:

> „Wahrlich sag' ich euch, ihr Dichter,
> In das Reich der Poesie,
> Wo die Engel eure Richter,
> Könnt ihr kommen ewig nie,
> Wenn ihr euren Stolz nicht kühlet,
> Nicht wie Kinder denkt und fühlet,
> Und nicht werdet rein wie sie."[3])

---

1) Ueber das Erhabene und Komische, a. a. O.

2)   Und in klarem Engelscheine
       Glänzt Fiesole der reine,
       Der so hell im Lichte steht
       Weil die Kunst ihm ein Gebet.
                                   (Forti's Festkalender.)

3) Johannes Schrott („Zwischen zwei Kindern".)

§. 19.

Erflärungen. Das Bild; brei Arten von Bildern. Das Zeichen; natürliche und konventionelle Zeichen. Nähere Be- stimmung der Aufgabe der schönen Kunst, und Definition der letzteren.

111. Hat der Künstler eine kalleotechnische Conception mit den entsprechenden Vorzügen aufgefaßt, so besteht offen- bar seine Aufgabe noch darin, auch uns die Anschauung derselben zu geben. Er muß auf uns in der Weise ein- wirken, daß unser Geist in den Stand gesetzt und veranlaßt wird, mit gebührender Klarheit die vermittelnde Erscheinung aus dem Gebiete der unmittelbaren Erkenntniß, und in dieser das schöne Uebersinnliche, zu erfassen und zu schauen. Wie soll der Künstler das anstellen? welche Mittel bieten sich ihm dazu? Um in andern eine bestimmte Vorstellung zu erzeugen, müssen wir ihnen entweder das Objekt der letzteren selbst vorführen, oder wir müssen angemessene Bilder oder Zeichen dieses Objekts zu Hülfe nehmen.

112. „Zum Begriffe des Bildes," erklärt der heilige Thomas [1]), „gehört vor allem Aehnlichkeit, Uebereinstimmung. Indeß nicht jedes Ding das einem andern ähnlich, ist darum schon ein Bild desselben; es wird vielmehr erfordert, daß beide entweder in ihrem Wesen übereinstimmen, oder wenig- stens in einem nothwendigen Merkmal. Als ein solches er- scheint, insofern es sich um körperliche Dinge handelt, na- mentlich die Gestalt. Denn bei den Thieren z. B. ist je nach der Verschiedenheit ihrer Art auch die Gestalt eine

---

1) S. 1. p. q. 35. a. 1. c.

andere; wenn darum auf einer Wand etwa die Farbe eines
Thieres aufgetragen wird, so nennen wir diese nicht ein
Bild desselben, sondern nur wenn wir seine Gestalt abge-
zeichnet sehen. Aber auch die Uebereinstimmung zweier
Dinge in ihrem Wesen, oder in einem nothwendigen Merkmal,
genügt noch nicht zum Begriff des Bildes: es muß noch
die Beziehung des Ursprungs hinzu kommen. Ein Ei, sagt
St. Augustin, ist nicht das Bild eines anderen, weil es
nicht nach diesem als nach einem Muster gebildet ist[1]).
Damit also ein Ding das Bild eines andern sei, wird erfordert daß dieses in irgend einer Weise sein Princip sei,
und daß beide in ihrem Wesen oder wenigstens in einem
nothwendigen Merkmal übereinstimmen"[2]). So weit der
heilige Thomas.

Was der heilige Lehrer „die Beziehung des Ursprungs"
nennt, vermöge deren das Bild aus dem was es darstellt
„hervorgehen" soll, begreift in sich mehrere Verhältnisse
dieser Art. Wir fassen, mit Rücksicht auf unsern Zweck, nur
eines derselben ins Auge, jenes nämlich, welches zwischen
dem Muster (dem Original, der *causa exemplaris*) und
dem nach ihm Gebildeten stattfindet[3]). Hiernach ist der
Begriff welchen wir mit dem Worte verbinden dieser: ein
Bild ist ein Ding das nach einem anderen als seinem Muster

---

1) Unum ovum non est imago alterius, quia non est de illo ex-
pressum. Aug. lib. LXXXIII. quaest. q. 74. post init.

2) Ad hoc ergo quod vere aliquid sit imago, requiritur quod ex
alio procedat simile ei in specie, vel saltem in signo speciei. Thom.
S. 1. p. q. 35. a. 1.

3) Daß die *ratio originis*, welche Thomas fordert, zwischen dem Original
und dem Nachbild immer besteht, ist offenbar. Der Heilige selbst drückt jenes
Verhältniß der „origo qua (imago) ex alio procedat" sowohl in der angeführten Stelle aus dem heiligen Augustin als anderswo auch so aus: *quod sit
(imago) ex alio expressa.* S. 1. p. q. 93. a. 1. c.

gemacht ist, also daß es mit demselben entweder dem Wesen nach, oder in der Gestalt, oder in einem anderen nothwendigen Merkmal übereinstimmt. Wir unterscheiden mithin drei Arten von Bildern.

Bilder der ersten Art sind diejenigen, welche mit ihrem Original im Wesen übereinstimmen, einer und derselben Art angehören. Ein solches Bild entsteht z. B., wenn ein Mensch durch eigene Thätigkeit die Handlung oder die Stimme eines andern nachahmt.

Bilder der zweiten Art sind solche, welche die Gestalt ihres Originals wiedergeben; z. B. ein Portrait, eine Statue.

Bilder der dritten Art endlich nennen wir jene Nachbildungen, die mit ihrem Original nicht die Gestalt, sondern irgend ein anderes nothwendiges Merkmal gemein haben. In dieser Weise sind die Töne der Violine oder eines anderen musikalischen Instruments Bilder von Tönen der menschlichen Stimme.

113. Ein Zeichen ist nach St. Augustin ein Gegenstand, der geeignet ist, außer der ihm entsprechenden auch noch die Vorstellung eines andern in unserm Geiste zu veranlassen[1]). Halten wir indeß diesen Begriff fest, so gehört auch das Bild in die Gattung der Zeichen, sowie überhaupt jedes Objekt welches einem anderen ähnlich ist. Gleichwohl pflegt man weder das eine noch das andere ein Zeichen zu nennen; und da es uns überdies die Klarheit zu fördern scheint, wenn wir das Bild nicht als dem Zeichen untergeordnete Art betrachten, so setzen wir mit Balmes[2]) zu der Erklärung des heiligen Augustin ein Merkmal hinzu, und

_____ _ _ _ _ _ _ _

1) Signum est res, praeter speciem quam ingerit sensibus aliud aliquid ex se faciens in cogitationem venire. Aug. de doctr. chr. l. 2. n. 1.

2) Allgemeine Grammatik, Kap. 9.

verstehen unter einem Zeichen ein Ding, welches sich eignet
die Vorstellung eines anderen ihm nicht ähnlichen in uns
zu veranlassen.

Damit ein Ding das Zeichen eines anderen sein könne,
ist offenbar nöthig daß es zu demselben in einer Beziehung
stehe. Diese kann aber doppelter Art sein. Entweder hat
sie ihren Grund in der Natur beider Dinge, in der innern
Abhängigkeit des einen von dem andern, und dann ist sie
eine innere Beziehung; oder sie erscheint bloß als das Werk
des vernünftigen Geistes, der das eine Ding wählt damit
es ihm diene, die Vorstellung des andern zu wecken, und
da ist die Beziehung eine rein äußere. Hieraus geht die
Eintheilung der Zeichen in natürliche (signa naturalia) und
willkürliche (s. arbitraria) hervor; die letzteren, insofern sie
durch freies Uebereinkommen der Menschen gebildet werden,
heißen auch konventionelle (s. conventionalia.)

Natürliche Zeichen sind z. B. der Rauch in Rücksicht
auf das Feuer, das Athmen in Rücksicht auf das animalische
Lebensprincip, ein Seufzer, ein instinktmäßiger Schrei für
die Empfindung des Schmerzes. Der Urheber der Natur,
bemerkt Jakob Balmes, hat allen sinnlichen Wesen die Fähigkeit des Ausdrucks durch natürliche Zeichen gegeben. Das
Kind offenbart schon vor dem Gebrauche der Vernunft durch
Geschrei und Gebärden den Schmerz, das Vergnügen, und
andere innere Empfindungen. Dasselbe findet bei den Thieren
statt. Auch zum Vernunftgebrauche gelangt, behält der
Mensch immer noch eine natürliche Geneigtheit, seine Gefühle auf diese Weise zu offenbaren; in Augenblicken der
Ueberraschung spricht sein Instinkt noch vor der Vernunft,
und wenn er solche Aeußerungen durch die Herrschaft seines
Willens unterdrückt, so erfährt er einen Kampf mit sich
selbst, dessen Gewalt sich in seinem Angesicht auszudrücken
pflegt. Man lasse eine Mutter plötzlich einen Sohn sehen,

ben sie in fernen Ländern glaubte; man denke sich eine
Person in plötzlicher Lebensgefahr: der Schrei der Natur
wird sich vor aller Reflexion hören lassen. Umgekehrt stelle
man sich einen Mann vor, der bei irgend einer Gelegenheit
schwer beleidigt wird, aber an sich hält und seinen Zorn
niederdrückt, entschlossen, das Aeußerste zu vermeiden: seine
Worte sind gemäßigt, er hält die Zunge und die Hände
zurück, aber seine Lippen sind in konvulsivischer Bewegung,
und seine Augen sprühen. Wie alle diese Zeichen selbst, so
ist auch ihr Verständniß natürlich. Das Kind unterscheidet
Liebkosungen von Drohungen und ernsten Gebärden lange
bevor es sprechen kann. Die Thiere selbst verstehen einander
in gewisser Weise mittelst ähnlicher Zeichen; die Hausthiere
erkennen an der Stimme oder der Gebärde die freundliche
oder aufgebrachte Stimmung ihres Herrn [1]).

Anders verhält es sich mit den konventionellen Zeichen.
Ein solches war es, welches der edle Jonathas, wie die
heilige Schrift erzählt, mit seinem verfolgten Freunde ver-
abredete: „Sage ich dem Knaben: ‚die Pfeile liegen dieffeits
von dir‘, dann komm zu mir, denn du hast nichts (vom
Saul) zu fürchten; sage ich dagegen: ‚die Pfeile liegen über
dich hinaus‘, dann zieh in Frieden" [2]). Konventionelle
Zeichen haben wir in den Insignien vieler Würden, in den
Farben und Wappen verschiedener Völker, in den bestimmten
Stößen der Trompete durch welche die Soldaten im Felde
geleitet werden, und vielen ähnlichen Dingen: sie sind nur
dadurch Zeichen, daß die Menschen durch Uebereinkommen
sie dazu gemacht haben. Den ersten Rang in dieser Klasse
von Zeichen nun nehmen die Wörter ein [3]). Die meisten

---

1) Balmes, Allg. Grammatik. Kap. 2.
2) I. Kön. 20, 22.
3) Verba prorsus inter homines obtinuerunt principatum significandi.
quaecunque animo concipiuntur. Aug. de doctr. chr. 2. c. 3.

Interjektionen sind freilich noch natürliche Zeichen von Gemüthsbewegungen; einzelne andere Wörter ahmen in ihrem
Laut den Gegenstand den sie ausdrücken einigermaßen nach
(zischen, krachen, rauschen, knistern, sausen, u. a.): aber diese
abgerechnet ist bei den Wörtern eine innere Beziehung zu
den Dingen die sie bezeichnen nicht vorhanden. Sonst könnte
in den verschiedenen Sprachen derselbe Begriff nicht durch
Laute ausgedrückt werden, die einander ganz fremd sind [1]).
Die Wörter sind also im allgemeinen als rein konventionelle
Zeichen zu betrachten.

114. Hiermit haben wir im allgemeinen die Elemente
und ihre verschiedenen Arten charakterisirt, deren der Künstler
sich bedienen kann, um seine kalleotechnischen Conceptionen
vor dem geistigen Auge anderer erscheinen zu lassen. Insofern er uns nicht objektiv die Erscheinungen selbst vorzuführen vermag, wodurch er die Anschauung des schönen
Uebersinnlichen vermitteln will (102), muß er uns durch
Bilder oder durch Zeichen derselben in den Stand setzen, sie
in lebendig klarer Vorstellung aufzufassen.

Eines müssen wir in Rücksicht auf die Beschaffenheit
dieser Bilder oder Zeichen hier noch hervorheben. Es leuchtet
ein, daß dieselben dem wesentlichen Zweck der schönen Kunst,
uns durch Darstellung des Schönen Genuß zu bereiten,
nicht hinderlich sein dürfen, daß sie ihn vielmehr auch ihrerseits so viel als möglich fördern müssen. Das werden sie
aber nur, wenn die Kunst darauf bedacht ist, auch ihnen
alle jene Vorzüge zu geben, welche dazu beitragen können
das Vergnügen ihrer Wahrnehmung zu erhöhen, und unter
diesen namentlich die ihnen als körperlichen Dingen entsprechende Schönheit. Die grundsätzliche Geringschätzung und

---

[1]) Urbs, città, πόλις, ville, Stadt.

21*

Vernachläßigung der letzteren ist eine Einseitigkeit, welche weder in der natürlichen Erkenntniß noch in der christlichen Religion die mindeste Begründung findet. Wir haben es früher ausdrücklich von zwei Lehrern der Kirche gehört: Körperschönheit ist kein hohes Gut, aber darum ist sie doch nicht an sich Eitelkeit, sondern einzig für die eitlen Geister, welche das Niedrigste bewundern und das Höchste darüber vergessen; Körperschönheit ist nicht Tugend, aber sie hat dennoch ihren Werth: die schöne Seele leuchtet doppelt schön in der schönen Form[1]):

gratior et pulchro veniens in corpore virtus.

Freilich darf die Kunst, indem sie auf die Schönheit des körperlichen Elements bedacht ist, nicht höhere Rücksichten darüber aus den Augen verlieren, nicht wesentlichere Eigenschaften desselben opfern. Eine solche ist ohne Zweifel vor allem diese, daß die Bilder und die Zeichen für ihren Zweck vollkommen geeignet, daß sie wirklich dazu gemacht seien, uns die Anschauung des schönen Uebersinnlichen, auf die es ankömmt, mit Klarheit zu vermitteln. Aber gerade diesem Zweck wird das auch in seiner Ordnung wahrhaft schöne Körperliche immer weit besser entsprechen, als das mangelhafte und unvollkommene.

115. Das Wesen der schönen Kunst können wir nun nach allem Vorhergehenden durch folgende Erklärung ausdrücken: **Die schöne Kunst ist die Kunst, wirkliche oder nach den Gesetzen des zufälligen Seins erdichtete Erscheinungen, in welchen sich der Vernunft ein Uebersinnliches von**

---

1) Aug. de vera relig. c. 21. — Ambros. de offic. 1. c. 19. (oben, N. 7.)

hoher Schönheit anschaulich darstellt, mögen sie nun der objektiven Außenwelt angehören oder dem inneren Gemüthsleben des Künstlers, entweder selbst, oder durch schöne Bilder oder Zeichen den Menschen vorzuführen, und ihnen so die lebendige Anschauung und den Genuß des schönen Uebersinnlichen zu vermitteln.

Zur vollständigeren Erläuterung dieser Definition ist noch manches zu sagen. Wir halten es indeß für zweckmäßig, zunächst unsere Aufmerksamkeit auf die besonderen Erscheinungsformen zu richten, in welchen die schöne Kunst auftritt; nachdem wir diese charakterisirt haben, werden wir wieder auf das Wesen der Kunst im allgemeinen zurückkommen.

§. 20.

Die besonderen Erscheinungsformen der schönen Kunst. Erste Ordnung: Formell schöne Künste.

Es ist nicht unsere Aufgabe, eine historische Uebersicht der Entstehung und Ausbildung der schönen Künste, nach und aus einander, zu geben, sondern je ihr eigenthümliches Wesen in Kürze möglichst klar zu entwickeln. Diese Rücksicht wird uns in der Wahl der Ordnung, wie wir sie auf einander folgen lassen, ausschließlich leiten. Die besonderen Erscheinungsformen der schönen Kunst bilben und charakterisiren sich zunächst nach den Mitteln welche sie anwenden, um die Vorstellung der entsprechenden Erscheinungen aus der sichtbaren Welt in uns zu erzeugen.

I. Die dramatische Kunst.

116. Insofern Erscheinungen aus dem objektiven menschlichen Leben den Inhalt der kalleotechnischen Conceptionen

bilden, umfassen diese namentlich Personen, Handlungen und
Reden derselben, Umstände und Ereignisse welche zu ihnen
in Beziehung stehen und sie berühren. Wenn es nun darauf
ankömmt, von Objekten dieser Art in uns eine lebendige
Vorstellung hervorzurufen, so ist das geeignetste Mittel dessen
die Kunst sich bedienen kann jedenfalls dieses, daß sie wirkliche Personen in möglichst treuer Nachahmung den Charakter
und die Umstände jener annehmen lasse um die es sich
handelt; daß sie diese nachbildenden Personen vor uns auftreten, die entsprechenden Reden und Handlungen von ihnen
wirklich vollziehen, die Ereignisse so weit es angeht¹) wirklich eintreten, mit einem Worte die gesammte Erscheinung in
unserer Gegenwart thatsächlich sich verwirklichen lasse, alles
freilich um keines anderen als des angegebenen Zweckes, um
der Darstellung willen. In dieser Weise wird sie uns durch
Bilder der ersten Art (112) den Inhalt der kalleotechnischen Conception aufs vollkommenste zur Anschauung
bringen.

Das Wesen, der Kern und der Mittelpunkt aller Erscheinungen, welche dem menschlichen Leben angehören, ist
die Handlung; nicht nur das was wir gewöhnlich im engeren
Sinne des Wortes so zu nennen pflegen, fällt unter diesen
Begriff: auch das Reden, überhaupt jede Lebensäußerung
des Menschen ist Handlung. Nothwendig erscheint die letztere
darum auch in der nachbildenden Darstellung von Erscheinungen aus dem Leben als das vorzüglichste Mittel, als
das eigentlichste Element, und mit Recht gibt sie daher dieser
ersten Erscheinungsform der schönen Kunst ihren Namen.
Dieselbe heißt die dramatische, weil wirkliches Handeln
(δρᾶν) das wesentlichste Element ihrer Darstellungsmittel,

---

1) Vgl. Hor. ad Pis. v. 179—187. (unten A. 133. letzte Note.)

somit ihren specifischen Charakter bildet. „Aristophanes und Sophokles" [1]), sagt der Philosoph von Stagira, „stellen (das Leben) durch Handlung, durch wirkliche Thätigkeit dar; daher eben soll das Drama seinen Namen haben, weil der Künstler darin **durch Handlung** darstellt" [2]).

Wie werden wir hiernach die dramatische Kunst definiren? „Mit allen," läßt sie der Dichter sagen,

> „Mit allen seinen Tiefen, seinen Höhen,
> Roll' ich das Leben ab vor deinem Blick.
> Wenn du das große Spiel der Welt gesehen,
> So kehrst du reicher in dich selbst zurück." [3])

Sie ist die Kunst, durch wirkliches Handeln den Zuschauern schöne Bilder vorzuführen von wirklichen oder nach den Gesetzen des zufälligen Seins erdichteten Erscheinungen aus dem objektiven menschlichen Leben, in welchen sich der Vernunft ein Uebersinnliches von hoher Schönheit darstellt, und ihnen so die lebendige Anschauung und den Genuß des letzteren zu vermitteln.

117. Es ist offenbar, daß die Ausübung der dramatischen Kunst nicht das Werk eines Einzelnen sein kann. Das menschliche Leben ist seiner Natur nach ein gesellschaftliches: Bilder von Erscheinungen aus demselben, wenn sie vollständig und Bilder der ersten Art sein sollen, lassen sich darum nur durch das vereinte Zusammenwirken mehrerer

---

1) Der erste ist Komiker, der zweite Tragiker.

2) Πράττοντες μιμοῦνται καὶ δρῶντες ἄμφω. Ὅθεν καὶ δρά-
ματα καλεῖσθαί τινες αὐτά φασιν, ὅτι μιμοῦνται δρῶντες.
Arist. Poet. ed. Bip. c. 4. vulg. 3. n. 2.

3) Schiller, die Huldigung der Künste.

ausführen. Auch das leuchtet ein, daß solche Bilder nicht
durch Improvisation zu Stande kommen können. Es bedarf
nothwendig eines Uebereinkomens unter den zusammen-
wirkenden Künstlern, vermöge dessen die darzustellende Begebenheit fixirt, ein bis ins Einzelnste gehender Grundriß
des entsprechenden Bildes entworfen, jedem Mitwirkenden
genau bestimmt werde, wie und wann er aufzutreten, was
er zu thun und zu reden, mit einem Worte in welcher Weise
er persönlich zur Herstellung des Gesammtbildes beizutragen
habe. Aber nicht vielen ward das Genie zu Theil, das zu
solchen Grundrissen erfordert wird. Wenn dieselben deshalb
nothwendig das Erzeugniß einzelner bevorzugter Geister sind,
deren Anordnung sich die übrigen unterwerfen, denen es
meistens ihrerseits wieder an der Geschicklichkeit fehlt, bei
der wirklichen Ausführung ihrer Grundrisse persönlich mit-
zuwirken, so ist deßungeachtet die kalleotechnische Fähigkeit
welche sie, die übrigen vertretend, üben, nicht eine für sich
bestehende von der dramatischen losgerissene schöne Kunst,
sondern sie ist und bleibt wesentlich ein Theil der letzteren.
Mit anderen Worten: das, was man gewöhnlich als die
dritte oder vierte Richtung der Poesie behandelt, die dramatische Dichtkunst, ist nicht eine Gattung der Poesie, insofern
diese als besondere Erscheinungsform der schönen Kunst selb-
ständig in der Reihe der übrigen steht: sondern es ist eine
für sich unvollendete Seite der dramatischen Kunst, die
erst in der wirklichen Ausführung des Grundrisses auf der
Bühne ihre Vollendung findet. Noch niemanden ist es ein-
gefallen, die Kunst des Architekten, der den Plan des aufzu-
führenden Gotteshauses entwirft, oder jene der musikalischen
Composition, als besondere schöne Künste neben die Baukunst
und die Musik oder den Gesang zu stellen. Was der Com-
ponist und der Architekt für diese, das ist für die Dramatik
der dramatische Dichter.

Aber betrachten wir die Sache an einem konkreten Beispiel. Wenn Redwitz in der schönsten Scene [1]) seines Thomas
Morus schreibt:

„In der Nähe des Towers. Freier Platz vor einer Kirche.
Zu dem gothischen Portale führt eine Treppe hinauf. Man
hört Orgelklang und Gesang.

Margaretha
(kommt mit aufgelösten Haaren, bleich und ermattet.)

Ich kann nicht mehr;
Muß mich sinken lassen.
Auf und nieder, die Kreuz und Quer,
Durch all' die schreienden, tobenden Gassen,
Wie ein Wild, von Angst zu Tode gehetzt!
Ach, dürst' ich sterben jetzt! —
Mich drückt der Jammer zu riesig schwer,
Die Schmerzen foltern mich gar zu sehr —
Ich kann nicht mehr."

ist das geschrieben um gelesen zu werden, oder damit es
aufgeführt und geschaut werde? Und wenn es weiter heißt:

(„Sie [Margaretha] sinkt an dem Portale der Kirche vor einer Mauer-
blende nieder, worin ein Crucifix mit einer Mater dolorosa steht. —
Mehrere Frauen eilen, ängstlich umschauend, über den Platz, und
treten dann rasch in die Kirche, deren Pforte offen bleibt. Gesang
und Litanei ertönt, wobei man die Stimme des Priesters und den
einfallenden Frauenchor deutlich unterscheidet.)

Stimme des Priesters.

Spiegel der Gerechtigkeit!

---

1) 5. Aufzug. 7. Auftritt.

Stimmen der Frauen.

Bitt' für England!

Stimme des Priesters.

Sitz der Weisheit!

Stimmen der Frauen.

Bitt' für England!

(Die Pforte wird von innen wieder geschlossen.)

Margaretha

(kommt allmälig wieder zu sich, lauscht, sich aufsetzend, auf den Gesang,
und singt, mit von Thränen erstickter Stimme, im Tone der Litanei
nach.)

Sitz der Weisheit — bitt' für England! —
Ach, sie beten für England! . . .

(Sie kniet hin, die Hände zu dem Bilde der schmerzhaften Muttergottes
ausstreckend, während Orgel und Gesang in der Kirche fortklingen.)

Ja, die du in deinem Schoß
Den göttlichen Sohn,
Die Weisheit des Vaters empfangen,
O du der Weisheit Thron!
Siehe des Wahnes Todesstoß
Ist Englands Weisheit mitten durch's Herz gegangen!
Die ewige Wahrheit wollen sie knechten,
Und ihre Streiter morden!
Die Gottlosen sind die Richter worden
Ueber die Gerechten . . .
O du der Weisheit Sitz,
Des heiligen Geistes erleuchtenden Blitz,
O steh' ihn herab in der Thoren Nacht —
Du hast ja im Himmel zum Bitten die Macht!

O stehe, so streck' ich die Hände zu dir:
Hör', wie der Frevel zum Himmel schreit!
Den Vater, den Vater, errett' ihn mir —
Noch ist es Zeit!
Sie wollen zur Stunde den Stab ihm brechen,"

u. s. w.

muß das nicht für eine vollkommen widersinnige Art der
Darstellung erklärt werden, wenn man es als das Werk
einer für sich abgeschlossenen Kunst auffaßt, wie doch zweifels-
ohne die Poesie ist? Nicht das Erzeugniß des Dichters (im
engeren Sinne dieses Wortes, vgl. N. 105 und 126) haben
wir hier vor uns, sondern das Werk des Dramatikers: aber
nicht das abgeschlossene ganze Werk, sondern nur die Hälfte
davon. Es ist nicht (zunächst und eigentlich) bestimmt gelesen zu werden, denn da müßte dieselbe Scene ganz anders
dargestellt sein: es ist der sorgfältig ausgeführte Grundriß
einer Handluug, es soll, als wirkliches Bild des Wirklichen,
gethan und gesprochen, gesehen und gehört werden.

Wenn man hiernach zugeben muß, daß das Erzeugniß
des dramatischen Dichters nicht, wie etwa das Epos, als
das Produkt einer in sich abgeschlossenen kalleotechnischen
Fähigkeit gelten kann, dann wird man um so weniger darauf
bestehen wollen, die sichtbare Darstellung desselben auf der
Bühne, für sich betrachtet, für ein solches zu erklären. Es
ist durchaus unrichtig, wenn in der Reihe der schönen Künste,
von der dramatischen Dichtkunst losgerissen, die Schau-
spielkunst[1]) als eine besondere für sich bestehende Er-

---

1) Sicker (Aesth. §. 757.) bestimmt dieselbe als „die Kunst der wirklichen
Darstellung einer dramatischen Dichtung mittelst der Wort- und Geberdensprache".
Bei einer solchen Erklärung, und wenn man überdies, wie es auch Sicker
(§. 625. ff.) thut, die „dramatische Poesie' als eine Gattung der Poesie im

scheinungsform aufgeführt wird. Die Form und der Urstoff, woraus die peripatetische Schule die Körper zusammensetzt, sind getrennt und für sich allein nicht ein objektiv Wirkliches, Bestehendes, sondern Begriffe, die nur in der Vernunft ihre Realität haben. Etwas Analoges gilt in Rücksicht auf die dramatische Dichtkunst und die Kunst des Schauspielers als talleotechnische Fähigkeiten: jene ist die Form, diese der Stoff, von der ersteren geschieden etwas rein Abstraktes, wie die materia prima, informis. Sie lassen sich freilich als zwei Künste betrachten und lehren, aber sie sind die beiden wesentlichen Elemente e i n e r e i n z i g e n schönen Kunst, der Dramatik.

In ihrer ganzen Eigenthümlichkeit, als eigentlich schöne Kunst in dem Sinne in welchem wir die letztere hier fassen, tritt die Dramatik nur in der Tragödie auf, und zum Theil im Schauspiel. In der Oper sind zwei selbständige schöne Künste thätig, die dramatische und die Kunst des Gesanges. Die Komödie ist nicht ein Werk der schönen Kunst im engeren Sinne des Wortes; wir kommen auf dieselbe später zurück.

II. Die plastische Kunst.

118. In Rücksicht auf das Mittel, durch welches sie die Handlung und in dieser das schöne Uebersinnliche uns zur Anschauung bringt, nimmt die Dramatik unter den schönen Künsten unstreitig den ersten Rang ein; denn vollkommnere Mittel, als Bilder der ersten Art, gibt es für diesen Zweck nicht. Aber je vollendeter darum ihre Leistungen, desto schwerer sind sie auch, desto größer ist auch der Aufwand vieler zu dem Einen Zweck verbundener Kräfte, von welchem sie bedingt erscheinen. Und nicht das allein:

---

engeren Sinne des Wortes unter dieser behandelt, ist Klarheit der Auffassung und wahres Verständniß des Wesens der Dramatik unmöglich.

„. . ſchnell und ſpurlos geht des Mimen Kunſt,
Die wunderbare, an dem Sinn vorüber.
— —

Hier ſtirbt der Zauber mit dem Künſtler ab,
Und wie der Klang verhallet in dem Ohr
Verrauſcht des Augenblicks geſchwinde Schöpfung." [1])

Wie auf der Bühne der wirklichen Welt das unaufhaltſam
rollende Rad der Zeit ſich nicht zum Stehen bringen, der
Augenblick durch keine Gewalt ſich feſſeln läßt, ſo müſſen
auch „auf den Brettern welche die Welt bedeuten" die herr-
lichſten, die höchſten Momente pfeilſchnell an unſerm Geiſte
vorüberfliegen; wir haben kaum angefangen des Genuſſes
ihrer Anſchauung uns zu freuen, und ſchon ſind ſie nicht
mehr. Gibt es kein Mittel ſie zu fixiren? Die Kunſt hat
ein ſolches; aber ſeine Anwendung verlangt das Opfer von
mehr als einem der Vorzüge der dramatiſchen Darſtellung;
und wenn ſich dafür auch wieder andere Vortheile ergeben,
ſo ſind dieſelben in Rückſicht auf die Vollkommenheit der
Darſtellung doch nicht ſo groß, daß ſie die gebrachten Opfer
ganz aufwiegen könnten. Das Mittel von dem wir reden
beſteht darin, daß die Kunſt, ſtatt die ganze Handlung vom
Anfange bis zum Ende, in der natürlichen Folge der Momente ſich vor uns abwickeln zu laſſen, aus allen einen
einzigen Moment wählt, und dieſen nicht durch Bilder der
erſten Art, ſondern durch die minder vollkommenen der zweiten
Art uns vor Augen ſtellt.

119. Bilder der zweiten Art, haben wir geſagt (112),
ſind ſolche, welche nicht das Weſen des Originals wiedergeben, ſondern nur ſeine Geſtalt, als das hervorſtechendſte

---

1) Schiller, Prolog zum Wallenſtein.

unter seinen nothwendigen sichtbaren Merkmalen. Die Gestalt sichtbarer Wesen in jeder Stellung, und insofern von Menschen die Rede ist mit jedem beliebigen Ausdruck der Züge, in jeder Haltung des Leibes und der Glieder, läßt sich in festem Stoff, in Marmor oder Metall, in Holz, Thon, Gyps oder Elfenbein, dauerhaft und unveränderlich darstellen. Greift also die Kunst aus den auf einander folgenden Momenten einer Erscheinung aus dem menschlichen Leben, einer Handlung, den bedeutendsten, den schönsten heraus, bindet sie durch Hülfe des Meißels und des Pinsels die Gestalten der Personen je in ihrer entsprechenden Haltung, je mit ihrem dem Moment angemessenen Ausdruck der Züge und der Gebärden, an den unvergänglichen Stein, dann hat sie ein Werk für Generationen geschaffen, und das erreicht, was der Dramatik bei allen ihren Vorzügen zu erreichen nicht vergönnt war.

Wir erklären hiernach die plastische [1]) Kunst als die Kunst, in Gestalten, die im Stoff nach den drei natürlichen Dimensionen des Raumes gebildet werden, dem Auge schöne Bilder vorzuführen von wirklichen oder nach den Gesetzen des zufälligen Seins erdichteten Erscheinungen aus dem objektiven menschlichen Leben, in welchen sich der Vernunft ein Uebersinnliches von hoher Schönheit darstellt, und so den Menschen die lebendige Anschauung und den Genuß des letzteren zu vermitteln.

Die plastische Kunst ist also, wie die Dramatik, ihrem Wesen nach pragmatisch, d. h. der wesentliche Inhalt ihrer Gebilde, das eigentliche Objekt ihrer Darstellung ist

----

1) Von πλάσσειν, fingere, formen, bilden, zunächst in Thon oder andern weichen Massen. Andere Namen: Skulptur, Bildhauerkunst, Bildwerkunst, Bildnerei (ars statuaria.)

Handlung[1]). Dieſen Charakter rechtfertigt ſie vollkommen, nicht nur wo ſie in ſelbſtändigen Gruppen, wie in Achtermanns Kreuzabnahme und im Laokoon, oder in mehr oder weniger erhobenen Bildungen auf Flächen (Reliefs), mehrere Perſonen als Repräſentanten eines Moments einer einzigen Handlung uns vorführt: ſondern auch da, wo ſie in Statuen nur Einzelgeſtalten, oder in Büſten nur den vorzüglicheren Theil derſelben darſtellt. Immer iſt es ein beſtimmter, ein bedeutungsvoller Augenblick des Lebens, in welchem der Gegenſtand ſeiner Nachbildung dem Künſtler vorſchwebte, den er im Erz oder im Marmor verewigte; immer verbindet unſer Geiſt mit Hülfe der Phantaſie mit jenem Einen eine ganze Reihe anderer Momente, vorhergehender und folgender, ſchaut in der ſtarren Geſtalt die ſich dem Auge zeigt den handelnden Geiſt, und das ohne Stillſtand ſich bewegende Leben. Als Michael Angelo ſeinen Moſes vollendet hatte ſoll er, im Anſchauen ſeines Werkes ſelbſt von Bewunderung und Freude hingeriſſen, mit dem Hammer der Statue aufs Knie geſchlagen haben, ſo heftig daß der Marmor ſprang, indem er ausrief: „Jetzt rede, Moſes!“ Was den Künſtler ſo mächtig bewegte, war es etwas anderes als die Uebermacht des gewaltigen Geiſtes, den er in jenen Formen verkörpert hatte? Den Meiſter der von den Alten ſo hoch gefeierten Jupitersſtatue fragte ein Freund, wie es ihm gelungen ſei, ſo vollkommen überirdiſche Züge, wie er ſie im Elfenbein ausgedrückt, in ſeinem Geiſte zu erfaſſen[2]); und

---

1) Pragmatiſch nennen wir ſie darum, nicht dramatiſch. Denn dieſes Wort bezeichnet wie wir geſehen haben (116) nicht, daß eine Kunſt Handlung darſtellt, ſondern daß ſie durch Handlung darſtellt.

2) Quonam mentem suam dirigens, vultum Iovis propemodum ex ipso coelo petitum eboris lineamentis emet amplexus. Valer. Max. 1. 3. c. 7. „Externa“ n 4.

Phidias gab als die Quelle seiner Conception jene homerischen Verse an:

„Also sprach er, und winkte, bewegend die dunkeln Brauen.
Vorwärts wallt das ambrosiaduftende Haar des Beherrschers
Am unsterblichen Haupt; es erbebten die Höhn des Olympos." [1])

Drücken aber nicht diese Verse einen bestimmten Moment aus
im Leben des Götterkönigs, einen solchen Moment, in welchem seine erhabene Macht, seine Gottheit, in seinen Zügen
und in seiner ganzen Gestalt in besonderer Weise sichtbar
wurde? hatte also Phidias den Jupiter anders als handelnd
— pragmatisch — dargestellt?

120. Eine Rücksicht müssen wir hier hervorheben, welche
die Plastik bei der Wahl des darzustellenden Moments nicht
aus den Augen setzen darf. Wir haben bereits gesagt (114),
daß die Bilder und die Zeichen, deren sich die schöne Kunst
bedient, nichts an sich haben dürfen, was das Vergnügen
der Anschauung stören kann, daß vielmehr namentlich die
ihnen entsprechende äußere Schönheit für sie eine nothwendige
Eigenschaft sei. Darum wird also der plastische Künstler
aus einer Reihe von Momenten einer Handlung nicht einen
solchen wählen dürfen, der sich nur durch eine Gestalt darstellen ließe, deren Anblick, besonders bei fortgesetzter Betrachtung, dem Auge mißfallen müßte. Es gibt Affekte und
Grade von Affekten, die sich im Gesichte durch die häßlichsten
Verzerrungen äußern, und den ganzen Leib in so gewaltsame
Stellungen setzen, daß alle die schönen Formen, die ihn im

---

1) Ἦ, καὶ κυανέῃσιν ἐπ' ὀφρύσι νεῦσε Κρονίων.
Ἀμβρόσιαι δ' ἄρα χαῖται ἐπερρώσαντο ἄνακτος
Κρατὸς ἀπ' ἀθανάτοιο· μέγαν δ' ἐλέλιξεν Ὄλυμπον.
                                        Il. 1, 528. sqq.

Zuſtande der Ruhe umſchreiben, verloren gehen. Dieſe hat mithin die bildende Kunſt ganz zu vermeiden, oder ſie muß dieſelben auf niedere Grade herabſetzen, in welchen ſie eines Maßes auch von äußerer Schönheit fähig ſind[1]). Virgil durfte ſeinen Laokoon laut ſchreien laſſen:

„Und ein Jammergeſchrei graunvoll zu den Sternen erhebt er:
So wie Gebrüll auftönt, wenn blutend der Stier vom Altare
Floh, und das wankende Beil dem verwundeten Nacken ent-
ſchüttelt.“ [2])

Der Meiſter der berühmten Marmorgruppe im Vatikan hingegen mußte die Heftigkeit des Schmerzes herabſetzen, und Schreien in Seufzen mildern: nicht weil etwa das Schreien eine unedle Seele verräth, ſondern weil es das Geſicht auf eine ekelhafte Weiſe entſtellt. —

Daß ſie zur größeren Vollendung ihrer Werke ſich auch der Farben bediene, kann nur eine Kritik die von ganz falſchen Vorausſetzungen ausgeht der plaſtiſchen Kunſt verbieten wollen. Das Colorit gibt der Geſtalt einen weit vollkommneren Ausdruck, es iſt ein ganz weſentliches Mittel, das Leben und die Klarheit zu erhöhen, mit welcher ſie das Innere offenbart. Warum ſoll die Plaſtik auf dieſes Mittel verzichten? Die Kunſtgeſchichte lehrt uns nicht, daß dieſelbe auf dem Höhepunkte ihrer Blüte geſtanden habe, als die Statuen von ſchönem Marmor in die germaniſchen Kirchen einzogen. Das Mittelalter pflegte mit richtigem Takt ſeine

---

1) Leſſing, Laokoon II.

2)   Clamores simul horrendos ad sidera tollit,
        Quales mugitus, fugit quum saucius aram
        Taurus, et incertam excussit cervice securim.
                                    Virg. Aen. 2, 222.

Skulpturwerke fast immer zu bemalen. Und nicht nur das
Mittelalter: auch die „feinfühligen geschmackvollen" Griechen,
auf die jene Kritik sich zu berufen gewohnt ist, thaten es
sehr häufig, ja gerade in den besten Zeiten ihrer Plastik
vielleicht durchweg[1]). Und hätten sie es nicht gethan, wäre
es wahr daß sie „es für Sünde gehalten, das reine un-
schuldige Weiß des Marmors durch Farbe zu schänden",
was würde daraus folgen? Wenn die Plastik weiß was
sie soll, dann „ist ihr nicht die Form als solche sondern der
geistige Ausdruck, nicht die äußere Gestalt sondern die innere
Seelenstimmung die Hauptsache; darum genügt ihr nicht die
Statue für sich und nicht die bloße Wirkung von Licht und
Schatten, wie sie die Statue als solche hervorbringt, sondern
sie nimmt auch die Brechungen des Lichtes, sie nimmt die
Farbe und ihre ganze Symbolik als dasjenige Material zu
Hülfe, welches, weil minder körperhaft, allein im Stande ist,
dem inneren Seelenleben einen entsprechenden Ausdruck zu
leihen"[2]).

Verschiedene andere Fragen welche sich auf die Plastik
beziehen, werden wir unten (§. 23. u. 24.) noch zu berühren
veranlaßt sein.

III. Die graphische Kunst.

121. Die plastische Kunst hielt in ihren Gestalten,
durch welche sie uns Erscheinungen aus dem Leben und in
diesen das Schöne der übersinnlichen Ordnung vergegen-

---

1) Lemke. Populäre Aesthetik S. 367. „Praxiteles schätzte unter seinen
Arbeiten in Marmor diejenigen am höchsten, an welchen die Bemalung von der
Hand des Nikias, eines in diesem Kunstzweige besonders ausgezeichneten Meisters,
ausgeführt war." (Brunn. Geschichte der griech. Künstler.)

2) Histor.-polit. Blätter, Bd. 34. „Zur Geschichte der christl. Kunst."

wärtige, an der natürlichen dreifachen Ausdehnung der
Körper feſt. Die beiden weſentlichen Elemente indeß, vermöge deren die menſchliche Geſtalt das Innere offenbart,
welche darum den Ausdruck derſelben bilden, die äußeren
Umriſſe und das Colorit, laſſen ſich durch perſpektiviſche
Zeichnung und Malerei mit vollſter Treue und Anſchaulich-
keit auch auf der Fläche wiedergeben. Darin liegt der
Uebergang von der plaſtiſchen Kunſt zur graphiſchen, und
dem Weſentlichen nach auch das Verhältniß beider zu einander. Eben dieſes Verhältniß wird durch den Namen womit wir ſie bezeichnet haben angedeutet. Gewöhnlich heißt
ſie freilich Malerei; allein wir ziehen, auf dem wiſſenſchaft-
lichen Gebiete wenigſtens, aus mehr als einem Grunde den
griechiſchen Namen vor. Das charakteriſtiſche Element der
Kunſt von der wir reden iſt jedenfalls nicht das Colorit,
ſondern die Zeichnung; eben dieſes Element wird durch den
von uns gebrauchten Namen ausgedrückt[1]). Die Griechen
nannten die Malerei ζωγραφία, Darſtellung lebender Weſen
durch Zeichnung. Der Name Malerei iſt von dem minder
weſentlichen Element hergenommen. Für die Holz- oder
Formſchneidekunſt (Xylographik), die Steinzeichnungskunſt
(Lithographik), die Kupferſtecherkunſt (Chalkographik), ſelbſt
auch für die Bildwirkerei (Bildſtickerei, -ſtrickerei, -weberei)
und die Kunſt der Moſaikarbeiten paßt derſelbe nicht. Endlich
dürfte er auch dazu angethan ſein, die falſche Anſicht (120)
zu befördern, als ob das Colorit ausſchließlich dieſer Kunſt
gehöre, und die plaſtiſche darauf nicht gleichfalls das vollſte
Recht habe.

122. Der Charakter der Graphik iſt weſentlich, wie
jener der Plaſtik, pragmatiſch. Sie läßt menſchliche Geſtalten,

---

[1]) γράφειν, zeichnen.

oder Gruppen solcher, in bestimmten Momenten des Lebens
von höherer Bedeutung vor uns erscheinen, und in der
Stellung derselben unter einander und ihren gegenseitigen
Beziehungen, in der Haltung des Leibes und der Glieder,
in ihren Mienen und ihrem Auge, namentlich aber und vorzugsweise in dem Ganzen des dargestellten Moments, schauen
wir das Schöne der übersinnlichen Ordnung. Indem sie in
der Projektion der Körper auf die Fläche auf einen Vorzug
der Plastik verzichtet, gewinnt sie dafür andere von größerer
Bedeutung. Sie gibt ihren Erscheinungen den Raum bei,
in welchem sie vorgehen, und mit dem Raume führt sie uns
alle entsprechenden Umstände vor, nicht nur des Ortes, sondern bis zu einem gewissen Grade auch der Zeit. Vermöge
der größeren Gefügigkeit ihres Materials ist sie im Stande,
die feineren Züge, die zartesten Aeußerungen des innern
Lebens, namentlich im Auge und im Mienenspiel, mit hoher
Vollkommenheit auszudrücken, sowie, Gestalten in beliebiger
Anzahl zu Gruppen zu verbinden. So ist der Umfang ihres
Gebietes viel größer, der Ausdruck in ihren Schöpfungen
vollendeter, das Leben bewegter, vollkommener, tiefer. Sowohl
in Folge der größeren Leichtigkeit der Darstellung, als namentlich weil sie den Raum für ihre Gebilde selbst schafft
und abgränzt, kann sie auch, mehr als die Plastik, Bilder
aus der Natur zum Zweck allegorischer oder symbolischer
Vorstellungen zu Hülfe nehmen, vorausgesetzt daß die Bedeutung des Zeichens aus der Verbindung mit dem Uebrigen
oder aus den Umständen leicht erkennbar ist.

　　Die graphische Kunst erscheint mithin als die Kunst, in
Gestalten, die durch perspektivische Zeichnung auf der Fläche
entworfen werden, dem Auge schöne Bilder vorzuführen von
wirklichen oder nach den Gesetzen des zufälligen Seins erdichteten Erscheinungen aus dem objektiven menschlichen Leben,
in welchen sich der Vernunft ein Uebersinnliches von hoher

Schönheit darstellt, und so den Menschen die lebendige Anschauung und den Genuß des letzteren zu vermitteln.

Das Verhältniß der dramatischen, der plastischen und
der graphischen Kunst, wie wir es in unsern Definitionen
angedeutet haben, tritt klar hervor, wenn man mit der er-
greifenden Scene der Abnahme des Herrn vom Kreuze im
Passionsspiel zu Oberammergau die herrliche Gruppe Achtermanns im Dom zu Münster vergleicht, und neben beide das
entsprechende Gemälde von Rubens (in der Kathedrale von
Antwerpen) stellt.

123. Verschiedene Arten graphischer Darstellungen, von
denen die Aesthetiker hier zu handeln pflegen, fallen nicht
unter die gegebene Definition. Dahin gehören z. B. Blumen-
und Fruchtstücke, Genrebilder im Geiste der niederländischen
Schule, Landschaften, Seestücke, Produkte der sogenannten
Thiermalerei. Wir rechnen dieselben eben nicht zu den
Werken der schönen Kunst, von der wir hier reden[1]). Die
Schönheit der Natur und das großartig Erhabene mancher
ihrer Erscheinungen ist freilich an sich, wie wir früher sahen,
vollkommen geeignet, die Anschauung eines schönen Uebersinnlichen uns zu vermitteln: aber unter der Bedingung, daß
wir sie vollkommen erfassen. Nun sind aber mehrere der zu
dieser vollkommenen Auffassung gehörenden Eigenthümlichkeiten dem Auge gar nicht wahrnehmbar, lassen sich mithin
vom Maler nicht wiedergeben; dahin gehören alle jene Seiten
von Naturerscheinungen, welche wir durch das Gehör, den
Geruch oder den Tastsinn wahrnehmen. Ueberdies aber wird

---

[1] „Der Blumen- und Landschaftsmaler ahmt Schönheiten nach, die keines
Ideals fähig sind; er arbeitet also bloß mit dem Auge und mit der Hand, und
das Genie hat an seinem Werke wenig oder gar keinen Antheil." Lessing.
Laokoon XXXI. (Anhang.)

auch die Bedeutung dessen was sichtbar ist, so gut als ganz vernichtet in Folge des äußerst verjüngten Maßstabes, nach welchem die Malerei es wiederzugeben genöthigt ist[1]). Aus diesen Gründen halten wir es für unrecht, wenn die „Land-schaftsmalerei" als eine Art der Malerei aufgeführt wird, insofern diese eigentlich schöne Kunst ist, also in ihren Werken immer ein Schönes der übersinnlichen Ordnung ver-anschaulichen muß. Sie ist in der That späteren Ursprungs, sie stammt nicht aus der Blütezeit der graphischen Kunst.

---

1) „Es ist bekannt, wie viel die Größe der Dimensionen zu dem Erhabenen beiträgt, und dieses Erhabene verliert sich durch die Verjüngung in der Malerei gänzlich. Ihre größten Thürme, ihre schärfsten rauhesten Abstürze, ihre noch so überhangenden Felsen, werden auch nicht einen Schatten von dem Schrecken und dem Schwindel erregen, den sie in der Natur erregen, und den sie auch in der Poesie in einem ziemlichen Grade erregen können." Lessing, von der Verschie-denheit der Zeichen deren sich die Künste bedienen. (Anhang zum Laokoon, 2.)

Als Beweis seines letzten Satzes (über die Poesie) führt Lessing das Gemälde aus Shakespear (König Lear, 4. Aufz. 6. Sc.) an, wo Edgar dem blinden Gloster die schwindelnde Höhe schildert, auf die er ihn seinem Vorgeben nach geführt hat:

„Kommt, Herr: hier ist der Ort; — steht still; — wie grauenvoll
Und schwindelnd 's ist, den Blick so tief zu werfen!
Die Kräh'n und Dohlen, die die Mitt' umflattern,
Sehn kaum so groß als Käfer; halb hinab
Hängt einer, Fenchel lesend; — schrecklich Handwerk! —
Mir dünkt, er scheint nicht größer als sein Kopf.
Die Fischer, die am Strand wandeln,
Sind Mäusen gleich; und jenes Schiff am Anker
Verjüngt zu seinem Boot, das Boot zum Tönnchen,
Beinah zu klein dem Blick. Die murmelnde Woge
Die über zahllos kleine Kiesel tost,
Schallt nicht so hoch. — Ich will nicht mehr hinabsehn,
Damit nicht Schwindel und verdunkelter Blick
Kopfüber hinab mich risse.'

Was kann die Malerei thun, um auch nur entfernt eine ähnliche Wirkung her-vorzubringen, wie diese Schilderung?

Großen Malern diente die Landschaft, überhaupt die Natur, immer nur als Hintergrund ihrer Scenen aus dem menschlichen Leben.

Andere Fragen welche hierher gehören, werden wir unten (§. 23. u. 24.) besprechen.

§. 21.

Die besonderen Erscheinungsformen der schönen Kunst. Erste Ordnung: Formell schöne Künste, Fortsetzung.

IV. Die Poesie.

„Mich hält kein Band, mich fesselt keine Schranke;
Frei schwing' ich mich durch alle Räume fort.
Mein unermeßlich Reich ist der Gedanke,
Und mein geflügelt Werkzeug ist das Wort.
Was sich bewegt im Himmel und auf Erden,
Was die Natur tief im Verborgnen schafft,
Muß mir entschleiert und entsiegelt werden,
Denn nichts beschränkt die freie Dichterkraft;
Doch Schön'res find' ich nichts, wie lang' ich wähle,
Als in der schönen Form — die schöne Seele." [1]

124. Wir führen diese Verse nicht an, als ob sich nicht viel Tieferes und Schöneres von der Poesie sagen ließe [2]. Zwei ihrer Eigenthümlichkeiten sind es übrigens, welche der Dichter darin richtig andeutet. Ihr Gebiet hat viel weitere

---

[1] Schiller, die Huldigung der Künste.

[2] Gegen den ganz falschen Gedanken, welchen die zwei letzten Verse enthalten, wenigstens zu enthalten scheinen können, haben wir bereits früher (57) entschiedenen Einspruch gethan.

Gränzen, als das der übrigen Künste, wenngleich auch sie uns das schöne Ueberfinnliche vorzugsweise in Erscheinungen aus dem menschlichen Leben zeigt; das ist ihr erster Vorzug. Und „ihr geflügelt Werkzeug ist das Wort", die Rede: darin liegt die Wurzel jenes ersten Vorzugs, und zugleich das Wesen ihres Unterschiedes namentlich von den drei Künsten welche wir bisher betrachtet haben. Denn während diese, um die Vorstellung der Erscheinungen, durch welche sie uns die Anschauung des schönen Geistigen vermitteln wollen, in uns zu erzeugen, uns Bilder dieser Erscheinungen vor-führen, wendet die Poesie in derselben Absicht entsprechende Zeichen an.

Durch die Sprache sind wir im Stande, in dem Geiste anderer jede beliebige Vorstellung zu wecken, die Erkenntniß jeder beliebigen Erscheinung ihnen zu vermitteln. Wenn darum die durch eine Verbindung von Worten erzeugte Auf-fassung freilich an sich minder vollkommen ist, als die durch Bilder vermittelte, so erscheint dafür die Menge der Vor-stellungen welche die Rede anregen kann durch nichts be-schränkt, während hingegen die Bilder sich nur unter manchen Bedingungen, mit einem Aufwand äußerer Mühe, und nicht in großer Zahl bieten lassen. Die Künste welche Bilder anwenden, können von allen jenen zahllosen Erscheinungen aus der Natur und dem menschlichen Leben, die als Ana-logien (99) Ueberfinnliches darstellen, nur einen sehr be-schränkten Gebrauch machen, von den Gegensätzen (100) aber gar keinen; denn sie haben kein Mittel sie zu erklären. Die redende Kunst hingegen nimmt die ganze Fülle dieser Er-scheinungen in ihren Stoff auf. Das Wort setzt sie in den Stand, mit der größten Leichtigkeit die parallelen Objekte der übersinnlichen Sphäre nach allen einzelnen Vergleichungs-punkten mit ihren sichtbaren Analogien zusammenzuhalten, in den Unvollkommenheiten und Mängeln der sichtbaren Dinge

die entgegengesetzten Vorzüge der geistigen Welt zu veranschaulichen.

Ueberdies aber kann die Poesie ihrer Darstellung nicht
selten die volle Anschaulichkeit der Malerei geben. Nicht
durch Linien und Farben zwar vermag sie zu malen, aber
durch Verbindungen von Worten. Ihre „graphischen" Schilderungen, ihre von der Theorie ausdrücklich so genannten
„Gemälde" und „Portraits" geben den Schöpfungen der
graphischen oder der plastischen Kunst an Leben und Klarheit nichts nach; sie können überdies Züge und Schattirungen
enthalten, welche die Malerei gar nicht wiederzugeben im
Stande ist.

Philo und Kaiphas im Synedrium, aus dem vierten
Gesang des Messias:

„Philo sprach dies, und ging mit aufgehobenem Arme
Vorwärts in die Versammlung, und stand, und rufte von neuem:
(Es folgen seine Worte, ein gotteslästerlicher Schwur den Messias
zu verderben. Dann malt der Dichter wieder:)
Also sagt' er, und fen'rte sich an zu wähnen, die Gottheit
Decke getünchte Gräber nicht auf; doch nannte sein Herz ihn
Heuchler! Er fühlt' es, und stand mit unberathendem Auge
Vor der Versammlung. Von Grimm und übermannender Wuth voll
Lehnt' an seinen goldenen Stuhl sich Kaiphas nieder,
Und erbebte. Ihm glühte sein Antlitz. Er schaut' auf den Boden
Sprachlos und starr."

Frau Agnes, aus der Ballade dieses Namens von Redwitz:

„Und auf der Planke schwankem Pfad,
    Im Arm ihr Knäblein hold,
Wallt sie so duftig an's Gestad'
    Im Abendsonnengold.

Ihr Kleid ist ganz der Lilie gleich,
  Das Kreuz es schlicht umschließt;
In goldnen Strahlen lang und reich
  Das Haar sie los umfließt.
Die Demuth adelt ihren Gang,
  Ihr Aug' blickt erdenwärts.
Als wie ein Röslein schmiegt sich bang
  Ihr Kind ans Mutterherz.

Und stiller blickt der Emir drein,
  Ist ganz in sie versenkt.
Und wie der Treppe Marmorstein
  Sie nah und näher lenkt,
Und wie sie schon zum Zelte geht
  In feierlicher Ruh:
Wird er so seltsam angeweht
  Und zieht den Vorhang zu.

Und wieder streift ihn auf der Mohr,
  Frau Agnes wallt herein;
Da springt der Emir scheu empor,
  Als blend' ihn Geisterschein.
Und mit dem Kind steht wie ein Kind
  Sie auf so herzenstief:
,Sagt mir, wo ich den Gatten find',
  Da bin ich, die er rief!'"

Einige Strophen weiter:

„Und wieder aus dem Liebesgruß
  Ringt stark sie sich empor,
Und stürzet zu des Emirs Fuß,
  Und hält ihr Kind ihm vor:

„O sieh', es steht dies schuldlos Kind,
　　Gib uns den Vater frei!
In Leib und Seel' nur Eins wir sind,
　　Sonst mordest du uns drei!'

Und ach, so herzbeschwörend hält
　　Ihr Blick sein Aug' gebannt,
Bis ihm die Thräne thaut und fällt,
　　Und er sich scheu gewandt.
Und weinend in des Knäbleins Haar
　　Sinkt müd' ihr Angesicht;
Und Kind und Mutter wunderbar
　　Verklärt das Abendlicht.

Und mälig sinken all' die Frau'n [1])
　　In thränenstummem Leid
Rings um sie nieder, und bethau'n
　　In heil'ger Scheu ihr Kleid.
Der Emir ringt in stummem Streit,
　　Dann neigt er sich zu ihr:
„Steh' auf, du hast ihn dir befreit! —
　　Ich hab' kein Weib gleich dir.'"

Man vergleiche noch das Portrait der heiligen Agnes (oben
S. 116.), und die Darstellung ihres Martyriums von Wiseman,
Fabiola Kap. 29. S. 383.

Der Name „Gemälde" und das Prädikat „malerisch",
welche die Theorie solchen anschaulichen Darstellungen zuerkennt, sind übrigens durchaus im uneigentlichen Sinne zu
nehmen. Jene haben mit den Werken der Malerei nichts

------

1) Die Weiber des Emirs.

anderes gemein, als die lebendige Anschaulichkeit, die volle Klarheit der Vorstellung welche sie erzeugen. Dieses Verhältniß, welches namentlich Lessing hervorgehoben hat, verdient alle Beachtung. „Der Dichter ist im Staube, die unmalbarsten Fakta malerisch darzustellen. Ein poetisches Gemälde ist nicht nothwendig das, was in ein materielles Gemälde zu verwandeln ist; sondern jeder Zug, jede Verbindung mehrerer Züge, durch die uns der Dichter seinen Gegenstand so sinnlich macht, daß wir uns dieses Gegenstandes deutlicher bewußt werden als seiner Worte, heißt malerisch, heißt ein Gemälde, weil es uns dem Grade der Illusion näher bringt, dessen das materielle Gemälde besonders fähig ist, der sich von dem materiellen Gemälde am ersten und leichtesten abstrahiren lassen" [1]).

---

1) Lessing. Laokoon XIV. In den folgenden Abschnitten (XV—XVIII.) gibt er den ausführlichen Beweis, daß die Gegenstände welche sich als Vorwurf für den Maler eignen, und jene die sich vom Dichter „malerisch" darstellen lassen, zwei durchaus verschiedene Ordnungen bilden.

Wir erinnern uns zwei schöner Stellen, welche diesen Satz bestätigen. Im zehnten Gesang der Aeneis (v. 781.) erzählt Virgil, wie Mezentius in der Schlacht seinen Wurfspieß auf den Aeneas schleudert; aber die Todeswaffe springt von des letzteren Schilde ab, und durchbohrt den Antor. Und dieser

    Sternitur infelix, alieno vulnere, coelumque
    Aspicit, et dulces moriens reminiscitur Argos.

„An non poeta penitus ultimi fati cepit imaginem?" sagt zu diesen Versen Quintilian (de inst. or. 6, 2.)

Die andere Stelle steht in dem kirchlichen Passionshymnus *Pange lingua*:

Vagit infans inter arcta	Und in schmaler Krippe weinet
Conditus praesepia:	Hart gebettet er als Kind:
Membra pannis involuta	Jungfräuliche Mutterhände
Virgo Mater alligat,	Wickeln ihm die Glieder ein,
Et Dei manus pedasque	Eng' um Gottes Haud' und Füß'
Stricta cingit fascia.	Schlingen arme Windeln sich.

Wo ist der Künstler, der sich getraute mit seinem Pinsel das auszudrücken, was die Dichter, der heidnische und der christliche, mit so wenig Worten „malten"?

125. Zu allen diesen Vortheilen der redenden Kunst kömmt aber noch ein neuer Vorzug ganz anderer Art. Die drei Künste welche wir vorher charakterisirt haben, nehmen ihren Stoff, die Erscheinungen in welchen sie uns das schöne Uebersinnliche bieten, ausschließlich aus der objektiven Außenwelt. Wir haben aber (101) gesehen, daß es noch eine andere Sphäre gibt, deren Erscheinungen, als durch sich selbst erkennbar, uns die Anschauung des Uebersinnlichen gleichfalls vermitteln können: das gesammte Gebiet des innern Lebens, das Gemüth des Menschen, ist ein lebendiger Spiegel der geistigen Welt. Der Poesie zunächst ist es gegeben, auch diese subjektive Sphäre dem Zwecke der schönen Kunst dienstbar zu machen. Die Gefühle und die Eindrücke, die Empfindungen und Stimmungen, welche die Anschauung des schönen Uebersinnlichen, wie es in hellem Lichte vor seinem Geiste steht, in seinem eigenen Herzen hervorbringt, theilt (direkt) weder der Maler noch der dramatische Künstler oder der plastische uns mit: der Dichter läßt wie jene drei die äußere Welt an uns vorüberziehen; aber damit nicht zufrieden zeigt er uns das schöne Geistige zugleich, wie es aus seinem eigenen Gemüthe wiederleuchtet. Das eigentliche Mittel, uns die Bewegungen des letzteren erkennen zu lassen, bildet auch hier das konventionelle Zeichen, das Wort.

126. Dem Gesagten zufolge definiren wir die Poesie als die Kunst, wirkliche oder nach den Gesetzen des zufälligen Seins erdichtete Erscheinungen aus dem Gebiete des ohne Mittel Wahrnehmbaren, in welchen sich der Vernunft ein Uebersinnliches von hoher Schönheit darstellt, mögen sie nun der objektiven Außenwelt angehören oder dem innern Gemüthsleben des Dichters, in schöner Darstellung durch das Wort anderen vorzuführen, und ihnen so die lebendige Anschauung und den Genuß des schönen Uebersinnlichen zu vermitteln.

Die Theilung der Poesie in zwei Hauptrichtungen ist hiermit angedeutet: die objektive stellt Erscheinungen des äußeren Lebens dar, in der subjektiven (lyrischen) gibt der Dichter den Erscheinungen seines eigenen innern Lebens Ausdruck. Daß die objektive Poesie nicht jede Aeußerung der Gefühle des Dichters ausschließt, daß die lyrische von der objektiven Welt nicht losgerissen ist, versteht sich von selbst. Erscheinungen aus dem Gebiete der Natur verwendet die eine wie die andere für ihren Zweck; für sich dagegen, ohne Beziehung auf den Menschen und das menschliche Leben, als Objekt bloßer Schilderungen, bieten solche Erscheinungen für die Poesie eben so wenig einen geeigneten Stoff als für die Malerei; nur mittelmäßige Dichter gefallen sich darin [1]).

Der Rhythmus, im Versbau, und der Reim sind zwei Mittel, deren die Poesie sich meistens bedient, sowohl um die Schönheit des äußeren Darstellungsmittels, der Rede, zu erhöhen, als auch um der Gemüthsbewegung, oder selbst dem objektiven Gegenstande der Darstellung [2]), vollkommneren Ausdruck zu geben. Ein wesentliches Element dieser Kunst bildet weder der eine noch der andere. Ist der Roman, der doch fast immer in ungebundener Rede erscheint, weniger Poesie als die Elegie oder die Ballade?

Daß wir die dramatische Dichtkunst nicht, neben den genannten zwei Richtungen, als eine dritte Art der Poesie betrachten, haben wir bereits oben (117) ausgesprochen und begründet. Die Poetik, dünkt uns, geräth mit sich selbst in Widerspruch, wenn sie im Eingange der Theorie für das

---

1) Einen der Gründe für das hier Gesagte führt Lessing sehr gut aus. Laokoon XVII.

2) Durch die *harmonia imitativa*, vgl. Ernesti Ars dicendi (3. Aufl.) n. 485.

Darstellungsmittel ihrer Kunst das Wort erklärt, und dann
später, nachdem die epische und die lyrische Poesie mit ihren
Unterarten behandelt sind, als dritte Gattung die Dramatik
aufführt, welche „objektive Erscheinungen aus dem Leben
durch Handlung darstelle". Ist diese letzte Erklärung
richtig, dann kann man doch nicht sagen das Drama sei ein
Werk der Poesie, d. h. der durch das Wort darstellenden
Kunst.

Man halte uns nicht etwa die Auctorität des Aristoteles
entgegen, der in seiner Poetik so gut vom Drama handle
als von der Epopöe. Die Poetik des Aristoteles ist eben
nicht als eine Abhandlung über die Poesie zu betrachten,
sondern sie ist ein lückenhaftes Bruchstück eines Werkes über
die schöne Kunst. In dem weiteren Sinne des Wortes ist
jede schöne Kunst Poesie (105.) In diesem weiteren Sinne
nahm Aristoteles das Wort, nicht in unserem, in welchem
es die redende formell schöne Kunst bezeichnet: denn im
zweiten Kapitel[1]) nennt er als Arten der Poesie nicht nur
die lyrische, die epische und die dramatische Dichtkunst, sondern auch die Musik und die Orchestik.

V. Der Gesang.

127. Um die Erscheinungen des innern Gemüthslebens
kund zu geben, bedient sich wie wir gesagt haben die Poesie
wesentlich desselben Mittels, durch welches sie jene des objektiven äußeren Lebens bezeichnet, der Worte. Worte sind
indeß nicht unmittelbar Zeichen von Gefühlen, sondern von
Vorstellungen. Sie offenbaren also zunächst nicht die Gemüthsbewegung selbst, sondern den Begriff, das Erkenntniß-

---

1) Ed. Bip. c. 2. vulg. 1. coll. c. 3. 5. vulg. 2. 4.

bild derselben, wie es im erkennenden Geiste aufgefaßt wird.
Darum ist es nicht ein Pleonasmus im Organismus des
Menschen, wenn die Natur uns noch ein anderes Mittel zu
Gebote gestellt hat, durch welches wir unseren Gemüthsbewegungen, wie sie in sich selbst sind, unmittelbar Ausdruck
geben. Dieses Mittel ist der Ton unserer Stimme, und
zwar, wenn wir dasselbe anders in seiner Vollkommenheit
auffassen wollen, der Ton der Stimme nicht wie wir ihn
beim Reden, sondern wie wir ihn beim Singen bilden.

Denn es besteht ein wesentlicher Unterschied zwischen
Reden und Singen. Reden wir, so werden die Töne, wie
durch abgebrochene Stöße, aus der Kehle gleichsam heraus-
geworfen; beim Singen dagegen ist es ein anhaltender Druck,
der sie aus dem Organ hervorgehen läßt, gleichsam heraus-
schiebt[1]). Die Folge dieses Unterschiedes ist, daß die gesungenen Töne in ihrer Eigenthümlichkeit weit vollkommener
ausgebildet werden, als die gesprochenen. Ihre Höhe oder
Tiefe, ihre Dauer, ihr ganzes Wesen, ihr Verhältniß unter
einander, tritt weit klarer hervor, wird lebendiger aufgefaßt;
sie besitzen darum einen weit höheren Grad des Ausdrucks,
lassen die Gemüthsbewegung viel vollkommener erkennen.
Die Töne der Stimme im gesprochenen Vortrag erscheinen
nur als ein nothwendiges Element der Sprache, als das
unentbehrliche Vehikel des Wortes. Das letztere ist es da,
worauf es ankommt, durch welches die Vorstellung im Geiste
des Hörenden erzeugt werden soll; und wenn die „bedeutende“
Kraft des Wortes durch den Ton in der Declamation allerdings in hohem Grade vermehrt wird, so ist und bleibt doch
der Ton in der Rede, den Worten gegenüber, immer ein
untergeordnetes, schlechthin den letzteren dienendes Mittel.

---

1) Vgl. Sulzer, Allg. Theorie der sch. Künste. „Gesang“.

Im Gesang dagegen erhalten die Töne eine ganz andere
Bedeutung. Sie erscheinen nicht mehr als untergeordnetes
Element, sie stehen als selbständiges Mittel neben den Worten
mit denen sie sich verbinden, eben weil sie, durch ihre vollkommene Ausbildung, als natürliche Zeichen mit gleicher,
oft selbst mit größerer Klarheit die Gemüthsbewegungen ausdrücken, wie die Worte als konventionelle Zeichen die Vorstellung. Denn jedes Gefühl, die Liebe, die Freude, der
Schmerz, die Furcht, die Hoffnung, die Bewunderung, und
wie es immer heißen mag, gibt der Stimme ihren eigenthümlichen Klang, ihre besondere Schattirung. Und wenn
wir diese Zeichen des bewegten Gemüths, in ihrer vollen
Ausbildung als gesungene Töne, vernehmen, so ist die Wirkung davon nicht nur das unmittelbare Verständniß des
Gemüthszustandes der sich darin offenbart, sondern es erzeugen sich überdies, vermöge einer natürlichen Sympathie,
in unserm eigenen Herzen gleichartige Stimmungen und Gefühle [1]), welche die Vollkommenheit unserer Erkenntniß von
den Gefühlen des anderen Herzens und dem übersinnlichen
Gegenstande derselben noch bedeutend erhöhen.

Hierdurch dürften wir den Unterschied zwischen der Poesie
und dem Gesange hinlänglich bestimmt, die selbständige Stellung des letzteren unter den schönen Künsten genügend begründet haben. Für die Poesie ist der Ton der Stimme,
als Zeichen, nur unwesentliche Zugabe zu dem eigentlichen
Darstellungsmittel, dem Worte. Im Gesang dagegen ist
das wesentliche Darstellungsmittel nicht das Wort, sondern

---

1) Ipsis sanctis dictis religiosius et ardentius sentio moveri animos
nostros in flammam pietatis, quum ita cantantur, quam si non ita can-
tarentur; et omnes affectus spiritus nostri pro sui diversitate habere
proprios modos in voce atque cantu, quorum nescio qua occulta fami-
liaritate excitentur. Aug. Conf. 10. c. 33. n. 49.

das gesungene Wort. Es bildet in demselben der Ton ein
eben so wesentliches Element als das Wort, keines ist dem
andern untergeordnet, beide stehen gleichberechtigt neben einander, oder sie treten vielmehr in eine natürliche innere
Verbindung, sie verschmelzen sich so enge, daß das Darstellungsmittel in seiner Eigenthümlichkeit vernichtet wird,
und mit ihm das Wesen dieser schönen Kunst, wenn man
eines der Elemente hinwegnimmt. Diese hohe Bedeutung
erlangt der Ton eben dadurch, daß er gesungener wird.

128. Wir betrachten also den Gesang keineswegs als
eine, etwa aus Poesie und Musik, zusammengesetzte
Kunst. Wäre er das, dann müßte eine selbständige Kunst
übrig bleiben, wenn man die Worte oder die Töne weg-
nimmt: das ist aber nicht der Fall. Töne der menschlichen
Stimme ohne Worte, auch gesungene Töne, sind etwas Unnatürliches, können kein genügendes Darstellungsmittel einer
schönen Kunst bilden. Was hingegen die Worte ohne die
Töne betrifft, das Lied, den Hymnus, den Psalm, so scheinen
sie allerdings das Product der Poesie zu sein. Aber man
könnte, die Poesie in ihrem engeren Begriffe genommen, auch
dies in Abrede stellen. Denn wenn ein Stück sich vollkommen für den Gesang eignen soll, so genügt es keineswegs, wenn der Dichter da er es verfaßt einfach jene Rücksichten vor Augen hat, welche die Poesie ihm angibt; er
muß eben unmittelbar für den Gesang dichten. Jene Gesänge werden immer die besten sein, die der Dichter auch
componirt. Ein einziges Wort, bemerkt Lessing mit Recht,
als konventionelles Zeichen, kann so viel ausdrücken, daß es
einer langen Folge von Tönen bedarf, um eben dasselbe
durch sie als durch natürliche Zeichen zu geben[1]). Aus

---

1) Man vergleiche z. B. die imposante Intonation der kirchlichen
Antiphon:

dieser Thatsache geht für den Dichter des Gesangstückes eine
wesentliche Regel hervor, welche die Poesie, als solche, nicht
kennt. Für sie ist es ein Vorzug, wenn der beste Gedanke
in so wenig Worte als möglich gefaßt wird: für die zum
Gesang bestimmte Dichtung keineswegs. Ihr Stil darf nicht
der gedrängte sein; vielmehr muß der Dichter durch die
längsten geschmeidigsten Worte jedem Gedanken so viel Ausdehnung geben, als das tonische Element bedarf um denselben Gedanken auszudrücken[1]). Als Werk der Poesie
betrachtet würde die Dichtung durch Beobachtung dieser nothwendigen Regel minder gelungen, minder vortrefflich sein:
„aber sie soll auch nicht als bloße Poesie betrachtet werden"[2]),
sondern als für sich unvollendetes Werk einer anderen schönen Kunst, des Gesanges.

Wenn man diese Rücksichten festhält, so muß man nach
unserer Ansicht nothwendig den Gesang als eigene Kunst
anerkennen, und kann ihn nicht mehr für eine bloße Verbindung der Musik und der Poesie erklären. Lessing, dem
wir unsere Gründe großentheils entnommen haben, zieht
freilich diesen Schluß nicht ausdrücklich. Aber wenn er es

(Violinschlüssel, D dur.)

d fis g a a h eis d d h a g a h a fis fis a a d h fis g fis e e d
Al — — — — — ma Redempto - ris Ma - ter.

(Typographische Rücksichten haben uns genöthigt, uns dieser ungewöhnlichen
Tonzeichen zu bedienen. Die unterstrichenen Zeichen gehören in die höhere Oktav.)

1) Lessing, von der Verschiedenheit der Zeichen, deren sich die Künste bedienen. (Anhang zum Laokoon. 3.) „Man hat den Componisten vorgeworfen,"
setzt Lessing hinzu, „daß ihnen die schlechteste Poesie die beste wäre, und sie
dadurch lächerlich zu machen gesucht. Aber sie ist ihnen nicht deswegen die
liebste weil sie schlecht ist, sondern weil die schlechte nicht gedrängt und ge-
preßt ist."

2) Lessing, a. a. O.

23*

mit Recht „bedauert, daß man bei der Verbindung der Musik
und der Poesie die eine zum Hauptwerk, die andere nur zu
einer Hülfskunst macht, und von einer gemeinschaftlichen
Wirkung, welche beide zu gleichen Theilen hervorbringen, gar
nichts mehr weiß“ [1]), so dürfte dieses Mißverhältniß eben
in der falschen Auffassung seinen Grund haben, vermöge
deren man den Gesang nicht als Eine untheilbare Kunst,
sondern als eine Zusammensetzung aus zwei selbständigen
Künsten betrachtet und behandelt.

• 129. Die Gesammtheit der tonischen Elemente eines
Gesangstückes, im Gegensatz zu der dazu gehörenden Dichtung (dem Text), wird die Gesangweise oder die Melodie
genannt. Wir verstehen also unter einer Melodie eine Folge
gesungener Töne, welche eine Reihe natürlich gebildeter,
wechselnder, aber durch die Einheit ihres übersinnlichen Gegenstandes zur Einheit verbundener Gefühle und Empfin-
bungen ausdrücken, welche sich darum in verschiedener Höhe
und Tiefe, in verschiedener Stärke und Schwäche, in gesetzmäßig wechselnder Länge und Kürze, um einen Grundton
gruppiren.

Den Rhythmus haben wir hier in die Erklärung der
Melodie aufgenommen, denn er gehört ohne Zweifel zu ihrem
Wesen. Schon die wechselnde Länge und Kürze der Silben,
der Numerus der Rede, mit welcher die Melodie sich verbindet, verlangt denselben. Aber nicht diese Rücksicht allein.
Die natürliche Weise, in welcher das lebendige, das nimmer
ruhende Menschenherz empfindet, die wechselnde Klarheit und
Bedeutung der Vorstellungen in welchen ein Gegenstand der
übersinnlichen Sphäre, das Objekt der Gemüthsbewegung,
an dem Auge des Geistes vorüberzieht, die hieraus hervor-

---

1) Lessing a. a. O.

gehende verschiedene Stärke der auf einander folgenden Gefühle, bringt es nothwendig mit sich, daß die letzteren nicht
alle von gleicher Dauer sind, sondern auch in dieser Beziehung Wechsel und Mannigfaltigkeit zeigen. Muß dieser
Wechsel nicht auch in der Melodie hervortreten? Ihre Töne
können unmöglich alle dieselbe Länge haben; es werden kürzere
mit länger gezogenen, rascher verstummende mit gedehnten
abwechseln. Und das Gesetz dieses Wechsels wird nicht der
Zufall, nicht die Willkür sein, oder auch eine bloß äußerliche
Symmetrie; sondern die Natur der jedesmaligen Gemüthsbewegungen, und mittelbar die Eigenthümlichkeit der übersinnlichen Dinge die ihren Gegenstand bilden, wird denselben
für jede Melodie bestimmen. Wenn also der Rhythmus im
Gesang nichts anderes ist, als eben dieser, dem Numerus
der Rede, und zugleich der Natur der in der Melodie aus-
gedrückten Gefühle, genau entsprechende Wechsel in der Länge
und Kürze der einzelnen Töne, dann leuchtet von selbst ein,
daß die Melodie ohne denselben nicht sein kann, daß ihr
vollständiger Begriff ihn einschließt. Seine ganze Vollendung
erhält er durch das Gesetz der Schönheit des äußeren Darstellungsmittels (114.)

Das Wesen des Gesanges, als der fünften unter den
formell schönen Künsten, können wir hiernach durch folgende
Definition ausdrücken. Der Gesang ist die Kunst, wirkliche
oder nach den Gesetzen des zufälligen Seins erdichtete Erscheinungen aus dem Gebiete des eigenen innern Gemüthslebens, in welchen sich der Vernunft ein Uebersinnliches von
hoher Schönheit offenbart, in schöner Darstellung durch das
Wort und die Melodie andern vorzuführen, und ihnen so
die lebendige Anschauung und den Genuß des schönen Uebersinnlichen zu vermitteln.

130. Nichts liegt näher, als daß sich mehrere Stimmen
zum Vortrage desselben Gesangstückes vereinigen. Dabei

können alle dieselbe Melodie singen; die Wirkung der Vereinigung wird nicht nur die physisch größere Stärke des Gesanges sein, sondern in höherem Verhältniß als diese wird auch die psychologische Kraft des Kunstwerks zunehmen. Aber noch ein anderer Vorzug läßt sich demselben durch Vereinigung einer größeren Anzahl von Stimmen geben: wir meinen die Harmonie. „Es scheint beinahe nothwendig,“ lesen wir bei Sulzer[1]), „daß ein einstimmiger Gesang, von einem ganzen Chor, der aus jungen und alten Sängern besteht, abgesungen, vielstimmig werde. Die Verschiedenheit des Umfanges der Stimmen führt ganz natürlich dahin, daß einige die Oktaven, andere die Quinten oder Terzen der vorgeschriebenen Töne nehmen, sowohl aufwärts als abwärts, wenn sie die Höhe oder Tiefe so wie sie vorgeschrieben ist nicht erreichen können. Daduch aber entsteht eben der vielstimmige Gesang.“ Vielleicht dürfte das Wesen der Harmonie noch tiefer aufzufassen sein. Wenn mehrere Menschen, an Alter und Geschlecht, an Charakter und Gemüthsrichtung verschieden, zu gleicher Zeit dasselbe übersinnliche Objekt mit ihrer Intelligenz lebendig erfassen, so wird zwar Ein Hauptgefühl alle bewegen, aber in den einzelnen Gemüthern wird es sich in verschiedener Weise schattiren. Geben alle zugleich durch den Gesang ihren Empfindungen Ausdruck, so müssen die mannigfaltigen Schattirungen und Nüancen sich auch in den schon an sich, in Folge der genannten Rücksichten, verschiedenen Stimmen deutlich ausprägen, aber doch im allgemeinen so, daß Ein Grundton sich darstellt, mit welchem die übrigen entsprechend zusammenklingen. Gibt die Kunst diesem Einklang der verschiedenen gleichzeitigen Töne seine ganze euphonische Vollendung, so haben wir die Harmonie von der

---

1) Allg. Theorie der schönen Künste, „Harmonie“.

wir reden. Aus ihrer Natur ergibt sich, daß sie zum Wesen
des Gesanges nicht nothwendig ist, aber nicht minder, daß
sie seine Kraft und seine Schönheit um viele Grade erhöhen kann.

VI. Die Tonkunst.

131. Auf den verschiedensten Instrumenten lassen sich
die gesungenen Töne der menschlichen Stimme, und somit
auch die Melodie, das eine Hauptelement des Gesanges, in
Bildern der dritten Art (112) wiedergeben. So war es
sehr natürlich, wenn man zunächst durch Begleitung des Gesanges der eigentlichen Melodie größere Stärke, höhere Fülle
und Mannigfaltigkeit zu geben suchte. Das ist ohne Zweifel
die erste Bedeutung der Tonkunst, der Musik im engeren
Sinne des Wortes.

Das selbständige Auftreten dieser Kunst, ohne Gesang,
verwirft Plato durchaus; er nennt es eine Gaukelei, eine
der schönen Kunst ganz fremde Erscheinung[1]), da man ja
„ohne das Wort nicht verstehen könne, was die Melodie
ausdrücke". Daß es nicht wenig Leistungen gibt auf dem
Gebiete der Tonkunst, welche diesen Vorwurf vollkommen
verdienen, auch unter jenen, welchen ein falscher Geschmack
hundertmal Beifall geklatscht hat, kann man sicher nicht in
Abrede stellen. Auch das ist gewiß, daß die Tonkunst ihre
vorzüglichste Wirkung ausübt, wo sie ihrer ersten Bestimmung gemäß als Begleiterin des Gesanges auftritt. Nichtsdestoweniger wollen wir ihr doch nicht mit Plato ihre Selb-
ständigkeit in der Reihe der schönen Künste streitig machen.
Durch die bloße Melodie ohne Worte, auch in Verbindung

---

1) Ἀμουσία καὶ θαυματουργία. De leg. L. 2. ed. Bip. vol. 8,
p. 94. Steph. 669. e.

mit der Harmonie, kann der Künstler die Erscheinungen
seines inneren Gemüthslebens, und in ihnen das Uebersinnliche, freilich nur undeutlich ausdrücken. Denn was im Gesange den Tönen für diesen Zweck ihre bestimmte Bedeutung
gibt, das sind die mit ihnen verbundenen Worte, die als
konventionelle Zeichen nicht nur die Gefühle kundgeben sondern zugleich ihren Gegenstand. Darum ist die Melodie an
sich allerdings kein genügendes Mittel, uns irgend ein bestimmtes Schönes der übersinnlichen Ordnung, wie es dem
Geiste des Künstlers vorschwebt, zur klaren Anschauung zu
bringen. Aber die Töne sind nicht einfach kalte Zeichen der
fremden Gefühle, sondern sie üben zugleich (127) einen
mächtigen Einfluß unmittelbar auf unser Herz. Melodie
und Rhythmus ergreifen mit sicherer Gewalt unser Gemüth,
und versetzen es in Bewegung, jener entsprechend aus der
sie hervorgingen [1]). Gemüthsbewegungen und Vorstellungen
übersinnlicher Dinge stehen aber in unauflöslichem Causalverhältniß [2]); mit den durch die Tonkunst in uns erregten
Gefühlen, und in Folge der innern Thätigkeit in welche
diese uns versetzen, erzeugt sich darum nothwendig in unserem
Geiste die Anschauung eines übersinnlichen Schönen, das mit
jenem, welches dem Geiste des Künstlers vorschwebte, vielleicht nicht identisch, aber demselben doch mehr oder weniger
ähnlich ist. So erfüllt die Tonkunst, auch vom Gesange
gelöst, immerhin die wesentliche Aufgabe der schönen Kunst,
indem sie uns die Anschauung eines schönen Geistigen ver-

---

1) Assentior Platoni, nihil tam facile in animos teneros atque
molles influere, quam varios canendi sonos; quorum dici vix potest,
quanta sit vis in utramque partem. Namque et incitat languentes et
languefacit excitatos, et tum remittit animos tum contrahit. Cic. de
leg. 2. c. 15. n 38.

2) Man vgl. die Definition der Gemüthsbewegung, oben N. 101, Note.

mittelt, wenn auch nicht mit derselben Sicherheit und Bestimmtheit, wie es die übrigen thun.

Doch wir sagen zu wenig. In einer Rücksicht besitzt die
Tonkunst einen Vorzug, welchen keine der übrigen Künste
mit ihr theilt. Der Dichter deutet ihn an, wenn er sagt:

„Leben athme die bildende Kunst, Geist fordr' ich vom Dichter;
    Aber die Seele spricht nur Polyhymnia aus."

Indeß damit ist keineswegs alles gesagt. Der griechische
Weise mochte, bei dem niedrigen Stande des geistigen Lebens
seiner Zeit, sagen wir lieber bei dem gänzlichen Mangel
alles inneren Lebens, vollen Grund haben, die Musik
ohne Gesang eine ἀμουσία zu nennen; im Christenthum ist
es anders. Die christliche Religion hat der Menschheit
Wahrheiten enthüllt, hat sie Güter kennen gelehrt, welche
über alle ihre Vorstellungskraft weit hinausliegen. Was
der Geist selbst nur unvollkommen und in dunkler Ahnung
faßt, das drückt keine Sprache aus, keine Handlung und
keine Gestalt vermag es zu offenbaren: bildende und redende
Künste bemühen sich deshalb umsonst, es wiederzugeben.
Nur in dem Herzen, das glauben und lieben gelernt hat,
spiegeln sich klar die Gestalten einer unsichtbaren Welt; nur
in den Bewegungen eines Gemüths, das tiefer geht als das
seichte Fahrwasser des Alltagslebens, prägt das Gute und
das Große und das Schöne der Geistersphäre sich treu und
lebendig und allverständlich aus. Und wenn ein solches
Gemüth seine eigenen Bewegungen in die tönenden Saiten
hinüberschwingt, wenn ein solches Herz das Leid und die
Freude, den Schmerz und die Sehnsucht, wovon es erzittert,
in Melodie und Rhythmus verkörpert; dann erklingen auch
in anderen Seelen die gleichen Gefühle, dann erheben auch
sie sich zu lebendigerem Ahnen, zu hellerem Schauen dessen,
was in sichtbaren Gestalten zu schauen sterblichen Augen

nicht gegeben ist, was selbst menschliche Rede auszudrücken
nicht genügt.

> „Und wenn der Schwan, der silberhelle,
> Melodisch sich zum Flug erhebt,
> Und auf des Wohllauts reiner Welle
> Verklingend in die Ferne schwebt:
>
> Dann weckt in unserm tiefsten Herzen
> Auch Wehmuth seine Melodie,
> Wir fühlen süße Sehnsuchtsschmerzen
> Nach einer andern Harmonie." —

Unserer Gewohnheit gemäß dürfen wir schließlich auch
hier die Definition nicht fehlen lassen. Die Tonkunst ist
die Kunst, wirkliche oder nach den Gesetzen des zufälligen
Seins erdichtete Erscheinungen aus dem Gebiete des eigenen
Gemüthslebens, in welchen sich der Vernunft ein Uebersinnliches von hoher Schönheit darstellt, in schönem Ausdruck
durch die auf Instrumenten nachgebildete Melodie anderen
vorzuführen, und ihnen so die lebendige Anschauung und den
Genuß eines ähnlichen schönen Uebersinnlichen zu vermitteln.

§. 22.

Wiederholung. Die beiden Elemente, aus welchen sich die
Werke der schönen Künste zusammensetzen, und ihr Verhältniß
zu einander. Rechtfertigung der in dem Vorhergehenden aufgestellten Unterscheidung der schönen Künste.

132. Vergegenwärtigen wir uns kurz unsere bisherigen
Resultate. Die schöne Kunst will uns die lebendige Anschauung, und dadurch den Genuß, eines Uebersinnlichen

von hoher Schönheit vermitteln. Das Uebersinnliche vermögen wir nicht in sich selbst zu erkennen, sondern nur in
einem Andern. Die Dinge welche den Gegenstand unserer
eigentlichen Vorstellungen, unserer unmittelbaren Wahrnehmung bilden, gehören dem Gebiete der sichtbaren Welt an,
der Ordnung der Natur und des äußern und innern menschlichen Lebens. Diese müssen uns für die Anschauung des
Uebersinnlichen als Mittel dienen; sie eignen sich dazu namentlich, insofern sie mit den Dingen der geistigen Welt
entweder durch das Causalverhältniß verbunden sind, oder
zu denselben in der Beziehung der Analogie oder des Gegensatzes stehen. Aus der sichtbaren Welt also, d. h. aus der
Natur, aus dem objektiven menschlichen Leben, oder aus
seinem eigenen innern Gemüthsleben, muß der Künstler die
Erscheinungen nehmen, welche ihm dienen unserm Geiste das
unsichtbare Schöne vorzuführen. Eine solche Erscheinung
aus dem Gebiete der unmittelbaren Wahrnehmung, wie sie
in dieser Absicht vom Künstler aufgefaßt wird und seinem
Geiste vorschwebt, haben wir die kalleotechnische Conception
genannt. Es ist nicht nothwendig, bemerkten wir über dieselbe, daß ihr Inhalt der Ordnung des wirklichen Seins
angehöre: sie kann das Produkt der Dichtung sein; aber der
dichtende Geist ist indem er sie schafft wesentlich an die
nothwendigen Gesetze des kontingenten Seins gebunden. Die
Vernunft und die Betrachtung der Wirklichkeit lehrt ihn diese
Gesetze kennen, und in seinen Schöpfungen beobachten.

Um uns nun die Anschauung und den Genuß seiner
kalleotechnischen Conception zu vermitteln, muß der Künstler,
insofern er uns dieselbe nicht wirklich vorführen kann, Bilder
oder Zeichen anwenden. Zunächst aus der Eigenthümlichkeit
dieser Elemente geht die Theilung der schönen Kunst in
schöne Künste hervor. Die dramatische, die plastische und
die graphische Kunst zeigen uns das schöne Uebersinnliche in

entsprechenden Erscheinungen aus dem objektiven menschlichen Leben, aber in verschiedener Weise. Die Dramatik führt uns diese Erscheinungen vor in Bildern der ersten Art, in lebendiger Handlung; die plastische und die graphische Kunst wenden für denselben Zweck schöne Bilder der zweiten Art an, Gestalten, mit dem Unterschied, daß die erstere ihre Gestalten nach der natürlichen dreifachen Ausdehnung im Stoffe bildet, die zweite hingegen sie durch perspektivische Zeichnung auf der Fläche entwirft.

Sichtbare Bilder indeß können immer nur solche Erscheinungen wiedergeben, die selbst dem Auge wahrnehmbar sind, und sich überdies selbst erklären. Um uns auch andere vorführen zu können, muß die Kunst zu den Zeichen greifen. Das vorzüglichste unter allen Zeichen ist das Wort. Indem die Poesie dieses zu ihrem Werkzeuge wählt, steht ihr nicht mehr allein das objektive menschliche Leben offen: sie verwerthet für den Zweck der schönen Kunst Erscheinungen der gesammten Außenwelt, und verbindet damit noch jene des subjektiven innern Gemüthslebens. Ihr Gebiet ist darum im Vergleich mit der Sphäre aller übrigen formell schönen Künste durchaus das weiteste. Denn wie die drei ersten auf die objektive, so ist der Gesang und mehr noch die Tonkunst, zunächst wenigstens und unmittelbar, auf die subjektive Seite der sichtbaren Welt, als des Kreises unserer unmittelbaren Erkenntniß, angewiesen. Jener bedient sich als seines Darstellungsmittels des Wortes in Verbindung mit der Melodie, diese wendet allein die letztere an, und zwar nicht die eigentliche sondern die nachgebildete Melodie.

133. In jedem Werke der schönen Kunst, welcher von den sechs genannten Erscheinungsformen es auch angehört, lassen sich mithin immer zwei wesentliche Elemente unterscheiden: die kalleotechnische Conception, und das sinnliche Darstellungsmittel, das körperliche Bild oder Zeichen. Dieses

zweite Element hat keinen andern Zweck als den, auf uns
so zu wirken, daß wir veranlaßt und in den Stand gesetzt
werden, die lebendig klare Anschauung des Inhalts der kalleotechnischen Conception in unserem eigenen Geiste zu bilden, die
vom Künstler gewählte Erscheinung aus dem Gebiete der unmittelbaren Wahrnehmung, und in ihr das schöne Ueberstnn-
liche, klar zu schauen. Veranlassen und in den Stand
setzen, sagen wir, soll uns hiezu das Bild oder das Zeichen,
und wir bedienen uns dieses Ausdrucks nicht ohne Grund.
Meistens pflegt man den Inhalt der kalleotechnischen Conception,
und das Bild oder die Verbindung der Zeichen für dieselbe,
als identisch zu betrachten: eine solche Auffassung ist durchaus unrichtig. Nicht, wie in einer Theorie der Dichtkunst
gesagt wird, „wenn die Poesie uns ihre Schöpfungen in
ihrer Wirklichkeit lebend und handelnd vor Augen stellt,
heißen wir sie Dramatik": solches thut ja weder die Poesie
noch die Dramatik; sondern die schöne Kunst, nicht die Poesie,
erscheint als dramatische, wenn sie uns ihre Schöpfungen
durch gleichartige Bilder derselben zur Anschauung bringt.
Wer bei der Betrachtung einer Verklärung oder einer sixti-
nischen Madonna, wie sie Raphael gemalt, nichts anderes
schaut als was die Linien und die Farben dem Auge bieten,
der versteht das Gemälde nicht; eine in Marmor gebildete
Gestalt, die auch in dem Kenner keine andere Vorstellung
hervorriefe, als jene die er durch das Gesicht empfängt, wäre
nimmer ein Werk der schönen Kunst.

Beethoven war bekanntlich taub, wenn auch zu einer Zeit
weniger als zur andern. Einst, erzählt man, besuchte ihn
ein Freund; der Meister spielte eben eine seiner herrlichsten
Compositionen, die er noch nicht herausgegeben hatte, und
mit dem Rücken gegen die Thür gekehrt, bemerkte er den
Eingetretenen nicht. Im Verlaufe des Spiels spiegelten sich
die wechselnden Gefühle der Freude und der Rührung auf

seinem Gesichte, bis ihm am Schlusse Thränen entstürzten. Der Freund ergriff ihn am Arm, und drückte ihm seine volle Bewunderung aus über das Gehörte. „Ach," erwiederte Beethoven, „ich habe nichts davon gehört, ich kann es mir nur vorstellen." Der Künstler hörte keinen Ton, und doch vernahm seine Seele Melodien die sie begeisterten, Harmonien die sie mit Entzücken erfüllten. Wozu das Ohr nicht mehr im Stande war, das leistete ihm das Auge und etwa der Tastsinn, sehr unvollkommene Ersatzmittel für das Ohr, wenn es sich um Objekte des Gehörs handelt. Nicht in den Tönen also insofern sie etwas dem Ohre Wahrnehmbares sind, liegt das Wesen der Musik, sondern in dem, was durch die Töne angeregt die Phantasie und der Geist erfaßt. Und ebenso bilden nicht die Worte, nicht die schönen Bilder von Gestalten oder von Handlungen das Objekt, dessen Anschauung und dessen Genuß uns die schöne Kunst vermitteln will; sondern einzig jene Erscheinung aus dem Gebiete der unmittelbaren Wahrnehmung, mit dem übersinnlichen Schönen als ihrer Form, deren Vorstellung unsere Seele, veranlaßt und unterstützt durch die Bilder oder die Worte, vor ihrem inneren Auge sich erzeugt. Jede durch eine äußere Sinneswahrnehmung veranlaßte Vorstellung nämlich vervollständigt sich naturgemäß in unserm Innern, also daß eine Menge von Merkmalen, Umständen, Beziehungen, ergänzend zu ihr hinzutritt, welche der Sinn nicht wahrnehmen konnte. Diese psychologische Thatsache darf man, wenn es sich um das Wesen der schönen Kunst handelt, nicht unbeachtet lassen. Das Element welches die letztere dem Sinne bietet, ist nicht der erschöpfende, adäquate Ausdruck des Schönen, welches unser Herz erfreuen soll; nicht das materielle Kunstprodukt ist der Zweck für welchen der Künstler arbeitet, sondern die psychologische Wirkung die es erzeugt. Wer mit Verständniß das letzte Abendmahl von Leonardo da Vinci betrachtet, der

nimmt nicht bloß Gestalten wahr und Farben: er hört auch
reden, er vernimmt Ausdrücke der trauernden Liebe, des
Schmerzes, der Bestürzung, des Staunens, des Unwillens,
es bilden sich vor seinem Geiste Vorstellungen von Gefühlen,
von Seelenstimmungen und Charakteren, er faßt auch die
vorbereitenden Momente des dargestellten Augenblicks auf
und seine weitere Entwickelung, mit einem Worte es steht
vor seinem innern Auge jene ganze Begebenheit, von welcher
der Maler nur einen Moment, und diesen nur nach jener
Seite wiedergeben konnte, die sich als sichtbares Objekt dem
äußern Auge darbietet.

Somit ist es vollkommen begründet, wenn wir in den
Werken der schönen Kunst die zwei angegebenen Elemente,
den Inhalt der kalleotechnischen Conception und das sinnliche Darstellungsmittel für denselben, ausdrücklich unterscheiden. Für alle Künste, namentlich aber für jene, welche
wie die Malerei und die Plastik uns nur einen einzigen
Moment der darzustellenden Handlung im Bilde fixiren
können, ist diese Unterscheidung von der größten Wichtigkeit.
Denn sie enthält ja die Erklärung, wie es diesen Künsten
möglich ist, durch das Bild dieses einzigen Moments, wenn
er nur gut gewählt, nur fruchtbar ist, uns eine ganze Kette
von Momenten, die vollständige Handlung schauen zu lassen;
unserm Geiste auch solche Augenblicke vorzuführen, welche
für den Zweck der Kunst die höchste Bedeutung haben, deren
sichtbare Darstellung aber, weil unschön, widerwärtig,
beleidigend, das Kunstwerk als solches vernichten würde.
Timomachus hatte in seinem berühmten Gemälde „die Medea
nicht in dem Augenblicke genommen, in welchem sie ihre
Kinder wirklich ermordet, sondern einige Augenblicke zuvor,
da die mütterliche Liebe noch mit der Eifersucht kämpft. Wir
sehen das Ende dieses Kampfes voraus. Wir zittern voraus, nun bald bloß die grausame Medea zu erblicken, und

unsere Einbildungskraft geht weit über alles hinweg, was uns der Maler in diesem schrecklichen Augenblicke zeigen könnte"[1]. Aehnliches gilt von einem anderen Werke desselben Malers, das den rasenden Ajax darstellte. „Ajax erschien darauf nicht, wie er unter den Heerden wüthet, und Rinder und Böcke für Menschen fesselt und mordet. Sondern der Meister zeigte ihn, wie er nach diesen wahnwitzigen Heldenthaten ermattet da sitzt, und den Anschlag faßt sich selbst umzubringen. Und das ist wirklich der rasende Ajax; nicht weil er eben jetzt raset, sondern, weil man sieht, daß er gerast hat; weil man die Größe seiner Raserei am lebhaftesten aus der verzweiflungsvollen Scham abnimmt, die er nun selbst darüber empfindet. Man sieht den Sturm in den Trümmern und Leichen, die er an das Land geworfen hat"[2].

---

1) Lessing, Laokoon III.

2) Lessing, a. a. O. — Aehnliches, wie in diesen Beispielen die Malerei, thut die Dramatik, wenn sie gewisse Scenen andeutet oder erzählen läßt, deren Eindruck weit weniger günstig wäre, wenn sie dieselben vor den Augen der Zuschauer sich vollziehen ließe. „Es darf," lehrt Horaz,

„Es darf nicht alles auf die Scene
gebracht sein, sondern manches muß den Augen
entzogen werden, was viel schicklicher
von einem andern, der als Augenzeuge spricht,
mit Feuer und Begeisterung des Momente
erzählt, auch uns vergegenwärtigt wird.
Medea soll nicht vor dem Chor und uns
die Kinder würgen, noch der Unmensch Atreus
der Neffen Fleisch vor unsern Augen kochen;
noch wandle Progne auf der Bühne sich
in eine Schwalb', und Kadmos in den Drachen."
(Ad Pisones, v. 182. sqq.)

Man vergleiche in Schillers „Wallensteins Tod" den sieb enten und zehnten Auftritt des fünften Aufzuges; in Redwitz „Thomas Morus" den siebenten und elften

134. Es bleibt noch übrig, daß wir die in dem Vorhergehenden gegebene Unterscheidung der schönen Künste mit
einigen Worten begründen. Faßt man das doppelte Element
ins Auge, welches in jedem Werke der schönen Kunst erscheint, so kann der Grund einer Theilung der letzteren in
schöne Künste augenscheinlich nicht in der kalleotechnischen
Conception liegen, sondern allein durch die besondere Eigenthümlichkeit des äußeren Darstellungsmittels gegeben sein.
Denn wenngleich freilich auch der Kreis der Erscheinungen,
welche z. B. die Plastik darstellen kann, ein anderer ist als
jener der Poesie, so geht eben diese Verschiedenheit doch
einzig aus der besonderen Natur des Darstellungsmittels
hervor, dessen sich diese beiden Künste bedienen. Dies vorausgesetzt, kann das Gesetz der Unterscheidung nur dieses
sein: Jedes Darstellungsmittel das für sich allein genügt,
kalleotechnische Conceptionen auszudrücken und zur klaren
Anschauung zu bringen, das sich überdies wesentlich von
allen anderen unterscheidet, das endlich nicht in wenigstens
zwei Elemente zerlegt werden kann, welche getrennt und für
sich dem Zwecke der schönen Kunst genügen, jedes Darstellungsmittel dieser Art, und nur ein solches, begründet eine
eigenthümliche, selbständige, als originale und einfache zu
betrachtende Erscheinungsform der schönen Kunst. Nun wird
man sich aber unschwer überzeugen, daß eben jene sechs

Austritt gleichfalls des fünften Auszugs. Auch die redenden Künste leisten Aehnliches, wenn sie malen. „An quisquam tam procul a concipiendis imagi-
nibus rerum abest, ut, quum illa in Verrem legit, *Stetit soleatus praetor
populi Romani cum pallio purpureo tunicaque talari, muliercula
nixus, in litore,* non solum ipsum os intueri videatur, et locum, et
habitum, sed quaedam etiam ex iis quae dicta non sunt sibi ipse ad-
struat? Ego certe mihi cernere videor et vultum, et oculos, et de-
formes utriusque blanditias, et eorum, qui aderant, tacitam aversationem
ac timidam verecundiam." Quintil. de inst. or. 8. c. 3.

Darſtellungsmittel nach welchen wir die ſechs ſchönen Künſte
charakteriſirt haben, und inſofern wir ausſchließlich die Aufgabe der ſchönen Kunſt als ſolcher im Auge haben ſie allein,
dieſe drei Merkmale beſitzen. [1])

Man hat die Mimik (Gebärdenkunſt) und die Orcheſtik
(Tanzkunſt) in der Reihe der ſchönen Künſte aufgeführt;
man hat aus Mimik und Poeſie die Dramatik, den Geſang
aus Poeſie und Tonkunſt zuſammenſetzen wollen [2]). Aber
entſteht denn Geſang, wenn man Worte und nachgebildete
Melodien, das Mittel der Tonkunſt (131), verbindet? ſchaut
man ein Drama, wenn eine Ballade, das Erzeugniß der
Poeſie, mit Aktion, d. h. mit dem entſprechenden toniſchen
und mimiſchen Ausdruck, vorgetragen wird? Wäre der Geſang eine zuſammengeſetzte Kunſt, dann müßte die wirkliche
Melodie, d. h. die Verbindung wirklich geſungener Töne
ohne Worte, für ſich ein angemeſſenes Darſtellungsmittel
für eine beſondere Kunſt bilden; will man die Dramatik
als zuſammengeſetzt vertheidigen, ſo nenne man uns die
durch Zerlegung ihres Darſtellungsmittels gewonnenen je
für eine ſelbſtändige Kunſt genügenden Elemente. Man wird
uns die Gebärde nennen, das natürliche Zeichen der Gemüthsbewegung, und die willkürliche (mit Veränderung des
Ortes verbundene) Bewegung des Leibes; als durch dieſe
gebildete Künſte aber die ſchon erwähnten, Mimik und
Orcheſtik [3]). Die letztere, inſofern ſie anders ein ſchönes

---

1) Die ſechs formell ſchönen Künſte noch in beſondere Klaſſen zu bringen
dürfte überflüſſig ſein. Will man es deſungeachtet thun, ſo könnte man etwa
die Dramatik, die Plaſtik und die Graphik, weil ſie ſich der Bilder bedienen,
ikoniſche Künſte nennen, die drei übrigen, welche Zeichen anwenden, ſema-
liſche (εἰκών, σῆμα)

2) Vgl. Krug, Aeſthetik §. 90—93, und §. 76. — Ziden, Aeſth. (2. Aufl.)
§. 737. ff. 746. ff. §. 484.

3) Krug, a. a. O.

Uebersinnliches veranschaulichen, also auf eine Stelle unter
den schönen Künsten Anspruch machen kann, gehört einfach
zur Dramatik, und ist in dieser schon enthalten¹). Mienen
und Gebärden dagegen hat uns die Natur allerdings als
Zeichen der Gemüthsbewegung gegeben, aber nicht als selbst-
ständige, sondern nur als ergänzende Zeichen; sie sollen das
Wort und die Handlung begleiten, das ist ihre Bestimmung.
Sie von beiden lösen und für sich als Mittel der Darstellung anwenden, ist immer ein widernatürliches Unter-
nehmen²); die reine Pantomime mag als Kunststück interes-
siren können oder als künstliche Spielerei, ein Werk der
schönen Kunst ist sie nie und nimmer. „Wo die Mimik
immer allein erscheinen will, und folglich des ersten Mittels
zur Darstellung, des lebendigen Tons der Rede entbehrt, da
finden wir etwas Unnatürliches; denn das stärker erregte

_____

1) Vgl. Sulzer, Allg. Theorie der schönen Künste, „Ballet". Einzig in
dem Sinne, in welchem Sulzer an dieser Stelle, nach Noverre, das Ballet faßt,
hat es wahre kalleotechnische Bedeutung, und zwar als Element der Dramatik;
aber in eben diesem Sinne ist es, wie er selbst sagt, nicht im Gebrauch und
darum unbekannt. „Wie die Ballette auf der Schaubühne gegenwärtig sind,
verdienen sie schwerlich unter die Werke des Geschmacks gezählt zu werden; so
gar nichts Geistreiches und Ueberlegtes stellen sie vor. Man sieht seltsam ge-
kleidete Personen, mit nichts seltsameren Gebärden und Sprüngen, mit gezwungenen
Stellungen und gar nichts bedeutenden Bewegungen, auf der Schaubühne herum-
walen, und niemand kann errathen was dieses Schwärmen vorstellen soll. Nichts
ist ungereimter, als nach einer ernsthaften dramatischen Handlung eine so abge-
schmackte Lustbarkeit auf der Bühne aufzuführen." — Wir mußten das hinzusetzen, weil bei dem gegenwärtigen Unwesen der Bühne der bloße Name des
Ballets anstößig sein kann, und mit dem vollsten Recht.

2) Man wende nicht ein, daß ja die Töne uns gleichfalls von der Natur
als ergänzende Elemente der Sprache gegeben seien, und doch in der Tonkunst
von dem Worte getrennt erscheinen. Die gesungenen Töne haben für den Ausdruck der Gefühle in mehrfacher Rücksicht eine ungleich höhere Bedeutung, als
Mienen und Gebärden; überdies sind es ja nachgebildete Töne welche in
der Musik erscheinen, nicht unartikulirte Laute der menschlichen Stimme selbst.

24 *

Gefühl löſt ſich im Menſchen unwillkürlich und nothwendig in artikulirte Töne auf. Und iſt nicht überdies zur Verſtändlichkeit der Pantomimen in den meiſten Fällen eine gedruckte Erklärung nöthig? Man berufe ſich nicht auf die kunſtſinnigen Griechen; die Pantomime entſtand erſt als die dramatiſche Kunſt bereits geſunken war, und fiel mit der ſittlichen Entartung der Griechen zuſammen" [1]).

§. 23.

Die eigentliche Aufgabe der bildenden Künſte. Leſſings Anſicht darüber; Widerlegung derſelben. Die Aufgabe der ſchönen Kunſt überhaupt. Verdrehung des Weſens der plaſtiſchen Kunſt durch die moderne Aeſthetik. Die lebenden Bilder. Die „hohe Bedeutung des Nackten" in der Plaſtik. Viſchers Ideale.

135. Wir ſind in unſeren Erörterungen über die ſchöne Kunſt von dem Satze ausgegangen, die Aufgabe derſelben beſtehe darin, uns die lebendig klare Anſchauung und dadurch den Genuß des Schönen der überſinnlichen Sphäre zu vermitteln (91). An der Wahrheit dieſer Vorausſetzung hängt unſere geſammte Unterſuchung mit allen ihren Reſultaten; wir haben dieſelbe aber nicht bewieſen: wie, wenn ſie falſch wäre?

Leſſing argumentirt im Anhange zum Laokoon alſo:

„Da die bildenden Künſte allein vermögend ſind, die Schönheit der Form hervorzubringen, da ſie hiezu der Hülfe keiner andern Kunſt bedürfen, da andere Künſte gänzlich

---

1) Viſcher, Aeſthetik §. 745.

darauf Verzicht thun müssen: so ist es wohl unstreitig, daß diese Schönheit nicht anders als ihre Bestimmung sein kann. Die eigentliche Bestimmung einer schönen Kunst kann nur dasjenige sein, was sie ohne Beihülfe einer andern hervorzubringen im Stande ist. Dieses ist bei der Malerei die **körperliche Schönheit.**"

Bald darauf wiederholt er mit Nachdruck:

„Der Ausdruck körperlicher Schönheit ist die Bestimmung der Malerei. Die höchste körperliche Schönheit ist also ihre höchste Bestimmung" [1]).

Daß diese Sätze in Rücksicht auf die Erklärung des Wesens, zunächst der Malerei und der Plastik, weiterhin aber und in nothwendiger Folgerung der schönen Kunst überhaupt, durchaus fundamentale sind, leuchtet auf den ersten Blick ein. Eben so klar ist es, daß unsere Theorie, wenigstens in Rücksicht auf die bildenden Künste, damit nicht stehen kann. Es fragt sich nur, ob Lessings Behauptungen sämmtlich wahr und richtig sind.

Was die erste derselben betrifft, so können wir uns damit nur einverstanden erklären. Allein die bildenden Künste sind im Stande, Bilder von Gestalten zu schaffen, welche auch durch die körperlichen Dingen entsprechende Schönheit sich auszeichnen; nur die Malerei und die Plastik vermögen durch die ihnen eigenthümlichen Mittel, ohne Hülfe anderer Künste, körperliche Schönheit [2]) anschaulich darzustellen.

---

1) Laokoon XXXI. (8. Aufl. Berlin 1805.) S. 253. 254.

2) Dieses Ausdrucks, den wir bisher immer zu vermeiden suchten, bedienen wir uns hier, weil Lessing es thut. Der Ausdruck ist zweideutig und mißverständlich, ebenso wie der andere, „geistige Schönheit". Die Schönheit ist nicht etwas Körperliches, wie etwa die Farbe, die Gestalt; auch die Schönheit des Körpers ist etwas Uebersinnliches. Vgl. §. 1.

Leſſing hat dieſen Satz mit einem Aufwand von Gründlichkeit bewieſen [1]), den derſelbe weder verdiente noch forderte.
Aber faſſen wir das Princip ins Auge, durch welches
er die Folgerung, die er aus jener wahren Thatſache zieht,
zu begründen ſucht: „Die eigentliche Beſtimmung einer Kunſt
kann nur dasjenige ſein, was nur ſie, und zwar ohne Beihülfe
einer anderen, hervorzubringen im Stande iſt.“ Auch gegen
dieſes Princip haben wir nichts einzuwenden. Es iſt der
gewöhnliche Grundſatz, welcher in der Philoſophie oft wiederholt wird: das eigenthümliche Object jedes Vermögens iſt
dasjenige, was der Natur des Vermögens entſpricht; das
Ziel einer jeden Kraft iſt dasjenige, was ſie ihrer Eigenthümlichkeit nach zu leiſten im Stande iſt [2]). Wir ſind alſo
weit entfernt, dieſen Grundſatz nicht anzuerkennen. Aber es
kommt darauf an, daß er recht verſtanden werde.
Wenn wir aus demſelben alſo argumentirten: „Nun iſt aber
allein die geſchaffene Vernunft im Stande, Fehlſchlüſſe zu
machen, falſch zu urtheilen,“ — oder: „nun vermag aber
allein die Erziehung, und zwar ohne Beihülfe einer anderen
Kunſt, die Menſchen von den erſten Jahren ihres Lebens an mit

---

1) Laokoon XX—XXII.

2) In einer ähnlichen allgemeinen Faſſung ſpricht Leſſing daſſelbe Princip
ſpäter aus: „Ich behaupte, daß nur das die Beſtimmung einer Kunſt ſein kann,
wozu ſie einzig und allein geſchickt iſt, und nicht das, was andere Künſte eben
ſo gut, wo nicht beſſer können, als ſie. Ich finde bei dem Plutarch ein Gleichniß, das dieſes ſehr wohl erläutert. Der, ſagt er, mit dem Schlüſſel Holz
ſpellen und mit der Art Thüren öfnen will, verdirbt nicht ſowohl beide Werkzeuge, als daß er ſich ſelbſt des Nutzens beider Werkzeuge beraubt. — Der
Kunſtrichter muß nicht bloß das Vermögen, er muß vornehmlich die Beſtimmung
der Kunſt vor Augen haben. Nicht alles, was die Kunſt vermag, ſoll ſie vermögen. Nur daher, weil wir dieſen Grundſatz vergeſſen, ſind unſere Künſte
weitläufiger und ſchwerer, aber auch von deſto wenigerer Wirkung geworden.“
Laokoon, Anhang A. 10. S. 308.

Sicherheit moralisch zu Grunde zu richten, und sie für Zeit und Ewigkeit einem fast unausweichlichen Verderben entgegenzuführen"; würde man wohl mit der Folgerung einverstanden sein, die Bestimmung der pädagogischen Kunst sei eben dieses, und jene der menschlichen Vernunft, zu irren? Und doch sind unsere beiden Untersätze so wahr wie der Obersatz. Der letztere muß also nicht im rechten Sinne angewendet sein, und einer näheren Erklärung bedürfen.

Diese liegt nahe. Wenn die Philosophie das in Rede stehende Princip aufstellt und anwendet, so versteht sie unter dem Ausdruck, „was eine Kunst, ein Vermögen, seiner eigenthümlichen Natur nach hervorzubringen im Stande ist", nicht jedes beliebige Resultat, mag es nun mangelhaft oder vollkommen, gut oder schlecht, sittlich oder unsittlich sein; sondern sie hat nur solche Wirkungen im Auge, die wahrhaft unserer vernünftigen Natur und unseres Strebens werth, wahrhaft unserer Bestimmung entsprechend, wahrhaft der Weisheit und Güte dessen würdig sind, der uns unsere Natur gab und mit ihr alle ihre Anlagen und Kräfte. Allein in diesem Sinne kann der Grundsatz gelten, auf welchen Lessings Argumentation sich stützt. Wie müssen wir aber, dies vorausgesetzt, über die Aufgabe der bildenden Künste urtheilen?

In der ersten Abtheilung (43. vgl. §. 2.) haben wir ausführlich bewiesen, daß die körperliche Schönheit, insofern sie in der Harmonie der Theile, in der vollendeten Technik des Baues und dem Vigor der Lebensfarbe besteht, allerdings ein Element der Schönheit des Menschen bildet, aber durchaus das unbedeutendste. Viel wesentlicher und nothwendiger als sie ist die Schönheit des Ausdrucks, d. h. die Schönheit der Seele, insofern sie in dem gesammten Aeußeren hervorleuchtet. So wenig ein Mensch schön genannt werden kann, dem dieses wesentliche Element abgeht, eben so wenig haben auf jenes Prädikat Bilder von Menschen Anspruch, welche sich einzig durch körperliche Schönheit auszeichnen. „Die eigentliche Schönheit," hörten wir früher (6) von Origenes, „faßt ja das Fleisch gar nicht, denn es ist nichts als Häßlichkeit"[1]). Der Künstler, der nur die Schönheit des Leibes im Auge hat, liefert mithin nicht Schönes, sondern sehr Mangelhaftes, Unvollkommenes, Schlechtes; er schafft nichts, als was seiner Natur nach dazu dienen muß, den menschlichen Geist irrezuleiten, das menschliche Herz zu verlehren. Solches zu produciren kann aber unmöglich die Bestimmung einer Kunst, einer von der Natur verliehenen Kraft sein. Freilich „können" die bildenden Künste solche mangelhafte, schlechte Leistungen hervorbringen, und in Gestalten können es nur sie: aber wenn sie ihre Mittel mißbrauchen; in der Weise, wie allein die Vernunft irren, allein der freie Wille sündigen kann. „Nicht alles, was die Kunst vermag, soll sie vermögen", so hörten wir eben unsern Gegner selbst sagen, freilich in einem anderen Sinne.

Es ist mithin ein sophistischer Schluß, den Lessing aus seinem Princip gezogen hat. Es ist unmöglich, daß Gott dem Menschen die bildenden Künste gegeben habe für einen Zweck, der weder der vernünftigen Natur des letzteren noch der Weisheit des Schöpfers würdig ist. Wo immer die Plastik als schöne Kunst auftreten und darum schöne Bilder von Menschen liefern will, muß sie vorzugsweise auf den Ausdruck der inneren ethischen Schönheit arbeiten; sonst handelt sie ihrer Bestimmung zuwider: sonst würdigt sie sich herab, der „Eitelkeit der eitlen Geister" zu dienen, „welche dem Niedrigsten nachlaufen als ob es das Höchste wäre"[2]).

---

1) Τὸ γὰρ κυρίως κάλλος σάρξ οὐ χωρεῖ, πάση τυγχάνουσα αἴσχος. Orig. de oratione n. 17. ed. Maur. p. 226.

2) Aug. de vera relig. c. 21. (vgl. oben S. 25.)

Eben so falsch wie der hier widerlegte Satz ist auch ein anderer, welchen

136. Wenden wir nun den Grundsatz an, welchen Lessing selbst uns als den Kanon hinstellt um die eigentliche Bestimmung der schönen Kunst zu beurtheilen; aber fassen wir ihn in seinem wahren Sinne, wie wir denselben vorher angegeben. Die schöne Kunst besitzt die Mittel, durch schöne sinnlich wahrnehmbare Bilder oder Zeichen die lebendig klare Vorstellung von Erscheinungen aus dem Gebiete der unmittelbaren Erkenntniß in uns zu veranlassen, und durch diese unserem Geiste ein Schönes der übersinnlichen Sphäre vorzuführen, uns den Genuß der unsichtbaren Schönheit möglich zu machen. Die schöne Kunst besitzt diese Mittel allein; ein Größeres, Werthvolleres, unserer Natur und ihrer Bestimmung mehr Angemessenes, der göttlichen Güte und Weisheit mehr Entsprechendes, wofür sie uns dienen könnte, läßt sich nicht ersinnen. Und nicht nur das. Die Veranschaulichung des schönen Uebersinnlichen ist geradezu das einzige Ziel, welches die schöne Kunst anstreben kann. Denn sie will uns ja durch Darstellung des Schönen Genuß bereiten: damit ist auch Lessing einverstanden. Für einen solchen Zweck

---

Lessing damit verbindet wenn er sagt: „Um körperliche Schönheiten von mehr als einer Art zusammenzubringen zu können, sid man auf das Historienmalen. Der Ausdruck, die Vorstellung der Historie, war nicht die letzte Absicht des Malers. Die Historie war bloß ein Mittel, seine letzte Absicht, mannigfaltige Schönheit, zu erreichen." (Laokoon XXXI. S. 254.) Daß der Maler, wenn er anders eine schöne Kunst üben will, nicht „Historie malen" darf „um Historie zu malen", wie Lessing den wacren vorwirft, geben wir gern zu; die Aufbewahrung historischer Thatsachen als solcher ist Sache der Geschichte, nicht der schönen Kunst. Aber es gibt außer diesen beiden noch einen dritten Zweck; der Maler führt uns historische Scenen vor in derselben Absicht, in welcher der Dramatiker und der Epiker solche darstellen: er will uns darin ein schönes Uebersinnliches veranschaulichen (vgl. N. 97, 98. 122.) Oder ist da Dinci's „letztes Abendmahl" nichts Besseres als eine Darstellung von dutzehn „körperlichen Schönheiten" auf Einer Wand? „Si tacuisses —" möchte man, solchen Behauptungen gegenüber, auch einem Lessing zuzurufen versucht sein.

leistet sie nichts, wenn sie nicht Vollkommenes leistet (103); die nothwendigste Eigenschaft ihrer Conceptionen ist darum nicht irgend welche Schönheit, sondern hohe Schönheit. Findet sich aber wahrhaft hohe Schönheit anderswo, als in der übersinnlichen Ordnung? ist es möglich, daß der vernünftige Geist wahre Freude, hohen Genuß finde in der durch Bilder oder Zeichen ihm gebotenen Vorstellung von schönen Dingen einer Welt, die, wie jene der Körper, tief unter ihm steht? Ist ja doch die ganze Natur in ihrer lebendigen Schönheit, wie sie aus der Hand des Schöpfers selbst hervorging, nimmer im Stande, sein Herz zu befriedigen, wenn er nicht durch sie zu dem sich aufschwingt welcher „der Vater der Schönheit"¹) heißt, um in seiner Liebe zu ruhen; wie sollte sie ihm genügen können, nachdem noch die Menschenhand in ihren matten Copien die frischen Farben des Originals verwischt, die Großartigkeit des Gesammteindrucks zerrissen, an die Stelle rastlosen Wechsels und immer aufs neue blühenden Lebens die kalte starre Unbeweglichkeit des Todes gesetzt hat? Will die schöne Kunst uns wirklich den Genuß der Schönheit vermitteln, dann bleibt ihr schlechthin nichts anderes übrig, als durch ihre Werke uns jene Welt zu öffnen, welche den Sinnen verschlossen ist. Das Schöne dieser Sphäre uns vorzuführen, das ist mithin wahrhaft ihre Aufgabe, das ist im vollsten Sinne des Wortes ihre Bestimmung, ihr wesentlicher Zweck. Und hiermit ist der nothwendige Beweis geliefert für die Wahrheit des Satzes, auf den wir unsere ganze Theorie der schönen Kunst gegründet haben.

137. „Wenn die Könige bau'n, haben die Kärrner zu thun", hat Schiller gesagt. Nirgends bewährt sich das mehr als bei Irrthümern, die sich durch einen großen Namen

---

1) „Ὁ τοῦ κάλλους γενεσιάρχης," „species generator". Sap. 13, 3.

und durch einen falschen Schein der Wahrheit empfehlen.
Die von uns zurückgewiesene Thesis Lessings über die
Bestimmung der bildenden Kunst ist in den Lehrbüchern der
Aesthetik zum Axiom geworden; daß sich in Folge dessen
eine ganz falsche, von Grund aus verdrehte Auffassung namentlich des Wesens der Plastik entwickelte, kann niemand
Wunder nehmen. „Die Nachbildung des Organischen in
seiner vollen Körperlichkeit ist die Aufgabe der Bildnerei",
„die Bildnerei will die Form ihres Objektes geben", „Hauptsache bleibt dem Bildhauer die Form", so lehrt eben jetzt
wieder Carl Lemcke in seiner „populären Aesthetik" [1]). Ausführlicher, als Lemcke es für zweckmäßig gehalten, spricht sich
Ficker aus. Nach ihm „herrscht in der plastischen Kunst das
Reale vor; die vollendete Körperlichkeit muß in derselben
hervortreten, nie darf sie dem Ausdruck die Gestalt opfern;
die Schönheit der Form gilt dem plastischen Künstler für
das Höchste", und die Vortrefflichkeit seiner Darstellung beruht vorzugsweise. auf „der unmittelbaren Anschauung der
schönen Körperform". „Die schwere Aufgabe der Zeichnung
in der Plastik ist darum, auf der Oberfläche auch das sehen
zu lassen was darunter liegt, so daß der Muskelbau und
das Knochengerüst erkennbar wird". Wir sollen an dem
Bilde die Vollendung „des innern Baues in den kleinsten
Abwechslungen und Lineamenten, den Knochenbau und die
Muskelbewegung", kurz die treue Nachbildung der Anatomie
des menschlichen Leibes bewundern können [2]). In dieser

---

1) S. 357. 367.

2) Ficker, Aesthetik (2. Aufl.) §. 185. 204. 208. 205. 206. „Daraus
erhellt," setzt Ficker noch hinzu, „die Unstatthaftigkeit der Färbung plastischer
Werke: denn die Farbe zieht dem Bild ab von der Aufmerksamkeit auf den
innern Bau der Körper." Ueber diese Frage haben wir unser Urtheil bereits
ausgesprochen (190).

wesentlichen Eigenthümlichkeit der Plastik soll denn auch der
Grund liegen, weshalb diese Kunst sich ausschließlich oder
doch vorzugsweise mit der Darstellung von menschlichen
Gestalten befassen muß. „Die Oberfläche der Thiere," philosophirt Rüßlein, „vom kleinsten Wurme bis zum größten
Säugethiere, ist mit einer fremdartigen Substanz (Schuppen,
horn- oder knochenartigen Gehäusen, Federn, Haaren u. f. w.)
bedeckt. Durch diese Bedeckung wird der Ausdruck
des Geistigen (sic) in den Umrissen des Fleisches
den Augen verhüllet, unsichtbar gemacht. Nur
der Mensch, klagte man von jeher, kömmt nackt und unbedeckt
zur Welt; aber gerade darin besteht seine größte Zierde:
dadurch wird seine Oberfläche zum sichtbaren Throne der
Schönheit, und sein Körper zum treuen Spiegel des Geistes,
des Idealen" [1]). So rupfe man doch die Gans, rasire den
Pudel oder den Pavian, und man hat neue „Throne der
Schönheit", neue „Spiegel des Idealen" geschaffen. Nicht
darum muß die Plastik vorzugsweise Menschengestalten darstellen, weil der menschliche Leib nicht mit Federn oder mit
Schuppen oder womit immer bedeckt ist; sondern weil nur
in ihm ein vernünftiger Geist lebt, weil dem Menschen allein
zu handeln gegeben ist, weil nur in ihm das unsichtbare
Schöne sich vor unsern Augen verkörpert. —
Wer Gelegenheit hatte während des Sommers 1860 das
freundliche, damals von Fremden aus allen Theilen Deutschlands allsonntäglich überfüllte Oberammergau zu besuchen,
der erinnert sich auch nach fünf Jahren noch mit wahrem
Vergnügen der „lebenden Bilder", jener herrlichen Tableaux,
nicht aus leblosem Stoff sondern aus wirklichen Personen
zusammengesetzt, in denen mit vollendeter Kunst Scenen aus

1) Rüßlein. Lehrbuch der Kunstwissenschaft §. 213. Ficker §. 191.

der heiligen Geschichte des alten Bundes dargestellt wurden, mystische Vorbilder einzelner Züge aus der Lebensgeschichte des Herrn, welche selbst in dramatischer Darstellung auf jene folgten. Der ungetheilte Beifall mit welchem die lebenden Bilder von Oberammergau aufgenommen wurden, ist wohl die beste Widerlegung aller Einwendungen, die eine einseitige Kritik gegen diese Art kalleotechnischer Leistungen geltend zu machen versucht hat. Wir erwähnen derselben, zunächst weil sie mit der größten Klarheit das Wesen der plastischen Kunst veranschaulichen. Man fixire den schönsten, den geeignetsten Moment einer Scene eines Drama's, so daß alle handelnden Personen vollkommen regungslos in ihrer Stellung und Haltung verbleiben, und die dramatische Darstellung hat sich in plastische verwandelt: denn es sind nicht mehr Bilder der ersten sondern der zweiten Art, Gestalten, welche uns die Anschauung jenes Zuges vermitteln. Nicht als Werke der dramatischen Kunst also, oder auch einer sogenannten Mimik, sind die lebenden Bilder aufzufassen, sondern als Erzeugnisse der Plastik, und zwar, in Rücksicht auf innere Vollendung und Ausdruck, unbedingt als die höchste Stufe derselben; eben als solche bilden sie den Berührungspunkt der bildenden Kunst mit der Dramatik. Der Vorzug der Dauer von Gebilden aus anorganischem Stoff freilich geht ihnen ab, sie können nur Minuten bestehen; aber dafür war ihre Herstellung auch das Werk eines Augenblicks, dafür lassen sie sich nach Belieben erneuern.

Die lebenden Bilder also sind ein praktischer Commentar der von uns (119) gegebenen Auffassung des Wesens der plastischen Kunst; eben darum liefern sie zugleich die einfachste Widerlegung, wie der eben angeführten Behauptungen, so auch eines andern Axioms der modernen Aesthetik. Nach Krug [1])

---

1) Aesthetik §. 62. Anmerkung.

„geht die dem Kunstwerke nothwendige Einheit verloren,
wenn die Plastik Gruppen bilden will die aus einer größeren
Anzahl von Personen bestehen". Nach Rüsslein[1]) und Ficker[2])
„erlaubt es die erhabene Ruhe und das hohe Gleichgewicht,
welches in den Gestalten der Plastik hervortreten muß, dieser
Kunst nicht, sich an historische oder dramatische Compositionen
zu wagen. Sie muß sich daher," folgert man weiter, „auf
die Darstellung einzelner Gestalten, einzelner Charaktere ein-
schränken." Mit einem Worte, „die Plastik offenbart ihr
innerstes Wesen am vollsten und reinsten, wenn sie nur
Eine Gestalt hinstellt"[3]). Alle diese Behauptungen stützen
sich zuletzt auf nichts anderes als auf Lessings vorher von
uns widerlegtes Theorem, und die aus demselben hervorgehende grundfalsche Auffassung des Wesens der bildenden
Künste. Aber wir haben uns auf die lebenden Bilder berufen. In Oberammergau sahen wir unter den vielen anderen zwei unvergleichlich schöne. Das eine stellte das israe-
litische Volk dar, wie es das erste Mal in der Wüste das
wunderbare Brod fand und sammelte, das ihnen Jehova
vom Himmel geregnet, eine Scene von vielleicht hundert
Personen, Männern, Weibern und Kindern, die den Moyses
umgaben; in dem zweiten erschien in der Mitte die eherne
Schlange, und Moyses mit dem Stabe auf sie hinweisend,
ringsum die Scharen der Fliehenden und Gebissenen, wie
sie voll Schmerz und Hoffnung hinaufschauten zu dem hohen
Vorzeichen zukünftigen Heiles. Wollen unsere Gegner etwa
behaupten, daß diesen Bildern die nöthige Einheit abging?
Aber „die hohe Ruhe fehlte ihnen" werden sie sagen, „und
das erhabene Gleichgewicht, welches in den Gestalten der

----

1) Lehrbuch der Kunstwissenschaft §. 220.
2) Aesthetik §. 208.
3) Vischer, Aesthetik III. §. 808. S. 369.

Plaſtik hervortreten muß." Freilich, wo die bildende Kunſt
Heroen, (Götter,) Heilige darſtellt, da muß die erhabene
Größe ihres Geiſtes in dem Aeußern ſich ſpiegeln; ein we-
ſentliches Element der ethiſchen Größe iſt aber Ruhe, feſte
Selbſtbeherrſchung auch in der ſtärkſten Energie des Handelns, auch im tiefſten Schmerz des Leidens. Aber kann
denn in Erſcheinungen aus dem objektiven menſchlichen Leben,
wie ſie die plaſtiſche Kunſt uns vorführt, kein anderes
Schönes ſich kundgeben, als die Größe des individuellen
Geiſtes? leuchtet uns daraus etwa nicht auch die Schönheit
der geſammten geiſtigen Sphäre entgegen, ſind ſie nicht die
Offenbarung der Macht und Weisheit Gottes, ſeiner Gerechtigkeit und ſeiner Liebe?[1] Jene „erhabene Ruhe" und
jenes „hohe Gleichgewicht" iſt einfach eine Phraſe, eben ſo
nichtsſagend und hohl als die, mit welcher Rüßlein ſeine
Behauptungen pathetiſch einleitet, wenn er[2] ſchreibt: „Bewegung iſt das Eigenthümliche der Atome, Ruhe der Charakter
des Allgenugſamen, des in ſich Vollendeten."

Vermißte man mithin an den lebenden Bildern von
Oberammergau, in denen wohl nicht Einer der Zuſchauer
die Geſtalten gezählt hat, keine Bedingung vollendeter Schönheit, warum ſollte es denn der Plaſtik nicht erlaubt ſein,
dieſelben Gruppen in anorganiſchen Stoffen zu bilden? Wir
verkennen freilich nicht die Gründe, welche für die Darſtellung ſolcher umfaſſender Scenen immer der Malerei den
Vorzug geben laſſen, und die Plaſtik beſtimmen müſſen, ſich
auf Einzelbilder oder auf kleinere Gruppen zu beſchränken.
Unſere Abſicht bei allem was wir geſagt haben war einzig,
die widerſinnige Verdrehung des Weſens dieſer Kunſt zurück-
zuweiſen, und unſeren früheren Satz (119) zu behaupten,

1) Vgl. N. 97. 98.
2) Lehrbuch u. ſ. w. §. 217.

wonach sie nicht minder als die Malerei durchaus pragmatisch ist.[1])

138. Aber die moderne Aesthetik weiß wo sie hinaus
will, wenn sie sich so große Mühe gibt eben diesen Charakter
den bildenden Künsten, vor allem der plastischen, abzusprechen.
Das höchste Ziel ist für diese Kunst „die Schönheit der
Form", das „Reale", die „vollendete Körperlichkeit", die
schöne Gestalt als solche: darum soll sie sich hüten, „die
Gestalt dem Ausdruck zu opfern", „sich an historische Compositionen zu wagen", oder durch mehrere Gestalten, von
denen doch nur Eine die schönste sein kann, die Aufmerksamkeit zu zerstreuen; darum „offenbart sie am vollsten und
reinsten ihr innerstes Wesen, wenn sie nur Eine Gestalt hinstellt", natürlich die personificirte „vollendete Körperlichkeit".
Und eben daher ergibt sich auch in richtiger Folgerung
das Allerwichtigste, „die hohe Bedeutung des Nackten in
der Plastik, indem auf den Umrissen, welche sie der Oberfläche ihrer Gestalten einbildet, ihre ganze Wirkung beruht.
Sie würde ihre eigene Wirkung zerstören oder unmöglich
machen, wenn sie ihre Gestalten in viele Gewänder hüllen
wollte". Also, mit gewohnter Einstimmigkeit, Ficker[2]) und
Rüsslein[3]). „Maler und Bildhauer," hatte schon vor beiden
Krug gelehrt, „stellen die idealische Schönheit am liebsten
nackend dar. Alles was sie zur Zierde hinzufügen möchten,

---

1) Als Nachtrag zu dem früher gegebenen Beweisen für den pragmatischen
Charakter der bildenden Kunst mag hier noch das Epigramm Platz finden, welches die Inschrift einer Statue der Niobe bildete:

Ἐκ ζωῆς μι θεοὶ τεῦξαν λίθον ἐν δὲ λίθοιο
Ζωὴν Πραξιτέλης ἔμπαλιν εἰργάσατο.

2) Aesthetik, §. 301.

3) Lehrbuch der Kunstwissenschaft §. 216.

selbst die schönste Draperie, würde der Schönheit nur Ab-
bruch thun. Die Kleidung ist Sache des Bedürfnisses, theils
des physischen zum Schutze des Körpers, theils des moralischen zur Bewahrung der Scham. Die Kunst kann sich
über dieses Bedürfniß wegsetzen, und mit Recht fordern, daß
niemand am Nackenden Anstoß nehme, weil dasselbe ihrem
eigenen Bedürfniß am besten entspricht"[1]). Ohne Zweifel
hat die Kunst ein Privilegium erhalten, als die zehn Gebote
verkündigt wurden. Wir möchten nur die Urkunde sehen.
Auch dürfte es sich der Mühe lohnen, einmal zu untersuchen,
inwiefern jene „Forderung" wohl respektirt wird, zu welcher
die Kunst im Bewußtsein ihrer absoluten Selbstherrlichkeit
berechtigt sein soll. Jedenfalls wendet sie auch polizeiliche
Maßregeln an, so jemand die Frechheit hätte, an ihren
Nuditäten dennoch „Anstoß" zu nehmen?

Aber wir sind vermessen, indem wir so reden. Denn
auch Lessing hat's gesagt, daß die Kunst in diesem Punkt
privilegirt sei, und Lessing ist „der Pionier des geistigen
Lebens der Neuzeit[2]), der den Troß seiner Feinde verlacht
oder niederschmettert; noch heute gilt für die Aesthetik, daß
wer zu weit von den Bahnen dieses ‚Pfadfinders' abwandelt,
schwerlich den rechten Weg eingeschlagen hat". So droht
uns Lemcke[3]). Daß Lessing es auch gesagt, das wußten
wir: sonst hätten's ja die andern nicht nachsagen können.
Im fünften Abschnitt des Laokoon spottet Lessing der Gründe,
mit welchen frühere Kritiker den Mangel der Bekleidung an
der Gruppe entschuldigen gewollt. Darauf sucht er darzuthun, daß die Nacktheit der letzteren „die Weisheit der Künstler

---

1) Kirch. Aesthetik, §. 36. Anmerkung.
2) Sicher durch die „Wolfenbüttler Fragmente" und die „Erziehung des
Menschengeschlechtes"?
3) Populäre Aesthetik S. 4.

nicht wenig erhebe". „Würden wir," argumentirt er, „unter
der Bekleidung nichts verlieren? Hat ein Gewand, das
Werk sklavischer Hände, eben so viel Schönheit als das Werk
der ewigen Weisheit, ein organisirter Körper? Erfordert es
einerlei Fähigkeiten, ist es einerlei Verdienst, bringt es einerlei
Ehre, jenes oder diesen nachzuahmen? ... Das Uebliche
war bei den Alten eine sehr geringschätzige Sache. Sie
fühlten, daß die höchste Bestimmung ihrer Kunst sie auf die
völlige Entbehrung desselben führte. Schönheit ist diese
höchste Bestimmung; Noth erfand die Kleider, und was
hat die Kunst mit der Noth zu thun? Ich gebe es zu, daß
es auch eine Schönheit der Bekleidung gibt; aber was ist
sie gegen die Schönheit der menschlichen Form? Und wird
der, der das Größere erreichen kann, sich mit dem Kleinern
begnügen?" [1])

Wir sind dem „Pionier des geistigen Lebens der Neuzeit" Dank dafür schuldig, daß er das Princip unverkennbar
hervorhebt, aus welchem seine Folgerung fließen soll. Es
ist kein anderes als das von uns bereits zurückgewiesene:
„die höchste Bestimmung der bildenden Kunst ist körperliche
Schönheit". Haben wir das Princip mit Recht verworfen,
dann bedarf es für die Folgerung keiner Widerlegung mehr.
Auffallend finden wir es übrigens, daß unser Gegner für
seinen Satz noch andere Rücksichten zu Hülfe nimmt, das
höhere Verdienst nämlich und die größere Ehre, welche der
Künstler sich durch nackte Gestalten erwerbe, indem er bei
solchen mehr Gelegenheit habe, seine technische Befähigung
zu bewähren. Wir finden das auffallend, sagen wir: denn
im zweiten Abschnitt derselben Schrift spricht Lessing mit
Recht seinen bitteren Tadel aus über „den Hang zu einer
üppigen Prahlerei mit leidigen Geschicklichkeiten".

---

1) Lessing, Laokoon V. (gegen das Ende.)

138*. Dem in Rede stehenden Satze von der „hohen Bedeutung des Nackten" gegenüber könnten wir daran erinnern, daß die schöne Kunst für Menschen arbeitet, und daß Menschen „nicht Eisen oder Stein sind, sondern Fleisch und Blut, das von der Begierde leichter ergriffen wird als das Stroh von der Flamme"[1]). So hat ein Kirchenlehrer gesagt, dem die schöne Kunst mehr schuldig ist als allen Vätern der modernen Aesthetik miteinander. Aber wir bedürfen solcher Gründe nicht; die kalleotechnischen Rücksichten allein genügen uns. Der menschliche Leib, schlechthin als körperlicher Organismus betrachtet, hat seine Schönheit, und wir wollen ihm unter den körperlichen Dingen selbst die höchste Schönheit nicht streitig machen. Aber ist denn diese Betrachtungsweise, welche von dem vernünftigen Element im Menschen absieht, wohl etwas anderes als eine chimärische Abstraktion? Die vernünftige Seele bildet unmittelbar und durch sich selbst die Form des Leibes. Der Wahrheit gemäß aufgefaßt, ist darum der Leib des Menschen entweder ein anorganisches Aggregat von materiellen Elementen, oder er ist menschlicher Leib, der sichtbare Theil einer vernünftigen Natur. Im ersten Sinne gehört er freilich nur in die physische Ordnung: aber seine ganze Schönheit ist die des Cadavers, des Skelets, höchstens der Mumie. Als menschlicher, lebendiger Leib hingegen ist er „der Leib des Todes" „mit dem Gesetze der Sünde in seinen Gliedern", „das Fleisch der Sünde", „in welchem nicht das Gute wohnt"[2]): und darum kann er, bis zu jenem Tage da Gott uns „überkleidet mit der unverweslichen Hülle, die vom

---

1) Chrysost. hom. adversus eos, qui ecclesia relicta ad circenses ludos et ad theatra transfugerant, n. 2. (tom. 6.)

2) Röm. 7, 24. 23. 8. 3. 7, 18.

25*

Himmel flammit"[1]), bei aller Schönheit in der physischen Ordnung nicht anders als ethisch häßlich erscheinen, wo nicht strenge Zucht und keusche Scham seine häßliche Seite verschleiert[2]). Wenn nun die wesentliche Aufgabe der bildenden Kunst darin besteht, uns durch schöne Bilder der zweiten Art den Genuß einer hohen Schönheit zu vermitteln, läßt sich dann wohl Ein vernünftiger Grund denken, der sie berechtigen könnte, sich über die Vorschriften des göttlichen Gesetzes und die Forderungen der Vernunft hinauszusetzen, wohl Eine Rücksicht, die sie nöthigte, uns nackte Menschen-

---

1) 2. Cor. 5, 2. 4.

2) Man wird uns vielleicht einwenden, wir argumentirten hier nicht aus der Philosophie, sondern aus der übernatürlichen Offenbarung. Aber ist denn die Kunst etwa nicht an diese gebunden? giebt es überhaupt ein menschliches Handeln, welches berechtigt wäre, die Lehren des christlichen Glaubens aus den Augen zu setzen? Uebrigens haben wir eigentlich nur die Ausdrücke der Offenbarung entnommen, nicht auch die Sache selbst, um die es sich handelt. Den Grund des Uebels, die erste Sünde und ihre Fortpflanzung, kann freilich die sich selbst überlassene Vernunft nicht entdecken; aber von diesem Geheimniß abgesehen, weiß auch die natürliche Ethik sehr wohl, daß der menschliche Leib in sich das Gesetz der Sünde trägt, und der Bedeckung bedürftig ist. Oder woher hatten es sonst jene Heiden gelernt, von denen St. Augustin erzählt, daß sie auch im Bade sich nicht ganz zu entkleiden pflegten? („Ex hoc *omnes gentes*, quoniam ab illa stirpe procreatae sunt, usque adeo *tenent insitum* pudenda velare, ut quidam barbari illas corporis partes nec in balneis nudas habeant, sed cum earum tegumentis lavent." Aug. de civ. Dei, 14. c. 17. extr. cfr. Herodot. 1. c. 10. Plat. de republ. 5. p. 452.) Nur dort, wo noch „das Kleid der Gnade" („Indumentum gratiae" Aug.) auch den Leib umgab, wo noch „das Fleisch nicht, wider den Geist sich auflehnend, der Anschauung des Menschen wider seinen Schöpfer Zeugniß gab", nur dort konnten „beide nackt sein und nicht erröthen". (Vgl. Aug. de civ. Dei a. a. O. und de pecc. merit. et remiss. 2, 36.) Dagegen würde auch selbst in dem hypothetischen „status naturae purae" derselbe Defekt, und darum dieselbe Häßlichkeit, dem Fleische inhäriren: freilich in minder hohem Grade, als jetzt, weil sie nicht Strafe wäre, sondern bloßer Defekt, bloßer Mangel höherer Vollkommenheit.

leiber zur Schau zu stellen? Oder gewinnt etwa die
kalleologische Bedeutung der dargestellten Scenen, steigt der
Geistesadel und die ethische Größe der Charaktere die sie
uns vorführt, erscheint die Schönheit der übersinnlichen
Sphäre in hellerem Lichte, wenn die Träger derselben uns
durch ihre Nacktheit so recht handgreiflich daran erinnern
müssen, daß auch sie der Fluch der Menschheit getroffen,
daß auch sie nicht frei sind von dem Jammer und von der
Schande, die auf dieser lastet? Wir wissen sehr wohl, daß
es Menschen gibt, denen der Anblick nackter Gestalten Freude
macht. Aber in einem richtig empfindenden Gemüthe kann
die ethische Häßlichkeit eines nicht geziemend bekleideten Men-
schenleibes nur Ekel und Mißvergnügen hervorrufen; und
dieser widerwärtige Eindruck muß nothwendig den kalleologischen Genuß in hohem Maße beeinträchtigen, wenn er
ihn nicht vielmehr geradezu unmöglich macht[1]).

Die Darstellung von Scenen, für welche die philosophische
Wahrheit (107) die Entfernung der Bekleidung fordert, wie
etwa gewisser Martyrien, sollten die bildenden Künste aus
den angegebenen Gründen durchaus vermeiden. Wir können
Friedrich von Schlegel keineswegs beistimmen, wenn er[2]) ein
Bild des Sebastiano del Piombo, das Martyrium der heiligen Agatha darstellend, mit Lobeserhebungen überhäuft,
und es für „ein klassisches Gemälde" erklärt, „wenn irgend
eines diesen Namen verdiene". Schlegel erzählt selbst, daß
er Zeuge war, wie „viele der Beschauer, sobald sie nach dem
Bilde hingeblickt, sich schaudernd wieder davon abwendeten,

---

1) Der größte deutsche Maler des achtzehnten Jahrhunderts, Raphael
Mengs, theilte die Ansichten der modernen Aesthetik nicht, welche wir hier be-
kämpfen; wenigstens erklärt er ausdrücklich, „daß eine ganz unbekleidete Gestalt
immer weniger schön sei". (Lezioni pratiche di Pittura, §. VII.)

2) Ansichten und Ideen von der christlichen Kunst. S. 95. ff.

und die Wahl des Künstlers mißbilligten". Er zeigt sich
mit dem Geschmack, der sich in diesem Benehmen kund gab,
sehr wenig einverstanden; wir hingegen sind, nach der von
ihm gegebenen Beschreibung des Gemäldes (die heldenmüthige
Jungfrau steht, der Geschichte ihres Martyriums entspre=
chend, bis zur Mitte des Leibes entkleidet vor ihren Hen=
kern,) entschieden der Ansicht, daß diese vielen vollkommen
Recht hatten, mag auch die Tradition wahr sein, nach wel=
cher die Zeichnung von einem noch berühmteren Meister, von
Michael Angelo herrühren soll [1]).

Doch wir haben noch andere Rücksichten von nicht ge=
ringerer Bedeutung hervorzuheben. Früher (106. 107) sahen
wir, daß eine wesentliche Eigenschaft der kalleotechnischen
Conception die philosophische Wahrheit sei. Es ist
nicht nothwendig, sagten wir, daß die Erscheinungen aus dem
Gebiete der unmittelbaren Wahrnehmung, in welchen die
Kunst uns das schöne Uebersinnliche schauen läßt, der histo=
rischen Wirklichkeit entnommen seien; aber dieselben müssen
sich als vollkommen und allseitig möglich darstellen, d. h.
es müssen in der ganzen Conception und in allen Einzel=
heiten die nothwendigen Gesetze des kontingenten Seins voll=
kommen gewahrt erscheinen. Werden diese Gesetze wesentlich
verletzt, so ist die Conception ganz untauglich; werden sie in
minder bedeutenden Zügen verletzt, so ist sie fehlerhaft; als

---

[1]) Auf die Bilder des Gekreuzigten findet übrigens das hier Gesagte nur
zum Theil seine Anwendung. Es war der Leib des Gottmenschen, der am Kreuze
hing, und der Leib dessen, der, selbst die Sünde nicht kennend, „in seinem Leibe
unsere Sünden trug". Nach Benedikt XIV. hatte der Herr am Kreuze gar keine
Bedeckung: dessenungeachtet soll ihn die Kunst nicht ohne das übliche Velum dar=
stellen. (Bened. XIV. de festis D. N. J. C. l. 1. c. 7. n. 88.) Das
Mittelalter pflegte dem letzteren einen bedeutenden Umfang zu geben, die neuere
Kunst hat es vielfach auf das kleinste Maß reducirt. Das ist sicher kein Fort=
schritt; die Schönheit der Crucifixe hat dadurch nichts weniger als gewonnen.

wahrhaft gelungen dagegen muß sie, von dieser Seite, betrachtet werden, wenn es uns vorkömmt, nicht, es sei unter
den gegebenen Voraussetzungen und Umständen, bei dem
Charakter und den Eigenthümlichkeiten der Personen, in der
That also möglich, sondern vielmehr, als ob es gar nicht
anders sein könnte.

Die bildenden Künste nun vermitteln uns die Auffassung
der kalleotechnischen Conception durch Bilder der zweiten
Art: sie lassen die Personen, auf die es ankömmt, der Gestalt
nach vor uns erscheinen. Soll ihren Werken die eben erwähnte wesentliche Eigenschaft nicht abgehen, wollen sie uns
philosophisch wahre Conceptionen bieten, dann muß die Erscheinung und das ganze Aeußere der Personen in jeder
Beziehung dem in der Conception selbst gesetzten Charakter,
den Grundsätzen, dem Geiste derselben, vollkommen gemäß
sein. Was nun zunächst jene Personen betrifft, welche uns
als die eigentlichen Träger einer hohen geistigen Schönheit,
darum einer hohen ethischen Vollkommenheit, vorgeführt werden, so leuchtet es doch wohl von selbst ein, daß die Entfernung der Bekleidung, oder auch nur eine den Gesetzen der
strengsten Züchtigkeit minder entsprechende Bekleidung, ihrem
Charakter und ihren Grundsätzen, ihrer Idee, g e r a d e z u
w i d e r s t r e b t. Wo solche Personen anders, als vollkommen
züchtig bekleidet, gemalt oder gebildet werden, da f e h l t mithin
der Conception, in Einer Rücksicht, d i e p h i l o s o p h i s c h e
W a h r h e i t g a n z u n d g a r. Es ist schlechthin widersinnig,
wenn Raphael das göttliche Kind auf den Armen seiner
gebenedeiten Mutter nackt erscheinen läßt: denn diese Nacktheit streitet absolut mit der Idee der Jungfrau wie des
Kindes selbst [1]. Es ist schlechthin widersinnig, wenn Guido

---

1) Auf den älteren Madonnenbildern, „bis zum 13. und resp. 14. Jahrhundert hin, erscheint meist das Kind vollständig bekleidet, in langer purpurner

Reni in seinem Johannes Baptista, statt des ernsten Predigers der Buße im Kleide von Kameelhaaren, mit dem ledernen Gürtel um die Lenden [1]), uns eine physisch sehr vollkommen gebildete Gestalt malt, aber bis auf einen kleinen Theil des Leibes ganz entblößt; denn der Mann, der, schon im Schoße seiner Mutter geheiligt, „mehr war als ein Prophet", — zu dem die Kirche betet:

„O nimis felix, meritique celsi,
　Nesciens labem nivei pudoris," —

---

goldverbrämter Tunika (der damaligem Königstracht), in der Linken den Reichsapfel oder die Weltkugel, die Rechte segnend erhoben, ernsten, zuweilen strengen Angesichts, mehr als kleiner Mann denn als Kind dargestellt, eben wie der Dichter singt,

„jung als Mensch, als Gott so alt',

sitzend auf dem Schoße der Jungfrau, wie ein thronender junger König; die Madonna eben so ernst, still und ruhig, nicht mit dem Ausdrucke mütterlicher Liebe und Zärtlichkeit, sondern als Trägerin des Heils der Welt, als Werkzeug der göttlichen Gnade, als der lebendige Thron des Lebens. . . . Allgemach ging diese ältere Auffassung in eine andere mehr menschliche über: der Ernst des Ausdrucks in den Köpfen mildert sich, der Reichsapfel verschwindet, die gehobene Hand sinkt, das Kleid des Kindes wird immer kürzer, und macht zuletzt einem bloßen Tuche oder Schleier Platz; das Antlitz der Madonna belebt sich und erhält den Ausdruck, wenn auch nicht der Mütterlichkeit, doch der Hingebung und des Antheils an dem Gnadenschatze, den sie nicht mehr bloß trägt, sondern hält und umfaßt." (Historisch-politische Blätter, Bd. 34. „Ueber die verschiedene Auffassung des Madonnen-Ideals.')

Man könnte fragen, welche von diesen beiden Auffassungen dem Ideale näher kam. An die zweite schloß sich, vom 16. Jahrhundert ab, unmittelbar die Periode des Niederganges an, welche, dem Realismus verfallend, von Gedanken- und Empfindungstiefe in ihren Madonnabildern nichts mehr begriff, und dafür nur eine schwunghafte Technik zu bewundern wußte. Wir glauben kaum, daß die Antwort zu Gunsten dieser zweiten Auffassung ausfallen könne.

1) „Et erat Ioannes vestitus pilis camelli, et zona pellicea circa lumbos eius, et locustas et mel silvestre edebat." Marc. 1, 6.

der ist nicht allein niemals so aufgetreten, sondern der
kann auch ganz und gar nicht so gedacht werden.

Träger einer hohen ethischen Schönheit in sich selbst sind
übrigens freilich nicht alle Personen, welche in den Werken
der bildenden Künste erscheinen. Indeß auch bei den übrigen
läßt sich die Entfernung der Bekleidung mit der philosophischen Wahrheit keineswegs in Einklang bringen. Ein Mensch
wird nur in zwei Fällen nackt gesehen werden: wenn er
durch rohe Gewalt entkleidet wird, oder wenn er den Verstand verloren hat; das erste ist der Fall in mehreren Martyrien, deren Darstellung wir aber bereits aus einem anderen Grunde als unangemessen erkannt haben. Diese zwei
Fälle abgerechnet, bleibt der Abgang anständiger Bekleidung,
insofern vernünftige, gesitteten Völkern angehörende Personen
pragmatisch dargestellt werden, immer eine fingirte Erscheinung aus der Ordnung des kontingenten Seins, bei welcher
man den Grund und die Ursache ganz vergebens sucht: mithin ein philosophisches Absurdum, ein durch nichts motivirter
Zug und darum ein wesentlicher Fehler der Conception.
Wenn derselbe desungeachtet nicht stark empfunden zu werden
pflegt, so ist das leicht erklärlich. Vielen fällt er schon
deshalb nicht auf, weil sie weder den pragmatischen Charakter der bildenden Künste gehörig erfassen, noch auch die
zwei Elemente kalleotechnischer Werke, die Conception und
das sinnliche Darstellungsmittel dafür (133), von einander
unterscheiden, darum ausschließlich bei dem Bilde stehen bleiben, statt zu dem Nachgebildeten aufzusteigen. Ueberdies
hat die Gewohnheit unser Gefühl in dieser Rücksicht nicht
wenig abgestumpft, und die moderne Kunsttheorie hat das
Ihrige gethan, um auch die Grundsätze zu fälschen [1]).

1) Die in dem Vorhergehenden gegen die Nachtheil der Gestalten von uns
ausgeführten Gründe haben auch in Rücksicht auf die maßlos gepriesene Laokoon-

Was die Alten betrifft, auf welche wir Lessing sich berufen hörten, so hat die Menschheit seitdem in der Moral
sowohl als in der Philosophie doch einige Fortschritte gemacht. Uebrigens glauben wir ihm nicht, daß die alte Kunst
sich mit jener schrankenlosen Freiheit, wie er vorgibt, von
den Gesetzen des Anstandes frei sprach. Es ist ja nur ein
sehr kleiner Theil von den plastischen Werken des Alterthums übrig; wer will uns widerlegen, wenn wir behaupten,

---

gruppe ihre volle Geltung. Daß die Nacktheit des Laocoon ein Verstoß gegen
die philosophische Wahrheit sei, hat unter anderem ein französischer Kritiker, de
Piles, hervorgehoben, dessen Worte wir bei Lessing (Laocoon V. S. 54.) citirt
finden. „Laocoon *selon la vraisemblance* devrait être vêtu. En effet,
quelle apparence y a-t-il qu'un fils de roi, qu'un prêtre d'Apollon se
trouvât tout nud dans la cérémonie actuelle d'un sacrifice? car les
serpens passèrent de l'île de Tenedos au rivage de Troye, et surprirent
Laocoon et ses fils dans le temps même qu'il sacrifiait à Neptune sur
le bord de la mer, comme le marque Virgile dans le second livre de
son Enéide. Cependant les artistes, qui sont les auteurs de ce bel
ouvrage, ont bien vu, qu'ils ne pouvaient pas leur donner de vêtemens
convenables à leur qualité, sans faire comme un amas de pierres, dont
la masse ressemblerait à un rocher, au lieu des trois admirables figures,
qui ont été et qui sont toujours l'admiration des siècles. (?) C'est
pour cela que de deux inconvéniens, ils ont jugé celui des draperies
beaucoup plus fâcheux, que celui d'aller contre la vérité même."
Wir geben zu, daß die Bildhauer durch technische Schwierigkeiten, welche
die Bekleidung der Gestalten mit sich führt, sich veranlaßt sehen konnten, den
Verstoß gegen die philosophische Wahrheit zuzulassen, und ihren Helden ohne
Kleider hinzustellen. Aber zu diesem Auswege konnten sich nur Künstler aus
jener Periode entschließen, wo das griechische Leben bereits faul war,
und mit dem Leben die Kunst (vgl. unten, §. 30. gegen das Ende.) Mag
übrigens die Gruppe durch Entfernung der Draperie in technischer Beziehung
gewonnen haben, es ist ganz gewiß, daß ihr kalleotechnischer Werth eben
dadurch in hohem Maße vermindert wird. In Abrede stellen kann das nur
jener flache Realismus, der in den Werken der Kunst ausschließlich das körperliche Element, das sinnliche Darstellungsmittel, ins Auge faßt, und von einem
übersinnlichen Schönen, dessen Anschauung jenes vermitteln soll, gar keine
Ahnung hat.

daß unter den Statuen welche griechische Hände gemeißelt,
bei weitem mehr bekleidete als nackte waren? Hebt ja doch
sogar Ficker [1]), in seltsamem Widerspruch mit sich selbst, ausdrücklich hervor, daß die Plastik erst nach Phidias, also in
jener Zeit, wo das griechische Leben, und mit ihm die griechische Kunst, zu sinken begann, gewisse Gestalten unbe-
kleidet zu bilden anfing. Und selbst in diesem ihrem Verfall gab die griechische Kunst der kalleotechnischen Rücksicht
Zeugniß, welche wir zuletzt gegen die Nachtheil geltend gemacht haben. Denn was für Gestalten waren es, bei denen
man nach Phidias die Nacktheit nicht unzulässig fand? Vorzugsweise jene, welche der dunkelsten Schattenseite des griechischen Mythus angehörten: Darstellungen der „gemeinen"
Venus (S. 138. Note 2.), und der zu ihr gehörenden, mit
ihrem schändlichen Cult in Verbindung stehenden Personifi-
kationen. „Wo dagegen," berichtet Ficker [2]), „Alter und
Würde eine Bekleidung fordern, da fehlt sie nie; so erscheinen Jupiter, Neptun, Aeskulap, die strenge Pallas Athene,
die keusche Diana, die ernste Juno, Ceres, die Musen, immer
bekleidet." Warum doch das? Weil die Griechen zu viel
Geist hatten, um nicht einzusehen, daß die Nacktheit sich mit
der Idee dieser Charaktere nicht vereinigen ließe; daß eine
Minerva oder ein Jupiter ohne Bekleidung eine widersinnige
Conception, ein eigentliches Absurdum sein würde. Nur die
personificirte Schamlosigkeit glaubten sie schamlos auftreten
lassen zu dürfen, ohne gegen das wesentliche Gesetz der
Kunst, die philosophische Wahrheit, zu verstoßen. Wenn
doch die moderne Kunst auch hierin von ihren angebeteten
Meistern, den „feinfühligen" Griechen, lernen wollte!

Mit dem Gesagten sind noch keineswegs alle Gründe

1) Aesthetik, §. 201.
2) Aesthetik, §. 201.

erschöpft, welche sich gegen das behauptete Recht der Kunst, ihre Gestalten nackt hinzustellen, geltend machen lassen. Gerade jene Rücksicht, die wir im Anfange (S. 387) nur berührten, verdiente vor allen anderen im vollsten Maße die ernste Beherzigung eines jeden Künstlers, in dessen Herzen noch die Furcht Gottes und wahre Menschenliebe wohnt. *Vae mundo a scandalis!* Wer mißt das Unheil und wer erschöpft das Verderben, das die von den bildenden Künsten in Anspruch genommene Freiheit unter den Menschen schon angerichtet hat? Wird dafür etwa bereinst niemand zur Rechenschaft gezogen werden? Und wenn das ganz gewiß der Fall sein muß, wer anders hat zunächst die Verantwortung zu tragen, als jene Künstler, welche — wir sagen nicht, durch ärgerliche Bildwerke der traurigsten aller Leidenschaften die erwünschte Nahrung geboten, — sondern auch nur durch zu freie, durch minder züchtige Darstellungen der Schwachheit zum Stein des Anstoßes, der arglosen Unschuld zum Fallstrick geworden sind? Hat doch der Urheber eines Werkes alle Wirkungen des letzteren, insofern er sie voraussehen konnte und mußte, gleichfalls als sein Werk zu betrachten, — und dafür einzustehen. Ist es denn ein kleines Vergehen, das Heil seiner Mitmenschen aufs Spiel zu setzen, um anatomische Kenntnisse und technische Gewandtheit zur Schau stellen zu können, und für einen eingebildeten Gewinn in der Vollendung seiner Werke unsterbliche Seelen zu opfern? *Vae homini illi, per quem scandalum venit.*

Doch wir haben über diese Frage genug gesagt. Nur ein Satz aus Vischers Aesthetik verdient hier schließlich noch eine Stelle. „Es ist längst erkannt," heißt es daselbst[1]), „daß keine andere Kunst so wie diese" (die plastische) „das Ideal selbst gibt." Behauptet und gedruckt ist das frei-

---

1) Vischer, Aesth. III. §. 606. S. 369.

lich schon lange, „erkannt" noch nie. Denn erkennen kann
die menschliche Vernunft nur Wahrheit: daß aber Bischers
Lehre auch in diesem Punkte unwahr ist, geht aus dem schon
in der ersten Abtheilung (56. 57) Gesagten zur Genüge
hervor. Mögen sich jene mit ihm unter den Gebilden der
Plastik „das Ideal selbst" suchen, die, wie er, sich selbst das
Ideal sind; die gleich ihm die Höhe „der spekulativen Welt-
ansicht" erklommen haben, und ihm darum auch beistimmen
können, wenn er, nicht zwanzig Zeilen tiefer¹), den Aus-
spruch thut: „Daß es zwei Welten, Gott und Mensch, neben
einander gibt, ist eigentlich ein Widerspruch; denn der Gott
ist der ideale Mensch." Es ist schwer zu sagen, welcher von
diesen beiden Sätzen geistreicher sei, der erste oder der zweite.
Vielleicht erleben wir es noch, daß man das nackte Ideal
aus dem Palast der Mediceer, oder jenes des Louvre, die
Göttin der Lust von Melos, auf den Altar stellt, und in
ihm „den Gott" anbetet, den „idealen Menschen": dann
hätten wir sie endlich wieder, die schönen Tage von Corinth
und Cypern, um welche Schiller weinte,

> „Da man deine Tempel noch bekränzte,
> Venus Amathusia."²)

§. 24.

Ueber Lessings Behauptung, daß bei den Alten die körperliche
Schönheit das höchste Gesetz der bildenden Künste gewesen.
Widerlegung. Lessing und Winckelmann. Die wahre Be-
deutung der antiken für die schöne Kunst der späteren Zeiten.

139. Die Absicht, in welcher Lessing die in dem Vorhergehenden von uns zurückgewiesene Lehre über die Bestim-

---

1) a. a. D.
2) „Die Götter Griechenlands."

mung der Malerei aufstellte, war keine andere als diese: er
glaubte aus den Werken der griechischen Kunst sowie auf
historischem Wege gezeigt zu haben, daß bei den Alten das
erste Gesetz der bildenden Künste, dem alle anderen Rücksichten untergeordnet wurden, die Schönheit war, und zwar
die körperliche, die Schönheit der Gestalt [1]). Dazu wollte
er nun noch a priori den Beweis liefern, daß eben diese
Schönheit, der Natur der Dinge gemäß, das erste Gesetz
der genannten Künste sein müsse. Der nahe liegende
Schluß daraus, den auch Lessing klar genug andeutet, würde
sein, daß die Alten in der bildenden Kunst in jeder Rücksicht
als unsere Meister, ihre Werke als unübertreffliche Muster
zu gelten haben.

Den Beweis a priori haben wir als vollkommen un-
haltbar, als sophistisch erkannt; ist es wahr, was der Verfasser des Laokoon von den Alten behauptet, so wäre die
Folgerung zu ziehen, daß dieselben das Wesen und die Bestimmung der Kunst unrichtig auffaßten. Allein wir erlauben
uns, auch die Wahrheit jener historischen Behauptung in
Abrede zu stellen. Der Umfang unserer Schrift gestattet
uns nicht, auf die Beweisführung, wodurch Lessing dieselbe,
im zweiten Abschnitt des Laokoon namentlich, zu erhärten
sucht, im einzelnen einzugehen. Aber man prüfe die Argu-

---

1) Laokoon II. — Wir thun Lessing nicht Unrecht, wenn wir unter der
Schönheit von der er redet diejenige verstehen, welche St. Augustin „falsche
Schönheit", „ein vergängliches fleischliches Gut" nennt (vgl. N. 7.), die äußere
Schönheit des Leibes. Lessing selbst hörten wir sie vorher mit den Worten
„körperliche Schönheit" bezeichnen. Er betrachtet zwar „den Ausdruck" als ein
Element derselben (Laokoon XXXII.) — denn ohne diesen ist ja Schönheit eines
menschlichen Leibes nicht denkbar: aber dieses Element ist ihm ein unterge-
ordnetes. Das Ideal seiner körperlichen Schönheit besteht „in dem Ideal der
Form vornehmlich, doch auch mit in dem Ideal der Carnation und des
permanenten Ausdrucks". (Laokoon XXXIII. S. 256.)

mentation unparteiisch, und man wird sich überzeugen, daß
im Schlußsatz mehr behauptet wird als die Prämissen enthalten. Daß die äußere Schönheit der Gestalt bei den
Griechen als Bedingung, als nothwendiges Element in
jedem guten Werke der bildenden Kunst galt, das geht aus
Lessings Beweisen mit unzweifelhafter Klarheit hervor, und
wir können ihm für diesen Nachweis nur dankbar sein. Wir
selbst haben es mehr als einmal als Grundsatz der schönen
Kunst ausgesprochen, daß das sinnliche Darstellungsmittel,
das Bild oder Zeichen, schön sein müsse; wir selbst sind
vollkommen damit einverstanden, daß ein Gebilde der Plastik
oder ein Gemälde, welches uns nur gewöhnliche, gemeine,
häßliche Gestalten vorführt, auf den Namen eines Werkes
der schönen Kunst keinen Anspruch zu machen habe, und wir
haben die negative oder beschränkende Regel, die sich für den
bildenden Künstler hieraus ergibt, genau nach Lessing selbst
aufgestellt (120.) Aber aus Thatsachen, welche die volle
Geltung dieses Princips in der alten Kunst nachweisen, einfach den Schluß ziehen, „daß bei den Alten die Schönheit
(der Gestalt) das höchste Gesetz der bildenden Künste gewesen“[1]), daß sie die Darstellung körperlicher Schönheit als
die eigentliche Bestimmung der letzteren angesehen, das heißt
doch nichts anderes als in der Argumentation einen Sprung
machen, und statt eines Beweises ein Sophisma liefern.

140. Ist mithin die von Lessing behauptete Thatsache
nichts weniger als erwiesen, so dürfte es uns gestattet sein
dafür zu halten, daß die Griechen die wahre Bestimmung
der schönen Kunst, und der bildenden insbesondere, im Grunde
gar wohl erkannten. Will man die Stellen vergleichen
welche wir in der ersten Abtheilung, namentlich im zweiten

---

[1]) Laokoon II. S. 13.

und fünften Paragraphen, aus den griechischen Philosophen
angeführt haben, — und wie viele ließen sich noch hinzufügen, — so wird man nicht umhin können anzuerkennen,
daß dem heidnischen Alterthum der Begriff einer übersinnlichen Sphäre keineswegs, wie dem Materialismus einer
späteren Zeit, verloren gegangen war; daß die besseren Richtungen der alten Philosophie bei all' ihren Verirrungen, bei
aller Versunkenheit des Lebens rings um sie her, nicht den
mindesten Anstand nahmen, der Schönheit der übersinnlichen
Welt vor der körperlichen weitaus den Vorrang zuzugestehen,
und diese Lehre laut zu verkündigen, sie bei jeder Gelegenheit
zu wiederholen. Sollte diese Philosophie auf die Kunst ganz
ohne Einfluß geblieben sein? Und während die Poesie mit
unzweideutigen Worten ihr zurief:

„Den Geist schau an, den Geist! was frommet Wohlgestalt,
wo schön im schönen Leibe nicht die Seele ist?" [1]) —

sollte die bildende Kunst blind ihren eigenen Weg gegangen
sein, und fortgefahren haben nur auf körperliche Schönheit
zu arbeiten, die Darstellung schöner Gestalten als das höchste
Ziel ihrer Thätigkeit zu betrachten? Wir haben oben (119)
die homerischen Verse angeführt, aus welchen Phidias die
Idee seines Jupiter geschöpft hatte; man urtheile, ob es die
bloße Schönheit der Gestalt ist, oder vielmehr die erhabene
Größe des Geistes, also die Schönheit eines Uebersinnlichen,
welche sich in jenen Versen ausspricht, zu deren Ausdruck
dieselben mithin den Künstler begeistern mußten. In einer
der Reden gegen Verres gibt Cicero eine Beschreibung von

---

1)   Νοῦν χρὴ θεᾶσθαι, νοῦν· τί τῆς εὐμορφίας
       ὄφελος, ὅταν τις μὴ φρένας καλὰς ἔχῃ;
                        Euripides ap. Stobaeum, Florileg. 66, 1.

einer Statue der Diana. Verres hatte dieselbe aus Segesta
geraubt; es kam darauf an, den Richtern einen hohen Begriff zu geben von ihrem Werthe; Cicero nennt sie „ein
seltenes Kunstwerk, von ausgezeichneter Schönheit" [1]). Bald
darauf beschreibt er sie: „Es war eine große erhabene Gestalt in einem langen Gewande; aber bei aller Majestät
erschien sie durch Alter und Haltung als Jungfrau. Von
der Schulter hingen die Pfeile herab; in der Linken hielt
sie den Bogen, in der Rechten trug sie eine brennende
Fackel" [2]). Wo ist ein Zeichen, daß den Alten in der bil-
benden Kunst körperliche Schönheit als das höchste Gesetz
galt? hätte Cicero nicht ganz anders reden müssen, wenn
Lessings Behauptung wahr wäre?

Wenn darum Winckelmann in der Stelle [3]), welche die
nächste Veranlassung zum Laokoon wurde, als den charakte-
ristischen Typus der griechischen Meisterwerke „edle Einfalt
und stille Größe" bezeichnete, wenn er die Darstellung

---

1) Singulari opere artificioque perfectum . . . propter eximiam
pulchritudinem . . . De signis c. 33. n. 72.

2) Erat admodum amplum et excelsum signum cum stola; verum-
tamen inerat in illa magnitudine aetas atque habitus virginalis. Sagittae
pendebant ab humero: sinistra manu retinebat arcum: dextra ardentem
facem praeferebat. L. c. c. 34. n. 74.

3) „Das allgemeine vorzügliche Kennzeichen der griechischen Meisterstücke ist
eine edle Einfalt und eine stille Größe, sowohl in der Stellung als im Ausdrucke. Sowie die Tiefe des Meeres allezeit ruhig bleibt, die Oberfläche mag
noch so wüthen, eben so zeigt der Ausdruck in den Figuren der Griechen eine
große und gesetzte Seele. . . Der Ausdruck einer so großen Seele geht weit über
die Bildung der schönen Natur; der Künstler mußte die Stärke des Geistes in
sich selbst fühlen, welche er seinem Marmor einprägte. Griechenland hatte Künstler
und Weltweise in einer Person, und mehr als Einen Metrodor (Maler und
Philosoph). Die Weisheit reichte der Kunst die Hand, und blies den Figuren
derselben mehr als gemeine Seelen ein." Winckelmann, Gedanken über die Nachahmung der griechischen Werke in der Malerei und Bildhauerkunst, §. 79, 80.

ethischer Seelengröße für das Ziel erklärte, welches der
bildenden Kunst im Alterthum vorschwebte, so hatte er sich
nur etwas einseitig ausgedrückt und zu enge. Er hätte statt
der specifischen Ausdrücke den allgemeineren wählen, und
sagen sollen, das Ziel, das den griechischen Künstlern vor
Augen stand, sei kein anderes gewesen, als in ihren Gestalten wahre geistige Schönheit zu verkörpern. Ein Versehen war es dagegen freilich, wenn der gelehrte Alterthums-
forscher einen Beweis für diesen seinen Satz darin finden
wollte, daß der Laokoon der vatikanischen Gruppe „kein
schreckliches Geschrei ausstößt, daß sein grausamer Schmerz sich
mit keiner Wuth im Gesichte und in seiner ganzen Stellung
kund gibt" (a. a. O.) Dies hatte einen ganz anderen Grund;
wir haben denselben früher (120) nach Lessing angegeben.
Aber damit hätte sich Lessing begnügen sollen, diesen Irrthum
Winckelmanns einfach zu berichtigen. Er hätte nicht nöthig
gehabt, um den letzteren zu widerlegen, auch das von ihm
als die Norm der griechischen Plastik angegebene Gesetz umzustoßen, und an dessen Stelle zwei Behauptungen zu setzen,
von denen wir die erste, die theoretische (135) als einfach
falsch, die historische aber als durch nichts erwiesen und aller
Wahrscheinlichkeit zuwider mit Recht verworfen haben; er
hätte einsehen sollen, daß er dadurch der alten Kunst einen
schlechten Dienst erwies, daß er sie erniedrigte statt sie zu
ehren. Oder ist es etwas anderes als eine Schmach für
die bildende Kunst, so tief zu sinken, daß sie kein höheres
Gesetz mehr kennt als die Schönheit des Leibes?

Wir sind weit entfernt, dem Scharfsinne Lessings und
den manchen Verdiensten seines Laokoon unsere Anerkennung
zu versagen. Aber wir hegen zugleich die feste Ueberzeugung:
Forschungen auf dem Gebiete des Alterthums, gründlicher
als jene Kritik, die einst ohne zu unterscheiden allen Behauptungen Lessings für die Kunsttheorie die Bedeutung

unzweifelhafter Kanones zuerkannte, müßten der alten Kunst
die ihr gebührende Ehre wiedergeben, und den Beweis liefern,
daß Winckelmann ihr Wesen und den Geist ihrer Leistungen
viel richtiger aufgefaßt hatte, als sein gefeierter Gegner.

141. Uebrigens möchten wir nicht, daß man aus diesen
unsern Bemühungen, ungerechte Verunglimpfung von der
griechischen Kunst abzuwehren, den Schluß zöge, als hegten
wir für sie eine außerordentliche Verehrung, als legten wir
ihr einen höheren Werth bei als sie verdient. Jener hu-
manistische Klassicitätsschwindel der vor dreihundert Jahren
die Geister ergriff, jene schwärmende Begeisterung für das
Heidenthum, die in einer späteren Periode sich in dem
Schmerzensschrei Luft machte:

„Schöne Welt, wo bist du? Kehre wieder!" [1]) —

sie hatten ihren Grund in einer ganz anderen Anschauung als die ist, welche wir gegen Lessing vertheidigt haben. Daß die menschliche Vernunft die wahre
Bedeutung der schönen Kunst je ganz verkannte, daß sie
jemals ganz aufhörte ihre hohe Bestimmung zu ahnen, das
allein wollten wir in Abrede stellen. Wenn im Alterthum
desungeachtet die Kunst dieser Bestimmung nicht immer treu
blieb, wenn sie ihr niemals ganz entsprach, wenn sie vielfach
entartete, und sich Zwecken zu dienen erniedrigen mußte die
sie mit Schmach bedeckten, so ist das nicht zu verwundern.
Die Seele des Kunstwerks, sein eigentliches Wesen, ist das
Schöne der geistigen Welt. Aber wie groß war denn die
Sphäre des Uebersinnlichen, welche dem Blick des Heiden
sich aufschloß? wohin sollte der Künstler das Auge seines

---

1) Schiller, „Die Götter Griechenlands."

Geistes wenden, woher die Ideale nehmen, die er seinen
Mitbürgern darstellte? woher diese das Verständniß derselben? Lag wohl etwas näher als die Versuchung, die
fühlbareren Reize der Form mit denen eines unsichtbaren
Schönen zu verwechseln, und statt dem Volke ein geistig
erhebendes Vergnügen zu bieten, es durch Genüsse zu befriedigen, für welche es ohnedies weit mehr Empfänglichkeit
hatte? Und wenn auch der Künstler zugleich Philosoph war,
wenn auch in des Sokrates Schule reinere Begriffe von
Gott und Welt, von Liebe und Freundschaft, von Leben und
Geist und Unsterblichkeit ihm zu dämmern schienen, so bildete
doch all dieses bessere Wissen nicht viel mehr als ein Aggregat schwankender Vorstellungen, unlösbarer Zweifel, un-
erwiesener Hypothesen, eine todte Spekulation, welche die
Seele öfter verwirren als begeistern mußte. Rein natürliche
Vorzüge, Scharfsinn und Gewandtheit, ein Muth und eine
geistige Kraft deren einzige Triebfeder Egoismus war, der
äußere Schein eines Anstandes von sehr weit gezogenen
Gränzen, eine Tugend wie sie die Stoa lehrte, oder in einer
viel späteren Periode die Philosophie des kategorischen Im-
perativs, das waren die höchsten Elemente übersinnlicher
Schönheit, mit welchen die griechische Kunst ihr Leben zu
fristen hatte. Darf man sich wundern wenn sie es kümmer-
lich fristete, wenn es meistens nur ein Scheinleben war?

Darüber vielmehr muß man sich wundern, wie es möglich war, daß ein späteres Geschlecht diesen Schein des
Lebens für seine schönste Blüte nehmen, und es als seine
höchste Aufgabe ansehen konnte, den flachen Realismus und
die inhaltleere geistesarme Formenschönheit der antiken Kunst
auf christlichen Boden zu verpflanzen. Hatte man denn die
Charakteristik des heidnischen Lebens vergessen, welche der
heilige Geist im Briefe an die Römer mit unzweideutigen
Worten entwirft? Und wenn man dem Apostel nicht glauben

wollte, lieferten vielleicht die profanen Zeugnisse ein besseres
Resultat? Und dennoch konnte man es für möglich halten,
daß aus diesen Sümpfen sittlicher Verkommenheit die schönste
Blume des menschlichen Geistes hervorblühte, daß die herrlichste Tochter des Himmels in dieser vergifteten Atmosphäre
ihre Heimat fand, auf diesem Boden ihre Triumphe feierte?

Wir verkennen nicht die Vorzüge der antiken Kunst.
Sie verstand es, dem äußeren Darstellungsmittel, dem Zeichen oder dem Bilde, die höchste technische Vollendung zu
geben; sie zeichnete sich aus durch Wahrheit und echte Natürlichkeit, durch schöpferische Kraft und Genialität in ihren
Fiktionen. In dieser Rücksicht können und sollen alle Zeiten
von ihr lernen. Aber wo die Kunst einer besseren Zeit
anfängt, mit rückhaltloser Hingabe in der antiken ihre Meisterin zu verehren, da entehrt sie sich selbst; wo sie dem
Lichte der übernatürlichen Wahrheit ihre Augen verschließt,
um auch ihre Ideale sich aus dem Studium der Alten zu
bilden, da kann sie nur einer erbärmlicheren Geistesarmuth,
nur einer töbtlicheren Erstarrung anheimfallen, als jene gefesselt hielt [1]).

[1)]
     — Wer nicht an des Glaubens Hand
Durchwandern will das alte Götterland,
Verirrt sich jämmerlich auf seinen Wegen.
Und spät er nach des Völkergeistes Geleis,
So zieht er Winkel, statt den vollen Kreis.
Zum dunklen Fluche kehrt er all den Segen,
Die Lust der Wissenschaft zu bitt'rem Weh.
Der Alten Bronnen wird ein fauler See,
Der giftig der Erlösung Saal durchsickert,
Statt mit dem Quell der Gnaden, uns geweiht,
Voll hellern Lebens um das Kreuz zu fließen,
Und dort zum Ruhme der Dreieinigkeit
Der heil'gen Künste Blumen zu erschließen.
Nur wer sich auf den Mittelpunkt gestellt,

§. 25.

Der mittelbare oder der entferntere Zweck der schönen Kunst.

L'art pour l'art est une absurdité.

Do Lamennais.

142. „Nachdem die Drehkrankheit," so lasen wir vor
etwa zwei Jahren in der ersten unserer periodischen Zeit-
schriften, „nachdem die Drehkrankheit des Zopfthums und
die römisch-ägyptische Maskerade der Revolution und des
napoleonischen Kaiserreichs überstanden waren, prollamirten
die ästhetischen Feinschmecker den Satz, daß die Kunst ledig-
lich um ihrer selbst willen da sei, ähnlich wie die Humanisten
die höchste Bestimmung des Menschen darin fanden, daß er
— Mensch sei"[1]). „Die Schönheit ist der nächste und
einzige Zweck des Kunstwerkes", — „die schöne Kunst ist
ausschließlich sich selbst Zweck", — „wer sie zu Zwecken
benützt hemmt ihren freien unbegränzten Flug", — „das
schaffende Princip im Künstler wirkt nur um seiner selbst
willen, nicht eines Andern wegen", — „das wahre Kunstwerk muß relationslos sein, ein in sich geschlossenes Ganzes,
welches sich zu nichts außer sich verhält wie Mittel zum
Zwecke", — „es trägt seinen Mittelpunkt und seinen Zweck
in sich selbst": so lautet in der That die Parole der mo-

Auf Golgatha, vom Licht der Welt umflossen,
Versteht die alte wie die neue Welt,
Den andern bleibt ihr ew'ger Geist verschlossen,
Nur wer die aufgegangne Sonne schaut.
Schaut in der alten Welt des Lichtes Verhüllung;
Wer nur hört ihrer Sehnsucht Schmerzenslaut,
Der da frohlockend glaubt an die Erfüllung.
                          Redwitz, Thomas Morus 2, 2.

1) Hist.-polit. Blätter Bd. 52. „Ein Wort für die Kunst."

dernen Aesthetik[1]). Ob auch diese Weisheit aus dem Laokoon
stammt, darüber wollen wir nicht entscheiden[2]). Jedenfalls
waren wir bisher immer der Meinung, unter allem was ist
könne nur Einer „seinen Mittelpunkt und seinen Zweck in
sich selbst tragen", derjenige, der auch den Grund seines
Seins nicht außer sich findet.

In Rücksicht auf die Aufgabe und den unmittelbaren
Zweck der schönen Kunst sind wir zu einem Resultat gelangt,
das bis zu einem gewissen Grade selbst die Kunstwissenschaft
der Neuzeit befriedigen möchte, ob es gleich, genau betrachtet,
von dem ihrigen nicht wenig abweicht. Wir stimmen ihr bei,
wenn sie uns sagt, die Bestimmung der schönen Kunst sei
diese, uns das Schöne darzustellen und uns durch Veranschaulichung desselben Vergnügen zu bereiten. Nur verstehen
wir unter dem Vergnügen jenen geistigen Genuß, den die
Liebe, und darum die Anschauung, des an sich Guten mit
sich führt; und die Schönheit welche das Objekt dieses Genusses bildet, ist uns nicht „die niedrigste", die Schönheit
körperlicher Dinge, sondern jene welche in der übersinnlichen
Sphäre wohnt. Gegen eine solche Auffassung des Zweckes
der Kunst hat weder die natürliche Ethik noch die christliche
etwas einzuwenden. Es ist uns gestattet, selbst jedes auch
noch so unbedeutende sinnliche Vergnügen, vorausgesetzt daß
es in jeder Rücksicht ein erlaubtes sei, um seiner selbst willen,
d. h. als Zweck, zu wollen und anzustreben, eben weil der
Urheber der Natur es uns bietet[3]); um wie viel mehr wird

---

1) Vgl. z. B. Rüfflein, Lehrbuch §. 61. Eicker, Aesth. §. 142. 143.
Esser, Psychologie S. 188. Krug, Aesth. §. 21. 59. Kant, Kritik der ästhetischen Urtheilskraft §. 44.

2) Im IX. und XXXI. Abschnitt des Buches finden sich Stellen, die zu
solchen Ansichten wenigstens führen können.

3) Den Beweis dieses Satzes gibt Vallavicini, del bene l. 1. c. 34. 35.
Er schließt also: Chiunque per lume o di natura o di fede si muove a

es mit allen Regeln der Sittlichkeit übereinstimmen, wenn die schöne Kunst den höchsten, den reinsten Genuß sich als Zweck setzt, dessen der vernünftige Mensch auf dieser Erde fähig ist. Der, welcher einst dem Menschen, da er noch aufrecht stand in seiner anerschaffenen Gerechtigkeit, das Paradies „der Wonne" zum Wohnsitz gab, der hat auch dem gefallenen nicht jedes Vergnügen untersagt; der den reinen und schuldlosen mit Beweisen der zärtlichsten Liebe überhäufte, er hat ihm auch nach der Sünde, weil er ihn wieder begnadigen wollte, noch eine Fülle von Wirkungen seiner erbarmenden Güte übrig gelassen. Er wollte nur, daß der Genuß dessen was endlich ist uns von seiner Liebe nicht abzöge. Unter all dem Wechsel von Leid und Freude sollte das Sehnen unseres Herzens unbeweglich dorthin gerichtet bleiben, wo allein wahre Freude wohnt [1]); durch all das Gute und Schöne, womit er den Weg unserer Pilgerfahrt umgeben, sollten wir also hindurchziehen, daß jenes Gut und jene Schönheit uns darüber nicht verloren ginge, die nie sich wandelt [2]). Der Künstler handelt gut und verdienstlich, wenn er bei seiner Thätigkeit einfach die Absicht hat, sich und anderen Genuß zu bereiten, weil er es als der Ordnung der Natur und der Weisheit Gottes gemäß erkennt, daß wir uns desselben erfreuen.

---

prenderai qualche diletto lecito, abbracciando questo motivo, almeno confusamente da lui conosciuto: ch'egli si conferma in ciò con Dio, o con la natura, a cui piace che noi godiamo quel sollazzo innocente, opera con virtù e con merito.

1) „ . . ut inter mundanas varietates ibi nostra fixa sint corda, ubi vera sunt gaudia." (Aus dem Gebet der Kirche für den vierten Sonntag nach Ostern.)

2) „ . . ut, te rectore, te duce, sic transeamus per bona temporalia, ut non amittamus aeterna." (Aus dem Gebet des dritten Sonntags nach Pfingsten.)

143. Iſt nun aber biefer Genuß, wie ber unmittelbare
unb nächſte, ſo auch ber letzte, folglich ber einzige Zweck ber
ſchönen Kunſt, außer welchem es keinen anderen mehr geben
kann? Die moberne Aeſthetik bejaht biefe Frage, unb ſie
legt bas größte Gewicht barauf, ihre bejahenbe Entſcheibung
burchzuſetzen. Denn nur biefes kann boch ber Sinn ber
oben angeführten Sätze ſein, wenn ſie anbers einen haben
ſollen; anbers kann es boch nicht gemeint ſein, wenn man
mit Hohn unb Entrüſtung jeben zurückweiſt, ber zu meinen
wagt bie ſchöne Kunſt möge boch vielleicht nicht ſo ausſchließlich „um ihrer ſelbſt willen“ ba ſein, ſie bürfe boch
vielleicht, ohne ſich etwas zu vergeben, ſich Zwecken bienſtbar
machen, bie höher ſinb als ſelbſt bie Schönheit unb ihr
Genuß.

Die ſchöne Kunſt hat in ber Veranſchaulichung bes
Schönen, unb bem Genuß welchen ſie uns baburch bietet,
ihren unmittelbaren, ihren nothwenbigen Zweck; biefen Satz
haben wir ſelbſt ausgeſprochen. Aber iſt es benn etwas ſo
Unerhörtes, baß ein Gut, welches für ſich mit Recht bie
Bebeutung bes Zweckes in Anſpruch nimmt, zugleich in
Rückſicht auf ein anberes Gut, auf einen höheren Zweck,
wieber als Mittel biene? Ein einziges Gut gibt es nach
Ariſtoteles [1]), welches ſeiner Natur nach niemals Mittel
werben kann; bas iſt bie Fülle aller Güter beren bie vernünftige Creatur fähig iſt, bie vollkommene Glückſeligkeit.
Eben weil ſie alles umſchließt was ben Gegenſtand unſers
Strebens bilben kann, eben barum iſt außer ihr kein Gut
benkbar, beſſen Beſitz ſie uns vermitteln könnte. Aber bie
unvollkommenen Güter, welche Theile jener vollen Summe
ſinb, können ſehr wohl in einem ſolchen Verhältniß zu ein-

1) Ethic. Nicomach. I. 1. c. 7.

ander stehen, daß das eine das andere wirkt, es seiner Natur nach hervorbringt, daß wir es mithin nicht nur seiner selbst wegen, als Zweck, anstreben können, sondern eben sowohl zu-gleich als Mittel, um dieses andern willen. „Bestände eine solche Verbindung zwischen allen Gütern," bemerkt mit Recht der edle Pallavicini [1]), „so könnte es keine Sünde mehr geben. Denn jede Sünde hat zuletzt ihre Quelle in dem Gegensatz, vermöge dessen verschiedene Güter von ungleichem Werth einander ausschließen; und eben um diese unselige Quelle der Sünden so viel als möglich auszutrocknen, hat die Natur das Mittel erfunden, das eine Gut mit dem an-dern wie die Ursache mit der Wirkung zu verknüpfen."

Doch bleiben wir bei unserm Thema. Wenn das Ver-gnügen, welches die schöne Kunst mit Recht als ihren un-mittelbaren Zweck betrachtet und anstrebt, wenn sagen wir dieser Genuß geeignet ist, uns die Ursache eines anderen Gutes zu werden: ja wenn er wesentlich und seiner Natur nach nicht anders kann, als eine vortheilhafte psychologische Wirkung her-vorbringen die von ihm selbst verschieden ist: wenn endlich die Vollkommenheit dieser Wirkung mit jener des Genusses immer in geradem Verhältniß, in direkter Proportion steht; dann treten wir der schönen Kunst nicht zu nahe, indem wir diese Wirkung gleichfalls ihren Zweck nennen, nicht ihren unmittelbaren und nächsten, sondern ihren entfernteren, ihren mittelbaren Zweck; dann heißt es nichts anderes, als das Wesen der schönen Kunst nicht verstehen, ihren Begriff auf-heben und ihre Natur zerstören, wenn man ihr die Fähigkeit oder die Bestimmung abspricht, außer für den Genuß auch für andere Zwecke thätig zu sein. Die logische Richtigkeit dieses Satzes kann keinem Zweifel unterliegen; es kömmt

1) Del bene L. 3. c. 9.

nur darauf an daß wir die Wahrheit der Hypothese darthun, von welcher er abhängt.

Das dürfte aber nicht schwer sein. Es ist kein Geheimniß, was Aristoteles und St. Thomas bemerken, daß
der Genuß, welcher sich mit einer Thätigkeit naturgemäß
verbindet, derselben ihre Vollendung gibt, ihre intensive
Stärke sowohl als ihre Dauer erhöht[1]). In der ganzen
Welt der empfindenden Wesen, in allen Geschöpfen welche
ihre eigenen Zustände wahrnehmen, bildet ja das Vergnügen
das Mittel, wodurch die Natur mit Sicherheit ihre Zwecke
erreicht, wodurch sie die Kräfte in Spannung versetzt und
ihnen die nothwendige Elasticität verleiht. „Freude," so singt
begeistert der Dichter,

„Freude heißt die starke Feder
        In der ewigen Natur;
Freude, Freude treibt die Räder
        In der großen Weltenuhr.
Blumen lockt sie aus den Keimen,
        Sonnen aus dem Firmament,
Sphären rollt sie in den Räumen
        Die des Sehers Rohr nicht kennt."

Das ist fürwahr nichts weniger als bloße poetische Phantasie.

Was folgt aber für uns aus jenem Gesetze? Alles was
wir nöthig haben. Cicero scheint irgendwo den Wunsch zu
äußern, seinem Sohne die Tugend sichtbar zeigen zu können[2]);
denn er glaubte mit Plato, ihre himmlische Schönheit müsse

---

1) Ἡ μὲν οἰκεία ἡδονὴ ξυνακριβοῖ τὰς ἐνεργείας, καὶ χρονιωτέρας
καὶ βελτίους ποιεῖ. Arist. Ethic. Nicomach. l. 10. c. 5. Vgl. Thom.
S. 1. 2. p. q. 33. a. 4.

2) De offic. l. c. 5.

auf das Herz eines jeden dem sie erschiene einen unwiderstehlichen Eindruck machen, und es zu begeisterter Liebe hin-
reißen [1]). Die schöne Kunst verfolgt wesentlich den Zweck,
uns den Genuß des Schönen der übersinnlichen Sphäre zu
vermitteln. Das Schöne ist aber ontologisch und seinem
Wesen nach identisch mit dem an sich Guten, und die Thätigkeit des vernünftigen Geistes, mit welcher sich der Genuß
der Schönheit verbindet, ist keine andere, als die vollkommene
Liebe eben dieses Guten; er ist die Süße der reinen Liebe,
wie der innern Güte Frucht die Schönheit [2]). Muß also
nicht der Genuß der Schönheit eben auf diese Liebe des an
sich Guten zurückwirken, ihre größere Stärke geben, vollere
Intensität, höheres Leben? Soll die schöne Kunst es etwa
darauf anlegen, besitzt sie auch nur die Macht, die Gesetze
der Natur zu paralysiren, und diese Wirkung zu verhindern?
Und sieht ferner nicht die Vollkommenheit der letzteren in
geradem Verhältniß mit der Größe des Genusses, den uns
die Betrachtung des Kunstwerks gewährt? Kann mithin die
schöne Kunst anders, als um so mächtiger wirken für die
Liebe dessen was edel und gut, was schön ist und liebenswürdig und wahrhaft beseligend, je vollkommener sie dem ihr
eigenthümlichen nächsten Zweck entspricht, je mehr sie das
ist was sie sein will, schöne Kunst, Vermittlerin der Anschauung und des Genusses der Schönheit? [3])

---

1) Φρόνησις οὐχ ὁρᾶται· δεινοὺς γὰρ ἂν παρεῖχεν ἔρωτας, εἰ
τι τοιοῦτον ἑαυτῆς ἐναργὲς εἴδωλον παρείχετο εἰς ὄψιν ἰὸν, καὶ
τἆλλα ὅσα ἐραστά. Plat. Phaedr. ed. Bip. vol. 10. p. 329.

2) Vgl. N. 50—52.

3) Zu den „ästhetischen Feinschmeckern“. von denen wir oben die historisch-
politischen Blätter reden hörten, gesellt sich auch Cousin; er hat mit den übrigen
Errungenschaften der deutschen Ich-Philosophie auch diejenige welche wir hier
zurückweisen, auf französischen Boden verpflanzt. „Es sei unmöglich,“ sagt er
(Du vrai, du beau et du bien, 8. leçon,) „einer Theorie beizustimmen, qui

Niemals ist die wahre Kunst gepflegt worden, nirgends
hat sie geblüht, wo sie nicht diese Wirkungen hervorgebracht,
wo sie nicht die Gemüther veredelt, die Sitten gereinigt, die
Herzen hinaufgeführt hätte zur wesenhaften Schönheit, zu
dem der aller Freude Urquell ist und aller Liebe letztes Ziel.
Erkannte ja selbst das Heidenthum gerade in ihr die Begründerin und die Trägerin seiner Religion[1]); verehrte ja
der Mythus gerade in der Poesie, im Gesang und in der
Tonkunst, die wohlthätigen Mächte, welche allein die rohe
Kraft der Urzeit zu zähmen wußten, welche die wilde Zügel-
losigkeit der Völker besiegten und sie zu Menschen machten,
sie vereinigend zu geselligem Leben, zur Verehrung der Sitte
und des Gesetzes.

„Ward nicht von Orpheus,
dem heiligen Seher, dem die Götter ihre
Mysterien offenbarten, weil er Thraciens
halbthierische Bewohner aus dem Wust

---

confondant le sentiment du beau avec le sentiment moral et religieux,
met l'art au service de la religion et de la morale, et lui donne pour
but de nous rendre meilleurs et nous élever à Dieu." (Sonderbar, daß
man sich so sehr fürchtet, „besser zu werden, und sich zu Gott erhoben" zu
sehen.) Wer unsere Argumentation verstanden hat, — und sie ist doch nicht
subtil, — dem brauchen wir nicht ausdrücklich zu sagen, daß wir nichts weniger
thun als „das Gefühl des Schönen mit dem moralischen und religiösen verwechseln"; daß zwei psychologische Erscheinungen darum nicht aufhören von einander unterschieden zu sein, weil die eine naturgemäß aus der andern hervorgeht,
und diese wieder durch jene vervollkommnet wird.

1) „Priesterliche Sänger, lautet die Tradition, sollen in der Urzeit die
Thaten der Götter erzählt und ihren Dienst verbreitet haben; und so lange die
griechische Religion wirkliches Leben hatte, waren die Dichter die Träger und
Bildner der Mythen, die Dolmetscher des Volkes für Gebet, Lob und Dank-
sagung. . . Die homerischen Dichtungen enthalten nicht nur die Erstlinge schrift-
licher Tradition, sondern sie galten den Griechen auch für den Kanon religiöser
Wahrheit, oder doch für das Hauptmittel religiöser Bildung." (Hist.-pol. Blätter
Bd. 30. „Classisches Alterthum und Philologie.")

der Wildheit zog und menschlich leben lehrte,
gesagt, er habe Tiger zähmen, wüthige Löwen
durch seiner Lieder Reiz besänftigen können?
Ward von Amphion, des Thebanischen Schlosses
Erbauer, nicht gesagt, er habe Felsen
und Wälder seiner Lyra süßen Tönen,
wohin er wollte, folgsam nachgezogen?
Im Heldenalter wars der Weisheit Amt,
ein rohes Waldgeschlecht aus ihren Grüften
zu ziehn, und an Geselligkeit und Furcht
der Götter, Zucht und Ordnung zu gewöhnen.
Sie stiftete der Ehe keuschen Bund,
sie legte Städte an und gab Gesetze;
und weil die Zauberkräfte des Gesangs
zu allem diesem ihr behülflich waren,
so stieg des Sängers Ansehn in den Augen
des Volkes, und ein Glaube, daß er näher
den Göttern wäre, goß was Göttliches
um seinen Mund, und seine Lieder wurden
Orakel des Vergangnen und der Zukunft.
Nun kam Homer, der über alle ragt,
und bald nach ihm Tyrtäus, dessen Lieder
den schönen Tod fürs Vaterland
im Vorderreihn der Schlacht mit Eifersucht
zu suchen, Sparta's Heldenseelen spornten.
In Versen gab den Fragenden der Gott
zu Delphi Antwort; in der Musensprache
wies uns Pythagoras des Lebens Weg.
Zu ihren süßen Weisen neigte sich
das Ohr der Könige, und endlich schloß
des Jahres Arbeit sich mit ihren Spielen." [1]

---

[1] Hor. ad Pisones v. 391. sqq. (Nach Wieland.)

Gereicht es etwa der schönen Kunst zur Unehre, wenn sie Wirkungen wie die erwähnten hervorbringt oder begünstigt, wenn sie für die Sittlichkeit thätig ist und für das wahre Wohl der Menschheit? Die eifersüchtigen Vertheidiger der Kunst und ihrer absoluten „Zwecklosigkeit" scheinen das zu glauben; Horaz meinte es nicht: er erinnert seinen jungen Freund, den angehenden Dichter, eben darum an jene Sagen von den wohlthätigen Einflüssen des Gesanges,

> „damit du über deine Liebe
> zur Muse mit der goldnen Lyra nicht erröthest."[1]

144. Ist alles gut, sagt die um das Wohl ihres Schütz-lings ängstlich besorgte Kunstphilosophie; aber der Künstler muß sich in Acht nehmen, an solche prosaische Zwecke auch nur zu denken. „Er gibt sein Dichterrecht auf, seine Schöpfung ist nichts als ein niedriges Werkzeug zu materiellen Zwecken, er be-weist zugleich seinen moralischen Unwerth und sein ästhetisches Unvermögen, wenn er mit seinem Ideal eine bestimmte Existenz bezweckt, und der Realität durch den ‚ästhetischen Schein‘ nachhelfen will"[2]. „Der ‚Zwang‘ des Zweckes zerstört die Freiheit und das Spiel, das Wesen der schönen Kunst"[3]. „Aesthetisches Vergnügen kann das Kunstwerk nur gewähren, wo der Künstler bei der Production desselben einer inneren Nothwendigkeit folgt, die ihn, unabhängig von Absicht und Endzweck, wie bewußtlos, wie instinktartig treibt"[4]. „Bloß

---

1)   . . . ne forte pudori
    Sit tibi Musa lyrae sollers, et cantor Apollo.
                    Ad Pison. v. 406.

2) Schiller. Ueber die ästhetische Erziehung des Menschen, 26. Brief. vgl. 22.
3) Krug. Aesthetik §. 21. 59.
4) Rößlein. Lehrbuch der Kunstwissenschaft §. 34.

um das neue Dasein welches er erzeugt, ist es ihm zu thun,
er sucht in der Produktion seines Werkes nichts anderes,
als einen unwiderstehlichen Trieb seiner Natur zu befriedigen"[1]). Doch genug der Extravaganzen.

Die Natur beabsichtigt bei allen Gaben die sie spendet
das Beste. Die Weisheit Gottes, da sie in verschwenderischer
Liebe ihre Geschöpfe mit einer Fülle der edelsten Kräfte ausstattete, schloß von ihren Absichten kein wahres Gut aus,
das dieselben dadurch erreichen konnten, mochte es auch noch
so unbedeutend sein. Indem sie uns nun in der Kunst eine
Fähigkeit verlieh, welche uns ihrer Natur nach die Quelle
verschiedener Güter werden mußte, würde sie nicht sich selber
haben verläugnen müssen, wenn sie, mit Ausnahme eines
einzigen, des Vergnügens, keines jener Güter beabsichtigen,
gegen alle höheren hätte protestiren wollen? Nicht allein
Wirkung der schönen Kunst, sondern eigentlicher wahrer Zweck
derselben, aber mittelbarer, ist mithin nach der Ordnung der
ewigen Weisheit all das Gute, das sie dem Einzelnen wie
der Gesammtheit, dem Staat wie der Kirche, auf intellek-
tuellem wie auf ethischem und religiösem Gebiet, nur immer
zu vermitteln im Stande ist. Schämen sollte sich eine sich
so nennende „Wissenschaft", nach mehr als zweitausend-
jährigem „Fortschritt" noch Wahrheiten zu läugnen, an denen
die Heiden nicht zweifelten. „Nicht zu zwecklosem Genuß[2])
haben die Götter uns die Poesie, den Gesang und die Tonkunst gegeben, sondern dazu, daß wir mit ihrer Hülfe in
das Gewirr der Triebe und der Bewegungen unserer Seele
harmonischen Einklang bringen, daß wir durch sie in unserm

---

1) (Fichte, Aesthetik §. 142. Müllein §. 61.) Wahrscheinlich wie der Biber,
wenn er seine „Kunstwerke" aufführt. Unsere Künstler haben Ursache, der Aesthetik
für das Compliment dankbar zu sein.

2) Οὐκ ἐφ' ἡδονὴν ἄλογον.

inneren Leben jenes Maß herstellen und jene Schönheit, deren
es zu entbehren pflegt."[1)]

Hat aber die Natur, hat die Weisheit Gottes diese
mittelbaren Wirkungen der Kunst nicht minder wahrhaft beabsichtigt, als ihr nächstes Ziel, den Genuß: ist andererseits
jede an sich gute Handlung immer um so edler, um so vollkommener, um so verdienstlicher, je größer die Fülle des
Guten ist das der Handelnde sich zum Zwecke setzt; wer will
dann dem Maler oder dem Dichter das Gesetz vorschreiben,
er dürfe nichts als die Schönheit im Auge haben, auf nichts
sehen als auf das „ästhetische" Vergnügen? Wir haben es
schon gesagt, er handelt sittlich und verdienstlich, wenn er
für den Genuß allein arbeitet, ohne an einen anderen Zweck
zu denken; aber warum gönnt man ihm nicht den höheren
Preis des Verdienstes? warum will man seine Thätigkeit
eines Momentes berauben, welches das Gelingen derselben
nur fördern, auf die angemessene Wahl seines Gegenstandes
sowohl als auf die höhere Vollendung seiner Werke nur den
günstigsten Einfluß üben kann? Wird vielleicht der Arzt in
Gefahr sein seiner Aufgabe minder zu entsprechen, seinen
nächsten Zweck zu verfehlen, wenn er weiß, daß der Kranke
für dessen Heilung er arbeitet der weise Regent eines Staates
ist, daß an seinem Leben das Wohl und das Wehe von
Nationen hängt, und er nun als den Zweck seiner Kunst
nicht nur die Rettung des ihm Anvertrauten beabsichtigt,
sondern durch diese zugleich das Wohl seiner Mitbürger?

Doch lassen wir die Philosophie; fragen wir eine Zeugin
deren Aussagen sich weniger mißdeuten lassen, die zu laut
redet als daß man sie überhören könnte. Wenn es wahr
ist, daß der Künstler, indem er seine Thätigkeit auf höhere
Ziele richtet, „zugleich seinen moralischen Unwerth beweist

---

1) Plato, Timaeus ed. Bip. vol. 9. p. 339. Steph. 47. d.

und sein ästhetisches Unvermögen"; wenn „der Zwang des
Zweckes" in der That „das Wesen der schönen Kunst zerstört": dann müssen die traurigen Spuren dieser Verwüstung
auf dem kalleotechnischen Gebiete zu Tage getreten sein, so
oft ein Zeitalter so unglücklich war, diese Weisheit der neueren
Kunstphilosophie nicht zu kennen, und sich darum verleiten
ließ, in seinen kalleotechnischen Bestrebungen etwas mehr zu
suchen, als „die Befriedigung eines instinktartigen, unwiderstehlichen Triebes". Gibt die Geschichte der Kunst, geben
die Denkmäler der Vergangenheit von solchem Unheil Kunde?
Die divina Commedia, der Parcival und der Titurel, Ja-
copone's da Todi Stabat Mater und Celano's Dies irae,
St. Ambrosius' und Thomas' Hymnen, Gregors des Großen
Weisen und Palestrina's Compositionen, Angelico's, Murillo's,
Overbecks, Cornelius', Veiths, Führichs Bilder, Achtermanns
Arbeiten in Marmor, die Meisterwerke eines Segneri und
Bossuet, eines Wiseman und Mac Carthy, die Kirchen der
heiligen Elisabeth zu Marburg und der heiligen Gudula zu
Brüssel, die Dome von Straßburg, Cöln und Freiburg, von
Rheims und Chartres, von Amiens und Salisbury, von
Mailand, Burgos und Toledo, — wie sind sie entstanden,
wer hat sie hervorgebracht? Jene Kunst hat es gethan, die,
nicht dem religiösen Geiste diente, nicht ohne Rückhalt sich
ihm hingegeben hatte, sondern durch ihn erzeugt, von ihm
durchdrungen, nur aus ihm lebte und allein für ihn; jene
Kunst, die ihrem innersten Wesen nach religiös, die im
wahrsten Sinne des Wortes Gottesdienst, rein kirchlich, ganz
katholisch war; jene Kunst, die mit der Malerschule der Republik Siena sich zu dem Statut bekannte: „Wir sind von
Gottes Gnaden berufen und bestimmt, den Ungebildeten, welche
nicht lesen können, die Wunder des Glaubens zu verkündigen"[1]),

---

1) Aus den Satzungen der Malerzunft von Siena, vom J. 1355. Die-

— die, wie ein chriſtlicher Dichter unſerer Tage, Glauben und Demuth genug beſaß, um darauf ſtolz zu ſein daß ſie ſich rühmen durfte:

„Der thront im Reich der Geiſter,
Der unſer Meiſter iſt,
Der ew'ge Herr und Meiſter,
Der Heiland Jeſus Chriſt." [1])

Iſt es anders, dann rede man und zeige es. Schämen ſollte ſich die moderne Aeſthetik, wir ſagen es noch einmal, den Thatſachen ins Geſicht zu lügen. Aber die arme kann ja nicht anders, ſie darf ſich ja nicht ſchämen. Die Theorie kann ja doch nicht die Verrätherin ſpielen an der Praxis, und ſie unmöglich machen. Oder würde ſie nicht die geſchminkte Dirne, die ſie an die Stelle der jungfräulichen Kunſt geſetzt, die Coquette mit den falſchen Zähnen und den Juwelen von Glas und den erborgten Haaren und dem Auge ohne Zucht und Scham, um den letzten Reſt von Ehre bringen, würde ſie nicht ihr eigen Kind der allgemeinen Verachtung überantworten, wenn ſie der Wahrheit Zeugniß geben wollte? Denn das hieße nichts anderes, als geſtehen, daß die Abſichten jener, und die natürlichen Wirkungen ihrer frivolen Reize, mit den weſentlichen Zwecken der ſchönen Kunſt blametrale Gegenſätze bilden. —

Schließlich will es uns faſt bedünken, als hätten wir uns in dieſem ganzen Paragraphen eine überflüßige Mühe gegeben. Denn es heißt doch fürwahr Zeit und Arbeit verſchwenden, wenn man ſich Sätze zu beweiſen bemüht,

---

ſelben „enthalten Vorſchriften voll bewunderungswürdiger Weisheit für die Werke der Künſtler und für die Ehre der Kunſt." (Chavin de Malan, Geſchichte der heiligen Katharina von Siena.)

1) Redwitz, „Der erſte Harfenſtein".

deren Wahrheit jedem gesunden Menschenverstand auf den
ersten Blick einleuchten muß. Oder ist es etwas anders als
lächerlich, zu denken, der Mensch besitze eine Fähigkeit n i c h t
f e i n e t w e g e n? Ist es etwas anders als widersinnig, zu
denken, der ganze Mensch mit allen seinen Kräften sei, lebe,
wirke, für einen andern Zweck, als zuletzt für die Verherrlichung dessen, ohne den er nicht nur nicht wirken könnte,
nicht nur nicht leben würde, sondern, auch metaphysisch, gar
nicht w ä r e? „Der Mensch ist erschaffen, damit er Gott
unsren Herrn preise, ihn fürchte und ihm diene": das ist
der Fundamentalsatz, nicht der christlichen Ascese, sondern
jeder v e r n ü n f t i g e n Ethik. Oder wo ist die Philosophie,
die einen andern aufzustellen wüßte, und ihn b e w i e s e? Ist
aber der letzte Zweck des Menschen die Verherrlichung Gottes,
dann besitzt er eben dafür, und allein und wesentlich dafür,
auch alle seine Fähigkeiten, jede seiner Kräfte, die ganze
reiche Mitgift von Vorzügen und Talenten, womit die Weisheit seines Schöpfers ihn so freigebig ausstattete.

Die Geschichte der Philosophie der letzten hundert Jahre
nennt so manchen Namen, dessen wir Deutsche uns nur
schämen können; hören wir hier zum Beschluß die Worte
eines Philosophen, auf den wir Grund haben stolz zu sein.
„Aller Dinge," schreibt der große Leibniz, „aller Dinge und
aller Künste Erstlinge, ich möchte sagen von allen die schönste
Blüte, gebührt Gott dem Herrn. Die gesammte Poesie, diese
gewissermaßen göttliche Kunst der Rede, diese Sprache der
Engel, sie kann nichts Höheres, nichts Edleres thun, als
Loblieder singen, so schön sie nur vermag, um die Herrlichkeit Gottes zu feiern. So dachte einst die Menschheit, als
die schöne Kunst noch in der Wiege lag: an dieser Ueberzeugung muß sie immer festhalten. Ganz dasselbe gilt von
der Musik, der Zwillingsschwester der Poesie. Und in keinem
Werke erscheint die Kunst eines ausgezeichneten Architekten

in vollerem Glanze, als in dem Bau einer christlichen Kirche;
und durch kein Unternehmen setzt ein Fürst seiner Größe
würdigere Denkmale, als durch Eifer und Sorge für jene
Bauten, deren unmittelbarer Zweck die Ehre Gottes ist, und
die Uebung der Religion. . . . Die gesammte Wissenschaft,
und jede Kunst, muß vor allem dadurch ihre Bedeutung und
ihren Werth bewähren, daß sie dient, Gott den Herrn zu
verherrlichen." [1])

---

1) Omnium rerum atque artium primitiae atque, ut ita dicam, flos
delibatus Deo debentur. Et totius poeseos (quae quasi divinior quaedam eloquentia est, et velut lingua angelorum) non alius usus potior
et olim creditus fuit inter ipsa artis incunabula, et nunc quoque videri
debet, quam hymnos canere et Dei laudes quam exquisitissime celebrare.
Idem de musica judicari debet quae poeseos soror gemella est; et non
alia in re excellentes architecti artem suam, principes magnificentiam,
rectius ostentant, quam in templis aut basilicis, aliisque operibus quae
ad honorem Dei et pias causas destinentur, exstruendis atque procu-
randis. Leibnit. System. Theologie. ed. Lacroix (Lutet. Paris. 1845.)
p. 47.

Quam aliam ob causam legimus vel audimus historias, quam ut
imagines earum in memoria nostra depingantur? Sed eae quum admodum fluxae sint, nec semper distinctas satis et lucidas, pro magno
Dei munere ars pingendi sculpendique habenda est, quo imagines dura-
biles nanciscimur quibus res accuratissime et vivacissime, addo et pul-
cherrime exprimuntur, quarum inspectione, (quum originalia semper
consulere non liceat,) imagines internae renoventur, et, quasi sigillo
cerae applicato, profundius menti imprimantur. Et quum tam excellens
sit usus imaginum, ubinam quaeso rectius adhibebitur, quam ubi maxime
utile est imagines memoriae nostrae durabilissimas atque efficacissimas
esse, hoc est, in negotio pietatis ac divini honoris? Praesertim quum
supra monuerimus, *omnium artium et scientiarum (adeoque et picturae)
usum in colendo Deo potissimum elucere debere*. Leibnit. l. c. p. 50.

§. 26.

Die besonderen Erscheinungsformen der schönen Kunst. Zweite Ordnung: Virtuell schöne Künste.

145. Die absolute „Relationslosigkeit" der schönen Kunst vorausgesetzt, die Unfähigkeit, Mittel für höhere Zwecke zu sein, als wesentliches Privilegium ihrer Schöpfungen einmal angenommen, bewies die moderne Aesthetik mehr logischen Scharffinn als gewöhnlich, wenn sie zwei Künste aus der Zahl der schönen verbannte, und ihnen höchstens ein Anrecht auf das Prädikat von „relativ schönen" oder „halb freien" [1]) zugestand. Die eine derselben hatte dem klassischen Alterthum als die „Fürstin unter den Künsten" [2]) gegolten; durch die andere hatte das finstere Mittelalter seine glänzendsten Kronen errungen: und die gigantischen Monumente, die es in ihren Schöpfungen wie für Jahrtausende seinem barbarischen Geiste gesetzt, sie schienen intelligentere Geschlechter und mehr erleuchtete Zeiten wie mit der Miene triumphirender Siegesgewißheit zum Wettkampf herauszufordern. Ob die Antike mit ihrer Classicität denselben bestanden, das ist längst entschieden; aber sie darf sich dessen nicht schämen, die „halbfreie" Architektur ist ihr ja nicht ebenbürtig. —

Durch unsere Ueberschrift in den §§. 20 und 21 haben wir bereits angedeutet, daß wir die Zahl der schönen Künste mit jenen sechs die wir unterschieden, noch nicht als abgeschlossen betrachteten; die „erste" Ordnung forderte offenbar eine zweite. Und wenn wir (134) bemerkten, es ließen sich als selbständige und einfache schöne Künste **nur** jene sechs

---

1) Fichte, Aesth. §. 82. Krug, Aesth. §. 50. Anmerk. 3. und §. 60.
2) *Regina artium.*

betrachten, so setzten wir zugleich beschränkend hinzu, „insofern wir ausschließlich die Aufgabe der schönen Kunst als solcher im Auge haben". Die sechs erwähnten bezeichneten wir deshalb als formell schöne Künste, d. h. als Erscheinungsweisen der schönen Kunst, die nichts weiter sind als das; deren ganzer unmittelbarer Zweck darin aufgeht, die Aufgabe der schönen Kunst zu lösen, deren Wesen darum nichts anderes umfaßt als das Wesen der schönen Kunst, nur näher bestimmt (modificirt) je durch das besondere Darstellungsmittel.

Um auch die zweite Ordnung, von der wir jetzt reden wollen, als eine von der ersten zwar verschiedene, aber desungeachtet aus solchen Künsten gebildete Klasse auftreten lassen zu können, die nicht minder als jene ersteren den schönen Künsten im eigentlichen und vollen Sinne des Wortes beizuzählen sind, mußten wir vorher die Untersuchung anstellen, welche wir im letzten Paragraphen beendigt haben. Wir überzeugten uns, daß der Anspruch einer Kunst auf den Rang einer schönen dadurch nichts weniger als verdächtig wird, wenn sie ihre Absicht nicht ausschließlich darauf beschränkt, uns die Anschauung des Schönen und seinen Genuß zu vermitteln, sondern durch diesen nächsten Zweck wieder höhere Resultate anstrebt.

Aber wir müssen diesem noch einen zweiten Satz hinzufügen. Auch darin liegt durchaus kein Widerspruch, daß ein Werk des ordnenden Geistes einem bestimmten Zwecke diene, der vom Genuß der Schönheit wesentlich verschieden ist, und dasselbe nichtsdestoweniger zugleich das Mittel der Veranschaulichung und des Genusses eines schönen Geistigen sei. Leuchtet nicht in der sichtbaren Natur, in der sichtbaren Kirche, sowohl ihrer Gesammtheit nach als in ihren besonderen Institutionen, leuchtet nicht im Menschen selbst uns ein Schönes der übersinnlichen Ordnung entgegen, ein lebenbiger Wiederschein der unsichtbaren wesenhaften Schönheit? Und doch hat die Weisheit Gottes ihnen ihr Dasein keineswegs ausschließlich des geistigen Genusses wegen gegeben, welchen wir ihrer Betrachtung verdanken. Jede Kunst welche, durch die Rücksicht auf ihren eigenen Zweck genöthigt, ihre Werke so einrichten muß, daß sich in denselben alle Elemente finden die zum Wesen eines kalleotechnischen Produkts gehören, daß dieselben mithin immer zugleich der wesentlichen Aufgabe der schönen Kunst entsprechen, jede Kunst dieser Art hat auf den Namen einer schönen im eigentlichen Sinne des Wortes vollen Anspruch. Daß sie, auch unmittelbar und zunächst, nicht ausschließlich für den Zweck der schönen Kunst thätig ist, das berechtigt uns in keiner Weise, ihr diesen Namen streitig zu machen. Oder warum soll es unmöglich sein, daß ein Werk alle Eigenschaften habe, deren es bedarf um uns die Anschauung und den Genuß eines schönen Uebersinnlichen zu vermitteln, mit diesen aber noch andere verbinde, die in Vereinigung mit jenen, und nur so, es geeignet machen einem anderen Zwecke zu dienen? Nicht als ob diesen „anderen Zweck" jedes beliebige Resultat, jedes praktische Bedürfniß bilden könnte. Die meisten praktischen Zwecke welche der Mensch anzustreben hat sind derartig, daß es nichts anderes hieße als sie opfern, wollte man die Mittel dafür so wählen und einrichten, daß diese zugleich die Aufgabe der schönen Kunst erfüllten. Aber gewisse Zwecke gibt es, für deren Verwirklichung wesentlich gerade solche Mittel erfordert werden, die zugleich vollkommen die Aufgabe der schönen Kunst erfüllen; Zwecke die sich in angemessener Weise nur dann realisiren lassen, wenn die Mittel welche wir dazu anwenden zugleich alle Elemente enthalten, aus denen sich ein Werk der schönen Kunst wesentlich zusammensetzt. Die Zwecke von denen wir reden sind die höchsten unter allen, welche wir in diesem Leben überhaupt verfolgen können: wir

meinen die Aufgabe jener beiden Künste von denen im Anfange dieses Paragraphen die Rede war, und die der liturgischen Kunst.

I. Die höhere Beredsamkeit.

146. Die höhere Beredsamkeit ist die Kunst, vermittelst
der Rede das Gute der ethischen Ordnung so darzustellen,
daß die Darstellung geeignet ist, den Willen der Zuhörer zu
entschiedener und wirksamer Liebe desselben zu bestimmen,
mithin die letztere zur treibenden Kraft ihres Handelns und
ihres Lebens zu machen [1]). Eine Rede welche dieser Aufgabe
entspricht, wird wesentlich alle Elemente enthalten, die zum
Wesen eines Werkes der schönen Kunst gehören: d. h. sie
wird, durch schöne Darstellung vermittelst sinnlicher Zeichen,
in uns Vorstellungen wecken von Erscheinungen aus dem

---

1) Beredsamkeit im allgemeinen (oder Beredsamkeit im weiteren Sinne des
Wortes, ars dicendi,) ist die Kunst, gut, d. h. dem jedesmaligen Zwecke entsprechend, zu reden. Insofern dieser Zweck, nach den drei Beziehungen des
Redenden zum vernünftigen Geiste (51), im allgemeinen ein dreifacher sein kann,
erscheint die Beredsamkeit in drei verschiedenen Richtungen: als niedere (lehrende)
Beredsamkeit (didaktische und historische Prosa), als höhere Beredsamkeit, (auch Beredsamkeit schlechthin, *eloquentia*,) und als Poesie. Die Armuth unserer Sprache,
welche nicht, wie die lateinische, für die Gattung und die beiden ersten Arten
besondere Namen hat, ist schon die Ursache mancher Begriffsverwechselungen
gewesen.

Die von uns aufgestellte Definition der höheren Beredsamkeit ist die treu-
nur ausgeführte, Uebersetzung jener, welche Cicero (de or. 1. n. 138. 260. de
inv. rhet. 1. n. 6.) und St. Augustin (de doctr. christ. 4. c. 25.) geben:
„Eloquentia est ars dicendi accommodate ad persuadendum." Emil
Lefranc, der Verfasser eines französischen Handbuchs der Rhetorik (Traité de
littérature, t. 3. p. 2.) hat dieselbe angegriffen, und andere sind ihm gefolgt;
aber ihre Einwendungen sind Sophismen, und die vagen Erklärungen, welche sie
an die Stelle der von Cicero gegebenen setzen wollen, sagen entweder nichts oder
dasselbe.

Gebiete der unmittelbaren Wahrnehmung, welche uns die
lebendige Anschauung und den Genuß schöner Dinge der
übersinnlichen Sphäre vermitteln; und sie wird das nicht
zufällig thun, sondern absichtlich, nothwendig und mit Bedacht,
ihres eigenen Zweckes wegen. Das gilt von der profanen
Beredsamkeit sowohl, als in viel höherem Grade von der
geistlichen, insofern sie in paränetischen oder panegyrischen
Werken auftritt. [1)]

Diese Sätze bedürften nun freilich näherer Erklärung und
Begründung. Wir lassen uns indeß in der gegenwärtigen
Schrift auf eine solche nicht ein, sondern werden sie, wenn's
Gott gefällt, zu einer anderen Zeit und an einem anderen
Orte geben. Einer eingehenden Gründlichkeit, die uns hier
viel zu weit führen würde, kann dieser Punkt, vor allem in
Rücksicht auf die geistliche Beredsamkeit, um so weniger entbehren, je vagere oder vielmehr je falschere Ansichten darüber
bei vielen herrschen, je verkehrter darum auf der einen Seite
die Mittel sind, durch welche manche Prediger „schön" zu
predigen sich bemühen, und je entschiedener in Folge dessen
auf anderen Seiten der Grundsatz festgehalten zu werden
pflegt, die Schönheit der Rede sei ein Mittel das die geistliche Beredsamkeit nicht kenne, das Streben danach sei Entweihung des Wortes Gottes und Profanation der Kanzel.
Eine solche Ansicht kann nur auf Mißverständniß und Begriffsverwechselungen beruhen; und wenn freilich manche Prediger durch ihr Verfahren auf der Kanzel dieselbe zu rechtfertigen scheinen, so kommt das daher, weil sie nach einem
Ziele streben, von welchem sie nichts kennen als den Namen.

---

1) Die Destillion jener Richtung der geistlichen Beredsamkeit, welche wir
hier im Auge haben, ergibt sich, wenn man in der vorher aufgestellten Erklärung
der höheren Beredsamkeit statt „das Gute der ethischen Ordnung" sagt „das
Gute der übernatürlichen Ordnung".

Eine kurze Bemerkung jedoch muß ſchon hier ihren Platz
finden. Der oben genannte franzöſiſche Schriftſteller, und
mit ihm abermals andere, glauben einfach in Abrede ſtellen
zu müſſen, daß die Beredſamkeit überhaupt eine Kunſt ſei.
Iſt das begründet, dann haben wir freilich auch Unrecht,
indem wir ſie unter den ſchönen Künſten aufführen. Aber
was ſoll ſie denn ſein? Eine „Fertigkeit", *une faculté.*
Als ob eine von der Vernunft geleitete Fertigkeit, irgend
etwas zweckmäßig zu thun, etwas anderes wäre, als eben
eine Kunſt im ſubjektiven Sinne des Wortes (89). „Die
Beredſamkeit iſt nicht eine Kunſt," argumentirt Lefranc,
„denn eine Kunſt iſt nie etwas anderes als Nachahmung"[1]).
Augenſcheinlich denkt er an das Princip von Batteur, wonach die Kunſt in der Nachahmung der ſchönen Natur beſtehen ſoll. Wir haben den Werth dieſes Satzes oben (109)
beleuchtet. Aber geſetzt auch derſelbe wäre einfach wahr,
würde darum Lefrancs Argumentation mehr ſein als ein ſehr
oberflächlicher Fehlſchluß? Jedenfalls hat Batteur ſelbſt von
einem Zuſammenhang ſeines Grundſatzes mit Lefrancs Behauptung keine Ahnung gehabt; ſonſt hätte er in ſeiner „Einleitung in die ſchönen Wiſſenſchaften" die Beredſamkeit nicht
neben Malerei, Poeſie und Dramatik aufgeführt, ihr nicht
mehr als die Hälfte des dritten Theils jenes Werkes ausſchließlich gewidmet.

II. Die kirchliche Baukunſt.

147. Nicht jede Baukunſt rechnen wir unter die ſchönen
Künſte, ſondern, wie wir es in der Ueberſchrift angedeutet

---

1) L'éloquence n'est point un art, puisqu'un art n'est jamais qu'une
imitation. (Rhétorique, p. 1.)

haben, allein die kirchliche. Die Kirche Gottes, als sichtbare
Gemeinde, in deren Mitte nach den Worten des Propheten
„der Heilige Israels wohnt und sich verherrlicht", bedarf
bestimmter Gebäude, welche einem doppelten Zwecke dienen.
Sie müssen würdige Wohnungen sein für den Herrn der
Heerschaaren, der Tag und Nacht im Sakramente unter
seinen Gläubigen lebt; und sie müssen die geeigneten Räume
bieten, in welchen die christliche Gemeinde zur Feier des heiligen Opfers, zum Empfange der heiligen Sakramente, zur
Anhörung des Wortes Gottes, und zu anderen Uebungen
des gemeinsamen Gottesdienstes sich versammeln kann. Der
Ort welcher zu diesen Zwecken geweiht ist, mag er auch in
den dunklen Räumen der Katakomben liegen, und nichts sein
als eine niedrige unterirdische Kammer, stellt im Sinne des
christlichen Glaubens immer jenes Haus dar, von welchem
der Sohn Gottes, da er Abschied nahm von den Seinen,
sie tröstend gesagt hatte: „In meines Vaters Hause sind
viele Stätten". Darum beginnt am Jahrestage der Kirchweihe die heilige Messe mit den Worten, die einst vor Jahr-
tausenden der Patriarch gesprochen, als er im Traume über
sich den Himmel offen gesehen: „Furchtbar ist dieser Ort!
fürwahr, hier ist nichts anderes als Gottes Haus und des
Himmels Thor, und es wird heißen der Hof Gottes" [1]);
darum betet am Schlusse derselben Messe der Priester zu
dem Herrn, „der aus lebendigen auserlesenen Steinen seiner
Majestät einen unvergänglichen Tempel baut" [2]); darum
fordert der Bischof, wenn er den Grundstein legt zum Bau
einer neuen Kirche, die Anwesenden auf, den Namen des
Allmächtigen anzurufen „in dessen Hause viele Stätten

[1) Intr. Miss. in Anniv. Dedic. Eccl. cfr. Ant. ad Magn. in 2. Vesp.

2) „Deus qui de vivis et electis lapidibus aeternum maiestati tuae
praeparas habitaculum . . ." Postcomm. in Anniv. Dedic. Eccl.

sind"[1]), und gleich darauf fleht er selbst zu ihm, „der in
der Vereinigung aller Heiligen seiner Majestät eine ewige
Wohnung errichtet"[2]). Bei der Kirchweihe lehrt dasselbe
Gebet und dieselbe Ermahnung wieder. Während man aber
in feierlichem Zuge die Reliquien in die zu weihende Kirche
trägt, wird die Antiphon gesungen: „Erhebet euch, ihr Heilige
Gottes, ziehet ein in die Stadt des Herrn"[3]). Später
lautet eine Antiphon: „Kostbare Steine, Jerusalem, sind
alle deine Mauern, aus Edelsteinen bauen deine Thürme
sich"[4]); bald darauf ein Responsorium: „Das ist Jerusalem,
des Himmels weite Stadt, herrlich wie die Braut des
Lammes; . . . ihre Thore schließen sich nicht den ganzen
Tag, und sie kennt keine Nacht"[5]), und ein zweites: „Deine
Straßen, Jerusalem, sind lauteres Gold, Alleluja, darin
ertönet der Gesang der Freude, Alleluja. . . Strahlender
Lichtglanz wird dich umgeben, anbeten werden dich die Enden
der Erde"[6]). Ganz derselbe Gedanke spricht sich aus in
der Epistel[7]), welche am Tage der Kirchweihe und fortan

---

1) „Omnipotentem Deum, fratres carissimi, in cuius domo multae
sunt mansiones, supplices deprecemur . . ." Pont. rom. de bened. et
impos. primar. lapid. pro Eccl. aedif.

2) „Deus, qui ex omnium cohabitatione Sanctorum aeternum
maiestati tuae condis habitaculum . . ." Pont. Rom. l. c.

3) „Ambulate Sancti Dei, ingredimini in civitatem Domini." Pont.
Rom. de Eccl. Dedic.

4) „Lapides pretiosi omnes muri tui, et turres Ierusalem gemmis
aedificabuntur." Pont. Rom. l. c.

5) „Haec est Ierusalem civitas illa magna coelestis, ornata tamquam sponsa Agni. . . Portae eius non claudentur per diem, nox enim
non erit in ea." Pont. Rom. l. c. Vgl. Offenb. 21, 2. 25.

6) „Plateae tuae Ierusalem sternentur auro mundo, Alleluia, et
cantabitur in te canticum laetitiae, Alleluia. . . Luce splendida fulge-
bis, et omnes fines terrae adorabunt te." Pont. Rom. l. c. Vgl. Offenb.
21, 18. 23.

7) Offenb. 21, 2—5.

am Jahresfeste derselben in der heiligen Messe gelesen wird;
ganz derselbe endlich in dem unvergleichlich schönen Hymnus
dieses Festes [1]):

„Des Himmels Stadt, Jerusalem,
Des Friedens selige Heimat du,
Ragst zu den Sternen hoch empor,
Lebendige Steine sind dein Bau;
Viel tausend Engel halten Wacht
Um dich, des Heilands reinste Braut.

O glücklichste der Bräute du!
Den eignen Glanz zur Mitgift schenkt'
Der Vater dir, es übergoß
Mit seiner eignen Schöne dich
Der Sohn; ihm bist du angetraut,
Fürstin, des Himmels hehre Stadt.

Von Edelsteinen funkelnd, weit
Für alle offen steht dein Thor:

---

[1])   „Coelestis Urbs Ierusalem,
Beata pacis visio,
Quae celsa de viventibus
Saxis ad astra tolleris:
Sponsaeque ritu cingeris
Mille Angelorum millibus.

O sorte nupta prospera,
Dotata Patris gloria,
Respersa Sponsi gratia,
Regina formosissima,
Christo iugata Principi,
Coeli corusca Civitas.

Hic margaritis emicant,
Patentque cunctis ostia:

Denn Führerin zu dir hinauf
Dem Sterblichen die Tugend ist,
Die Liebe Christi, welche Qual
Und Kreuz geduldig tragen lehrt.

Nur durch des Meißels harten Stoß,
Durch Hammerschläge ohne Zahl
Geglättet von des Meisters Hand,
Zum Bau der Stein sich eignen kann;
Denn dicht gedränget Stein an Stein
Der mächtige Dom zum Himmel strebt."

Aus allem diesem geht klar genug hervor, was im Sinne des Glaubens der Ort bedeutet, wo die Kirche Gottes ihre erhabenen Geheimnisse feiert: es ist die Wohnung der Auserwählten Gottes, der Sitz der Seligen[1]). Ward ja der

---

Virtute namque praevia
Mortalis illuc ducitur,
Amore Christi percitus
Tormenta quisquis sustinet.

Scalpri salubris ictibus,
Et tonsione plurima,
Fabri polita malleo
Hanc saxa molem construunt,
Aptisque juncta nexibus
Locantur in fastigio."

Brev. Rom. in Dedic. Eccl. ad Vesp.

1) Siquidem Ecclesia materialis, in qua populus ad laudandum Deum convenit, sanctam significat Ecclesiam, quae in coelis vivis ex lapidibus construitur. Durand. Ration. Divin. Officior. l. c. 1. n. 9.

Selbst Schiller hat diese hohe Bedeutung des christlichen Gotteshauses, wo nicht erkannt, doch wenigstens empfunden:

„Prächtiger als wir in unserm Norden
Wohnt der Bettler an der Engelspforten,

letztere auch dem Seher auf Pathmos gezeigt als „der Tempel
Gottes mit der Lade des Bundes und dem goldenen Altar,
vor welchem der Engel stand mit dem Rauchfaß von lauterem
Golde, die Gebete der Heiligen opfernd, — auf welchem, in
der Mitte vor dem Throne Gottes, das Lamm erschien, wie
geschlachtet“ [1]). In Gemüthern, welche „die Schönheit des
Hauses Gottes liebten, und den Ort in welchem wohnet
seine Herrlichkeit“, in Herzen die von der hehren Majestät
des Opfers des neuen Bundes, von der Größe und Bedeutung der heiligen Handlungen, lebhaft durchdrungen waren,
mußte sich nothwendig das Verlangen regen, diesen nicht
mehr irdischen Räumen auch jenes Aeußere zu geben, das
ihrer Bestimmung so viel als möglich entspräche, dieselben
so zu bauen und einzurichten, daß ihre Gestalt und ihre
gesammte Erscheinung der sichtbare Ausdruck des Gedankens
würde, welchen der Glaube unzertrennlich an sie geknüpft.
Hatte nicht der Gründer der Kirche selbst, in den Sakramenten und im heiligen Opfer, die übernatürlichen Wirkungen,
die in jenen Räumen sich vollziehen sollten, gleichfalls mit
körperlichen sichtbaren Dingen verbunden, welche dem gläubigen Gemüthe das Unsichtbare versinnlichten?

148. Das schöne Geistige, durch dessen Veranschaulichung die kirchliche Baukunst ihre Lorbeern erringen sollte,
stand also fest, es war gegeben durch die christliche Religion.
Aber wo fand sich das vermittelnde Princip, die Erscheinung
aus dem Gebiete der unmittelbaren Erkenntniß? Auch dieses
zeigte der Glaube. Er lehrte die christlichen Künstler ein

Denn er sieht das ewig ein'ge Rom!
Ihn umgibt der Schönheit Glanzgewimmel,
Und ein zweiter Himmel in den Himmel
Steigt Sankt Peters wunderbarer Dom."

(An die Freunde.)

1) Offenb. 11, 19. 8, 3. 5, 8.

ſichtbares Haus kennen auf dieſer Erde, nach dem gleichen
Grundriß aufgeführt wie jenes himmliſche, nach Einem Plan
gebaut, von demſelben Meiſter, für einerlei Zweck. „Mit
ihm," ſo hatte der Apoſtelfürſt die Chriſten gelehrt, „mit
ihm ſeid ihr verbunden, dem lebendigen Steine, den,
von den Bauleuten verworfen, Gott auserwählt hat und
verherrlicht; und über ihm erhebt ihr euch, ſelbſt lebendige
Steine, als geiſtiger Tempel" [1]). „Ich ſchreibe dir dieſes,"
hatte der Apoſtel dem Timotheus geſagt, „auf daß du wiſſeſt
wie du aufzutreten haſt im Hauſe Gottes, das heißt in der
Gemeinde des lebendigen Gottes, welche die Säule iſt und
der Grundbau der Wahrheit" [2]). Und wie oft hatte er es
nicht den Gläubigen ans Herz gelegt, daß ſie als die Gemeinde Chriſti „der lebendige Tempel des göttlichen Geiſtes
wären" [3]), „das Haus Gottes" [4]), das „über den Propheten
und Apoſteln als ſeinem Grunde aufſteigt, feſt und uner-
ſchütterlich ruhend auf dem lebendigen Eckſtein, Chriſtus
Jeſus" [5]). Die ſichtbare Kirche Chriſti,

> „Die über dieſen Erdkreis, ohne Schranken,
> Für alle Zeiten, alle Menſchenkinder,
> Als die katholiſche, die allgemeine,
> Die Hallen wölbt auf der Apoſtel Säulen,
> Die ſicher auf dem Grundſtein Petri ruhn" [6]),

ſie bildete nach der Lehre des Chriſtenthums das vermittelnde
Princip für die Darſtellung des ewigen Tempels Gottes.

---

1) 1. Petr. 2, 4. 5.
2) I. Tim. 3, 15.
3) 1. Cor. 3, 16. 2. Cor. 6, 16.
4) Hebr. 3, 6. 10, 21.
5) Eph. 2, 19—22.
6) Redwitz. „Thomas Morus."

Denn die streitende Kirche trägt ja, wie wir schon sagten, die gleichen Züge wie die siegesgekrönte Braut des Erlösers. Die Stadt Gottes auf dieser Erde ist nur der Erscheinung, nicht dem Wesen nach verschieden von dem himmlischen Jerusalem; beide bilden Eine Familie, Einen Tempel des lebendigen Gottes durch den, „der die trennende Scheidewand gestürzt und aus beiden Eins gemacht" [1]).

> „Wie einst vom Berge hoch der Stein,
> Gelöset nicht durch Menschenhand [2]),
> So von des Himmels lichten Höh'n
> Des Vaters Sohn herniederstieg,
> Der Eckstein, mit dem himmlischen
> Zu einen fest das irdische Haus." [3])

149. Das großartigste Werk der Weisheit, der Macht und der Liebe Gottes auf dieser Erde, jenes das die reichste Fülle alles Schönen unter dem Himmel umschließt, in ihm aber das nicht mehr irdische Haus allwo „viele Stätten sind", durch ein sinnliches Bild dem Auge des Glaubens darzustellen, — und zwar in Gebäuden, die zugleich ihrem anderen Zwecke, als Versammlungsorte der christlichen Gemeinde entsprächen, das war mithin die Aufgabe der Kirch-

---

1) Eph. 2, 14.
2) Dan. 2, 34.
3)   Alto ex Olympi vertice
          Summi Parentis Filius,
          Ceu monte desectus lapis
          Terras in imas decidens,
          Domus supernae et infimae
          Utramque junxit angulum.
Brev. Rom. in Dedic. Eccl. ad Laud. (Es ist die Fortsetzung des vorher angeführten Hymnus.)

lichen Baukunst. Sie konnte sie nur dadurch lösen, daß sie
die sichtbare Kirche Christi in ihrer ganzen Idee erfaßte, und
in dem materiellen Gebäude ein symbolisches Bild derselben
schuf[1]). Sie mußte dem Tempel von Stein, mit allen
Theilen die sein praktischer Zweck forderte, jene Gestalt zu
geben suchen und jene Einrichtung, die in symbolischen Zeichen und allegorischen Bildern, in Verhältnissen und Zahlen,
das Wesen, den Geist, die Züge, den Grundriß der lebendigen Kirche auf Erden, so treu und so vollkommen als
möglich dem gläubigen Gemüthe vorführte. Nach diesem
Ziele hat die christliche Architektur gestrebt seit jenen Tagen,
da sie es wagen durfte aus der Verborgenheit der Katakomben hervorzutreten. Daß keine Periode darin so glücklich
gewesen ist wie das Mittelalter, keine Richtung der Kunst
so Großes geleistet hat wie der germanische (gothische) Stil,
das weiß jeder, der nicht unfähig ist ihre Leistungen zu
würdigen und ihren Geist zu verstehen[2]).

---

1) Ecclesiarum alia est corporalis, in qua videlicet divina officia
celebrantur; alia spiritualis, quae est fidelium collectio. . . Ecclesia
autem materialis spiritualem designat. Durand. Rat. div. officior. 1.
c. 1. n. 1. 2.

2) „In den nördlichen Gegenden ist die Kunst, und darum auch die Architektur, rein aus dem Christenthum hervorgegangen; es galt dort nicht, schon
bestehenden Gefühlen zu entsprechen, nicht Erinnerungen festzuhalten, sondern nur
das was der heilige Glaube selbst hervorgebracht hatte. Aus jenen Gegenden
stammt der mit großem Unrecht gewöhnlich gothisch genannte Baustil, welchen ein
französischer Schriftsteller der neueren Zeit mit einem schönen und treffenden
Ausdruck als den architektonischen Gedanken des Christenthums
bezeichnet hat. . . . In Italien dagegen und insbesondere in Rom war es anders.
Der Typus der dortigen Kunst hatte sich in jener Periode gebildet, wo das
Christenthum anfing zu siegen; er konnte nicht leicht und unbesonnen wieder
aufgegeben werden. Italien verdankte die Entwickelung seiner Kunst nicht dem
Christenthum, und darum eignete es sich den neuen und erhabenen Stil nicht
an.“ Wiseman. Vorträge über die Liturgie der stillen Woche in Rom.

150. „Das Kreuz und die Rose," sagt Friedrich von Schlegel [1]), „sind die Grundformen und Hauptsinnbilder dieser geheimnißreichen (der germanischen) Baukunst." Das Kreuz ist das charakteristische Zeichen des Erlösers der Welt. Indem seine Form die Gestalt des Gotteshauses bestimmte, verherrlichte dieses den von Gott erwählten Eckstein, über welchem das lebendige Haus des Allerhöchsten gebaut ist; verherrlichte es zugleich den Geist dieser Kirche, verkündigte es laut das Grundgesetz ihres Lebens, den Kern ihres Glaubens, das Siegel ihrer Hoffnung und ihrer Liebe Unterpfand, nicht weniger unzweideutig und klar, als es in lebendigen Melodien und Worten dieselbe Kirche thut, wenn sie an den beiden jährlichen Festen des glorreichen Kreuzes und an zwei Tagen der Leidenswoche mit den Worten des Apostels im Introitus der Messe singt: „Wir aber kennen keinen anderen Stolz als das Kreuz unsers Herrn Jesus Christus, in welchem unser Heil ist und unsere Auferstehung, unsere Freiheit und unser Leben" [2]).

Aber woher neben dem Kreuze die andere Grundform, das zweite Hauptsinnbild, die Rose? Wie in dem Dunkel der Urzeit, in der Geschichte des Falles der Menschheit und

---

1) Geschichte der alten und neuen Literatur, 8. Vorlesung.

2) Intr. Miss. 3. Mai. 14. Sept. fer. 3. et 5. hebd. mai. Vgl. Gal. 6, 14. — Es ist sicher ein Irrthum, wenn man mit W. Dursch (Aesthetik der christlichen bildenden Kunst, vgl. Hist.-polit. Bl. Bd. 34. S. 842.) der Kreuzesform der christlichen Kirchen den wesentlich und vorzugsweise symbolischen Charakter abspricht, oder mit Schnaase (Geschichte der bildenden Künste, Bd. 4. Abtheilung 1. Kap. 5.) denselben „sehr als Nebensache" auffassen zu müssen glaubt, und jene Form dafür „aus dem Herkommen, aus praktischen und ästhetischen" Rücksichten erklärt. „Hanc basilicam in honorem sanctae et victoriosissimae crucis . . . institutam —, hanc Ecclesiam quam . . in honorem s. crucis et memoriam sancti tui N. consecramus" — diese und ähnliche Formeln kehren im römischen Pontifikale (de Eccl. dedicatione) unzählmals wieder.

ihres Verderbens, unzertrennlich von einander zwei Gestalten
hervortreten, obgleich die eine, der Mann, genügt hätte das
Unglück zu vollenden; wie die Geschichte des Volkes Gottes
im alten Bunde von zwei Personen ihren Anfang nimmt,
obgleich nur Abraham den heroischen Akt des Glaubens
vollzog, und dadurch der Träger der Verheißungen wurde,
der „Vater der Glaubenden"; eben so läßt auch die Religion
des neuen Bundes an der Spitze der christlichen Kirche zwei
Gestalten erscheinen, von denen freilich die eine durch ihre
eigene göttliche Kraft das ganze Werk der Erneuung des
Menschengeschlechtes vollführte, aber nur indem sie auch der
anderen ihren Theil daran gab, auch die andere stärkte mit-
zukämpfen und mitzuüberwinden für alle ihres Geschlechtes,
mehr zu thun und Größeres für dessen Heil, als Eva einst
gethan für sein Verderben. Die Abstammung von Adam ist
für alle der Grund der Ungnade, aber „den Anfang der
Sünde hatte das Weib gemacht, und ihretwegen sterben wir
alle Tage". Abrahams Kindschaft war es, an die sich der
Anspruch auf den Segen der Verheißungen knüpfte: aber
nur jene galten als Kinder Abrahams, die es durch Sara
waren[1]). Den Bausteinen des geistigen Hauses Gottes im
alten Bunde hatte einst der Prophet zugerufen: „Höret mich,
ihr alle die ihr strebet was gerecht ist und suchet den Herrn!
Schauet auf den Felsen aus welchem ihr gehauen, und auf
die Grubenhöhle aus welcher ihr gegraben seid; blickt hin
auf Abraham euern Vater, und auf Sara die euch geboren"[2]). Konnten die Steine desselben Baues im neuen
Bunde der wunderbaren Frau vergessen, die sie dem Geiste
nach geboren? konnten sie, indem sie ihren Tempeln die
Gestalt des Kreuzes gaben, den Felsen feiern „aus welchem

---

1) Röm. 9, 7. Gal. 4, 23.
2) Jf. 51, 1.

sie gehauen"[1]), und dabei „der Grubenhöhle" nicht gedenken, aus welcher sie dem Geiste nach „gegraben waren"? Und wenn sie nach einem Zeichen suchten für den Namen voll Wonne, den süßesten unter allen, die zu nennen den Kindern Eva's gegeben ist; wenn sie sich nach einem symbolischen Ausbruck umsahen, würdig, die Blume voll duftenden Wohlgeruchs zu versinnbilden, die herrlichste Wunderblüte des Stammes, den einst im Paradiese Gottes Hand gepflanzt; ließ sich ein besserer finden als die Königin unter den Blumen?[2]) Kein Wunder also, wenn mit dem Kreuz die „Rosa mystica" das vorzüglichste Symbol der germanischen Baukunst wurde, wenn sie nach Fr. von Schlegel[3]) „die Grundfigur aller ihrer Verzierungen bildete, aus welcher selbst die eigenthümliche Form der Fenster, Thüren, Thürme, in all' ihrem Blätterschmuck und ihren reichen Blumenzierrathen abgeleitet war".

Vielleicht irren wir nicht, wenn wir die häufig wiederkehrende Form des regelmäßigen Sechsecks — das Bild des Sternes — auf dieselbe Jungfrau deuten, die „Stella matutina", den Stern des Meeres. Oder ist sie vielmehr auf den anderen Stern zu beziehen, der „aufgehen sollte aus Jakob"[4])? Das Dreieck, das Kleeblatt, die sich überall wiederholende Dreizahl, war das natürliche Symbol des Geheimnisses, das die Grundlage des christlichen Glaubens bildet. Die ragenden Thürme, die schlanken Säulen, die

---

1) „Der Felsen war Christus." 1. Cor. 10, 4.

2) *Rosa sine spina, flos florum,* sind Ausdrücke für die heilige Jungfrau, die von den Dichtern aller Länder im zwölften und dreizehnten Jahrhundert tausendmal wiederholt werden. *O raga mia rosa,* sagt noch der heilige Alphons in seinen canzoncine in onore di Maria SS. (Montalembert, Leben der h. Elisabeth von Ungarn, Einleitung.)

3) a. a. O.

4) 4. Mos. 24, 17.

Leichtigkeit des ganzen zu schwindelnder Höhe rastlos himmel-
anstrebenden Baues mit seinen Spitzen und Thürmchen ohne
Zahl, sie sollten abermals das Lebensgesetz, den innersten
Geist der Kirche dessen predigen, der gesagt hatte: „Mein
Reich ist nicht von dieser Welt." Indem sie zugleich mit
dem Auge die Seele des Eintretenden aufwärts zogen, sollten
sie ihm das Wort des Apostels ans Herz legen: „Unser
Wandel aber ist im Himmel: denn von dort erwarten wir
den Heiland, Jesum Christum unsern Herrn" [1]), und „wenn
ihr auferstanden seid mit Christus, dann strebet was droben
ist, und nicht was auf der Erde" [2]). In der unverwüstlichen
Festigkeit seiner kolossalen Strebepfeiler und seiner ungeheuren
Steinmassen war das Gotteshaus, das Generationen werden
und verschwinden sah, das Bild „des Reiches das kein Ende
kennt", des Hauses das „der weise Mann auf dem Felsen
gegründet", „eine Lapidarschrift jenes Wortes das für alle
Zeit der Gottmensch gesprochen: Tu es Petrus". Wie endlich die Kirche Gottes die Trägerin des wahren Lebens ist
und seine einzige Vermittlerin, so durften an dem Gebäude

---

1) Phil. 3, 20.

2) Col. 3, 1. — „In dem Organismus des germanischen Thurmbaues
waltet durchaus das Gesetz vor, das Streben nach aufwärts auszudrücken; in
ihm erscheint dasselbe in seiner vollsten, ergreifendsten Kraft. Jeder Theil deutet
darauf in seiner besondern Gliederung hin, und jeder obere Abschnitt, der aus
dem untern sich entwickelt, nimmt dasselbe Streben auf. Je weiter die Bewegung nach oben dringt, um so kühner, schlanker, leichter werden die Verhältnisse. Das achteckige Obergeschoß erscheint bereits frei und durchbrochen, fast
massenlos. Noch mehr die Spitze, die nur aus acht mächtigen, freistrebenden
Rippen besteht, zwischen denen, wie im zierlichen Spiele, ein durchbrochenes
Rosenkranzwerk eingespannt ist. Wo endlich die acht Rippen zur äußersten Spitze
zusammenlaufen, athmet die rastlose Bewegung, die in sich keinen Abschluß findet,
aus, und eine majestätische Blume, in heiliger Kreuzesform ihre Blätter gegen
den Himmel emporbreitend, deutet auf das Ziel, welches menschliche Sehnsucht
nicht zu erreichen vermochte." (Kugler, Handbuch der Kunstgeschichte, Kap. 14. §. 1.)

daß sie nachbildete nicht jene todten Formen, nicht jene
bewegungslose Kälte und Starrheit erscheinen, wie sie, das
natürliche Attribut des anorganischen Stoffes, an den antiken
Schöpfungen der Baukunst hervortritt; der Stoff mußte be-
seelt werden, er mußte sich verklären zum Träger des vollsten,
des blühendsten Lebens. Daher in den germanischen Domen,
um abermals mit Fr. von Schlegel[1]) zu reden, „jene natur-
ähnliche Fülle und Unendlichkeit der innern Gestaltung und
der äußeren blumenreichen Verzierungen; daher die unzähligen
unermüdlichen Wiederholungen der gleichen Zierrathen, und
das Pflanzenähnliche derselben, wie an blühenden Gewächsen;
daher die in zarten Ranken aufschießende Gestaltung der
Säulen, Bogen und Fenster, wie von verschlungenen Zweigen,
die verschwenderische Fülle, in welcher alles mit dem reichsten
Blätterschmuck, mit der höchsten Blüte des Lebens umkleidet ist".

In dieser Weise schuf sich eine Zeit, kräftigeren Geistes
und tieferen Gemüthes als ein späteres Geschlecht, das mit
offenem Munde oder kopfschüttelnd zu ihren Wunderwerken
hinaufsah, weil es zu klein war sie zu begreifen, so, sagen
wir, schuf sich der christliche Sinn des Mittelalters ein herr-
liches Bild der sichtbaren Kirche Gottes, und in ihm das
Symbol jener geistigen Stadt, der neuen Jerusalem, welche
der Prophet des neuen Bundes einst herniedersteigen sah
vom Himmel, „schön wie die Braut wenn sie geschmückt ist
für den Bräutigam". „Das Zelt Gottes, darin er wohnt
inmitten der Menschen", hatte die Stimme die vom Throne
ausging, sie genannt. Diesem Namen sollte das Symbol
entsprechen; hatte die Baukunst für diesen Zweck geleistet was
in ihrer Macht stand, dann rief sie ihre Schwestern, Plastik

---

1) Grundzüge der gothischen Baukunst.

und Malerei, daß sie „das Zelt Gottes" bevölkerten mit Bewohnern die seiner würdig wären.

151. Diese kurzen Andeutungen über einige der wesentlichsten Punkte aus der Symbolik der germanischen Baukunst dürften hier genügen. Unsere Aufgabe ist eben nur, den Nachweis zu liefern, daß der kirchlichen Architektur keines der Elemente abgeht, welche zum Wesen einer schönen Kunst erfordert werden. Uebrigens ist es ganz gewiß, daß die Werke des germanischen Stils einen Schatz von Sinnbildern und Allegorien umschließen, deren viele uns ganz entgehen. Nur der wäre im Stande ihre Bedeutung wiederzufinden, der mit gründlicher Kenntniß der gesammten Theologie des Mittelalters eine eben so gründliche seiner reichen Natursymbolik verbände. „Ueberall in der Natur suchte jene glaubensvolle Zeit mystische Beziehungen zu den Pflichten und den religiösen Ueberzeugungen des erlöseten Menschen; in der Lebensweise der Thiere, in den Erscheinungen der Pflanzenwelt, in dem Gesange der Vögel, in den Eigenschaften der selteneren Steine, sah sie eben so viele Symbole heiliger Glaubenswahrheiten [1]). Das Studium der Natur eben für diesen Zweck war im dreizehnten Jahrhundert sehr verbreitet, wie sich dieses aus dem *Speculum naturale* des Vincenz von Beauvais, und einer Menge von Werken über die Thiere, Pflanzen und Steine ergibt, die in gebundener und ungebundener Rede um jene Zeit erschienen [2]); auch in der ganzen Poesie jener Epoche spricht sich dieselbe Thatsache aus. Pedantische Nomenklaturen hatten dem Volke und den Dichtern den Zutritt zur Naturkunde noch nicht versperrt; die Remi-

---

1) Vgl. R. 99.

2) Man vergleiche auch in dieser Rücksicht das *Rationale div. officior.* des Durandus, an vielen Stellen.

niscenzen der heidnischen Abgötterei hatten sich noch nicht
entweihend wieder eingedrängt in eine Sphäre, die eben das
Christenthum dem wahren Gott zurückeroberte. Wenn der
Arme des Nachts seine Augen zum Himmel erhob, sah er
statt Juno's Milchstraße den Weg seiner Brüder nach Com-
postella, oder den Weg der Seligen zum Throne Gottes.
Vor allem bildeten die Blumen eine mit den reizendsten
Bildern geschmückte Welt, eine stumme Sprache der leben-
digsten, der zartesten Gefühle. Volk und Gelehrte kamen
darin überein, diese holden Gegenstände ihrer täglichen Aufmerksamkeit mit den Namen derer zu bezeichnen, die ihrem
Herzen am theuersten waren, der Apostel, der Lieblings-
heiligen, oder der seligen Frauen, deren Unschuld und Reinheit in der makellosen Schönheit der Blumen wiederzuleuchten
schien. Die in unseren Tagen so entvölkerte, für das Gefühl
wie ausgestorbene Erde erfüllte damals ein Leben voll un-
sterblicher Schöne. Vögel und Pflanzen, alles was dem
Menschen auf seinem Wege begegnete, alles was lebte, war
mit dem Zeichen seines Glaubens, seiner Hoffnung bezeichnet.
Es war ein weites Reich der Liebe, aber zugleich der Wissenschaft: denn alle Beziehungen wurzelten im Glauben. Wie
einst jene Feuerstrahlen, die von den Wunden des Gekreuzigten ausgingen, den Gliedern des heiligen Franziskus die heiligen Male einprägten, so hatten Strahlen, dem Herzen des
Christenvolkes, des kindlich gläubigen, entströmend, der Natur
in allen ihren Theilen die Signatur des Himmels, das
Zeichen Christi, das Siegel reiner Liebe aufgedrückt" [1]).

III. Die liturgische Kunst.

152. Daß die Kirche Gottes alle schönen Künste, nur
etwa die dramatische abgerechnet, in ihren Dienst nimmt,

---

1) Montalembert, Leben der h. Elisabeth, Einleitung.

und indem sie dieselben für übernatürliche Zwecke wirken läßt,
ihnen ihre eigentliche Weihe gibt und ihren Adel; daß die
Kunst in der Religion und in der Geschichte der Kirche ihre
wahren Ideale findet, und die schönsten Blumen der Poesie
im Schatten des Kreuzes wachsen; das ist eine Thatsache,
die schon oft empfunden und ausgesprochen wurde, deren
Wahrheit die Geschichte lehrt, deren innere Gründe wir zum
Theile angedeutet haben [1]). Selbst die fortgesetzte Erscheinung des Wortes, das schönste Werk Gottes auf dieser Erde,
selbst die Offenbarung des Himmlischen, des übersinnlichen
Schönen im sichtbaren Mittel, konnte die Kirche einem Gebiete nicht fremd bleiben, das ihr so nahe verwandt ist;
berufen, sinnlich-geistige Wesen zu erziehen für die Liebe
dessen, was das Auge nicht sehen und die Hand nicht greifen
kann, durfte sie ein Hülfsmittel nicht unbeachtet lassen, welches unter allen die der natürlichen Ordnung angehören,
für diesen Zweck weitaus die größte Bedeutung hat. In
vollkommen richtigem Verständniß der Natur des Menschen,
wissend,

> „daß seine Augen sehen müssen, was
> das Herz soll glauben",

umgab sie ihre Kinder durch die Hülfe der Kunst mit einer
Fülle von sichtbaren Zeichen und Bildern des Ueberirdischen,
und gestaltete so ihr gesammtes Leben zur habituellen Uebung
des Glaubens, in der sie sich, nach Newmans Ausdruck,
heimisch fühlen wie im trauten Kreise des Vaterhauses;
während der Andersgläubige, durch die Grundsätze seiner

---

1) Le véritable beau, le beau idéal de tous les arts libéraux, ne
se trouve que dans la haute sphère du culte, de la langue, des idées,
des sentimens et des images de la religion. Maury, Essai sur l'éloquence
de la chaire, 1, XXI.

Religion der Hülfe der Symbole und der Zeichen beraubt,
nur mit Mühe eine dunkle Erinnerung an die übersinnliche
Wahrheit in seiner Seele wach ruft, wenn er am Sonntag
zur Anhörung des Wortes oder zur Feier des Abendmahls
in seinen nackten leeren Tempel tritt. Mußte doch selbst
der protestantische Dichter diesem besseren Takte der katholischen Kirche Zeugniß geben:

> „Ich ließ
> Der Puritaner dumpfe Predigtstuben,
> Die Heimat hinter mir; in schnellem Lauf
> Durchzog ich Frankreich, das gepriesene
> Italien mit heißem Wunsche suchend.
>
> Es war die Zeit des großen Kirchenfests;
> Von Pilgerscharen wimmelten die Wege,
> Bekränzt war jedes Gottesbild, es war,
> Als ob die Menschheit auf der Wandrung wäre,
> Wallfahrend nach dem Himmelreich — Mich selbst
> Ergriff der Strom der glaubensvollen Menge,
> Und riß mich in das Weichbild Roms —
>
> Wie ward mir, Königin!
> Als mir der Säulen Pracht und Siegesbogen
> Entgegenstieg, des Kolosseums Herrlichkeit
> Den Staunenden umfing, ein hoher Bildnergeist
> In seine heitre Wunderwelt mich schloß!
> Ich hatte nie der Künste Macht gefühlt;
> Es haßt die Kirche, die mich auferzog,
> Der Sinne Reiz; kein Abbild duldet sie,
> Allein das körperlose Wort verehrend.
> Wie wurde mir, als ich ins Inn're nun
> Der Kirchen trat, und die Musik der Himmel
> Herunterstieg, und der Gestalten Fülle

Verschwenderisch aus Wand und Decke quoll,
Das Herrlichste und Höchste, gegenwärtig,
Vor den entzückten Sinnen sich bewegte;
Als ich sie selbst nun sah, die Göttlichen,
Den Gruß des Engels, die Geburt des Herrn,
Die heilige Mutter, die herabgestiegne
Dreifaltigkeit, die leuchtende Verklärung —
Als ich den Pabst drauf sah in seiner Pracht
Das Hochamt halten und die Völker segnen —
O was ist Goldes, was Juwelen Schein,
Womit der Erde Könige sich schmücken!
Nur er ist mit dem Göttlichen umgeben,
Ein wahrhaft Reich der Himmel ist sein Haus,
Denn nicht von dieser Welt sind diese Formen."[1])

Freilich, wo sie doch „von dieser Welt" entlehnt werden, wo „die Musik der Himmel" sich in Theatermelodien verwandelt hat, und der Text heillger Gesänge unter den leichtfertigen Weisen der italiänischen Oper steht, wo der Chor für Sängerinnen die Bühne wird, auf der sie durch künstliche Figuren und Triller und Läufe ihre Kehlenvirtuosität zur Schau stellen, das „Publikum" aber sich gewöhnt hat die Kirche als einen Concertsaal zu betrachten, und darin ein Vergnügen jener Art zu suchen wie man es zu anderer Zeit „bei den unbegreiflichen Künsten der Luftspringer und Seiltänzer, die sehr schwere Sachen machen"[2]), zu empfinden pflegt: oder wo der Geschmack der Renaissance und die Aesthetik des Zopfes den Gotteshäusern das Aussehen von Musentempeln gegeben, und die sorgfältig übertünchten Wände mit Bildwerken im Geiste der Antike geziert hat; da scheint

---

1) Schiller, Maria Stuart I, 6.
2) Sulzer, nach Franklin.

die Kunst nur mehr die Aufgabe zu haben das Heilige zu
entweihen, das Schöne zu verunstalten, den Gottesdienst in
eine profane Unterhaltung zu verwandeln: da stehen ihre
Wirkungen in geradem Gegensatz mit den Absichten der
Kirche, deren Geist ihr fremd geworden ist[1]).

Hat man übrigens die zuerst erwähnte Thatsache vor
Augen, so dürfte es weniger befremden, wenn wir hier zuletzt unter den schönen Künsten auch diejenige nennen, deren
Leistungen für alle übrigen, insofern sie im Hause Gottes
thätig sind, den Kern, die Grundlage, den Mittelpunkt bilden,
die Kunst der liturgischen Handlungen.

153. Alle jene Handlungen heißen liturgische, welche
von Christus unserem Herrn oder von seiner Kirche zur
öffentlichen Verehrung Gottes und zur Heiligung der Gläubigen angeordnet sind, und von einem dazu bevollmächtigten
Diener der Kirche vollzogen oder geleitet werden. Dahin
gehören, nach dem heiligen Meßopfer und den Sakramenten,
die kirchlichen Weihungen und Segnungen (Consekrationen
und Benediktionen), und die übrigen Handlungen des feier-
lichen Gottesdienstes, mögen sie nun innerhalb des Gotteshauses sich abschließen, oder wie die öffentlichen Aufzüge
(Processionen) auch außerhalb desselben vor sich gehen. Diese
Handlungen in der ihrem Wesen und ihrem Zweck entsprechenden Weise auszuführen, ist die Aufgabe der liturgischen
Kunst.

---

1) „Cavendum autem est, ne sonus organi sit lascivus aut impurus,
et ne cum eo proferantur cantus qui ad Officium quod agitur non
spectent, nedum profani aut lubrici; nec alia instrumenta musicalia,
praeter ipsum organum, addantur. Idem quoque cantores et musici
observent, ne vocum harmonia, quae ad pietatem augendam ordinata
est, aliquid levitatis aut lasciviae prae se ferat, ac potius audientium
animos a rei divinae contemplatione avocet; sed sit devota, distincta et
intelligibilis.“ (Caer. Episc. L. 1. c. 26. n. 11. 12.

Wieviel Kirchen gibt es, in denen diese Vorschriften nicht verletzt werden?

So verschieden nun auch die bezeichneten kirchlichen Thätigkeiten ihrem inneren Werthe nach unter sich sind, in Einer
Eigenthümlichkeit stimmen sie überein: sie haben alle zwei
Seiten, eine reale und eine bedeutende (signifikative), sie
sind etwas und sie drücken etwas aus. In Rücksicht
auf das heilige Meßopfer und die Sakramente bedarf dies
keines Beweises. „Die im alten Gesetze von Gott vorgeschriebenen Reinigungen," lehrt der römische Katechismus,
„das ungesäuerte Brod, die Schaubrode, und ähnliche Institutionen, hatten keinen anderen Werth, als den reiner Zeichen:
sie sollten die Vorstellung eines Anderen (eines Uebersinnlichen) in den Menschen hervorrufen. Die Sakramente des
neuen Bundes hingegen sind von Gott angeordnet, nicht nur
als Zeichen, sondern zugleich als wirkende Ursachen[1]); der
Glaube lehrt uns, daß sie das übersinnliche Heilige, welches
sie in sinnlicher Erscheinung darstellen, auch bewirken. . .
Dieses Uebersinnliche ist zunächst die Gnade Gottes, welche
uns heiligt und gerecht macht. . . Aber nicht nur diese Gnade
und diese innere Heiligkeit und Gerechtigkeit der menschlichen Seele drücken die Sakramente als sinnliche Zeichen
aus, sondern mit ihr zugleich sowohl ihre Quelle, das Leiden
des Herrn, als ihr Ziel und ihre Wirkung, das ewige
Leben"[2]).

Nicht so, aber ähnlich verhält es sich mit den Weihungen
und Segnungen, deren Urheberin die Kirche ist. Dieselben
wirken nicht wie die Sakramente, als Handlungen Christi
durch sich selbst, sondern durch die Kraft des Gebetes und

---

[1] „Alia vero (signa) Deus instituit, quae non significandi modo,
sed efficiendi etiam vim haberent; atque in hoc genere Sacramenta
novae legis numeranda esse liquido apparet."

[2] Catech. Rom. p. 2. c. 1. n. 5. 6.

der Verdienste der Kirche. Aber ihre bedeutende Seite haben sie in ähnlicher Weise wie die Sakramente.

Was endlich die übrigen gottesdienstlichen Handlungen betrifft, etwa eine feierliche Vesper oder eine Procession, so läßt sich auch bei ihnen das doppelte Moment nicht verkennen. Sie haben einerseits ihren übernatürlich-ethischen Werth als wirkliche Handlungen der Gottesverehrung; und insofern sie zugleich ihrer Natur nach äußerlich sichtbare, mit bestimmten die innere Gesinnung ausdrückenden Zeichen verbundene Thätigkeiten sind, vermitteln sie andererseits die Erkenntniß eines Uebersinnlichen. [1]

154. Die zweite Seite der liturgischen Handlungen, welche wir die bedeutende genannt haben, ist für die Kirche Gottes auf Erden von der größten Wichtigkeit; sie kann derselben gar nicht entbehren. Ihrem Wesen nach ist sie eine Gesammtheit aus vielen, ein Verein nicht von Geistern sondern von Menschen. Ein solcher kann aber nach dem heiligen Augustin [2] nicht bestehen ohne ein sichtbares Bindemittel, ohne sinnlich wahrnehmbare Zeichen, welche das Band der Glieder unter einander bilden. Wie die Kirche selbst, so gehört überdies ihr Leben, so gehören die Akte ihres Lebens wesentlich einer doppelten Ordnung an, der sichtbaren und der unsichtbaren; wie in der Kirche selbst, so muß sich auch in ihrem Leben ein geistiges und ein körperliches Moment zu lebendiger Einheit durchdringen, im sinnlichen sich das

---

1) Sacri Ritus et Caeremoniae, quibus Ecclesia a Spiritu Sancto edocta, ex Apostolica traditione et disciplina, utitur in sacramentorum administratione, divinis officiis, omnique Dei et Sanctorum veneratione, magnam christiani populi eruditionem veraeque fidei protestationem commendant, *fidelium mentes ad rerum altissimarum meditationem sustollunt*, et devotionis etiam igne inflammant. Sixtus V. Const. „Immensa aeterni Dei". (22. Ian. 1587.)

2) Aug. contr. Faust. l. 19. c. 11. vgl. Catech. Rom. p. 2. c. 1. n. 7.

übersinnliche ausprägen. Die eigentlichen Akte dieses kirchlichen Lebens aber, seine wesentlichsten Träger, sind gerade
die liturgischen Handlungen; ihre Natur konnte deshalb keine
andere sein, es konnte ihnen die sichtbare das Unsichtbare
bedeutende Seite nicht fehlen.

So lag für die Kirche die Forderung nahe genug, diesem
wichtigen Moment ihres Lebens in besonderem Grade ihre
Aufmerksamkeit zuzuwenden. Sie hat die bedeutende Seite
der liturgischen Handlungen zum Gegenstande ihrer größten
Sorgfalt gemacht; sie hat den von ihrem göttlichen Stifter
gegebenen Kern ausgebildet, entwickelt und vervollständigt,
und in ihren liturgischen Büchern alle Einzelheiten durch die
genauesten Anweisungen bestimmt und geordnet. Wie sich
nach den letzteren diese Seite uns darstellt, müssen wir darin
eine doppelte Klasse sichtbarer Elemente unterscheiden.

In die erste rechnen wir alle Erscheinungen von symbolischer oder allegorischer Bedeutung. Es gehören dahin zunächst manche äußere Handlungen, durch welche die liturgischen Akte vollzogen werden, z. B. das Abwaschen mit
Wasser, die Salbung mit Oel oder Chrisam, die Auflegung
der Hände, das sogenannte Incensiren mit dem Rauchfaß,
das Segnen durch das Zeichen des Kreuzes; ferner Gegenstände aus der Natur, wie das Licht, das Oel, das Wachs,
das Feuer, die Leinewand, das Salz, die Asche, die liturgischen Farben; endlich die heiligen Gewänder und Geräthe,
in Rücksicht auf ihren Stoff sowohl als ihre Form und Gestalt.

Als die zweite Klasse der Elemente von denen wir reden,
betrachten wir die verschiedenen Gebärden, Stellungen, Bewegungen und Thätigkeiten[1]), mit einem Worte die Gesammt-

---

1) Z. B. die Verneigung des Hauptes, die Verbeugung, die Kniebeugung,
die Erhebung und Ausbreitung der Hände, die Erhebung der Augen zum Himmel,
das Küssen des Altars oder des Meßbuchs, und ähnl.

heit der bei dem liturgischen Akt von den Betheiligten vor-
zunehmenden Handlungen, insofern das Aeußere derselben
von der Kirche so bestimmt und angeordnet ist, daß sie den
treuen Ausdruck der Stimmungen und Gefühle bilden, welche
den heiligen Akten entsprechen.

Hiernach ist es klar, welche Art von Erscheinungen aus
dem Gebiete der unmittelbaren Wahrnehmung die liturgische
Kunst anwendet, um das schöne Uebersinnliche unserer Anschauung darzustellen: es sind Analogien, und Erscheinungen
aus dem innern Gemüthsleben (vgl. N. 99. 100). Als das
äußere Darstellungsmittel für die letzteren dienen ihr sichtbare
natürliche Zeichen (113), eben jene Gebärden und Bewegungen, welche die zweite Art der zuletzt unterschiedenen Elemente
ausmachen. Die Vorstellung der Analogien dagegen veranlaßt sie in uns nicht durch Bilder oder Zeichen, wie etwa
die Poesie, sondern sie führt dieselben in ihrer Wirklichkeit
unsern Sinnen vor; und so machen sie die erste Art der
erwähnten Elemente aus. Daß die Anwendung von Bildern
oder Zeichen für die Objekte aus dem Gebiete des ohne Mittel
Wahrnehmbaren, keineswegs zum Wesen der schönen Kunst
gehört, ergibt sich aus dem Früheren; man vergleiche namentlich N. 111, und die Definition der schönen Kunst N. 115.

An sich betrachtet sind übrigens jene Elemente, aus denen
sich das körperliche Moment, die sichtbare Seite der liturgischen Kunst zusammensetzt, freilich noch nicht verständlich
genug; die Anschauung des übersinnlichen Schönen, welche sie
durch sich allein zu geben vermögen, ist nur schwach und dunkel.
Aber ihre Erklärung liegt einerseits in den Worten, die als
unmittelbarer Ausdruck des entsprechenden Uebersinnlichen mit
ihnen verbunden werden[1]), andererseits in der Glaubenslehre

---

1) Z. B. in der „Form" der Sakramente und den übrigen Gebeten, überhaupt in den liturgischen Formularien.

...

der katholischen Kirche. Die Kenntniß der letzteren, das tiefgläubige Erfassen derselben, und wenigstens einiges Verständniß der die sichtbaren Erscheinungen begleitenden Worte, ist darum allerdings die unerläßliche Bedingung, wenn die Leistungen der Kunst von der wir reden verstanden, wenn ihr Werth und ihre Schönheit empfunden werden soll. Nicht ohne Grund hat deßhalb das Concil von Trient die Vorschrift gegeben, nicht ohne Grund bringt der römische Katechismus wiederholt darauf, daß diejenigen welchen die Verkündigung der christlichen Lehre und die Bildung der Gläubigen für das kirchliche Leben anvertraut ist, die auf die liturgischen Handlungen bezüglichen Punkte dem Volke mit gewissenhafter Sorgfalt erklären [1]).

Es versteht sich indeß von selbst, daß der Werth der liturgischen Kunst, in Rücksicht auf Veranschaulichung der übersinnlichen Schönheit und den dadurch vermittelten geistigen Genuß, nicht in jeder Handlung in gleicher Weise hervortritt. Wer ihn schätzen, wer sich über die liturgische Kunst ein Urtheil bilden will, der studire die kirchlichen Vorschriften für die Funktionen der drei letzten Tage vor Ostern, für die feierliche Pontifikalmesse, für die Consekration einer Kirche, für die Ertheilung der bischöflichen oder der priesterlichen Weihe, und wohne dann diesen Handlungen bei, nicht wo immer, sondern dort wo man die Anordnungen der Kirche

---

1) „Der Werth der Ceremonien liegt darin, daß sie die Wirkungen der Sakramente ausdrücken, sie den Gläubigen gleichsam sichtbar vor Augen führen, ihr Gemüth mit Ehrfurcht vor der Heiligkeit und Größe derselben erfüllen. Ihre gläubig-andächtige Betrachtung erhebt den Geist zur Anschauung des Uebersinnlichen, sie weckt und stärkt Glauben und Liebe. Es ist darum Pflicht des Seelsorgers, dahin zu wirken, daß das Volk die Bedeutung der Ceremonien bei den einzelnen Sakramenten kennen lerne, und sie verstehe." Catech. Rom. p. 2. c. 1. n. 10. Vgl. das. c. 2. n. 45. und Conc. Trid. Sess. 22. de sacrif. Missae cap. 5. 8. Sess. 24. cap. 7.

29*

beobachtet, wo dieselben mit Liebe und Verständniß, mit Takt
und Würde, mit Geschmack und Präcision, mit Ruhe und
Andacht, mit einem Worte so ausgeführt werden, daß sie
jenem Geiste Zeugniß geben können der sie die Kirche gelehrt hat.

155. Wir haben hiermit den Beweis geliefert, daß den
liturgischen Handlungen keines der Elemente abgeht, welche
zum Wesen eines Werkes der schönen Kunst gehören. Sie
vermitteln uns die Anschauung eines Uebersinnlichen von
hoher Schönheit in Gegenständen aus dem Kreise unserer
unmittelbaren Erkenntniß, deren Vorstellung sie durch ein
schönes Körperliches in uns veranlassen. Durch ein schönes
Körperliches sagen wir. Denn daß die äußere Seite der
liturgischen Thätigkeiten auch als Körperliches die ihr als
einem solchen angemessene Schönheit haben muß, kann doch
keinem Zweifel unterliegen. Nicht allein die ausdrücklichen
Vorschriften der Kirche, sondern schon die Natur der Sache
erheischt es, daß in dem Aeußern jeder liturgischen Handlung
Regelmäßigkeit, Zweckmäßigkeit, Ordnung, Symmetrie und
harmonische Einheit aller Bewegungen (58) herrsche[1]. Es
wäre Mißachtung des Höchsten, strafbare Entweihung des
Heiligsten, wollten die Diener der Kirche es in dem sichtbaren Theil ihres heiligen Dienstes an jenen Elementen der
Schönheit fehlen lassen; überdies aber würde der Abgang dieser
Vorzüge den ganzen Zweck vereiteln, welchen die Kirche bei der
sorgfältigen Ausbildung der praktischen Liturgik vor allem im
Auge hat, die Erhöhung des kirchlichen Lebens, die Erbauung
der Gläubigen. Innere Vollendung, Glanz, möglichst hohe
Schönheit der äußeren Handlung in jeder Rücksicht, ist für

---

1) Πάντα εὐσχημόνως καὶ κατὰ τάξιν γινέσθω. (1. Cor. 14, 40.)
Diese unmittelbar für liturgische Handlungen vom heiligen Geiste selbst gegebene
Vorschrift ist das Grundgesetz der praktischen Liturgik.

diesen Zweck eben das wesentliche Mittel; das noch beweisen
hieße unnütz Worte machen.

156. Daß die kirchliche Architektur und die liturgische
Kunst thatsächlich schöne, die Anschauung und den Genuß
eines schönen Uebersinnlichen uns vermittelnde Werke hervorbringen, nicht minder als die sechs schönen Künste der
ersten Ordnung, das steht nach dem Gesagten wohl hinlänglich fest. Aber ist diese Eigenthümlichkeit kalleotechnischer
Produkte ihren Werken wesentlich? oder bildet dieselbe
vielleicht nur einen zufälligen Vorzug der letzteren, so daß
die zwei in Rede stehenden Künste, auch ohne denselben anzustreben, ihrer eigentlichen Aufgabe dennoch vollkommen
entsprechen? Wäre der zweite Theil dieser Frage zu bejahen,
dann hätten die Architektur und die liturgische Kunst kein
Recht auf eine Stelle unter den schönen Künsten. Aber sie
haben es. Ihr eigentlicher Zweck wurde oben (147. 153)
angegeben. Beide haben das gemein, daß sie für die Verherrlichung Gottes vor den Menschen, für die Erbauung des
gläubigen Volkes, für die Förderung des christlichen Lebens
wirken sollen, und zwar unmittelbar und zunächst. Nun ist
es aber nicht schwer einzusehen, daß, mit Rücksicht auf das
Objekt beider Künste, die Veranschaulichung eines schönen
Uebersinnlichen durch ein schönes sinnlich Wahrnehmbares
und der dadurch gebotene Genuß des ersteren, für die Verwirklichung dieses Zweckes ein natürliches, ein psychologisch
nothwendiges Mittel bildet. Vernachläßigen sie dasselbe, so
erfüllen sie nimmer ihre Bestimmung. Je vollkommener hingegen das Gotteshaus, die liturgische Handlung, auch diesem
Mittelzweck entspricht, je höhere Schönheit uns daraus ent-
gegenleuchtet, desto sicherer und desto vollkommener werden
sie ihrem wesentlichen Hauptzweck genügen. Die Tauglich-
keit beider Werke für den letzteren, ihre praktische „Nützlichkeit" (wenn unsere uneigennützige Aesthetik vor dem Worte

nicht erschrickt,) und andererseits ihre kalleotechnische Vollendung, stehen in geradem Verhältniß [1]).

Hieran schließt sich nun endlich von selbst auch die Rechtfertigung des Ausdrucks, durch welchen wir die drei zuletzt
behandelten schönen Künste der zweiten Ordnung von denen
der ersten unterschieden haben. Diese sind schlechthin nichts
anderes als besondere Erscheinungsformen der schönen Kunst.
Ihr Wesen ist gegeben und erschöpft durch das Wesen der
schönen Kunst überhaupt; der Begriff der letzteren erscheint
in den einzelnen nur individualisirt durch die Eigenthümlichkeit des Darstellungsmittels welches sie anwenden. Anders
verhält es sich mit den Künsten der zweiten Ordnung. Auch
ihr Begriff umschließt das Wesen der schönen Kunst, die
ratio artis pulchrae, aber er wird durch dasselbe nicht erschöpft; er enthält es nothwendig, aber nicht formell und
explicite, sondern implicite und virtuell; eben die Merkmale,
welche in den sechs Künsten der ersten Ordnung das Wesen
ausmachen, erscheinen bei jenen der zweiten als wesentliche
Eigenschaft, als Attribut. Das ist es was wir ausdrücken
wollten, indem wir diese virtuell schöne Künste nannten.
Es ist möglich, daß sich dafür ein geeigneterer Ausdruck
finden ließe; aber insofern unsere ganze Auffassung selbst
nicht falsch ist, bleibt es jedenfalls eine Ungerechtigkeit, wenn
man den drei Künsten der zweiten Ordnung den Rang absolut
und eigentlich schöner Künste abspricht, und sie für halbfreie
oder nur relativ schöne erklärt.

---

1) Aehnliches gilt auch von der höheren Beredsamkeit; aber in Rücksicht
auf diese haben wir uns eingehendere Erklärungen vorbehalten.

§. 27.

Die schöne Kunst in einem weiteren Sinne des Wortes. Unterhaltende und verschönernde Künste.

157. „Ich erinnere mich," erzählt Sulzer[1]), „irgendwo ein Stück gesehen zu haben, darin nichts als der geschundene und aufgeschnittene Rumpf eines geschlachteten Ochsen dargestellt war, aber mit so wunderbarer Kunst, daß man nicht ohne Wahrscheinlichkeit den Rubens für den Urheber desselben hielte. Warum soll man doch ein solches Stück mit dem Namen eines Gemäldes beehren? Wenigstens wird doch niemand sagen dürfen, daß es ein Werk des Geschmacks sei." Vernehmen wir dazu noch das Urtheil eines Kritikers von größerem Ansehen. „Wird jetzt die Malerei überhaupt als die Kunst, welche Körper auf Flächen nachahmt, in ihrem ganzen Umfang betrieben, so hatte der weise Grieche ihr weit engere Gränzen gesetzt. . . Sein Künstler schilderte nichts als das Schöne; selbst das gemeine Schöne, das Schöne niederer Gattung, war nur sein zufälliger Vorwurf, seine Uebung, seine Erholung. Die Vollkommenheit des Gegenstandes selbst mußte in seinem Werke entzücken; er war zu groß, von seinen Betrachtern zu verlangen, daß sie sich mit dem bloßen kalten Vergnügen, welches aus der getroffenen Aehnlichkeit, aus der Erwägung seiner Geschicklichkeit entspringt, begnügen sollten; an seiner Kunst war ihm nichts lieber, dünkte ihm nichts edler, als der Endzweck der Kunst. ‚Wer wird dich malen wollen, da dich niemand sehen will‘, sagt ein alter Epigrammatist über einen höchst ungestalteten Menschen. Mancher neue Künstler würde sagen: ‚Sei so ungestalten, wie möglich; ich will dich doch malen.

---

1) Allg. Theorie der schönen Künste. „Malerei".

Mag dich schon niemand gern sehen: so soll man doch mein Gemälde gern sehen; nicht insofern es dich vorstellt, sondern insofern es ein Beweis meiner Kunst ist, die ein solches Scheusal so ähnlich nachzubilden weiß'."

„Freilich ist der Hang zu dieser üppigen Prahlerei mit leidigen Geschicklichkeiten, die durch den Werth ihrer Gegenstände nicht geadelt werden, zu natürlich, als daß nicht auch die Griechen ihren Pauson, ihren Phreicus sollten gehabt haben. Sie hatten sie; aber sie ließen ihnen strenge Gerechtigkeit widerfahren. Pauson, der sich noch unter dem Schönen der gemeinen Natur hielt, dessen niedriger Geschmack das Fehlerhafte und Häßliche an der menschlichen Bildung am liebsten ausbildete, lebte in der verächtlichsten Armuth. Und Phreicus, der Barbierstuben, schmutzige Werkstätten, Esel und Küchenkräuter mit allem Fleiße eines niederländischen Künstlers malte, als ob dergleichen Dinge in der Natur so viel Reiz hätten, und so selten zu erblicken wären, bekam den Namen des Rhyparographen, des Kothmalers; obgleich der wollüstige Reiche seine Werke mit Gold aufwog, um ihrer Nichtigkeit auch durch diesen eingebildeten Werth zu Hülfe zu kommen"[1]).

Lessing hat in diesen Worten freilich sein Princip vor Augen, wonach körperliche Schönheit das höchste Gesetz der Malerei bilden soll (135). Hiervon abgesehen, und „das Schöne" als Vorwurf der Kunst in seiner vollen Bedeutung genommen, wie wir es früher gegen ihn vertheidigt haben, stimmen wir dem Grundsatze, welchen er in dieser Stelle ausspricht, eben so entschieden bei, als wir früher jene andere Auffassung bekämpft haben. Die Treue und die Geschicklichkeit, mit welcher der Maler oder irgend welcher Künstler

---

1) Lessing. Laokoon II.

einen wirklichen Gegenstand nachahmt, überhaupt die technische Fertigkeit die sich an einem Werke der Menschenhand bekundet, gewährt uns Vergnügen; dieses Vergnügen ist seinem Wesen nach Genuß der Schönheit (31, 2. 37): aber von jenem hohen Vergnügen, welches uns durch Darstellung des schönen Uebersinnlichen die schöne Kunst vermitteln soll, ist es nur ein schwacher Schatten. Jedes Ding ist das was es ist durch seine F o r m (causa formalis): der Mensch ist Mensch durch die vernünftige Seele. Die Form der kalleotechnischen Werke als solcher ist aber (102) das Uebersinnliche von hoher Schönheit, dessen Anschauung und Genuß sie uns vermitteln. Nur durch dieses also wird das eigenthümliche Wesen eines Werkes der schönen Kunst gesetzt. Technische Vollendung bildet in den Produkten der letzteren ein wichtiges Element: indeß allein und für sich gibt sie einem Gebilde auf den Namen eines Kunstwerkes allenfalls Anspruch, aber nicht den mindesten auf den eines Werkes der s c h ö n e n Kunst. ·

Und nicht allein in Rücksicht auf die technische Vollendung bedarf es dieser Bemerkung. Am Schlusse der ersten Abtheilung (§. 14.) haben wir verschiedene Vorzüge der Dinge kennen gelernt, welche sämmtlich von der Art sind, daß sie uns die Anschauung, die Wahrnehmung derselben angenehm machen, und eben darum nicht selten mit der Schönheit verwechselt werden. Sie sind geeignet den Genuß zu erhöhen, welchen uns die Werke der schönen Kunst gewähren sollen (104); allein wie sie von der Schönheit selbst wesentlich verschieden sind, so können auch sie dieselbe in den Produkten der Kunst keineswegs ersetzen. Wo uns die Erscheinungen, welche die Kunst durch schöne Bilder oder Zeichen darstellt, nicht die Anschauung eines schönen Uebersinnlichen vermitteln, sondern uns nur durch den Reiz der Neuheit und des Spannenden, durch das Interesse des Wunderbaren, des

Ueberraschenden, der Mannigfaltigkeit, durch den heiteren
Scherz der Komik, oder durch welche andere Anziehungskräfte
immer fesseln, da ist es nicht die wahre schöne Kunst die uns
erfreut, sondern ihre nichts weniger als ebenbürtige Stief-
schwester. Freilich pflegt auch sie als „schöne Kunst" aufzutreten; aber der Name ist usurpirt, sie kann sich höchstens
in einem weiteren Sinne des Wortes so nennen, und sollte
sich begnügen, u n t e r h a l t e n d e Kunst zu heißen.

Ihr Begriff würde sich, unserer Definition der schönen
Kunst (115) gegenüber, etwa so darstellen: „Sie ist die
Kunst, wirkliche oder nach den Gesetzen des zufälligen Seins
erdichtete Erscheinungen, welche durch den Reiz der Wahrheit, der Neuheit, des Wunderbaren, der Mannigfaltigkeit,
des Witzes, und ähnlicher Vorzüge, den menschlichen Geist
zu unterhalten geeignet sind, mögen sie nun der objektiven
Außenwelt angehören oder dem innern Leben des Künstlers,
durch schöne Bilder oder Zeichen den Menschen vorzuführen,
und ihnen so die Anschauung und den Genuß derselben zu
vermitteln." Die Form der kalleotechnischen Produkte, das
zeigt sich klar aus dieser Definition, das schöne Ueberfinnliche, wird in den Erzeugnissen dieser Kunst vermißt: sie
sind also nicht Werke der schönen Kunst im eigentlichen Sinne.
Zwei Eigenthümlichkeiten indeß haben sie mit den letzteren
gemein. Wie diese, gehen sie darauf aus uns Genuß zu
bieten, wenngleich minder hohen, minder edlen Genuß als
sie; überdies bildet auch für sie, eben weil ihr unmittelbarer
Zweck das Vergnügen ist, die entsprechende Schönheit des
äußeren Darstellungsmittels einen wesentlichen Vorzug (114).

Diese „unterhaltende" Kunst erscheint durchweg in allen
jenen sechs Formen, nach welchen die wahre schöne Kunst
auftreten kann. Kein Wunder, wenn die Nebensonne oft
mit der Sonne verwechselt wird, wenn das komische Drama
und die Posse mit der Tragödie, die Satire mit der Ode

und der Elegie, das komische Epos mit dem Heldengedicht unter Einer Rubrik steht, und nichtssagende Märsche, Variationen und Tänze, sentimentale Gesangstücke ohne Gehalt, so wie die früher (123) bezeichneten Werke des Pinsels, einfach unter der Firma der schönen Kunst zu Markte ziehen, obgleich sie mit derselben nur die Vorzüge zweiten Ranges gemein haben 1).

Aber nach einer solchen Unterscheidung einer „unterhaltenden" Kunst von der schönen im eigentlichen Sinne des Wortes, wird man uns vielleicht einwenden, sind die Werke der letzteren sehr wenig zahlreich. Damit sind wir vollkommen einverstanden. Es könnte nur zum Vortheil der schönen Kunst gereichen, wollte man unsere Unterscheidung sorgfältiger berücksichtigen; und die uns entgegengehaltene Folgerung be-

---

1) Zu den a. a. O. (123) angegebenen Produkten der Malerei, welche uns nicht als Werke der eigentlichen schönen Kunst gelten, nennen wir hier nachträglich noch jene Stücke, welche man mit dem Namen „Stillleben" zu bezeichnen pflegt. Lemcke freilich ist der Ansicht, daß im Stillleben „eine eigenthümliche Poesie ihren Ausdruck findet". Von welcher Art übrigens diese Poesie ist, darüber klärt er uns alsbald auf, indem er fortfährt: „Welch eine Perspektive in die menschliche Stellung, z. B. welchen Einblick in Behäbigkeit oder in prunkenden kalten Reichthum vermag ein gedeckter Tisch zu geben. Ein Glas Bockbier mit einem Rettig, und Erinnerungen schweben darum für den Münchener Kenner. Eine Schüssel mit Austern, Hummer, Rheinweinglas und Citrone — sitzt nicht, wer die erblickt, in Gedanken in einem kühlen Keller einer Seestadt und fühlt heitere Erinnerungen an die Freuden seines leiblichen Theiles?" (In der That eine „eigenthümliche" Poesie.) „Ein zerbrochener Krug und eine Puppe können genugsam reden. Ein angefangener Strickstrumpf, eine Brille darauf und ein Lehnstuhl — ist nicht so eben die Großmutter fortgegangen? Ein geschossener Hase, eine Flinte und ein Paar lange beschmutzte Stiefel, erzählen die nicht genug zusammen, oder eine Küchenansicht mit all den Geräthschaften für dieses so wichtige Departement der innern Angelegenheiten?" (Populäre Aesthetik, S. 449.) Es fehlen nur noch die Barbierstuben und die schmutzigen Werkstätten des Spreeaus, über welche wir vorher Lessing sich entrüsten sahen. Lemcke ist hier offenbar sehr weit „von den Bahnen" seines „Pfadfinders abgewandelt" (vgl. S. 385), dürfte mithin, seinem eigenen Grundsatz zufolge, „schwerlich den rechten Weg eingeschlagen haben".

weiſt gerade die Richtigkeit unſerer Auffaſſung. Denn die
Griechen hatten nicht Unrecht, wenn ſie ſagten daß alles
Schöne ſchwer ſei. Schwere Aufgaben werden aber nicht
von vielen gelöſt, hohen Zielen ſtrebt nicht die Menge zu;
und wir ſind wahrlich nicht der erſte der es ausſpricht, daß
eben darum alles wahrhaft Große, alles Vollkommene, alles
Gute und alles Schöne ſelten iſt, äußerſt ſelten — unter
dem Monde.

158. Wie der erſten Ordnung der Erſcheinungsformen
der ſchönen Kunſt, ſo entſpricht auch der zweiten, den virtuell
ſchönen Künſten, eine Nebenſonne. Die niedere Beredſamkeit
(146) und die nicht kirchliche Baukunſt dienen nicht dem
Vergnügen, wie die formell ſchönen Künſte und die eben
charakteriſirten unterhaltenden. Ihre weſentlichen Zwecke ſind
auch nicht, wie jene der virtuell ſchönen Künſte, derartig,
daß ihre Werke, um denſelben zu entſprechen, nothwendig
jene Vorzüge haben müſſen, welche das Weſen eines eigentlichen kalleotechniſchen Produkts ausmachen; im Gegentheil,
ihre Zwecke machen dieſe Vorzüge im allgemeinen unmöglich.
Nichtsdeſtoweniger geben die erwähnten zwei Künſte ihren
Werken ein gewiſſes Maß von Schönheit; darum nennen
wir ſie angemeſſen v e r ſ c h ö n e r n d e Künſte.

Was die erſte, die lehrende Proſa betrifft, ſo iſt ihr
Zweck im allgemeinen Mittheilung der Wahrheit, zur Förderung theils des intellektuellen, theils auch des praktiſchen
Lebens. Der Gegenſtand mit welchem ſie ſich beſchäftigt, iſt
ſomit ſeiner Natur nach keineswegs ein eigentliches kalleo-
techniſches Objekt. Freilich haben wir (84) die Wahrheit
unter jenen Gegenſtänden genannt, deren Erkenntniß uns
Genuß gewährt. Allein dieſer Genuß fordert eine leichte
klare Auffaſſung [1]); überdies finden wir denſelben nur in

_____

1) „Lernen iſt ſehr angenehm, nicht allein dem Philoſophen, ſondern allen

Wahrheiten von Bedeutung. Die niedere Beredsamkeit hat sich aber, eben ihres Zweckes wegen, vielfach, und sogar meistens, mit solchen Dingen zu befassen, welche diesen beiden Bedingungen nicht entsprechen. Indeß sieht sie sich doch wieder gerade durch ihren Zweck aufgefordert, in ihren Leistungen auf einer andern Seite einen gewissen Grad von Schönheit anzustreben: in der Anordnung des Stoffes nämlich, und in der stilistischen Darstellung. Ordnung und Zweckmäßigkeit, logische Richtigkeit in der Entwickelung des Gegenstandes, in der Folge der Gedanken, eine deutliche, bezeichnende, angemessene Sprache, Einheit, Wechsel, Leichtigkeit, Wohlklang und Harmonie des Stils, sind theils wesentliche Eigenschaften der lehrenden Prosa, wenn sie anders für ihren Zweck nicht untauglich, d. h. nicht schlecht sein will, theils sind es Vorzüge, welche den letzteren bedeutend fördern. Denn das Vergnügen, welches sich mit ihnen verbindet, weckt den Geist des Lernenden zu lebendigerer Thätigkeit, spannt die Aufmerksamkeit, hält den Ueberdruß fern (143). Eben die genannten Vorzüge sind nun aber wirkliche Elemente der Schönheit (58): die niedere Beredsamkeit gilt uns folglich mit Recht als verschönernde Kunst.

Aehnliches ist von der Baukunst zu halten. Aber zunächst bedarf es hier einer Bemerkung rücksichtlich des Begriffs, welchen wir mit diesem Namen zu verbinden haben. Werke der Baukunst sind nicht etwa bloß diejenigen, auf welche dem Sprachgebrauche gemäß und in der engsten Bedeutung des Wortes der Name „Gebäude" paßt. Nicht allein mit der Errichtung von Häusern und Kasernen, von Theatern und Palästen beschäftigt sie sich: „baut" man ja doch auch Triumphbogen, Monumente, Brücken, Straßen,

---

übrigen, vorausgesetzt, daß es leicht und schnell vor sich geht." Arist. Poet. c. 5. vulg. 1. n. 4.

Wasserleitungen, Hausgeräthe (wenigstens größere), Schiffe,
Wagen, Instrumente, wie eine Orgel oder ein Klavier. Alle
diese Werke haben ihre eigenthümliche Bestimmung; es ist
irgend ein Zweck, irgend ein Bedürfniß des menschlichen
Lebens, dem sie dienen sollen. Schon dadurch nun, daß die
„bauende" Kunst bestrebt ist, diesem Zweck möglichst vollkommen zu entsprechen, verleiht sie ihren Erzeugnissen ein
vorzügliches Element der Schönheit, die Zweckmäßigkeit.
Theils schon in dieser enthalten, theils aber doch noch Verdienst des natürlichen Strebens, mit dem niedern Bedürfniß
auch die Anforderungen des vernünftigen Geistes zu befriedigen, sind bei ihren Werken die übrigen früher (58) aufgeführten Elemente der Schönheit in unpersönlichen Dingen:
Regelmäßigkeit, Ordnung, Eurhythmie, Symmetrie, Einheit
im Vielfachen und Wechselnden.

Dasselbe Streben, das Nothwendige und das Nützliche
möglichst zu verschönern, tritt übrigens allgemein bei allen
Künsten hervor, welche den anorganischen Stoff für die gewöhnlichen Zwecke des menschlichen Lebens verarbeiten. Und
es kann gar nicht anders sein. Auch in der Befriedigung
jener Bedürfnisse, welche der animalischen Seite seiner Natur
angehören, tritt der Mensch als vernünftiges Wesen
auf. Das Bewußtsein seiner Würde als intelligente Creatur
und die Liebe seines höheren Theiles treibt ihn darum mit
Recht, das Gepräge des letzteren, die Spuren der ordnenden
Vernunft, allen jenen körperlichen Dingen einzudrücken, deren
er sich für seine Zwecke bedienen muß. So schließt sich an
die Architektur, als die vornehmste, eine unübersehbare Reihe
von Künsten an, welche sämmtlich mehr oder weniger als
verschönernde auftreten. Wir dürfen uns der Mühe überheben sie aufzuzählen; allgemein hat man sie wohl die technischen, oder die niederen, Künste genannt. Ihre Werke sind
namentlich besondere Theile, deren die Baukunst bedarf um

ihre Werke zu vollenden, wie Gitter, Geländer, Träger von
Hervorragendem, und ähnliches; dann Geräthe, Gefäße, und
Gegenstände für den täglichen Gebrauch, die sich kaum in
eine Klasse bringen lassen. Die Elemente der Schönheit an
diesen Produkten sind gleichfalls, mehr oder minder, die eben
erwähnten. Die Künste, welche sich mit ihrer Anfertigung
befassen, erscheinen nicht mehr als freie, sondern als mechanische; aber wir haben bereits (90) bemerkt, wie der Geist,
in höherem Maße verschönernd, die mechanische Kunst durchdringen, und sie dadurch zum Range der freien erheben kann.

§. 28.
Die pfeudofchöne Kunft.

Und mit des Dünkels Kellen
Bau'n sie zum eignen Hohn,
Verwirrte Baugesellen,
Am Thurm von Babylon.

Redwitz.

159. Wirft man einen Blick auf die Leistungen der
sich so nennenden schönen Kunst unserer Tage, prüft man
auch nur oberflächlich die gelehrten und ungelehrten Hand-
bücher der Aesthetik, an denen unsere Literatur wenigstens
nicht arm ist: so könnte man in der That versucht sein den
Umstand, daß nach der Erzählung des Moyses die ersten
Spuren kalleotechnischer Anfänge auf der Seite der „Kinder
der Menschen", in dem Geschlechte des Kain sich zeigen[1]),
für ein böses Omen zu halten. Uebrigens wird man freilich
unter der ganzen reichen Fülle von Gütern, Anlagen und
Kräften, welche die Liebe Gottes dem Menschen zur Ver-

---

1) Jubal. Nachkomme des Kain in der sechsten Generation, war „der
Vater derer die auf Laute und Flöte spielen". 1. Moyf. 4, 21.

fügung gestellt, auch nicht Eine finden, die der letztere nicht
mißbraucht hätte. Und bei solchem Mißbrauch bewährt sich
denn immer der alte Satz, daß die Verwesung jedesmal um
so grausiger je edler der Organismus — corruptio optimi
pessima. Welche unter den natürlichen Gaben Gottes ist
kostbarer als die schöne Kunst? und wo findet man eine
traurigere Entartung als auf dem Gebiete der „Aesthetik",
in Theorie und Praxis?

Das Licht der Schönheit ist in der That zu herrlich,
ihre Macht über das Menschenherz zu gewaltig, als daß
das Böse nicht alles aufbieten sollte, sich mit ihrem Glanze
zu umgeben, und die Kunst seinen Zwecken dienstbar zu
machen. „Das Schöne kann ja nicht anders als gut sein",
„die schöne Kunst steht mit dem wahren Wohle der Menschheit in unauflöslicher Eintracht, sie kann nicht verderblich
wirken, ihren Einfluß hat niemand zu fürchten": das sind
Axiome, die jedem Menschen unzweifelhaft festzustehen scheinen.
Und sie stehen unzweifelhaft fest; es ist die Vernunft, es
ist das gesunde Gefühl, das uns dieselben lehrt. Aber wenn
nun der Wolf sich in den Schafspelz kleidet? wenn der ver-
goldete Becher tödtliches Gift enthält? wenn die „klassischen
Werke der belletristischen Literatur des In- und Auslandes"
in glatter Sprache und kunstgerechten Versen und geistreich
aussehenden Phrasen und „interessanten" Fiktionen und ele-
ganten Einbänden von englischer Leinwand mit Goldschnitt
die Grundsätze des Unglaubens und der Unsittlichkeit verbreiten, oder unter dem durchsichtigen Schleier der „plastischen
Schönheit" und der „keuschen ästhetischen Form" die Lieberlich-
keit einherzieht? Jene Axiome sind darum nicht minder richtig;
aber es kömmt darauf an, daß man nicht falsche Untersätze damit verbinde, daß man den reinen Glanz der Schönheit von
dem Phosphoresciren der Fäulniß zu unterscheiden wisse, und
von der schönen Kunst ihren Affen.

Das Wesen eines Werkes der schönen Kunst ist sein Inhalt, das Uebersinnliche von hoher Schönheit, dessen Anschauung und Genuß es uns vermittelt; als Vorzüge welche den Werth der Conception erhöhen, erscheinen Neuheit und spannende Kraft, Anmuth, Originalität, und vollendete philosophische Wahrheit. Das Bild oder die Zeichen, das sinnliche Darstellungsmittel, ist an dem kalleotechnischen Erzeugniß das mindest Bedeutende, das untergeordnete Element; seine Vorzüge sind die ihm entsprechende Schönheit der körperlichen Ordnung, und technische Vollendung. Wo ein Werk diese Elemente insgesammt besitzt, da gelten im vollen Sinne die angeführten Axiome. Die Kunst welche ihren Beruf verstanden hat und redlich bemüht ist ihm zu entsprechen, die schöne Kunst, hat noch nie der Menschheit geschadet; sie kann nicht anders als heilsam wirken, sie ist wesentlich wie die schöne so die gute Kunst, ars bona.

Alles Schöne gefällt uns, aber nicht alles was uns gefällt ist schön. Wo die Kunst von den eben bezeichneten Elementen nur die Schönheit und das Reizende des äußeren Darstellungsmittels nimmt, und als wesentliche Eigenschaft ihrer Conceptionen nicht die Schönheit betrachtet, sondern die Neuheit, das Komische, das Ueberraschende, nebst den anderen Vorzügen die wir (§. 14.) der Schönheit gegenüber gestellt haben, da kann man ihr den Namen der schönen nur im uneigentlichen Sinne des Wortes zugestehen: richtiger sollte sie, wie wir gesagt haben, die unterhaltende heißen. Und von dieser ist es schon nicht mehr wahr, daß sie nicht nachtheilig wirken könne. Das wahrhaft Schöne ist immer gut; aber Unterhaltung und Genuß kann auch das Böse gewähren, freilich nicht der vernünftigen Natur, aber der begränzten, der zum Bösen geneigten. Wenn darum Schiller in einem seiner Briefe sagt: „Ich bin überzeugt, daß jedes Kunstwerk nur sich selbst, d. h. seiner eigenen

Schönheitsregel Rechenschaft geben darf, und keiner anderen Forderung unterworfen ist"[1]), so müssen wir diesen Satz einfach für falsch erklären. Die eigentliche, die wahre schöne Kunst freilich umschließt ihrer Natur nach in ihren eigenen wesentlichen Gesetzen alle Forderungen der Vernunft und des Glaubens; sie genügt darum diesen in demselben Grade, als sie sich selbst genügt. Aber in Schillers sowohl als in Vischers Auffassung, nach dem Begriff der Schönheit den sie vor Augen haben, bezieht sich der angeführte Satz auf die schöne Kunst im weiteren, im uneigentlichen Sinne, und die ist durchaus höheren Principien Rechenschaft schuldig, als ihrer eigenen wetterwendischen „Schönheitsregel". Als Zeugen für diese Behauptung können wir selbst den „Pionier des geistigen Lebens der Neuzeit" anführen, dessen Auktorität ja der modernen Aesthetik nahezu als unfehlbar gilt[2]). „Wir lachen," sagt Lessing[3]), „wenn wir hören, daß bei den Alten auch die Künste bürgerlichen Gesetzen unterworfen gewesen. Aber wir haben nicht immer Recht, wenn wir lachen. Unstreitig müssen sich die Gesetze über die Wissenschaften keine Gewalt anmaßen, denn der Endzweck der Wissenschaften ist Wahrheit. Wahrheit ist der Seele nothwendig, und es wird Tyrannei, ihr in Befriedigung dieses wesentlichen Bedürfnisses den geringsten Zwang anzuthun. Der Endzweck der Künste ist Vergnügen, und das Vergnügen ist entbehrlich. Also darf es allerdings von dem Gesetzgeber abhangen, welche Art von Vergnügen, und in welchem Maße er jede Art desselben verstatten will."

Daß wir mit dem hier von Lessing ausgesprochenen Grundsatz nicht auch den hölzernen Beweis unterschreiben,

---

1) Bei Vischer, Aesthetik 1. §. 59.
2) Vgl. oben S. 385.
3) Laokoon II.

durch welchen er denselben stützen will, brauchen wir wohl
nicht ausdrücklich zu sagen. Einen besseren liefert Plato.
Im zweiten seiner Dialoge „über die Gesetzgebung" läßt er
den Bürger von Athen also zu seinen Freunden reden:
„Wenn jemand an der Unsittlichkeit in Bildern oder Liedern
Vergnügen findet, bringt ihm das Schaden? und ist es umgekehrt vortheilhaft, wenn andere im Entgegengesetzten Genuß
suchen?" „So scheint es wenigstens," antwortet Clinias
von Creta etwas unentschieden. „Scheint es bloß?" fährt
der Athener fort; „ist es nicht vielmehr gewiß und unvermeidlich, daß die Folgen dieselben seien, wie wenn einer von
den schlechten Beispielen sittlich verkommener Menschen umgeben ist, und daran Gefallen findet statt sie zu verabscheuen,
— hie und da vielleicht ein Wort des Tadels fallen läßt,
aber nur wie im Scherz? Ein solcher wird nothwendig
gerade so einer werden, wie die an denen er Gefallen findet,
auch wenn er sich schämt sie offen zu loben. Kann uns
aber etwas Schlimmeres als das, aus der Verbindung mit
Menschen erwachsen?" Clinias stimmt bei, und der Athener
fragt weiter: „Wo also in einem Staate gute Gesetze herrschen, wird da die Kunst in Scherz und Ernst volle Freiheit
haben? wird da der Künstler die Kinder seiner weisen Mitbürger, und die gesammte Jugend, lehren dürfen was immer
ihm Vergnügen macht, gleichviel ob er sie dadurch für die
Tugend heranbildet oder sie für die Liederlichkeit erzieht?"
„Das wäre wider alle Vernunft"[1]), antworten einstimmig
die beiden Freunde von Creta und Lacedämon. „Und doch,"
sagt der Athener ernst, „und doch ist das überall vollkommen
erlaubt, Aegypten allein ausgenommen."[2]) Heutzutage dürfte
man auch die Ausnahme nicht mehr hinzusetzen. Plato's

---

1) Οὖτοι δὴ τοῦτό γε λόγον ἔχει.
2) Plat. de leg. l. 2. Bip. vol. 8. p. 65. Steph. 656. a—d.

sittenstrenge Weisheit gehört zu ben „überwundenen Stanb=
punkten"; über solche Strupel sinb wir längst hinausge=
kommen, zuerst praktisch, später, Dank ber Bemühungen ber
mobernen Aesthetik, auch in ber Theorie. Jhr Princip ist
eben jene schrankenlose Freiheit für bie Kunst, welche bie
zwei Männer aus Lacebämon unb Creta widersinnig finben.

160. Doch lassen wir bie Sorge um bie Gesetze benen,
welche es verantworten werben wenn sie keine geben. Wir
wollen ber schönen Kunst ihren Affen gegenüberstellen.
„Ohne Weisheit unb Tugenb," sagt ber eble Graf Stolberg,
„ist ber Dichter eben so wenig unserer Achtung werth, als
ein schönes Weib ohne Zucht. Widmet er bem Laster sein
Talent, so verachte ihn wie eine —." [1] So oft ber
Künstler in seinen Erzeugnissen bie Gesetze
ber ethischen Ordnung wesentlich verletzt, sei
es durch seine Absicht, ober durch ben Jnhalt, ober in bem
äußern Darstellungsmittel (ber Form), sinb bieselben
nicht mehr Werke ber schönen Kunst, sonbern ber
häßlichen. Das fabenscheinige Prachtgewanb unb bie
bemalte Maske kann sie vor biesem Charakter nicht schützen;
bie Niederträchtigkeit steigt eben baburch noch um mehr als
Einen Grab höher, baß sie sich mit bem Betrug unb ber
Lüge waffnet, so wie bie Dirne, von welcher Stolberg rebete,
burch bie Schminke unb bie coquette Eleganz nur noch ver=
ächtlicher wirb.

Wir wollen uns bas Vergnügen nicht versagen, hier für
ben ausgesprochenen Satz einen Zeugen anzuführen, bessen
wir nicht bebürfen, ben man aber in gewissen Kreisen un=
gern auf unserer Seite sehen wirb: es ist Schiller. „Aus
einer bünbigen Theorie bes Vergnügens," lesen wir in einer

---

[1] Athenienisches Gespräch (Bb. 10.)

seiner Abhandlungen, „und einer vollständigen Philosophie
der Kunst würde sich ergeben, daß ein freies Vergnügen, so
wie die Kunst es hervorbringt, durchaus auf moralischen
Bedingungen beruhe, daß die ganze sittliche Natur des Menschen dabei thätig sei. Aus ihr würde sich ferner ergeben,
daß die Hervorbringung dieses Vergnügens ein Zweck sei,
der schlechterdings nur durch moralische Mittel erreicht werden könne, daß also die Kunst, um das Vergnügen, als
ihren wahren Zweck, vollkommen zu erreichen, durch die
Moralität ihren Weg nehmen müsse“ [1]). Das Resultat einer
„bündigen Theorie des Vergnügens“ und einer „vollständigen
Philosophie der Kunst“, welches Schiller in diesen Worten
prophezeit, ist eben das Ergebniß unserer Erörterung, das
wir hier hervorheben.

161. Das technische Produkt gehöre der pseudoschönen
Kunst an, haben wir gesagt, so oft in demselben die Gesetze
der ethischen Ordnung wesentlich verletzt werden. Um unsern
Gedanken mit voller Klarheit auszusprechen, müssen wir noch
hinzufügen, daß wir unter den „Gesetzen der ethischen Ordnung“ schlechthin die ethischen Anschauungen des Christenthums verstehen. Denn wir schreiben weder für Juden
noch für Muhammedaner, und wir können uns auch nicht
veranlaßt sehen, jener in unsern Tagen allerdings sehr gewöhnlichen Anschauungsweise Rechnung zu tragen, wonach
die Religion, wie jede andere wissenschaftliche oder technische
Theorie, nur ein besonderes „Fach“ für sich bildet, das man
von den übrigen Zweigen des Wissens so wie vom gesammten
Leben nicht streng genug sondern, vor dessen Einflüssen man
sich nicht ängstlich genug in Acht nehmen kann, wo es gilt

---

1) Schiller, Ueber den Grund des Vergnügens an tragischen Gegenständen.
Bd. 11. S. 511. (Ausg. von Stuttgart.)

über andere Dinge zu urtheilen. Wenn die gewiſſenhafte
Applikation jenes Grundſatzes vielleicht das Reſultat liefert,
daß die pſeudoſchöne Kunſt ohne Vergleich viel thätiger ge-
weſen iſt als die ſchöne, ſo kann man nur die Künſtler und
ihre Zeiten dafür verantwortlich machen, nicht uns. Ein
Werk von Menſchenhand, welches die Grundſätze des ſittlichen
Lebens, wie das Chriſtenthum ſie lehrt, in einem weſentlichen Punkte verläugnet, iſt nicht mehr ein an ſich Gutes
ſondern ein Schlechtes: das Schlechte kann aber nicht für
ſchön gelten, denn es iſt eben häßlich (64. 66).

Es wäre viel zu ſagen, wollten wir die verſchiedenen
Arten der pſeudoſchönen Produkte erſchöpfend charakteriſiren.
Von mehreren derſelben war übrigens, wenigſtens mittelbar,
ſchon die Rede. Pſeudoſchöne Kunſt iſt im allgemeinen jene,
die nach dem Grundſatz handelt, daß Sittlichkeit nicht eine
weſentliche Eigenſchaft des Schönen bilde, auch wo dieſes
ſeiner Natur nach der ethiſchen Ordnung angehöre (66),
oder daß auch das Böſe erhaben ſein könne (77. 78). Pſeudoſchöne Kunſt iſt jene, welche Inſtitutionen die in der menſchlichen Geſellſchaft zu Recht beſtehen, von der Kirche anerkannte Corporationen, oder edle geſchichtliche Charaktere,
entſtellt und der Verachtung preisgibt (107), oder umgekehrt
das moraliſche Gefühl fälſcht, indem ſie hiſtoriſche Nieder-
trächtigkeiten mit dem Scheine ſittlicher Größe umgibt. Pſeudoſchöne Kunſt iſt jene, welche für die Antike ſchwärmt, aber
ſich, um mit Eichendorff zu reden, vom klaſſiſchen Alterthum
nur die ſittliche Fäulniß gemerkt hat, von ſeiner plaſtiſchen
Darſtellung nur das Nackte, von ſeiner durchſichtig heitern
Lebensanſicht nur die Liederlichkeit, und von den Philoſophen
den Epikur. Pſeudoſchöne Kunſt iſt jene zum Entſetzen frucht-
bare Literatur, in deren Machwerken Egoismus, Ehrgeiz
und Intrigue gelehrt, das Duell und der Selbſtmord gut-
geheißen, unverſöhnliche Feindſchaft, Rache, Ungehorſam und

Auflehnung gegen Gott und von Gott gesetzte Obere als
den Menschen veredelnde, bewunderungswürdige, über Tadel
und Strafe erhabene Handlungsweisen aufgeführt werden;
jene die Menschheit von Grund aus verderbende Bücher-
macherei, die in Vers und Prosa die „Glückseligkeit", das
heißt die Fülle alles sinnlichen Genusses und die Befriedigung
jeder Begierde, als das höchste Ziel des Menschen predigt,
Aergerniß und Verführung mit den glänzendsten Farben
malt, freche Schamlosigkeit als Unbefangenheit und Naivität
darstellt, den Ehebruch rechtfertigt, den Kindesmord ent-
schuldigt, der Zweifelsucht und dem Unglauben seine Sophismen liefert, den vollendetsten Indifferentismus als Tugend
anpreist, die Religion entbehrlich, ihre Forderungen über-
trieben, ihre Gebote unmöglich, ihre Uebungen und Heils-
mittel verächtlich erscheinen läßt. Mit einem Worte, pseudoschöne Kunst ist die gesammte ästhetische Tendenzfabrikation,
insofern die Tendenz den Grundsätzen des Christenthums
zuwiderläuft. — Soll das Wesen der Poesie Lüge sein, hat
Byron gesagt, so werft sie den Hunden vor. Aber jene
Waare ist auch für die Hunde zu schlecht. [1])

---

[1]) Wir fassen die Richtung der Kunst von der wir reden hier nur von
Einer Seite ins Auge, von der ethischen; die übrigen haben wir früher genügend
berücksichtigt. Es ist übrigens eine beachtenswerthe Erscheinung, daß die Kunst,
sobald sie sich herabwürdigen muß unmoralischen Tendenzen zu dienen, auch die
übrigen kalleotechnischen Gesetze nicht mehr zu beobachten im Stande ist. Belege
hiefür ließen sich unzählige bringen; und mag einer genügen. In Lessings viel-
bewunderten „Nathan der Weise" fehlt der Conception alle philosophische Wahrheit, dieselbe ist einfach absurd. Daß auch niedrige Charaktere den Christennamen
tragen, können wir freilich nicht in Abrede stellen. Aber der Islam bringt nicht
so noble Seelen hervor, wie Saladin und seine Schwester; und die hochherzige
Tugend Nathans ist nicht eine Frucht, wie sie auf dem Boden des jobten Gesetzes wachsen. Beide, die Lehre des schmutzigen Propheten sowohl als die Religion
des Geldbeutels, leiden an absoluter Impotenz, wo es sich um sittliche Veredlung
und wahre Bildung des Menschenherzens handelt; Anekdoten und vereinzelte Züge

162. Eine beſonders rege und eben ſo erfolgreiche
Thätigkeit entwickeln die Schildknappen der antichriſtlichen
Tendenztechnik auf dem Gebiete des Komiſchen. Die Wahl
kann man allerdings nur eine gelungene nennen. Es handelt
ſich darum auf die große Menge zu wirken, und die thut
nichts lieber als lachen, für die iſt nichts amüſanter als die
Poſſe und die Karikatur, die begreift nichts leichter als Witze,
verſchlingt nichts mit ſolcher Gier wie Satiren, Traveſtien
und tolle Schwänke. Es handelt ſich darum das Heilige
verächtlich zu machen, das Höchſte unter die Füße zu treten,
alles mit Koth zu bewerfen was groß iſt; was thut für
ſolche Zwecke beſſere Dienſte als jene Frivolität, die es ver-
ſteht das Ehrwürdigſte dem Geſpött preiszugeben, indem ſie
es zum Gegenſtande einer „harmloſen" Heiterkeit, eines
luſtigen „Spiels", eines „unſchuldigen" Gelächters macht?
Denn das Lächerliche bildet den Gegenſatz des Guten und
Großen und Schönen (86), ohne darum die abſtoßende
Häßlichkeit des Böſen zu haben. Was wir belachen können,
das iſt für unſere Achtung verloren; die beſtändige nichts
verſchonende Komik wirkt wie ein ſcharfes Gift, auflöſend,
verflüchtigend, zerſetzend, auf den Ernſt jeder höheren Lebens-
anſchauung und die Kraft des moraliſchen Gefühls:

„Krieg führt der Witz auf ewig mit dem Schönen,
Er glaubt nicht an den Engel und den Gott" [1]).

von Menſchenfreundlichkeit beweiſen hiergegen nichts. Man pflückt eben die
Traube nicht von Dornſtrauch, und die Feige nicht von der Diſtel. Die Haupt-
charakter in Leſſings Nathan ſind mithin nichts anderes, als Erſcheinungen auf
dem Gebiete des kontingenten Seins denen die weſentlichen Erklärungen ihrer
Möglichkeit abgehen, Wirkungen ohne wirkende Urſache (106, 107).
    Wir haben die Thatſache von der wir eben beachtenswerth genannt; auf-
fallend oder überraſchend iſt ſie nicht im mindeſten. Falſche Schlüſſe kann man
nur aus falſchen Prämiſſen ziehen: die Wahrheit läßt ſich nimmer der Lüge
dienſtbar machen.
    1) Schiller

Und eben darum hat es seine guten Gründe, wenn die Wissenschaft der pseudoschönen Kunst, die moderne Aesthetik im antonomastischen Sinne, so gewaltige Anstrengungen macht, um sich diese Waffe nicht aus den Händen winden zu lassen. Sie fühlt es zu sehr, daß es um ihre „schöne“ Kunst der Frivolität und der Lästerung und des Cynismus geschehen ist, daß ihre Komik den größten Theil ihrer Wirksamkeit verlieren muß, sobald der „ästhetische“ Schleier zerreißt, unter welchem sie die grinsende Fratze und die sittliche Zerlumpung verbirgt: darum muß um jeden Preis das Lächerliche gerade so gut als das Erhabene „zu den ästhetischen Begriffen“ gehören, wie dieses „ein wesentliches Moment des Schönen sein, das sich als nothwendige Bewegung und Gährung in diesem selbst entfaltet“ [1]). Wir haben diese Lehre bereits in der ersten Abtheilung zurückgewiesen. Zum Beweise, daß ihr Grund und ihr Ziel wirklich dasjenige ist welches wir eben bezeichnet, hier nur einige Stellen aus Vischers Aesthetik.

„Das Komische ist schlechtweg pantheistisch, und der Herr spricht in Göthe's Faust darum so leutselig mit Mephistopheles, weil er weiß, daß, sobald er den Geist der verneint nicht anerkennen würde, eben diese Ausschließung ihn selbst der Negativität, die er in sich bewegt, als Stoff überliefern würde.“ (Aesth. 1. §. 163.)

„Es kann nicht die Meinung sein, daß das Wichtige und Große, Gesetz, Staat, Religion, bedeutender Moment der geschichtlichen Politik, nicht der Komik unterworfen werden dürfe oder könne.“ (Aesth. 3. §. 915.)

„Besonders wird die Sphäre der Kraft, des Anstandes, der äußern Zweckmäßigkeit, der Leidenschaft, den Stoff (der Komik)

---

1) Vischer. S. oben S. 249 f.

bilden, aber ebenſo auch die höchſten Gebiete, nur immer in
handgreiflich verleiblichter Erſcheinung. Der Gegenſtoß an dem
dieſes Erhabene ſcheitert, und welcher hier häufiger von außen
als von innen kömmt, wird daher nothwendig je zu den niedri-
geren und gröbſten Formen des Daſeins zurückgreifen, und den
Anſtand nicht nur da, wo der Kampf gegen ihn als erſtes Glied
ausdrücklich geht, aufs Derbſte verletzen; der Naturgrund womit
das Subjekt behaftet iſt, wird völlig durchwühlt, um ſich von
ihm zu befreien." (Aeſth. 1. S. 189.)

In der Erklärung des Paragraphen heißt es:

„An der Religion wird der Sinn des ausgeſprochenen
Satzes beſonders deutlich. Als Kirche wird die Religion ganz
objektiv und eben dadurch für die Poſſe greiflich; ſie verfällt
aber zugleich in dieſer Geſtalt mit Recht der Komik, denn ihr
geiſtiger Mittelpunkt verliert wirklich an ſeiner Reinheit eben ſo
viel als der objektive Körper der Kirche gewinnt. Die ſoge-
nannten Mißbräuche ſind daher nicht zufällige, ſondern nothwendige Folgen dieſer Verleiblichung. Dogmenzwang und geiſt-
liche Herrſchſucht und Habſucht ſitzen mitten im Weſen der Kirche."

Etwas tiefer:

„Die Poſſe braucht den derben Ausbruch des Sinnlichen,
die ungezwungenſte Bezeichnung deſſelben, und iſt daher beſonders
ſtark in der Zote, wie Ariſtophanes, Boccaccio, Luther in allen
ſeinen Aeußerungen gegen das Verbrechen des Cölibats, genugſam
beweiſen. Auf welche Weiſe der Zuſtand der Kirche verſpottet
wird, beweiſen die Darſtellungen von Eſeln die Meſſe leſen, von
Mönchen die an Schweins-Eutern trinken, u. dgl. Die Poſſe
iſt völlig cyniſch. Das Cyniſche iſt keineswegs einfach als
Schmutz zu verſtehen, ſondern es iſt die abſichtliche Aufdeckung
der Natur in ihren gröbſten Bedürfniſſen aus Oppoſition gegen
die Unnatur. . . Der wahre Cynismus iſt ein Kampf der Ge-
ſundheit und Sittlichkeit gegen Verbildung und ihre Verdorben-

heit. . . . Die allgemeine Empfindlichkeit reizt starke Naturen, den
Stoff auszubeuten im Namen der Schönheit und ihres Naturrechts."

Im Namen der Schönheit und ihres Naturrechts überheben
wir uns der Mühe, über diesen Wahnwitz ein Wort zu verlieren. „Den Künstlerhumor der Bummler" hat ein neuerer
Schriftsteller den Geist dieser Komik genannt, „den Gassenbuben, der die Fenster der Kirchen, der Paläste und der
Hütten mit Steinwürfen einschmeißt, damit Gassenbuben
dazu in die Hände klatschen" [1]). Die Kritik ist noch viel
zu gelinde.

163. Mit der geheimnißvollen Entwickelung des Komischen aus dem Schönen, durch Kraftsentenzen und ein
Spiel mit Metaphern bei denen sich kein vernünftiger Mensch
etwas denken kann, war übrigens die pseudoschöne Kunst
noch keineswegs sicher gestellt. Die ethischen Rücksichten genir-
ten sie in ihrem frechen Gebahren, so lange nicht das Schöne
von der Tyrannei des Guten emancipirt, und die Lehre
proklamirt war, daß beide unabhängig von einander ihr
eigenes Gebiet beherrschen, mithin die Moral der Aesthetik
nichts darein zu reden, und den Werken der Kunst gegenüber strenge Neutralität zu beobachten habe. „Das Alterthum und die Neuplatoniker haben das Schöne nicht gehörig
vom Guten unterschieden," belehrt uns darum Vischer. „Die
Kirchenväter und das Mittelalter," fährt er fort, „konnten
der ganzen Geistesweise der Zeit gemäß eben so wenig jene
Ablösung des Schönen von anderen Gebieten vornehmen,
welche der Aesthetik erst das Leben gibt" [2]). Auch die spätere
Zeit fand das Rechte nicht. „Erst mit dem Eintritte der

---

1) Oldenberg, Ein Streifzug in die Bilderwelt. (Hamburg 1859.)
2) Ueber das Erhabene und Komische, S. 1.

Schelling'schen Philosophie schöpft man wahre Luft. Seit seinem Auftreten ist ein System der Aesthetik erst möglich geworden. . . Mit dem Princip der absoluten Indifferenz oder der Einheit des Idealen und Realen war jene Kluft (zwischen den Sinnen und der Vernunft, zwischen Natur und Geist,) überwunden, und das Schöne mit Einem Schritte wieder in seine Würde eingesetzt [1]).

Was ist also das Schöne in dieser seiner „wieder er- langten" Würde?

Es ist „die Idee in der Form begränzter Erscheinung. Es ist ein sinnlich Einzelnes, das als reiner Ausdruck der Idee erscheint, so daß in dieser nichts ist was nicht sinnlich erschiene, und nichts sinnlich erscheint was nicht reiner Ausdruck der Idee wäre [2]). Es kann" (nach weiterer Entwickelung) „bestimmt werden als eine Vorausnahme des vollkommenen Lebens oder des höchsten Guts durch einen Schein [3]). Das (schöne) Indivi- duum erscheint jedem Zusammenhange entnommen, welcher die reine Gegenwart der Idee in ihm trübte; darum darf die Gestalt desselben nicht nach ihrer innern Mischung und Struktur, sondern nur nach der Totalwirkung derselben, wie sie auf der Oberfläche erscheint, in Betracht kommen: nur diese, vom Durchmesser ab- gelöst, nur der Aufriß, nicht der Durchschnitt. Es kömmt nur darauf an wie der Körper aussieht, er ist umgewandelt in reinen Schein [4]). Das Schöne ist also reines Formen- wesen" [5]).

„Wenn demnach das Wesen des Schönen nichts anderes ist als die allgemeine Harmonie der Idee mit der Wirklichkeit, aber

---

1) Vischer, a. a. O. S. 10. 12.
2) Vischer, Aesthetik 1. §. 14.
3) Derselbe, a. a. O. §. 53.
4) a. a. O. §. 54.
5) a. a. O. §. 55.

nicht in ihrer Allgemeinheit, sondern zur vollendeten Erscheinung heraustretend im Einzelnen, so erhellt nunmehr der wesentliche Unterschied in der Einheit des Schönen und Guten. Das Gute ist die Thätigkeit, welche jene Einheit als noch nicht vorhandene stets erst zu erarbeiten strebt, und ruht also auf der Voraussetzung des Gegensatzes zwischen der Idee und der Wirklichkeit. Auf diesem Standpunkte des Sollens kann nicht wie im Schauen danach gefragt werden, wie die Erscheinung aussehe [1]). Im „Schönen" dagegen „kommt es darauf an wie die Sache aussieht. . . Das Gute ist im Schönen aufgehoben im Sinne von tollere und conservare: dasjenige an ihm wodurch es ein Besonderes und von der Welt der Formen Verschiedenes ist, erlischt" [2]).

Das ist die Wiedereinsetzung des Schönen in seine Würde durch die Philosophie der absoluten Indifferenz. Man könnte sich immerhin für berechtigt halten, nach den Früchten zu fragen, welche sie der Kunst gebracht. Eine der auserlesensten werden wir sogleich kennen lernen. Ein wesentlicher Gewinn dieser „Ablösung des Schönen vom ethischen Gebiete" war es jedenfalls schon, daß man den Vorwurf, Göthe's „Wahlverwandtschaften" seien ein giftiges Buch, durch den Hinweis auf die vollendete Form mit der geistreichen Bemerkung zurückweisen konnte, „dann würden die Mißbildungen nicht fehlen, die ein so ungesundes Blut an dem Leibe der Dichtung hervortreiben müsse; denn ein wirklicher Verstoß gegen das Gesetz der Sittlichkeit beim Dichten werde immer zugleich

---

1) a. a. O. §. 56.

2) a. a. O. §. 59, 2. — Wenn die etwas lange Exposition, die wir hier mit Vischers Worten gegeben haben, unverständlich zu sein scheint, so wolle man sich erinnern, daß ein Gerede das keinen Sinn hat sich freilich nicht verstehen läßt. Der Begriff des Absurden ist eben der, daß es nicht gedacht werden kann.

als ein Verstoß gegen die Gesetze der Schönheit [1]) erscheinen
und sich nachweisen lassen" [2]). Auf diesen unwiderleglichen
Beweis gestützt konnte sich denn Vischer auch die Freiheit
nehmen, „einen Menzel" in heiligem Zorn einen „Ver-
leumder" zu schelten, weil er die allbekannte Thatsache ausgesprochen, daß Göthe „ein Meister schöner Form sei bei
unsittlichem Gehalt" [3]). Von kompetenter und glaubwür-
digerer Seite wird unterdessen neuestens wieder mit aller
Entschiedenheit behauptet, die ausübende Kunst, von den
letzten Consequenzen der modernen Richtung getrieben, sei
bei einem Schlußresultat angelangt, welches einer Uebersetzung des modernen wissenschaftlichen Materialismus in das
künstlerische Genre vollkommen gleich sehe; ein rettungsbe-
dürftiger Jammerruf klinge in bedenklicher Art aus dem
heutigen Leben, und es handle sich beinahe um die Frage,
ob die größere Anzahl unserer auf solche Weise gebildeten
oder mißleiteten Künstler ihre Kräfte vergeudet haben, oder
selbe einem anderen Handwerk zuwenden sollen [4]). Aber
das letzte ist ohne Zweifel auch wieder eine Verleumdung;
jenes Schlußresultat hingegen, die Rehabilitation der Materie,
ist eben der rechte Standpunkt, die Wiedereinsetzung des
Schönen in seine Würde.

164. So hat denn die moderne Philosophie das hohe
Verdienst, die Moral, wie sie dieselbe aus dem Völkerrecht,
aus dem Staat, aus der Wissenschaft, aus der bürgerlichen
Gesellschaft herausgerissen, auch auf dem Gebiete der Kunst

---

1) Jener Schönheit, welche „reines Formenwesen" ist, bei der es nur
darauf ankommt „wie die Sache aussieht"? Als ob nicht oft auch die
schönsten Schlangen giftig wären.

2) Strauß, bei Vischer Aesth. §. 59.

3) Vischer. Aesth. §. 55.

4) Histor.-polit. Blätter. Bd. 52. „Ein Wort für die Kunst."

in Praxis und Theorie mit aller Gründlichkeit vertilgt zu
haben. Wem es darum zu thun ist, dieses Verdienst nach
seiner vollen Bedeutung schätzen zu lernen, der werfe etwa
einen Blick in unsere Theater, wo in Trauerspielen und
Melodramen Ehebruch, Blutschande, Nothzucht, Mord und
Todtschlag, Operngebrüll und Paukenknall und eingeschobene
Ballets gar anmuthig mit einander abwechseln; der erbaue
sich an den Leistungen unserer neuesten Lyrik, welche an die
Stelle der Poesie eine in Haß und Hoffart betrunkene Rhetorik gesetzt hat, in der sie fanatisch die Freiheit des Blocks-
bergs proklamirt; der überzeuge sich durch die Belege, welche
Wilhelm Hanke in seinen „Verirrungen der christlichen Kunst"
liefert, von dem schauderhaften Einfluß, den die nackten
Helden der Berliner Schloßbrücke auf die sittliche Corruption
der preußischen Hauptstadt geübt; der studire endlich den
Socialismus, die frivole Salonweisheit, den ästhetisirten,
in endlich errungener Freiheit wie das Thier mit den Lüsten
spielenden Materialismus, die Apotheose des Lasters, in der
noch immer steigenden Sündflut von Romanen, die sich zum
Theil unter einander auf das wüthendste anfeinden, ver-
leumden und bekriegen, aber sofort wie Ein Mann zusam-
menstehen, wo es etwa gilt gegen das positive Christenthum
oder die Kirche Front zu machen[1]). Nicht, als ob wir diese
Blüte der pseudoschönen Kunst ausschließlich auf Rechnung
der Identitätsphilosophie setzen wollten; ihre Vorläuferinnen
haben auch das Ihrige dafür gethan. Aber die principielle
Rechtfertigung, die systematisch durchgeführte Theorie der
wider Gott und Kirche, wider Sitte und Recht, wider alles
Wahre und Gute und Schöne anstürmenden Technik, ist das
Werk der Philosophie von der Einheit des Realen und

---

[1]) Vgl. Eichendorff, Geschichte der poetischen Literatur Deutschlands (Schluß).

Idealen, seit deren Entdeckung „ein System der Aesthetik ja
erst möglich geworden" (163).

Wie diese Aesthetik ihren Grundsatz von der „Ablösung
des Schönen von anderen Gebieten" und seiner „Unterscheidung vom Guten" mit Consequenz auch theoretisch durch-
führt, davon zum Beschluß nur noch Eine Probe.

„Das Schöne," lehrt Vischer, „ist über die dem gemeinen
Leben vorgezeichneten Gränzen des Anstands und der Scham
erhaben. . . In ihm ist mit dem Stoffartigen alles erloschen,
was am Nackten und an der Sinnlichkeit die Begierde weckt;
es ist in jener reinen Kühle untergegangen, die dem Schönen
eigen ist. Was daher die Sage der Völker in eine besondere
Zeit als ein Vergangenes legt, als paradiesischen Urzustand, das
bleibt im Schönen Gegenwart. Daher ist es auch entbunden
von derjenigen Scham, welche eine künstliche Bildung in die
Gemüther gepflanzt hat"[1]).

Mehr als 2000 Seiten Lexikonoktav, mit 1600 Paragraphen
in jenem abstrakten Katheberstil, wie wir ihn aus den vorher
gegebenen Proben kennen gelernt, bilden übrigens freilich
ein Werk, das nicht dazu angethan ist, auf das „gebildete
Publikum" unmittelbaren Einfluß zu gewinnen. Und doch
hat der bunte Kram der von Gott emancipirten Wissenschaft
und ihrer Aesthetik seine Hauptabnehmer und seine vorzüglichste Stütze gerade in der großen Menge des schöngeistigen
Dilettantenthums, das über alles mitzureden gewohnt ist,
wovon es nichts begriffen hat. Darum wurde jedenfalls
wieder „einem tiefgefühlten Bedürfniß abgeholfen", indem
neuestens Lemcke sich der Mühe unterzog, die Resultate der
gelehrten Forschung, wie sie namentlich bei Vischer vorlagen,
nun auch populär zu verarbeiten, und sie in salonfähiger

---

1) Vischer, Aesth. 1. §. 60.

Sprache jener Menge mundgerecht zu machen. Hören wir,
wie Lemcke das eben aus Vischer angeführte Princip vollkommen populär auszudrücken weiß.

„Die Plastik hat das Schönste gestaltet, Schönheiten die in
ihrer Art vielleicht dem Ideal am nächsten gekommen sind, verglichen mit den Bestrebungen der anderen Künste. . . Der Anblick der Schönheit kann berauschend wirken[1]). Ein Antlitz, ein
Körper kann entzücken. Das Seelenvolle darin kann sogar zu-
rücktreten, und der Anblick der Formen allein kann durch ihren
Rhythmus, in diesem unendlichen Wechsel von Stark, Schwach,
Rund, Lang, Fest, Weich, in diesen nicht auszumessenden, jedem
mathematischen Maß sich entziehenden und doch so maßvollen
Linien, einen Eindruck machen, der am besten mit einer Symphonie zu vergleichen ist.“[2])

„Man muß nackte Körper sehen, um ihre Schönheit zu erkennen; alles andere kann nur ein Stückwerk geben. . . Wir
haben es bei unserer Kleidertracht, die alles verdeckt bis auf
Gesicht und Hände, dann bei unsern Ansichten über Schamhaftigkeit, sehr schlimm. . . Der Grieche schwelgte in Formenschönheit,
wo wir darben[3]); er erkannte Göttlichkeit, wo wir meinen die
Augen niederschlagen zu müssen[4]), weil es sündhaft zu sehen,
was die Gottheit so schön geschaffen. Er pries, er berauschte
sich an dem, was wir verschweigen oder verstecken.“[5])

Nach solchen Präliminarien, die nur weiter und schlüpfriger
ausgeführt werden, geht Lemcke dazu über, „die Frage über

---

1) Das kann auch der Wein der Buhlerin der Apokalypse.
2) Populäre Aesth. S. 393.
3) Wenn wir nämlich Leute sind wie jener, der sich „nach den Trebern der
Schweine sehnte; und niemand gab sie ihm“.
4) Dazu war „der Grieche“ viel zu gescheidt; es bedurfte der modernen
Weisheit, um solche „Göttlichkeit“ zu verstehen.
5) Lemcke, a. a. O. S. 394, 395.

die Nacktheit und die Gewandung ins Auge zu fassen". Das Resultat lautet also:

„Wo die wahre Veredlung eingetreten ist, wo die Sinnlich-keit in jeder Beziehung schön erscheint, natürlich und doch geistig geläutert, geistig und doch natürlich, da gibt es keine Scham im gewöhnlichen Sinne [1]), die Verhüllungen braucht, um nicht den Eindruck der Sinnlichkeit oder die unwillige Abwehr gegen dieselbe zu erwecken. Da ist Nacktheit keuscher als ein Verstecken, das mehr darauf hinweist, daß etwas verborgen ist, als das Verborgene ver-gessen läßt [2]). Der Künstler der, keusch wie jede Kunst sein und machen soll [3]), nur die Schönheit verfolgt, wird ein Kunstwerk schaffen das auch der keuschesten Seele keinen Schaden bringt, sondern sie höchstens über ihre Ueberspannung belehren kann. Er hat sich nicht um die gewöhnlichen Anstandsregeln zu küm-mern, sondern schafft den Menschen, wie er in seiner natür-lichen Schönheit dasteht. Der Plastiker also, der sein Objekt so in sich abgeschlossen wie möglich darstellt, bildet den Menschen dann nackt, sei es Weib oder Mann." [4])

Das ist jedenfalls nicht Philosophie der schönen Kunst, sondern Sophistik des Fleisches, noch dazu eine sehr ober-

---

1) In welchem Sinne denn? Freilich, wo „die wahre Veredlung eingetreten", d. h. wo „das Verwesliche die Unverweslichkeit angezogen, und mit Unsterblichkeit sich dieses Sterbliche überkleidet haben wird", da werden wir der Bekleidung nicht mehr bedürfen. Die Philosophie der absoluten Indifferenz schmeichelt sich, diesen Zustand blißeit des Grabes herbeiführen zu können; sobald sie allgemein geworden, wird also die Menschheit die Feigenblätter wegwerfen, die sie seit 6000 Jahren für nothwendig gehalten, um ihre Schande zu verhüllen. Aber die Philosophie der absoluten Indifferenz ist schon am Sterben, — wenn sie anders nicht ein todtgebornes Kind war.

2) In Rücksicht auf das lüsterne Auge und die Lüsternheit ist hieran etwas Wahres.

3) Der Verfasser spricht hier ironisch.

4) Lemcke, Pop. Aesth. S. 396.

flächliche. Mit Gründen solchen Lehren entgegentreten, ist
verlorne Mühe. Unverdorbenen Seelen sagt es das gesunde
Gefühl, daß eben in dieser Weise die Sünde reden müßte,
welche nach dem Apostel unter uns nicht genannt werden
soll, wenn sie persönlich die Katheder besteigen könnte; wo
aber das Herz versumpft ist, da können nicht theoretische
Beweise es losreißen von dem was es liebt, sondern allein
die Furcht des Herrn, „der Anfang der Weisheit".

Daß man sich indeß ja nicht wundere, wenn die Aesthetik
der absoluten Indifferenz eine solche Sprache führt. Sie
konnte nicht anders, sie mußte bei diesen Resultaten an-
langen: nicht nach den logischen Gesetzen des menschlichen
Denkens etwa, denn die kümmern sie am Ende wenig; sondern nach den ewigen Gesetzen einer Dialektik, die mit eiserner
Nothwendigkeit ihre furchtbaren Consequenzen zieht, wider
die der Menschengeist vergebens ankämpft. Wir wollen uns
erklären. Die Aesthetik der absoluten Indifferenz ist ihrem
Wesen nach Gottesläugnerin. „Der Theismus schließt den
Standpunkt der Aesthetik in Wahrheit aus", sagt Vischer[1])

---

1) Aesthetik I. §. 52. Wem diese kurze Erklärung nicht genügt, der über-
winde sich noch, die folgende Stelle zu lesen.

„Die Meinung dieser ist, daß nicht erst das Schöne diesen Gegenstand (das
Absolute) als Schein erzeuge, sondern daß derselbe noch zu den selbsten Gegenständen gehöre. Kunde von diesem Gegenstande, ist die weitere Meinung, gebe
die Religion." . . . „Der Inhalt der Religion scheint ihr selbst ein Gegenstand,
der ohne sie und außer ihr da sei. Daß dies nicht Wahrheit ist, folgt aus allem
bisherigen. Die Religion setzt die absolute Idee als als ein vollendet in Gott als
einem Einzelnen oder in Göttern als Einzelnen, näher bestimmt zur Idee der
Menschheit als rein vollendet im Sohne Gottes u. s. w. Indem sie nun daran
geht, die Eigenschaften und Thätigkeiten dieser Wesen, welche einzelne sein sollen,
sich aus einander zu setzen, hebt sie unvermerkt das Subjekt dieser Thätigkeiten
als einzelnes auf. Gott wird als allgegenwärtig und unzeitlich durch alle Zeit
wirkend und schaffend im Universum, der Sohn Gottes ebenso in der besonderen
Beziehung zum sittlichen Leben der Menschheit gefaßt u. s. w., d. h. sie sind
keine Einzelnen mehr, sondern der Geist des Ganzen. Die Religion merkt aber

einfach und entschieden. Aus dem Pantheismus geboren,
durch ihn allein möglich, steht und fällt die Aesthetik von
der wir reden mit dem Worte, das „der Thor spricht in
seinem Herzen: ‚Es gibt keinen Gott‘“; denn Pantheismus
und Atheismus sind nur verschiedene Formen derselben Lüge.
Nun lehrt uns aber der Apostel, als erstes Princip zur
Philosophie der Geschichte des Heidenthums, einen Satz, der
unfehlbar fest steht, denn er ist das Wort des heiligen
Geistes. „Gottes Zorn,“ spricht er, „offenbart sich handgreiflich in dem Gerichte, das er über die Gottlosigkeit der
Menschen verhängt, welche seiner Wahrheit widerstehen. Er
hat sich ihnen kund gethan seit dem Tage der Schöpfung in
seinen Werken, sie haben ihn erkannt: aber sie haben ihn
nicht ehren wollen als ihren Gott; ihr Denken ist sinnlos
geworden, und finster ihr unweises Herz, sie gaben sich für
weise aus und wurden Thoren: an die Stelle des unsterblichen Gottes haben sie Bilder vergänglicher Menschen gesetzt,
Bilder von Vögeln und vierfüßigen Thieren und Schlangen.
Darum hat Gott sie den Lüsten ihres Herzens, der Un-
reinigkeit, preisgegeben, . . darum hat er sie schmachvollen
Begierden überliefert, . . darum sie überlassen dem Geiste
der Unlauterkeit, zu thun was sich nicht ziemt“ [1]). Das ist

_____

diese Auflösung, die sie selbst vornimmt, nicht, sie glaubt trotz dem Widerspruch
an die Gegenständlichkeit ihrer Vorstellung. Die Schönheit wird sich dagegen als
eine Macht erweisen, welche diesen verwechselnden Glauben anstößt, also weit entfernt, ihren Inhalt als reinen Gegenstand von der Religion zu entlehnen, vielmehr die Bestimmung dieses Inhalts, wonach er Gegenstand ist außer dem
Glauben der ihn glaubt, aufhebt. Der Glaube womit die Religion glaubt,
nicht das was dieser Glaube glaubt, ist die Bedeutung der Religion.“ Vischer,
Aesthetik 1, §. 24, B. §. 25.
    Möchte der Gott den sie verläugnen, sich Vischers erbarmen, und aller die
gesonnt sind wie er, und sie glücklich machen durch die Religion, welche sie lästern.

1) Röm. 1. 18. ff.

der unwiderlegliche Beweis für die systematische Einheit und den dialektischen Zusammenhang der Aesthetik des Pantheismus.

Uebrigens hätte die Welt, um bei solchen Zielen anzukommen, des Princips der absoluten Identität nicht erst bedurft. Der Standpunkt der „spekulativen Weltanschauung" mit seinem Pantheismus ist unter der Sonne so alt wie die Lüge „ihr werdet sein wie Gott"; und seine unausweichliche Consequenz, die Emancipation des Fleisches, muß wenigstens für eine antediluvianische Erscheinung gelten: als Noe an der Arche baute, stand sie in voller Blüte.

§. 29.

Einige von der unsrigen verschiedene Erklärungen des Wesens der Schönheit. Burke, Lemcke und Baumgarten. (Ueber den Namen „Aesthetik".) Schiller. Kuhn. Petavius. Schelling und Vischer. Taparelli; Rogacci und der heilige Franz von Sales.

165. Bevor wir zum Schluß unserer Untersuchung kommen, scheint es uns zweckmäßig, noch einige von der unsrigen abweichende Erklärungen des Wesens der Schönheit unsern Lesern kurz vorzuführen. Eine prüfende Vergleichung anderer Ansichten dient immer dazu, die eigene gleichfalls schärfer hervortreten zu lassen. Es kann den Anschein haben, als ob diese Vergleichung angemessener schon am Schluß der ersten Abtheilung ihre Stelle gefunden hätte; wir haben sie indeß nicht ohne Grund hieher verlegt. Uebrigens wolle man nicht etwa eine erschöpfende Angabe aller verschiedenen Auffassungen der Schönheit von uns erwarten. Wir geben nicht eine Geschichte der Philosophie, auch nicht jenes Theiles derselben, welcher sich mit der Schönheit befaßt.

Die Theorie des englischen Sensualismus ist uns bereits

wiederholt begegnet (40. 82). Der Materialismus unserer
Tage producirt nichts Neues, wenn er durch seine Principien
zu denselben Anschauungen gelangt: ist es ja doch eine Weisheit, die schon die griechischen Sophisten ausgeheckt hatten,
wie aus Plato's Dialogen hervorgeht [1]. Wir würden es
nicht für der Mühe werth halten, dieser sensualistischen Auffassung der Schönheit hier noch einmal zu erwähnen, wenn
nicht eben jetzt Lemcke in seiner „populären Aesthetik" wieder
für dieselbe Propaganda machte, und zwar in einer Weise,
die ganz dazu angethan ist, Leser welche nicht kritisch zu
prüfen vermögen, irre zu führen.

Das Wesen der Schönheit, insofern anders der Satz als
eine Definition betrachtet werden kann, bestimmt Lemcke also:

„Das Schöne ist eine Form der Erscheinung. . . Schön ist
die Form der Erscheinung, die den uns angebornen Gesetzen
unsers Empfindungslebens entspricht" [2].

Da entsteht freilich die Frage, was denn mit dem Worte
„Empfindungsleben" bezeichnet wird. Das gibt der Verfasser nicht an; aus allem indeß, namentlich aus dem was
er im ersten, zweiten und vierten Abschnitt des ersten Theiles
sagt, geht hervor, daß das Empfindungsleben im allgemeinen
nichts anderes ist, als die Gesammtheit der Erscheinungen,
deren Träger das sogenannte Gefühlsvermögen der neueren
Psychologie bildet, also die Gesammtheit jener Zustände
unsers innern Lebens, welche man mit dem Namen Lust oder
Unlust, Vergnügen oder Mißvergnügen bezeichnet. Zu diesem
Schluß gelangt man, wenn man Lemcke's Aeußerungen sehr
gelinde interpretirt. Nun unterscheidet aber die neuere

1) Man vergleiche z. B. die Stellen des Hippias major, welche wir am
Schluß von N. 3. citirt haben.
2) Pop. Aesth. S. 40.

Psychologie eine dreifache Art von Empfindungen der Lust oder Unlust: Empfindungen sinnlichen Vergnügens, sinnlich-geistigen, und rein geistigen. Die „uns angebornen Gesetze", welche diesen verschiedenartigen Empfindungen von Lust und Unlust zu Grunde liegen, sind gleichfalls verschieden, so sehr, daß ein und dasselbe Objekt zugleich der Gegenstand geistigen Vergnügens und sinnlicher Unlust sein kann, und umgekehrt. Welchen Gesetzen also muß das Ding entsprechen, damit es, nach Lemcke's Erklärung, schön sei? Diese Frage bleibt ungelöst. Sie läßt sich indeß mit Sicherheit beantworten, aus Stellen wie die folgenden:

„Das 5. Jahrhundert und der Anfang des 4. Jahrhunderts vor Christi Geburt ist die Blütezeit des hellenischen Volkes — eine Blütezeit wie sie nicht wieder erlebt worden. . . Jene Zeit ist das Kapital gewesen, von dessen Zinsen wir zum großen Theile bis auf den heutigen Tag leben". . . Aber die Blumen wurden welk: „Im ethischen Leben zeigte sich der Verfall zuerst. Das ästhetische Leben überwucherte es mit seinem sinnlichen Triebe. Sinnlichkeit erstickte die Sittlichkeit. Alles dachte nur an Genuß, an ästhetisches Vergnügen"[1].

Und als später auch in Rom wieder „das ästhetische Leben, der Genuß", das ethische Leben überwuchert hatte,

„Da kamen die Jünger eines gekreuzigten Nazareners[2] und predigten das Evangelium. Thut Buße und glaubet! war ihre Lehre. Der Glaube, das ethische Princip, begann mit dem Christenthum seinen gewaltigen Kampf gegen die ästhetische

---

1) Lemcke, a. a. O. S. 13.

2) welcher bereinst selbst kommen wird „in den Wolken des Himmels, zur Rechten der Kraft Gottes sitzend, Gericht zu halten über Lebende und Todte", auch über jene, welche in ihm nichts sehen wollen als „einen gekreuzigten Nazarener". Er war's ja auch, — und er war es auch für sie.

Empfindung, gegen die Welt des Schönen und
den sinnlichen Genuß und gegen das Erkennen, das
durch die Schärfe des Verstandes die Wahrheit zu finden sucht.
Das Schöne ward vernachläßigt, verachtet oder in den Glauben
hineingezogen und der Gottheit vindicirt [1]); die Wahrheit ward
dem Glauben unterjocht, der über die Begriffe des Verstandes
hinübergespannt war und in einem Wunder sich zusammenfaßte,
das jenseits aller Erfahrung lag" [2]).

Solche Stellen, sagen wir, und es gibt deren eine Menge
in dem „populären" Buche, nöthigen uns, die vorhin angeführte Erklärung Lemcke's in bestimmterer Form etwa so
auszudrücken: „Schön ist die Form der Erscheinung, welche
den uns angebornen Gesetzen des sinnlichen Triebes
entspricht"; kürzer, „schön ist das sinnlich Angenehme".
Eigentlich sollten wir Schlimmeres folgern. Denn nach den
angeführten Stellen „kämpft das ästhetische Leben gegen das
ethische", — sind die Ausdrücke „Sinnlichkeit welche die
Sittlichkeit erstickt", „Genuß", „ästhetisches Vergnügen" synonym, — besteht ein wesentlicher innerer Gegensatz zwischen
der Lehre „des gekreuzigten Nazareners" auf der einen, und
der „ästhetischen Empfindung, der Welt des Schönen und
dem sinnlichen Genuß" auf der anderen Seite. Nun wird
aber die Sittlichkeit nur von der ungeordneten Sinnlichkeit erstickt; und das Christenthum hat auf der Erde nichts
bekämpft, als die angeborne Verderbtheil der menschlichen Natur, die böse Lust und das Gesetz der Sünde. Also

---

1) Als ob die sokratische Philosophie, in der „Blüthezeit des hellenischen
Volkes", das minder gethan hätte.

2) Lemcke, a. a. D. S. 17. — Lügen ist immer anständig; es ist doppelt
unanständig in einer öffentlichen Schrift: aber eine siebenfache Schmach, die
niederträchtigste Gemeinheit ist es, in einem populären Buche in Glaubens-
sachen zu lügen.

„was die böse Lust befriedigt", das wäre genau genommen nach Lemcke schön zu nennen[1]). *Evanuerunt in cogitationibus suis, et obscuratum est insipiens cor eorum.*

166. In dieselbe Kategorie der verkappten Sensualisten auf dem Gebiete der Schönheit müssen wir schließlich auch Alexander Gottlieb Baumgarten rechnen. Er war der erste, der die Philosophie der Schönheit als selbständige Wissenschaft neben der Metaphysik und Ethik behandelte: seine „Aesthetica" erschien 1750 bis 1758 in zwei Theilen zu Frankfurt an der Oder. Man hat ihn darum den Begründer der Aesthetik genannt. Urheber dieses so schlecht als möglich gewählten Namens ist er allerdings; als den Vorläufer einer entsprechend falschen Richtung in der Behandlung dieses Theiles der Philosophie auf deutschem Boden mag man ihn auch betrachten: aber wenn ihm der Titel eines Begründers der Philosophie der Schönheit und der schönen Kunst vindicirt werden soll, so erlauben wir uns, im Namen der Wissenschaft und ihrer Geschichte energisch dagegen zu protestiren.

Die Schönheit eines Dinges ist nach Baumgarten „die sinnlich wahrnehmbare Vollkommenheit desselben"[2]). Die Vollkommenheit körperlicher Dinge, insofern der Sinn die-

---

1) Vgl. S. 481 f.

2) Baumgartens Aesthetica ist uns nicht zur Hand. Jene Definition findet man indeß überall gleichmäßig als die von ihm gegebene angeführt: so bei Krug (Aesth. §. 22.) und Ficker (Aesth. §. 1.), in dem „großen Conversations-Lexikon" von Meyer, und dem Kirchen-Lexikon von Weyer und Welte, Art. Aesthetik. In seiner Metaphysik (§. 682.) sagt Baumgarten in voller Uebereinstimmung damit: „*Perfectio phaenomenon, sive (perfectio) gustui latius dicto observabilis, est pulchritudo*". Zum unzweideutigen Verständniß dieses Satzes beachte man noch den folgenden: „*Gustus significatu latiori est judicium sensitivum, id est facultas sensitiva quae perfectionem imperfectionemque rerum percipit.*" (Metaph. §. 606. 607.)

selbe wahrnimmt, ist nun aber offenbar nichts anderes als jene ihre Beschaffenheit, vermöge deren sie den natürlichen Gesetzen des sinnlichen Wahrnehmens und des sinnlichen Strebens entsprechen: mit anderen Worten, die Dinge sind schön insofern sie sinnlich angenehm sind, und die Schönheit ist die Summe jener Vorzüge derselben, durch welche sie uns sinnlichen Genuß bringen. Als Zeugniß für die vollkommene Richtigkeit dieser Folgerung lassen wir hier eine Stelle aus der Metaphysik von G. Friedrich Meier folgen, einem Philosophen jener Zeit, der Baumgartens Ansichten namentlich in seinen „Anfangsgründen aller schönen Wissenschaften" mit vollster Treue adoptirt und entwickelt hat. „Eine Vollkommenheit," sagt Meier [1]), „insofern sie sinnlich erkannt wird, heißt eine Schönheit; und eine Unvollkommenheit, insofern sie auf eben die Art erkannt wird, heißt eine Häßlichkeit. Jedermann gibt zu, daß das wahre Schöne was gutes und vollkommenes sei, und das wahre Häßliche was böses und unvollkommenes sei. Allein man nennt eine Vollkommenheit nicht eher schön, bis man sie nicht sinnlich sich vorstellt, und eine verworrene innerliche Empfindung davon hat. Daher sagt man: der Wein schmeckt schön, eine Blume riecht schön, eine Musik klingt schön, ein Gesicht sieht schön aus. Und ebenso nennt man eine Unvollkommenheit nicht eher häßlich, bis man sie nicht sinnlich sich vorstellt, und eine verworrene innerliche Empfindung davon hat. Daher sagt man: eine Speise schmeckt garstig oder häßlich, ein häßlicher Geruch, ein häßliches Gesicht." [2]) Ist diese Auffassung von der Hunde-Schönheits-Theorie des „trefflichen" Edmund Burke wohl noch verschieden, den wir oben „das Süße die Schönheit für den Geschmacksinn" nennen hörten? (Vgl. N. 82. 83.)

---

1) Metaphysik (Halle 1785.) §. 659.
2) Warum nicht auch „häßliche Peitschenhiebe"?

So hat alſo Baumgarten, indem er die Lehre über die
Schönheit „Aeſthetik", d. h. Theorie der ſinnlichen Wahrnehmung [1]) nannte, für ſeine Auffaſſung allerdings den
bezeichnenden Ausdruck gewählt. Aufnahme und Verbreitung
fand derſelbe übrigens namentlich, als auch Kant, nachdem
er zuerſt dagegen proteſtirt hatte, in ſeiner „Kritik der äſthe-
tiſchen Urtheilskraft" ihn adoptirte. Will man den Namen
beibehalten, ſo ſollte man es jedenfalls mit dem Bewußtſein
thun, daß er ſeiner etymologiſchen Bedeutung nach einen
durchaus unrichtigen Begriff gibt, nicht aber etwa mit Lende
ſagen, „Aeſthetik ſei die Lehre von den ſinnlichen Wahr-
nehmungen und Empfindungen: der Lehre vom Schönen aber
ſei der Name darum eigenthümlich, weil das Schöne d a s
Z i e l d e r g a n z e n ſ i n n l i c h e n E r k e n n t n i ß bilde"[2]).
Das iſt weder populär geredet noch gelehrt, ſondern bloß
unrichtig. Eben ſolchen offenbaren Mißbrauchs wegen, der
mit dem Worte getrieben wird, wäre es wünſchenswerth, daß
ein beſſeres an ſeine Stelle träte. Die Ausdrücke Kalleologie und Kalleotechnik[3]), welche wir dafür gebraucht haben,
finden ſich auch bei Krug; er bedient ſich derſelben indeß
mit einer gewiſſen Schüchternheit, und nur in den Ueber-
ſchriften. Beſſer als die Erfindung Baumgartens ſind ſie
ganz gewiß; oder was hat die Lehre von der ſinnlichen
Wahrnehmung mit der Schönheit zu thun? — Aber man
wird den falſchen Namen nicht fallen laſſen; man wird ihn

---

1) Αἴσθησις die ſinnliche Wahrnehmung; αἰσθητικός was ſich auf dieſelbe bezieht, ſich damit beſchäftigt.

2) Lende, Populäre Aeſth. S. 3. 4. 11. 13.

3) Nach der Analogie von „teleologiſch" und „Teleologie" (τέλος) gebildet
aus κάλλος Schönheit und λόγος, τέχνη. Die Analogie der gebräuchlichen
Ausdrücke Diceologie, Eudämonologie, hätte Kalologie verlangt; aber dieſes
Wort bezeichnet, wie καλλιλογία, die Schönheit des Stils.

eben weil er falsch ist mit um so größerer Anstrengung festhalten — und man hat Grund dazu. Wo es gilt der
Menge Sand in die Augen zu streuen, und die Anschauungen
zu fälschen, da thut nichts bessere Dienste, als Ausdrücke mit
denen sich alle beliebigen Begriffe verbinden lassen; zudem
klingt das Wort „ästhetisches Vergnügen" immer viel „ästhe-
tischer", als das verständlichere „sinnlicher Genuß" oder
gar „böse Lust".

167. Schillers Erklärung der Schönheit haben wir im
Vorübergehen (57) bereits erwähnt. Er faßt das Schöne
als „die Ineinsbildung des Vernünftigen und Sinnlichen
(des Idealen und Realen, der Form und des Stoffes), welche
Vereinigung erst das wahrhaft Wirkliche sei". Der beste
Sinn den wir mit diesen Worten zu verbinden wissen, dürfte
der Gedanke sein, welchen wir früher selbst ausgeführt haben
(vgl. N. 31, 2. 32 ff.): das Körperliche ist schön, insofern
sich darin Spuren des vernünftigen Geistes zeigen; es ist
um so schöner, je vollkommener, je sichtbarer, uns das vernünftige Princip darin entgegentritt. Damit ist aber nicht
die Schönheit definirt, sondern nur der ontologische Grund
angegeben, durch welchen das Körperliche schön ist. Uebrigens,
wenn das Geistige dem Sinnlichen Schönheit gibt, muß dann
nicht jenes selbst um so viel schöner sein?

Nach den letzten Worten Schillers, daß „die Vereinigung
des Vernünftigen und des Sinnlichen erst das wahrhaft
Wirkliche sei", könnte man auch versucht sein, an die Theorie
des Plato oder des Aristoteles von dem Wesen des Körperlichen zu denken. Beiden galt das letztere als zusammengesetzt
aus Form und Stoff, aus einem bestimmenden und einem
an sich bestimmungslosen[1]) Princip. Nach der peripatetischen

---

1) Den μὴ ὄν, dem ἄπειρον.

Lehre ist dem Körperlichen das Sein eigen durch die Form, nach Plato hingegen durch den zeugenden Einfluß der Wesenheiten der Dinge, welche in den Ideen ein ewiges unwandelbares immaterielles Dasein haben. Dasselbe Princip, wodurch das Körperliche ist, bildet nun freilich auch den ontologischen Grund seiner Schönheit, wie seiner Wahrheit und Güte; allein dadurch ist der Begriff der Schönheit keineswegs erklärt.

168. Ein Schriftsteller der neuesten Zeit, A. Kuhn [1]), gelangt durch Vergleichung der Auffassungen der alten und neuen Philosophie zu dem Resultat: „Die Erscheinung Gottes in den Dingen, die in einem Kunstwerke ausgedrückte göttliche, sichtbar oder hörbar gewordene Idee, — das ist das Schöne in ihm" [2]). Wir wollen davon absehen, daß die Schönheit nicht bloß ein Attribut von „Kunstwerken" ist, sondern sich, wie Kuhn selbst hervorhebt, in der gesammten Natur findet; wir wollen nicht wiederholen, daß sie eben so gut und mehr dem Geiste eigen ist als dem Körperlichen, wie Kuhn es gleichfalls nicht in Abrede stellt. Wir glauben, der Gelehrte wird uns nicht widersprechen, wenn wir sein Resultat allgemeiner und genauer so geben: „Die Dinge sind schön, insofern sie sich als Ausdrücke der göttlichen Ideen darstellen." In dieser Weise gefaßt, ist der Satz vollkommen wahr; aber als Erklärung der Schönheit kann er jedenfalls nicht gelten. Denn ganz dasselbe läßt sich von allen übrigen Transcendentalbegriffen sagen. Nicht bloß schön, sondern auch wahr und gut sind die Dinge, weil sie den Ideen der göttlichen Weisheit entsprechen, — und eben dadurch sind sie. Kuhn nennt uns den entfernteren onto-

---

1) Die Idee des Schönen, in ihrer Entwicklung bei den Alten bis in unsere Tage. Berlin 1863.
2) a. a. O. S. 89. 91.

logischen Grund der Schönheit, aber er erklärt nicht ihr
Wesen.

169. Die zuletzt angeführte Definition erinnert uns an
jene des Petavius. „Die Schönheit eines Dinges," lehrt
der große Theolog, „ist nach meiner Ansicht nichts anderes
als die Uebereinstimmung desselben mit jenem vollkommenen
Urbilde und ·Muster (in der göttlichen Intelligenz), dem es
seiner Natur nach entsprechen soll" [1]). Nach weiteren Erklärungen heißt es bald darauf: „Wir können mithin folgende Definition aufstellen: Schön ist dasjenige, dessen Betrachtung uns darum Genuß bringt, weil es seinem Urbilde,
seiner Idee, vollkommen entspricht" [2]). Uns scheint diesen
Sätzen die nothwendige Klarheit einigermaßen abzugehen;
auch durch die Erläuterungen welche Petavius gibt, läßt sich
ihr Sinn nicht mit Entschiedenheit bestimmen. Irren wir
nicht, so will Petavius nichts anderes sagen als dieses: Die
Schönheit der Dinge ist ihre Uebereinstimmung mit ihrem
Ideal [3]), ihre Vollkommenheit, insofern eben wegen dieser
ihre Anschauung uns Genuß bringt. Sehen wir davon ab,
daß diese Definition nicht die Schönheit überhaupt, sondern
die ideale Schönheit erklärt; setzen wir überdies an die Stelle
des Begriffs „Vollkommenheit" den anderen „vollkommene
innere Güte" [4]), so haben wir unsere Erklärung (50). Einen

---

1) Pulchritudinem rei cuiuslibet intelligo sic, ut sit convenientia
quaedam illius cum illa perfecta specie et exemplari, ad quod exigi
natura sua postulat. Petav. de Deo l. 6. c. 6. n. 7.

2) Ad summum pulchrum ita definiri potest, ut sit id cuius
cognitio ideo delectationem affert, quia exemplari suo ac formae primi-
geniae exacte respondet. Petav. l. c. n. 8.

3) D. h. mit ihrem ontologischen Ideal, nicht, zunächst, mit dem
teleologischen; sonst würde die Schönheit durch die Schönheit definirt.

4) Die „Vollkommenheit" und die „vollkommene innere Güte" sind materiell
(in subiecto) eins und dasselbe, und nur dem Begriffe nach verschieden.

wesentlichen Punkt vermissen wir freilich bei Petavius: die Angabe des psychologischen Grundes, warum die Uebereinstimmung der Dinge mit ihrem Ideal uns Ursache des Vergnügens ist, wenn wir sie betrachten.

170. Nur eine pantheistische Variation des bei Schiller und Kuhn und noch unzähligen anderen zu Grunde liegenden Begriffs von der Schönheit der körperlichen Dinge ist die Definition, welche Schelling zugeschrieben wird: „Schönheit ist die Erscheinung der Idee, des Göttlichen, in begränzter Form." Wie namentlich Vischer dieselbe ausgebildet, haben wir oben (163) gesehen. Wir verlieren über diese Auffassung weiter kein Wort, sie denen überlassend, welche ihren Gott, zuerst im Leben und darauf in der Theorie, verloren haben, und nun nichts besseres zu thun wissen, als durch Phantasmagorien und Phrasen die leere Stelle wieder auszufüllen. Eine viel interessantere und geistreichere Darstellung derselben Anschauung findet man übrigens bei dem Pantheisten Plotin, „Ueber die Schönheit" Kap. 2. ff. Schellings Erklärung war nichts weniger als eine neue Erfindung.

Wenn man darum in so manchen Schriften und Abhandlungen über „Aesthetik" gerade Schelling als den eigentlichen Begründer einer wissenschaftlichen Theorie der Schönheit und der Kunst aufgeführt findet, so ist diese Erscheinung eben nicht dazu angethan, einem von dem Stande unserer gegenwärtigen Spekulation und ihren Resultaten einen besonders hohen Begriff zu geben. Nach Kuhn [1]) ist Schelling „der bedeutendste Aesthetiker"; nach Meyers „großem Conversations-Lexikon" [2]) „war es ihm vorbehalten, die Aesthetik auf ihren absoluten Standpunkt zu erheben . . ."; und selbst

---

1) Die Idee des Schönen, S. 84.
2) Art. Aesthetik.

das Kirchenlexikon von Wetzer und Welte belehrt uns, daß „erst Schelling auf dem Gebiete des Schönen Bahn brach, und durch seinen Satz von der Identität des Idealen und Realen ein klares Begreifen dessen, was schön sei, und damit auch die wissenschaftliche Begründung der Aesthetik möglich machte" 1).

171. Während die zuerst erwähnte sensualistische Richtung auf dem Gebiete der Kalleologie das Wesen der Schönheit aus der Beziehung der Dinge zu unserer Sinnlichkeit erklärt, faßt eine andere, deren Vertreter im vollsten Maße unsere Verehrung in Anspruch nehmen, zu demselben Zweck theils das höhere Erkenntnißvermögen, theils die Gesammtheit unserer erkennenden Kräfte ins Auge. „Das Schöne," sagt der heilige Franz von Sales, „ist dasjenige, was dem höheren Erkenntnißvermögen gefällt, dessen Erkenntniß uns angenehm ist" 2). Bei Rogacci, dem Verfasser der Schrift „Ueber das Eine Nothwendige", lesen wir in eben diesem Werke: „Man kann die Schönheit erklären als eine Beschaffenheit, welche das Ding in dem sie sich findet, für die erkennenden Kräfte angenehm und genußbringend macht" 3). Rogacci's Ansicht begegnet uns in neuester Zeit wieder in

---

1) Kirchenlexikon, Art. Aesthetik. Man glaubt in dieser Abhandlung Vischer reden zu hören. Seine Definition, wie wir sie oben (163) gegeben haben, wird vorausgeschickt, und die sich daran schließende Erörterung über das Schöne „nach seinem innern Sein und Wesen" ist einfach eine gedrängte Skizze des ersten Theiles seiner Aesthetik, natürlich ohne seine pantheistischen Voraussetzungen und Consequenzen.

2) Le beau est ce qui plait à l'entendement... Celui dont la connaissance nous agrée, nous l'appelons beau. Traité de l'amour de Dieu l. 1. ch. 1.

3) La bellezza può definirsi, una forma che rende grato e dilettevole alla potenze conoscitive il soggetto in cui si ritrova. Rogacci, dell'uno necessario p. 1. c. 27. n. 19.

der schon wiederholt erwähnten Abhandlung: „Das Wesen
der Schönheit nach den Grundsätzen des heiligen Thomas",
welche Taparelli, der auch bei uns rühmlichst bekannte römische Gelehrte, vom December 1859 bis zum September
des folgenden Jahres in der Civiltà cattolica veröffentlichte,
und dann auch im Separatabdruck erscheinen ließ. Unter
allen wissenschaftlichen Abhandlungen über die Schönheit aus
der neuesten Zeit, soweit dieselben uns bekannt sind, ist diese
unstreitig die beste. Da Taparelli's Auffassung zugleich von
der unsrigen wesentlich abweicht, und beide einander ausschließen, so finden wir es der Mühe werth, auf dieselbe
etwas ausführlicher einzugehen. Eine einläßlichere Prüfung
derselben, hoffen wir, wird dazu beitragen, die von uns
gegebene Erklärung noch vollkommener zu erläutern und fester
zu begründen. Auf Rogacci und den heiligen Franz von
Sales werden wir am Schluß zurückkommen.

Taparelli geht von der Nominaldefinition aus, der auch
wir früher (8) begegnet sind: Schön ist dasjenige, dessen
Anschauung Genuß gewährt, das heißt, nach seiner Erklärung, in dessen Anschauung die erkennende Kraft Befriedigung, Lust, Vergnügen findet. Es komme mithin darauf
an, den Grund dieses Vergnügens zu entdecken: dadurch
würde das Wesen der Schönheit bestimmt sein.

„Man sieht leicht," fährt er fort, „daß dieser Grund kein
anderer sein kann als die Proportion, d. h. eine Art von
Ebenmaß, von Uebereinstimmung, zwischen der erkennenden Kraft
und der Beschaffenheit (der Form) des Gegenstandes [1]). Denn
worin besteht der Akt des Anschauens, des Erkennens? Wir

---

1) È facile il vedere, che cotesta qualità altro non può essere se
non la proporzione; vale a dire una certa somiglianza di misure tra la
facoltà e la forma dell' obbietto.

haben es wiederholt gesagt; das erkennende Vermögen bildet sich
um in das vergeistigte Bild, mit andern Worten in die Form,
deffen was es erkennt. Wäre nun diese Form nicht wie man zu
sagen pflegt homogen, stände sie nicht in einem entsprechenden
Verhältniß zu dem erkennenden Vermögen, würde das letztere
wohl Befriedigung, Ruhe[1]), darin finden können? Das erwarten, wäre eben so viel, als Ruhe für den Leib auf Dornen
suchen. Soll der Leib Ruhe finden, so muß das Polster jedem
der müden Theile eine genau entsprechende Stütze bieten: soll
das Vermögen Ruhe finden, so muß seiner gesammten Richtung,
sowie jeder Fiber des Organs wodurch es thätig ist, die Beschaffenheit des Objekts genau entsprechen. Das übereinstimmende
Verhältniß also, die Proportion, der erkannten Beschaffenheiten
mit dem erkennenden Vermögen ist der allgemeine Grund der
Ruhe des letzteren, mithin die allgemeine Wurzel des Begriffs
der Schönheit."[2])

Vollständiger gibt Taparelli seine Auffassung in der Rekapitulation am Schlusse seiner Schrift.

"Schön ist dasjenige, deffen Anschauung gefällt, Genuß
bringt. Die menschliche Anschauung nun ist zusammengesetzt, sie
umfaßt vier Stufen. Die erste derselben ist die sinnliche Wahrnehmung; die verschiedenen Sensationen koncentriren sich in dem
inneren Centralsinn; von dort empfängt die Phantasie ihre Bilder, um sie nach ihrer Weise zu verbinden und zu beleben, und
von diesen Bildern zieht die Intelligenz durch die ihr eigenthümliche Thätigkeit die allgemeinen Begriffe ab. Die Vereinigung
dieser vier Erkenntnißstufen bildet das vollständige menschliche

---

1) "Riposo", quies, nach der Ausdrucksweise des heiligen Thomas so viel
als "Genuß". Vgl. oben N. 8. die letzte Note.

2) Ragioni del bello, §. V. n. 8. (La Civiltà cattolica, ser. 4.
vol. 6. p. 44.)

Erkenntnißvermögen. Das letztere mithin wird vollkommene
Befriedigung finden, wenn jedes der partiellen Vermögen in dem
Objekt der Anſchauung den ihm entſprechenden Theil findet, und
wenn überdies dieſe vier Theile ſo zuſammenſtimmen, daß ſie
dazu beitragen dem höchſten Akt der Intelligenz ſeine Vollendung zu geben, indem ſie ihn in den Stand ſetzen den Willen
zu richtigem Handeln zu bewegen. Man ſieht hieraus, daß die
Schönheit, wenngleich an ſich und ihrer Natur nach das Ziel
und die Ruhe der erkennenden Kräfte, doch zugleich nach der
Abſicht des Schöpfers die Beſtimmung hat, das vernunftgemäße
Handeln zu erleichtern.

Hiernach könnte es nun nicht mehr ſchwer ſein, das eigentliche Weſen, die Natur dieſes Schönen zu beſtimmen, in welchem
die Erkenntnißkraft ihren Genuß finden könnte. Wir durften
nur die Vernunft und die Erfahrung befragen, einerſeits, welche
die Gegenſtände ſeien, die jeder der vier angegebenen Erkenntniß-
ſtufen entſprechen, andererſeits, in welcher Weiſe dieſe vier Stufen
harmoniſch zuſammenwirken müſſen, damit der erkennende Menſch
die volle Befriedigung finde.

Was alſo zunächſt die Richtung der erkennenden Vermögen
angeht, ſo ſahen wir, daß der äußere Sinn Schönheit des Tones
(mag nun von der Farbe oder vom Schall die Rede ſein) verlangt, Klarheit der Erſcheinung, Mannigfaltigkeit und Ordnung
in der Bildung des Gegenſtandes nach Raum oder Zeit (Symmetrie oder Rhythmus). Der innere Centralſinn wird um ſo
mehr befriedigt, je zahlreicher die Vorſtellungen ſind, welche die
äußern Sinne ihm von einem einzigen Gegenſtande liefern. Die
Phantaſie fügt zu allen dieſen Vorzügen der Sinnesvorſtellungen
neue hinzu, indem ſie dieſelben dem Bedürfniſſe des erkennenden
Menſchen gemäß in einander verwebt, und dieſem geſammten
Schönen Leben eingießt. Die Vernunft endlich fühlt ſich befriedigt, wenn ſich ihr in allen dieſen Bildern und in der Ordnung ihrer Beziehungen zu einander ein angemeſſener Stoff

32 *

bietet, um wahre, anschaulich klare, bewegende, ergreifende Vorstellungen zu bilden.

Hiermit haben wir die natürliche Richtung eines jeden der erkennenden Vermögen angegeben. Aber dieselben müssen zusammen ein einheitliches Ganzes bilden, die menschliche Erkenntnißkraft: darum ist es offenbar nothwendig, daß sie nach irgend einer bestimmten Ordnung zusammenwirken. Diese kann keine andere als die vom Schöpfer beabsichtigte sein: es war aber gewiß nicht der Wille des Schöpfers, daß die Vernunft den sinnlichen Kräften, sondern daß diese der Vernunft dienen, und die Vernunft den Willen in den Stand setze zu handeln. Wir können mithin die Ordnung, durch welche die menschliche Erkenntniß gesetzmäßig (*retto*) wird, und darum geeignet, dem erkennenden Menschen Befriedigung zu gewähren, also ausdrücken: „Die menschliche Erkenntniß ist vollkommen, wenn sich vermittelst der sinnlich angenehmen Beschaffenheit[1] der Töne und der Farben, überhaupt aller Sinnesvorstellungen welche sich im inneren Centralsinn verbinden und von der Phantasie verarbeitet werden, der Vernunft ein Element darstellt, welchem sie mit Leichtigkeit rührende, ergreifende Wahrheiten entnehmen kann.' Dieser Satz enthält, wie jedermann sieht, den vollständigen adäquaten Begriff der Schönheit, deren Anschauung den Menschen zu befriedigen geeignet ist. Dabei ist indeß nicht zu übersehen, daß der Mensch auch die Thätigkeit eines jeden der partiellen Vermögen für sich ins Auge fassen, und, von den übrigen absehend, den Objekten insofern sie den einzelnen Vermögen entsprechen, das Prädikat der Schönheit beilegen kann: so der Farbe, dem Ton, einer Verbindung von Farben oder Tönen, indem er auf die Phantasie keine Rücksicht nimmt; so auch einem Complex von Phantasiebildern, indem er keine Rücksicht nimmt auf die übersinnliche

---

1) mediante la soavità.

Wahrheit, sondern einzig die Befriedigung eines besondern Vermögens im Auge hat. Aber diese partiellen Urtheile werden häufig Quellen des Irrthums sein.

Kürzer können wir die gegebene Definition auch so ausdrücken: „Die Schönheit ist nichts anderes, als das Verhältniß des Gegenstandes zu den Vermögen der (sinnlichen) Erkenntniß, und dieser Vermögen zur Intelligenz.'[1]) . . Die Schönheit, in der Natur wie in der Kunst, wird immer darin liegen, daß die erkennenden Kräfte Befriedigung finden, durch das rechte Verhältniß des Objekts zu ihnen sowohl, als durch das rechte Verhältniß ihrer selbst unter einander in Rücksicht auf den Zweck des Erkennens, nämlich das vernunftgemäße Handeln" [2]).

Die durchgreifende Verschiedenheit dieser ganzen Auffassung von der unsrigen geht aus dem Vorstehenden klar genug hervor. Nach Taparelli ist der vollständige Begriff der Schönheit ein aus mehreren Vorzügen zusammengesetzter: er wird gebildet durch die Vereinigung mehrerer aus jenen Eigenschaften, welche wir am Schlusse unserer ersten Abtheilung (§. 14.) der Schönheit gegenübergestellt, und als von dieser wesentlich verschieden erkannt haben. Die volle Schönheit umschließt hiernach namentlich den Reiz des sinnlich Angenehmen, die Einheit im Vielfältigen und Wechselnden, und die (praktische) Wahrheit (82. 84. 85); die Dinge sind schön, insofern sie als Objekt der erkennenden Kräfte den letzteren zu einer ihrer Natur vollkommen entsprechenden, darum angenehmen, Thätigkeit Veranlassung geben (81).

Die Widerlegung dieser Theorie ist eigentlich in unserer ganzen Abhandlung bereits gegeben; nichtsbestoweniger wollen

---

1) La bellezza altro non è che l' ordine dell' oggetto alle varie facoltà conoscitrici e delle varie facoltà all' intelligenza.

2) Taparelli, Ragioni del bello §. IX. n. 3—6. (La Civiltà catt. ser. 4. vol. 7. p. 556. s.)

wir, nachdem wir sie einmal unsern Lesern ganz vorgeführt, auch unsere besonderen Bedenken gegen sie nicht verschweigen.

172. Wie Taparelli den Begriff der Schönheit faßt,
kann dieselbe in ihrer vollen Bedeutung nur sinnlich wahrnehmbaren Gegenständen eigen sein. Freilich redet er, wie
er sagt, von jener Schönheit welche der **Mensch** wahrnimmt. Aber eben die Meinung, daß für den Menschen
nichts schön sei in der vollen Bedeutung des Wortes, das
nicht in die Sinne falle, ist ganz und gar irrthümlich; den
Beweis hiefür enthält der ganze erste Theil dieser unserer
Schrift. Insofern wir zum Erkennen der Sinnesbilder bedürfen, können wir freilich das rein Geistige unmittelbar und
durch sich selbst nicht als schön auffassen (94): Indeß unmittelbar und durch sich selbst erkennen wir es auch nicht
als wahr und als gut, weil wir es so eben gar nicht erkennen. Niemand wird aber darum sagen, daß für uns
allein das Sinnliche volle Wahrheit und Güte habe, daß
unser Erkennen und unser Streben nicht das gesammte Gebiet
des Seienden umfasse.

Es ist wahr, die Schönheit der übersinnlichen Dinge ist
uns schwerer zugänglich, sie scheint uns ferner zu liegen, als
ihre Wahrheit und ihre Güte. Aber das erklärt sich leicht.
Die psychologische Wirkung der Schönheit ist Vergnügen:
als schön ergreifen wir die Dinge indem wir sie genießen.
Der Genuß ist aber seiner Natur nach bedingt durch volle
Klarheit und **Leichtigkeit** der Auffassung, wie sie für
den bloßen Akt der Liebe, und mehr noch für den des Erkennens, keineswegs erfordert wird. Das Sinnesbild, die
Erscheinung aus dem Gebiete der unmittelbaren Erkenntniß,
welche uns den Genuß des **schönen** Uebersinnlichen vermitteln soll, bedarf darum einer viel höheren Vollendung,
als wenn es sich nur darum handelt, uns eben dasselbe

Uebersinnliche als wahr oder als gut, als Objekt des Erkennens oder des Strebens zugänglich zu machen¹).

173. Ein zweites Bedenken gegen Taparelli's Lehre
besteht darin, daß er mit der Anschauung des gesammten
Alterthums in offenbaren Widerspruch tritt. Wir erinnern
nur an den Inhalt unsers ganzen fünften Paragraphen.
„Das Schöne ist, als solches, ganz eigentlich der Gegenstand
unsers Wohlwollens; die unmittelbare Wirkung der Schönheit auf unser Herz besteht darin, daß sie unsere eigentliche
Liebe in Anspruch nimmt; sie steht ihrer Natur nach nicht
zu unserer Intelligenz, sondern zu unserm Begehrungsvermögen, in nächster und unmittelbarer Beziehung": das ist
die Lehre, welche wir dort als die gleichmäßige Anschauung
der gesammten alten Philosophie, der sokratischen wie der
christlichen, kennen gelernt haben, welche wir überdies in der
Ausdrucksweise der alten klassischen sowohl als der deutschen
Sprache ausgeprägt sahen²). Nach Taparelli hingegen ist
das Schöne, insofern wir es anders als solches lieben, Gegenstand der uneigentlichen Liebe, der Begierde; wir
fühlen uns davon angezogen, weil es uns angenehm ist,

---

1) Eben hierin liegt der Zweck und die besondere Nothwendigkeit der formell
schönen Künste: sie sollen uns den Genuß des schönen Uebersinnlichen vermitteln.
Für das Wahre der übersinnlichen Sphäre bedurfte es nicht eines in dem Maße
ausgebildeten Hülfsmittels: denn wir erkennen darum nicht minder, weil wir
uns dabei anstrengen müssen. Das Gute hingegen eben dieser Sphäre uns nahe
zu bringen, also daß es mit größerer Sicherheit und Stärke unser Herz ergreife,
ist die Aufgabe der virtuell schönen Künste, mittelbar auch der formell schönen.

2) Vgl. R. 22. S. 60. — S. 136, Note 2. — S. 189, die Note.
Hier noch eine neue Bestätigung, die schon früher hätte ihre Stelle finden
sollen. Moyses bittet den Herrn (2. Moys. 33, 18.): „Ostende mihi gloriam
tuam" — „Laß mich deine Herrlichkeit sehen"; und Jehova antwortet, die Bitte
gewährend: „Ego ostendam omne bonum tibi" — „Ich will dir zeigen die
Fülle alles Guten". Die „Herrlichkeit" Gottes ist seine erhabene Schönheit (vgl. S. 204.); identisch mit dieser ist also „die Fülle seiner Güte".

weil es Genuß bringt. „Die Liebe ist nicht wahre Liebe, sie ist Begierde, wo sie nicht auf die Schönheit geht; wer etwas anderes liebt als die Schönheit, der liebt den Genuß: denn die eigentliche Liebe findet nur dem Schönen gegenüber statt"; so hörten wir Maximus von Thrus reden und mit ihm St. Augustin (18). Und waren etwa sie allein es die also dachten?

Einen Gedanken finden wir bei Taparelli, den wir als Einwendung gegen eben diese unsere Auffassung betrachten können.

„Es geschieht sehr häufig," bemerkt er, „daß die Tugend, und in den meisten Fällen der Tugendhafte nicht minder, die Liebe auch des müßigen Beobachters auf sich zieht, dem durchaus der Muth fehlt, auch in sich selbst die Schönheit auszubilden die ihn entzückt. Unzählige gibt es, welche die Liebe dieses ethischen Schönen mit der Liebe des entsprechenden Guten verwechseln, die sich einbilden sie wären tugendhaft, weil sie die Schönheit der Tugend bewundern. Rousseau nannte deshalb das Theater eine wunderbare Erfindung, die uns in den Stand setze, auf alle Tugenden stolz zu sein die wir nicht besitzen. Wer die von uns gegebene Erklärung des Wesens der Schönheit verstanden hat, der bemerkt sehr leicht den großen Unterschied zwischen dieser doppelten Art von Liebe. Wenn schön dasjenige heißt, dessen Anschauung gefällt, dann ist die Liebe des Schönen der ethischen Ordnung nichts anderes als ein Wohlgefallen an jenem Genuß, welchen uns die Erscheinung eines recht handelnden Menschen gewährt; hingegen das Gute lieben heißt mit Ernst danach streben, daß man durch vollkommene Uebereinstimmung seiner Absichten und Handlungen mit dem uns von Gott gesetzten letzten Ziele die rechte Ordnung in sich selbst verwirkliche. Das Schöne der ethischen Ordnung liebt unser Herz unwillkürlich und von selbst, wie das Auge die Farben des Regenbogens; die Liebe des Guten ist ein mit Ueber-

legung und meistens auch mit Beschwerde gesetztes Streben, wodurch der freie Wille einer Pflicht genügt." [1]

Die in diesen Worten liegende Schwierigkeit gegen den
von uns vertheidigten Begriff der Schönheit ist in der That
von äußerst geringer Bedeutung. „Viele Menschen lieben
die Schönheit der Tugend, werden davon entzückt, und sind
doch nichts weniger als tugendhaft, streben nicht einmal es
zu werden; folglich sind die Liebe zum Schönen und die
Liebe zum Guten zwei durchaus verschiedene Dinge: diese ist
eigentliche Liebe, jene dagegen uneigentliche;" das ist der
Kern des Arguments. Gerade so wahr als dieser Schluß
ist aber der folgende: „Im nördlichen Europa scheint auch
die Sonne, aber sie bringt die Traube des Weinstocks nicht
zur Reife; folglich ist die Sonne des Nordens von jener
des Südens durchaus verschieden." Freilich ist sie es: aber
nur in Rücksicht auf den Grad der Wärme, welche sie den
nördlichen Gegenden zukommen läßt. Oder wird man aus
der Thatsache, daß im Norden der Wein nicht gedeiht, etwa
den Schluß ziehen, die Sonne welche über den Dünen des
baltischen Meeres aufgeht, sei eine andere, als jene unter
welcher die Trauben Campaniens reifen? die erste gebe nur
kaltes Licht, die zweite spende auch Wärme? Einen solchen
Schluß zieht aber Taparelli. Wenn die Liebe gegen das
Schöne der moralischen Ordnung uns nicht immer zur wirklichen Uebung der Tugend führt, so folgt daraus nicht, daß
sie nicht eigentliche Liebe derselben ist, sondern nur, daß sie
nicht wesentlich jene Stärke hat, deren es zur standhaften
Uebung der Tugend bedürfte. Nicht der Art und dem Wesen,
nur dem Grade nach ist die doppelte Liebe verschieden, von

---

1) Ragioni del bello §. V. n. 12. (La Civiltà catt. ser. 4. vol. 8.
p. 51.)

welcher unser Gegner redet. Die Richtung auf das sittlich
Gute, welche der Schöpfer der vernünftigen Natur einge-
pflanzt, ist auch in dem nicht aufgehoben, der sie verläugnet
(29. 30): die von Natur „gut geartete" [1]) Seele kann nicht
anders als sich des Guten freuen, wo immer es sich ihr in
hoher Vollendung darstellt; „unwillkürlich, wie das Auge die
Farben des Regenbogens", liebt sie es und wird davon
entzückt [2]). Wenn sie es desungeachtet selbst nicht übt, so
kömmt das nicht daher weil sie es nicht wahrhaft liebt,
sondern weil sie es minder liebt als etwas anderes. Denn
wenn es sich darum handelt die Tugend zu üben, da redet
auch die Eigenliebe, die Selbstsucht, die Begierde mit; durch
unfruchtbare Bewunderung und ruhigen Genuß der ethischen
Schönheit sahen diese sich nicht gefährdet [3]). Wo das letztere
doch der Fall ist, wo der Habsüchtige durch heroische Ent-
äußerung, der Feigling durch hochherzigen Muth sich beschämt

---

1) ἀγαθοειδής (oben, S. 90).

2) d. h. sie liebt es mit der gleichen Spontaneität, eben so unwillkürlich,
wie der Sinn das ihm Zusagende: aber mit einer Liebe anderer Art als dieser,
mit eigentlicher Liebe.

3) Hierin liegt die Erklärung der an sich nicht unrichtigen Bemerkung
Rousseau's, welche wir Taparelli anführen hörten. — Eine ähnliche macht Schiller
irgendwo (Bd. 10.): „Schauspiele und Romane eröffnen uns die glänzendsten
Züge des menschlichen Herzens; unsere Phantasie wird entzündet, unser Herz
bleibt kalt; wenigstens ist die Glut, worein es auf diese Weise versetzt wird, nur
augenblicklich, und erkiest fürs praktische Leben. In dem nämlichen Augenblick,
da uns die schmucklose Gutherzigkeit des ehrlichen Puff bis beinahe zu Thränen
rührt, zanken wir vielleicht einen anklopfenden Bettler mit Ungestüm ab. Wer
weiß, ob nicht eben diese gekünstelte Existenz in einer idealischen Welt unsere
Existenz in der wirklichen untergräbt? Wir schweben hier gleichsam um die zwei
äußersten Enden der Moralität, Engel und Teufel, und die Mitte — den Menschen — lassen wir liegen." Wenn dem so ist, warum träumt man denn doch
immer davon, die Religion durch die Kunst, das Gewissen durch den Geschmack,
und durch die verwaschenen Phrasen einer sensualistischen Aesthetik die christliche
Weise zu ersetzen?

und verletzt fühlt, da wird auch das Vergnügen über die
Schönheit dieser ethischen Vorzüge nicht aufkommen.

174. Aber Taparelli's Theorie stützt sich auf „die
Grundsätze des heiligen Thomas"; verwerfen wir mithin,
indem wir seine Auffassung für unzuläßig erklären, die Anschauungen des Lehrers von Aquin?

Die Antwort, durch welche wir zuletzt Taparelli's Einwendung beseitigten, haben wir eben aus St. Thomas genommen [1]); schon das könnte gegen die Echtheit der angeb-
lich Thomistischen Theorie einen leisen Zweifel begründen.

Was lehrt denn der Heilige über die Schönheit? Wir
haben seine Lehre, soweit sie sich mit Bestimmtheit erkennen
läßt, bereits gegeben (52). Schön ist nach ihm dasjenige,
„was uns gefällt indem wir es sehen" [2]), „dessen Erkenntniß
uns Genuß bringt" [3]). Indem Taparelli diese Nominaldefinition also umsetzt: „Schön ist dasjenige, in dessen Anschauung die erkennenden Kräfte ihrer Gesammtheit nach Befriedigung finden", gibt er den Worten des
heiligen Lehrers einen Sinn, dessen Berechtigung er nicht
nachweist, und wohl schwerlich hätte nachweisen können. Denn
erstens deutet Thomas nirgends an, daß nach seiner Auffassung das Schöne der Gesammtheit der erkennenden
Kräfte zusagen, daß es sowohl die sinnlichen Perceptions-
vermögen als die Intelligenz beschäftigen müsse. Zweitens,
und das ist die Hauptsache, lehrt der Heilige nur, daß die
Anschauung des Schönen uns Vergnügen mache: den psychologischen Grund dieses Genusses gibt er nicht an, wie wir
schon früher (52) bemerkten; wer als solchen die „Proportion", das angemessene Verhältniß des Gegenstandes zu den

---

1) S. 1. 2. p. q. 27. a. 3. ad 4. (S. oben S. 87, die Note.)
2) „Pulchra dicuntur quae visa placent." S. 1. p. q. 5. a. 4. ad 1.
3) S. 1. 2. p. q. 27. a. 1. ad 3. (oben N. 52.)

erkennenden Vermögen bezeichnet, und diese Auffassung kann
thomistisch nennt, der stellt jedenfalls eine rein willkürliche
Behauptung auf.

Auch damit ist noch nicht alles gesagt. Wir sind der
Ansicht, daß Taparelli's Lehre nicht nur ohne Berechtigung
als jene des heiligen Thomas auftritt, sondern daß sie sich
mit den Grundsätzen des heiligen Lehrers in keiner Weise
in Einklang bringen läßt. Wir könnten das nachweisen;
allein wir halten es nicht für angemessen, nach dem bereits
Gesagten uns noch in weitere metaphysische Erörterungen
einzulassen, deren Resultat doch nur ein negatives wäre. —

Die Gründe, welche wir gegen Taparelli geltend gemacht
haben, treffen, zum Theil wenigstens, die Auffassung Rogacci's und des heiligen Franz von Sales nicht minder.
Auch sie berufen sich auf St. Thomas, und glauben seine
Lehre vorzutragen. Aber Thomas hat nicht gesagt, schön
sei „was den erkennenden Kräften angenehm"[1], oder „was
der Intelligenz gefalle"[2]; sondern, schön sei „was uns
gefalle indem wir es wahrnehmen", oder „dessen Erkenntniß
uns Genuß bringe". Verwechselt man diese Begriffe, so
beruft man sich mit Unrecht auf den Engel der Schulen.

Uebrigens wird der liebenswürdige Heilige, der den
schönsten Zug an dem Bilde des Schönsten unter den Menschenkindern, die Demuth und die Herzensmilde, in seinem
ganzen Leben so unvergleichlich wiederzugeben wußte, darum
unsere Gebete nicht minder gnädig hören, weil wir uns
genöthigt sahen, in einer wissenschaftlichen Frage eine von
der seinigen abweichende Auffassung zu vertheidigen; und
auch der Geist des verewigten Taparelli wird uns nicht
zürnen wegen unserer Polemik, ob wir auch dadurch den

---

[1] „dilettevole alle potenze conoscitive" (Rogacci).
[2] „ce qui plait à l'entendement" (St. Franz von Sales).

Fundamentalsatz seiner Theorie umzustoßen versucht haben.
Er schaut bereits, das hoffen wir mit Zuversicht, das ewige
Licht, die wahre Schönheit, die wir noch suchen: wie diese
selbst nur Eine ist, so sind Eins in ihr alle, die sie lieben [1]),
mögen sie sie nun noch suchen oder schon in ihrem Schauen
selig sein.

§. 30.

Der Geschmack, zunächst im ersten Sinne des Wortes. Es
gibt eine objektive, unveränderliche, von individuellen Auf=
fassungen unabhängige Norm für die Urtheile über die
Schönheit. Die kalleologische Urtheilskraft und die kalleo=
technische Kritik. Der Geschmack im zweiten oder im vollen
Sinne des Wortes. Derselbe ist etwas sehr Seltenes. Worin
die große Verschiedenheit der kalleologischen Urtheile ihren
Grund habe. Die letzte Instanz für die Beurtheilung kalleo=
technischer Leistungen. Schluß.

175. Plato macht irgendwo eine nicht uninteressante
Reflexion. „Setzen wir den Fall," sagt er, „jemand schriebe
einen Wettkampf aus, ohne über die Art desselben etwas
festzusetzen: er versammelte alle Einwohner der Stadt, be=
stimmte die Preise, und verkündigte keine anderen Bedingun=
gen, als daß es sich allein um das Vergnügen handle, und
derjenige Sieger sein solle, der den Zuschauern das größte
Vergnügen machte, ihnen am besten gefallen würde; was
müßte geschehen? — Einer würde etwa, wie Homer, ein

---

1) Ipsa est lux: una est, et unum omnes qui vident et amant
eam. Aug. Conf. 10. c. 34.

Heldengedicht, ein anderer einen Gesang mit Citherbegleitung
vortragen; ein dritter würde mit einer Tragödie auftreten,
ein vierter mit einer Posse: und wir dürften uns nicht
wundern, wenn auch ein Taschenspieler seine Gaukeleien
producirte, und mit Sicherheit darauf rechnete, durch diese
den Sieg davon zu tragen. Welchem von diesen, und noch
vielen andern Bewerbern, würde nun der Preis mit Recht
zugesprochen?" Clinias von Creta findet es unmöglich, eine
solche Frage zu beantworten, wenn man nicht selbst dabei
gewesen sei. Aber Plato löst sie sehr einfach. „Wenn kleine
Kinder die Schiedsrichter wären, so würden sie den Preis
dem Taschenspieler zuerkennen; Knaben würden für die Posse
stimmen, für die Tragödie die gebildeten Frauen, die erwach-
sene Jugend, und überhaupt die Mehrzahl. Wir Aeltere
endlich würden an einer Ilias oder Odyssee, oder an einem
Werke des Hesiod, den höchsten Genuß finden, somit den
Rhapsoden über alle setzen. Wem wird nun die Krone gehören? Doch wohl dem, welchem wir Alle sie zusprechen:
denn unser Charakter und unser Urtheil steht an Gediegenheit hoch über dem der Jüngeren"[1].

Wer einen solchen Grundsatz heutzulage geltend zu machen
versuchte, der könnte sich etwa den Ehrennamen eines „Ge-
schmackstyrannen" verdienen; jedenfalls würden die Partei
des Taschenspielers und die Freunde der Posse sich hinter
den Kanon verschanzen: *De gustibus non est disputandum.*
„Das sind Geschmackssachen," würden sie schreien, „und über
die läßt sich nicht streiten, da hat jeder Recht." Freilich;
wie auch der Esel des Heraklit[2] „Recht" hätte, wenn er,
um zu wählen zwischen einen Haufen Gold und einen Sack
voll gehackten Strohs gestellt, ohne sich zu bedenken den

1) Plat. de leg. l. 2. ed. Bip. vol. 8. p. 60. Steph. 658. a.
2) Bei Aristoteles, Ethic. Nicom. 10. c. 5.

letzteren in Beschlag nehmen, und durch keine Argumentation dahin zu bringen sein würde, dem Golde den Vorzug zu geben. Ueber „Geschmackssachen" läßt sich ja nicht disputiren.

176. Der Genuß der Schönheit, haben wir früher einmal gesagt (143), ist nichts anderes als die Süße der reinen Liebe. Jener äußere Sinn, welcher der Geschmack heißt, dient uns dazu, die Süßigkeit, allgemeiner, den Wohlgeschmack der Nahrungsmittel zu genießen und wahrzunehmen; es war darum keine unpassende Metapher, wenn man im übertragenen Sinne auch jenes Vermögen „Geschmack" nannte, durch welches wir im Stande sind, uns des Genusses der Schönheit der Dinge zu erfreuen, und dadurch dieselbe empirisch zu erkennen.

Was dieses Vermögen sei, kann nach allem früheren nicht mehr zweifelhaft erscheinen. An gelehrten und ungelehrten Hypothesen hat es in dieser Frage der Anthropologie so wenig gefehlt, wie in allen anderen; wir halten es für überflüssig, darauf einzugehen. Der Geschmack ist nichts anderes als die Vernunft. Man wolle sich dessen erinnern, was wir in der ersten Abtheilung (29. 30) gesagt haben. Wir sind vernünftig, insofern unser Erkennen durch die unveränderlichen Gesetze der ewigen Weisheit nothwendig bestimmt wird, insofern zugleich unser Streben eine natürliche Richtung auf das physisch Vollkommene sowie auf das moralisch Gute hat. Diese wesentliche Eigenthümlichkeit unserer Natur ist es, die uns fähig macht für die Erkenntniß der Wahrheit, und in dieser Rücksicht nennen wir sie Erkenntnißkraft, Intelligenz, Verstand, oder Vernunft im engeren Sinne; sie ist es, vermöge deren wir das sittlich Gute und das sittlich Böse unterscheiden, und uns zu jenem getrieben, von diesem zurückgehalten fühlen, und in dieser Rücksicht erscheint sie als das moralische Gefühl, als das Gewissen; sie ist es endlich, die uns in den Stand setzt uns des Genusses zu erfreuen, welcher sich mit der Liebe des an sich Guten verbindet, und dadurch das letztere als schön zu erkennen: darum nennen wir sie Geschmack.

Es ist mithin der Geschmack, in dem angegebenen Sinne, ein wesentlicher Vorzug der vernünftigen Natur, nicht minder als die Intelligenz und das Gewissen. Keinem Menschen fehlt dieses oder jene, weil jeder Mensch, nach dem Verse des Aratus welchen der Apostel im Areopag bestätigte, eben durch seine Vernünftigkeit „dem Geschlechte Gottes angehört"[1]); keinem Menschen fehlt die Fähigkeit für den Genuß und die Erkenntniß der Schönheit, weil jeder Mensch, gleichfalls durch seine Vernünftigkeit, nach dem Worte des Maximus von Thyrus, „mit dem Urschönen, mit der wesenhaften Schönheit selbst, verwandt"[2]) ist.[3])

177. Ist aber unser Urtheil über die Schönheit der Dinge nur empirisch? erkennen wir dieselbe allein, indem

---

1) Τοῦ γὰρ καὶ γένος ἐσμέν. Act. 17, 28.

2) Συγγενὴς αὐτῷ τῷ καλῷ. Max. Tyr. Dissert. 27. al. 11. u. 8.

3) Von diesem natürlichen Vermögen, die Schönheit zu genießen und dadurch empirisch zu erkennen, redet Cicero, wenn er sagt: Illud autem ne quis admiretur, quonam modo haec (die Schönheit des Stils in der Rede) vulgus imperitorum in audiendo notet: quum in omni genere, tum in hoc ipso magna quaedam est vis incredibilisque naturae. Omnes enim tacito quodam sensu, sine ulla arte aut ratione, quae sint in artibus ac rationibus recta ac prava dijudicant: idque quum faciant in picturis, et in signis, et in aliis operibus, ad quorum intelligentiam a natura minus habent instrumenti; tum multo ostendunt magis in verborum, numerorum, vocumque judicio; quod ea sunt in communibus infixa sensibus, neque earum rerum quemquam funditus natura voluit esse expertem. Itaque non solum verbis arte positis moventur omnes, verum etiam numeris ac vocibus. Quotus enim quisque est, qui teneat artem numerorum ac modorum? At in his si paulum modo offensum est, ut aut contractione brevius fieret, aut productione longius, theatra tota reclamant. De or. 3. c. 50. n. 195.

wir ihre angenehme Wirkung auf uns wahrnehmen, oder
gibt es auch bestimmte von der Erfahrung unabhängige
Grundsätze, nach denen sich a priori entscheiden läßt, was
schön ist und häßlich, was schöner und was minder schön?
— Weder die Natur des an sich Guten, noch die Bedingungen und die Gesetze welche die innere Güte, die Liebenswürdigkeit, der Dinge bestimmen, — weder die Natur der
Vernunft noch die ihr anerschaffenen Normen ihres Erkennens und Strebens, sind von unserer Erfahrung abhängig.
Sie waren, da noch keine endliche Vernunft erkannte, da es
außer dem Einen über alles Schönen noch keinen Geist gab,
welchen die Betrachtung der Schönheit erfreuen konnte. Unabhängig von dem Eindruck den sie auf uns machen, sind
darum die Dinge, wie wahr und gut, so auch schön, insofern
sie mit der wesenhaften Schönheit übereinstimmen; unabhängig von jenem Eindruck bestehen die Gesetze der Beurtheilung des Schönen in der ewigen Weisheit. Die un er -
schaffene Vernunft, das ist der absolute Geschmack.
Und weil unsere Vernunft nach ihrer Aehnlichkeit geschaffen,
mit ihrem Siegel gezeichnet ist, weil die Gesetze der ewigen
Weisheit auch ihr eingeprägt wurden als die natürliche
Richtschnur ihres Erkennens und ihrer Liebe, darum bildet
sie, wie für die Beurtheilung des Wahren und Guten, so
auch für die des Schönen, wahrhaft die nächste oder die
unmittelbare Norm. Eben aus jenen nothwendigen Grund-
ideen und Grundprincipien, von denen früher (29. 106) die
Rede war, entwickeln sich die objektiven von unserer Erfahrung durchaus unabhängigen Grundsätze, auf die sich der
Geschmack wesentlich stützt, die in der Beurtheilung des
Schönen als die nothwendige Richtschnur gelten, und aller-
seits anerkannt werden müssen.

Diese Grundsätze, insofern sie Eigenthum unsers Geistes
sind, und diesem, mit Klarheit und Bewußtsein aufgefaßt,

habituell vorschweben, bilden die kalleologische Urtheils=
kraft, das Vermögen, die Schönheit der Dinge a priori
zu erkennen. Aus ihnen geht, indem sie wissenschaftlich ent=
wickelt und systematisch geordnet werden, die Theorie der
kalleotechnischen Kritik hervor, d. h. der Kunst, über
die Werke der schönen Künste richtig zu urtheilen.

Wir unterscheiden also für die Erkenntniß der Schönheit
ein empirisches Vermögen und ein apriorisches, den Geschmack
und die kalleologische Urtheilskraft. Erst durch die Verbin=
dung beider besitzen wir jene Fähigkeit, deren wir der Schön=
heit gegenüber bedürfen: **das ist der Geschmack im
zweiten oder im vollen Sinne des Wortes.** Darunter
verstehen wir also das Vermögen, die Schönheit der Dinge
empirisch und a priori zu erkennen, dieselbe sowohl zu em=
pfinden als zu beurtheilen. Der bloß empirische Geschmack,
im ersten Sinne des Wortes, entbehrt der nothwendigen
Sicherheit, er ist zu leicht Irrungen und falschen Auffassungen
ausgesetzt. Die kalleologische Urtheilskraft, von dem empi=
rischen Gefühl nicht unterstützt, würde schwerer, langsamer,
minder genau ihrer Aufgabe entsprechen; manche verborgene,
anscheinend unbedeutendere Rücksichten, würden ihr in der
Schätzung der Schönheit entgehen. Die Vollkommenheit des
Geschmacks wird eben wesentlich durch zwei Vorzüge bedingt,
durch Reinheit (Richtigkeit) und Feinheit (Zartheit): diese
sind aber nur das Resultat der Verbindung jener zwei
Fähigkeiten.

178. Gibt es demzufolge objektive Regeln für die Be=
urtheilung der Schönheit, ist die menschliche Vernunft wahr=
haft die kompetente Richterin über diese, wie sie es über die
Wahrheit und die Güte der Dinge ist: woher denn besun=
geachtet auf dem kalleologischen Gebiete jene bunte Mannig=
faltigkeit der Ansichten, jene Verschiedenheit der Urtheile,
jene einander ganz und gar entgegengesetzten Liebhabereien,

namentlich wo es sich um Werke der schönen Künste handelt?
Wir könnten zunächst unsererseits auch eine Frage stellen.
Unzweifelhaft besitzt die menschliche Vernunft alles was sie
bedarf, um in Fragen, die dem Gebiete der Philosophie angehören, mit Sicherheit zu entscheiden. Woher also jene
Verschiedenheit der Ansichten in so manchen Sätzen der
Metaphysik? woher die noch größere Mannigfaltigkeit der
Meinungen in ethischen Fragen, wo die bejahende Antwort
so gut ihre Bertheidiger zu haben pflegt wie die verneinende,
und in den meisten Fällen überdies noch eine dritte Partei
zur Versöhnung der Gegensätze ihre Hypothesen und Unter-
scheidungen gellend macht? Der Grund liegt zunächst in
nichts anderem als in der Endlichkeit und Beschränktheit der
Vernunft, wie sie je in den Einzelnen erscheint. In den
Grundprincipien stimmen alle überein, auch die nächsten
Folgerungen daraus pflegen keinen Widerspruch zu finden;
aber wo es sich um entferntere Deduktionen handelt, wo
feinere Unterschiede zu berücksichtigen, weiter liegende Dinge
zu beurtheilen sind, da fehlt es dem Auge des individuellen
Geistes häufig an jener Schärfe, die erforderlich wäre um
klar und sicher zu sehen. Darin findet auch die Verschiedenheit der talleologischen Urtheile schon zum guten Theil ihre
Erklärung.

Aber es kommen noch Rücksichten von größerer Bedeutung
hinzu. Es ist eine allbekannte Thatsache, daß nichts auf
unser Urtheil stärkeren Einfluß ausübt als unser Herz. Wo
etwas mit unsern Neigungen übereinstimmt, da übersehen
wir etwaige Mängel sehr leicht, alle Vorzüge hingegen erscheinen uns in potenzirter Vollendung und in schönerem
Lichte; sind wir gegen eine Sache eingenommen, so reichen
die stärksten Gründe nicht hin, sie uns zu empfehlen. Dieser
Einfluß des Gemüths auf das Urtheil zeigt sich sogar in
rein spekulativen Fragen; aber der redliche Denker paralysirt

33*

ihn leicht durch das Bewußtsein, daß da nur der ruhig
prüfende Verstand zu entscheiden habe. Handelt es sich um
Recht und Pflicht, so versucht die Neigung bereits hart-
näckiger und erfolgreicher, ihre Einreden geltend zu machen;
indeß auch hier weist man sie, in der Theorie wenigstens,
am Ende zurück und gebietet ihr Schweigen: denn man weiß,
daß ihre Einmischung nur zu leicht hohe Interessen gefährden
könnte. Auf dem Gebiete der Schönheit ist es anders. Da
gilt der Geschmack im ersten Sinne, das empirische Gefühl,
als vollkommen berechtigt, neben der untersuchenden Vernunft
gleichfalls seine Stimme abzugeben. Und das ist er in der
That; denn die Empfindung des Genusses ist ja die eigentliche Wirkung der Schönheit, und wodurch wird ein Ding
sicherer erkannt als durch seine Wirkungen? Aber eben hier
steht der Zugang für die Täuschung angelweit offen. Die
Regung unsers Herzens der Schönheit gegenüber ist Liebe,
aber eigentliche Liebe; die Schönheit bringt uns Genuß, aber
den hohen zarten Genuß der Freude aus reiner Liebe. Neben
der Liebe des an sich Guten gibt es aber eine Liebe des
uns Guten, und neben dem Genuß der aus jener entspringt
stehen tausend andere Genüsse, welche sich mit der Befriedigung der begehrenden Liebe verbinden. Was ist leichter,
als daß Liebe mit Liebe verwechselt wird, und Genuß mit
Genuß? So wie aber das geschieht, ist es offenbar um die
Zuverläßigkeit des natürlichen Gefühls für die Schönheit geschehen; der Geschmack ist gefälscht, und gar vieles wird für
schön gehalten werden, das nichts anders ist als angenehm.
Nun besitzt überdies die begehrende Liebe ihrer Natur nach eine
viel größere Stärke, als die Liebe des an sich Guten, und der
Genuß aus der Befriedigung der ersten ist weil fühlbarer,
als das Vergnügen über die Schönheit[1]). Unterscheidet man

---

1) Vgl. Thom. S. 1. 2. p. q. 27. a. 3. c.

beide nicht mehr von einander, dann kann mithin, in Colli-
sionsfällen, das Urtheil nicht anders als ungünstig für die
Schönheit ausfallen. Von zwei Dingen erscheint dann jenes
als das schönste, welches den fühlbarsten Genuß gewährt;
und mag ein Gegenstand auch grundhäßlich sein, es wird
ihm der Preis der Schönheit zugesprochen werden, sobald er
nur in hohem Grade die Neigung für sich eingenommen hat.
„Es pflegt,“ sagt in diesem Sinne sehr wahr ein alter
Dichter,

> „es pflegt, traun,
> Schön zu finden gar oft, was gar nicht schön ist, die Liebe.“ 1)

Die angeborne Richtung der Vernunft auf das an sich

------

1)　　　　　　　. . . ἢ γὰρ ἔρωτι
Πολλάκις, ὦ Πολύφαμε, τὰ μὴ καλὰ καλὰ πέφανται.
Theocrit. Idyll. 6. v. 18.

Im gleichen Sinne heißt es bei Horaz:

. . amatorem quod amicae
Turpia decipiunt caecum vitia, aut etiam ipsa haec
Delectant; veluti Balbinum polypus Hagnae.
Sat. 1, 3. v. 88.

Und bei Cicero:

Nobis . . etiam vitia saepe iucunda sunt. Naevus in articulo pueri
delectabat Alcaeum: at est corporis macula, naevus: illi tamen hoc
lumen videbatur. Q. Catulus, huius collegae et familiaris nostri pater,
dilexit municipem tuum Roscium: in quem etiam illud est eius:

Constiteram, exorientem auroram forte salutans,
Quum subito a laeva Roscius exoritur.
Pace mihi liceat, coelestes, dicere vestra,
Mortalis visus pulchrior esse deo.

Huic, deo pulchrior; at erat, sicut hodie est, perversissimis oculis.
Quid refert? si hoc ipsum falsum illi et venustum videbatur!
De nat. deor. 1. c. 28. n. 79.

Gute ist bei allen Menschen nur Eine, aber die individuelle
Neigung spielt in Variationen ohne Zahl, wie die Farben
des Chamäleons. Alter und Geschlecht, Temperament, Klima
und Nahrung, Lebensweise und Beschäftigung, äußere Verhältnisse und persönliche Schicksale, Erziehung, Gewohnheit,
wissenschaftliche Bildung, Umgang, Lektüre, ererbte und erworbene sittliche Vorzüge und Verkehrtheiten, und wie manche
andere Momente noch, wirken auf die Richtung des menschlichen Herzens in der verschiedensten Weise ein, geben bald
dem einen bald dem anderen Triebe das Uebergewicht. Kann
uns da die endlose Mannigfaltigkeit der Ansichten, die Zer-
fahrenheit in den Urtheilen im Reiche der Kunst und des
Geschmacks, noch ein Räthsel sein?

179. Indeß wir haben immer noch günstigere Voraussetzungen gemacht, als thatsächlich vorhanden zu sein pflegen.
Wir haben nachzuweisen gesucht, wie leicht es sei, daß die
kalleologische Urtheilskraft von dem empirischen Gefühl des
Vergnügens bestochen werde, und darum irre gehe. Wie
aber, wenn weitaus bei den meisten von einer kalleologischen
Urtheilskraft gar nicht die Rede sein kann? Die Vernünftigkeit ist freilich allen Menschen gemein: aber nicht als
entwickeltes Vermögen, sondern als eine Kraft, welche der
Ausbildung, der Vervollkommnung bedarf. Die Anschauungen
über Pflicht und Recht nun, sowie jene über Gott, Mensch
und Welt, haben ihrer Natur nach, als in unmittelbarer
Verbindung mit dem Zweck unsers Daseins stehend, die
höchste Bedeutung. Sie nahmen deshalb mit Recht von
jeher die Aufmerksamkeit des menschlichen Geistes vorzugsweise in Anspruch. Sie wurden zu allen Zeiten am ein-
gehendsten behandelt, am genauesten bestimmt; und die Erziehung betrachtete es nothwendig als ihre wesentlichste Aufgabe,
in Rücksicht auf die Wahrheiten der ethischen und der metaphysischen Ordnung dem Geiste die angemessene Ausbildung

zu geben, das religiöse Gefühl vor allem vollkommen zu
entwickeln, das moralische Urtheil nach Möglichkeit zu schärfen.
Der Genuß der Schönheit hingegen hängt, unmittelbar wenigstens, mit keinem nothwendigen Zweck zusammen, das
Vergnügen ist entbehrlich. Ist es ein Wunder, wenn die
Sätze welche diesem Gebiet angehören, viel weniger Berücksichtigung fanden? wenn die Ausbildung der Vernunft nach
dieser Seite, die Entwickelung der kalleologischen Urtheilskraft, vernachläßigt, jedenfalls als unwichtige Nebensache
betrieben wird? So bleibt denn diese fast ausschließlich dem
guten Glück überlassen. Auch sie pflegt sich freilich naturgemäß zu entwickeln, aber nicht durch gründlichen Unterricht,
durch Studium klassischer Muster und entsprechende Uebung,
sondern unter zufälligen Einflüssen der verschiedensten Art.
Die Folge davon kann keine andere sein, als daß sie äußerst
mangelhaft bleibt. Grundsätze für die Schätzung der
Schönheit können sich bei den wenigsten finden; und wo sie
sich finden, da werden sie meistens unsicher, schwankend, mit
irrigen Ansichten und Vorurtheilen vermischt sein. So ist
denn der Geschmack im vollen Sinne des Wortes, namentlich der vollkommen ausgebildete, etwas äußerst Seltenes[1]);
bei weitem der Mehrzahl der Menschen geht er durchaus
ab: denn es fehlt ihnen das eine wesentliche Element, die
entwickelte kalleologische Urtheilskraft. Jenes Gefühl, welches
wir den Geschmack im ersten Sinne des Wortes genannt haben,
das natürliche Vermögen die Schönheit zu genießen und sie
dadurch empirisch zu erkennen, bildet auf dem kalleologischen
Gebiete durchweg das oberste Tribunal, die letzte Instanz,
von der es keine Appellation mehr gibt.

Daß unter solchen Umständen der Irrthum, und somit

---

1) Après l'esprit de discernement, ce qu'il y a au monde de plus
rare, ce sont les diamans et les perles. Labruyère.

die Verschiedenheit der Meinungen, in taleologischer Rücksicht
unvermeidlich ist, muß auf eine nur oberflächliche Reflexion
einleuchten.   Was zunächst die intensive Bedeutung der Dinge
betrifft, so haben wir um sie zu beurtheilen keinen absoluten
Maßstab: unsere Schätzung ist immer relativ. Ohne feste
Grundsätze, ohne gehörige Ausbildung des Geistes durch
klassische Muster, werden darum kleine Geister alles großartig, außerordentlich, erhaben finden: denn alles ist ja
größer als sie selbst. Ohne Grundsätze, ohne Bekanntschaft
mit vollendeten Meisterwerken, werden beschränkte Köpfe alles
für gut, für vollkommen, für eminent, für unübertrefflich
erklären: denn die erbärmlichen Ideale, die sie aus ihrem
eigenen Fonds schöpfen, sind leicht übertroffen. Doch das
sind an sich nur irrige Ansichten über den Grad der Schönheit; viel wichtiger und folgenreicher müssen jene erscheinen,
welche sich auf das Wesen derselben beziehen. Das einzige
Merkmal der Schönheit das jedermann kennt, besteht darin,
daß sie uns ein Gegenstand des Vergnügens ist; über die
übrigen haben die Gelehrten selbst seit mehr als 2000 Jahren
geforscht und gestritten. Der eine der Sophisten in Plato's
Gorgias ist ganz entzückt, da Sokrates ihn auf den Gedanken bringt, daß vielleicht das Angenehme und das Nützliche die zwei wesentlichen Elemente der Schönheit bilden [1]).
Wer will es der Menge verargen, wenn sie auch bei einem
dieser Merkmale stehen bleibt, oder hie und da höchstens
noch zu dem dunklen Gefühl gelangt, daß jener Genuß, den
uns die Schönheit gewährt, sich mit der bloßen Anschauung
verbindet? Diese Auffassung der Schönheit ist thatsächlich
durchaus die gewöhnliche. Sie bildet aber ohne Zweifel eine
breite Basis, wenn es gilt über „Aesthetik" zu philosophiren,
und zu beweisen, daß man Sinn habe für das Schöne und

1) Plat. Gorg. ed. Bip. vol. 4. p. 62. Steph. 475. a.

für die Kunst. Unter den Dingen „deren Anschauung uns Vergnügen macht" sind freilich auch jene, die sich durch wahre Schönheit auszeichnen; aber wie einzelne Diamanten in einem Haufen unächter Steine. Wer wird, ohne nähere Kenntniß, die letzteren nicht vorziehen, wenn sie größer, farbiger, feiner geschliffen sind? Wenn wir vorher, in der Voraussetzung entsprechender Ausbildung der kalleologischen Urtheilskraft, desungeachtet die Fälschung des Geschmacks als sehr leicht erkannten, so erscheint hier der Irrthum geradezu als Noth-wendigkeit. Dem pseudonymen Geschmack ohne Grundsätze muß nothwendig die Befriedigung der begehrenden Liebe für viel höher gelten, als der reine Genuß der Schönheit. Der letztere wird vor den piquanteren Reizen der Neuheit, des Spannenden, des Abenteuerlichen, vor der Befriedigung des Vorwitzes, vor dem Angenehmen für Auge und Ohr und Phantasie, sehr leicht auch vor jenem das dem Geruch, dem Geschmackssinn oder selbst der Begierde gefällt, — vor der spielenden Heiterkeit des Witzes und der Jovialität der viel-gestaltigen Komik, er wird sagen wir vor allen diesen stär-keren Reizen ganz verschwinden, und nicht der Beachtung werth erscheinen. Ein solches Resultat ist unvermeidlich, wenn, bei dem Mangel kalleologischer Ausbildung der Ver-nunft, schlechthin die empirische Empfindung des Vergnügens die Rolle des Geschmacks übernehmen muß.

180. Das ist die Antwort auf die im Anfange der vorletzten Nummer gestellte Frage; es ist die Rechtfertigung des Rathes, welchen der Dichter gibt:

„Kannst du nicht allen gefallen durch deine That und dein Kunstwerk,
Mach' es wenigen recht; vielen gefallen ist schlimm;"

es ist endlich der Commentar zu Plato's Reflexion, welche

wir im Eingange dieses Paragraphen anführten, und die
Begründung des Princips, das der Schüler des Sokrates
durch dieselbe beleuchten wollte. „Gewöhnlich heißt es," sagt
Plato an jener Stelle, „die Vortrefflichkeit eines Kunstwerks
sei nach dem Vergnügen zu beurtheilen das es gewährt.
Diese Meinung ist durchaus unzuläßig, und allem gesunden
Verstand zuwider: sie kann nicht anders als das Urtheil
fälschen"[1]. Nachdem er dann das letztere bewiesen, zieht
er den Schluß: „Und so gebe denn auch ich zu, daß das
Vergnügen den Maßstab bildet für die Beurtheilung eines
Kunstwerkes, — nur nicht das Vergnügen des ersten besten.
Das ist die schönste Muse, welche die Besten und die Ein-
sichtsvollsten erfreut, oder vielmehr, welche Einem gefällt,
der durch Tugend und Einsicht über alle hervorragt. Tugend,
Einsicht und Muth sind nothwendige Eigenschaften dessen,
der über Werke der Kunst zu urtheilen hat"[2]. Dieselbe
Ueberzeugung spricht Aristoteles aus, nur allgemeiner: „Das
Maß aller Dinge ist die Tugend, und der Gute als solcher.
Wahrer Genuß ist darum, was der Gute dafür erklärt, und
wahres Vergnügen, was diesen erfreut. Wenn besungeachtet
mancher an dem Gefallen findet was der Gute verwirft, so
ist das nicht zu verwundern. Es gibt viele niedrige Seelen
unter den Menschen, und viele verdrehte Köpfe; was diese
angenehm finden, das ist es darum noch keineswegs, außer
etwa für sie und ihres Gleichen"[3].

Dasselbe gilt auch umgekehrt. Es ist kein Beweis gegen
den Werth eines kalleotechnischen Werkes, wenn es der Menge

---

1) Λέγουσί γε οἱ πλεῖστοι μουσικῆς ὀρθότητα εἶναι, τὴν ἡδονὴν
ταῖς ψυχαῖς πορίζουσαν δύναμιν. Ἀλλὰ τοῦτο μὲν οὔτε ἀνεκτὸν
οὔτε ὅσιον τοπαράπαν φθέγγεσθαι· τόδε δὲ μᾶλλον ἰκὸς πλανᾷν
ἡμᾶς. Plat. de leg. l. 2. Bip. 8. p. 84. Steph. 655. d.
2) Plat. l. c. p. 71. Steph. 658. e.
3) Arist. Ethic. Nicom. l. 10. c. 5. vers. fin.

nicht gefällt; sie weiß eben das Große, das wahrhaft Gute, das Vortreffliche nicht zu schätzen, sie zieht das Kupfer dem Golde vor und die Glaskorallen den Perlen, wenn jene besser glänzen. Auch das ist einer der Gründe, weshalb „alles Schöne schwer" ist: es findet keine Anerkennung, es muß sich mühsam Bahn brechen.

> „‚Ist doch,' rufen sie vermessen,
> ‚Nichts im Werke, nichts gethan!'
> Und das Große reift indessen
> Still heran.
>
> Es erscheint nun: niemand sieht es,
> Niemand hört es im Geschrei.
> Mit bescheid'ner Trauer zieht es
> Still vorbei." [1]

In England fand, in einer Periode die sich, was die Blüte der Künste betrifft, mit dem Zeitalter des Augustus zu vergleichen pflegte, nichts Beifall als ein erkünstelter, falscher Schimmer des Witzes; die einfache Großartigkeit in den Werken Miltons wurde verkannt, und sein verlornes Paradies blieb unbeachtet, während man die unnatürlichen und geschraubten Einfälle eines Cowley als den höchsten Schwung des Genies bewunderte [2]. — Ein Schüler des Antigenidas, erzählt Cicero, trug öffentlich ein Stück auf der Flöte vor. Das Volk fand keinen Geschmack daran, es gab keinen Beweis von Theilnahme; der Jüngling verlor den Muth, und spielte ohne Begeisterung. „So spiele doch für mich und für die Musen!" rief der Meister ihm zu [3]. —

---

1) Feuchtersleben.
2) Blair. Vorl. 2. S. 41.
3) Cic. Brut. c. 50. n. 187.

Was haben wir nun nach alle dem von dem Axiom zu halten, daß sich über den Geschmack nicht streiten lasse? Historisch und als Ausdruck faktischer Zustände genommen ist dasselbe vollkommen wahr. Ohne Begriffe, ohne Grundsätze die auf beiden Seiten feststehen, ist freilich über streitige Fragen keine Erörterung möglich, bei der sich irgend ein Resultat hoffen ließe. Wir haben aber gesehen, daß Begriffe und Grundsätze auf dem Gebiete der Schönheit und ihrer Kunst den meisten Menschen abgehen.

Wo hingegen die kalleotechnische Urtheilskraft gründlich ausgebildet und das Gefühl für Schönheit geübt ist, da läßt sich ganz gewiß der Werth oder der Unwerth eines Kunstwerks durch überzeugende Gründe darthun, nicht minder als die sittliche Güte einer Handlung, oder die Wahrheit einer historischen Thatsache. Und wenn es immer manche geben wird, die eine Kritik dieser Art zurückweisen und für keine Gründe ein Ohr haben, so liefern diese dadurch nur den Beweis, nicht, daß sich über den Geschmack, sondern daß sich mit der Geschmacklosigkeit nicht streiten läßt.

Eines dürfen wir indeß hier nicht unbemerkt lassen. Das zuletzt Gesagte bezieht sich zunächst auf den wesentlichen kalleotechnischen Werth oder Unwerth eines Werkes. Ob eine künstlerische Leistung wahrhaft schön sei oder nicht, ob sie hohe, klassische Schönheit habe oder nur mittelmäßige, das kann die Kritik durch objektive Gründe feststellen. Eine andere Frage ist aber die, welchem von zwei anerkannt klassischen Werken der Vorzug gebühre: ob etwa Virgil höher stehe mit seiner Eleganz und glänzenderen Schönheit der Darstellung, oder Homer in seiner natürlichen Einfachheit und Größe; ob die seelenvolle Zartheit und die tiefe Innigkeit auf den Bildern eines Overbeck und eines Fiesole mehr Bewunderung verdiene, oder die Energie und die Stärke des Geistes, welche die Schöpfungen eines Cornelius, eines

Michael Angelo auszeichnet. Darüber freilich läßt sich nicht
streiten. Beide Arten von Werken sind schön und groß;
und so lange keiner den Geschmack des andern als falsch
verurtheilt, haben beide Recht, sowohl der welcher die einen
bewundert, als wer sich von den anderen begeistert fühlt.
Alles wahrhaft Schöne ist ja nichts anderes als ein Nach=
bild der wesenhaften Schönheit, ein gebrochener Strahl von
ihrem reinen Lichte, das in seiner vollen Klarheit kein end=
liches Auge faßt. Nun ist aber die Fülle dieser wesenhaften
Schönheit viel zu reich, als daß sie sich in einer einzelnen
Form begränzter Nachbildung erschöpfen ließe. Und wie sie
sich darum in der größten Mannigfaltigkeit von Formen
offenbart, so herrscht auch endloser Wechsel unter den Ge=
müthern, welche sich der letzteren erfreuen, und durch sie sich
aufschwingen sollen zu jener Sonne, vor deren Glanz alle
Nachbilder erbleichen. Ein Mittel, endgültig zu entscheiden,
welches unter den letzteren das schönste sei, hat Gott uns
nicht gegeben: denn wir bedurften eines solchen nicht.

„Es wäre ein Glück für die Kunst," sagt Quintilian
und nach ihm der Cardinal Bona, „wenn über ihre Lei=
stungen nur die Kunstverständigen urtheilten" [1]. Antimachus,
der Dichter von Claros in Jonien, las einst vor einer zahl=
reichen Versammlung ein großes Gedicht, die Frucht seiner
Muse. Nach und nach gingen alle Zuhörer davon, nur
Plato blieb sitzen. „Ich fahre dennoch fort zu lesen," sagte
der Dichter; „Plato allein gilt mir soviel, als alle zusammen
und noch tausend andere" [2]. Cicero, der diesen Zug erzählt,

---

[1] Felices artes, si de iis soli artifices iudicarent.

[2] Legam nihilominus: Plato enim mihi unus instar est omnium
millium. Cic. Brut. c. 51. n. 191.

bemerkt daß er Recht hatte. Aber die Künstler sind selten, welche Geist und Muth genug besitzen das Beispiel des Mannes von Claros nachzuahmen. Ihr höchstes Ziel ist meistens der Beifall des „gebildeten Publikums", die Bewunderung der ästhetisirenden schöngeistigen Menge; eben darum pflegen sie die „neidische, engherzige, pedantische" Kritik zu perhorresciren. Freilich gibt es eine unberufene Kritik, jener ganz ähnlich, welche Apelles einst zurechtwies, die besser thäte zunächst ihre Vollmachten zu prüfen, und ihre eigenen Grundsätze der Kritik zu unterziehen. Aber, um mit Hugo Blair zu reden, es gibt auch einen großen Haufen, der jedem Irrlicht nachläuft, der sich von dem falschen Schimmer einer coquetten Eleganz und von bunten Farben blenden läßt, der Pansspringen für Aeolsharfen hält und Gebräutes für echten Wein. Um der günstigen Aufnahme ihrer Produkte auf dieser Seite gewiß zu sein, darf die Kunst nur „mit den Wölfen heulen", d. h. den Leidenschaften schmeicheln, die Interessen des Tages zu den ihrigen machen, dem „Zeitgeist" in aller Demuth die Schleppe tragen. So wird sie sicher „gefallen": hier gilt aber eben das dehnbare Axiom, daß alles schön ist was gefällt. Darin liegt der eine Grund des Einflusses, welchen in allen Perioden der Geist der Zeit, der jedesmalige Charakter des öffentlichen Lebens, auf die schöne Kunst geübt hat:

„obsequium amicos, veritas odium parit".

Der Künstler ist zunächst für seine Zeitgenossen thätig; was liegt ihm näher als die Versuchung, auch den Götzen zu opfern die jene gerade anbeten, und statt Ideale zu verherrlichen, für welche die Menge keinen Sinn hat, seine Muse nach den Meinungen des Tages zu dressiren?

Aber mächtiger noch, insofern es noch seltener gelingt hier seinen Einfluß zu paralysiren, wirkt der Geist des Jahr-

hunderts auf die Kunst von einer anderen Seite. Wir
haben dieselbe schon einmal berührt. Der Künstler mag sich
durch seine Schöpfungen über seine Zeitgenossen erheben, er
ist doch gleich ihnen ein Kind seiner Zeit. Die philosophischen Anschauungen und die ethischen Grundsätze, welchen die
letztere huldigt, werden mehr oder minder auch ihn beherrschen; die Begeisterung eines kirchlichen Lebens, in dem er
aufwächst, das ihn auf allen Seiten umgibt, wird auch seinem
Herzen von ihrer Kraft und ihrer Wärme mittheilen: die
moralische Stumpfheit, der Indifferentismus und die religiöse
Kälte des Jahrhunderts auch in seiner Seele die Keime des
Großen und Guten und Schönen frühzeitig tödten, oder verkümmern lassen. Nur seltene Geister sind so glücklich, eine
selbständige Entwickelung zu vollenden, und ihre Zeit fort-
zureißen statt von ihrer Strömung fortgerissen zu werden.
Am Geschmack und an den Idealen hängt das Wesen der
Kunst. Nun sind aber beide in dem Künstler nichts anderes
als das Erzeugniß seines eigenen intellektualen und ethischen
Lebens, dessen natürliche Frucht. Das Urtheil und die
Neigung, die Erkenntniß und die Liebe sind es, welche den
Geschmack bestimmen; der Geist erzeugt die Ideale, im Gemüthe werden sie empfangen und zur vollen Reife ausgebildet. Kann die Frucht die Natur des Samens verläugnen
aus dem sie hervorgeht, des Bodens auf dem sie gedeiht?[1]

---

1) Den augenfälligsten Beweis für die hier ausgesprochene Wahrheit liefert
die Geschichte der Kunst, namentlich, wenn man ein hervorstechenderes Thema,
an dem die Künstler aller Zeiten ihre beste Kraft versuchten, heraushebt, und die
Behandlungsweisen desselben in den verschiedenen Perioden gegen einander hält.
Wir verweisen in dieser Rücksicht auf die kleine Schrift: „Ueber die verschiedene
Auffassung des Madonnen-Ideals bei den älteren deutschen und italiänischen
Malern. Ein Vortrag, gehalten von Prof. Dr. H. Ulrici. Halle 1854.", aus
welcher wir früher (S. 392), nach den histor.-polit. Blättern, bereits einige Ge-
danken entlehnten. „In demselben Maße," schließt der Verfasser des dort citirten

In den Städten Griechenlands konnte nach Cicero[1]) die
üppige Weichlichkeit und die Corruption in der Kunst nur
Platz greifen, nachdem zuerst im Leben die alte Strenge von
der Unsitte verdrängt war. Longin führt am Schlusse seiner
Abhandlung über das Erhabene bittere Klage über die moralische Versunkenheit seiner Zeit, welche alle Großartigkeit
und alle hohe Schönheit in den Werken der redenden Künste
unmöglich mache. „Die unersättliche Gier nach Besitz und
Genuß, an der wir insgesammt krank liegen, hält uns gefesselt wie Sklaven, drückt mit eiserner Hand auf uns und
unser ganzes Leben. Denn nichts zieht das Herz enger
zusammen als die Liebe zum Gelde, nichts erniedrigt tiefer
den Geist als die Genußsucht[2]). . . Wo die Menschheit einmal anfängt die wahre Tugend nicht mehr zu pflegen, und
nur das hochzuschätzen was irdisch ist und vergänglich, da
muß nothwendig alle geistige Kraft vertrocknen, alle Hochherzigkeit und aller Adel der Gesinnung verächtlich werden.
Ein bestochener Richter ist unfähig, der Wahrheit gemäß sein

Urtheils. „wie der katholische Sinn des Mittelalters mehr und mehr über welt-
liche Interessen und Tendenzen sich verlor, stieg auch die Kunst von der Höhe
des Ideals zum nackten menschlichen Dasein herab. Die Madonnen der italiänischen Maler sind von nun an," (nach Raphael,) „durch Tizians Vorbild, fast
alle nur venetianische Edelfrauen, prunkhafte Gestalten voll körperlicher Fülle und
Schönheit, umgeben von der ganzen Pracht des venetianischen Lebens, vornehm,
hochherzig, voll edlen Stolzes. Und die Deutschen blieben hierin auch nicht
zurück. Dürer malte in heimlicher Liebe die geistreiche Urfehlmerin, indeß ihm
sein böser ehelicher Zankteufel zu antiken Geschichten Modell stand; Kranach erhob
ein schönes Bädermädchen zur Madonna, und Rubens vergötterte niederländische
Rahmägde.“

1) De legibus 2. c. 15.

2) Ὁ γὰρ φιλοχρηματία, πρὸς ἣν ἅπαντες ἀπλήστως ἤδη νοσοῦ-
μεν, καὶ ἡ φιληδονία δουλαγωγοῦσι, μᾶλλον δὲ, ὡς ἂν εἴποι τις,
καταβοθ῾ζουσιν αὐτάνδρους ἤδη τοὺς βίους φιλαργυρία μὲν νόσημα
μικροποιόν, φιληδονία δ᾿ ἀγεννέστατον.

Urtheil zu fällen; er wird nur das für gerecht erklären, was ihm nützlich ist. Unser ganzes Leben, alle unsere Gedanken und Bestrebungen, stehen im Dienste der Habsucht. Man sinnt auf nichts anderes, als etwa wie man hier den Tod eines Reichen beschleunigen, dort zu seinen Gunsten ein Testament fälschen, bei einer dritten Gelegenheit einen schmachvollen Gewinn an sich bringen kann um den Preis seiner eigenen Seele. Wo in dieser Weise die gesammte Gesellschaft verpestet ist, kann man da noch hoffen freie Geister zu finden, Männer von ungefälschtem Geschmack, welche Sinn haben für das was wahrhaft groß ist und der Zukunft werth?"[1] Denselben Krebsschaden der Gesellschaft, als das unüberwindliche Hinderniß jedes Aufblühens der wahren Kunst, hatte mehr als zweihundert Jahre früher bereits in seinen Kreisen Horaz aufgedeckt:

„Den Griechen, Freunde, (immer komm' ich wieder
auf dies zurück) den Griechen gab die Muse

---

1) Longin. de sublimitate sect. 44. — Eine Bemerkung wollen wir hier nicht unterdrücken. Gerade aus den Zeiten der gründlichsten moralischen Verderbtheit, über welche wir Longin und vorher Cicero klagen hörten, aus den Jahrhunderten zunächst vor und nach der Geburt des Herrn, stammen fast alle Werke der antiken Plastik die wir besitzen, namentlich eben diejenigen, welche jetzt allgemein für die vollendetsten Meisterstücke erklärt werden, und es in technischer Beziehung allerdings auch sind: der Laokoon, der Apollo des Belvedere, die medicäische Venus, u. s. w. An diesen Ueberresten einer Periode allseitigen Verfalls studirt die moderne Aesthetik ihre Geschichte der „antiken" Kunst; von diesen Produkten sittlicher Versumpftheit abstrahirt sie ihre verwaschenen Theorien, diese Früchte eines verfaulten Geschmacks will sie den bildenden Künsten der Gegenwart als kanonische Muster aufdrängen, als Ideale „plastischer Schönheit". Ist das lächerlich oder impertinent? Es ist das eine und das andere; und es ist überdies noch eine unbegreifliche Taktlosigkeit. Denn durch ein solches Gebahren legitimirt sich die gute so ganz unwiderleglich als das leibliche Kind derselben ehrlosen Mutter, welche vor zweitausend Jahren ihre unverschämte Schwester in die Welt setzte, der vollendetsten Corruption.

zugleich Genie und feines Kunstgefühl,
die Gabe der Empfindung und des schönen
runden Ausdrucks: aber ihre Seelen kannten auch
sonst keinen Geiz als den nach Ruhm[1]).
Der Römer lernt von Kindesbeinen an
das As in hundert Theile theilen. Ruft,
zur Probe, nur den kleinen Sohn des Wechslers
Albinus her, und fragt ihn aus. ‚Die Hälfte
von einem halben Gulden abgezogen,
was bleibt?‘ Ei, spricht er lachend, was wird bleiben?
Fünf Groschen. — ‚Braver Junge! Der
wird sein Vermögen nicht vergeuden! — Und
zum halben Gulden noch die fünf
hinzugethan, macht — ?‘ — Einen halben Thaler. —
Wie? und von Seelen, die mit diesem Rost
der Habsucht einmal überzogen sind,
erwarten wir Gedichte, die vor Motten
verwahrt zu werden je verdienen könnten?“[2])

Gerade so, wo nicht schärfer, würden sie geredet haben,
der römische Dichter wie der griechische Rhetor, hätten sie
für unsere Zeit geschrieben. Das Jahrhundert in dem wir
leben, ist im vollsten Sinne die Periode des Materialismus,
der principiellen Verläugnung aller Principien des Rechtes
und der Sitte, das Zeitalter der Ueppigkeit und der Genußsucht, der Unterdrückung des Geistes und der Rehabilitation

---

[1] Während jenes Zeitraums, da Griechenland wahrhaft große Köpfe
hervorbrachte; dieser Zeitraum war aber, wie auch Wieland anmerkt, sehr klein.

[2]   — An, haec animos aerugo et cura peculi
      Quam semel imbuerit, speramus carmina fingi
      Posse linenda cedro, et levi servanda cupresso?
                        Hor. ad Pison. v. 330.

des Fleisches. Wir haben früher die pseudoschöne Kunst
charakterisirt: sie ist ganz eigentlich die Kunst der Gegenwart; eine andere konnte diese nicht gebären. Wird ihre
Herrschaft immer dauern? So lange die Herrschaft der
modernen Ideen dauert ganz gewiß. Denn was man so
nennt, das ist nichts anderes als die Verneinung der Ideen:
in den Ideen wurzelt und weset aber die wahre Kunst.

Die schöne Kunst hat eine Vergangenheit, auf die sie
stolz sein darf; es hieße an der Menschheit verzweifeln,
wollte man ihr eine gleiche Zukunft absprechen. Bereits seit
mehreren Decennien haben die Vorzeichen einer solchen angefangen, sichtbar zu werden; in Bild und Gesang regt sich
auf mehr als Einer Seite wieder ein besserer Geist. Die
Zeit wird kommen, da sich die Kunst allseitig erneuert, da
sie wieder Blüten treibt und Früchte trägt wie damals, als
noch ein gläubiges Geschlecht sie pflegte. Aber ein langer
Weg ist freilich bis zu diesem Ziele noch zurückzulegen.
„Alles Schöne ist schwer"; und daß in einem Staate der
Geschmack sich gründlich ändere, das ist nach Plato[1]) nur
möglich, wenn auch die Staatsgesetze andere werden, das ist
der Geist der Gesellschaft. Die durchgreifende Re-
generation der schönen Kunst ist wesentlich bedingt durch die
Regeneration der Wissenschaft, der Sitte, des religiösen
Lebens:

> „Erst muß zu vollen Aehren
> Des Herren Saatkorn blühn,
> Und reiner auf Altären
> Des Opfers Kerze glühn:
>
> Erst muß im Tempelgange
> Die Hoffnung harrend knie'n,

---

1) Bei Cicero, de leg. l. 2. n. 59.

Erst muß am Glockenstrange
Die Hand der Demuth zieh'n:

Erst steig' aus krankem Moose,
Aus Distelkraut und Stein,
Der Liebe duft'ge Rose,
Der Sitte Lilie rein:"

Dann werden neue Lieder
Der Menschheit Herz durchweh'n,
Und wieder auf und nieder
Durch alle Lande geh'n.¹)

---

1) Nach Redwitz („Der erste Harfensteln").

A. M. D. G.